Luzboa Bienal Internacional da Luz 2006

Luzboa International Biennale on the theme of Light 2006

Luzboa 2006 Evento Event

Equipa Team

Direcção Geral Director
Mário Caeiro
Coordenação Geral Coordination
Samuel Roda Fernandes
Coordenação Científica Scientific Coordination
Teresa Alves

Direcção de Produção Project Manager
Patrícia Freire
Direcção do Programa Francês French Programme
Marc Pottier

Equipa de Projecto Project team
Mário Caeiro + Samuel Roda Fernandes [coord.]
+ Miguel Mouta Faro + Catherine da Silva + Andreia Olímpio
[+ Moritz Elbert + Margarida Ventosa]
Edition Edition
Mário Caeiro [coord.]
Formação Education
Teresa Alves [coord.]

Assessoria de Imprensa IFP Attachée Media IFP
Margarida Antunes da Silva
Design de comunicação Graphic Design
Silva! Designers
Design web/multimedia Multimedia/web design
Nelson Leão
Vídeo Video
Nuno Assunção

Produção Técnica Technicians
Tetmei – Luís Fróis, António Manuel Gonçalves
Produção Executiva Executive production
Renata Candeias, Miguel Mouta Faro
Assistência de Produção Production assistants
João Abel, José Almeida, Ivan Barroso, Pedro Besugo, Maria Inês Borges, Hugo Caeiro, Ynaiê Dawson, Ricardo Oliveira, Carla Pereira, Sandra Sarmento, Francisco Silva
Secretariado Extra]muros[Extra]muros[Secretary
Inês Dias
Secretariado IFP IFP Secretary
Alice Afonso
Colaboração IFP IFP Collaboration
Rogélia Neves
Tradução IFP IFP Translation
Leonor Francisco

Consultorias Consultants
Arte Contemporânea Contemporary Art
Marie de Brugerolle, Giacomo Scalisi
Tecnologias de Iluminação Lighting technologies
Luís Anacleto, Fernando Silva Gusmão, Norberto Ribeiro, Raúl Serafim
Audiovisual e multimédia audiovisual and multimedia
Abel Ribeiro Chaves
Gestão Management
Luís Pereira
Design de Luz Lighting Design
Jan Ejhed
História, Olissipografia History, History of Lisbon
José Sarmento de Matos
Projecto Cultural Cultural Project
Bettina Pelz

Segurança Security
2045 – Empresa de segurança, SA

Spots Luzboa Luzboa Spots

Doze restaurantes e bares seleccionados
Twelve selected bars and restaurants
Cervejaria Real Fábrica; Terra – Restaurante Natural; La Paparucha; Naga Thai; Flores; A Mó; Bar das Imagens; Santiago Alquimista Cerca Moura; Café Taborda; A Viagem de Sabores; Onda Jazz

Lista de artistas List of artists

Projecto RGB RGB Project
Extra]muros[

Circuito Urbano Urban circuit
Jana Matejkova + Carlos de Abreu
[+ Dídio Pestana + Marek Bradác + Petr Vysohlíd]
André Banha
Malek Abbou
Bruno Peinado
Moov [António Louro + José Niza + João Calhau]
Miguel Chevalier
Javier Núñez Gasco
Rigo 23
Het Pakt [Jan Bossier + Jef Byttebier + Lieven Neirinck]
Carlos Sousa
Pedro Cabral Santo
Marisa Teixeira + Filipe Frazão
Bruno Jamaica
Gerald Petit
Adriana Sá + Hugo Barbosa [+ David Maranha
+ Sei Miguel + Fala Mariam + Manuel Mota + Pedro Lourenço]
André Gonçalves
Fernando César Vieira + Cynthia del Mastro
Ensemble JER [José Eduardo Rocha + Nuno Morão
+ Paulo Guia + Susana Ribeiro + Vasco Lourenço] – Happening

Prémio Luzboa Luzboa Prize
Afonso Malão

Congresso da noite Congress of the Night
Fernando Marques

Luzboaphoto
Hugo Ferreira + Vera Jesus

Light-terminal
Bettina Pelz

Lista de conferencistas Speakers

Congresso da noite Congress of the Night
Teresa Alves, João Cabral, Mário Caeiro, Alexandre Cortez, Nuno Costa, João Diogo, Alina Esteves, Samuel Roda Fernandes, João Ferreira, Maria J. Martinez, Graça Moreira, Carlos Patrício, José Pedro Regatão, Fausto Roxo, Raúl Serafim, José Pedro Serra, Adriana Serrão, Fernando Nunes da Silva, Nuno da Silva, José Manuel Simões, Pedro Telhado, Vítor Vajão, Alberto Van Zeller

Orador Convidado Guest Speaker **Gilberto Franco**

Ateliês 'Desenhar a Luz'2006 Workshops 'To Design Light' 2006
#7: Samuel Roda Fernandes, Adriana Sá, Hugo Barbosa, Gérald Petit, Alcino Ferreira, Catherine da Silva, Nuno Marques Costa, Santiago Reyes, Laurent Moriceau, Alina Esteves, João Luís Oliveira Nunes, Rodrigo de Abreu, Vasco Guerra, Didier Fiuza Faustino; #8: Jan Ejhed, Teresa Alves, Luís Cabral, Mário Caeiro, Joana Fernandes, Pedro Ek Lopes, Fernando Silva Gusmão, Jorge Gonçalves, Pedro Penilo, David Sobral, Vasco Araújo, Samuel Roda Fernandes; #9: Aurora Carapinha, Teresa Alves, Bettina Pelz, Clara Menères, Mário Caeiro, Norberto Ribeiro, Raúl Serafim, Fernando Silva Gusmão, Rui Horta, Carlos Patrício, Ana Pais, Tiago Fróis, João Corte-Real, José Manuel Rodrigues, Ruben Menezes, Miguel Mattos

Júri Prémio Luzboa Luzboa Prize Jury

Maria Antónia Velez Véstia, João Luís Carrilho da Graça, Beatriz Batarda, Isabel Carlos, Nuno Crato, Jorge Gaspar, Fernando Conduto, José Manuel Fernandes, Teresa Alves, Marc Pottier

Organização
Organisation

Patrocínio estratégico
Strategic Partnership

Patrocinador de referência
Main Sponsor

Apoio
Support

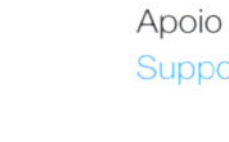

Parceiros tecnológicos
Technological partners

Apoios tecnológicos
Technological support

Parceiros de divulgação
Divulgation partners

Televisão oficial
Official television

Rádio oficial
Official radio

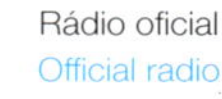

Colaboração
Collaboration

Apoio à divulgação
Divulgation support

Livro-catálogo 2007 Luzboa Book-catalogue 2007

Agradecimentos Acknowledgements

CML – Exmo. Sr. Vice-presidente da CML,
Carlos Miguel Fontão de Carvalho;
Exmo. Sr. Vereador António Manuel Prôa;
Direcção Municipal de Serviços Centrais [Paula Levy],
Departamento de Apoio à Presidência [Irene Nunes Barata],
Direcção Municipal de Ambiente Urbano,
Direcção Municipal de Protecção Civil, Segurança e Tráfego,
Direcção Municipal de Conservação e Reabilitação Urbana,
Direcção Municipal de Projectos e Obras, Polícia Municipal.
Fundação EDP – Exmos. Srs. Administradores-delegados,
Francisco Sanchez e José Santos Pires.
Ministério da Cultura – Exmo. Sr. Secretário de Estado,
Mário Vieira de Carvalho.
EDP – António Manuel Santos, Luís Cruz, Anabela Santos,
Cristina Gonçalves; Schréder – Luis Carlos Pinheiro Torres,
Maria Antónia Véstia, Nuno Patrício dos Santos, Miguel Mattos,
Luís Ginga, Orquídea Sousa, Maria José Jacques;
Philips – José Manuel Costa Brás; Indalux – Alberto Van Zeller,
Pedro Silva; Megarim – José Pavoeiro, Miguel Silva, Nuno Ribeiro;
JCS – Costa Santos; OSRAM – Hans Bodo-Fischer, Nuno Paiva,
Ana Isabel Sequeira; OMNICEL – Rui Picoto da Cunha; Vítor Santos;
JCDecaux – Antonieta Marques, Filipe Vaz; CPI – Vítor Vajão,
Pedro Telhado; IFP – Laure Bourdarot, Jean-Claude Lefèvre,
Rogélia Neves, Alice Afonso, Margarida Antunes da Silva;
ESAD Caldas da Rainha – Paulo Frade, Philip Cabau,
Teresa Fradique, Pedro Berrio, Samuel Rama, Pedro Cabral Santo;
Embaixada de Espanha – Maria José Garcia; ATL – Paula Oliveira,
Maria do Carmo Santinho, Maria Tavares, Bruno Charrua,
Vítor Carriço, Jorge Silva; EGEAC – Jorge Salavisa, Rui Catarino,
Aida Tavares; SRU – Gonçalo Velho, Miguel Palmeiro,
Teresa Arriaga; Associação de Valorização do Chiado; Fundimo –
– Jorge Madeira, Sérgio Meireles; Sogemais S.A. – José Ferreira;
Imopolis – Augusto Homem de Mello; Inditex – Ana Paula Moutela;
Juntas de Freguesia: São Miguel – Francisco Maia; São Nicolau –
– António Manuel; Mártires – Joaquim Guerra de Sousa;
São Cristóvão/São Lourenço – Ermelinda Brito; Sé – Filipe Pontes,
João Baioneto; CNC – Teresa Ferreira Gomes, Teresa Tamen,
Diana Roquette; EMEL – Carlos Barata Simões; Bazar do Vídeo,
Companhia de Dança de Lisboa – José Oliveira; Associação dos
Arqueólogos Portugueses – José Morais Arnaut; Bairro Alto Hotel –
– Pedro Mendes Leal, Adélia Carvalho, Maria João Rocha,
Suiço-Atlântico Hotel – Rui Fernandes; UACS – Filipe Rafael;
Força Motriz – André Quiroga; Eurovigia – José Durães Ávila,
José Sousa; Associação de Valorização do Chiado – Vítor Silva,
Victória Crespo, Ana Campos de António; Fidelidade-Mundial
Seguros – José Manuel Nunes, Ana Fontoura; Euroscanner
– João Carlos Morais; Multi – Mafalda Bettencourt França,
Rui Miguel Bernardo, Vanda Sobral; Silva Designers – Jorge Silva,
Levina Valentim, João Caetano; Luzeiro – Rafael Santos, Vítor Paiva;
Print Criativa – Higinio Rodriguez; Palmigráfica – José Quaresma;
Pictorial – Luís Padinha; Estúdios Shining – Abílio Leitão; Wastells
Agência de Viagens; FNAC; Espaço – Centro de desastres;
Universidade de Lisboa [Jardim Botânico] – Maria Amélia Loução,
Universidade Lusíada – António Martins da Cruz, Joaquim Braizinha,
Ricardo Leite Pinto, Maria Horta e Costa; Universidade de Évora –
– Aurora Carapinha. Antonieta Costa, Paulo Lázaro,
Vítor Pinto da Fonseca, Maria João Tomás, Miguel Wandschneider,
Alexandra Moura, Vânia Encarnação, João Lemos Diogo, Rui Pêgo,
Sofia Poitout, Bárbara Reis, Afonso Malão, Ana Sacramento,
Cláudia Maranho, António Cardoso, Helena Azevedo,
António Teixeira, Carlos Salavisa, Maria Rodrigues, Fabrice Ziegler,
António Manuel Robalo, Margarida Ruas, Iria Esteves Caetano,
Andreia Galvão, Rui Martins, Ana Pais, Pedro Besugo, Henrique Pinto,
Mónica Guimarães, Edgar Massul, João Pereira – Galeria Encosta.
Maria Odete Fernandes Câmara, Andrea Noronha de Andrade,
Fernando Caeiro, Luís Peixeira, Luís Pereira, Maria José Freire,
Diana Bernardo, Maria Beatriz do Nascimento e Silva,
José António Fernandes, Luís Sebastião, Rodrigo de Abreu,
Vasco Guerra, José Ramon Moreno, Malcolm Miles

Agradecimentos especiais Very special acknowledgements
Tetmei – Montagens Eléctricas e Informática
2045 – Empresa de Segurança, SA
Eurovigia – Serviços de Segurança, LDA

Concepção e direcção editorial
Concept and editorial direction
Mário Caeiro

Equipa de coordenação Coordination team
Teresa Alves + Miguel Mouta Faro

Colaboração Collaboration
Samuel Roda Fernandes

Design Gráfico Graphic Design
Pedro Ruivo

CD-Rom CD-Rom
Sílvia Silva

Traduções Translations
Leonor Francisco [Alliance Française], Vincent McCallum, Trace McCallum, Andrea Noronha de Andrade, Rogélia Neves, Alison Shamrock

Co-edição Co-edition
VIA-Verlag + Extra]muros[

VIA-Verlag
Publisher of Professional Lighting Design magazine
Marienfelder Str. 20
D-33330 Guetersloh
Germany
www.via-verlag.com

Extra]muros[associação cultural para a cidade
Rua da Bela Vista, 110, 4.ºA
2825-111 Monte de Caparica
www.luzboa.com

ISBN 978-3-9811940-0-5

Depósito Legal 259095/07

Acabou de imprimir-se em Outubro de 2007
Printed in October 2007

Patrocínio/Apoio à presente Edição
Sponsors of this publication

Este livro é dedicado a Maria Odete Fernandes Câmara, por toda a Luz que verteu sobre este mundo.
This book is dedicated to Maria Odete Fernandes Câmara, for all the Light shed on this world.

Agradecimentos especiais
Special acknowledgements
António Costa Brás
Rui Picoto da Cunha
Jean-Paul Lefevre
Leonor Francisco
Pedro Ruivo
Printer Portuguesa
+ todos os autores, assim como empresas participantes e colaboradores
+ all authors, participating companies and collaborators

Autores Authors
[projectos, obras, eventos, intervenções e textos]
[projects, works, events, interventions and texts]
António Prôa, Mário Caeiro, Teresa Alves, Samuel Roda Fernandes, Miguel Mouta Faro, Malek Abbou + Christophe Béguin, Extra]muros[[Mário Caeiro + Samuel Roda Fernandes + Catherine da Silva + Moritz Elbert Nélson Leão + Andreia Olímpio]**, Miguel Mouta Faro, Catherine da Silva, Patrícia Freire, Jana Matejkova + Carlos de Abreu [+ Dídio Pestana + Marek Bradác + Petr Vysohlíd], André Banha, Javier Núñez Gasco, Bruno Peinado, Moov [António Louro + José Niza + João Calhau], Miguel Chevalier, Cynthia del Mastro + Fernando Cézar Vieira, Het Pakt [Jan Bossier + Jef Byttebier + Lieven Neirinck], José Eduardo Rocha + Ensemble JER, Giacomo Scalisi, Carlos Sousa, Pedro Cabral Santo, David Santos, Bruno Jamaica, Marisa Teixeira + Filipe Frazão, Sérgio Taborda, Gérald Petit, Nicolas Exertier, Adriana Sá + Hugo Barbosa [+ David Maranha + Sei Miguel + Fala Mariam + Manuel Mota + Pedro Lourenço], André Gonçalves, Rigo [+ M. T. Karthik], Natxo Checa, Afonso Malão, Orlando Worm, Bettina Pelz, Jean-Claude Deschamps, Jean-Lucien Guillaume, Véronique Liot, Indrek Leht, Richi Ferrero, Realizar, Casa Magica – Friedrich Förster, Rochus Aust, Peter Brdenk, Lightec – Jean-Marc Bertolotti, Nuno Maya Carole Purnelle, Mel Jordan + Andy Hewitt, Fiorenzo Alfieri, Jaume Plensa, Amardeep M. Dugar, Osram, Gillamp Projecto, Megarim, Omnicel – Rui Picoto da Cunha, Still to Come – – Rogério Oliveira, Gilberto Franco, Norberto Ribeiro, Philips Iluminação – Nuno Felgueiras, Nuno da Silva, Vasco Guerra + Rodrigo de Abreu, Fabrice Ziegler + Fernando Miguel, Marc Latapie, Malcolm Miles, Christian Nold, Giuseppe Panza di Biumo, Gisella Gellini, Kai Becker, Nelson Guerreiro, Anthony Iles**

Índice

Pensar a luz To reflect upon light

uma fundação para o século XXI
fundação
edp

O Pulsar de Lisboa

Serão os nossos olhos os que melhor vêem Lisboa?

Teremos nós a distância afectiva e efectiva que nos liberte da paixão que nos liga à cidade?

Lisboa, a cidade que vivemos no alucinante ritmo do dia a dia. A Lisboa das ruas que a rasgam mas, que na mais perfeita e bela incoerência, a unem de colina a colina, de bairro a bairro, de casa a casa.

Esta minha cidade de diferenças unidas, de mensagens contrárias, de caminhos de vida que se cruzam, de gerações que lhe dão história e lhe apontam novos horizontes.

Uma Lisboa que vive na luz do dia reflectida no espelho do Tejo, nas cores dos seus prédios, no verde dos seus parques e jardins.

Mesmo quando dorme, Lisboa tem um soberbo encanto iluminado visto do outro lado do Tejo ou da aproximação feita pelos céus que são o seu tecto. Um encanto digno dos poemas e das prosas que lhe dedicaram.

É neste pulsar de luz, onde a cor e a sombra se envolvem, que se (per)corre a vida de Lisboa. O seu espaço público é o grande palco dos sentidos.

Esta II Bienal Internacional da Luz impressionou. Fez os Lisboetas e os milhares de amigos desta cidade, de todas as partes de Portugal e do mundo, que nos visitaram, ver o que os seus olhos não viam: as cores escondidas da realidade de Lisboa.

Mais do que uma expressão de Arte Urbana, a LUZBOA foi um tributo que se fez a Lisboa. Por este facto, sinto que a Câmara Municipal de Lisboa cumpriu a seu dever de colocar Lisboa no pedestal de adoração que uma divindade merece.

ANTÓNIO PRÔA

VEREADOR DA CÂMARA MUNICIPAL DE LISBOA

PELOURO DO ESPAÇO PÚBLICO 10.2005 – 8.2007

The beat of Lisbon

Are ours the eyes that best see Lisbon?

Do we have the affective and effective distance that liberates us from the passion that links us to the city?

Lisbon, the city we live in the hallucinating rhythm of daily life. The Lisbon of the streets that tear her apart but which, in a most perfect and beautiful incoherence, connect her hills, neighbourhoods, homes.

This is my city, one of connected differences, of contradictory messages, of crossing life paths, of generations that enrich her history and point out new horizons.

A Lisbon that lives in the light of day reflecting in the mirror of the Tagus, in the colours of its buildings, in the green of its parks and gardens.

Even sleeping, seen from the other side of the river or the plane descending from the skies which are her ceiling, Lisbon has a superbly lit charm. A charm worthy of the poems and proses dedicated to her.

It is in this beat of light, where colour and shadow mingle, that one may feel the life of Lisbon. Her public space is the great stage for the senses.

This II International Biennale on the Theme of Light was impressive. Led Lisbonians and thousands of friends of the city, coming from all corners of the world to visit, to see what their eyes didn't see: the hidden colours of the reality of Lisbon.

More than an expression of Urban Art, LUZBOA was a tribute to Lisbon. For this fact I feel that the Municipality executed its duty to put Lisbon on the pedestal of adoration that a divinity deserves.

ANTÓNIO PRÔA

TOWN COUNCILLOR FOR PUBLIC SPACE

AT THE LISBON CITY COUNCIL [10.2005 – 8.2007]

Lisboa inventada

Inventing Lisbon

Textos para a cidade Texts for the city

Mário Caeiro

À Luz!

À l'évidence, les artistes de Luzboa confrontés aux configurations urbanistiques de la ville, vont s'appuyer sur des pratiques de vie locales, sur des restitutions mnésiques, sur des correspondances analogiques de forme. Tout cela devrait nous parler éloquemment. [...] *Je retrouve cette exigence-là dans le projet Luzboa, et plus largement le désir de rompre avec cette idée de l'événement culturel entendu comme seulement une promotion spectaculaire à visée touristique, ou comme instrument de gestion de la passivité. Je vois que les projets composent concrètement avec la réalité géographique et humaine de leur site d'élection.*

MALEK ABBOU

1. Intro. O livro obrigatório

Não se nos pode exigir o Céu... bem, talvez a lua. Este livro foi pensado, escrito e produzido para funcionar como momento reflexivo após a II Bienal Internacional da Luz de 2006, na convicção de que o evento merece a atenção por parte de muitos sectores da sociedade, se quisermos conjuntamente definir melhor o espaço urbano e a própria ideia de urbanidade que nos envolve.

É uma obra de *anamnese colectiva*, processo de acervo de memórias e opiniões à distância de alguns meses; esse o sentido de a Luzboa ter abraçado o desígnio de reconfigurar *sistematicamente* o Espaço Público, o da Capital em particular. Com sentido prático e didáctico – aglutinador e inclusivo – como o demonstram as contribuições nas margens da arte, convidadas a aportar outras visões ao campo artístico tradicional; e toda a mobilidade táctica, patente nos compromissos de todo o tipo que delimitam o Espaço Público como oportunidade de esforço conjunto por um bem comum.

Com os anos, aprendemos a ser mais exigentes, e críticos, mas também a aceitar os elogios. A Luzboa é um modelo original, com identidade altamente afirmada e clara, capaz de criar em seu torno uma aura a que não é alheia, como sempre foi o objectivo desde o início, a Alma de Lisboa.

A presente obra constitui, num único catálogo-objecto, uma recolha de mensagens: dos artistas, reflexos nos *media*, a inevitável retórica da imagem, textos decorrentes do pensamento sobre a Bienal e seus valores aplicados. É portanto de um objecto de estudo que se trata, útil para políticos em sentido geral e sentido estrito, fundamental para criadores de todas as áreas e finalmente aqueles que da 'Cultura da Luz' queiram vislumbrar a essência. Não são poucos, a julgar pela *comunidade de leitores* que de nós se tem aproximado ou as redes internacionais que o livro elenca.

2. Sínteses. Uma Bienal em contacto com a cidade

A estrutura expositiva da Bienal consistiu na transformação colorida da iluminação urbana, ao longo de um percurso de mais de 4km de comprimento [do Príncipe Real a Alfama], segundo o modelo de um monumental 'Museu ao Ar Livre'. As 24 intervenções artísticas, por 32 criadores de oito países, entre consagrados e valores emergentes, revelaram, através da Arte, o carácter profundo de diferentes espaços urbanos. Mas a Luzboa não foi uma 'exposição ao ar livre', foi um *Evento* com acontecimentos dentro, em que a dimensão estritamente estética das várias intervenções urbanas foi complementada por acções de valoração, formação e debate, tais como a cerimónia inaugural, o Prémio Luzboa-Schréder, o Congresso da Noite, as visitas guiadas. Todos estes momentos sedimentaram a massa crítica do Evento, comunicando-o junto de públicos específicos; asseguraram-lhe futuros adeptos, mais 'amantes da Luz'.

Alguns dados

Primeiro os quantitativos: + *500 000 visitantes*, + *1 500 000 contactos*; + *50 instituições e empresas envolvidas, públicas e privadas*; + *20 organismos envolvidos, públicos e privados, na área da Cultura*; *um orçamento global de + 600 000 [seiscentos mil euros]*, gerando *uma visibilidade mediática valorizada em + 1 000 000 euros*.

Quanto aos dados qualitativos: A Luzboa 2006 foi um *Percurso Urbano Monumental*, valorizador da Imagem Nocturna da Capital; a *demonstração da potencialidade da Arte Urbana na Cidade Contemporânea*; *um evento mobilizador dos tecidos institucional, técnico, empresarial, turístico e cultural*; a convocação dos cidadãos para *uma celebração do Espaço Público e da Noite transfigurada pela Arte*.[1]

Também na *internet*, o *site* Luzboa, as acções de *e-mailing*; a forma como o programa da Bienal foi 'adoptado' por portais e *sites* associados, revelaram uma iniciativa com potencial de atracção turística, informal e cidadã. Como aconteceu na própria Televisão, com todos os canais a fazerem reportagem no horário nobre dos noticiários nocturnos.

Finalmente, a Luzboa manteve um programa regular na área da edição, da formação, da reflexão: sucederam-se acções e apresentações

1 Do Relatório de Actividades público, disponível em http://www.luzboa.com.

em universidades, os ateliês 'Desenhar a Luz', lançamentos da obra *Relativity*, alicerses de um desenvolvimento progressivo de um discurso em torno da Luz que apenas agora dá os primeiros passos. Comunicámos! Em espaço publicitário, nos *media* urbanos, numa ampla acção de visibilidade de um Conceito Original que assim se vai afirmando.

Implantação e intervenção

A Luzboa 2006 aconteceu fundamentalmente como um evento de intervenção no tecido urbano assente num percurso delineado – o *Projecto RGB* – através da alteração da cor em luminárias públicas [e privadas], explicitado em três circuitos distintos: – RED – da Praça do Príncipe Real ao Largo do Camões; – GREEN – do Largo do Chiado à Rua de Santa Justa; – BLUE – das Escadinhas de São Cristóvão ao Largo de Santo António da Sé. Esta intervenção urbana foi o suporte para a localização das instalações artísticas, extremamente diversas, dos artistas, que se foram apropriando dos espaços a que foram destinadas, tendo sido obtida, deste modo, uma coerência sistemática de leitura e fruição. Projecto RGB e intervenções dos artistas constituiram um interessante processo em tensão, uma vez que o primeiro foi o mega-objecto de comunicação urbana com o qual cada peça teve de estabelecer um protocolo para assegurar o seu próprio protagonismo, fundamental para tornar o evento um acto de vivência da cidade. Os limites da[s] obra[s] eram tão difusos e fluídos como a vida quotidiana.

Do trabalho de legitimação ao sucesso popular do conceito

A II edição da Luzboa decorreu entre 21 e 30 de Setembro. Foi concebida e produzida pela Extra]muros[[2], uma plataforma de Projecto Urbano, Arte Pública, Design Urbano, Iluminação e Intervenção Cultural que, para esta iniciativa, contou com a parceria estratégica da Câmara Municipal de Lisboa – através da Vice-Presidência e em particular do pelouro do Espaço Público, na pessoa do Vereador António Prôa – e com o patrocínio de referência da EDP [via Fundação EDP, nas pessoas dos administradores-delegados Francisco Sanchez e José Santos Pires], à frente de um significativo rol de instituições e empresas apoiantes. Posturas de incondicional colaboração como as que recebemos de entidades como o Instituto Franco-Português e a ESAD.CR, uma referência da comunicação urbana como a JCDecaux, as empresas de segurança Eurovigia e 2045, o ateliê Silva! Designers, líderes da Iluminação como a Schréder, a Philips, a Indalux, a Osram e a Megarim; empresas de meios técnicos como o Bazar do Vídeo, técnicos incansáveis como o Nélson Leão e toda a equipa de produção técnica da Tetmei, merecem aqui uma palavra especial, tal como a equipa de produção geral do Evento que articulou em tempo escasso as mais difíceis decisões, com um profissionalismo e abnegação superiores. Acrescentando a estes dados 'internos' a total cumplicidade com a Comunicação Social, de que destacamos uma parceria com o Jornal Público, relações especiais com a Antena 1 e a RTP-N, tem-se uma ideia de que só um valor amplamente entendido como oportunidade teria esta força de aglutinação. De resto, num claro sinal de credibilidade institucional, a Luzboa contou em 2006 com o Alto Patrocínio da Presidência da República e ostenta o estatuto de Superior Interesse Cultural, atribuído pelo Ministério da Cultura.

Ainda mais motivante que esta legitimação institucional, estamos orgulhosos pelo sucesso e pertinência do Evento, comprovado pelos milhares de visitantes e generalizada boa recepção por parte da comunicação social, o que permite supormos que a partir de agora este possa ser considerado uma iniciativa que legitimamente aspira à regularidade, enquanto Intervenção Urbana que, por meio da Iluminação Pública e intervenções artísticas, revela uma clara função requalificadora do Espaço Público.

Através da Luzboa, ficou demonstrada, recorrendo à comunicação e mediatização que a Arte e a Cultura são capazes de mobilizar, a importância da iluminação artificial e a sua relação com os vectores estruturantes da cidade: urbanismo, arquitectura, arte pública, espaço público, sustentabilidade, cidadania e qualidade de vida. Ao colocar na praça pública arte que traz as pessoas para a rua e as faz reflectir sobre a sua relação com a luz e a noite, a Luzboa revelou-se sobretudo um evento que contribui para a Identidade Contemporânea da cidade – talvez não apenas de Lisboa.

Debater a Noite: cidade, tecnologia, cultura

A Luzboa foi em 2006 uma chamada de atenção para questões que se prendem com a iluminação da cidade. Ao intervir em artérias importantes do centro histórico e turístico, realçou a importância da Luz Urbana e contribuiu para o debate sobre a mesma, junto de decisores e moradores, apelando à necessidade de um pensamento informado e esclarecido no que respeita à iluminação artificial, nomeadamente nas referidas zonas históricas e monumentais da cidade.

A Luzboa demonstrou que desenho da noite é urgente e que as grandes realizações arquitectónicas e urbanísticas merecem ser fruídas também à luz da noite. A ideia do conhecimento da sombra tem que ser reformulada, bem como a necessidade de se realçar na arquitectura e no urbanismo o seu lado oculto, só visível através de uma iluminação nocturna. Basta de pensar que a luz da noite tem de cumprir a mesma função que a luz do dia. A inovação tecnológica neste domínio não pode ser ignorada. Luzboa teve como patrocinadores das empresas mais importantes presentes em Portugal na área da iluminação, e este facto é uma clara afirmação de que estas e outras estruturas empresariais estão dispostas a avançar como investigadoras e fornecedoras de material de alta qualidade para novas soluções de Iluminação Pública, pensada à medida de cada conceito, espaço ou volumetria. A cidade merece que a soluções globais, fruto de complexas economias de escala, sejam equilibradas com noções como as de localidade, de identidade, de proximidade. E merece que os artistas, independentemente da sua formação e desde que aliados em parcerias tecnicamente sustentadas, tenham um papel preponderante na reconfiguração simbólica e conceptual do meio urbano.

Projectos permanentes. Sociedade urbana, sociedade civil

Instada a pensar soluções permanentes, a Organização reflectiu em 2006 sobre o Rossio e o Panteão Nacional, considerados possíveis ícones para uma imagem urbana contemporânea. À Luzboa, no âmbito restrito da realização de uma Bienal de Arte, limitada no tempo e no espaço, e nas suas atribuições políticas, não se pode exigir a apresentação sistemática de soluções permanentes. No entanto, o Evento pode alertar para a sua importância e teve a capacidade de apresentar propostas que poderão ser úteis para os decisores públicos e privados assumirem a sua responsabilidade na imagem urbana da cidade.

Em concreto, a Luzboa, no quadro de um compromisso exigido pela CML, entregou a esta entidade um estudo prévio para a iluminação da Praça D. Pedro IV [Rossio], um ante-projecto que imagina a área de intervenção como 'praça sensível' ao espírito da Cidade. Também o Panteão Nacional –

2 Extra]muros[associação cultural para a cidade é uma associação cultural sem fins lucrativos com sede no Concelho de Almada, essencialmente constituída por profissionais da área projectual, com a qual colaboram designers, arquitectos, urbanistas, arquitectos paisagistas, geógrafos, cientistas sociais, estudantes – que procuram através da Associação ter uma intervenção eticamente fundamentada em questões relativas ao meio urbano.

Igreja de Santa Engrácia foi objecto de um projecto, capaz de conferir ao monumento uma presença mais subtil no *skyline* da cidade.

Daqui se depreende que a força da Luzboa – e em parte a sua fragilidade – é a de ser um evento independente, com base na sociedade civil, transversal e multidisciplinar nas suas inúmeras contribuições, conseguindo em duas edições consecutivas totalizar um naipe de apoios significativo, em prol de uma visão comum do Futuro Urbano. Isso faz da Luzboa um tema em permanente evolução, de interesse para uma Capital que pretenda ter momentos celebratórios da sua Identidade e da sua Imagem Urbana, tanto efémeros como permanentes.

Com a ritualização da Luzboa, uma espécie particular de produção artística [arte pública] torna-se uma ferramenta para os cidadãos compreenderem o espaço urbano; a um certo nível, a sociedade urbana pode reificar o seu sentido colectivo e celebrar-se como verdadeira sociedade civil.

3. Génese. Ideia e princípios em acção

Porque a Luzboa é também um Projecto Cultural, merece a sua ideia, a sua génese e os seus princípios serem recordados, agora à luz das intervenções da segunda edição. Assim se constrói uma identidade realmente reconhecível. A Luzboa nasce em 2003[3], contando o embrião de uma nossa ideia com o impulso inicial de Marc Pottier, adido cultural da Embaixada de França, como nós interessado em realizar um evento urbano que associasse a interdisciplinaridade do Desenho Urbano à mais-valia da Arte Contemporânea. Seguiram-se encontros, debates, opiniões e experiências subsequentes, realizados no âmbito da preparação da primeira Bienal Internacional da Luz, decorridos em Lisboa entre Novembro de 2003 e Setembro de 2004[4], desenvolvidos já com o concurso de Teresa Alves, geógrafa, e de Samuel Roda Fernandes, arquitecto, em conjunto com uma equipa de dezenas de colaboradores. Retiradas conclusões importantes acerca da luz de Lisboa e das prioridades a ter em conta nos projectos de arte pública ou de iluminação pública e ambiental a desenvolver, sete tópicos enunciados em 2004 norteariam, na medida do possível, a realização da Luzboa em 2006:

- Valorização da Luz natural, enquanto génio do lugar
- Intervenção projectual no sentido de transfigurar a noite
- Combate à poluição luminosa e à morte do céu
- Sensibilização para o Planeamento e economia
- Realização de acções em prol de uma *melhor* noite
- Importância do Projecto-Luz na qualificação do Património
- Promoção do Espectáculo da luz como lazer

Dos princípios à sua aplicação

A elencagem dos sete princípios da Luzboa foi tida em conta pelos criadores durante a preparação da Bienal de 2006. Mas ainda não foi desta que a luz natural de Lisboa, particularmente peculiar junto ao rio, foi objecto de um grande projecto. Mas houve sinais de aproximação ao tema das calçadas – Catherine da Silva, com *Esquiços* –, bem como obras que articularam funcionalidades válidas para o dia e para a noite, ou que se propuseram enquanto espaço de transição dia/noite orgânico e revelador – foi o caso de *Abrigo-me*, de André Banha, ou *Fado Morgana*, dos Het Pakt. O tema do excesso de iluminação nocturna foi frontalmente abordado pela redução lumínica efectuada ao longo de todo o percurso da Bienal, permitindo a existência de novos contrastes, e uma real re-valorização de espaços e imagens visuais nocturnas. A por vezes constestada diminuição dos *lux* no pavimento permitiu inéditas sensações de profundidade, ritmo ou colorido. Ou discretas epifanias como as fugazes raízes de luz de *Art gets you through the Night III*, na Rua do Limoeiro, ou o entrançado luminoso de *Coração*, de Jana Matejkova + Carlos de Abreu. Não menos importante, provocou discussão e crítica.

O tema da poluição luminosa – a morte do céu – exigiria projectos de alcance permanente e escala incontornável. Ainda assim, obras cirúrgicas como *Nightshot #2* de Gerald Petit abordaram o tema de forma eloquente, obrigando-nos a reconsiderar a [in]existência de uma verdadeira paisagem nocturna desenhada. Foi ainda o *Projecto RGB* capaz de sintetizar num gesto aparentemente simples e comunicativo, o desejo de uma 'melhor noite', no sentido de mais sensível aos contornos do meio, à identidade espacial, capaz de gerar 'conforto visual, segurança e magia', porque disponível para albergar os vários momentos poéticos de cidade transfigurada. Se desta experiência se podem retirar conclusões sobre questões energéticas e de sustentabilidade? Certamente – como aconteceu em várias das acções de formação, em que foram oradores dos melhores técnicos nacionais e internacionais na área da iluminação – mas com a desejável eficácia e impacto já para além das possibilidades estritas de uma Bienal de Arte independente.

Neste sentido, a Missão da Bienal era sem dúvida a criação de momentos urbanos através da Luz, propiciando descobertas, fluxos e vivências. Propondo lugares de vida social.

Os dois últimos tópicos estão também interligados. Na dinâmica de preparação e pré-produção da Bienal, *o céu era o limite* e por isso se tentou afincadamente convencar várias entidades a assumir a responsabilidade de alterar a luz atirada sobre algum do Património edificado fundamental da Cidade, por norma excessivamente iluminado [Basílica da Estrela, Panteão Nacional, Palácio da Ajuda, entre outros] e durante demasiadas horas. Com base numa noção de património crítica e actualizada, e encarada à luz das tecnologias disponíveis, lançámos olhares renovados sobre o Panteão Nacional ou o Rossio – no primeiro caso, criando subtis possibilidades de gradação dos brancos da cúpula, em conjugação com uma na nova leitura, mais equilibrada, da ondulante traça barroca do monumento; no segundo, trabalhando a dois níveis: um, a criação de um modelo conceptual de intervenção permanente, um original plano de iluminação com elementos dinâmicos, o outro, a apresentação de ante-projecto de carácter artístico, evocando as ondas que em tempos varriam o leito da actual Praça.

A relação com a Luz Urbana como espectáculo, que aqui queremos traçar, advém de se ver nessa oportunidade uma renovação da relação entre os cidadãos e turistas e os marcos urbanos nocturnos. Como dizíamos já em 2004, alguns dos nossos ícones podem transformar-se em fortes pólos de atracção turística, comunicação urbana e *marketing* da cidade, podendo afirmar-se que a componente de oferta de lazer é um factor de qualidade permanentemente avaliado pelos cidadãos. A celebração ganha porém em ser alegre sem perder profundidade, em reflectir valores de consciência e construção, para além da mera afluência acrítica. Esta é a posição da Marca Luzboa.

3 Ano da realização do Seminário Internacional 'Desenhar a Luz', em que participaram entre muitos outros, Jan Ejhed, Daniel Buren, Ariella Masboungi ou Evgen Bavcar, além dos vários artistas que realizariam projectos para a Bienal do ano seguinte. Durante o seminário, seria lançada a obra *A Luz e a Paisagem*, edição Livros Horizonte, com a presença do autor, Roger Narboni.

4 http://www.luzboa.com/luzboa.html + http://www.luzboa.com/2004/2004.html

James Turrell na Praça do Comércio

Durante o período entre as duas Luzboas, um encontro teve significado especial. James Turrell esteve dois dias em Lisboa, a convite da nossa Organização, passeando pela cidade. Levámo-lo a potenciais áreas de intervenção e depois de reduzirmos conjuntamente a escolha a dois *ex-libris* da Capital, o Castelo de São Jorge e a Praça do Comércio, o mestre americano revelou a sua ideia, mentalmente esboçada e informalmente apresentada.

Quando Lisboa tiver a coragem de entregar a um Artista como Turrell a responsabilidade de mudar a Imagem e a Presença lumínica de um espaço tão fulcral da cidade como o é a Praça do Comércio, poderíamos ter a certeza que alguma da dinâmica do reconhecido 'efeito Bilbao' traria à Baixa uma identidade contemporânea notável. Em tempo de discussão de Planos para a Baixa, fica o repto, sendo que algum caminho – interesse, reconhecimento, répérage, conceito – já foi percorrido. Talvez este seja um dos maiores desafios que a Luzboa alguma vez enfrentou.

A Praça do Comércio, também conhecida por antigo Terreiro do Paço, era já no período Manuelino um espaço de grande significado do ponto de vista urbanístico. Foi a praça para onde, em 1511, D. Manuel transfere a sua residência – o Palácio Real. Situado no privilegiado coração da Baixa Pombalina, reconstruído por Marquês de Pombal, após o terramoto de 1755, o Terreiro do Paço tornou-se no elemento fundamental do Plano de Pombal. Actualmente, esta que é uma das praças mais majestosas de Lisboa mantém ainda uma imagem simbólica institucional, sendo sede de várias instâncias do poder político.

Ao nível arquitectónico, sua nobreza deve-se, em grande medida, ao ritmo das arcadas dos edifícios. A norte, a praça é dominada pelo Arco Triunfal da Rua Augusta, com estátuas de personalidades históricas, como Vasco da Gama e Marquês do Pombal. Ao centro, a estátua do Rei José I, erigida em 1775 por Machado de Castro, o principal escultor português do século XVIII. Foi na Praça do Comércio que a 1 de Fevereiro de 1908, o rei D. Carlos e seu filho Luís Filipe foram assassinados; em 1974, a Praça assiste à Revolta do Movimento das Forças Armadas, que derrubou a Ditadura.

Hoje, a Praça do Comércio é um espaço urbano que carece de um processo de revitalização profundo, de instrumentos que estabeleçam aproximações sociais, por via de actividades culturais, de restauração e comerciais, de larga acessibilidade e que possam enriquecer tanto a vida diurna como nocturna.

A ser concretizado, o Projecto de James Turrell assentaria num conceito de iluminação dinâmica RGB, com programação adaptada a diferentes ocasiões do ano. A equipa de projecto da Luzboa desenvolveu contactos iniciais com Turrell, e estabeleceu a possibilidade um plano de acção concreto. Nesta altura porém – Setembro de 2007 – impor-se-ia a reunião de um conjunto de medidas que não estão ainda ao alcance da Organização. Na prática, procuramos reunir condições para que um dia a frente ribeirinha de Lisboa tenha definitivamente a marca de um dos grandes artistas do nosso tempo. Para além de vontade política, uma instalação de Turrell exigiria ainda a colaboração de empresas de tecnologias de iluminação.

O sonho comanda a vida… da Praça. Luzboa reúne com quaisquer entidades interessadas em acarinhar esta ideia. **MC**

James Turrell at Praça do Comércio

In the period between the two Biennales, a meeting was of special significance. James Turrell spent two days in Lisbon, invited by our Organization to visit potential areas of intervention. We took him to two symbols of the Capital, The Castle [Castelo de São Jorge] and Praça do Comércio, and the Master would come up with an idea he'd mentally sketch and informally present.

One day, Lisbon will have the courage to offer an Artist like Turrell the responsability to change the Image and Luminous presence of such a crucial spot in the city. Some of the dynamics of the so-called 'Bilbao-effect' would surely lend Lisbon an interesting upgrade effect in terms of contemporary identity. In a time when Plans for the Baixa [Downtown] are being discussed, here's the challenge. Some steps have been taken – interest, recognition, répérage, concept. Maybe this is one of the greatest challenges Luzboa ever faced.

The Praça do Comércio [Commerce Square] was already in the Manueline Period a spot of great meaning in urbanistic terms. It was the square where, in 1511, King Manuel installed his residency – the Royal Palace. Situated in the privileged heart of the Pombaline Baixa, the Square became the fundamental element of Pombal's Plan. Today, it's one of the most magestic squares in Lisbon, maintaining a strong institutional symbolism, being the seat of various instances of political power.

In architectonical terms, its nobility comes mainly from the rhythm of the arcades of the buildings. To the North the square is overlooked by the Triumphal Arch of Rua Augusta, displaying statues of historical personalities, such as Vasco da Gama and Marquês de Pombal. In the centre, there is the statue of King José I, erected in 1775 by Machado de Castro, the most important Portuguese sculptor of the XVIII century.

It was in Praça do Comércio that on February the 1st 1908, King Carlos and his son Luís Filipe were assassinated; in 1974, the square assists to the rebellion of the MFA [Mouvement of the Armed Forces] that overthrew the Dictatorship.

Today, the Praça do Comércio is an urban place that longs for a profound renewal process, for instruments that may be capable of generating social approximations, by means of cultural activities, food restoration, commerce, largely accessible, that may enrich both diurnal and nocturnal life.

Once realized, Turrell's project would consist of a dynamic RGB lighting system, the programming being adapted to different occasions of the year. The Project team of Luzboa established with Turrell the possibilities for a concrete plan of action. For now though – in September 2007 – the necessary set of measures are yet to be accessed.

Until then, we'll continue to aspire to install in the waterfront of Lisbon a permanent project by one of the greatest artists of our time. More than just the political good-will, an installation by James Turrell would definitively also demand the collaboration of various lighting technology companies.

Such an intervention is a dream… to come true. Luzboa is ready for meetings with whoever might be interested in cherishing this idea. **MC**

James Turrell, Almine Rech e Marc Pottier

Plataforma e tipologias de intervenção: afirmando o Projecto-Luz

Estes pensamentos esboçados em 2004 e actualizados em 2006 confirmaram um impulso essencial: a Arte tem uma palavra a dizer na gestão integrada da cidade; e em particular uma 'arte da luz', proposta como tema, valor [de projecto] e evento [acontecimento cultural]. A Luz como factor de projecto, tornada vector de desenvolvimento, desígnio. A luz abordada com deferência e, simultaneamente, arrojo, numa aventura que começa em pesquisas artísticas para, ao longo do tempo, se projectar em factos públicos festivos, no desenho da cidade, na encenação do colectivo, e finalmente numa cultura de projecto própria, que transvasa domínios estabelecidos do design, da arquitectura, do urbanismo, do espectáculo, da encenação de ambientes.

Projectos-luz serão então todos esses projectos em que o factor Luz – a ideia, o conceito, a tecnologia, a estética, a expressão, as expectativas inerentes –, tudo o que na verdade se associa à palavra em si – se torna o ponto-chave da recepção por parte do público. Não se trata de canalizar a competência criativa e a experiência estética das pessoas para um chavão mediático, mas sim concretizar uma investigação-acção interessada no tema da Luz enquanto valência do projecto-luz e do próprio projecto urbano.

'Arte da luz'

O Projecto-luz parte de uma reflexão sobre o fenómeno em si e enquanto tema filosófico-cultural, como acontece com a demanda de artistas-farol como James Turrell. Pode levar os fenómenos da Luz e da percepção a terem um papel estruturante e excepcional no seio de acções com os polos de interesse mais diversificados. Em Arte Pública, a Luz, sendo encarada de forma relativamente autonomizada, abre-se como fenómeno de criação, investigação e estudo. Ora esta Luz que se pensa e que integra um conjunto de decisões projectuais é um acontecimento que tanto ocorre à escala íntima e pessoal, muitas vezes como experiência-limite de cariz óptico, como se torna um evento urbano, transfigurador do dia-a-dia de milhares de pessoas. Em ambos os casos, confirma-se que a luz, pela sua imaterialidade, pela sua magia, ultrapassa a condição de matéria e meio, para expressar uma essência inefável, porém de penetrante impacto psicológico. A Luz toca-nos. Porque tem o dom de integrar o observador numa vibração própria, ela dá a ver algo de essencial no seio do próprio indivíduo que observa. Tal estatuto responsabiliza autores e técnicos, exigindo competências complexas, abordadas em equipa.

A arte da Luz e da iluminação, luz *projectada*, gera assim emoções que artistas, arquitectos, designers, cenógrafos e criadores em geral, sabem serem diversas das proporcionadas pelas disciplinas estabelecidas. Ou seja, a arte da Luz [e da iluminação], sem ser necessariamente uma disciplina autónoma [e não confundindo com a categoria de Design de Luz ou *Éclairagisme*, que são acima de tudo estatutos profissionais] compreende uma genealogia de projectos cuja filosofia e atitudes subjacentes podem ser razoavelmente definidas. Nesse sentido, só através do elogio do Conceito é possível ir além da mera Funcionalidade – precisamente por via do Projecto-Luz.

Participação e interinstitucionalidade

Como em 2004, Luzboa voltou a revelar em 2006 poder ter um papel central no conceber e realizar de espaços, imagens e situações, abrindo a gestores, programadores e políticos, aos investigadores, um novo campo a explorar. O processo implica toda uma nova abordagem de temas como o Património Edificado, os Espaços Verdes ou o próprio Espaço Público. O desafio: integrar a população, e os agentes privados com capacidade de gerir acções de maior visibilidade, numa renovação activa e empenhada, por natureza pluridisciplinar e multívoca, articulando saberes ancestrais, tradições e o mais elementar senso comum com as mais recentes inovações tecnológicas, em prol de uma realização profissional, pessoal e humana. Isto num processo transparente, no quadro de uma verdadeira cultura de progresso e qualidade. A Cultura, assim, torna-se estruturante e a Arte um acontecimento de comunicação. Também um território de experimentação colectiva, de debate e diálogo, em rara fusão de públicos.

2004 – 'Entre o céu e a terra...'

Ora a Bienal promoveu em 2004 um novo tipo de acontecimento cultural urbano: a noite transfigurada pela arte. Um momento que vale a pena recordar porque foi uma primeira experiência de *apropriação* do espaço público, com base na qual se explanaria a edição de 2006.

Durante a realização do EURO 2004, a edição de 2004 contou com mais de 250 000 visitantes. Sob o tema 'Entre o Céu e a terra assistimos ao espectáculo do Mundo' – verso de Carlos Drummond de Andrade – participaram duas dezenas de artistas, entre os quais Yann Kersalé, Ron Haselden, Frédérique de Gravelaine, Jean-Luc Vilmouth, Jean-Claude Deschamps, Luís Campos, Emanuel Brás, que realizaram vários projectos inovadores pela forma como a Luz urbana foi reconsiderada. Quanto aos artistas que permaneceram em ambientes *indoor* – casos de Carlos Nogueira, João Pedro Vale, Abílio Leitão, ou Virgínia Mota, souberam evocar o tema da *luz instalada*, na forma como as suas peças dialogaram com os espaços particulares de Museus e Galerias.

O programa incidiu no domínio da arte contemporânea, mas a Luzboa obteve a atenção de vários públicos – como pudemos confirmar durante as visitas guiadas, à descoberta de uma abordagem projectual relativamente rara na Arte Portuguesa. Através de acções muito diversas, fomos contribuindo para começar a ritualizar uma imagem positiva e integradora do meio urbano. Luzboa assumia o objectivo de colocar Lisboa na rota dos grandes eventos internacionais da contemporaneidade, com o fito de renovar o poder apelativo da capital durante o Verão. O Livro-catálogo do evento – *Luzboa: a Arte da Luz em Lisboa* – passou a constituir uma obra de referência no domínio da Luz e da Iluminação Urbana, em particular para as áreas profissionais das Artes Plásticas, da Arquitectura, das Tecnologias de Iluminação e dos Estudos Urbanos em geral.

Nessa altura, alguns pensamentos tornaram-se referências para a orientação futura da Bienal, definindo algumas das suas directrizes:

- Importância de realizar tanto projectos de grande escala como de pequena escala, quer de artistas consagrados que de valores emergentes;
- Necessidade de uma articulação com as instituições que não se resuma ao campo da arte, mas se estenda às de carácter tecnológico e social;
- Enfoque numa leitura não apenas do tecido cultural estabelecido, mas do próprio Espaço Urbano como um todo vivenciado.

Em 2004, a Programação distribuiu-se entre 50% de instalações urbanas e 50% de instalações em equipamentos culturais – a Luzboa 2004 foi um evento ainda demasiado conotado com o campo da Arte Contemporânea em sentido estrito, só pontualmente capaz de atingir outros público-alvo, nomeadamente o de transeuntes casuais. Seria fundamental começar a tirar partido do conhecimento da cidade e das instituições e alargar o âmbito a uma intervenção urbana realmente visível para um amplo estrato da população. E foi essa a direcção que a Luzboa em 2006 seria capaz de empreender. Neste quadro, seria crucial alargar o espaço de contacto com a CML, não o resumindo à Cultura, e tornar o Evento objecto de um enquadramento institucional que viesse a envolver activamente os Pelouros do Espaço Público e do Turismo. Tal aconteceria em 2006, assegurando ao Evento um reforço da sua implantação na cidade, sem perder a dimensão cultural e artística.

Projectos exemplares, áreas estratégicas

Alguns projectos da Primeira Edição revelar-se-iam acções de referência pelo seu impacto e ensinamentos implícitos. *Family Idea*, de Ron Haselden, foi uma acção participativa: esculturas de luz no Parque Eduardo VII, desenvolvidas com crianças da comunidade da Cova da Moura. *Eléctricos* de Yann Kersalé renovou a imagem tradicional dos eléctricos de Lisboa. Os jardins e miradouros de São Pedro de Alcântara ou da Graça foram radicalmente visitados pela Poesia, na luz, na cor e dos nos sons [poesia dita e Fado], no âmbito do projecto *Bellas Sombras*. Jean-Luc Vilmouth criou um *Bar da Sedução* no Teatro Municipal de São Luiz, Daniel Schlaepfer habitou a penumbra do cisterna da Casa do Fado com uma emocionante instalação de efeitos maravilhosamente simples[5]. Estes projectos exemplificam a forma como a Luzboa foi ao encontro de um desejo da CML, o de animar o espaço urbano com iniciativas artísticas, em tempo de Euro 2004, altura em que nos visitaram milhares de estrangeiros.

Da experiência de preparação e realização da I Bienal destaque-se, como motor para o pensamento sobre a essência do projecto Luzboa, a forma como os vários objectivos estratégicos, enunciados no livro de 2004, foram sendo paulatinamente ensaiados em obras concretas. Ou seja, a Luzboa tem-se feito de actos, em que a componente conceptual e de investigação não se sobrepõe ao desejo de *fazer* e *estar*. O todo da intervenção é o saber em processo.

4. 'Um caminho de Luz...' Consolidação em 2006

Se a Luzboa 2004 foi a aventurosa abertura de um novo campo de acção – definido pelas metodologias, escala e atenção programática à 'arte da Luz' nas suas formas mais distintas – , em 2006 a arte contemporânea voltou a constituir a trave-mestra de toda a iniciativa, cujos Projectos-Luz e acções de iluminação ambiental efémera aspiraram a ter impacto junto do grande público. Luzboa 2006 procurou constituir-se como um dos eventos de referência da Capital. Comunicou mais e melhor.

O objectivo genérico era o de, em tempo de grandes dificuldades financeiras, consolidar a iniciativa institucionalmente, se possível elevando o nível artístico.

O mote: 'Art gets you through the night' – adaptação livre de um verso de John Lennon –, evocando uma ideia de atravessamento humano da noite, de *compreensão redentora pelo que quer que nos ajude a atravessar a Noite*...[6]

Independentemente da profundidade da recepção desta vertente poética-conceptual-espiritual, os objectivos principais do Evento foram amplamente conseguidos:

5 Convicta da beleza da obra, e tendo em conta os custos modestos necessários para a sua instalação, a Extra]muros[entregou à EGEAC, ainda durante o ano de 2005, uma proposta para tornar a peça permanente, mas não obteve uma resposta positiva às suas intenções.

6 Do tema «*Whatever Gets You Through The Night*», do álbum *Walls and Bridges*, de 74: *Whatever gets you through the night 'salright, 'salright / It's your money or your life 'salright, 'salright / Don't need a sword to cut through flowers oh no, oh no / Whatever gets you through your life 'salright, 'salright / Do it wrong or do it right 'salright, 'salright / Don't need a watch to waste your time oh no, oh no / Hold me darlin' come on listen to me / / I won't do you no harm / Trust me darlin' come on listen to me, come on listen to me / Come on listen, listen / Whatever gets you to the light 'salright, 'salright / Out the blue or out of sight 'salright, 'salright / Don't need a gun to blow your mind oh no, oh no / Hold me darlin' come on listen to me / I won't do you no harm / Trust me darlin' come on listen to me, come on listen to me / Come on listen, listen.*

Elevador de Santa Justa Santa Justa Elevator

A proposta de Michel Verjux para o Elevador de Santa Justa consistiu em duas projecções articuladas, estáticas e de grande potência. Dois círculos de Luz – o resultado da assimilação de aspectos morfológicos, estruturais e arquitectónicos, explorando os modos de ver a realidade, e dando início as novas formas de comunicação. Este tipo de peça não se impõe; procura induzir o visitante a descobrir interrogações sobre as suas próprias disposições, finalidades, usos, estratégias e interesses. Não foi realizada por não ter sido obtida a autorização para a intervenção. *Michel Verjux nasceu em França, em 1956. Trabalha o acto de ver enquanto forma de encontro com a realidade. Um dos aspectos fundamentais do seu trabalho é a singular capacidade de diálogo com o lugar, da qual resultam efeitos* escultóricos *da luz numa projecção efémera estática, que aparece poeticamente e como que sem esforço no espaço arquitectónico e urbano.* MC

The proposal of Michel Verjux for the Elevador de Santa Justa consisted of two articulated static projections of great dimensions. Two circles of light, as a result of the assimilation of morphological, structural and architectonic aspects of the lighted objects. This kind of work won't impose itself; it tries to induce the visitor to discover interrogations about its own dispositions, finalities, uses, strategies and interests. It wasn't realized because the Organization didn't get the necessary authorizations. *Verjux was born in France, 1956. The theme of his work is the act of seeing as a way to face reality. Revealing a rare sensibility for a dialogue with place, his work results frequently as 'sculptural' effects of light projections that physically and poetically appear as with no effort in urban and architectonic space.* MC

– Trazer a Arte Contemporânea para a rua, ao encontro de amplos estratos da população, convidando-a a participar e a fruir o espaço urbano
– Celebrar o carácter e a beleza da noite de Lisboa, assegurando-lhe enriquecimento da vivência nocturna, ao nível das imagens e dos ambientes
– Promover, ao nível nacional e internacional, a imagem de Lisboa, numa perspectiva contemporânea e dinâmica, capaz de atrair um significativo turismo cultural
– Desenvolver um evento único e original, de qualidade e renome, capaz de se tornar uma referência artística de nível mundial.

Luzboa 2006 foi também a oportunidade de aprofundar as experiências de 2004: voltando a transformar Lisboa no cenário das propostas artísticas de importantes artistas, enriquecendo a oferta cultural da Capital e contribuindo para a sua valorização no panorama das cidades culturais europeias; voltando a debater o desenho da noite, nomeadamente quanto ao papel da arte pública e da iluminação ambiental no Planeamento e Reabilitação Urbanos; voltanto a criar sinergias entre a população, agentes culturais, a administração pública e o sector empresarial e tecnológico, com potenciais benefícios estratégicos para os domínios do Urbanismo, da Iluminação Pública, do Turismo, da Economia e da Cultura.

Implantação e Programação: 'um caminho de Luz' na cidade

Luzboa propôs em 2006 um grande circuito de arte urbana, atravessando alguns dos bairros e zonas mais carismáticos da cidade, oferecendo aos visitantes momentos de revelação poética de um território, sob o signo de Fernando Pessoa, cuja silhueta o designer Jorge Silva transformaria em ícone gráfico da Bienal. Aliás, já Malcolm Miles[7] se inspirara no *Livro do Desassossego* para reflectir sobre a urgência de uma arte que promova a condição humana na cidade, misto de deriva situacionista, desejo de plenitude social e celebração do fugaz da cidade – e da sua luz. Em 2006, tal 'premonição' viu-se confirmada na articulação do próprio traçado do Percurso, que o emérito historiador da cidade de Lisboa, José Luís de Matos, sintetizou num *e-mail* que amavelmente nos enviou ainda a Bienal não tinha sido inaugurada: afinal, a nossa proposta visual de encadear as três cores do sistema RGB num percurso que atravessava três tecidos urbanos distintos, equivalia a uma viagem iniciática, respectivamente da raíz ao coração e ao espírito – nossos e da Capital![8]

As intervenções artísticas – começando com a peça de Jana Matejkova *em torno da raíz de uma árvore* e terminando com a *bolbos suspensos nas ramagens de outras árvores* – incidiram em espaços públicos [ruas, praças, jardins, miradouros] e edifícios notáveis [a fachada dos Armazéns do Chiado]; foram complementadas por acções de valoração ou formação que decorreram em equipamentos [museus, universidades e espaços associativos], alguns municipais [Lisboa Wellcome Center, Teatro Municipal de São Luiz]. Mas, no essencial, a Bienal foi em 2006 um grande passeio público, de fruição popular e nocturna, de acesso livre. O percurso foi essencialmente pedonal e linear, mas com duas zonas extremas [Rato-Camões e Portas do Sol-Sé] com acesso também viário.

7 In *A Arte da Luz em Lisboa*, Extra]muros[, Lisboa, 2005

8 *Lisboa é Luz. É BoaLuz. No dia claro o Sol é vivo. No escuro da noite a luz decompõe-se no vermelho da raíz, no verde do coração, no azul da visão e do espírito. É Fernando Pessoa, o andarilho de todos os caminho da LUZBOA, que nos guia desde o arrabalde vermelho, ao chacra verde do coração da Cidade, Chiado e Baixa. O azul do Pessoa iniciático guia-nos, por caminhos tortuosos, ao topo, à cabeça da LUZBOA onde finalmente se sintetiza de novo o Sol que ilumina todas as noites.* José Luís de Matos

As intervenções proporcionaram uma transfiguração dos sucessivos ambientes urbanos, diversos na sua tipologia e imagem visual, sendo o público fruidor convidado a experimentar a alteração de todo o ambiente urbano, quer através das instalações, exposições e animação de rua, quer de uma estruturante transformação da iluminação urbana ao longo de todo o percurso, por meio da colocação de filtros coloridos nas luminárias.

Numa fase prévia, foi encontrada uma lógica espacial e territorial; percorremos a pé vários percursos até encontrar um lógico, revelador da própria articulação dos espaços mais interessantes, quer enquanto edificado, quer como vivência; depois, havia que torná-lo evidente por meio das próprias obras de arte e de um projecto de comunicação urbana, sucedendo-se várias consultas a artistas e técnicos. Reunimos com dezenas de artistas, contactámos com centenas de projectos, até chegar ao compromisso possível entre as vertentes temática e comunicacional, cultural e filosófica, técnica e financeira.

As condicionantes como conhecimento: a Bienal [im]possível

Os vários artistas inicialmente convidados a apresentar ideias, ou os muitos que nos contactaram de livre iniciativa, eram oriundos de países como Espanha, Estados Unidos da América, França, Japão, República Checa, Sérvia e Montenegro, Suécia, Suíça, Portugal. Entre os criadores consultados ou convidados a elaborar estudos e projectos encontraram-se James Turrell, Joseph Kosuth, Larry Bell, Felice Varini, Jaume Plensa, Michel Verjux, Hugues Decointet, Laurent Moriceau, Santiago Reyes, Creatmosphere, Ana Vieira, José Maçãs de Carvalho, Nuno da Silva, Samuel Rama, Mónica Gomes, Vanda Vilela, entre tantos outros. Estes não viram os seus projectos realizados, mas outros sim, o que não quer dizer que o arquivo de propostas não seja um extraordinário acervo de ideias – tão poéticas e utópicas quanto perfeitamente exequíveis – que poucas entidades teriam tido perfil e capacidade para reunir. O que também não quer dizer que não venham a ser realizadas, em outras oportunidades, e devidamente divulgadas ainda na condição de propostas.

Por razões muito diversas, desde a indisponibilidade física em determinadas datas à escala incomportável das verbas envolvidas em alguns dos ante-projectos discutidos, da dificuldade em obter parceiros e *sponsors* específicos à não-autorização para as intervenções por parte de diversas entidades necessariamente envolvidas – caso do projecto de Michel Verjux *[ver Fotolegenda]*, que teria feito uma forte ligação simbólica e visual entre as duas colinas que a Bienal uniu... – , nem todas as propostas inicialmente desenvolvidas puderam 'ver a luz do dia'. A versão final do programa só seria apresentada em Agosto de 2006, na altura em que era finalmente possível assegurar os compromissos, nomeadamente os que decorriam directamente das autorizações e envolvimento camarários e que seriam a base do protocolo a estabelecer com a Autarquia. Paralelamente à dimensão estritamente artística e arquitectural das intervenções, a programação assumiu preocupações ao nível da Formação e das Acções de Valoração. Foi o caso do Congresso da Noite e do Prémio Luzboa-Schréder. Se acrescentarmos a estes dois momentos fundamentais a realização anterior de conferências Luzboa, vários Ateliês 'Desenhar a Luz' – um deles realizado com vista a elaborar uma nova iluminação nocturna para o Jardim Botânico da Universidade de Lisboa –, e ainda encontros restritos como o II simpósio-retiro 'Arte, Cultura e Política depois da Net', realizado na Foz do Arelho, depreende-se que a Programação da Luzboa não incide numa leitura simplista e superficial da intervenção cultural urbana, mas antes se propõe como ampla plataforma interdisciplinar, de interesse para os mais variados públicos, profissionais ou não.

Avaliação qualitativa genérica

Situações de êxito: foram muitas e inesperadas. Os pontos que se elencam são apenas algumas a considerar, com possibilidade de constituirem aspectos a serem re-equacionados em próximas edições da Bienal:

1. Existência de um percurso público aglutinador, com comunicação clara e objectiva, de modo a que os visitantes possam percorrê-lo, fruindo todas as instalações artísticas num quadro global inteligível; o Projecto RGB constituiu em 2006 a Imagem de Marca de todo o Evento, com mais vantagens que inconvenientes [alguma preponderância sobre peças que não se conseguiram libertar das *paredes* do Museu de Luz imposto];
2. Predomínio de instalações *site-specific* – as instalações que reuniram o maior consenso e foram as mais procuradas revelaram-se aquelas que foram criadas especificamente para os locais onde se instalaram, em particular quando estes constituiam bolsas de paz, silêncio ou concentração, afastados da pressão do automóvel. As restantes peças, embora com bastante impacto, por apelarem directamente a imaginários acessíveis e se apresentarem como peças fotogénicas em locais nobres, tiveram uma presença urbana relativamente mais restrita. Podemos assim depreender que o caminho a percorrer deverá concentrar-se no sentido da criação *na e para a cidade*, considerando uma escala de proximidade.
3. A parceria com as universidades e o Ensino Superior resultou num encontro bem sucedido. A parceria com a ESAD.CR foi ainda potenciada pela ajuda técnica e logística que a Escola deu, suportando a produção das peças de quatro artistas. Seja na contribuição directa para a Programação, seja na articulação com investigadores e núcleos de investigação de estabelecimentos de Ensino como a Universidade de Lisboa [Faculdade de Letras], a Universidade Lusíada ou a Universidade de Évora, o trabalho conjunto com o Ensino Superior, é uma linha de trabalho a aprofundar empenhadamente, nas áreas da criação, da investigação e tecnológicas.
4. A Luzboa afirmou-se como evento transdisciplinar. A sua afirmação envereda por caminhos de intervenção urbanística sustentados por contributos conceptuais, técnicos e científicos múltiplos, sendo a Arte, por natureza comunicativa, apenas *a* oportunidade fundamental para aglutinar à sua volta conhecimentos e trocas de experiências úteis para o posterior desenvolvimento da própria Cidade. O contributo de urbanistas, geógrafos, historiadores, artistas, filósofos, designers de iluminação, engenheiros electrotécnicos, revelou-se um discurso válido e colectivamente legitimado por uma linguagem corrente, empenhado em motivar os decisores do meio urbano relativamente à melhoria da Iluminação Pública com um papel claramente reservado à 'Arte da Luz'. As possibilidade estão em aberto, haja visão e investimento.
5. Baseada num território concreto, a Comunicação resultou em pleno. O Mapa do Evento foi um objecto gráfico único e universal; os *media* consideraram a Luzboa um assunto atractivo. Daqui decorreria um outro factor crucial: os valores da exposição obtida foram excepcionais. Da JCDecaux e JCDecaux Airport à Associação de Turismo de Lisboa, dos principais jornais de referência aos portais de cultura na *internet*, a comunicação funcionou de forma eficaz. Os *media* devem continuar a ser parceiros fundamentais na afirmação da Luzboa, e não apenas os nacionais; a edição de 2006 teve ecos nos media de países como a França, a Espanha, a Alemanha, a Rússia, a China...
6. O envolvimento técnico da CML foi crucial para a realização do Evento. Para que este fosse possível, é fundamental destacar o papel dos técnicos do Departamento Municipal de Iluminação Pública, sob a tutela do Vereador António Proa; sem eles, teria sido impossível a concretização da maior parte das instalações. Este facto prova que qualquer intervenção na cidade terá sempre que contar com o apoio da autarquia. A Luzboa merece ter em 2008 um lugar de destaque na agenda cultural da cidade.
7. A confiança que os patrocinadores, e empresas colaboradoras e/ou apoiantes, depositaram na Extra]muros[, num contexto global de crise financeira e de desconfiança perante a Cultura, foi outro factor positivo:
   - na área das tecnologias de iluminação: Schréder, Philips, Indalux, Megarim; viabilizaram as situações mais difíceis;
   - noutras áreas técnicas: Bazar do Vídeo, Tetmei, Print Criativa, Pictorial, também revelando a maior disponibilidade;
   - na área da comunicação global: RTP e RTP-N, RDP – Antena 1, JCDecaux, Jornal Público, Syrian, Portal Sapo Cultura, Rádio Europa, Revista Media XXI; levaram a Luzboa onde nunca tinha chegado antes;
   - na área institucional: ESAD Caldas da Rainha, Instituto Franco-Português, Embaixada de Espanha, Embaixada da República Checa, British Council, UACS, CPI; vêem na Luzboa um território para parcerias inovadoras;
   - na área da imprensa artística e técnica: Artecapital.net, Revista Arq./a, L+Arte, Revista Arquitectura e Vida, Jornal Arquitecturas, Magazine Artes, My Guide, Revista O Electricista; sedimentaram a especificidade do Projecto Luzboa;
   - na área das artes gráficas: Silva! Designers, Palmigráfica, Printer, Euroscanner; estiveram com o Projecto, empenhadamente;
   - na área da segurança: as empresas Eurovigia e 2045 mais que cumpriram o seu difícil papel;
   - na área da produção executiva: de novo a Tetmei. Incansáveis e rigorosos.
   - na área do registo audiovidual: a equipa do Bazar do Vídeo e o realizador Nuno Assunção. A Bienal foi integralmente filmada, com vista à realização de um DVD-catálogo;
   - na área da *internet*: o sítio, desenvolvido por Nélson Leão, apresentou-se com uma estrutura simples e estética apelativa. Bilingue, assegurou visibilidade nacional e internacional e gerou interesse e credibilidade;
8. A capacidade da equipa de Produção e das equipas de Concepção foi finalmente o outro elemento determinante para a concretização desta Bienal. Como sabemos, as instalações *site-specific* exigem o maior tacto e profissionalismo no relacionamento com os moradores e instituições locais. Tendo em conta o reduzido orçamento disponível, convém frisar que

Alvos

Alvos/Targets de Jana Matejkova consistiria na apropriação irónico-lúdica de um espaço intersticial em ruínas, transformado em 'campo de tiro' para armas de *paint-ball* que seriam entregues aos visitantes. O facto de ter sido concebido para uma zona abandonada, insegura, e de jurisdição pouco clara, já exterior ao circuito definido, assim como a ligação pouco evidente ao tema da Luz, inviabilizaram o projecto. **MC**

Targets

Targets by Jana Matejkova would consist of the ironical-ludic appropriation of an interstitial space in ruins, transformed into a 'shooting field' for paintball guns to be used by visitors. The fact that it was conceived for an unsafe abandoned area of unclear jurisdiction, outside the defined circuit, as well as a not so evident relation with the theme of Light, inviabilized the project. **MC**

foram concretizados todos os eventos previamente apresentados aos principais *sponsors*. Isto só foi possível porque existiu uma equipa globalmente abnegada, com destaque para os estudantes – futuros artistas, designers, arquitectos e animadores culturais –, coordenada com vigor, consciente do seu esforço e que deu um contributo pessoal muito para além do profissionalmente exigível.

Balanço e Conclusão

Luzboa é um evento artístico que visa objectivos culturais, sócio-económicos e científicos. A sua força é a capacidade de mobilização que revela, uma legitimidade que torna o Evento especialmente importante para a comunidade. A Luzboa convoca os cidadãos para a vivência do Espaço Urbano, enaltecendo o seu papel na urbe, de forma intuitiva e convivial. Tal como 'da discussão nasce a Luz', da realização de duas Bienais sucessivas, mais os eventos intercalares, tem nascido a verdadeira Luzboa, num processo--projecto dinâmico que tem obtido, quer dos responsáveis autárquicos, quer do meio empresarial, quer dos *media* em geral, uma progressiva aceitação. O impacto relativamente ao número de visitantes, as referências na imprensa, na rádio e na televisão, a sedimentação de contactos internacionais, são apenas três vertentes mais visíveis de um Evento original e legitimado.

Releve-se que Luzboa é muito mais que uma ideia de tornar a cidade mais agradável, bonita e atractiva – se bem que estes valores devam ser assumidos e funcionarem como motor para uma apropriação turística do Conceito e dos objectivos logrados. Luzboa continua a ser uma iniciativa capaz de mobilizar vontades e meios muito diversos, absolutamente empenhados em conferir à Capital e ao próprio País o dinamismo, a vida e o Valor que hoje são fundamentais aos mais diversos níveis de um projecto urbano que se entenda marcante e mobilizador, num quadro mundial de competitividade entre cidades onde os aspectos subjectivos e simbólicos realmente contam. Ou seja, Luzboa contribui para sensibilizar as pessoas para a qualidade da Vida Urbana de Lisboa e para a competitividade da cidade no quadro das restantes capitais internacionais, nomeadamente no que diz respeito à sua oferta cultural e imagem urbana. Com uma programação cada vez mais ambiciosa e de qualidade, Luzboa propõe uma Cultura de Urbanidade, convidando as pessoas a identificarem e a redescobrirem a Cidade, oferecendo a esta uma aura de dinamismo e contemporaneidade que tem implicações a nível do seu desempenho colectivo. Enquanto montra de ideias e tendências no domínio da arte contemporânea e da iluminação criativa, a Luzboa assenta numa perspectiva de inovação tecnológica e de adequação aos desejos e interesses tanto dos cidadãos como de todas as entidades relacionadas com a gestão urbana.

Do Marketing urbano ao Património

Hoje, Cidade que se queira competitiva, exige que os seus gestores e programadores estejam muito atentos às ferramentas disponíveis para se 'fazer cidade'[9]. Para a Câmara Municipal, assim como para a EDP Energias de Portugal, principais entidades que tornaram a iniciativa possível, assim como para as várias empresas envolvidas, a Luzboa é concerteza um Evento sempre imperfeito, cujo sucesso se afirmará acima de tudo pela forma como vai perdurando na ideia dos visitantes a noção de que *há Luz na Cidade* e que esta tem aspectos materiais e físicos, mas também imateriais e simbólicos, que nenhum outro *medium* como a Luz tem condições para valorizar.

Ou seja, se um Evento chama a atenção para os tradicionais eléctricos com a mesma dignidade com que ilumina uma fachada nobre, se recorda aos transeuntes o berço do fado e ao mesmo tempo faz pensar sobre a forma como o território é gerido no quotidiano, se o faz recorrendo a artistas de imaginação transbordante e que recorrem a meios técnicos de inapelável magia para o cidadão comum, então a Luzboa é factor importante no *marketing da cidade*. Com espírito de curiosidade pelos dados históricos e respeito pela identidade, embora sempre em abertura à irreverência e imprevisibilidade da Arte Urbana. Diz Manuel Graça Dias no documentário *Lisboa Capital do Nada*[10] [2002], *uma cidade é um organismo fascinante precisamente porque nunca podemos conhecê-lo na totalidade* e este foi o espírito da Luzboa em 2006: dar a ver, por meio de ferramentas conceptuais, técnicas e artísticas, aspectos da cidade que por vezes nem os especialistas têm totalmente presente.

Mas como afirma João Augusto da Silva Appleton algures no ciberespaço, *a Luzboa, entre nós, é um pequeno exempo do efeito do que se pode retirar de um plano de iluminação*[11]. Em suma, Cultura e Espectáculo, para uma organização como a da Luzboa, é oportunidade para aumentar o impacto afectivo e sensorial de uma Cidade e do seu Património, num registo de enunciação de valores [a Luz] e tópicos de evolução [a Iluminação Urbana], longe portanto de a) exercícios estéreis de espectacularização do lugar comum; b) arbitrariedades desnecessárias sobre a Imagem Urbana e o Património Edificado de um ESPAÇO PÚBLICO que, por princípio, teria de ser de todos. Utopia? Não, Projecto Urbano.

5. Prospectiva. Do efémero

A base do pensamento filosófico que esteve na origem da Bienal, a um nível porventura inconsciente, podemos equacioná-la, a propósito do valor do *efémero* na arte pública. Um efémero em permanência e constância na atitude e na visão, e que mais que factor redutor das soluções técnicas, aponta para propostas duradoiras, marcantes. Esta é a breve oportunidade para partilhar estas reflexões sobre uma *Arte do Fluxo* enquanto modelo que possivelmente alberga em si o principal da Marca Luzboa, uma vontade de intervir em aberto, de agir rapidamente mas com convicção, de estarmos atentos ao pequeno e ao grande [em contacto], ao infinito e ao ínfimo [em comunicação], como se todas estas gramáticas da existência merecessem não apenas o mesmo grau de atenção, mas idêntico respeito ontológico.

Estética do fluxo, *estética do Efémero*, e finalmente *Estética da Luz*, três maneiras de dizer coisas semelhantes: estamos num tempo em que à Arte se exige que revele qualidades humanas, sentido mobilizador e representatividade social, por via de dispositivos móveis, directos, transparentes, inclusivos. É um aprofundar de valores que está em causa, valores que definem a essência de Lisboa/Luzboa em termos que são afinal o programa estético da Bienal.

Como sugerem retoricamente Abbou e Béguin no seu texto, seremos capazes de reificar gestos *multiexpressivos, polisensoriais, transcomunicantes*... como os que as peças Luzboa foram capazes de instaurar, a partir de um entendimento muito específico da arte urbana? Seremos capazes de atentar a uma mudança de paradigma na leitura do nosso espaço urbano e seus valores, do nosso papel individual e colectivo nesse palco iluminado à espera de actores? Várias das obras da Luzboa apontam direcções. A própria noção de efémero fará parte dos tópicos para discussão; para já, revelou-se, mais uma vez, um táctica vencedora, mas isso apenas reforça a ideia de que uma Luzboa com mais marcas permanentes na Capital seria uma Luzboa ainda mais de todos.

9 Esta ideia e as que se seguem até final do Ponto 4 encontram-se publicadas no artigo «Luzboa», na revista Pedra & Cal, número de Fevereiro/Março de 2007.

10 De Luís Alves de Matos.

11 In: http://o-presidente-da-junta.blogspot.com/2006/10/proposta-de--revitalizao-da-baixa_06.html

Esta dimensão do efémero suscita para nós a ideia de utopia. Paul Klee evocou um dia o conceito de 'entre-mundo' para definir o reino do que poderá vir, do que aspira a vir. Para Klee – o artista que um dia 'levou uma linha a passear pela cidade', – a faculdade de ver própria dos entre-mundos corresponde à capacidade de sair de si e explorar novas dimensões da arte e em particular a dimensão do tempo. O 'Anjo da História' que impressionou Walter Benjamin é uma outra expressão dessa relação dramática e tensa com o tempo, um tempo cuja essência redemptora Klee suspeita encontrar-se na questão do efémero, numa visão do efémero como essência da própria Vida: *À l'image des dizaines d'anges qui accompaignent Klee dans les moments les plus terribles da la fin de sa vie, ce temps suspendu entre 'il y a' et 'il n'y a pas' serait celui des mondes éphémères que l'art tente de s'approprier au prix d'un paradoxe initial que Penone a clairement énoncé:* J'ai souhaité que l'éphémère s'éternise.[12] Se a Arte se caracteriza pela capacidade de, de alguma forma, transcender o tempo, via uma a-temporalidade frequentemente do foro simbólico, o tema do efémero é essência paradoxal dessa mesma capacidade. A simples problematização destas questões convida a estarmos disponíveis para um *paradigm-shift* existencial e filosófico: bastaria considerarmos o efémero mais total, pleno e redentor que o próprio 'permanente', e finalmente compreender que a essência do social é o *agora*, o *já* da comunidade. Esse já tem, como veremos, um lugar, um espaço e um tempo, o tempo do efémero do/no espaço público.

Ser vs. passar

Explorar, ultrapassando-o, o paradoxo inicial da Arte, como lhe chama a filósofa francesa Christine Buci-Glucksmann, implica destruir, ou pelo menos rever, relativizando-a, uma concepção linear do tempo (e da História), implica *briser toute un conception linéare du temps, un temps de progrés ou de mémoire, qui sous-tend l'approche de l'art et vise à dégager ses transformations à travers des permanences.*[13] Para a filósofa, o Ocidente, durante demasiado tempo, pensou o tempo a partir do Ser, da Ideia, ambos desvalorizando, nas suas formas correntes, o tempo como mero *passar*: *Éphémère nié au profit de l'Être, de l'Idée ou du Sacré, ou éphémère réinterpreté dans la fugacité et la fulgurance du présent, il semble bien qu'il soit presque insaisissable comme tel. Pure aura ou pur fragment immobilisé de temps, il est et n'est pas.* [...]. *Aussi, penser l'éphémère comme une valeur positive consiste à revenir sur cette* 'a priori de douleur', *et a révéler una face cachée de l'art plus nietzschéenne et plus mondialisée. Un savoir du léger, celui du danseur sur l'abîme de Zarathoustra, qui peut accompagner le tragique en le métamorphosant.* [...] *Car l'éphémère est toujours promesse de légèreté, de transparence et de ce 'matérialisme aérien' qu'affectionnait Bachelard. Comme si le temps des formes laissait place aux formes du temps, au temps comme quatrième dimension de l'art.*

O negrito é nosso. Para sublinhar as questões da ligeireza, da fugacidade, do processual, tais como expostas em iniciativas anteriores, quer pessoais quer no quadro da Extra]muros[, cujas motores conceptuais, ou metáforas operativas foram, precisamente o Nada[14], e antes a Dor[15],

12 *Esthétique de l'éphémère*, Galilée, Paris 2003. P. 12

13 Ibidem, p. 13

14 *Lisboa Capital do Nada – Marvila 2001*, Extra]muros[, Lisboa, 2002

15 *Um Cálice de Dor*, Câmara Municipal de Lisboa, Lisboa, 1999

Ici Lisbonne: Lisboa numa parede

Santiago Reyes é um artista do Equador [n. 1971], residindo em França. Por sugestão de Marie de Brugerolle, deu-se um encontro em que se dedidiu apresentar em Lisboa uma versão da peça *Ici Paris* desenvolvida para a Nuit Blanche da capital francesa.

O artista propõe a apresentação num único espaço urbano de uma colecção de fotografias de todas as placas comemorativas existentes na capital, projectadas em diaporama sobre uma grande parede. Santiago Reyes reuniu mais de centena e meia de placas em que surgem dados históricos e sobre a vida de homens de estado, militares, resistentes políticos, artistas, cientistas, personagens conhecidas ou desconhecidas. As placas sucedem-se uma após outra, todos os 15 segundos, deixando ao espectador tempo para mergulhar na sua leitura e na sua memória. Inicialmente prevista para um pátio de Alfama, a obra não se realizou em 2006 por o espaço ideal encontrado não integrar o circuito [Azul].

Esta viagem no espaço-tempo da cidade encontra-se agrupada num só lugar, o que cria, não apenas uma mistura de épocas, mas ainda a visão global de uma cultura e de uma história colectivas. Sem música, apenas uma leitura purificada da poesia dessas placas, verdadeiros troféus de uma cultura humana comum. Em *Aqui Lisboa*, o autor como que *alisa a História*, procura aproximar as épocas e as pessoas, redefinir a construção da alma de Lisboa na qual todos participam. **MC**

This is Lisbon: Lisbon on a wall

Santiago Reyes is an artist from Equador [b. 1971], living in France. After a meeting proposed by Marie de Brugerolle, it was decided to present in Lisbon a new version of the piece *Ici Paris*, developed for the Nuit Blanche of the French Capital. The artist proposes a presentation in a sole urban space of a collection of photographies of all commemorative plates existing in the capital, projected by means of a slideshow upon a big wall. Reyes gathered more than a hundred fifty plates where one can read historical data and about the lifes of men of state, military officers, political oppositionists, artists, scientists, more and less known personalities. Every 15 seconds, a new plate gives the spectator time to read and dive in its memory. Initially developed for a *patio* in Alfama, the piece ended up not being produced since the ideal space did not integrate the Circuit [Blue].

Such space-time urban trip shall happen in a specific place, which creates not just a mix of epochs, but also the global vision of a culture and of collective history. Without music, just a purified reading of the poetry of those plates, in fact, trophies of a common human culture. In *Ici Lisbonne / This is Lisbon*, the author seeks to get epochs and people together, redifining the construction of the soul of Lisbon in which we all participate. **MC**

e antes a Alma[16]... Naturalmente, este valorização do efémero não deverá submeter-se a um pensamento dualista, que oporia o efémero (espécie da acção nietzscheana) a todos os pesos da arte, os pesos do sagrado, da memória, da colecção. Na passagem histórica de uma cultura dos objectos e das permanências para uma cultura dos fluxos e das instabilidades globalizadas – e das redes – o efémero surge antes como poderoso signo do social contemporâneo, modalidade do tempo adequada à globalização: *Éphémère des familles* [de Family Idea, de Ron Haselden, em Luzboa 2004...] *à géometrie variable, éphémère du travail de plus en plus flexible* [a *Misérias Ilimitadas, Lda*, de Javier Núñes Gasco, em Luzboa 2006...] *et menacé, éphémère des vies et des identités qui perdent leurs repères fixes tout révèle une sorte d'accélération du temps qui déracine les stabilités, en occultant la limite extrême de l'éphémère, la mort. Comme si cette conscience de l'éphémère était devenue la perception d'un social précaire et sans projet, celui d'un 'temps mondial', au sens de Zaki Laidi, marqué par la fin des 'grands récits' et par une 'logique de l'instantanéité' et de l'eternel présent, et suscité par des nouvelles technologies et la perte du sens lié à la mondialisation.*

É preciso também ter em conta que repensar o efémero por meio da arte conduz-nos a um confronto com novos dados temporais e antropológicos de um presente literalmente acossado pelos 'impérios do efémero' próprios da cultura de massas, onde tudo se renova no âmbito de uma 'estetização' forçada do quotidiano. Neste quadro, eventos como a Luzboa são redutos de uma relação com a imagem e a vida estética diversa do mero consumo fulminante: são paragens para sentir um espaço, mais do que se perder em escapes – em inglês, *scapes*. Esse o valor da experiência sinestésica de mergulhar na alma da cidade antiga, possível em *Fado Morgana*, dos Het Pakt, da pura beleza consensualmente cósmica experimentável em *Nightshot#2*, de Gerald Petit, no topo do Percurso azul. Esta dimensão didáctica da Luzboa – de aprendizagem do efémero – esteve sempre próxima das várias operações estéticas realizadas, enquanto obras de arte, mas muito concreta e incisivamente também nos discursos para o exterior, quer mediático, quer ao nível da produção executiva, que a partir de dada altura se tornou também ela um processo de conhecimento transversal.

Estética/ética – 'Natalidade' em Lisboa

Nos melhores momentos da Luzboa, esta estética do efémero revelou-se um modo de existência: em *Ceci n'est pas un bus* dos Het Pakt, por exemplo, sentimo-nos flutuar na nossa própria fragilidade ontológica. Algo semelhante aconteceu no acampamento-ágora dos Moov: *L'éphémère c'est bien 'accueillir l'esprit de la vague', accepter le fluant et le flottant, une vie-passage et pourtant essentielle, qui trouve dans l'élement aquatique sa réalité et sa métaphore.*[17]

Tais experiências levam-nos ao que os Gregos denominam a *aisthesis,* uma teoria da sensibilidade e do sensíveis em que a beleza é menos um juízo de valor e antes uma faculdade de recriar sentido e existência, suscitando as tais novas formas de 'subjectivação' de que fala Foucault, por forma a construir uma 'hermenêutica do sujeito' aberta ao cuidado de si e do outro.

Estas coisas, nos jornais, são traduzidas em títulos tão belos quanto prosaicos: *A Bienal da Luz fez descobrir Luzboa e revelou uma paixão* [in Público, 23.9.06]

As questões da 'natalidade' – no sentido que lhe dá Hannah Arendt –, mais amplas, genéricas e eminentemente políticas, poderiam ser evocadas a este propósito, tal como o interesse pelos espaços transicionais como plataformas de contacto com o Outro [Lefebvre]. Mas estão igualmente implícitas nas palavras de Christine Buci-Glucksmann quando afirma: *Or, l'acceptation du temps, de son alterité et de son altération, en est la condition. Comme si mon devenir-autre me permettait de mieux saisir les autres et l'entre-culture propre à l'epoque de la 'mondialization', que l'on ne peut ni le doit réduire à la seule américanisation libérale, quando ce n'est pas guerrière. Il faut donc reprendre les différents surgissements de l'éphémère culturel, analyser ses fragilités et ses oublies, dans une sorte de désordre productif qui le dépouille de ses 'éternisations', et retrouve le temps proustien de* La Fugitive. *Un temps qui ne sera plus retrouvé, et ne donnera pas lieu à cette vue optique des choses extra-temporelles de l'art, même si 'la beauté des images est logée à l'arrière des choses.*[18]

Quando esteve connosco em Portugal o fotógrafo-filósofo Evgen Bavcar, cego desde a infância, não disse algo de muito diferente, a partir da sua experiência pessoal, que partilhou perante uma sala rendida. *O essencial já não é visível*, diria Virilio, ironia que a artista checa Magdalena Jetelová retomou numas das mais emblemáticas peças-luz da Arte Contemporânea, as suas projecções de frases filosóficas sobre ruínas de *bunkers* nas praias da Normandia[19]. Poderíamos aqui falar do que terá movido a artista checa a tentar realizar um ambicioso projecto de recuperação simbólica do Aqueduto das Águas Livres[20], por via precisamente da água e da sua fluidez como signo de comunicação intermunicipal e contacto à escala do humano... Seria este certamente o mais extraordinário Projecto-Luz da Luzboa, na sua essência comunicativa, reflexiva e patrimonial. Memória, contacto, cidadania, artisticidade, fundidos numa simples transformação de um momento 'invisível' em dispositivo de comunicação urbana.

Luzboa Barroca? Ou a ocasião faz a Arte.

É talvez com o Barroco que o Efémero faz a sua entrada na História como nova dimensão da arte e da vida. Este efémero barroco é agora *um novo paradigma temporal em que se conjugam o frágil, o passageiro, o perecível e o vão.*[21] Nasce deste cadinho um verdadeiro *cogito* do efémero, que volatizará progressivamente as antigas relações do Ser e do Devir, características da metafísica ocidental e do humanismo da Renascença. *Si le passé n'est rien, le futur ne sera qu'un nuage où s'accroche un présent qui fuit. L'Être n'est que son apparaître instable, entre 'il y a' et 'il n'ya plus', comme dans la pensée chinoise. C'est pourquoi l'éphémère est un présent intensifié par un manièrisme du temps.* [...] *Car si tout fuit, il faut saisir l'occasion dans une innovation continuée, et pratiquer un manièrisme occasionnel.*[22]

'A ocasião': um conceito-chave que abre a oportunidade para a afirmação do conceito de 'intenção de ser'[23]. O ocasião faz o projecto, acrescentaríamos, a gestão de condicionantes específicas determinam-lhe a essência, despudurodamente, para aqueles que esperariam, no caso da Arte Pública, que a Obra fosse um mero transpor para o espaço Urbano de uma Ideia pré-concebida em ateliê. Se isso acontece com muita frequência, certamente que na Arte Extra]muros[a premissa é auscultar-se o território e as suas energias – altura de recordar a epígrafe deste mesmo texto, por Malek Abbou –, o espaço na multiplicidade das suas componentes, nomeadamente a social, numa fase do projecto em que as decisões estão mais em aberto que definidas. Tudo isto explica uma obra como *Coração* de Jana Matejkova; e sobretudo o processo criativo

16 *Retratos da Alma*, Fortespolio, Lisboa 1995

17 *Esthétique de l'éphémère*, Galilée, Paris 2003. P. 20

18 Ibidem. P. 21

19 Ver *A Luz e a Paisagem*, Livros Horizonte, 2003, Lisboa

20 Ver *A Arte da Luz em Lisboa*, Extra]muros[, 2005, Lisboa

21 *Esthétique de l'éphémère*, Galilée, Paris 2003. P. 24

22 Vladimir Jankélevitch, *Le Je-ne-sais-quoi et le Presque-rien*, Le Seuil, 1980. P. 115

23 *Esthétique de l'éphémère*, Galilée, Paris 2003 P. 31

que a levou às soluções apresentadas. Vale a pena considerar os primeiros ante-projectos: instalações *in situ* com sabor a conquista de espaços problemáticos – abandonados, utilizados por comunidades marginais, que artista se propõe habitar com obras-interface, como no caso extremo em que propõe uma carreira de tiro, com alvos aplicados como se fossem azulejos num espaço-ruína nas traseiras de um hotel de luxo. O facto de a Bienal acabar por não passar por ali vai levar a artista a desenvolver uma obra à partida mais pacífica: um 'electrocardiograma da cidade', a instalar ao longo do passeio pedonal que acompanha o limite do Jardim do Príncipe Real na Rua da Escola Politécnica. A chegada a Lisboa implicou porém, de imediato, decisões rápidas e profundas: o labirinto longitudinal e bidimensional transforma-se em habitar de um espaço circular em torno de uma velha árvore; estabelece-se uma empatia com o espaço físico e social daquele lugar – ali se encontra um bar-restaurante que fechará em breve, previsivelmente nos últimos dias da Bienal. A artista e o seu colaborador, Carlos de Abreu, iniciam o trabalho árduo, diário, metódico de instalar naquele espaço um labirinto de luz, agora emaranhado de traços e curvas, entrecruzando-se como desafio ao corpo. Esse desafio é agora um *work in progress* que continuaria para lá do início da Bienal, caso mais dias houvesse; que se tornou uma obra-habitar, com assistentes e vizinhos envolvidos nas decisões diárias; com um gesto final da artista que procura celebrar aquela relação por via de uma performance-festa no último dia do Bar. Do projecto inicial, restou a cor e a ideia de labirinto.

De *Coração* a *Ressonant Objects* de André Gonçalves, passando pelo micro-acontecimento de Marisa Teixeira + Filipe Frazão no Santiago Alquimista, o 'sólido suspenso' de Bruno Jamaica no mesmo espaço, a vídeo-arte de Cabral Santo, a *Parada de Luzes* que percorreu as ruas de verde, tratou-se da exemplificação da ideia de celebração do efémero como conquista do 'momento favorável'. O artista *extramuros*, que sabe da potencialidade do efémero, empreenderá uma operação de captação do tempo – e suas âncoras físicas – , um tempo que resgata aos fluxos imperceptíveis, aos intervalos das coisas, dos seres e da existência. A obra torna-se por essa via um convite à compreensão do tempo. E não apenas para os criadores: para os transeuntes é um desafio à sua própria conquista do tempo [e do espaço], o tempo-espaço de estar ali, de aderir ou não, e imergir numa estratégia existencial e política disponível para o imprevisível.

Em espaço urbano, essa estética torna-se rapidamente uma questão para o debate político, mais uma vez no sentido de Arendt, ou, como o coloca exemplarmente Dave Beech, artista-teórico-crítico que integra com Mel Jordan e Andy Hewitt o colectivo Freee, num recente número da Art Monthly: *The whole debate on beauty and aesthetics today is best understood as revolving around the tension between the individual and society. The point is not to take sides but to rethink the question of beauty and debates on the aesthectic as rooted in the fundamental tensions, divisions and structures of modern capitalist society.* Como Arendt, Beech vê numa visibilidade plural as próprias condições para um verdadeiro espaço público. A partir de tais premissas, a Extra]muros[ensaiou na Luzboa, mais uma vez, belezas plurais por um diálogo transversal transformador, acarretando, pelo menos idealmente, autonomia e transformação. Buci-Glucksmann, precisa: *Il convient donc de différencier*

Panteão Nacional

A Bienal propôs-se rever a imagem do Panteão Nacional. Tratando-se de um monumento da maior importância simbólica e de privilegiada presença no tecido urbano, procurou desenvolver-se a função de atribuir ao Panteão, durante a noite, o protagonismo estético e formal que o caracteriza durante o dia. A concretizar-se, este projecto – desenvolvido com o apoio técnico da Schréder – procede à transfiguração visual da obra arquitectónica, assegurando à Igreja uma presença nocturna comunicativa, segundo o conceito-chave 'Património Vivo', tornando o monumento mais presente, tanto na proximidade como na distância. Em concreto, uma iluminação dinâmica, progressiva, apresenta uma subtil variação de temperatura de cor [brancos entre os 3800 e os 5000 graus Kelvin]. **MC**

National Pantheon

The Biennale intends to renew the image of the Panteão Nacional [National Pantheon]. Since it is a monument of great symbolic significance and privileged presence in the urban fabric, a team contemplated a set of light-and-lighting actions in order to allow the Pantheon to have, during the night, the same aesthetic and formal presence it has during the day. The project, developed with the technical support of Schréder, follows the key-concept 'Living Heritage', turning the monument more present, both from near and at the distance. In brief, a dynamic and progressive lighting presents a subtle variation of colour temperature [whites between 3800 and 5000 Kelvin degrees]. **MC**

Equipa Team

Samuel Roda Fernandes [coord.]
Arquitecto Architect
Mário Caeiro
Programador cultural
Cultural programmer
Moritz Elbert Designer Designer
Miguel Mouta Faro
Artista, estudante de arquitectura
Artist, architecture student
Andreia Olímpio
Designer Designer

Estudo Luminotécnico
Schréder:
Miguel Mattos + Pedro Sanches

l'éphémère du seul instant comme 'coupure du temps' au sens aristotélicien, mais aussi du seul présent vécu. L'éphémère est un art du temps, *qui consiste à l'accueillir, à céder au temps* (tempori cedere), *et à l'accepter tel qu'il est, fût-il imprévisible.*[24]

O Estoicismo de Montaigne estabeleceu um modelo-chave para esta acepção do tempo como vazio-cheio, oportunidade de redenção, palco da individualidade, algo que de forma mais directa e sucinta se poderia definir como 'arte-do-efémero': *Il est beaucoup plus proche de la quête de l'intervalle propre à la culture japonaise du* Ma *(espacement, intervalle, vide) que de la seule jouissance hédoniste du présent qu'il implique. Car tout passage est fugitif et fragile, et rentrer ao coeur de l'occasion comme 'rencontre' implique de traverser le temps, de lui donner son rhythme, ses aiguillons, ses intensités et ses intranquilités. Una sagesse toute musicale en somme qui me fair penser aux* Papillons *d'un Shumann, ou aux vibrations et suspensions sonores des* Glissandi *de Ligeti. L'éphémère n'est pas le temps mais sa vibration devenue sensible.*[25]

Ora não poderia haver melhor descrição do trabalho de habitação temporal que os belgas Het Pakt empreenderam nas Escadinhas de São Cristóvão. A peça aparentemente mais frágil, mais dependente da proximidade dos [apesar de tudo poucos] moradores e seus humores, recorrendo aos dispositivos mais primários de produção de luz e imagem [captação por *pin hole*, projecção por projectores de *slides*] encontrou o registo certo, no espaço adequado [pela sua configuração de anfiteatro controlado], para um momento da Bienal que superou todas as naturais expectativas criadas pelo conceito inicial. Se este era prosaicamente celebrar a alma [musical] de uma cidade, criando um 'coro urbano' de vozes individuais que, juntas, compusessem uma espécie de consciência-memória colectiva, proporcionando a partilha de emoções profundas [decorrente de um processo de composição das imagens participativo e aberto à comunidade e às próprias equipas de produção executiva], o resultado foi uma rara oportunidade de milhares de visitantes se verem confrontados com uma instalação que, para regressar aos termos estéticos mais capazes de a descrever, permitia um raro tipo de fusão entre espectador e obra, um 'fazer corpo com o *dao*.'[26]

Si bien que tout est dans un temps voué à l'éphémère, et à cette 'impermanence' japonaise (mujô) *ou, très curieusement, l'esthétique du temps et des manières rejoint certaines préocupations de Pessoa, dans une même quête de l'intervalle.*[27]

Pois bem, Pessoa de novo, conduzindo agora os nossos passos calçada acima até ao concerto-instalação marítima de Adriana Sá – e, a uma escala mais minimal mas ainda interactiva, às 'bolas de som' de André Gonçalves. Eis que a intranquilidade – o desassossego, para permanecer em Pessoa – que caracterizam a forma nostálgica do efémero, dão lugar a uma forma mais diáfana, ligeira. Petit no topo do Percurso Azul tinha essa função de fusão-com-o-horizonte, de reencontro com o território e a paisagem, de imersão na noite, animada e viva [os pontos LED tremeluziam, numa imagem equidistante do *kitsch* e da estética publicitária, devendo a ambas o magnético poder de atrair *imediatamente*. Tal como os músicos do Ensemble JER, de nariz de porco, tocando *Reich Deluxe* no dia da abertura.

24 Ibidem. P. 26

25 Ibidem. P. 26

26 Ibidem. P. 27

27 Ibidem. P. 27

28 Conceito próximo do de 'momento certo' 'momento oportuno'.

29 Kazimir Malevitch, *La Lumière et la Couleur,* L'Âge d'homme, 1981. P. 59

30 Buci-Glucksmann, Christine, *Esthétique de l'éphémère*, Galilée, Paris 2003. P. 26

Positive vibrations – Tempo-fluxo

Se houve intervenção na Luzboa capaz de condensar esta positividade, para mais num plano estritamente festivo, convivial, foi *Demo_polis* dos Moov. Aí sim o efeito efémero se encontra – como no *airy nothing* de Shakespeare – inseparável do seu afecto como energia. Como na *Lisboa Capital do Nada*, em 2001, quando o cordão humano conseguiu por instantes condensar esta positividade vazia do efémero, a gratuitidade de um gesto magnânimo, a ideia de Comunidade em construção.

Mas quando uma Lua é pousada em frente ao Teatro São Carlos – a *Lune* de Bruno Peinado – a Luzboa torna-se a *ciência urbana* capaz de captar por meio de dispositivos artísticos simples – um insuflável – a energia comum, do social: um *kairós*[28] fugaz, característico dos espíritos disponíveis, desdobra-se em todas as vibrações da luz, em tudo o que cria uma instabilidade cintilante, jogos de reflexos e pulsações visuais. Torna-se instável. Aparência instável e arte da diversidade. Discurso das realidades fluídas – por aí profundamente anti-institucional, anti-burocrático, porque cadinho do estar-com e não do estar-sob. Como aconteceria com a Lua, um objecto de todos, que todos tocaram, infantilmente. Peinado conseguiu oferecer à cidade não apenas uma imagem-ícone, mas um *decoração* do espaço comum de uma praça, de tal maneira que também ali se tornou positivo o tempo-fluxo, uma metamorfose, uma simulação que convidava à momentânea e cúmplice suspensão do juízo.

A arte efémera é o discurso artístico deste Tempo-fluxo, que vem de Heraclito, e que seria contrariado por Platão, que entendia que a verdadeira luz vem do sol inteligível da Verdade e da Beleza [na *República*]. Uma instalação urbana [particularmente a de Peinado], pode estar parcialmente assente nesta ideia de uma luz ontológica – que serviu muito tempo de paradigma artístico, ao seu ideal e às suas pesquisas sobre a ordem e de harmonia entre partes. Mas a sua efemeridade, celebração do fluxo, condu-la – seguimos o raciocínio de Christine Buci-Glucksmann – para um território que já Malevitch entrevira, no texto *A Luz e a Cor*[29]. Nesse texto, o pintor russo coloca em causa o estatuto da luz na arte, contestando uma luz que ilumina a verdade e desenvolvendo um anti-platonismo da 'intensidade colorida', onde o novo corpo pictórico é construído pela luz em si. Malevitch toca o essencial. *Entre le voir et le savoir, la peinture et la pensée traversent toute une série de prismes, où la lumière 'acquiert des significations réelles', et cette treversée est l'indice d'une sorte de matérialisme lumineux, qui sera au coeur de l'art cinétique comme de l'art virtuel.* [...] *En d'autres termes, l'enjeu d'une esthétique de l'éphémère est bien celui d'une 'kairologie' de la transparence, marquée par une lumière non ontologique qui abandonne tout modèle de la permanence et bouleverse la notion de forme désormais ouverte et pensée en flux d'énergie de forces multiples.*[30] De Núñez-Gasco a Miguel Chevalier, foi isto o que se passou. Esta fluidez-abertura chocou quem procurava tanto a obra definida e formalmente limitada, disponível para ser criticada enquanto configuração física, ou quem procurava o espectacular imediato, sem conceito mas interessado em impressionar retinianamente.

Na Extra]muros[e na Luzboa somos humildes nessa missão; temos consciência de que abordamos um terreno complexo e rico em contradições. Mas se o poder de fazer cidade é mais difuso e disperso que o que afinal parece, isso apenas alimenta o nosso esforço em fazer arte para todos, para todos poderem decidir da validade e interesse dessa arte. *Iluminados de todo o mundo, uni-vos!*

Mário Caeiro é designer, professor na ESAD.CR, presidente da Extra]muros[e o director da Luzboa.

To light!

À l'évidence, les artistes de Luzboa confrontés aux configurations urbanistiques de la ville, vont s'appuyer sur des pratiques de vie locales, sur des restitutions mnésiques, sur des correspondances analogiques de forme. Tout cela devrait nous parler éloquemment. [...] *Je retrouve cette exigence-là dans le projet Luzboa, et plus largement le désir de rompre avec cette idée de l'événement culturel entendu comme seulement une promotion spectaculaire à visée touristique, ou comme instrument de gestion de la passivité. Je vois que les projets composent concrètement avec la réalité géographique et humaine de leur site d'élection.*

MALEK ABBOU

1. Intro. An obligatory book

May you ask for the sky... well, at least for the moon. This is a reflexive moment after the II International Biennale on the Theme of Light, 2006, deserving the best attention by vast sectors of society, at least, that is, if we want to better define urban space, and the very idea of urbanity surrounding us, together.

As a possibility for collective *anamnesis*, it is a process of gathering ideas and memories from the distance of some months; after all, that is the sense of Luzboa as a *systematical* process of reconfiguration of Public Space, that of the capital of Lisbon in particular. With didactical and practical sense – with an agglutinating inclusive spirit – as demonstrated by all contributions in the margins of art, invited to supply other visions to the traditional artistical field, and with the highest tactical mobility, present in all kinds of compromises that configure public space as an opportunity for a collective effort aiming for the common good.

Over the last years we have learned to be demanding, and critical, but also to accept compliments. Luzboa is an original model, capable of creating around itself an aura which is as well also the one of Lisbon, as it was meant from the beginning.

As an object and catalogue, this book is a collection of messages: by the artists, media coverage, the inevitable rhetorics of image, thoughts about the Biennale and its applied values. It is thus an object for study, useful for politicians in the strict and broader sense, fundamental for creative people from any field and, finally, those who may want to grasp the essence of the 'Culture of Light'. And we're not so few, considering the community of readers that have been in contact with us or the international network that the book lists.

2. Synthesis. A Biennale in contact with the city

The exhibition structure consisted of the coloured transformation of the urban lighting along a path more than 4 km-long [from Príncipe Real to Alfama], according to the model of a monumental 'Open Air Museum', comprising 24 artistic interventions by 32 creators from eight countries, that revealed the profound character of different urban spaces. But Luzboa was not an 'open air exhibition', it was an Event with happenings inside, where the strictly aesthetical dimension of the various urban interventions was complemented by actions of valorization, formation and debate, like the inaugural ceremony, the Luzboa-Schréder Prize, the Congress of the Night, the guided visits. All these moments sedimented the critical mass of the event, communicating to specific publics; assuring the event future fans, more 'lovers of Light'.

Some data

First the quantitative: + 500,000 visitors, + 1,500,000 contacts; + 50 institutions and companies involved, public and private; + 20 organizations involved, public and private, in the field of culture; a global budget of + 600,000 euros, with a mediatic visibility estimated in + 1,000,000 euros.

Now the qualitative data: Luzboa 2006 was a Monumental Urban Circuit, valorizing the Nocturnal Urban Image of the Capital; *the demonstration of the potentiality of Urban Art in the Contemporary City; a mobilizing event for the institutional, technical, entrepreneurial, touristical and cultural segments of society;* the convocation of citizens for the *celebration of Public Space and the Night transfigured by Art.*[1]

Also on the web, the Luzboa internet site, as well as the e-mailing actions, the way the programme was 'adopted' by associated portals and sites, revealed an initiative with a great attraction potential, at an artistic, informal and touristical level. In urban space and in the media, namely television, where, several times, Luzboa was news during prime-time.

Finally, Luzboa maintained a regular programme in the field of edition, formation, reflection: presentations in universities, workshops, book launchings [of the title *Relativity*], foundations for the development of a discourse about Light that only now is taking its first steps. We communicated! In advertising space, urban media, by means of a broad visibility action, through which the Original Concept was to be affirmed.

Implantation and intervention

Luzboa 2006 was mainly an intervention in the urban fabric, based on the alteration of the colour of the urban lighting along an urban path: the RGB Project presented three different circuits – RED – from Praça do Príncipe Real to Largo de Camões; – GREEN – from Largo do Chiado to Rua de Santa Justa; – BLUE – from Escadinhas de São Cristóvão to Largo de Santo António à Sé. This urban intervention acted as the support for the artistic installations, extremely diverse, by the artists. All managed to appropriate the available spaces along the route, thus reinforcing the coherence of the experience.

The RGB Project and the artistic interventions co-existed in a process in tension, since the first was a huge communication object with which each piece had to establish a protocol for its own protagonism. The limits of the event and of the pieces were blurred and fluid like in daily life.

From legitimation to the popular success of a concept

The Second Edition of Luzboa happened between the 21st and the 31st of September. It was conceived and produced by Extra]muros[2], a platform for Urban Projects, Public Art, urban design, Lighting and Cultural Intervention, that for this Project assured the strategic partnership

1 Cf. Activities Report.

2 Extra]muros[cultural association for the city is a non-profit organization based in Almada, Portugal. Its members and collaborators are investigators, professionals and students in the fields of design, architecture, urbanism, landscape architecture, geography, art and social sciences who seek to maintain an ethical intervention in issues related to the urban realm.

of Municipality of Lisbon and the main sponsoring of EDP – Energias de Portugal [EDP Foundation], heading a significative set of institutions and supporting companies. Entities like the Instituto Franco-Português , ESAD.CR, JCDecaux, security companies like Eurovigia and 2045, Silva! Designers, lighting technology leaders like Schréder, Philips, Indalux, Megarim or Osram, companies like Bazar do Vídeo and collaborators like Nélson Leão as well as all the executive production team of Tetmei, all deserve a special word. Obviously as well as the production team of the Event, that accomplished their deeds within the shortest deadlines and with the highest self-abnegation and professionalism. Bearing in mind the notorious agglutination power of Luzboa, the relation with the Media was an opportunity for interesting partnerships, namely with the newspaper Público, the radio station Antena 1 and the news TV Channel RTP-N. Luzboa also had the High Patronage of the Presidency of the Republic, and was considered to be of 'Superior Cultural Interest' by the Ministry of Culture.

Seeing Luzboa legitimised by important institutions makes us proud. But more important was its success and pertinence, confirmed by thousands of visitors. Luzboa thus aspires from now on to a certain regularity, the best way to promote a real renewal of Public Space. Luzboa is about contributing to the Contemporary Identity of the City, maybe not only of Lisbon.

To debate the Night: city, technology, culture

Luzboa tried to draw attention to issues related to urban lighting. Intervening in the main streets of the Historical and Touristical Centre, it highlighted the importance of Urban Light in a debate that must be held amongst both decision-makers and dwellers. It is time to promote well-informed thought about how to use artificial light to illuminate the city, namely the historical areas of the Capital.

Luzboa proved that the design of the night as a whole is as urgent as the illumination of certain urban landmarks – the general idea about the role of shadow must be reformulated, as well as the necessity to highlight the 'dark side' of architecture and urbanism [to use a Mario Perniola concept]. Enough with the idea that nocturnal artificial light shall have the same function as daylight. Technological innovation in this field must not be ignored: Luzboa was sponsored by the most important companies working in Portugal, all of them willing to give their contribution in the area of research, able to contribute with their materials and products for the success of the artworks, developing solutions for specific concepts, spaces and volumes.

The city deserves global solutions that, despite having to cope with complex economies of scale, take into account notions such as locality, identity, proximity; and that artists – integrating technically sustainable partnerships – have a preponderant role in the symbolic and conceptual reconfiguration of the urban realm.

3 Year of the realisation of the International Seminar 'To Design Light'; participants: Jan Ejhed, Daniel Buren, Ariella Masboungi or Evgen Bavcar, as well as several artists that would develop projects for the Biennale in the following year. During the seminar, *A Luz e a Paisagem* [Light and Landscape], the Portuguese edition of an important book by Roger Narboni was launched, with the presence of the author.

4 http://www.luzboa.com/luzboa.html + http://www.luzboa.com/2004/2004.html

Permanent projects. Urban society, civil society

The desire to realize permanent installations isn't necessary within the framework [and budget] of a Contemporary Public Art Biennale, but Luzboa managed to present proposals that might be useful to redesign the urban image of Lisbon. With the support of the Municipality and other decision makers, the Praça D. Pedro IV [Rossio] might one day become a 'sensitive square'... and the National Pantheon – Igreja de Santa Engrácia have a more subtle presence in the skyline of the city.

The strengh of Luzboa – and its weakness – is this capacity to be an independent event, proposed by the civil society. Since it is an Event promoting an inclusive Urban Future, Luzboa must be a theme under constant evolution, vital for a Capital aspiring to have celebratory moments of its Identity and Urban Image, both ephemeral and permanent.

With the ritualization of Luzboa, a particular kind of artistic production [public art] becomes a tool for citizens to understand urban space; then, at a certain point, urban society might reify its collective meaning and give way to the celebration of a truly civil society.

3. Origins. Idea and principles in action

It is the right time to remember the origins of Luzboa as a Cultural Project, now under the light of the installations of the second edition. That is the best way to assure the construction of a really recognisable identity. Luzboa was born in 2003[3], with a fundamental contribution by Marc Pottier, cultural attaché at the French Embassy in Lisbon, clearly interested in organising an urban event which could associate the interdisciplinarity of urban design to the *plus-value* of Contemporary Art. Other meetings, debates, opinions, and experiences followed, now with the participation of Geographer Teresa Alves and Architect Samuel Roda Fernandes and the contribution of a team of dozens of collaborators. Just before the first edition of the Biennale in 2004[4], we arrived at a set of seven topics which would orientate the work in the following years, namely the preparation and production of Luzboa 2006:

- Valorisation of Natural Light, as a crucial element of the *genius loci*
- Projectual intervention aiming to transfigure the night
- Fight against light pollution and the death of the sky
- Sensibilisation on Planning and economy
- Realisation of actions in favour of a *better* night
- Awareness-raising about the Light-Project as Heritage qualification
- Promotion of Light as spectacle and leisure

From the principles to their application

During the preparation of the 2006 edition of Luzboa, all artists had contact with the seven principles. But a real tribute to the day-light of Lisbon, in particular near the river, has not yet been accomplished. *Esquisses* by the lighting designer Catherine da Silva did approach the theme of the *calçadas* though; and artists like André Banha or Het Pakt managed to assure the realisation of pieces that articulated the nocturnal and diurnal functions, or just proposed day/night transition spaces, both organic and revealing. The theme of the excess of nocturnal lighting was clearly approached by the luminic reduction along the three circuits of the Biennale. Such effect allowed new contrasts, unusual emotions of profundity, rhythm and colour. Or discreet epiphanies like *Art gets you through the Night III* at Rua do Limoeiro or the labyrinth of by Jana Matejkova + Carlos de Abreu. And, which is of most importance, discussion and criticism.

The theme of light pollution would be best addressed by permanent projects of unavoidable scale. But surgical pieces like *Nightshot #2* by Gerald Petit led us to think about the [non-]existence of a designed landscape of the night. In a simple though highly communicative way, that's precisely what the RGB Project managed to do: showing a very sensitive approach to the contours of the urban realm and spatial identity, frequently managing to reflect 'feelings of visual comfort, security and magic'. This experience led also to various discussions and workshops where lighting experts discussed other important related issues, such as energetic solutions and sustainability options, though beyond the restricted possibilities of an independent Art Biennale. In this sense, the Mission of the Biennale was to promote urban moments, places for social life.

The two last topics are also interconnected. Bearing in mind an updated and critical notion of Heritage, recurring to the latest technologies, we threw a renovated look upon the National Pantheon and the Rossio – in the first case, through a subtle and dynamic lowering of the light intensity on the cupola, as well as an adequate lighting of the barroque trace of the façades, preserving their formal essence; in the second, at two levels: one, the development of a conceptual model for a permanent lighting plan with dynamic elements; and two, the presentation of an artistical project evoking the waves that once bathed the Square. This perception of Light as Spectacle is an opportunity to promote touristical attraction, urban communication and the very marketing of the city, three issues that are permanentely evaluated by the citizens. Celebration thus becomes gay without losing depth, reflecting the values of conscience and construction and not of acritical affluence. This is the trademark of Luzboa.

Platform and intervention typologies: affirming the Light-Project

Such lines of thoughts sketched out in 2004 were re-read in 2006, confirming a basic drive: Art should have a role to play in the integrated management of the city. Specific Light-projects should be promoted, considering as basic tipologies the monuments, edified heritage, historical neighbourhoods, neighbourhoods under construction [both of recent and old origin], public spaces: squares, streets, green structures, waterfronts, festive occasions [in monuments for instance]. The 'Art of Light' both as theme, [project] value, [cultural] event, resulting from a trandisciplinary vision gathering knowledge from domains such as design, architecture, urbanism and set-design… We can define such Light-projects as projects where the Light-factor becomes the key-theme for the developing of an initial idea, the concept, the technology, the aesthetics, the inherent expectations – all within the framework of an investigation-action, characteristical of the urban project.

'Art-of-Light'

The Light-project departs from a reflection about the phenomenon itself and the cultural-philosophical theme, as happens with key-artists like James Turrell. It may lead phenomena related to light and perception to assume a structuring role in the framework of diverse actions. In Public Art, Light, whenever it is approached as an autonomous and fulcral component of the project, opens up a new field of creation and investigation. Such Light becomes an Event, occurring both at an intimate, personal scale and as urban event to be experienced by thousands of people. In both cases, Light, with its immateriality, its magic, has a profound psychological impact. It touches us, integrating the viewer into a special vibration, revealing something deep inside the very viewer who observes. Such a fact means the greatest responsibility must be taken in the activity of authors and technicians, demanding complex competences and teamwork.

The Art of Light and Lighting, *projected* light, deals with emotions that artists, architects, designers, scenographers and all sorts of creators know as being different from the ones generated by the established disciplines. In other words, the Art of Light [and Lighting], though not necessarily an autonomous discipline [and in this context not to be confounded with Lighting Design or *Éclairagisme*, that are above all professional fields] comprehends a genealogy of projects whose philosophy and attitudes can be reasonably defined. In this sense, Concept is capable of going beyond functionality – precisely by means of the Light-Project.

Participation and Inter-institutionality

As in 2004, Luzboa assumed in 2006 a central role in the conception of spaces, scapes, images and situations, opening a new field that programmers and politicians, investigators and investors may explore. The process should imply a renewed approach to Heritage, Green Structures and Public Space, now integrating the population and private initiative, aiming the collective capacity for the managing of visibility. Only then can we talk about a dedicated and active renewal – by nature pluridisciplinary and multivalent, articulating ancestral knowledges and traditions and putting together the most basic common sense with recent technological innovations, for the sake of professional, personal and human realisation. By means of a transparent process, in the framework a of a true culture of progress and quality.

Culture thus becomes relevant and Art a communication event – as well as a territory for collective experimentation, debate and dialogue, in a rare fusion of publics.

2004 – 'Between heaven and earth…'

The first edition of the Biennale promoted a new kind of urban event: the night transfigured by art. It was a first moment of an *appropriation* of public space that would develop into the 2006 programme.

During the EURO 2004, 250,000 visitors had the opportunity to have a first contact with public work by artists such as Yann Kersalé, Ron Haselden, Frédérique de Gravelaine, Jean-Luc Vilmouth, Jean-Claude Deschamps, Luís Campos, Emanuel Brás. Under the motto '*Between heaven and earth we assist to the spectacle of the world*' [free translation of a verse by Brazillian poet Carlos Drummond de Andrade], the programme presented both urban light projects by the artists cited above, as well as indoor installations and exhibitions by Carlos Nogueira, João Pedro Vale, Abílio Leitão or Virgínia Mota, where *installed light* was the issue, particularly in the way that the pieces managed to form dialogues with the spaces of the museums and galleries where they were installed. The programme focused on the field of Contemporary Art, but Luzboa drew the attention of various publics. The book-catalogue *Luzboa – A Arte da Luz em Lisboa* [Luzboa – the Art of Light in Lisbon] established itself as a reference tool in the field of Light and Public Lighting, namely for Fine Arts, Lighting Technologies and Urban Studies in general.

At that point, some lines of direction would begin to orientate the development of the Luzboa 2006 Project:

- The importance of realizing both large-scale and small-scale projects, with the collaboration of both well-established and emerging artists;
- The necessity of an articulation with the institutions not only in the field of Art but in areas where technological or social issues are at stake;
- The focus on a reading not only of the established urban fabric, but of the very Urban Space as an experienced whole.

Since the programme included some 50% of urban installations and 50% of indoor exhibitions, Luzboa 2004 was still too much connected with Contemporary Art in a restricted sense, only occasionaly capable of raising the attention of other targets, namely casual passers-by. This was the paradigm shift that Luzboa 2006 managed to impose. For that purpose, it was fundamental to broaden the range of contact with the Municipality, now including the departments of Public Space and Tourism. Such decisions would assure in 2006 a real implementation of the Event in the city, without losing its cultural and artistical dimension.

Exemplary projects, strategic areas

The success of some of the 2004 projects was fundamental for decisions about future actions. *Family Idea* by Ron Haselden was a participatory action that resulted in light sculptures installed in the Parque Eduardo VII, the whole process being developed in collaboration with children of the community of the Cova da Moura neighbourhood. In Amadora. *Eléctricos* by Yann Kersalé renovated the traditional image of the trams of Lisbon. Several belvederes and gardens were inhabited by Poetry, light, colour and sounds [of Fado and the spoken word], by the *Bellas Sombras* project. Jean-Luc Vilmouth created a *Seduction bar* at the Teatro Municipal de São Luiz, Daniel Schlaepfer enlivened the darkened cistern of the Casa do Fado with a moving [in all senses] installation of marvellous simplicity.[5] These and other projects exemplify the way in which Luzboa offered a cultural alternative during a time when Lisbon was visited by thousands of tourists.

4. 'A Path of Light...' Consolidation in 2006

Luzboa 2004 was an adventurous opening into a new field of action, defined by precise methodologies, a given scale and a programmatic attention to the various expressions of Light-Art. In 2006, Contemporary Art again was the key-theme of an urban event that aspired to communicate with the great public. For the 2006 edition, Luzboa tried to become one of the main cultural events of the Capital. Communicated more and better.

In comparison with 2004, the generic objective was to consolidate the initiative institutionally and, if possible, to elevate the artistic level. Motto: 'Art gets you through the night' – free adaptation of a verse by John Lennon – evoked an idea of human passing through the night, of *redemptive understanding of whatever helps us to pass the night through...*[6]
No matter how profound the reception of this poetic-conceptual-spiritual theme was, the main objectives of the Event were achieved:

- To bring Contemporary Art to the streets, inviting dwellers and tourists to participate and enjoy urban space.
- To celebrate the character and the beauty of the night of Lisbon, assuring it an enrichment of the nocturnal life concerning images and atmospheres.
- To promote, at a national and international level, the image of Lisbon, in a dynamic and contemporary perspective, capable of attracting cultural tourism.
- To develop a unique and original event, with the capacity of becoming internationally respected and renowned.

Luzboa 2006 was also an opportunity to deepen the experiences of 2004: again transforming Lisbon into the set of artistic proposals by important creators, enriching the cultural offerings of the Capital and contributing to its valorisation in the context of the European 'cultural cities'; again debating the design of the night, the role of public art and public lighting in Planning and Urban Renewal; again creating synergies between the population, cultural agents, public administration and the industrial and technological sector, with potential benefits for the domains of Urbanism, Public Lighting, Tourism, Economics and Culture.

Implementation and Programming: 'a path of light' in the city

Luzboa 2006 consisted of an urban art circuit, crossing some of the most charismatic areas and neighbourhoods of the city, offering visitors moments of poetic revelation of a territory, in the company of the great poet and writer Fernando Pessoa, whose walking silhouette graphic designer Jorge Silva transformed into the icon of the Biennale.

Pessoa had already inspired Malcolm Miles[7] to reflect upon the urgency of an art that promotes the human condition in the city, a mixture of situationist dérive, desire for social plenitude and celebration of the fugaciousness of the city – and its light. In 2006, such 'premonition' was confirmed by the articulated circuits of the path, which José Luís de Matos, emeritus historian of the City, synthesized in an e-mail which he graciously sent us, just before the opening of the Biennale. In fact, the visual proposition that consisted of the articulation of the three colours of the RGB system upon three distinct urban fabrics, turned out to be an iniciating trip, from the root to the heart and finally to the spirit – ours and that of Lisbon![8]

The artistic interventions, starting with the piece by Jana Matejkova *around the root of a tree* and finishing with André Gonçalves's *suspended bulbs on the branches of a couple of trees* – happened in public spaces [streets, squares, gardens, belvederes] and notable buildings [the façade of the Armazéns do Chiado]; they were complemented by formation activities that were held in museums and universities], some belonging to the Municipality [Lisbon Wellcome Center, Teatro Municipal de São Luiz]. As a matter of fact, the Biennale was in 2006 a huge Public walk of free access, designed for nocturnal popular enjoyment. The path was mainly pedestrian and linear, but with two ends [Rato-Camões and Portas do Sol-Sé] where cars could circulate.

The interventions favoured the transfiguration of successive urban environments, of the most diverse typologies and images, with the public being invited to experience a change along the whole intervention area,

5 Convinced by the beauty of the piece, taking into account the modest cost of the installation, Extra]muros| made a proposal to EGEAC in order to install the piece permanently, but there wasn't a positive response to our intentions.

6 «*Whatever Gets You Through The Night*», is a song from the album *Wall and Bridges* [1974]: *Whatever gets you through the night 'salright, 'salright / It's your money or life 'salright, 'salright / Don't need a sword to cut through flowers oh no, oh no / Whatever gets you through your life 'salright, 'salright / Do it wrong or do it right 'salright, 'salright / Don't need a watch to waste your time oh no, oh no / Hold me darlin' come on listen to me / I won't do you no harm / Trust me darlin' come on listen to me, come on listen to me / Come on listen, listen / Whatever gets you to the light 'salright, 'salright / Out the blue or out of sight 'salright, 'salright / Don't need a gun to blow your mind oh no, oh no / Hold me darlin' come on listen to me / I won't do you no harm / Trust me darlin' come on listen to me, come on listen to me / Come on listen, listen.*

7 In *A Arte da Luz em Lisboa*, Extra]muros[, Lisboa, 2005

8 *Lisbon is light. It is Goodlight* [BoaLuz]. *On a clear day, the sun is alive. In the dark of the night, light is decomposed in the red of the root, the green of the heart, the blue of the vision and the spirit. It is Fernando Pessoa, errantly walking along all the paths of LUZBOA, that guides us from the red outskirts to the green chakra of the heart of the city, Chiado and Baixa [Downtown]. The blue of the iniciatic Pessoa guides us, through sinuous paths, to the top, the head of LUZBOA where finally the Sun is again synthetized, illuminating every new night.* José Luís de Matos

achieved through the installations, exhibitions, street animation and the structural coloured urban lighting obtained by the use of translucid filters.

During a previous phase, we tried to find a spatial and territorial logic; after several footwalks 'a perfect path' was found, due to the fact that it articulated the most interesting spaces and urban atmospheres; then we had to make the path evident by means of the pieces and interventions themselves, as well as with the help of urban communication. After some encounters with artists, technical consultancies and the reception of more than a hundred proposals, we started a row of specific meetings with the artists it was more likely – for all sorts of reasons – that we would work with.

Conditionalities as knowledge: the [im]possible Biennale

Many artists and curators were invited to present ideas, others contacted the Organization on their own initiative; coming from Spain, the United States of America, France, Japan, the Czech republic, Serbia, Sweden, Switzerland, Portugal... artists like James Turrell, Joseph Kosuth, Larry Bell, Felice Varini, Jaume Plensa, Michel Verjux, Hugues Decointet, Laurent Moriceau, Santiago Reyes, Creatmosphere, Ana Vieira, José Maçãs de Carvalho, Nuno da Silva, Samuel Rama, Mónica Gomes, Vanda Vilela, among many others didn't see their projects realised; others did. This simply means that we now have an archived collection of ideas – – simultaneously utopic and feasable – that very few organisations would have the capacity to gather. Which also doesn't mean they won't ever be realised, in the context of other opportunities, or promoted just as proposals.

For very different reasons, from physical unavailability at certain dates to the amount of costs involved, from the difficulty to find specific sponsors to the non-authorisation for the interventions by owners or institutions – what a pity a project like Verjux's, which would symbolically connect the two hills that the Biennale united... didn't 'see the light of day'. The final version of the programme was presented in August 2006, when it was finally possible to guarantee the necessary municipal authorisations and the logistical support that would be the base for a protocol later established with our Organisation.

Beyond the artistic and architectural dimension of the interventions, the programme included the Congress of the Night and the Luzboa-Schréder Prize. Also various 'To Design Light' workshops – one of them aiming the nocturnal illumination of the Botanical Gardes – as well as smaller meetings like the II Retreat-symposium 'Art, Culture and Politics after the Net', which happened at the Foz do Arelho. This proves that Luzboa has the function of an interdisciplinary platform, interesting for various publics, professional and non-professional.

Generic qualitative evaluation

Successful situations, these were many and unexpected:

1. Existence of an agglutinating public circuit as means and object of a clear and objective communication, in an intelligible way, that visitors could enjoy. The RGB Project was the trademark of Luzboa 2006 with more benefits than inconveniences [among them, its preponderance over pieces that would not get free from the *walls* of the imposed *museum of Light*];
2. Predominance of site-specific installations – the installations that reached broader consensus and were most looked for were the ones specifically created for the sites, in particular when these were places of peace, silence or concentration, away from the pressure of traffic. The remaining pieces, events though of great impact – directly appealing to accessible imaginery, presenting themselves as photogenic work in noble sites, had a relatively more discreet urban presence. We must thus infer that the future strategy shall be to concentrate in the creation *in* and *for* the city, considering scale and proximity values.
3. The partnerships with universities and colleges proved to be crucial. Either for their direct influence in the programme [such was the case of ESAD.CR, who co-produced a group of four very young artists], either following collaborative work in the framework of the workshops and conferences [University of Lisbon – Faculty of Humanities; Lusíada University; Évora University]. This is a line of work to be nurtured, namely in the fields of creative work, research and technology.
4. Luzboa must be affirmed as a trans-disciplinary event. This means its affirmation follows an idea of urbanistic intervention where Art, because of its communicative nature, is just *the* opportunity for the progressive gathering of knowledge and the exchange of experiences useful for the development of the city itself. The contribution of urbanists, geographers, historians, artists, philosophers, lighting designers, electrical engineers, more than an incoherent bunch of opinions, was revealed as valid discourse, collectively legitimised by current language, engaged in motivating the decision-makers of the urban realm in what concerns the rethinking of Public Lighting and, in this sphere, the role of the 'Art of Light'. The possibilities are open, let there be vision and investment.
5. Based on a concrete territory, the Communication worked very well. The map of the event was a unique and at the same time universal graphic object; the media considered Luzboa an attractive subject. The values of visibility thus turned out to be impressive. JCDecaux and JCDecaux Airport, the ATL [Tourism Association of Lisbon], as well as the major newspapers and the cultural portals of the internet, clearly made their contribution to such visibility of the concept. That must continue. Also at an international level.
6. The engaged technical and logistical collaboration of the Municipality was of course crucial; without them, almost all of the interventions would not have been achieved. This fact proves that any future interventions in the city must continue to have the support of the Municipality; Luzboa 2008 should be a priority in the city's cultural agenda.
7. The trust that the sponsors granted to Extra]muros[, in a global context of financial crisis and disbelief in Culture, was another positive factor:
   - In the area of lighting technologies: Schréder, Philips, Indalux, Megarim were there for the most difficult situations;
   - In the technical issues: Bazar do Vídeo, Tetmei, PrintCriativa, Pictorial showed the greatest availability;
   - In the global communication area: RTP and RTP-N, RDP – Antena 1, JCDecaux, Público newspaper, Syrian, Sapo Cultural Portal, Rádio Europa, Revista Media XXI; all took Luzboa to where it hadn't previously been;
   - In the institutional field: ESAD Caldas da Rainha, the French--Portuguese Institute, the Embassies of Spain and the Czech Republic, the British Council, UACS, CPI; consider Luzboa a territory for innovative partnerships;
   - In the technical and artistic press: Artecapital.net, the magazines Arq./a, L+Arte, Arquitectura e Vida, Arquitecturas, Magazine Artes, as well as My Guide and Revista O Electricista helped to express the particulars of the Luzboa Project;
   - In the area of printing and graphics: Silva! Designers, Palmigráfica, Printer, Euroscanner; they were always there to do their best in various stages of the Project;
   - In the security services area: the companies Eurovigia and 2045 totally fulfilled their hard tasks;
   - In the executive production area: again Tetmei. Full of energy and rigorous.

- In the field of audiovisual register: Bazar do Vídeo and Ribeiro Chaves – and director Nuno Assunção – are partners who just… believe! The whole Biennale was filmed, aiming the publishing of a DVD;
- On the internet: the site was developed by future architect Nélson Leão. Simple, clear, attractive, perfectly fitted the philosophy we always thought of for Luzboa, thus adding style and credibility to our efforts.

8. The capacity of the Production Team and the Concept Teams was, finally, one more determining element for the concretisation of the Event. As we know, site specific installations demand tact and professionalism in the relationships with local dwellers and institutions. Taking into account the controlled budget available, it is important to stress that all scheduled events, previously presented to the sponsors, were effectively held. This was only possible because of the work of an unselfish team, namely of the students – future artists, architects, designers and cultural workers – vigorously coordinated, all conscious that their effort was a contribution beyond what could be professionally exigible.

Balance and Conclusion

Luzboa is an artistic event. It aims at cultural, socio-economic and scientific goals. Its strength is the mobilisation capacity which it is capable of, a legitimacy that makes the Event particularly important for the community. Luzboa convokes the citizens for the experience of Urban Space, exalting their role in the city in a convivial and intuitive manner. Just like 'Light comes from discussion', after the realisation of two consecutive Biennales, plus the series of intercalary events, the real Luzboa is being born, in a dynamic project-process that has obtained progressive acceptance, from municipal officials, the entrepreneurial milieu and the media. The impact in terms of number of visitors, the coverage in the press, radio and television, the sedimentation of international contacts, these are just some of the most visible features of an original and legitimised Event.

We must stress that Luzboa is much more than an idea in order to make the city more enjoyable, beautiful and attractive – although these values shall be assumed and work as a motor for the touristical appropriation of the Concept and the objectives to be achieved. Luzboa is still an initiative capable of mobilising wills and means, absolutely engaged in enhancing the Capital's and the Country's dynamism, life and Value, today fundamental for any urban project that aspires to help us to compete in the world market of cities and countries. In other words, Luzboa contributes to people's awareness about the quality of urban life in Lisbon and the competitiveness of the city in the context of the other international capitals, namely in what concerns its cultural offerings and urban atmosphere. With an ambitious progamme, Luzboa proposes a Culture of Urbanity, inviting people to identify with and rediscover the city, enriching its aura, in a contemporary and dynamic way, hopefully with a positive effect on our collective performance. As a show-case of ideas and tendencies in the domain of contemporary art creative lighting, Luzboa is grounded upon a perspective of technological innovation and adequacy to the desires and interests both of the citizens and all of the entities that have a word in urban management.

9 This and the following ideas until the end of Point 4 were first published in the article «Luzboa», in the February/March issue of the Magazine Pedra & Cal.

10 By Luís Alves de Matos.

11 In: http://o-presidente-da-junta.blogspot.com/2006/10/proposta-de--revitalizao-da-baixa_06.html

From Urban Marketing to Heritage

Today, a City that aspires to be competitive, demands that its managers and programmers be attentive to the available tools to 'make-the-city'[9]. For the Municipality, as well as for EDP Energias de Portugal [Energies of Portugal], the main entities that made the initiative possible, as well as for the various companies involved, Luzboa is surely an Event always to be perfected, whose success resides in the way that the idea of the fact that there are 'Lights in the City' may prevail in the minds of the visitors. Such light has physical and material features, but also a symbolic and immaterial value, which is of the highest importance for the marketing of the city. With a spirit of curiosity for historical data and respect for identity, with an open mind towards the irreverence and imprevisibility of Urban Art. Architect Manuel Graça Dias, in the documentary *Lisbon Capital of Nothing – Marvila 2001* [2002][10], states that *the city is a fascinating organism because we can never know its totality* and this was the spirit of Luzboa in 2006: to show, by means of conceptual, technical and artistical tools, aspects of the city that not even specialists totally bear in mind.

But, as João Augusto da Silva Appleton says somewhere in cyberspace[11], *Luzboa is, among us, a little example of the effect we may obtain from a lighting plan*.

That is, Culture and Spectacle, for an organization like Luzboa, are opportunities to deepen the sensitive and sensorial impact of a City and its Heritage, in a mood where the enunciation of values [Light] and topics for evolution [Urban Lighting] are far away a) from sterile exercises of the spectacularisation of the commonplace and b) unnecessary arbitrariness whenever it comes to Urban Image and Edified Heritage of a PUBLIC SPACE that, by principle, should be everyone's. Utopia? No, Urban Project.

5. Prospective. Of the ephemeral

The base of philosophical thinking at the origin of the Biennale, at a level by happenstance unconscious, is something that we can equate with the value of the *ephemeral* in public art. The idea of the ephemeral held permanently and constantly in mind, in attitude and in vision, and as more than a reducing factor when seeking technical solutions, points to lasting, important proposals. This is a brief opportunity to share these reflections about *the Art of the fluid* as a model that lodges in itself the principal of the Luzboa Brand; a will to intervene openly, to react rapidly but with conviction, to be attentive to the great and the small (in contact), to the infinite and the lowest (in communication), as if all of these grammars of existence deserve not only the same degree of attention but also the same ontological respect.

The *aesthetics of flux*, the *aesthetics of the ephemeral* and, finally, *the aesthetics of light*, these are three ways of saying similar things: we are living in a time that demands that Art show human qualities, that it feels mobilising and socially representational, by way of mobile devices, direct transmissions, transparencies, inclusivity. It is a deepening of values which is in cause, values which define the essence of Lisboa/Luzboa in terms which are, in the end, the aesthetic programme of the Biennale.

As Abbou and Béguin suggest rhetorically in their text, will we be capable of bringing into being multi-expressive gestures, multisensory, trans-communicative... such as those which the Luzboa pieces were capable of establishing, from a very specific understanding of urban art? Will we be capable of trying a change of paradigm in the reading of our urban space and its values, our individual and collective roles on this illuminated stage awaiting its actors? Various Luzboa works point out directions. The option of our notions of the ephemeral continuing

to be one of the topics for discussion reveals itself, once again, as a winning tactic, but this only reinforces the idea that a Luzboa with more permanent marks in the Capital will be a Luzboa that belongs more to everyone.

This dimensions of the ephemeral excite in us the idea of Utopia. Paul Klee one day evoked the concept of 'between worlds' to define the kingdom of what might come to be, what aspires to be. For Paul Klee – the artist who one day *took a line on a walk through the city*, the faculty of seeing the between worlds for oneself corresponds to the capacity to go out of oneself and explore new dimensions of art and, in particular, the dimension of time. The 'Angel of History' which impressed Walter Benjamin is another expression of this dramatic and tense relationship with time, a time in whose redemptive essence Klee suspected he would find, in the question of the ephemeral, a vision of the ephemeral as the essence of life itself. *À l'image des dizaines d'anges qui accompaignent Klee dans les moments les plus terribles da la fin de sa vie, ce temps suspendu entre 'il y a' et 'il n'y a pas' serait celui des mondes éphémères que l'art tente de s'approprier au prix d'un paradoxe initial que Penone a clairement énoncé:* J'ai souhaité que l'éphémère s'éternise.[12] If Art is characterised by the capacity to, in some way, transcend time, through an a-temporality, frequently of a symbolic kind, the theme of the ephemeral is a species of paradoxical essence of that same capacity. The simple problematization of these questions invites us to be available for an existencial and philosophical *paradigm-shift*: it will be enough for us to consider the ephemeral as fuller, more total and redemptive than 'permanent' itself, and finally comprehend that the essence of the social is *the now,* the *already* of the community. This already has, as we will see, a space and a time, the time of the ephemeral of/in the public space.

Being vs. Passing

Exploring, overcoming the original paradox of Art, as french philosopher Christine Buci-Glucksmann calls it, implies destroying, or at least reviewing, revitalising, a linear concept of time (and of History), it implies *briser toute un conception lineáre du temps, un temps de progrés ou de mémoire, qui sous-tend l'approche de l'art et vise à dégager ses transformations à travers des permanences*[13]. The West, for too long, thought of time from the point of view of Being, of Idea, both of which devalued, in their current forms, the time as merely *passing. Éphémère nié au profit de l'Être, de l'Idêe ou du Sacré, ou éphémère réinterpreté dans la fugacité et la fulgurance du présent, il semble bien qu'il soit presque insaisissable comme tel. Pure aura ou pur fragment immobilisé de temps, il est et n'est pas.* [...] *Aussi, penser l'éphémère comme une valeur positive consiste à revenir sur cette* 'a priori *de douleur', et a révéler una face cachée de l'art plus nietzschéenne et plus mondialisée. Un savoir du léger, celui du danseur sur l'abîme de Zarathoustra, qui peut accompagner le tragique en le métamorphosant.* [...] *Car l'éphémère est toujours promesse de légèreté, de transparence et de ce 'matérialisme aérien' qu'affectionnait Bachelard. Comme si le temps des formes laissait place aux formes du temps, au temps comme quatrième dimension de l'art.*

The bold type is ours. To underline the questions of lightness, of fugacity of the processual, such as those shown in previous initiatives, whether personal or within the framework of Extra]muros[, whose conceptual motors, or operative metaphors were, precisely, the Nothing[14], and before the Pain[15], and before the Soul[16]. Naturally this increased value given to the ephemeral should not be subjected to dualistic thinking, which would oppose the ephemeral (a kind of Nietzschean action) to all the weights of art, the weights of the sacred, of memory, of collection. In the historical passage of a culture of objects and of permanencies to a culture of fluxes and globalised instabilities – and of nets – the ephemeral arises as before as a contemporary social sign, a modality of time adequate to globalisation: *Éphémère des familles* [from *Family Idea*, by Ron Haselden, in Luzboa 2004...] *à géometrie variable, éphémère du travail de plus en plus flexible* [to *Misérias Ilimitadas, Lda*, by Javier Núñes Gasco, in Luzboa 2006...] *et menacé, éphémère des vies et des identités qui perdent leurs repères fixes tout révèle une sorte d'accélération du temps qui déracine les stabilités, en occultant la limite extrême de l'éphémère, la mort. Comme si cette conscience de l'éphémère était devenue la perception d'un social précaire et sans projet, celui d'un 'temps mondial', au sens de Zaki Laidi, marqué par la fin des 'grands récits' et par une 'logique de l'instantanéité' et de l'eternel présent, et suscité par des nouvelles technologies et la perte du sens lié à la mondialisation.*

It is also necessary to take into account that rethinking the ephemeral through the medium of art leads us into a confrontation with new temporal and anthropological data of a present that is literally harrassed by the 'empires of the ephemeral', of the culture of the masses where everything is renewed in the scope of a forced 'aestheticization' of the quotidian. Within this framework events like Luzboa are refuges to a relationship with image, and with diverse aesthetic life, to mere rapid consumption: they are pauses in which to feel a space, more than losing oneself in landscapes. That is the value of the sinesthetic experience of diving into the heart of the old city, possible in *Fado Morgana,* by Het Pakt of the pure, consensually cosmic experimental beauty in *Nightshot#2* by Gerald Petit, at the top of the blue route. This didactic dimension of Luzboa – of learning the ephemeral – has always been close to the various aesthetic operations that have been realised, whilst works of art, but much more concrete and incisive, too, in the discourse to the outside, whether mediatic, whether at the level of executive production, which from a certain point also became a process of transversal knowledge.

Aesthetics/ethics – 'Natality' in Lisbon

During the best moments of Luzboa this aesthetic of the ephemeral reveals itself to be a mode of existence: in Het Pakt's *Ceci n'est pas un bus*, for example, we feel the fluctuation of our own ontological fragility. Something similar happened at Moov's encampment-agora: *L'éphémère c'est bien 'accueillir l'esprit de la vague', accepter le fluant et le flottant, une vie--passage et pourtant essentielle, qui trouve dans l'élement aquatique sa réalité et sa métaphore*[17]. Such experiences carry us to what the Greeks called the *aisthesis*, a theory of sensibility and of the sensitive in which beauty is less a judgement of value but firstly a faculty of recreating feeling and existence, arousing those new forms of subjectivity which Foucault speaks of, by way of constructing a 'Hermeneutic of the subject' open to care of itself and of the other. These things, in the newspapers, are translated in titles as beautiful as they are prosaic: *A Bienal da Luz fez descobrir Luzboa e revelou uma paixão* [*The Biennial of Light led us to discover Luzboa and revealed a passion*, in Público, 23.9.06].

The questions of 'natality' – in the sense given to them by Arendt – more ample, generic and eminently political, can be evoked by this proposition, as can an interest in these transitional spaces as platforms

12 *Esthétique de l'éphémère*, Galilée, Paris 2003. P. 12

13 Ibidem, p. 13

14 *Lisboa Capital do Nada – Marvila 2001*, Extra]muros[, Lisboa, 2002

15 *Um Cálice de Dor*, Câmara Municipal de Lisboa, Lisboa, 1999

16 *Retratos da Alma*, Fortespolio, Lisboa, 1995

17 *Esthétique de l'éphémère*, Galilée, Paris 2003. P. 20

of contact with the Other [Lefebvre]. Yet they are equally implicit in the words of Buci-Glucksmann when it is affirmed: *Or, l'acceptation du temps, de son alterité et de son altération, en est la condition. Comme si mon devenir-autre me permettait de mieux saisir les autres et l'entre-culture propre à l'epoque de la 'mondialization', que l'on ne peut ni le doit réduire à la seule américanisation libérale, quando ce n'est pas guerrière. Il faut donc reprendre les différents surgissements de l'éphémère culturel, analyser ses fragilités et ses oublies, dans une sorte de désordre productif qui le dépouille de ses 'éternisations', et retrouve le temps proustien de* La Fugitive. *Un temps qui ne sera plus retrouvé, et ne donnera pas lieu à cette vue optique des choses extra-temporelles de l'art,* même si la beauté des images est logée à l'arrière des choses.[18]

When we met in Portugal, the photographer-philosopher Evgen Bavcar, blind since infancy, did not say something much different, from his own personal experience, which he shared with a captivated room. *The essential is no longer visible*, said Virilio, an irony which the Czech artist Magdalena Jetelová took up again in one of the most emblematic light--pieces of Contemporary Art, her projections of philosophic phrases on the ruins of bunkers on the Normandy beaches.[19] We could speak here of what might have led this Czech artist to try to realise the ambitious project of a symbolic recuperation of the Águas Livres Aqueduct[20], by means, precisely, of water and its fluidity as a sign of intermunicipal communication and contact on the human scale... This would certainly have been the most extraordinary Light-Project of Luzboa, in its essence communicative, reflexive and patrimonial. Memory, contact, citizenship, *artisticity*, founded in a simple transformation of an 'invisible' moment in to a device of urban communication.

Baroque Luzboa? Or the occasion makes the Art.

It is perhaps with the Baroque period that the Ephemeral makes its entry into History as a new dimension of art and of life. This baroque ephemeral is now *a new temporal paradigm in which are conjugated the fragile, the passing, the perishable and the vain*.[21] From this melting pot is born a true *cogito* of the ephemeral, which progressively volatised the ancient relations of Being and Becoming, characteristics of western metaphysics and Rennaissance humanism. *Si le passé n'est rien, le futur ne sera qu'un nuage où s'accroche un présent qui fuit. L'Être n'est que son apparaître instable, entre 'il y a' et 'il n'ya plus', comme dans la pensée chinoise. C'est pourquoi l'éphémère est un présent intensifié par un manièrisme du temps.* [...] *Car si tout fuit, il faut saisir l'occasion dans une innovation continuée, et pratiquer un maniérisme occasionnel.*[22]

'The occasion': a key concept that opens up the opportunity for affirmation of the concept of 'intention of being'.[23] The occasion makes the project and, we may add, the management of specifiic conditioning factors determines its essence, sporadically, for those who expected, in the case of Public Art, for the Work to be a mere transfer of an idea pre-conceived in the atelier to the urban space. If this happens with great frequency, then certainly in Extra]muros[Art the premise is that of sounding the terrain and its energies – time to recall the epigraph of this text, by Malek Abbou – – the space in its multiplicity of components, namely the social, during a phase of the project in which the decisions are more open than defined. All of this explains a project like Jana Matejkova's *Heart*; it is above all the creative process that leads to the solutions presented. It is worth considering the first pre-projects: installations *in situ* with the flavour of conquest over problematic spaces – abandoned, being used by marginal communities, that the artist proposes to invest with interface-works, as in the extreme case in which the artist proposed a target range in which the targets were applied as if they were decorative tiles in the rundown space behind a luxury hotel. The fact that the Biennale ended up not passing by that space would lead the artist to develop a work from a more peaceful starting point: an 'electrocardiogram of the city', to install along the pedestrian walkway that follows the limits of the Jardim do Principe Real on the Rua da Escola Politécnica. The arrival in Lisbon therefore implied, immediately, a group of rapid and profound decisions: the longitudinal and bi-dimensional labyrinth transforms itself by inhabiting a circular space around an old tree; it establishes an empathy with the physical space and the social space of that location – there one encounters a bar-restaurant which will soon close down, a closure predicted to occur during the final days of the Biennale. The artist and her collaborator, Carlos de Abreu, begin the arduous, daily, methodical work of installing in that space a labyrinth of light, now a tangle by lines and curves, criss-crossing like a challenge to the body. This challenge is now a *work in progress* which will continue up to the beginning of the Biennale, it becomes a lived-in work, with assistants and neighbours involved in the daily decisions, with a final gesture from the artist that seeks to celebrate this relationship by way of a performance on the last day of the Bar. From the initial project, only the colour and the idea of the labyrinth remained.

From *Heart* to *Ressonant Objects by* André Gonçalves, passing by Marisa Teixeira + Filipe Frazão's micro-event in Santiago Alquimista, the 'suspended solid' by Bruno Jamaica in the same space, the video-art by Pedro Cabral Santo, the *Lights Parade* along the green path, these are exemplifications of the idea of celebrating the ephemeral as a conquest of the 'favourable moment'. The *extramuros* artist who recognises the potential of the ephemeral will undertake an operation of time-capture – and its physical anchors – a time which ransoms the imperceptible fluxes, the intervals of things, of beings and of existence. In this way the work becomes an invitation to the comprehension of time. And not only for the creators; for the people passing it is a challenge to their own conquest of time [and of space] – the time-space of being there, of adhering or not, and of immersing oneself in a strategy that is existential and politically disposed towards the unpredictable.

In urban space, these aesthetics rapidly become a question for political debate, once again in the sense of Arendt or, as David Beech [theoretical--critical-artist integrated with Mel Jordan and Andy Hewitt in the Freee collective] puts in an exemplary manner in a recent issue of Art Monthly: *'The whole debate on beauty and aesthetics today is best understood as revolving around the tension between the individual and society. The point is not to take sides but to rethink the question of beauty and debates on the aesthetic as rooted in the fundamental tensions, divisions and structures of modern capitalist society'* Like Arendt, Beech sees in a plural visibility the right conditions for a true public space. Working from these premises, Extra]muros[rehearsed in Luzboa, once again, plural beauties for a transversal transforming dialogue, resulting, ideally at least, in autonomy and transformation. Buci-Glucksmann summarises: *Il convient donc de différencier l'éphémère du seul instant comme 'coupure du temps' au sens aristotélicien, mais aussi du seul présent vécu. L'éphémère est*

18 *Esthétique de l'éphémère*, Galilée, Paris 2003. P. 21
19 See *A Luz e a Paisagem*, Livros Horizonte, 2003, Lisboa
20 See *A Arte da Luz em Lisboa*, Extra]muros[, 2005, Lisboa
21 *Esthétique de l'éphémère*, Galilée, Paris 2003. P. 24
22 Vladimir Jankélevitch, *Le Je-ne-sais-quoi et le Presque-rien*, le Seuil, 1980. P. 115
23 *Esthétique de l'éphémère*, Galilée, Paris 2003. P. 31
24 Ibidem. P. 26

un art du temps*, qui consiste à l'accueillir, à céder au temps* (tempori cedere)*, et à l'accepter tel qu'il est, fût-il imprévisible*[24]. The Stoicism of Montaigne established a key model for this discrimination of time as a full-emptiness, an opportunity for redemption, a stage of individuality, something that we can define in a more direct and succinct way as 'the art of the ephemeral': *Il est beaucoup plus proche de la quête de l'intervalle propre à la culture japonaise du* Ma *(espacement, intervalle, vide) que de la seule jouissance hédoniste du présent qu'il implique. Car tout passage est fugitif et fragile, et rentrer ao coeur de l'occasion comme 'rencontre' implique de traverser le temps, de lui donner son rhythme, ses aiguillons, ses intensités et ses intranquilités. Una sagesse toute musicale en somme qui me fair penser aux* Papillons *d'un Shumann, ou aux vibrations et suspensions sonores des* Glissandi *de Ligeti. L'éphémère n'est pas le temps mais sa vibration devenue sensible.*[25] Now we can't have a better description of the work of temporal habitation than that which the Belgians Het Pakt undertook at the Escadinhas de São Cristóvão. A piece apparently so fragile, so dependent upon the proximity of the [despite being few] inhabitants and their moods, taking recourse to the most primary devices of light and image [pin-hole capture, slide projections] found the right register in the adequate space [in its configuration as a controlled amphitheatre] for a moment of the Biennale that superseded all of the natural expectations created by the original concept. If this was prosaically celebrating the [musical] soul of a city, creating an 'urban chorus' of individual voices which, together, compose a species of collective conscience-memory, alloting, from a base of deep emotions [occurring through a composition of participative images open to the community and the executive production teams themselves], the result was a rare opportunity for thousands of visitors seen confronted by an installation which, to return to aesthetic terms more capable of describing it, permits a rare type of fusion between spectator and piece, to 'embody the dao'[26]. *Si bien que tout est dans un temps voué à l'éphémère, et à cette 'impermanence' japonaise (mujô) ou, très curieusement, l'esthétique du temps et des manières rejoint certaines préocupations de Pessoa, dans une même quête de l''intervalle'.*[27] Very well, Pessoa again, leading our steps now up the cobblestones to the maritime concert-installation of Adriana Sá – and, on a scale more minimal yet still interactive, to the sound bulbs of André Gonçalves. The intranquility – the disquiet, to still remain in Pessoa – that characterise the nostalgic form of the ephemeral, as 'nostalgia for the possible', give here place to a lighter, more diaphanous form. Petit, at the top of the blue course had that function of fusion-with--the-horizon, of re-encounters with the territory and the landscape, of immersion in the night, animate and vibrant [the LED points flickered, in an image equidistant from *kitsch* and the aesthetics of publicity, owing to both the magnetic power of being able to attract *immediately*]. Just like the pig-nosed musicians of the Ensemble JER playing *Reich Deluxe* on the opening day.

Positive vibrations – Time-flux

If there was an intervention in Luzboa capable of condensing this positivity, also in a strictly festive and convivial plan, it was *Demo_polis* by Moov. There yes, the ephemeral effect is found – like Shakespeare's *'airy nothing'* – inseparable from its effect as energy. Like in *Lisboa Capital do Nada / / Lisbon, Capital of Nothing* – Marvila 2001, when a human chain 'for nothing' managed, for instants, to condensate this empty positivity of the ephemeral, the gratuity of a magnanimous gesture, the idea of the Community in construction. But when a Moon is placed in front of the Teatro São Carlos, Luzboa becomes an *urban science* capable of capturing through the means of a simple artistic device – an inflatable – the common

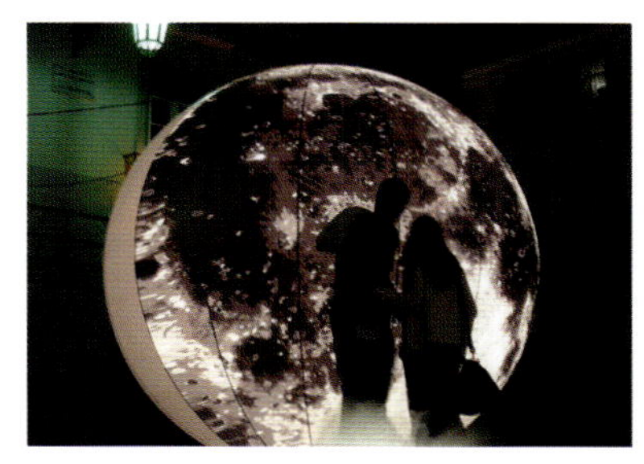

energy, of the social; a fleeting *kairós*[28], characteristic of the available spirits, unfolds itself in all of the vibrations of light, in everything that creates a scintillating instability, games of reflexes and visible pulsations. It becomes unstable. Unstable appearance and the art of diversity. Discourse on fluid realities, – in that way profoundly anti-institutional, anti-bureaucratic, crucible of 'being-with' and not of 'being-under'. As happened with the moon of Peinado, an object of all, that all touched, childishly. Peinado managed to offer the city not only an icon-image, but a *decoration* of the common space and the plaza, in such a way that there, the time-flux became positive, there, where there was an evident metamorphosis, a simulation that invited the momentary and a cumplicit suspension of judgment.

Ephemeral art is the artistic discourse of this Time-flux, which we find in Heraclitus, and later criticized by Plato, who considers that light comes not from appearences, but from the intelligible sun of Truth and Beauty [in the *Republic*]. An urban installation [particularly Peinado's] can be partially seated in this idea of ontological light – that served for a long time as artistic paradigm, its ideal and its research into order and harmony between parts. But its ephemeralness, celebration of flux, leads it into a territory which Malevitch already foresaw in his text about *Light and Colour*[29]. In this text the Russian painter places in cause the statute of light in art, contesting a light which illuminates the truth and developing an anti-platonism of 'coloured intensity', where the new pictorial body is constructed of light itself. Malevitch touches the essential: *Entre le voir et le savoir, la peinture et la pensée traversent toute une série de prismes, où la lumière 'acquiert des significations réelles', et cette treversée est l'indice d'une sorte de matérialisme lumineux, qui sera au coeur de l'art cinétique comme de l'art virtuel.* [...] *En d'autres termes, l'enjeu d'une esthétique de l'éphémère est bien celui d'une 'kairologie' de la transparence, marquée par une lumière non ontologique qui abandonne tout modèle de la permanence et bouleverse la notion de forme désormais ouverte et pensée en flux d'énergie de forces multiples.*[30] From Núñez-Gasco to Miguel Chevalier, this is what happened. And it is this fluidity and openness that shocked those who sought the definitive and formally limited work, available to be criticised as a physical configuration, or those who sought the immediate spectacle, without concept but interested in impressing retinally.

In Extra]muros and in Luzboa we are humble in this mission, we are conscious of the fact that we are venturing into complex territory, rich in contradictions. Yet if the power to make the city is more diffuse and disperse than it finally appears to be, this only feeds our efforts to make art for all, so that all may decide the validity and the interest of that art. *Illuminati of the world unite!*

Mário Caeiro is a designer, teacher at ESAD.CR, president of Extra]muros[and the director of Luzboa.

25 *Esthétique de l'éphémère*, Galilée, Paris 2003. P. 26
26 Ibidem. P. 27
27 Ibidem. P. 27
28 A concept similar to the one of 'right moment'.
29 Kazimir Malevitch, *La Lumière et la Couleur*, L'Âge d'homme, 1981. P. 59
30 *Esthétique de l'éphémère*, Galilée, Paris 2003. P. 26

Teresa Alves

Noite: uma geografia de emoções

O tempo contínuo da economia e das redes cria condições para que a sociedade desenvolva modos de vida cada vez mais diversificados em termos de uso do tempo e do espaço. Estas transformações geram novas oportunidades para o desenvolvimento económico e social, particularmente, pela incorporação na esfera da produção e do consumo de um espaço-tempo, a noite, que até aqui era visto como improdutivo. Estas mudanças encerram, contudo, um potencial de conflito que decorre em grande parte do facto de os espaços urbanos terem sido quase sempre pensados para uma utilização diurna. O ritmo circadiano da cidade tradicional opõe-se aos novos ritmos da vida urbana, mais diversificados, mais dificilmente articuláveis, e coloca sob tensão a cidade que dorme, a cidade que trabalha e a cidade que se diverte.

As mudanças sociais e económicas, potenciadas através da inovação nas tecnologias de informação, de comunicação e de iluminação, permitem transformar o modo como organizamos o tempo, possibitando que um número crescente de pessoas desenvolvam as suas actividades económicas, estudem, aprendam ou se divirtam durante a noite. Alguns espaços urbanos só têm vida durante a noite. Existem cidades e regiões no mundo cujo dinamismo económico depende de actividades que são cada vez mais nocturnas. O tempo dedicado ao trabalho e ao consumo estende-se para lá das horas que eram as convencionais.

O homem conseguiu estender as suas actividades praticamente a todo o planeta, formando o sistema-mundo em que vivemos. Mas a noite continua a ser um espaço-tempo desconhecido, uma espécie de território inexplorado, onde os políticos e os cientistas têm investido muito pouco.

No planeamento urbano, as abordagens da noite surgem, quase sempre, por questões de segurança e traduzem-se em acções relacionadas com a iluminação, ou então por questões relacionadas com o ruído e geram normas sobre a circulação de veículos à noite ou sobre os horários de funcionamento das actividades. A noite, em particular a noite urbana, precisa de mais atenção, por um lado, pelo potencial de desenvolvimento económico e social que encerra e, por outro, pelo potencial de conflito que pode gerar se a continuarmos a ignorar.

1. Compreender a noite

A noite é de todos os momentos aquele que encerra as representações mais negativas. Em quase todos os domínios do saber, a noite surge como metáfora da ignorância, da superstição e do fanatismo. Falamos da 'noite dos tempos' para referir períodos muito recuados no tempo sobre os quais pouco sabemos. A 'longa noite facista', a 'noite das facas longas', a 'noite de cristal', as noites do KKK, os bombardeamentos em directo na TV na noite de Bagdade, povoam de terror a nossa história colectiva.

Por oposição, a luz e o dia estão associados quase sempre ao progresso, ao bem e à evidência. Quando queremos esclarecer algo, *fazemos luz sobre a situação*, ou quando queremos saber mais, *vamos pôr em dia os nossos conhecimentos*. As expressões derivadas de luz estão quase sempre associadas a algo de positivo: iluminar, clarear, aurora, a noite cai, mas o dia nasce ou eleva-se...

Sem a noite, contudo, muito do progresso da Humanidade não teria acontecido. Por exemplo não teria havido Descobrimentos, porque foi a noite que, ao permitir a observação das estrelas, garantiu aos navegadores o sistema de orientação por mares desconhecidos, permitindo dar 'novos mundos ao mundo'. E porque será que a maior parte das revoluções nascem de noite?

A noite é, por excelência, o espaço das trangressões, dos ritos iniciáticos, dos noctívagos, dos artistas, dos sonhos e do amor. A noite fascina-nos, perturba-nos, porque no nosso imaginário colectivo a noite está associada aos momentos mágicos. Apesar de toda a carga negativa, da dimensão obscura que continua a inquietar-nos, a noite tem vindo a ganhar uma representação mais poética que valoriza aspectos como a liberdade e a criatividade.

As mudanças sociais e técnicas das últimas décadas levaram a alterações muito significativas no modo como podemos viver a noite. A noite já não corresponde a uma suspensão do tempo e na maior parte das cidades assume-se cada vez mais um espaço-tempo com vida. Apesar das actividades económicas, sociais e culturais que associávamos ao dia estarem cada vez mais presentes na noite urbana, a escuridão e o negrume continuam, contudo, associados para a maior parte das pessoas à ausência de vida, aos momentos quando nada se pode fazer, a uma espécie de recolher obrigatório.

2. Representações e experiências artísticas

As representações artísticas da noite têm ajudado a entender o universo nocturno e desempenharam um papel fundamental na renovação do modo como sentimos e vivemos este espaço-tempo. As ligações

entre arte e noite são fortes e têm-se manifestado em domínios tão diferentes como: a pintura, a fotografia, o cinema, o teatro, a literatura, a música ou as artes plásticas.

Num Colóquio em Ceryse (2005) foi desenvolvido um ateliê prospectivo sobre *L'art à travers la nuit, la nuit à travers l'art*. Entre os temas discutidos estava o carácter efémero da maior parte das obras de arte criadas para acontecimentos nocturnos, como os fogos de artifício ou as Nuit Blanche. A grande conclusão foi que o carácter excepcional da noite amplia a experiência plurisensorial destes eventos e transforma-os, em geral, em grandes sucessos de adesão do público. A disponibilidade para participar, para conviver, mesmo no Inverno com as ruas cheias de neve, é muito superior à noite, como acontece em Lyon na Fête des Lumiéres (Peillod, 2005). Para os autores, as características específicas do ambiente nocturno criam condições que vão muito para além das questões materiais, jogando com a percepção e o modo como sentimos os acontecimentos. A noite como que amplia os sentidos e sentimentos.

Na pintura, a noite surgiu desde cedo associada ao luar e às estrelas, o que contribuíu para construir uma visão mais poética de uma realidade carregada de sentidos negativos. Mas é muito difícil encontrar hoje obras com uma visão positiva da noite anterior a *The Starry Night* (1889) de Van Gogh. A noite torna-se um tema recorrente nos trabalhos dos surrealistas, como Marc Chagal ou Renée Magritte. Na passagem para a abstração, a noite e a obscuridade tornam-se uma etapa fundamental (Goldberg, 2005), e estão presentes em inúmeras obras.

Na fotografia, o negro é a matéria-prima, mas é da união com a luz que nascem as imagens. '*Photo*' significa luz em grego. A fotografia tem tido um papel fundamental na valorização cultural do negro pois é através do preto e branco que se têm exprimido alguns dos maiores fotógrafos: Robert Doisneau, Sebastião Salgado ou Gérard Castello-Lopes. A noite, especificamente, tem sido o tema de muitos trabalhos desde *Paris de nuit* (1933) de Brassaï ao português *Cimêncio* (2002) de Nuno Cera e Diogo Lopes.

A noite e o cinema têm em comum o jogarem com o real e a ficção, serem lugar das ambivalências e dos encontros improváveis (Allemend, 2005). O cinema através das imagens de cidades nocturnas deu a conhecer e ajudou a construir e a compreender estas realidades. Na obra de Carol Reid *The Third Man* (1950) as ruínas nocturnas de Viena, mais do que o cenário onde se desenrola uma história, são pela sua plasticidade o que fez deste filme um ícone do cinema. George Lucas em *American Graffiti* (1973) e Francis Ford Copola em *One from the heart* (1981) criaram em estúdio a cidade americana nocturna como a maior parte de nós a imaginamos: luz, néon, cor e movimento. Quando chegamos a Times Square, em Nova Iorque, a sensação é que estamos a participar num filme que já tínhamos visto antes. Se nos deslocarmos apenas dois quarteirões para o lado, esta realidade desaparece e só a voltamos a encontrar em espaços muito limitados no centro de outras grandes cidades ou na cidade encenada que é Las Vegas. Wim Wenders, um dos cineastas que mais vezes utilizou o espaço urbano como cenário dos filmes que dirige, dá-nos em *In the land of plenty* (2003) uma das visões mais solidárias da vida nocturna das cidades americanas, levando-nos a crer que a realidade pode ser muito mais humana do que aquilo que imaginamos.

Bartók, Chopin, Schumann e Debussy são músicos que utilizaram a noite como tema das suas composições. Para Michel Benhaiem (2005) a noite está presente na música pela lentidão do tempo e pela repetição do mesmo motivo. No fado, música tradicional portuguesa, que se caracteriza pela tristeza, a noite é um tema recorrente e surge, quase sempre, associada ao abandono, à saudade e à fatalidade do destino.

Na literatura, a noite está presente no romance, no teatro e, sobretudo, na poesia. A noite é, por excelência o tempo da criação artística e, em nenhum outro domínio ela é tantas vezes objecto da própria criação. Na literatura a noite surge associada, frequentemente, às metamorfoses, ao desejo, às crises, aos confrontos e ao perigo, mas também às grandes decisões. A escuridão da sala de teatro é o espaço onde os cenógrafos criam as suas obras de arte. Em muitos casos as peças de teatro desenrolam-se no espaço-tempo de uma noite, como acontece em *O Marinheiro* de Fernando Pessoa (1888-1935) ou no *Sonho de uma Noite de Verão* de William Shakespeare (1564-1616). Noutros casos, a designação *Nocturnos* dá título a obras como a dos belos poemas que Gonçalves Crespo (1846-1883) dedicou à esposa Maria Amália Vaz de Carvalho (1847-1921).

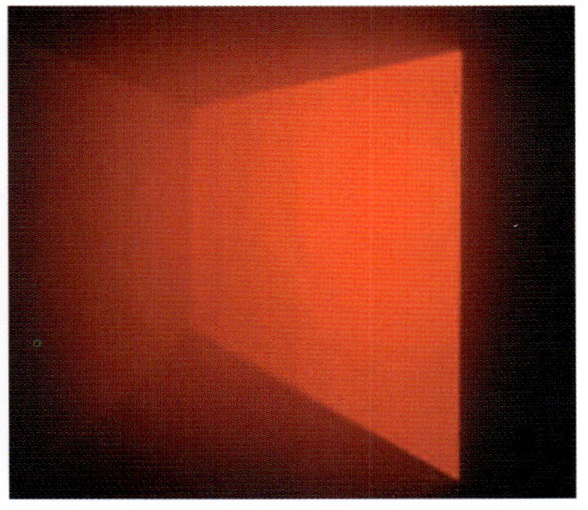

James Turrell (1943-). *Night Passage*, 1987. *A Frontal Passage*, 1994.

Nas artes plásticas, desenvolvem-se, desde há alguns anos, obras que utilizam especificamente a luz como matéria-prima. Quando concebidas para espaços fechados, a escuridão é criada artificialmente para que a obra possa ser apreciada, como acontece com James Turrell (1943-) no MoMa ou no Guggenheim Museum de Nova Iorque, ou Dan Flavin (1933-1996) criados para espaços específicos, mas actualmente em digressão mundial. Mas quando as obras são pensadas para espaços públicos, a noite é a tela onde estas se inscrevem, como acontece com os trabalhos de Yann Kersalé, Keiichi Tahara, Gerald Petit, Miguel Chevalier, Ron Haselden, Bruno Peinado.

Dan Flavin (1933-1996)

A ligação entre *Light Art* e Arquitectura tem permitido criar novas encenações do espaço urbano, contribuindo de forma decisiva para novas lógicas de utilização do espaço à noite nas cidades. Por exemplo o jardim de luz criado por Yann Kersalé no espaço do Museu do Quai de Branly (Paris), obra do arquitecto Jean Nouvel, transformou-se num factor de atracção de visitantes fora das horas do normal funcionamento do equipamento. O mesmo aconteceu com o trabalho de Keichi Tahara na Maison Européenne de la Photographie.

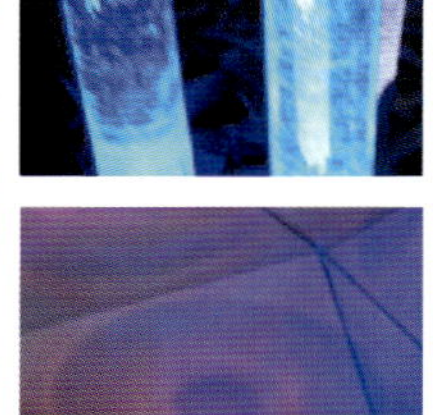

Yann Kersalé

Em Berlim, a encenação da arquitectura criada pelas luzes no Sony Center, de Helmut Jahn, evoca uma enorme tenda de circo e contribuiu para a criação de uma nova centralidade na cidade, em Potsdam Platz, que atrai mais de oito milhões de visitantes por ano. Nos grandes armazéns comerciais de Friedrichstraße, a utilização da luz muda radicalmente a percepção que temos dos edifícios e do espaço urbano.

Sony Center

Em Barcelona, a associação de Jean Nouvel e Yann Kersalé produziu a Torre Agbar que transformou definitivamente o *skyline* da cidade.

As representações artísticas ajudaram a entender a noite e a mudar a maneira como a sentimos. A *Light Art* está a contribuir para criar uma nova imagem das cidades e a mudar o modo como vivemos a noite urbana. As práticas individuais e colectivas continuam, contudo, a ser muito diversificadas.

Barcelona, Torre Agbar (Jean Nouvel e Yann Kersalé) (www.torreagbar.com)

3. Práticas individuais e práticas colectivas

As actividades que associávamos ao dia estão cada vez mais presentes na noite. A noite já não corresponde a uma suspensão do tempo, a noite é um espaço-tempo com vida, mas percepcionado de formas muito diversas. Para os jovens, a noite está associada a festa, sono, sexo, divertimento, negro, morte, música, droga... Para os adultos a noite significa: calma, silêncio, quietude, segunda vida, sonho, divertimento, paixão, animação, liberdade, mulher, luz, tempo para si, repouso, diversão, mistério, lua, estrelas, insegurança, metamorfose... Quer para os jovens, quer para os adultos, a noite raramente evoca: trabalho, estudo e razão, que são atributos para o dia.

O homem tem de ser necessariamente um animal diurno?

De acordo com o cronobiologista Benard Millet, há um relógio biológico que regula a nossa organização temporal com base na sucessão dos dias e das estações, permitindo fazer face ao esforço físico e intelectual da nossa actividade (Millet, 2005). Segundo este cientista, a nossa organização temporal é determinada geneticamente, a sucessão dia-noite não faz mais do que ajustar os nossos ritmos internos à duração da rotação da Terra. O facto de o Homem viver em sociedade significa mudanças na gestão do tempo muito fortes, que nem sempre têm em conta a biologia dos indivíduos. A privação de sono produz modificações patológicas e psicológicas, que podem fragilizar as pessoas. Mas desde que o descanço seja assegurado, o organismo humano tem capacidade de se adaptar. O fundamental é garantir a produção da melatonina, a hormona da boa-disposição. Esta processa-se durante o sono, mas se por qualquer razão o indivíduo acordar e for sujeito à luz solar, ou a uma luz artificial semelhante à solar, o ciclo hormonal interrompe-se e pode haver mudanças de humor. É por esta razão que nos aeroportos americanos foram instaladas cabines insonorizadas e com radiações ultra-violetas que recriam a noite, para que as pessoas possam descansar e repor os seus ciclos hormonais. Esta é uma questão fundamental para o planeamento; durante os períodos de descanso que não têm necessariamente de ser durante a noite, as pessoas não devem ser perturbadas, para evitar disfunções patológicas e psicológicas. O desafio está em encontrar o melhor modo do planeamento intervir na conciliação de ritmos de vida cada vez mais diversos.

A noite e as idades

Catherine Espinasse (2005) estudou as representações e as práticas nocturnas urbanas; concluiu que o tempo da noite não é homogéneo e identificou três períodos distintos: o começo da noite (entre o jantar e a meia noite é a fase de 'preparação'), o 'coração' ou meio da noite (da meia noite até às 3 da manhã, que constitui a fase mais apreciada da noite) e fim da noite (fase de fadiga, quando se espera pelo primeiro transporte da madrugada). Ao mesmo tempo, constatou que a noite exerce uma grande atracção sobre os jovens, por vezes mesmo muito jovens, mas também sobre os celibatários, os reformados jovens e os turistas (Espinasse, 2005). Os idosos são os principais excluídos da noite. Na obra *Les passagers de la nuit. Vie nocturne des jeunes* (2004) Catherine e Peggy apresentam resultados de um estudo sobre as práticas e as representações da noite por parte de jovens entre os 19 e os 29 anos que saem à noite para se divertir ou para trabalhar em Paris e Estraburgo. Para a quase totalidade dos jovens interrogados, e quaisquer que sejam as razões das suas saídas nocturnas, a noite é definida como um tempo escolhido, um tempo de liberdade, enquanto que o dia está associado aos constrangimentos e às obrigações. A noite está associada a dois universos opostos: por um lado o repouso, o sono e a calma, por outro, a festa, a magia, a transgressão dos interditos, a dança, a música, a droga e o álcool. Trabalhar de noite surge frequentemente como uma escolha, um sinal de modernidade urbana, de um certo estilo de vida.

Mudanças sociais

Entre os factores sociais que mais contribuiram para a mudança do modo como vivemos a noite estão aspectos como: redução da importância da religião, urbanização da população, alteração dos modos de vida, mudanças demográficas, novas tecnologias de comunicação que permitem obter tudo e a toda a hora. A redução da importância da religião teve como consequência a liberalização de costumes e práticas sociais, permitindo a afirmação de novos valores. O trabalho nocturno deixa de ter uma carga pejorativa e passa a ser socialmente aceite que as mulheres possam trabalhar à noite. Outro aspecto é o facto do declínio da importância da religião facilitar o trabalho ao domingo, ou nos dias 'santos'. A urbanização da população e o desenvolvimento de modos de vida cada vez mais urbanos reduzem a separação entre dia e noite, entre as estações do ano, e promove o funcionamento da economia e da sociedade 24/24h. O mundo urbano distingue-se do rural pelo desaparecimento dos ciclos de carácter natural e pela implementação de ambientes artificiais, que recriam a noite ou o dia, o verão ou o inverno.

Os modos de vida estão diferentes do passado, o que promove horários diferentes e o avanço de actividades tradicionalmente diurnas pela noite dentro. Por um lado, as pessoas dormem menos horas do que no passado, o que alarga o tempo de vida social. Por outro lado, a evolução dos modos de vida das pessoas, em função dos horários de trabalho nocturno, tem incidências sobre a oferta e a procura de serviços. Por exemplo, com os modos de vida urbanos, o número de pessoas que têm de tomar as suas refeições fora de casa é cada vez maior e muitas pessoas só podem estudar se o fizerem à noite.

O facto de as pessoas casarem cada vez mais tarde e o crescimento do número de celibatários ajudam ao aumento da procura de actividades de serviços, sobretudo à noite. Ao mesmo tempo, o número de turistas não pára de aumentar, o que favorece a expansão da procura de actividades nocturnas. Mesmo em viagens de trabalho, o período da noite é frequentemente utilizado em programas de lazer. A evolução da estrutura demográfica e as mudanças na estrutura das famílias criam novas procuras e necessidades de serviços destinados a serem consumidos, predominantemente, durante a noite. O envelhecimento da população obriga a que os cuidados de saúde e o apoio sejam cada vez mais prolongados no tempo, por um lado, pela maior longevidade das pessoas e, por outro, pelo facto de o número de idosos a viverem sozinhos ser cada vez maior. A noção e o sentimento da noite como um período de solidão, de angústia, de sofrimento, acentua-se com a idade, o que gera oportunidades para o desenvolvimento de serviços específicos para este grupo etário. Numa fase da vida em que o tempo de sono tende a diminuir, os idosos podem ser, por outro lado, potenciais consumidores de serviços de lazer que podem chegar até eles através das tecnologias de comunicação, mas as televisões e as rádios têm explorado muito pouco este nicho de mercado. As novas tecnologias de comunicação que permitem obter tudo e a toda a hora têm também consequências, pois criam tensões na vida social que nem sempre está modelada segundo os nossos imperativos.

Na cidade que não dorme é possível ir ao cabeleireiro, jogar golfe, ir a um casino, estudar na biblioteca, ir ao supermercado, comprar um jornal ou ir comer a um restaurante, utilizar os transportes que nunca param. Os salários astronómicos pagos à elites da economia mundial favorecem procuras de serviços oferecidos por jovens empreendedores, muitos deles saídos da imigração, e por trabalhadores que se voluntarizam para trabalhar à noite, apostando em nichos de mercado. Nas grandes cidades, trabalhadores vindos dos quatro cantos do mundo asseguram a higiene e limpeza das ruas e dos edifícios, preparam a comida para ser servida ao pequeno almoço. As profissões mais solicitadas para o trabalho nocturno não são necessariamente as que emergem da economia mundo, mas uma imensa panópolia de profissões desqualificadas e com um carácter de emprego local (Presser, 2003). Nos Estados Unidos da América, os que trabalham de noite são os mais desfavorecidos, os que recebem salários mais baixos, pertencem a minorias, são mais jovens e e têm menos vantagens sociais (Presser, 2003). Em contrapartida, as ligações de solidariedade entre os trabalhadores da noite são muito mais fortes e há quem aprecie o trabalho nocturno pela tranquilidade, pela autonomia e pela ausência de hierarquias.

4. A dimensão política da noite

A cidade nocturna raramente é tema para os políticos, os técnicos de planeamento das autarquias ou para os investigadores científicos. Nos documentos de política urbana, podem surgir referências genéricas à promoção da vida nocturna em determinados pontos da cidade, aos problemas da segurança ou do barulho, a planos de iluminação pública, mas uma reflexão profunda sobre a prospectiva e o ordenamento do território à noite estão quase sempre ausentes (Gwiazdzinski, 2005).

Hoje, as actividades que associávamos, no passado, ao dia, estão cada vez mais presentes na noite. Por um lado, com a *Internet* podemos aceder à nossa conta bancária, encomendar comida, dar ordens de trabalho, comprar, vender, viajar, comunicar, a qualquer hora e sem sair de casa; mas como os preços de utilização desta tecnologia são, em geral mais reduzidos à noite, este é o período com maior intensidade de utilização. Por outro, o número de serviços e de actividades que podemos desenvolver à noite não pára de crescer: podemos estudar em escolas com horários nocturnos; podemos fazer compras em centros comerciais até horas cada vez mais tardias; podemos aceder a um sem número de actividades de lazer; podemos optar por trabalhar em horários não convencionais. Em cidades como Nova Iorque, podemos jogar golfe durante a noite, ir a um ginásio a qualquer hora da madrugada, recorrer a creches nocturnas, bibliotecas públicas (Gwiazdzinski, 2005).

No passado, eram apenas as unidades industriais que tinham horários nocturnos; hoje, quase todas as actividades têm horários de trabalho de noite. Rádios, televisões, transportes, serviços, comércio, distribuidores automáticos e lojas de conveniência implantam-se por todo o lado, funcionam 24/24h, permitindo o consumo permanente (Alves, 2006). Um lugar é eleito como local de férias ou dos momentos de lazer, em função da animação da noite (Queige, 2005). A noite já não é só o espaço-tempo de vida de grupos sociais marginais. E os políticos já se aperceberam disso. A importância política da noite reflecte-se nas apostas estratégicas da sua vivificação. Podem ser iniciativas de animação como as festas das cidades, ou programas de regeneração urbana baseados no estímulo das actividades económicas, essencialmente nocturnas, como aconteceu em Lisboa nas Docas ou no Bairro Alto. Quando se pensou num espaço como a EXPO98/Parque das Nações, planeou-se de raiz um território para ser vivido quer durante o dia, quer durante a noite (Alves, 2006). O Pavilhão Atlântico, a FIL, o Teatro Camões, o centro comercial, a Praça Sony, o Parque Tejo, o Casino de Lisboa, são equipamentos e serviços com picos máximos de utilização à noite. Ao mesmo tempo, a qualidade da iluminação dos espaços públicos torna o espaço convivial e estimula a deambulação nocturna contribuindo para a dinamização do consumo nos bares e restaurantes. Até a Estação do Oriente é muito mais bonita à noite... Novos ritmos, novos valores, novas atitudes trazem à noite novos actores sociais.

De acordo com Gwiazdzinski (2003), assistimos ao surgimento de novas configurações de cidade *em contínuo* (arquipélago, global, festivas...), habitada por múltiplas tribos (cidadãos, trabalhadores, excluídos...), entre as quais surgem tensões, por vezes conflitos territorializados. Para

Gwiazdzinski (2005), em termos de evolução do espaço-tempo associado à noite urbana, existem quatro cenários possíveis: banalização (cidade das 24/24h): as actividades de dia não diferem das da noite, e esta deixa de ter qualquer especificidade; autonomização (separação ao nível político): umas áreas da cidade são para ser vividas de dia e outras de noite; explosão: conflito permanente entre as actividades e as pessoas que habitam o dia e a noite; harmonização: conciliação entre as actividades e as pessoas que habitam o dia e a noite, numa perspectiva de complementariedade. Neste último cenário, a noite surge como um sistema de espaço-tempo completo e equilibrado, assegurando todas as funções urbanas, onde as pessoas podem estar continuamente no espaço e no tempo e o direito à cidade é uma realidade. A noite afirma-se como espaço de projectos, lugar de invenção duma nova urbanidade e estimuladora da investigação. Para Gwiazdzinski (2005), este é o único cenário capaz de restituir o direito à cidade nocturna, de reconstruir um sistema de funções urbanas completo e de desenvolver a noite de uma forma sustentável e durável. Os elementos que constituem as bases do planeamento urbano deveriam incluir um *esquema de ordenamento da cidade à noite*. Este esquema deveria ser constituído por cartas que mostrassem as actividades económicas que funcionam durante a noite (como é por vezes difícil encontrar a farmácia de serviço nocturno, a loja de conveniência que funciona 24/24h), por planos de luz (iluminação funcional, simbólica e cinética) e por planos de animação cultural e artística da noite.

As políticas urbanas deveriam incorporar a noção de gestão do tempo, a que seriam associados horários de funcionamento diversificados, para que o sentimento de insegurança diminuisse, para que as paisagens nocturnas se metamorfizassem e as actividades económicas e sociais se desenvolvessem. Já nos anos 60, Jane Jacobs alertou para a morte das cidades, se as pessoas não vivessem os espaços públicos. Com horários mais diversificados, as ruas tenderiam a ter mais movimento, durante mais tempo. Mais confiantes, as pessoas estariam mais abertas à troca. Como à noite as pessoas estão menos apressadas, têm mais tempo, este seria por excelência o momento mais propício ao convívio e aos encontros, ao conhecimento do outro tão necessário para um desenvolvimento social menos tenso e mais equilibrado.

Teresa Alves é geógrafa, professora na Universidade de Lisboa e membro fundador da Extra]muros[.

BIBLIOGRAFIA

AA. VV. (2004), *Luzboa – A Arte da Luz em Lisboa*. Extramuros, Almada.

AA. VV. (2001), *Lisboa Capital do Nada / Lisbon Capital of Nothing, Marvila 2001*. Extramuros, Almada.

Alves T. (2004), 'Geo Grafias da Luz' in *Luzboa – A Arte da Luz em Lisboa*. Extramuros, Almada.

Alves T. (2005) 'Os espaços públicos e a arte da luz na construção da sustentabilidade das cidades' in *Património Natural e Desenvolvimento de Espaços Marginais*, CEI, Guarda.

Alves T. (2006) 'Art, light and landscape: new agendas for urban development' in P. Cooke; D. Schwartz (ed.) *Creative Regions: Technology, Culture and Knowledge Entrepreneurship*, Routledge, London.

Bonfiglioli S. (2005) 'L'urbanisme de la nuit' in Espinasse et all, *La nuit en question(s)*.

Espinasse C.; Buhagiar P. (2004) *Les passagers de la nuit. Vie nocturne des jeunes*. Ed. L'Harmattan, Paris.

Espinasse C.; Gwiazdzinski L.; Heurgon L. (coord.) (2005), *La nuit en question(s)* Ed. l'Aube, Paris.

Gwiazdzinski L. (1998), 'La ville la nuit: un milieu à conquérir' in Reymond H., Cauvin C., Kleinschmager R., *L'espace géographique des villes*, Anthropos, p. 347-369.

Gwiazdzinski L. (2003), *La ville 24 heures sur 24*. Ed. l'Aube, Collection Monde en Cours.

Gwiazdzinski L. (2005), *La nuit, dernière frontière de la ville*. Ed. l'Aube, Paris.

Marzloff B. (2004) *Mobilités. Trajectoires fluides*. CERTU, Paris.

Mitchell W. (2000) E-topia: *Urban life, Jim – but not as we know it*. The MIT Press. Cambridge.

Presser H. (2003), *Working in a 24/7 economy. Challenges for american families*. Russel Sage Foundation,

Queige L. (2005) 'Les rapports entre la nuit et l'attractivité touristique des villes' in Espinasse et all, *La nuit en question(s)* Ed. l'Aube, Paris.

The night: forgotten dimension of the services

Following an editorial option, 'The night – forgotten dimension of the services' is an original text, not a translation of 'Noite: uma geografia *de emoções'.*

The continuous day-time/night-time activites of economy and networking provide conditions that allow society to develop more and more diverse ways of life, in terms of the use of time and space. Such transformations generate new opportunities for economic and social development, particularly due to the incorporation, in the scope of the production and consumption of a space-time – of the night – which has, until now, been regarded as unproductive. Nevertheless, these changes supply a potential conflict because most urban spaces have almost always been conceived for a daily use. The circadian rhythm of the traditional city is in opposition to the more diverse and not quite related new rhythms of urban life; in addition, it puts the city that sleeps, works and entertains itself under pressure. Planning must reflect upon ways to innovate the urban forms so that territories can be lived in, with quality and in a sustainable manner, 24/24 hours.

Social and economic changes allow us to alter the way we organize time, mainly through information and communication technology and lighting, as they let a growing number of people develop their economic activities, study and entertain themselves at night. Some urban spaces are only alive at night. There are cities and regions whose economic dynamics depend on eminently nocturnal service activities. Time dedicated to work and consumption goes beyond conventional hours. The fact that society has gradually been organizing itself according to standards of use of time and space different from those of the past has involved changes within social and cultural practices.

In the past, night work was more related to the industries, today almost all services are open at night, after the conventional hours. The services play, in this way, a basic role in the economic dynamism of the territories, extending the number of production hours at the same time that they create conditions to *satisfy more and more demands* with diversified schedules. Today, the economy has to reorganize itself in terms of use of twenty four hour clock time to face the new necessities.

1. Understanding the night

Among all times, the night-time is the one that holds the most negative connotations. In almost all the domains of knowledge the night appears as a metaphor for ignorance, superstition and fanaticism. We speak of the 'night of the times' to relate recessive periods in time about which we know little. The 'long fascist night', the 'night of the long knives', the 'crystal night', the nights of the KKK, the bombs in the night of Baghdad live on TV, fill up with terror our collective history.

On the other hand, light and day are usually associated with progress, the good and the evident. When we want to clarify something, *we cast some light on the situation*, or when something becomes known *it is brought to light*. The expressions derived from light are almost always positive: to illuminate, to become clear, the night falls, but the day is born

or is raised… Without the night, however, much of the progress of Humanity would not have happened. For example: there would not have the Discoveries, because it was the night that allowed the reading of the stars and assured the navigators a system of orientation in unknown seas, giving 'new worlds to the world'.

According to popular imagery, the night is associated with ancestral fears. The darkness represents nocturnal evil, terrors and nightmares, the unreliability and the mystery. Despite these negative associations and its continuously disturbing obscure dimension, the night has started to have a more poetical representation as it values the aspects related with freedom. Why do revolutions often begin at night? The night is, par excellence, the space of the transgression, the rituals of initiation, the nocturnal people, the artists, dreams and love. The night not only fascinates, but also disturbs, because in our collective imagery, the night is associated with magical moments.

The blackout and the dark are frequently associated with the absence of life, time in suspension, when nothing can be done. But the social changes and techniques of the last decades have significantly changed the way we live through the night. The activities that we associated with the day are more and more offered by night. The night does not correspond to a suspension of time anymore. The night is a space-time with life and with specific characteristics, to which previously solely diurnal activities are being added (Gwiazdzinski, 2003).

The night, though, still remains an unknown space-time, a kind of unexplored territory, where politicians and scientists have made little investment. Within urban planning, night approaches are usually raised for safety reasons, in actions related to lighting. They also occur for noise reasons and consequently generate laws on vehicle circulation or on working hours.

Despite being a neglected dimension of the city, the night has originated remarkable works, such as *La ville la nuit* (1977) by Anne Cauquelin (philosophy), *Géographie de la nuit* (1997) by Luc Bureau (geography), *La ville 24 heures sur 24 heures* (2003) and *La nuit dernière frontière de la ville* (2005) by Luc Gwiazdzinski (geography). In Cerisy's Colloquium, entitled La nuit en questions (2004), the great conclusion was that the night provides territories with specific features, which can only be understood through transdisciplinary approaches.

Regardless of a negative undertone, the night has been gaining a new dimension, which values the aspects related to freedom and creativity. Art representations of life have helped us grasp the night universe better and have furthermore contributed to a renewal of the way we feel and live the night. Mediation through art has built the idea of the night as a poetic relationship with the world (aa.vv. *La nuit en questions*, 2005).

Individual and collective social practices

The biological clock that regulates our time organization is based upon the succession of days and the seasons of the year, but human beings have the ability to adapt to the changes in time management that society enforces. In order to undergo physical and intellectual activity, leisure periods, which may not take place at night, must have quality (aa.vv. *La nuit en questions*, 2005). The challenge of urban planning lies in finding the appropriate measures and actions; by doing so, it will conciliate, in a balanced way, more and more diverse life rhythms.

In a survey on night practices and representations among 19-29 year-old Frenchmen, the following is to be concluded: according to these youngsters, the night represents two opposite poles – on the one hand, rest, sleep and calmness; on the other hand, festivity, magic and transgression. Almost every interviewee defined night as a chosen time, a time of freedom, whereas day was associated with constraint and duty. Working at night is often an option, a sign of urban modernity and of a certain lifestyle. How can these perspectives be stimulated in order to foment a more balanced use of nocturnal time and space in the city, allowing a reduction of social and territorial segregation forms? Living at night leads to a new social use of time and of the available space.

The political dimension of the night

The nocturnal city has seldom been a topic for politicians, planning officials or scientists. Urban policy documents may exhibit generic references to nightlife promotion in certain city spots, to safety or noise problems, to public lighting planning; they lack, though, a deeper reflection on nighttime territorial planning (Masboungi and Gravelaine, 2003).

Without urban policy guidelines, we continue to observe the growth of new «continuing» city configurations (archipelago, global, festive…), inhabited by multiple tribes (citizens, workers, outcasts…), among whom there is tension and sometimes territorialized conflict. There can be numerous evolution sceneries; nevertheless, if we wish to build a thorough system of urban functions and develop the night in a sustained and long-lasting way, we need to promote conciliation, a harmonizing perspective, among the people and the activities that inhabit the city day and night (Gwiazdzinski, 2005).

Urban night is no longer only the living space-time of outsider groups of people, outcasts or night lovers. In addition, those held responsible for urban policy have already realized it. The political importance of the night is reflected upon some strategic ventures: entertainment programmes, such as night events or urban improvement programmes, based upon the incentive of economic activity, predominantly the nocturnal ones, such as those which took place in Lisbon, Docas[1] or Bairro Alto[2].

When EXPO 98/Parque das Nações was conceived, an area was carefully planned as a place to live in during the day and at night. Much of its equipment and many of its services have registered their maximum use rates at night. Simultaneously, the lighting quality of the public spaces has turned it into a get-together spot and, in addition, it has stimulated night wandering. The night makes a statement as a space for projects, a place for inventing a new concept of urban life.

The economic dimension of the night

Services, formerly viewed as daytime activities, are becoming more and more associated with the night. In 1997, 20% of the population in Greece, Finland or the United Kingdom had working hours set from 8 pm to morning (Gwiazdzinski, 2005).

In industrial societies, artificial lighting made nocturnal work possible and thus a working day became longer and in some situations incessant, in a search for higher profit rates. In service society, female growth in the labour market made schedules flexible, allowing them to expand through the night and the weekend. In global society, technological means in association with instant communication allowed large, medium or small companies to operate continuously, requiring their workers' full time availability. According to Cairncross (1997) this means the death of time, of the circadian life rhythms and the eradication of distance. The dissemination of the use of information and communication technology has originated new migration forms. Without leaving their home country, Asian,

1 Docks, in English – A part of Lisbon situated by the river Tagus, which is famous for its night entertainment

2 One of Lisbon's typical old neighbourhoods

African or Latin American workers process information to European and North American companies and become virtual emigrants. Taking advantage of standard time differences and reduced manpower costs, millions of people work in India to fulfil other countries' consumption needs by making reservations for airline companies, mailing catalogues, passing on information (Aneesh, 2001), but also by developing software or helping to solve more complex problems. This new paradigm has created tensions and opportunities both in urban life and in the city itself. Will the city be ready for such changes?

In the city that never sleeps it is possible to go to the hair stylist, play golf, amuse oneself in a casino, study at the library, go to a gym at any time of dawn, go to night nurseries, shop at the supermarket, eat at a restaurant or use transportation that never stops. Nevertheless, the most wanted jobs for night work are not necessarily the ones that emerge from the world economy, but a wide variety of unskilled and temporary jobs (Presser, 2003). In the USA, night workers are the deprived ones, who are paid the lowest salary, belong to minorities, are younger and have less social benefits (Presser, 2003).

The night can be an advantage for a leisure site

The future of urban tourism lies in the night-time (Queige, 2005). Tourist offers started up during the day. As time went by, there has been a tendency for diversification and a consequent offer of night-time leisure, such as music, dancing, festivities related to tourism. Night programmes, associated with short stays, as in business tourism, have followed them, but these have tended to expand with the opening of cultural spots, such as museums and big exhibition centres, open at night.

Social relations that can be built up under such circumstances will help bring people together, as they feel less pressure from work and daily life and will consequently be more available to meet and get together. The economic effect is important when it comes to the city, for these night users are usually great consumers.

Night-time urbanism

The night has originated new urban forms. Almost every city has areas where activities concentrate and that «[...] integrate human feelings and desires in the merchandising sphere [...]» which Bonomi (2000) calls «the district of pleasure». He uses landscape and cultural resources, and allows a coexistence of residents and passing individuals by deeply hybridising everything that exists. The proficient link between the entertainment economy and the agro and food industry co-produces new lifestyles and myths that make it meaningful.

In different situations, the whole city is built as if it were colossal scenery. Ephemeral does not mean temporary, the event is continuous, the city is transformed, but it keeps a certain charisma (Bonfiglioli, 2004). Cities such as Venice or Las Vegas, animated by nomad fluxes, remain, despite all, looking real. Temporary inhabitants, viewers and actors, come from everywhere in the world to take part in the mise en scene of urban life 24 out of 24 hours.

Festivity is one of the rituals of post-industrial society, which is able to explore new territory possibilities, particularly nocturnal ones. Starting off from a determined space, festivities transform a part or the whole city, supplying it with an ephemeral character, changing the most common aspects, emphasising the genius of the place (Bonfiglioli, 2004). Cities of time, urban places living on the seasons, sometimes nocturnal, build 'new cities' in remarkable places and in the daily lives of communities that entertain their place for themselves and for others passing by. The *Santos Populares*[3], which are celebrated in Lisbon's traditional neighbourhoods, are an example of this.

The building of these new forms of urbanism makes the mobility issue central (Marzloff 2004). The night is a space-time of a new social life, which is characterised by mobility and contributes to the building of new territorial possibilities.

3 Popular Saints, in English – popular festivities dedicated to the patron saint of a particular city and which take place in June every year.

2. A typology of the night services in Lisbon

Many services have always taken place on nocturnal schedules: hygiene and urban cleaning, security, distribution of electricity, water and gas, communications, etc. The current expansion of night services is, above all, the result of a most diversified process. The development of the production of these services aims to satisfy new needs, but it can also be the result of the dynamics of offers that take this as a chance to improve business.

Personal services

The main areas of nocturnal animation of the city of Lisbon are based in activities of leisure and recreation, restaurants and other food services and culture. These activities use landscape and cultural resources and allow a coexistence of residents and passers by, deeply hybridising everything that exists.

Leisure and recreation services

Leisure and recreation services are very frequent activities at night in all cities. In Lisbon, they are concentrated in determined areas: Chiado, Docas, Santos, Bairro Alto and Parque das Nações. In these areas, mainly on Friday and Saturday nights, hundreds of people try to have fun in bars, discos, pubs, while others remain in the streets livening up the environment.

Conflicts between the nightlife people and the people who inhabit these areas are frequent (e.g. Bairro Alto). Some areas have been planned to have separation of the diverse functions: dwelling, leisure, work (e.g. Parque das Nações)" in other cases, the activities have been installed in docks, old buildings or old plants (Docas and Santos) and it is easier to manage the different schedules.

Restaurants and others food services

Restaurants and other food services are very frequently active at night in Lisbon, but the locations are scattered. However, areas of concentration of recreation and leisure activities are also areas where restaurants and other catering services are also very frequent: Docas, Santos, Alfama, Bairro Alto, Belém and Parque das Nações.

In the last decade, families have become smaller, and all adult members have engaged in work on a regular basis, which has created social and economic conditions for the expansion of the fast-food chains such as the Pizza Hut or the *Telepizza*, but also small neighbourhood companies who deliver the meals. It is at night when the number of deliveries increases.

Cultural services

Where culture is concerned, the nocturnal activity takes place predominantly in the areas where the connection between leisure and recreation is stronger, as happens with theatre, cinema and music. The

museums can have some days each week with more extended schedules, but nocturnal access can only happen on special occasions: openings, last days of exhibitions with great affluence, 'Night of the Museums'. This event, which occurs once a year in some Museums in Europe proved to be a great success in Portugal. Some museums registered more public in that single night than in many months. The art galleries are giving new schedules a chance, sometimes in association with some other spectacles.

Cultural activities in Lisbon are concentrated in determined areas: Chiado (opera; classic and popular music; theatre; museums; art galleries), Rossio/Portas de Santo Antão (theatre; classic and popular music), Belém (Centro Cultural de Belém: music; theatre; museums; art galleries; Mosteiro dos Jerónimos: music and museums; open air spectacles near Torre de Belém), Parque das Nações (Pavilhão Atlântico; Oceanário – with night activities for the children '*Sleeping with the sharks' ol_ctexto_00.asp? localid=115*); Camões Theatre; Pavilhão do conhecimento (with night activities for the children from 6 to 12 years old, open air spectacles). Another area of cultural activities, with intense activity at night, but irregular throughout the year, is the axis between Culturgest (spectacles; art gallery), in Campo Pequeno, across Calouste Gulbenkian Foundation (music; museum; art gallery) and the theatres at Praça de Espanha.

(Monsanto's Park is a traditional green area and for many years was not part of the circuits of Lisbon dwellers due to a lack of security. In recent years the Town Hall promoted dynamism through outdoor free spectacles, but the cuts in the budget for these activities led to a concentration of the events in the most traditional places of the city.)

Social services

The social services are activities that satisfy the people's needs, but with a collective character. After the 25th April of 1974, these necessities were assured by services of public initiative. Today, many of these activities tend to be privatized. In some situations, this tendency has meant the reinforcement of private nocturnal activities, as happened in the health and the education services.

Health services

The health services work 24/24 hours, but only for emergency cases. The administrative reorganization of these services has promoted the closing of the smaller, proximity night services and concentration in only some large units. At the same time social changes, such as the growth in the number of people alone, stimulate the use of the services for other than emergency problems. Which often leads to a saturation of the available units of hospital care.

These facts promote the developing of private services that bet on home care. Presented as 'health insurance' this is accomplished on the basis of telecommunications and only in a serious case is a doctor sent out. The private hospital units, with services of nocturnal assistance, are in reduced number.

The growth in the elderly population that lives alone creates chances for the development of support services that can go to the domicile, for example carried out by institutions that distribute meals, do the cleaning and small domestic repairs, until the creation of spaces where the elderly with a greater economic capacity can enjoy services that, in some cases, resemble a hotel and in others a hospital.

Education services

The system of education in Portugal compels school attendance up to the 9th grade. The rate of school leavers before the end of 9th grade is too high. The people who attend school after the traditional age are still in a great number. The State assures education in nocturnal class schedules, but, as in the health services, the tendency of the last years is the concentration of these services in a limited number of units, which generates accessibility problems.

At highschool level, the number of working students who can only study at night has increased and this has led to the development of courses in private schools.

Public administration

Concerning public services, Portugal is an example of how the use of communications technologies can be a way to make these services available to consumers 24/24 hours. The services are reducing schedules, but many entities are available at any time of the day or the night, thanks to the internet.

The diffusion of communications technologies in the Public Administration in Portugal progressed very quickly up to 2000 (Alves, 2002); after which it slowed down, but since the entrance of the current government it became a priority again. The e-government has structural support from UE.

Distribution services

The services of distribution are activities that make products and other services available to the consumers. They can be services to the final consumption of citizens or to the intermediate consumption of enterprises.

Commerce

The gross commerce is one of the activities held during the night. For example: the small traders of alimentary products go to the supplying markets at dawn to acquire the products that they sell in their stores; the supplies for distribution companies are also usually processed very early, therefore there are traffic jams in the city centre right after 7 o'clock in the morning.

The retailing commerce in turn modified its schedules in order to adapt them to the necessities of flexible demand. The entrance of women into the work market and the diversification of life rhythms stimulated an extension of daily working hours and weekend openings. This was possible due to the reduction of the importance of religion and the liberalization of labour laws in recent years. This process is also a result of the pressure of the competition introduced by the great corporations of alimentary commerce and by the great commercial malls that combine activities of commerce and leisure.

In Lisbon, we can see a trend to banish the gross commerce to the periphery of the city, but some supermarkets and commercial malls are in the center of the city (example: Chiado, Vasco da Gama, Colombo).

Transports

One of the more complicated problems for those who work, study or look for amusement during the night is mobility. In Lisbon the underground is closed between 1 a.m. and 7 a.m. and the justification for this is the necessity to use this period for service maintenance of the net and

equipment. The bus network works all night long, with reduced services, and the dawn schedules cover the main axes of the city. In accordance with inquiries carried out, the young night passengers of Lisbon find these services insufficient, compelling them to resort to private transportation.

Production services

The services of support to production are modern and developed activities, but because these services are very intensive and personalized, it is not easy to supply them during the night. We have financial services at any time on the net, but it is a standardized service. When we need a specific service it is not possible to use the automatic system. As Presser (2003) describes for the U.S.A., the professions that are active at night are often socially disqualified. (Of course we must not take into account here some of the cultural and health service workers, often qualified.) When we have access to sophisticated services, such as financial services or telecommunications, the supply during the night is based on technological supports that allow for automation or are assured by persons who are on the other side of the world, working during daylight hours.

Night, light and urban public spaces

Works by Masboungi and Gravelaine (2003) show the importance of Light in the promotion of a positive idea of the night and in the qualification of urban public spaces. Particularly important was the discussion about what role light should play concerning the city's image, its landscape and its night-time environments. It was taken for granted that light ought to give meaning to a place, give it new usage value, and that artistic activities in public places had a strategic role to play in that they were instrumental for the transformation of places. Using different kinds of light when figuring out the different uses a space is put to helps to identify urban structure and increase the speed and the capacity needed to control or get to know a given territory (Narboni, 2003). Knowing a territory is a strategic factor in solving safety problems (Gonçalves, 2004). More than just the amount of light shining on a public space, it is the quality of the light in its ability to transmit information to us, thereby allowing us to reach goals ensuring safety and comfort. These two goals play strategic roles in bringing public spaces to life (Alves, 2005).

The light art plays a central role in the creation of cultural events that could energize cities' nocturnal life. There are particular, known territorial marketing actions – to promote territories through light events – as Lyons' Fête des Lumières, Paris Nuit Blanche, Luci d'Artista in Torino or the Christmas Tree Festival in Genève. This Summer, Lisbon held its second light biennial – Luzboa. In holding events based on light in urban spaces, light acts as a pretext and a leit-motif in rediscovering the urban space, its virtuosities and its potentialities. Culture has become a framework and Art a communicative happening. It has also become a field of collective experimentation, debate and dialogue in a rare fusion of publics.

In order to promote the development of the city at night, allowing the citizens to decide which life rhythm they intend to experience (diurnal or nocturnal), the quality of the public spaces is a basic point. For the quality of the public spaces, the questions of illumination are of extreme importance. The planning of the nocturnal city needs a light plan that creates pleasant and sociable spaces. Thus and only thus, articulated with the activities of services, we will be able to think about a city 24/24 hours.

Night, particularly urban night, needs more attention, on the one hand, because it displays potential economic and social development and, on the other hand, because of the potential conflict it can breed if we insist on ignoring it.

Teresa Alves is a geographer, a teacher at the University of Lisbon and a founding member of Extra]muros[.

SOME BIBLIOGRAPHIC REFERENCES:

AA. VV. (2004), *Luzboa – A Arte da Luz em Lisboa*. Extramuros, Almada.

AA. VV. (2001), *Lisbon Capital of Nothing – Marvila 2001*. Extramuros, Almada.

Alves T. (2000), 'Territorial Planning in Portugal', *Planning Research 2000*. LSE, London.

Alves T. (2001), 'Territoires of Nothing' in *Lisbon Capital of Nothing, Marvila 2001*. Extramuros, Almada.

Alves T. (2004), 'Geo Grafias da Luz' in *Luzboa – A Arte da Luz em Lisboa*. Extramuros, Almada.

Alves T. (2005) 'Os espaços públicos e a arte da luz na construção da sustentabilidade das cidades' in *Património Natural e Desenvolvimento de Espaços Marginais*, CEI, Guarda.

Alves T. (2006a) 'Art, light and landscape: new agendas for urban development' in P. Cooke; D. Schwartz (ed.) *Creative Regions: Technology, Culture and Knowledge Entrepreneurship*, Routledge, London.

Alves T. (2006b) *Geografia dos Serviços: reestruturação produtiva e inovação social*, CEG, Lisboa (in the press).

Bassand M. et al (2001), *Vivre et créer l'espace public*. PPUR, Lausanne.

Bonfiglioli S. (2005) 'L'urbanisme de la nuit' in Espinasse et all, *La nuit en question(s)*.

Bonomi A. (2000) *Il distretto del piacere*, Bollati Boringhieri, Milan.

Di Méo G. (1998), *Géographie Sociale et Territoires*. Nathan Université, Paris.

Espinasse C.; Buhagiar P. (2004) *Les passagers de la nuit. Vie nocturne des jeunes*. Ed. L'Harmattan, Paris.

Espinasse C.; Gwiazdzinski L.; Heurgon L. (coord.) (2005), *La nuit en question(s)* Ed. l'Aube, Paris

Frémont A. (1976) *La Region, espace vécu*. PUF, Paris.

Ghorra-Gobin C. (2000), *Les espaces de la mediation: reinventer les espaces publiques comme symbole de la mediation*. UNESCO.

Gonçalves J. (2004), *Os espaços públicos na reconfiguração física e social da cidade*. Tese de Doutoramento apresentada à Universidade Nova de Lisboa.

Gwiazdzinski L. (2005), *La nuit, dernière frontière de la ville*. Ed. l'Aube, Paris

Marzloff B. (2004) *Mobilités. Trajectoires fluides*. CERTU, Paris.

Masboungi A.; Gravelaine F. (2003) *Penser la ville par la lumière*, Éditions de la Villette, Paris.

Mittchell W. (2000) E-topia: *Urban life, Jim – but not as we know it*. The MIT Press. Cambridge.

Narboni R. (2003), *La lumière et la paysage*. Le Moniteur, Paris.

Presser H. (2003), *Working in a 24/7 economy. Challenges for american families*. Russel Sage Foundation,

Queige L. (2005) 'Les rapports entre la nuit et l'attractivité touristique des villes' in Espinasse et all, *La nuit en question(s)* Ed. l'Aube, Paris.

Serdoura F. (2006) *Espaço Público, Vida Pública. O caso do Parque das Nações*. IST, Lisboa.

Samuel Roda Fernandes

Projecto Urbano Luzboa

A force de descendre dans la rue, l'art peut-il enfin y monter?

DANIEL BUREN

Entre 21 e 30 de Setembro, Lisboa foi palco da Luzboa – II Bienal Internacional da Luz. Durante dez noites, o percurso entre o Príncipe Real e o Miradouro das Portas do Sol foi alvo de uma transformação artística, por meio de instalações de luz e da alteração da iluminação urbana. Assim, trazer para o Espaço Público um conjunto de obras de arte foi o pretexto para criar uma nova maneira de viver a noite ao longo de um percurso em que a iluminação pública foi alterada com filtros coloridos, que ao marcar o espaço de intervenção, delimitaram simultaneamente a área onde a noite se transfigurara. Por um tempo, as pessoas tiveram a oportunidade de redescobrir os locais que normalmente são banhados pela luz sempre amarelada que se instalou na noite de Lisboa e que banalizou a leitura de espaços que durante o dia se caracterizam por grande riqueza material, formal e espacial. A Luzboa em 2006 propôs novas leituras da cidade, contribuindo de uma forma efémera para a abertura de uma renovada concepção urbana.

A Luzboa teve como base um Projecto Urbano que estruturou, regulou e hierarquizou as intervenções artísticas, pretendendo por último lançar pistas para o pensamento sobre a transformação progressiva de Lisboa na sua dimensão nocturna. O Projecto Urbano sobrepôs análises e níveis de interacção que visaram a reabilitação da noite da Capital através da Arte da Luz, dando um novo sentido à interdisciplinaridade do espaço público, onde a luz tem um papel importante na criação de novas ambiências, imagens e situações, apontando um novo campo a explorar, na relação entre a arte, a noite e o planeamento urbano.

Esta relação implica o envolvimento das várias instituições e organismos ligados ao estudo e planeamento urbano, assim como das escolas, empresas e, por último, das pessoas, para quem as cidades são destinadas.

O Projecto Urbano Luzboa, enquanto **suporte conceptual da Bienal de Arte Pública**, define e organiza a metodologia de ocupação sobre um caminho concebido como um grande espaço expositivo à escala urbana. Apesar de ser um plano de intervenção efémero e de carácter eminentemente artístico, apoia-se numa estratégia portadora de uma história, de uma cultura, de uma economia e de um reconhecimento territorial, sugerindo a reconfiguração dos lugares comuns através

Luzboa Urban Project

From the 21st to the 30th September Lisbon was the stage for Luzboa – – II International Biennial of Light. For ten nights the route from Príncipe Real to the Miradouro das Portas do Sol was the object of artistic transformation, using lights and alteration of the street lighting. Bringing a range of works of Art to a public space was the pretext for creating a new way of bringing the night alive, along a route where the lighting was altered using coloured filters to mark the area of involvement, at the same time, defining the space where the night had been transformed. For a while, people had the opportunity to rediscover places normally passed bathed by the yellow light that is characteristic of Lisbon at night, making dull the spaces which, during the day, are distinguished by great richness of material, form and space.

Luzboa in 2006 presented an innovative awareness of the city, contributing transiently to the inception of new ways to appreciate the urban night.

The basis for Luzboa was an Urban Project that arranged, regulated and graded artistic interventions, with the ultimate aim of laying down ideas about the progressive transformation of Lisbon by night. The Luzboa Urban Project accumulated analysis and interactive layers which aim at the rehabilitation of night in the capital through the Art of Light, giving a new sense to the interdisciplinary aspect of the project, where light plays an important part in the creation of new atmospheres, images and situations thus indicating a new field to explore, in the relation between Art, the night and urban planning.

This relationship includes the involvement of various institutions and organisms connected with urban studies and planning, as well as schools, businesses and finally the people for whom the cities are intended.

The Luzboa Urban Project, while a **conceptual support of the Public Art Biennial in 2006**, defines and organises a method of occupying a route conceived as a large showpiece on an urban scale. Despite being a transitory programme of intervention of an eminently artistic character, it is based on a strategy conveying the history, culture, economy, recognition of an area, coming up with the reconfiguration of a traditional

da proposição de novas vivências que invertem o processo de evidente declínio do espaço público urbano, transformando-o num lugar educativo, de encontros sociais e numa área experimental para a arte e a cultura.

O Projecto Urbano, na sua forma mais lata, exige criatividade, participação de pessoas e instituições, propõe cultura, articulação entre as diversas lógicas profissionais, empenho político e uma capacidade de tomar e respeitar decisões a longo prazo. Este modelo de intervenção só pode ser executado através de financiamentos públicos que geram, por sua vez, investimentos e participações privados, capazes de produzir tanto memórias do efémero como obras permanentes, que contribuem para a melhoria do espaço urbano e a afirmação de Lisboa como uma capital de vanguarda.

A Luzboa em 2006 desenvolveu-se em vários níveis intercruzados e sobrepostos, que foram desde a leitura serial de vários acontecimentos urbanos que enformam o percurso, até à sua articulação com as intervenções artísticas que foram o facto último de toda esta operação urbana, que pretendeu contribuir para a abertura de novas ideias à concepção da cidade, nomeadamente o desenvolvimento e o reforço das qualidades do espaço e da vida ao longo de todas as horas, relacionando a arte contemporânea e o desenho urbano, de modo a ajudar a (re)encontrar marcos, pontos de referência, consolidando a identidade dos lugares de vida e devolvendo os lugares aos territórios e às pessoas.

Em 2006, a Bienal contribuiu para essa intervenção sucessiva sobre a Cidade, implantando-se ao longo de um caminho que atravessou três tipologias urbanas bem demarcadas que reflectem outras tantas etapas históricas da ocupação da cidade: Aristocrática, Pombalina e Medieval, cada uma delas correspondendo a um circuito diferente.

Abordagem da cidade – a edição de 2006

1. A cidade é um conjunto de acontecimentos emocionantes com grande poder de atracção visual, com vida própria, onde se misturam volumetrias, materiais, texturas, cores, casas, monumentos, árvores, túneis, tráfego, pessoas, pontos de vista privilegiados, numa arte do relacionamento, onde se reúnem todos os elementos que concorrem para a criação de um ambiente.

Com esta ideia, a Extra]muros[decidiu organizar a Bienal através de um percurso único, com segmentos pedonais e viários, ao longo de um traçado que une o Largo do Príncipe Real a Alfama – passando pelo Jardim de S. Pedro de Alcântara e o Camões, as zonas do Chiado e da Baixa e a zona do Castelo, com ligações visuais e/ou simbólicas a grandes referências urbanas como o Rio Tejo, o castelo de S. Jorge e o Panteão Nacional, onde a progressão, pelos caminhantes, descobre constantemente diferentes sensações, pontos de vista e uma série de contrastes súbitos de grande impacto visual e de efeito dramático, que revelam uma cidade no seu sentido mais profundo, animada de vida pela relação dos seus diferentes espaços e ocupações. No essencial, a Luzboa propôs um espaço de encontro, onde a fruição de uma noite diferente possibilita o intercâmbio cultural entre as pessoas e a cidade.

2.3. Depois de definido o percurso pela riqueza das suas inter-relações espaciais era preciso dar-lhe uma identidade efémera que enfatizasse as suas diferentes características, que lhes desse uma unidade visual e que definisse simultaneamente os limites do suporte físico de toda a Bienal. A ideia de conotar cada circuito com uma das cores primárias do sistema aditivo de cores (RGB) foi essencial para que a transformação plástica espacial fosse completa, renovando o olhar sobre a noite, suscitando simultaneamente emoções que geraram processos de apropriação social e de identificação com toda a intervenção.

public space with the presentation of new experiences that invert the evident process of decline of the urban public space, through sustainable revitalization, to transform it into an edifying spot, into a zone for meeting socially and an experimental area for art and culture.

Art plays an original role in the conception of and interaction with the disciplines that bring about the daytime and nocturnal scene. It can contribute to the future of the urban space, revealing and offering a wider look of renewed creativity.

The Urban Project, in its wider sense, demands creativity, participation of people and institutions, introduces culture, communication between the various professional logics, political engagement and a capacity to make and respect long term decisions. This model of intervention can only be implemented through public funding, which in its turn generates investment and private participation, capable of producing permanent works and memories of ephemeral, contributing to the improvement of the urban space and the affirmation of Lisbon as a top capital.

Luzboa in 2006 was developed along various intersecting and overlapping levels, from the series of events which form the route, to its connection with the artistic interventions that are the definitive statement of the whole urban operation, which hopes to contribute towards the appreciation of new ideas to the imagination of the city, stimulating the development and reinforcing the qualities of the space and life now and at all times, connecting contemporary art and urban design in such a way as to give other meanings to the urban space, helping to (re)encounter landmarks, points of reference, to consolidate the identity of the living spaces, hand back the places to the land and the people.

In this way the Biennial contributed to that progressive intervention on the city. It was implanted along a route that passes through three well defined types of urban districts that reflect other historical ages of life in the city: Aristocratic, Pombaline and Mediaeval, each one corresponding to a different circuit.

A conceptual approach – the 2006 edition

1. The city is a set of exciting events with great power of visual attraction, with its own life, where mass, materials, textures, colours, houses, monuments, trees, tunnels, traffic, people, exceptional viewpoints are all mixed together in the art of relationship, where all the elements meet that compete for the creation of an environment. With this idea, the Extra]muros[decided to organise a unique tour – partly on foot and partly by transport – joining the square of Princípe Real to Alfama, passing through the garden of S. Pedro de Alcântara and Camões, the areas of Chiado and the Baixa and the area around the Castle, with visual and/or symbolic connections to great city references such as the River Tejo, the castle of São Jorge and the National Pantheon, where the walkers are constantly discovering different sensations, viewpoints and a series of sudden contrasts with great visual impact and dramatic effect, as they go along, which show the city in its deepest sense, its life animated by the relationship between the different spaces and activities. Essentially, the Biennial is a meeting place where the fruition of a different night-time space makes the cultural interchange between the people and the city possible.

2.3. After establishing the route and defining its space, it was necessary to give it a transient identity that would emphasise its different characteristics, which would give them a visual unity and would at the same time define the limits of the physical supports of the whole Biennial. In this way the idea to designate a colour from the RGB colour model

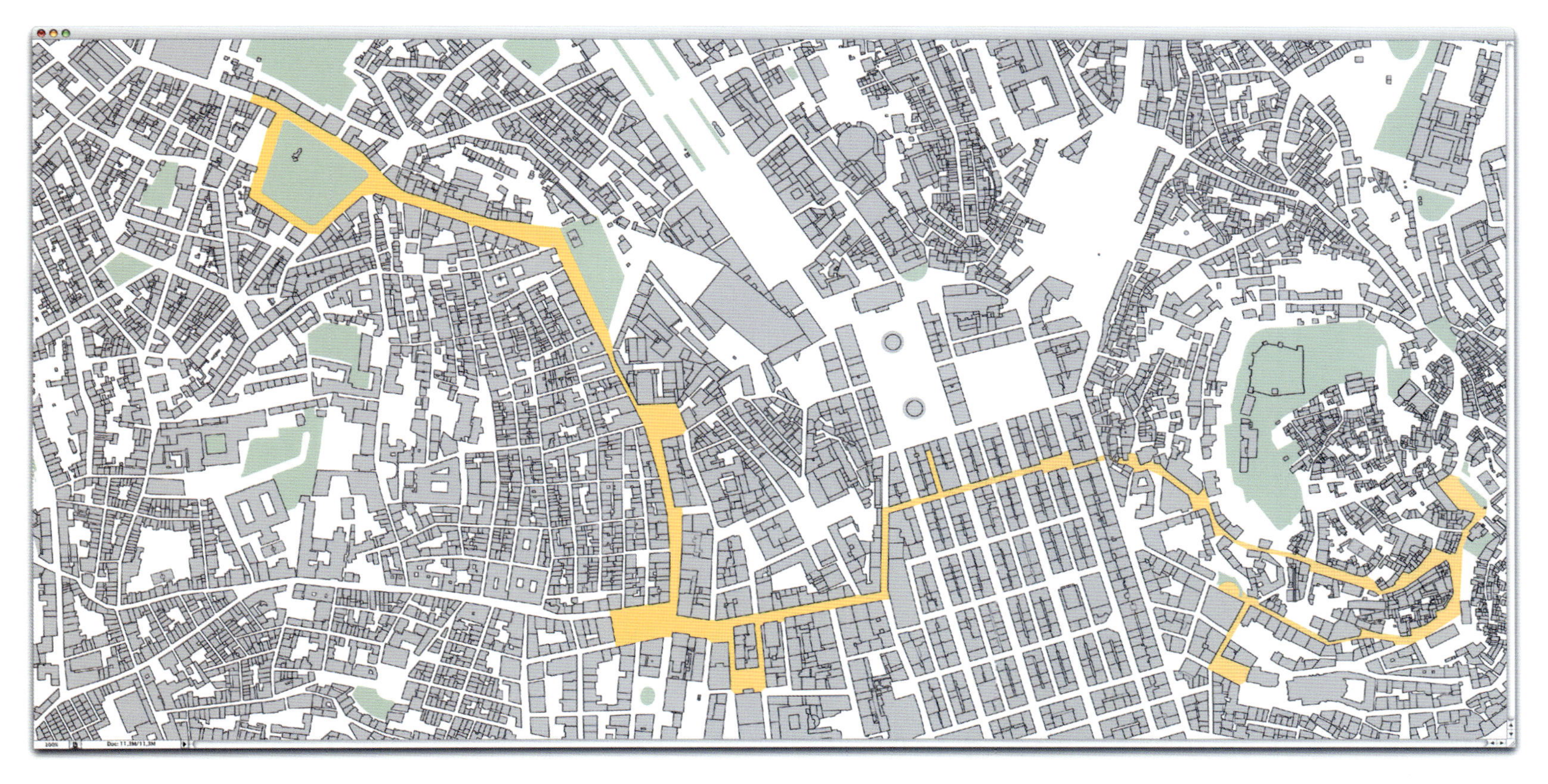

1. **Reconhecimento territorial de um percurso urbano...**

1. **Territorial recognition of an urban route...**

Esta intervenção plástica mostrou-se necessária não só pela alteração da côr da iluminação urbana, como pela diminuição da intensidade lumínica, de modo a que as propostas artísticas tivessem maior impacto sobre as pessoas numa atmosfera transfigurada.

Deste modo surgiram os três circuitos:

Circuito Vermelho
Largo do Príncipe Real, Jardim de S. Pedro de Alcântara, Largo Trindade Coelho, Rua da Misericórdia e Largo Luiz de Camões.
Circuito Verde
Largo do Chiado, Rua Garrett, Largo de S. Carlos, Rua do Carmo e Rua de Santa Justa.
Circuito Azul
Rua da Madalena, Escadinhas de S. Cristóvão, Calçada do Marquês de Abrantes, Rua da Costa do Castelo, Rua de Santiago, Miradouro do Largo das Portas do Sol, Rua do Limoeiro, Rua de S. Mamede, Largo do Correio Mor e Largo de Santo António à Sé.

4. Depois de uma primeira intervenção que demarcava um espaço através da alteração da cor da iluminação pública, era necessário criar alguns momentos especiais que comunicassem o edifício urbano da Bienal, revelando momentos especiais do seu próprio corpo [Peças de Comunicação], prerrogativa de qualquer objecto arquitectónico.

Sendo todo o percurso da Luzboa considerado como um espaço expositivo-objecto, havia a necessidade de criar algumas intervenções intrinsecamente ligadas ao ambiente geral, num sistema hierarquizado, que obedecia a uma necessidade de atribuir valor acrescentado às relações do discurso contínuo da iluminação ambiental. Daí o aparecimento de dois sistemas de comunicação: *Esquiços* e *Art gets you trough the night* [o tema da Bienal]. O primeiro correspondia à marcação do início de cada percurso e o segundo reforçava a relação da Bienal com a envolvente urbana. O conjunto destes dois sistemas de comunicação e a iluminação ambiental

to each circuit was essential to make the plastic transformation of the space complete, renewing the way of looking at the night and simultaneously giving rise to new emotions that generated processes of social appropriation and of identification with the intervention.

This artistic intervention became essential so that, by altering the street lighting with colour, at the same time allowing a reduction in the intensity of the light so that the artistic contributions would have greater impact on people in a transfigured atmosphere.

In this way three circuits were drawn up:

Red Circuit
Largo do Príncipe Real, Jardim de S. Pedro de Alcântara, Largo Trindade Coelho, Rua da Misericórdia e Largo Luiz de Camões.
Green Circuit
Largo do Chiado, Rua Garrett, Largo de S. Carlos, Rua do Carmo e Rua de Santa Justa.
Blue Circuit
Rua da Madalena, Escadinhas de S. Cristóvão, Calçada do Marquês de Abrantes, Rua da Costa do Castelo, Rua de Santiago, Miradouro do Largo das Portas do Sol, Rua do Limoeiro, Rua de S. Mamede, Largo do Correio Mor e Largo de Santo António da Sé.

4. After an initial intervention that distinguished the space by altering the colour of the street lighting it was necessary to mark the communication of the city construction of the biennial, revealing the special moments

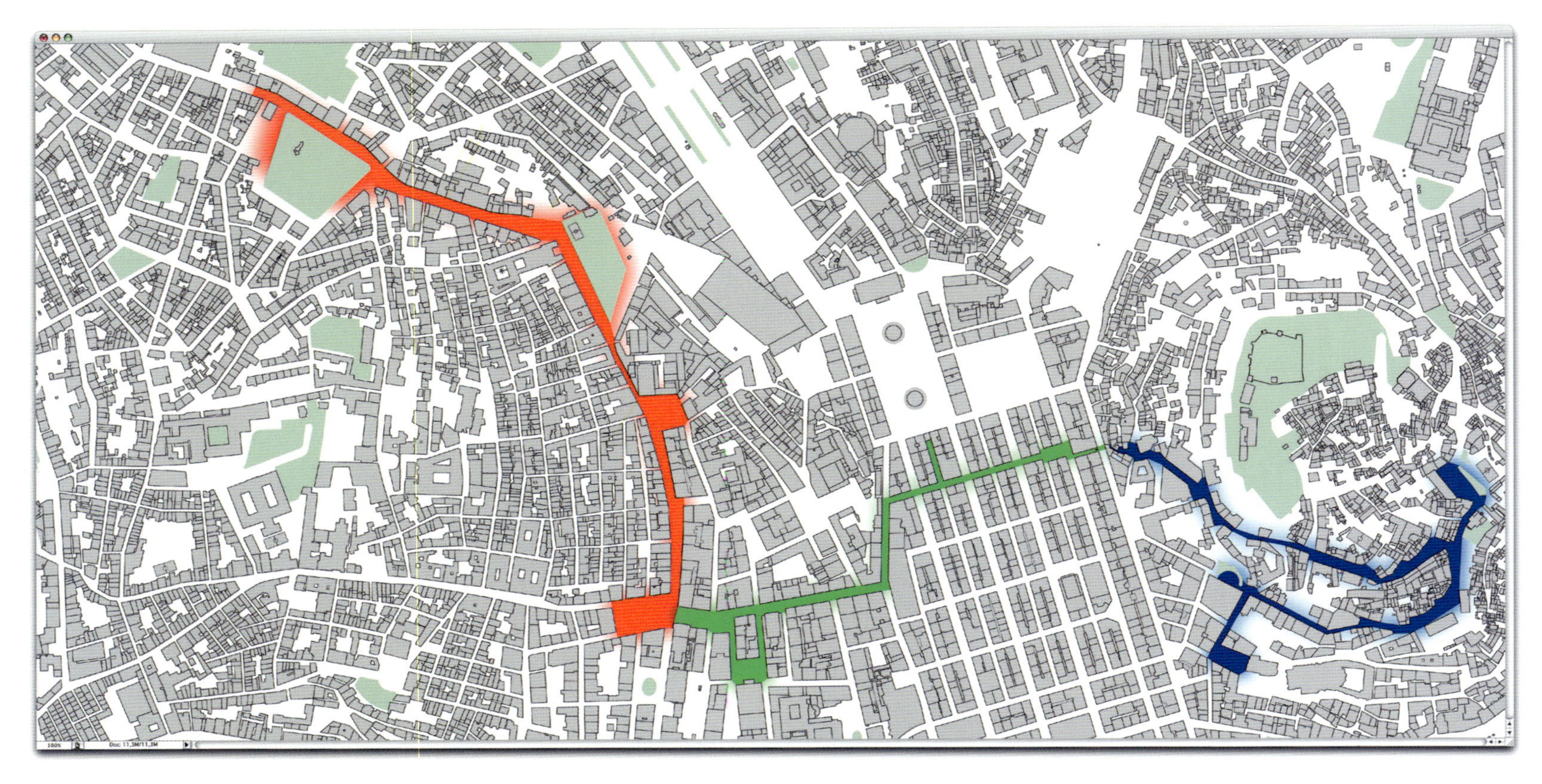

2. ...subdividido em três circuitos que atravessam o centro da cidade [Circuito Red, Circuito Green, Circuito Blue]

2. ...divided in three circuits that cross the centre of the city [Red, Green, Blue]

transformada deram origem à proposta artística mais extensa da Bienal: o Projecto RGB.

5. Depois de estruturado todo o edifício da bienal, a inclusão das diferentes propostas artísticas tornara-se a tarefa mais complexa porque era necessário criar uma sequência expositiva que integrasse as várias intervenções, consoante a sua tipologia de comunicação com a cidade e a relação com o lugar onde seriam instaladas. Era necessário incorporar numa Unidade – definida, porém em evolução dinâmica – todas as intervenções [artísticas, de comunicação, reflexivas], assim como a participação interactiva do público e das instituições, da memória e do próprio acto de atravessar a noite.

Tipologicamente as propostas artísticas foram classificadas por três escalas de intervenção:

Escala monumental – Referências
Intervenções marcantes relativamente à imagem habitual da cidade, assinalando espaços estratégicos e marcos visuais ao longo do percurso e, pontualmente, fora do mesmo.

Escala urbana – Situações
Intervenções em espaços e edifícios dentro do percurso, privilegiando uma relação de proximidade com o público visitante.

Pequena escala – Pontuações
Pequenas intervenções de grande proximidade com as pessoas ou intervenções em espaços interiores.

of its own body [Pieces of Communication], a prerogative of any architectural object. As the whole course of Luzboa is considered as a show piece it was necessary to create some interventions intrinsically connected to the general environment, in a system of organised interventions, by necessity keeping to certain values, according to the qualifying relations of the continuous dialogue of the ambiance lighting. From this, two systems of communication appear: *Esquiços* and *Art gets you through the night* [the theme of the Biennial]. The first corresponds to the marking of the beginning of each route and the second reinforces the relationship of the Biennial with the city surroundings. The interaction between these two subsystems of communication and the ambiance lighting gave birth to the most extensive artistic contribution of the Biennial: the RGB Project.

5. After all the organisation of the biennial construction, the inclusion of different artistic contributions turned out to be the most complex task, as it was necessary to create an expository sequence that would integrate the various interventions, in accordance with their type of communication with the city and the relationship to the spot where they would be installed.

It was necessary to incorporate in one Unit – defined, yet in dynamic evolution – all the interventions (artistic, of communication, reflective), as well as the interactive participation of the public and of institutions, of the memory and of the actual act of passing through the night.

The artistic contributions were therefore classified on three scales:

Monumental scale – References
Outstanding interventions pertaining to the usual image of the city, indicating strategic spots and landmarks along the route and, here and there, outside it.

Urban scale – Situations
Interventions in spaces and buildings along the route, favouring proximity to the visiting public.

3. Spatial transformation by means of an transient artistic intervention of the street lighting, changing the colour and intensity of the lighting along the route

3. **Transformação espacial por meio de uma intervenção plástica efémera que modifica a cor da iluminação urbana e diminui a intensidade da iluminação ao longo do percurso**

Para além deste grupo de intervenções havia ainda que integrar duas acções performativas que iriam complementar e animar todo o percurso que se pretendia constituir uma oferta diversificada, de modo a atingir diferentes públicos.

A localização das várias intervenções tinha de obedecer a dois requisitos essenciais: o primeiro era o da não interferência visual, de modo a que uma peça artística não pudesse alterar o efeito visual das mais próximas; o segundo tinha a ver com o tempo de deslocação entre cada uma delas de maneira a que a caminhada não fosse monótona, apesar do efeito ambiental já ser por si bastante impressivo. Com efeito, as vinte e cinco intervenções foram distribuídas dentro de um caminho, que embora fosse livre de percorrer, foi pensado sequencialmente a partir do Jardim do Príncipe Real.

O caminho (aconselhado) começava com *Esquiços*, uma projecção de um desenho de calçada portuguesa, pontuação visual que guiava os olhares num acto evocativo que despertava as nossas emoções, que de imediato voavam até à base de uma árvore onde pulsava o *Coração* da Jana Matejkova e do Carlos de Abreu.

No Jardim de S. Pedro de Alcântara, sentiam-se, dentro de um estaleiro de obras, *Art gets you through the night I*, uma miríade de estrelas vermelhas, intermitentes, de fraca luminosidade, em relação com o céu fechado onde cintilavam mecanicamente e nos acompanhavam até ao Largo da Misericórdia onde uma casa de madeira relembrava a nostalgia da casa na árvore. A casa deixava passar para fora uma luz branca que se escapava por entre as ripas de madeira, num largo transfigurado pela luz vermelha – não completamente, porque duas lanternas da Santa Casa não se apagaram para velar o medo de alguns – poucos – passeantes.

No Camões, a praça "da festa vermelha", onde o ambiente urbano da Bienal se vivia mais intensamente, habitava num quarto de hotel a consciência reveladora da Bienal que era publicada diariamente no jornal *Público* e era assinada por Malek Abbou. Cruzávamo-nos aqui

Small scale – Punctuations

Small interventions very close to the public or in interior spaces.

Apart from this group of interventions there were also two performing acts to be integrated that would complement and enliven the whole route and was intended to be a diverse offering in order to attract a different audience.

The localisation of the various interventions had to comply with certain stipulations: the first being visual non-interference, so that one art piece would not alter the visual effect of those close to it, the second had to do with the time it took to go from one to the other so that the walk would not become monotonous, although the effect of the ambience itself was quite impressive.

In this way the twenty-five interventions were spread out in one path which, although you were free to walk as you like, was thought out sequentially starting from the garden of Príncipe Real.

The (recommended) course began with *Esquiços*, a projection of a drawing of Portuguese decorative pavement, a visual punctuation that guided our eye in an evocative act that awakened our emotions which immediately flew to the base of a tree where the *Coração* (Heart) by Jana Matejkova and Carlos de Abreu beat. Further down, in the garden of S. Pedro de Alcântara, in a builder's yard, one sensed *Art gets you through the night I*, a myriad of red stars, intermittent, with low light, in relation with the closed sky where they twinkled mechanically and accompanied us to the Largo da Misericórdia, where

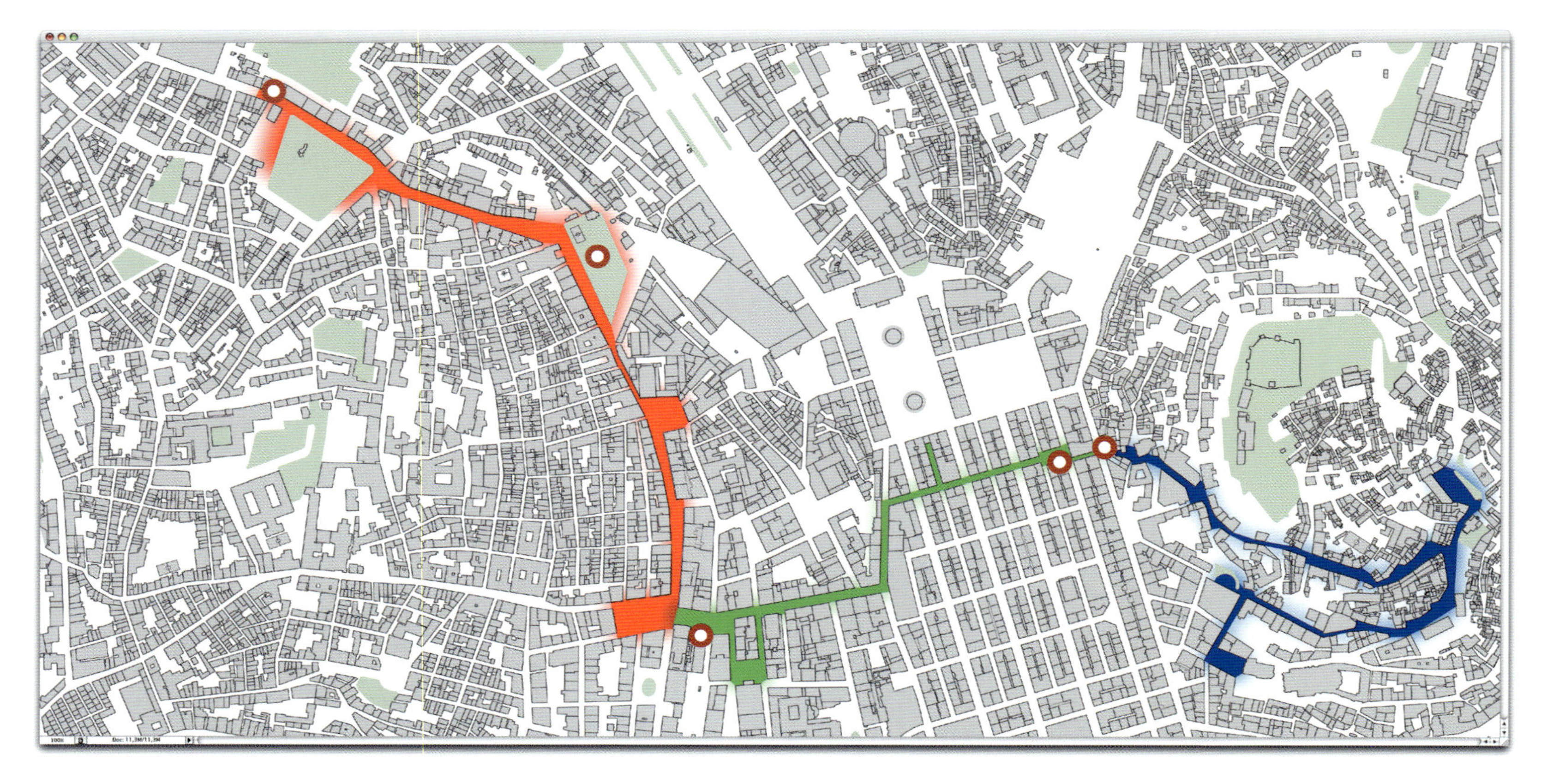

4. Comunicação da própria intervenção, relevando momentos especiais do seu próprio corpo [Peças de Comunicação – Projecto RGB]

4. Communication of the actual intervention, highlighting special moments of its body [communication pieces – RGB Project]

com dois pedintes equipados com placas em néon que eram guardadas em malas de executivo. Provocavam a paragem de muita gente para observar as *Misérias Ilimitadas*, provocação social de Javier Núñez Gasco. O Largo do Chiado era o local onde começava o percurso Verde, marcado por uma projecção de Catherine da Silva. Daqui se começava a ver um jardim luminoso que se movimentava interactivamente com o pulsar da cidade; era um chamamento, onde o olhar mergulhava em direcção à fachada que delimita a perspectiva da rua iluminista. A meio da Rua Garrett, perto do InfoLuzboa – ponto nevrálgico, onde era difundida localmente toda a informação relativa à Bienal – uma tenda, a seguir a uma entrada para o interior do quarteirão, indiciava a intervenção dos Moov, uma metáfora urbana que aparecia depois de uma subida de escada rolante num pátio fechado. Aí erguiam-se quinze tendas temáticas numa perspectiva de alojamento provisório, numa área cujo metro quadrado é dos mais caros de Lisboa.

Do outro lado da rua, o Largo do Teatro Nacional de S. Carlos enquadrava uma *Lua* iluminada interiormente, com um lado negro. Um astro que Bruno Peinado veio alojar neste espaço, conferindo-lhe uma estranha magia que explorava o poder da sugestão gerado pelo ponto focal que provocava a convergência dos olhares, transmitindo-nos uma sensação de estranheza.

Da emergência imobiliária de *Demo_polis*, voltávamos a sair para a Rua Garrett e agora *Sur-Nature* aparecia-nos com maior impacto; a aproximação à fachada dos armazéns do Chiado fazia-nos perceber melhor a relação da interactividade com o jardim virtual de luz, que se ia movimentando na parede. Nesta parte do percurso éramos

there was a wooden house, reminiscent of a tree house. The house let a white light escape from between the wooden slats, in a square transfigured by red light, but not completely because two of the lanterns of Santa Casa were not turned off to keep watch over the few passers-by.

In a hotel room in Camões, the red festive square, where the urban ambiance of the Biennial was felt most intensely, resided the revealing conscience of the Biennial which was published daily in the newspaper *O Público* and signed by Malek Abbou. Here we come across two beggars equipped with neon plaques which they kept in executive briefcases. They caused a lot of people to stop to look at the *Misérias Ilimitadas*, a social provocation by Javier Nuñez Gasco. The square of Chiado was where the green route began, marked by a green projection by Catherine da Silva. From here you began to see a glowing garden which moved interactively with the beat of the city. It was calling to where the eye shot in the direction of the façade that set the limits for the perspective of the baroque street. In the middle of Rua Garrett near *InfoLuzboa* – the nerve point of the Biennial, where we could obtain all the information about the Biennial - a tent, behind an entrance to the interior of the block indicating the intervention of the Moov, an urban metaphor that appeared after going up an escalator to a closed patio. There fifteen thematic tents appeared as provisional accommodation in an area which is one of the most expensive per square metre in Lisbon.

On the other side of the street, the square of the Teatro Nacional de S. Carlos framed a *moon,* lit up from within, with a dark side, a heavenly body that Bruno Peinado introduced in this space bestowing it with a strange magic that explored the power of suggestion generated by leading the eye to converge on the focal point, transmitting a sensation of strangeness.

On emerging from the property of *Demopólis*, we come out again on Rua Garrett, and now *Sur-Nature* appeared with more impact; the closer we got to the façade of the Chiado stores the better we

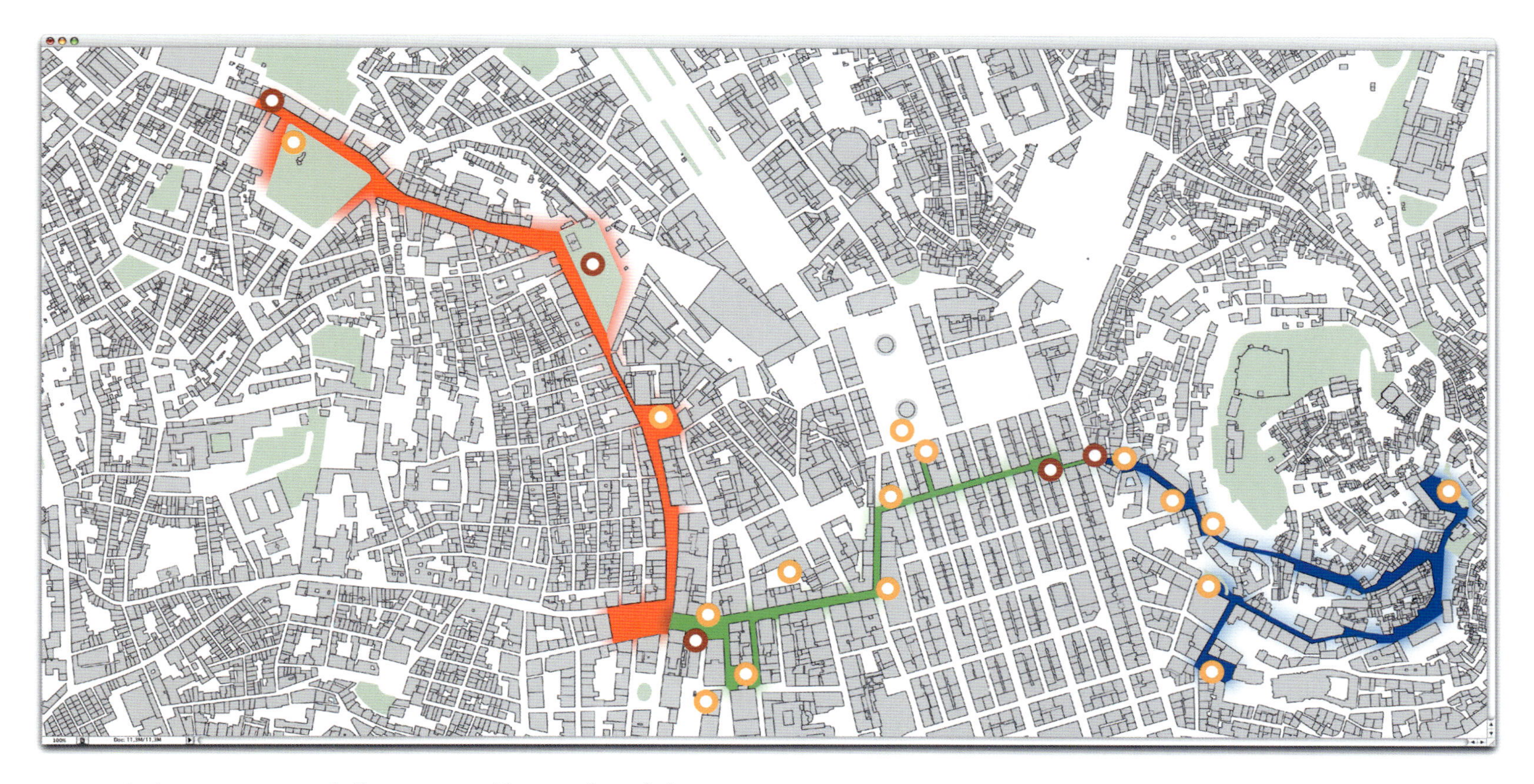

acompanhados por um grupo de figurantes vestidos com fatos de luz que ao som de uma música envolvente nos acompanhavam até à Rua de Santa Justa que era percorrida sempre com a imagem nocturna do elevador nas nossas costas. No fim da rua, *Art gets you through the night II* mobilava o largo que fechava este percurso, através de sombras verdes que se projectavam no chão e na parede do edifício que conduzia à Rua da Madalena, indicando a direcção a seguir até ao percurso Azul. *Esquiço III* era mais uma enorme projecção de um desenho de calçada portuguesa que se fundia com o arco das Escadinhas de S. Cristóvão, precedendo a celebração urbana do *Fado*, numa intervenção em que participaram os moradores do bairro, estabelecendo uma correspondência entre o seu universo cultural e o seu cenário urbano, criaram um fenómeno estético, já de si social, num duplo testemunho cultural. Esta proposta dos Het Pakt foi talvez a intervenção de maior impacte na Bienal, num espaço contido onde se sobrepunham várias vozes e imagens, levando os visitantes a ter uma nova imagem do Fado e do sítio que absorviam, sentados nos degraus das escadas. Depois desta experiência, o percurso subia em direcção à Rua da Costa do Castelo e aí, junto ao Bar das Imagens, uma projecção em contínuo pontuava uma parede do Mercado do Chão do Loureiro com uma sequência de imagens filmadas através de uma impressora [Carlos Sousa], representação do quotidiano transformada em efeitos de luz e som.

Já na Rua da Costa do Castelo, numa montra de loja, um espaço privado tornado público através da interacção com a rua, corriam sobre listas de várias cores, vários poemas americanos sobre os excluídos e os pobres, denunciando as injustiças da vida. Era a obra do artista Pedro Cabral Santo.

Daqui continuávamos em direcção à Rua de Santiago, onde, no átrio do Santiago Alquimista – mais um espaço privado tornado público durante a Bienal – estavam colocadas uma intervenção de Marisa Teixeira e Filipe Frazão, que através de uma projecção dinâmica revelava e desconstruía fragmentos arquitectónicos, e uma instalação de Bruno Jamaica que reinventava o espaço, tornado interactivo através

5. Incorporation of all interventions [art, communication, thought], as well as the interactive participation of the visitors and the institutions, of memory and the very act of 'getting through the night', in a Unity – defined, though in dynamic evolution

5. Incorporação de todas as intervenções [artísticas, de comunicação, reflexivas], assim como da participação interactiva do público e das instituições, da memória e do próprio acto de 'atravessar a noite', numa Unidade – definida, porém em evolução dinâmica

understood the interactivity of the virtual garden of light that moved about on the façade. At this point of the course, to the sound of enchanting music, a group of characters dressed in suits of light followed us as far as Rua de Santa Justa, where we went along always with the night-time image of the elevator on our backs. At the end of Rua de Santa Justa, *Art gets you through the night II* furnished the square with green shadows projected on the ground and on the wall of the building that leaded to Rua da Madalena, indicating the direction to follow to the blue route. *Esquiços III* was another enormous projection of a drawing of decorative Portuguese pavement that merged with the arch of the Escadinhas de S. Cristóvão. Preceding the urban celebration of *Fado*, an intervention in which the residents of the district participated, establishing a correspondence between their culture and their urban scene, they created this aesthetic phenomenon, which is itself social, in a double cultural testimony. This contribution by Het Pakt was perhaps the intervention with most impact in the Biennial, in a restricted space where various voices and images were superimposed, giving the visitors a new image of "fado" and of the place, sitting on the stair steps. After this experience, the route begins to climb in the direction of Rua da Costa do Castelo and there, next to the Bar das Imagens, where a continuous projection dotted a wall of the Chão do Loureiro market with a sequence of images captured through a printer, a representation of daily life transformed in light and sound effects.

In Rua da Costa do Castelo, in a shop window, a private space turned public through its interaction with the street, various american

do movimento de elásticos que vibravam com a passagem das pessoas.

O trajecto até ao Miradouro das Portas do Sol terminava com a visão de uma gigante caixa de luz semelhante a um dispositivo publicitário, onde Gerald Petit, numa atitude positiva, colocou uma fotografia de uma rapariga de Lisboa entre os espectadores e a grande paisagem. Aí se vê uma grande extensão de céu e de paisagem construída com o rio ao fundo, concedendo aos visitantes uma visão infinita que contribui para a sensação de exposição e isolamento. Daqui voltávamos um pouco para trás e, já na Rua do Limoeiro, perto do Centro de Estudos Judiciários, encontrava-se uma velha bela-sombra de raízes seculares onde foi instalada *Art gets you through the night III*, uma projecção no pavimento que simulava uma raiz azul da árvore ou uma fenda provocada por esta, interagia de forma surpreendente com as pessoas e com os carros que passavam, e por momentos se tornavam objecto de projecção efémera. No Largo do Correio Mor, Adriana Sá e Hugo Barbosa aproveitaram a sonoridade do espaço para instalar uma ilha de mar sonoro e virtual. Esta intervenção multimédia proporcionava uma paisagem sonora mediante algumas imagens de códigos náuticos que eram projectados com recurso a sensores de luz na parede do chafariz. O caminho terminava no Largo de Santo António da Sé; um conjunto de globos de luz colocados por André Gonçalves na copa de uma árvore, interagiam com as pessoas que passavam perto, alterando a sua intensidade lumínica e sonora. Esta ocupação da árvore impunha inequivocamente a sua presença em relação à ambiência azulada, criando uma situação urbana extraordinariamente expressiva.

O Passeio também podia começar todas as noites dentro de um autocarro que partia do Príncipe Real, numa viagem alucinante. *Ceci n'est pas un bus*, era uma proposta dos Het Pakt, transportáva-nos a um não-lugar – as janelas do autocarro – onde eram projectadas imagens calmas de um quotidiano intercaladas com imagens portentosas, de pequenos objectos tornados gigantes que eramatirados para as janelas.

Fora do percurso e prolongando a Bienal no tempo, Rigo colocou na Praça do Comércio um contentor que é simultaneamente um museu itenerante de triciclos. Este museu que vai enriquecendo o seu acervo no seu processo de itenerancia interage com o público que é convidado a vender ou a sugerir exemplares para a colecção. A sua colocação num dos espaços mais nobres da cidade transformou-o num objecto contrastante com a envolvente, mas a sua função museológica acabou por integrá-lo, abrindo novas leituras sobre os valores do Património.

Foi simultaneamente árduo e proveitoso conceber, produzir e acompanhar este evento, construir e colaborar com os artistas que contribuíram para a criação de uma imagem contemporânea de que Lisboa necessita para se afirmar como cidade criativa, que corre riscos culturais, indissociáveis da evolução e consolidação de uma verdadeira urbanidade.

O centro de Lisboa actualmente vive um período de desagregação urbana conhecido como 'efeito donut', perdendo competitividade para a periferia e para grandes centros comerciais emergentes, passando pelo efeito depressivo da deslocalização dos residentes, facto que foi constatado durante a preparação da Bienal quando a equipa de produção batia de porta em porta para comunicar às pessoas a realização do evento. É necessário então repensar a cidade, desde as suas políticas de gestão às acções de participação colectiva, atendendo à controversa dialéctica entre o urbanismo e a cidadania. Esta mudança requalificadora implica certamente uma abordagem alternativa dos tradicionais temas do património edificado, fluxos urbanos, comércio, serviços, equipamentos, espaços verdes e até o próprio espaço público.

Estas formas alternativas nascem, em numerosas ocasiões, de reflexões

poems about outcasts and the poor, denouncing the injustices of life, are displayed on strips of different colours.

From here we continued in the direction of Rua de Santiago where, in the atrium of Santiago Alquimista, another private space turned public for the Biennial, an intervention by Marisa Teixeira and Filipe Frazão was placed, which, by means of a dynamic projection, revealed and deconstructed architectural fragments. There was also an installation by Bruno Jamaica that reinvents the space making it interactive with the movement of the elastics which vibrate when people passed.

The way to the Miradouro das Portas do Sol ended with the sight of a gigantic box of light similar to an advertising board, where Gerald Petit, in a positive attitude, placed a photograph of a Lisbon girl between the spectators and the wide scenery. A large extension of sky and built townscape, with the river in the background, grants the visitors an infinite view that contributes to a feeling of exposure and isolation. Turning back a little to Rua do Limoeiro, near the Centro de Estudos Judiciários, there is a centuries old ombú where *Art gets you through the night III*, a projection on the pavement that simulates a blue tree root or a fissure caused by it, interacted in a surprising way with the people and cars that passed, which, momentarily become the object of ephemeral projection. At the square of Correio Mor, Adriana Sá and Hugo Barbosa took advantage of the resonance of the space to install a virtual island of sound and image. This multimedia intervention established a scenery of sound by means of images of nautical codes that were projected with the aid of light sensors on the wall of the fountain. The route ended at the square of Santo António da Sé; a set of interactive globes of light and sound placed by André Gonçalves in the crown of a tree interacted with the people who pass nearby altering the intensity of the light and sound. This installation on the tree emerged from the bluish ambiance creating an extraordinarily expressive urban situation.

The tour could also begin every night on a bus that left from Príncipe Real on a hallucinatory journey. *Ceci n'est pas un bus* was a contribution by Het Pakt that transported us to a no-place – the bus windows – where calm everyday images interspersed with gigantic images, of small objects magnified which were cast on the windows.

It was simultaneously hard and positive to conceive, produce and accompany this event, to construct and collaborate with the artists who contributed to a contemporary image that Lisbon needs to assert itself as a creative city that takes cultural risks inseparable from the evolution and consolidation of real sophistication.

The centre of Lisbon, at present is going through a period of urban disintegration known as the "donut effect", losing business to the periphery and the large shopping centres. Adding to this is the depressing effect of the displacement of residents, a fact which was evident during the preparation of the Biennial when the production team went from door to door to inform people of the event. Therefore it is necessary to rethink about the city, from management policies to collective participation considering the controversial dialectic between city life and citizenship. This change undoubtedly implies an alternative approach to the traditional matters of building heritage, urban drift, commerce, services, facilities, green spaces and even public places. These alternative forms arise, on numerous occasions, from artistic and creative thought that works in cooperation with the city in the construction of a collective space. The role of events like Luzboa, that works with art and light in a public space, can encourage new urban development and lead to new ways of revitalising its fabric, especially as far as the night is concerned. Luzboa

artísticas e criativas que trabalham com o meio urbano na construção de um espaço colectivo participado. Eventos como a Luzboa, que operam com a arte e a luz no espaço público, promovem um novo desenvolvimento urbano e apontam novos caminhos à revitalização do seu tecido, principalmente no que concerne à noite. Luzboa é um projecto pioneiro em Portugal, fazendo uma verdadeira intersecção entre economia, ciência, inovação tecnológica, arte e cultura com o suporte financeiro de entidades públicas e privadas. Luzboa trabalha a memória e as emoções das pessoas que com ela contactam, incentivando a reflexão sobre a arte e o papel que desempenha no espaço urbano. Neste campo de debate, a arte tem um papel importante porque pode trazer novas respostas que permitem conhecer melhor a cidade através das suas formas próprias de interpretação.

É também fundamental repensar a noite, quase sempre esquecida nos projectos de desenvolvimento urbano, como se a cidade fosse apenas uma manifestação diurna, deixando para as horas nocturnas um papel residual e funcional. É possível tornar a passagem da noite mais agradável. Importa a maneira como se passa a noite – é tempo da boa luz; e a cultura torna-se, assim, estruturante e a Arte um acontecimento de comunicação transparente e colectiva, cumprindo um dos desígnios de que actualmente está incumbida.

A cultura da Luz pode apontar caminhos viáveis de uma verdadeira urbanidade, evidente em inúmeros empreendimentos já realizados e que podem comprovar a sustentabilidade deste campo de acção. O desafio é envolver a população, os organismos privados e públicos com capacidade de gerir acções concebidas por agentes de diferentes campos disciplinares que articulam tradições e senso comum com as mais recentes inovações tecnológicas.

A cidade é um território de experimentação colectiva, de debate e diálogo. Mas é fundamental recordar que o que está por detrás de cada bom resultado são abordagens válidas dos problemas, que se materializam através de estudos, desenhos técnicos, escolha de equipamentos, ou seja, uma atitude projectual, seguida de eficazes actos construtivos com célere e justo cumprimento de todos os agentes que regulamentam a cidade

A Luzboa foi um Projecto. Uma filosofia. Um conceito. Uma Marca. Um evento. Uma Memória.

Foi breve, mas valeu a pena.

Samuel Roda Fernandes é arquitecto, professor na Universidade Lusíada e membro da Extra]muros[.

is a pioneer project in Portugal, forming a real intersection between economy, sciences, technological innovation, art and culture with the financial support of public and private entities. Luzboa works on the memory and emotions of the people that come into contact with it motivating reflection on art and the role it plays in the urban space.

In this debate art plays an important part because it can bring new solutions that allow us to know the city better through its own form of interpretation. It is also fundamental to rethink night-time, almost always forgotten in urban development planning, as if the city was a daytime manifestation, leaving a residual, functional role to the night hours. It is possible to make the transition of the night more enjoyable, caring about the way we spend the night. It is a question of good light, and thus, culture becomes structural and Art a happening of transparent and collective communication, so fulfilling one of the purposes that is nowadays entrusted to it.

The culture of Light can point out viable ways to true community, as evidenced in the innumerable undertakings already carried out and can prove the sustainability of this field of action. The challenge is to complement the population; private and public agents with the capacity to generate complete and transparent actions formed by various arenas of knowledge that link tradition and plain common sense with the most recent technological innovations.

The city is a territory of collective experimentation, of debate and dialogue. But it is fundamental to remember what is behind every good result are valid approaches to the problems, which only comes through studies, technical drawing, choice of equipment, in other words, a project outlook, followed by effective constructive action with swift and fair execution by all the agents that govern the city.

Luzboa was a Project. A philosophy. A concept. A mark. An event. A memory.

It was short-lived but worth the effort.

Samuel Roda Fernandes is an architect, teacher at Universidade Lusíada and member of Extra]muros[.

BIBIOGRAFIA BIBLIOGRAPHY

AA VV, *Luzboa – A arte da Luz em Lisboa*, Extramuros, Almada, 2004.

BENEVOLO, Leonardo, *A Cidade na História da Europa*, Ed. Presença, Lisboa, 1995.

BUREN, Daniel, *A force de descendre dans la rue, l'art peut-il enfin y monter*, Sens et Tonka, Paris, 1998.

GHORRA-GOBIN, Cynthia, *Réinventer le sens de la ville – Les espaces publics à l'heure globale*, L'Harmattan, Paris, 2001.

COUTO, Dejanirah, *História de Lisboa*, Gótica, Lisboa, 2003.

CULLEN, Gordon, *Paisagem Urbana*, Edições 70, Lisboa, 1984.

MASBOUNGI, Ariella; GRAVELEINE, Frédérique de, *Penser la ville par la lumière*, Éditions de la Vilette, Paris, 2003.

NARBONI, Roger, *La lumière et le paysage*, Le Moniteur, Paris, 2003.

PINHARANDA, João Lima, *Momentos de luz*, Fundação EDP, Lisboa, 2006.

TOUSSAINT, Jean-Yves; ZIMMERMANN, Monique, *User, observer, programmer et fabriquer l'espace public*, PPUR, Lausanne, 2001.

ZUMTHOR, Peter, *Atmosferas*, Editoroal Gustavo Gili, Barcelona, 2006

Miguel Mouta Faro

Uma associação de ideias

Association of Ideas

We do not see art as a simple reflection of society. We see art as a tool of making society, of creating the future, of activating people.

David Avalos, in WALLIS, Brian, *Democracy. A Project by Group Material Seattle*. Bay Press/Dia Art Foundation, Oxford, 1990.

Uma associação

A Luzboa 2006 é mais do que uma simples apresentação de intervenções artísticas cuidadosamente implantadas no espaço público. Este evento é em si mesmo uma obra com uma linguagem própria, resultante de um leque de contribuições das mais variadas áreas. A sua riqueza não reside no seu carácter festivo, mas sim na sua implantação no espaço público, no lugar onde o eu se descobre, reflecte e forma. É portanto uma obra interdisciplinar. Esta linguagem interdisciplinar não é um fim em si mesmo, resulta de um trabalho evolutivo que se desenrola na associação que concebe e produz todo o evento: a Extra]muros[.

Desde a sua criação, reuniu pessoas de diversas áreas cuja preocupação comum é a análise e a interpretação de todos os fenómenos que ocorrem ou advêm da cidade e mais particularmente do espaço público. Tão vasta é esta área de estudo que nenhum manifesto ou carta formal de intenções estática poderia guiar a Extra]muros[. Assim, na Extra]muros[, a única premissa inalterável ao longo de toda a sua existência é a de que sendo o devir o elemento fundamental da cidade, no espaço público tudo pode acontecer.

A não existência de qualquer tipo de dogma no seio desta associação levou a uma proposta de intenções não estáticas que se traduziriam num evento. O objectivo desse evento seria transpor para algo mais concreto e material a atitude característica da associação: o debate permanente, a ausência de verdades absolutas e a constante interrogação de todos os passos, comparando-os com os seus negativos.

Um percurso de Luz

Conhecidos alguns dos problemas da área central de Lisboa, embora apenas parte deles sejam discutidos publicamente, a Extra]muros[entendeu que seria nessa área que deveria actuar. Uma vez que os projectos apresentados seriam efémeros, decidiu-se concentrar

An association

Luzboa 2006 is more than just a presentation of artistical interventions carefully displayed in public space. It is in itself a work with its own language, resulting from a range of contributions from the most various fields. Its richness doesn't reside in its festive character, but in its implementation in public space, where the self is discovered, reflected upon and formed. It is thus an interdisciplinary work. This interdisciplinary language isn't an end in itself, but the result of an evolutive work that is developed in the Association that conceives and produces the event: Extra]muros[.

Since its creation, Extra]muros[gathered people from diverse fields whose common issues were the analysis and interpretation of all phenomena happening or decurring from the city and public space in particular. This is a vast research area, where no estatic manifesto or formal chart of intentions would be able to guide Extra]muros[. Thus being the 'in flux' the fundamental element of the city, to Extra]muros[the only unalterable premise along all its existence is that in public space… anything can happen.

The non-existence of any kind of dogma among the association led to a proposal of non estatic intentions that would be translated into an event. The purpose of this event would be to transfer into something more material and concrete the characteristical attitude of the association: permanent debate, absence of absolute truths and the questioning of every step, comparing it with its negative.

Path of Light

Extra]muros[reflected about the problems of the central area of Lisbon – – discussed publicly only to a certain extent – and decided that it would be the intervention area. Since the presented projects were to be ephemeral, it was decided to concentrate the interventions in spatial terms, so that all propositions could be widely profited from.

as intervenções de modo a que todas as experiências propostas pudessem ser aproveitadas de um modo mais abrangente.

A cidade e o espaço público que lhe está inerente não se assemelha a uma galeria, não é uma folha em branco, resulta de variadas combinações de inúmeros factores, onde os resultados se complementam, confrontam e contradizem. É um espaço de negociação, político, onde a neutralidade nunca existe.

The city and its inherent public space isn't similar to a gallery, it is not a blank sheet, it is instead the consequence from various combinations of several factors, where results complement, confrontate and contradict themselves. It is a political space, of negociation, where there's no possibility of neutrality.

Architecture is not simply a platform that accommodates the viewing subject, it is a viewing subject. It is a viewing mechanism that produces the subject.

COLOMINA, Beatriz, *Sexuality and space*. Princeton Architectural Press, New York, 1992.

Por esta razão, a arte no espaço público assume uma componente arquitectónica de elevada importância para a construção do ser social.

For this reason, art in public space assumes an architectonical component of the highest importance for the construction of the social being.

[The city] is a zone in which social relations are chalenged, controled and formed through architectural materiality.

BORDEN, Iain, KERR, Joe, RENDELL, Jane, *The Unknown City*. M.I.T. Press, Massachusetts 2002.

Essa é a sua riqueza e uma garantia da possibilidade de mudança. Assim, foi um objectivo inicial de todo o projecto que este não fosse estático, resultaria de um constante debate, interrogação, contra-interrogação, negociação e re-interpretação.

Neste evento de carácter efémero, não haveria espaço para dogmas, para a estaticidade, seria antes rico em interrogações e potenciais descobertas. Por estas razões, não poderia ser lido como um discurso linear. Reflectindo o modo dialéctico de actuar da Extra]muros[, chegou-se, ironicamente, à ideia de um percurso linear de luz, uma *ferida luminosa* na cidade.

O percurso pretendeu mostrar diversas cidades existentes em Lisboa. Cidades morfologicamente diferentes por razões topográficas, sociais, políticas e históricas. No entanto eram as vivências e práticas actuais da vida corrente, de cada uma dessas cidades, o alvo de estudo e foram estes elementos que serviram de base para cada uma das intervenções.

This is its richness and a guarantee for the possibility of change. For that reason, it was an initial objective of the project not to be statical, but to result from constant debate, interrogation, counter-interrogation, negociaton and re-interpretation.

In this ephemeral event, there would be no space for dogmas or staticity; it would instead be rich in interrogations and potential discoveries. For such reasons, it couldn't be read as a linear discourse. Reflecting the dialectical mode of action, it would paradoxically develop from an idea of a linear light path, a luminous wound in the city.

The path intended to present different cities existing in Lisbon. Cities morphologically different, for topographical, social, political and historical reasons. Nonetheless, it was the actual living and practices of daily life in each one of those cities that were object of study and used as a basis for each one of the interventions.

The everyday is not the banal, trivial effect of politics, but the place where politics are ultimately created and resolved.

BORDEN, Iain, *Skateboarding, space and the city*, Berg, Oxford 2001.

Uma sensibilidade

Assim foi criada uma equipa de projecto que trabalhou com a direcção, produção e os diversos consultores. A sua missão foi controlar toda a evolução do projecto, de modo a permitir uma verdadeira criação de espaço. Um espaço produzido pelo ser social. Uma criação de espaço que não resultasse apenas da mera apresentação de obras artísticas, de teorias ou ideias, mas também de práticas, sensibilidades, imaginação e experiências. Este modo de actuar não resultou propriamente num sistema, mas sim numa sensibilidade. Da relação não estática entre o espaço público e a equipa de projecto resultou a obra única que é o Luzboa 2006. De certo modo relembra Pareyson, no sentido em que a equipa de projecto se fundia no espaço público e que ao actuar sobre ele descobria o modo como essa acção deveria ser feita.

A equipa de projecto esteve portanto numa área sem fronteiras explicitamente definidas. Negociou em todos os campos e actuou de modo a potenciar a criação de tais espaços, reinterpretando cada intervenção, atribuindo-lhe uma possível localização no espaço público.

Para tal propôs uma implantação que se alterou ao longo do tempo, consoante as contribuições dos vários artistas, propôs intervenções e convidou artistas para intervirem em diversos locais.

A sensibility

A project team was created, working with the board of direction, the production team and the various consultants. Its mission was to control the evolution of the whole project, in order to allow a real creation of space. A space produced by the social being. A creation of space that wouldn't result just from mere presentation of the artistical works, theories and ideas, but also of practices, sensibilities, imagination and experiences. This mode of action didn't result in a proper system, but a sensibility. Luzboa 2006 as a unique piece of work resulted from the non-statical relation between public space and the project team. To a certain extent reminding Pareyson, in the sense that the project team has blended in public space and while acting on it was discouvering the way such action should be performed.

The project team was thus in a field of work without explicitely defined frontiers. Negociated in every area and acted in order to potentiate the creation of such spaces, reinterpretating each intervention, attributing it a possible localization in public space.

To do so, it proposed an implementation that was altered throughout time, according to the contributions of the various artists, proposed interventions and invited artists to intervene in several spots.

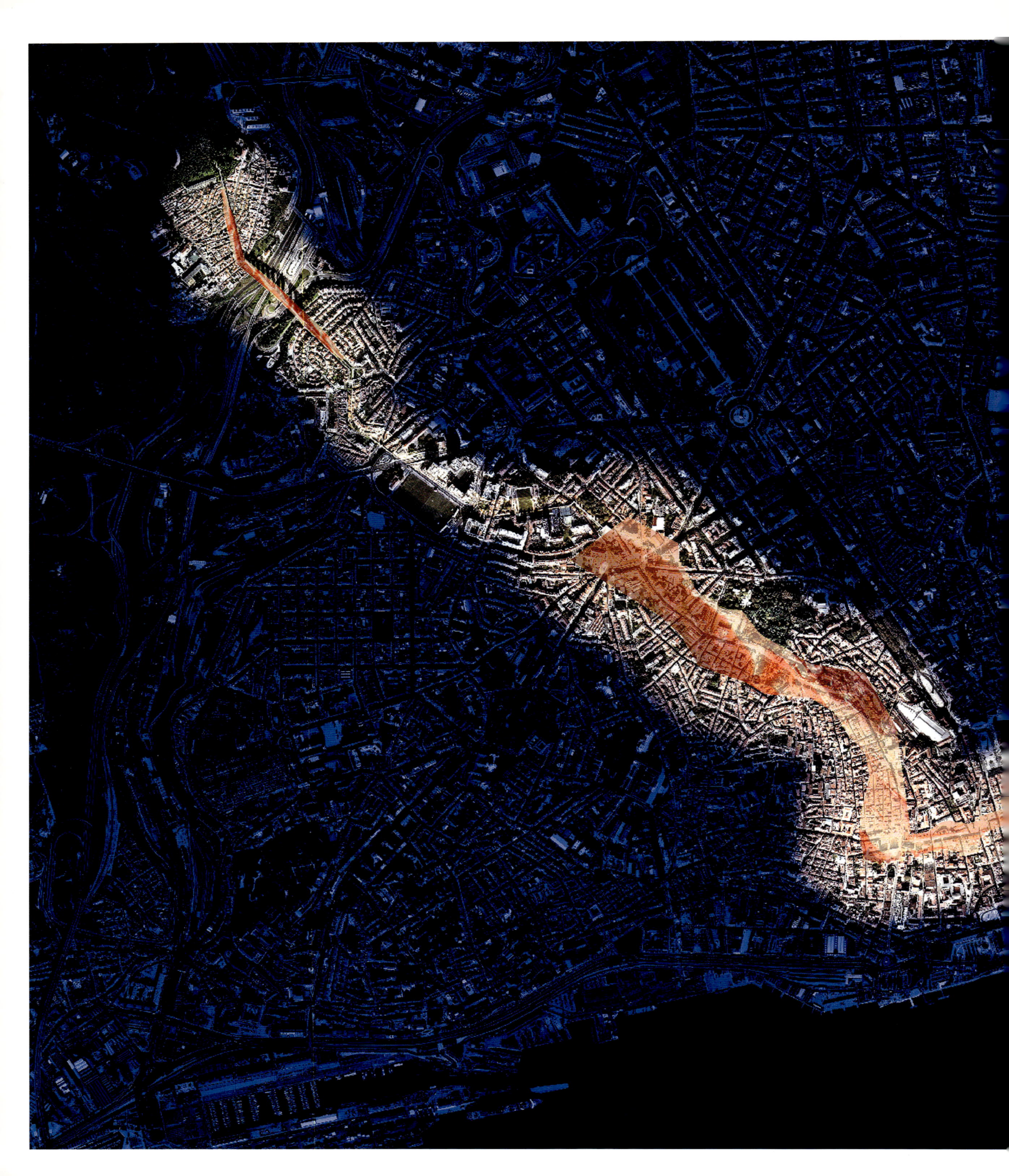

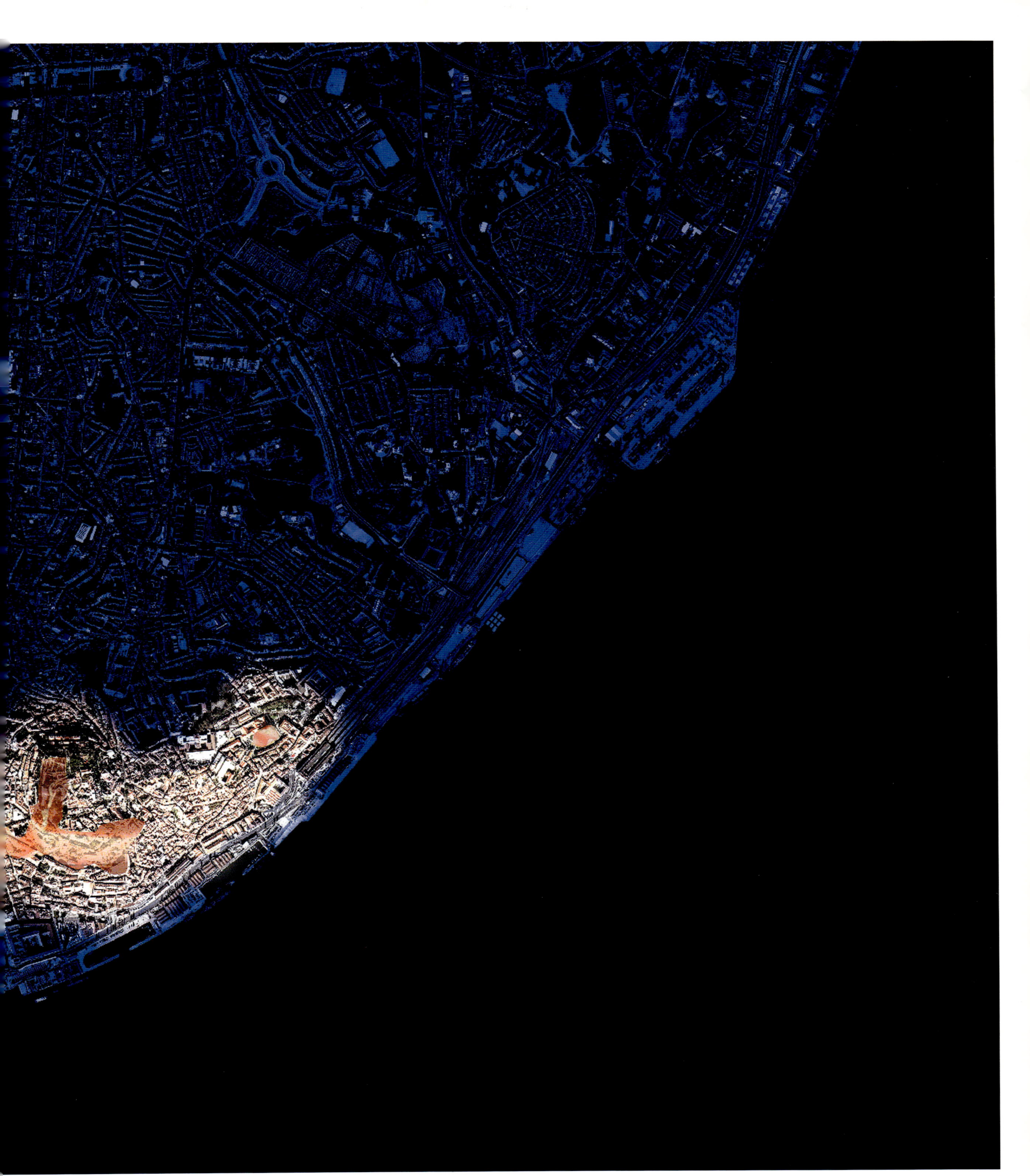

A localização e a implantação de cada obra foram fundamentais. Cada nova proposta efectuada pela direcção, por algum dos consultores ou por algum dos artistas convidados, questionava o mapa delineado inicialmente como área de intervenção.

The localization and the implantation of each piece were fundamental. Each new proposal by the Board of Direction, by any of the consultants and by any of the invited artists, questioned the initially designed map of the intervention area.

Uma reintrepretação

Ao longo de todo o processo, 'opostos' como privado/público, individual/colectivo, estético/social, dinâmico/estático confrontaram-se e foi dessa relação dialéctica que surgiu o resultado concreto desta edição da Bienal.

A interpretação que Jana Matejkova deu ao seu electrocardiograma, instalado num espaço público através de cabo de luz suspenso e estático, era reflectida dinamicamente nos vidros do edifício que o rodeava. Era confrontada com interpretações sonoras de outros artistas, a partir de algo tão pessoal e privado como o bater do seu coração. Criava-se assim nesta relação entre íntimo, privado e público um espaço híbrido também patente na obra de André Banha, onde um abrigo – íntimo mas público – permitia uma visão do espaço público a uma cota superior. O resultado de uma memória infantil, acessível a todos através da sua colocação no espaço público, convidava o corpo a fundir-se com a arquitectura, na criação de um espaço super arquitectural também presente no convite feito pelos Moov para a dormida dos visitantes nas tendas.

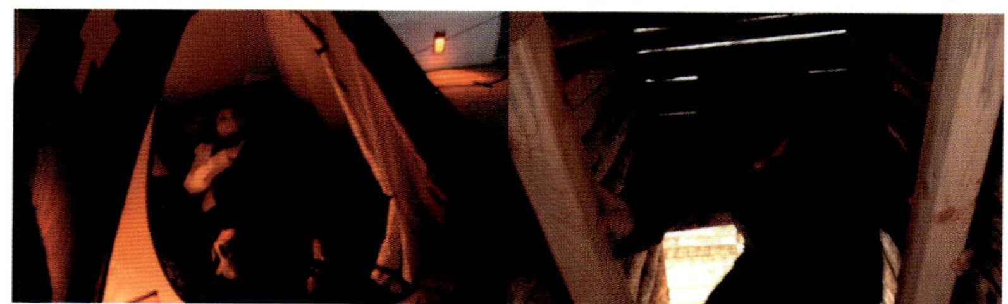

A reinterpretation

Along the whole process, 'oppositions' like private/public, individual/collective, aesthetic/social, dynamic/static were confronted and the concrete result of this edition of the Biennale was born from those dialectical relations.

The interpretation that Jana Matejkova rendered from her electrocardiogram, installed in public space by means of a static and suspended light cable, was reflected in the windows of the building around it. It was confronted with sound interpretations by other artists, departing from something as personal and private as her heartbeat. In this relation between intimate, private and public, a hybrid space is created, also patent in André Banha's piece, where a shelter – intimate though public – allowed the very vision of public space at a higher level. The result of an infantile memory, accessible to all through the installation in public space, invited the body to a fusion with architecture, for a creation of a super architectural space also present when Moov invited the visitors to sleep over in their tents.

Any revolutionary 'project' today, whether utopian or realistic, must, if it is to avoid hopeless banality, make the reappropriation of the body, in association with the reappropriation of space, into a non-negotiable part of its agenda.

LEFEBVRE, Henri, *Production of Space*. Blackwell, Oxford 1990.

Os Moov, actuando à escala do corpo humano (tendas de dimensões reduzidas) reflectiram sobre uma temática de grande escala. Em *Demo_polis*, o contraste entre um modo de vida consolidado e um espaço de contaminação social que propõe outras práticas reflecte a dimensão política inerente ao colectivo.

Actuaram numa bolsa situada numa das áreas mais caras de Lisboa e que apesar de ser desenhada por um arquitecto de renome se tornou num espaço com carácter intersticial. Transformaram um espaço desenhado pelo e para o valor económico da troca num espaço onde esse valor da troca é substituído por um valor criativo do uso.

Moov, acting at a human body scale (tents of reduced dimensions), reflected at the same time a big-scale thematics. In *Demo_polis*, the contrast between a consolidated mode of life and a space of social contamination that proposes other practrices, reflects political dimensions inherent to the collective.

They intervened in a void situated on one of the most expensive areas of Lisbon and that, despite having been designed by a reknowned architect, has become an interesticial space. Transforming a space designed by and for economical exchange value into a space where such exchange value is substituted by the creative value of use.

The space of the commercial non-place neither creates identity nor relation; only solitude and similitude.

AUGÉ, Marc, *Non-places: Introduction to an Anthropology of Supermodernity*. Verso, London, 1995.

Het Pakt, actuando também numa bolsa urbana, conseguiram demonstrar a relação entre o privado, o íntimo e o público vivida nos bairros tradicionais lisboetas. Diversos habitantes destas áreas deram voz a uma canção intimista e as suas expressões faciais, apresentadas em estendais, realçaram ainda mais o carácter desse espaço colectivo de partilha de intimidade. O coro convidou à deambulação por esse espaço, onde se descobria a individualidade de cada uma das vozes. Esta dinâmica foi diferente da dinâmica comum normalmente associada às cidades.

Dinâmica urbana essa também posta em causa na implantação da obra de Pedro Cabral Santo. Num espaço privado, uma projecção, onde são apresentados textos de autores americanos cuja preocupação social

Het Pakt, also intervening in an urban void, managed to demonstrate the relation between private, intimate and public experienced in the traditional Lisbon boroughs. Inhabitants of those areas gave voice to an inward ballad and their facial expressions – presented in hangers – highlighting the character of that collective space where intimacy was shared. The choir invited people to walk in that space, where one could discover the individuality of each of the voices. This dynamic was different from the common dynamic associated to the cities.

That urban dynamic was also questioned by the implantation of Pedro Cabral Santo's work. In a private space, a projection, where one could visualize texts by American authors whose social awareness

é fundamental, projecta no espaço público cores e diferentes intensidades lumínicas, transformando uma área da Rua da Costa do Castelo, que é usada apenas como canal de distribuição pedonal de carácter turístico, numa área convidativa à paragem. A referida dinâmica capitalista – que não permite a apropriação criativa do espaço público – é novamente ultrapassada com *Misérias Ilimitadas*. Javier Núñez Gasco coloca em funcionamento uma empresa cujos funcionários actuam como mendigos junto de vistosas mensagens escritas em dispositivos de néon vermelho em vários locais do percurso. O confronto social e político característico do espaço público assumiu aqui papel preponderante.

O sistema de consumo que se apropria do espaço público, o molda, o desenha, foi interrogado no gigante *outdoor* de Gerald Petit. O *outdoor*, elemento de mobiliário urbano tão característico das cidades capitalistas, aqui não apresentou um produto vendável, mas sim uma possibilidade de sonho.

Sobre outro tipo de dinamismo actua uma representação da lua. Um objecto esférico pousado num pavimento não horizontal – e portanto dinâmico –, opôs-se às estáticas colunas da fachada do Teatro de São Carlos, ganhando um significado crítico em relação às representações embebidas na arquitectura – por via de concepções codificadas ideológica, materialmente, e ao nível do uso dos edifícios. *Sur Nature* actuou na mesma problemática. O dinamismo de um jardim virtual activado pelo movimento das pessoas na rua Garrett invadiu uma fachada dos armazéns do Chiado.

Uma intervenção na cidade que somos todos

As intervenções assinadas pela Extra]muros[actuaram em três diferentes níveis. Num primeiro nível, o Projecto RGB apenas actuou apenas sobre a iluminação pública existente, realçando as potencialidades da cidade arquitectónica já construída. Num segundo nível, com *Art gets you through the Night*, realçou elementos já existentes no espaço público. O devir (o elemento constante mais importante na vida de uma cidade) foi exacerbado no estaleiro de obras do miradouro de São Pedro de Alcântara em *Art gets you through the Night I*; a riqueza espacial que pode surgir de um subtil desvio do traçado regular da Baixa em *Art gets you trough the Night II*; o fascínio pelo não planeável crescimento das raízes de uma árvore que interfere no meio construído adjacente, em *Art gets you through the Night III*. Num terceiro nível, em dois projectos permanentes para a cidade. Uma nova iluminação para o Panteão Nacional que realçaria a sua arquitectura através de um proposta progressiva e dinâmica. E num modelo conceptual para a iluminação da Praça D. Pedro V. Neste modelo, apresenta-se não apenas uma resposta de iluminação, mas um modo de actuar expansível a outros tipos e locais de intervenções.

A Extra]muros[, mais que orgulhosa com o resultado obtido, está grata a todos os que viveram a criação destes espaços. É a cidade que nos move. O devir do urbano apaixona-nos e dá-nos a responsabilidade de continuar a actuar sobre ele.

Miguel Mouta Faro é estudante de Arquitectura e membro da Direcção da Extra]muros[.

is fundamental, projecting onto public space colours and different luminic intensities, transforming a section of the Rua da Costa do Castelo, which is usually used as pedestrian distribution channel of touristical character, into an area inviting the creative appropriation of public space. The referred capitalist dynamic – that doesn't allow public space appropriation – is again surpassed by *Ilimited Miseries Ltd.* Javier Núñez Gasco launches a company whose employees act as beggars along several spots of the path, sided by messages beautifully written in neon red dispositives. The social and political confrontation assumed here a preponderant expression.

The consumption system that takes over public space, molds it, designs it, was interrogated by the big outdoor of Gerald Petit. The outdoor, an element of urban furniture so characteristic of capitalist cities, here, did not present a product to be sold, but a possibility to dream.

A representation of the moon departed from another type of dynamism. A spherical object on the non-horizontal – and consequently dynamic – pavement opposed itself to the statical columns of the façade of the Teatro de São Carlos [Opera House], aquiring a critical significance in relation to the representation embedded in architecture (by means of codified conceptions of ideology, materials and the use of the building). *Sur Nature* grounded its intervention on the same problematics. The dynamism of a virtual garden activated by the movement of people at Rua Garrett invaded the façade of the Armazéns do Chiado.

An intervention in the city that we all are

The interventions signed by Extra]muros[acted on three different levels. On a first one, the RGB Project transformed the existing public lighting, highlighting the potentialities of the already constructed architectonic city. At a second level, *Art Gets You Through the Night* highlighted existing elements in public space. *Becoming* (the most important permanent element of a city) was exarcebated in the construction works at São Pedro de Alcântara with the piece *Art gets you through the Night I*; a spatial richness that may come up from a subtle detour of the regular trace of the Baixa [Downtown] in *Art gets you trough the Night II*; the fascination for the non-planned growing of the roots of a tree that interferes in the adjacent constructed environment, in *Art gets you through the Night III.* At a third level, through two permanent projects for the city. A new lighting project for the Panteão Nacional [National Pantheon] that would celebrate its architecture by means of a progressive and dynamic proposal. And a conceptual model for the illumination of the Praça D. Pedro V. In this model, not only a response to urban lighting is presented, but also a mode of action that may be expanded to other areas and sorts of interventions.

Extra]muros[is more than proud of the results. And grateful to everybody who experienced, and in doing so, created such spaces. It is the city that makes us tick. The 'in flux' of the urban is our passion and gives us the responsibility of continuing to act upon it.

Miguel Mouta Faro studies Architecture and is a member of the Board of Direction of Extra]muros[.

Hannah Collins, True Stories Lisbon, 2006, Fotografia a cor, 175x235cm [Edição de 3]

Então, Portugal

A nossa era de civilização encontra-se à beira do esgotamento. O modelo que a conduziu desde a Renascença está em vias de secar. Este modelo, que poderemos chamar de 'Humanismo', já não encontra em si mesmo capacidade de renovação. A modernidade em crise encontra-se encurralada pelos seus diferentes reflexos paródicos levados quase até à própria negação, *à revelia da sua livre vontade*. Sintomas? Exaustão do pensamento, progressão aguerrida do economismo, reino do tautológico, corpos depressivos, morbidez, para não dizer culpabilização, pornografia, puritanismo, onanismo.

Esta análise não é nova. Sob diversos ângulos, já se exprimiu no decurso do século XX* e continua a exprimir-se, sem que, contudo, conduza a mais do que ao prazer da sua própria crítica auto-satisfeita. Como sair daqui?

Portugal. Quer dizer:

- Um barroco essencial
- Baruch Spinoza
- O outro universalismo
- Uma metafísica operatória
- Um prazer insuspeitado

Fruto da imaginação? Não, convicção definitiva.

* Hoje, muito diversamente em França: Philippe Sollers, Michel Houellebecq, Jean Baudrillard, Paul Virilio, ou ainda Michel Onfray.

Eh bien, le Portugal

Notre ère de civilisation est à l'épuisement. Son modèle, l'*Humanisme*, ne trouve plus en lui-même ses capacités de renouvellement. La modernité prise au piège de ses différents reflets parodiques pousse jusqu'à son propre reniement, à 'l'insu de son plein gré'. Des symptômes? Tarissement de la pensée, avancée guerrière de l'économisme, règne du tautologique, corps dépressifs, morbidité, pornographie, puritanisme, onanisme…

Cette analyse n'est pas nouvelle. Sous divers angles, elle s'est déjà exprimée au cours du XXe siècle*, s'exprime encore sans déboucher sur autre chose que la jouissance de sa propre critique auto-satisfaite.

Comment en sortir?

Le Portugal. C'est-à-dire:

- Un baroque essentiel
- Baruch Spinoza
- L'autre universalisme
- Une métaphysique opératoire
- Une jouissance insoupçonnée

Le baroque essentiel c'est l'invention du monde. L'infini concret, éprouvé. La folie du départ. L'intimité liée à l'immensité.

Bartolomeu Dias, Vasco da Gama, Gil Eanes, Nuno Tristão, Pedro Alvares Cabral, Pêro Vaz de Caminha, Fernão de Magalhães, Afonso de Albuquerque, Duarte Pacheco, Garcia de Resende, Tomé Pires,

* Aujourd'hui, très diversement en France: Philippe Sollers, Michel Houellebecq, Jean Baudrillard, Paul Virilio, ou encore Michel Onfray.

O barroco essencial é a invenção do mundo. O infinito concreto, experimentado. A loucura da partida. A intimidade com a imensidade.

Bartolomeu Dias, Vasco da Gama, Gil Eanes, Nuno Tristão, Pedro Álvares Cabral, Pêro Vaz de Caminha, Fernão de Magalhães, Afonso de Albuquerque, Duarte Pacheco, Garcia de Resende, Tomé Pires, Nuno Gonçalves, Cristóvão de Morais, Vasco Fernandes, Luiz de Camões, Gil Vicente, Fernão Mendes Pinto…

Movimentos cruzados do conhecido para o desconhecido, do exterior para o interior, um entrelaçar precoce, primitivo, o barroco português, sem verdadeiro arsenal ideológico, mais desinteressado do que parece, centrado no sensível, 'natural', tornou-se, desde o seu aparecimento, quase invisível.

Contudo, é a fonte. A tradução imediata do mundo e da novidade absoluta em *narrativas*, por salinidade do pensamento e do olhar; o mar, matriz do movimento das alternâncias entre presença e ausência; as navegações, aventura dos corpos e não teatro do espírito; a consciência viva e a *vivência* de uma inauguração maior, a de um tempo e de um espaço novos: este barroco, tão pouco 'clássico', nervura a pele de toda a Europa.

Polarizada na Itália, a Europa não quis ver Portugal. Questão de poder, de equilíbrio, de perspectiva. Ora, existe uma dependência secreta da Itália relativamente a Portugal. Se nos atrevermos a pensar o barroco italiano como uma magnífica deriva do barroco essencial português, é todo o campo da modernidade que, deslocando-se, se intensifica.

Com este gesto e este dito abraço do mundo coexiste uma oblíqua íntima, subterrânea: o marranismo. A nossa reavaliação crítica da modernidade portuguesa passa pela figura trágica do marrano, enquanto experiência incarnada das contradições. Atravessando as fronteiras reais e simbólicas das sociedades e das comunidades, vivendo intimamente a coabitação de origens múltiplas ou, mesmo, inimigas, a alteridade inscreveu-se nele de forma ultra-sensível. O marrano? O *desassossegado* por excelência.

Baruch Spinoza é um produto puro desta história portuguesa. Ele é a figura emblemática deste movimento de conversão e de exílio forçados, a sua emanação. A sua crítica dos textos bíblicos oferece uma *Ética* sem religião fixa. O seu *Tratado teológico-político* põe-lhe às costas todos os crentes. Ao separar a filosofia da religião, viabiliza o advento libertário do 'Eu'. Por aí, ele impulsiona a moderna trajectória do Ocidente segundo uma transversal clandestina que parte das ruelas de Lisboa para subir até aos canais de Amesterdão e irradiar, dissimulada, até às grandes praças europeias. Por este vau discreto, este *expresso Lisboa-Amesterdão*, tem lugar a junção secreta entre a experiência do exílio e a modernidade das *Luzes*. Esta configuração de dupla pertença e a sua ontologia oscilante fazem do marrano um protótipo de sobremodernidade. A consciência que tem das suas contradições e da sua resolução íntima protege-o de todo e qualquer verniz identitário. O movimento, simultaneamente fluído e tenso, característico da sua reflexão, da sua sensibilidade, uma só medida abrangendo, ao mesmo tempo, todas as linhas com os seus desvios, faz com que, perante ele, o homem se torne numa causa livre. A Europa tem uma memória marrana: acordá-la é reacender, de forma diferente, as *Luzes*.

Oficialmente, Portugal só raramente afinou pelo diapasão da Europa. É censurado por lentidões, por atrasos históricos. Durante demasiado tempo, fez figura de *pátio das traseiras* e a ditadura salazarista tem, nisso, responsabilidades óbvias. Contudo, recusamos a perspectiva deturpada que proclama, sem cessar, o infortúnio histórico de Portugal. Embora nunca se tenha totalmente identificado com a Europa, sabemos bem que, ao 'terminá-la' (geográfica e mentalmente), a *define*.

Nuno Gonçalves, Cristovão de Morais, Vasco Fernandes, Luiz de Camões, Gil Vicente, Fernão Mendes Pinto…

Mouvements croisés du connu vers l'inconnu, de l'extérieur vers l'intérieur, torsade précoce, première, le baroque portugais, sans véritable arsenal idéologique, plus désintéressé qu'il n'y paraît, centré sur le sensible, 'naturel', dès son apparition est pourtant resté invisible.

N'empêche, c'est la source. La traduction immédiate du monde et de la nouveauté absolue en *récits*, par salinité de la pensée et du regard; la mer, matrice du mouvement des alternances entre présence et absence; les navigations, aventure des corps et non théâtre de l'esprit; la conscience vive et le vécu d'une inauguration majeure, celle d'un temps et d'un espace neufs: ce baroque-là, si peu 'classique', nervure toute la peau de l'Europe.

Polarisée sur l'Italie, l'Europe n'a pas voulu voir le Portugal qui est aujourd'hui son angle mort. Affaire de dédain, de pouvoir, mais également de parti-pris d'équilibre, de perspective. Or, il y a une dépendance secrète de l'Italie au Portugal. Si l'on pense avec hardiesse le Baroque italien comme une dérive magnifique du baroque essentiel portugais, c'est tout le champ de la modernité qui, se déplaçant, s'intensifie.

À cette geste, à ce dit *d'embrassement* du monde, coexiste une oblique intime, souterraine: le marranisme. Une réévaluation critique de la modernité portugaise passe par la figure tragique du marrane comme expérience incarnée des contradictions. Traversant les frontières réelles et symboliques des sociétés, conduit à vivre intimement la cohabitation de sources multiples, voire ennemies, l'altérité s'est inscrite en lui de manière ultrasensible. Le marrane? L'intranquille par excellence.

Baruch Spinoza est un pur produit de cette histoire, figure emblématique de ce mouvement de conversion et d'exil forcés. Sa critique des textes bibliques offre une Ethique sans religion fixe. Son *Traité théologico-politique* lui met à dos tous les Croyants. En séparant la philosophie de la religion, il permet le surgissement libertaire du 'Je'. Par là, il impulse la trajectoire moderne de l'Occident selon une transversale buissonnière partie des de Lisbonne pour remonter aux canaux amstellodamois et irradier à couvert les grandes places européennes. Par ce gué discret qu'est le *Lisbonne-Amsterdam express*, la jonction secrète a lieu entre l'expérience de l'exil et les Lumières. Sa configuration de double appartenance, son ontologie oscillante, font du marrane un prototype de sur-modernité. La conscience intime de ses contradictions et leur assumation, le prémunit contre toute graisse identitaire. Le mouvement simultanément fluide et tendu, caractéristique de sa réflexion et de sa sensibilité, une seule mesure embrassant toutes les lignes et leurs déviations dans un même temps, fait que par devers-lui, l'homme devient une cause libre. Réveiller la mémoire marrane de l'Europe c'est vouloir ré-embra(s)ser différemment les Lumières.

Le Portugal a rarement été au diapason de l'Europe. On lui reproche des lenteurs, des retards historiques. Trop longtemps, il a fait figure *d'arrière--cour*. La dictature salazariste y est nettement pour quelque chose. Pour autant, nous refusons cette vue tronquée qui répand à loisir l'idée d'une infortune historique du Portugal. S'il ne s'est jamais identifié totalement à l'Europe, nous savons qu'en la 'finissant' (géographiquement, psychiquement), il la *définit*. Ce qui autorise paradoxalement à rendre possible la proposition suivante: que diriez-vous d'une assomption de l'Europe, avec Lisbonne pour pivot?

Car la France est à la peine avec 1793. Robespierre est son os. L'évocation des temps révolutionnaires s'y propage désormais en termes de morale, occultant volontairement la dynamique dialectique, historique, qui les porte. Sous couvert d'effroi face à la Terreur, l'ouverture française s'est reniée, avec elle, le désir collectif de liberté, jamais autant approchée

O que, paradoxalmente, nos autoriza a tornar possível esta proposta: que tal assumir a Europa com Lisboa como *pivot*?

Porque a França não está em paz com 1793. Robespierre é a sua espinha atravessada. Aqui, a evocação dos tempos revolucionários passou a ser difundida em termos de moral, ocultando voluntariamente a dinâmica dialéctica, histórica, que os conduziu. A coberto do medo suscitado pelo Terror, nega-se a abertura francesa e, com ela, o desejo colectivo de liberdade, contudo nunca tão próxima no universalismo radical, no transbordar de uma palavra tornada pública, na invenção de uma língua enfim real, por ser um exercício sem equivalente de soberania. Sim, Portugal, em comparação, é de uma timidez *toda ela* oceano. Mas, pensando bem, que abertura, também! Através dele sabemos que é possível uma outra ligação ao passado, feita de *virtualidades inacabadas*.

Propomos, aqui, o recurso a uma tradição portuguesa de emancipação, de modernidade, que não ousa dizer o seu nome e, por esse motivo, não cremos em obscuras forças metahistóricas a controlar o destino de Portugal, não invocamos nenhuma sombra. Mas lançamos um olhar incisivo sobre as intenções últimas do que se representou na cena dos mitos que guiaram o génio português e que são a força da verdade da sua história: a supranacionalidade, o cosmopolitismo, o abandono, por desejo de sincretismo, da Religião, o ideal multirracial e pluricontinental, na verdade, o *tacto* como universalismo.

Regressemos aos factos: esta Lisboa cosmopolita do século XV, esta mestiçagem inata dos *casados*, esta aceitação de ser absorvido pelo Outro, esta demonstração de confiança no mundo apesar da injunção esclavagista da época, não poderemos ver aqui os estados de uma prática afectiva, que, aliás, se declinaria, sobretudo, numa série de variações conceptuais? *Liberdade, Igualdade, Fraternidade*?

Alteridade, Multiplicidade, Sensualidade, Singularidade. Divisa dúctil, táctil.

Para experimentar de forma inaudita o tempo e o espaço, é necessário fazer uma saída *concreta* da metafísica. À vista deste enunciado, existe uma evidência Pessoa. Existe um embaraço Heidegger. Existe uma alavanca Husserl.

Martin Heidegger, intuitivo, mas anfigúrico pensador pré-alpino, na sua tentativa de transcender a Metafísica, não atinge, em definitivo, mais do que uma Sobremetafísica. Mais do que contestar o programa da Metafísica, cumpre-o. Comparativamente, há genialidade em Edmund Husserl, o qual nunca deixou de abrir, metodicamente, a questão metafísica *sobre o corpo*. O seu projecto de filosofia como ciência exacta, conduzindo a um 'ateísmo gnóstico', demarca-se, claramente, dos espectros do idealismo que impregnam todo o pensamento heideggeriano. Husserl não lança a Subjectividade contra o Ser. Ele compreendeu que transcender a Metafísica é uma questão d e incarnação. A trajectória fecunda do pensamento, balizada pela hiperconsciência, a intersubjectividade e o Ego transcendental, é toda ela dos pressentimentos do que se seguirá. Husserl? Um assunto a acompanhar. É um doador. Mas é um filósofo.

Com Pessoa, pelo contrário, tudo está lá. Síntese portuguesa. Operatório nisso mesmo. Sensação, consciência, projecção, imanência, ser, subjectividade, objectividade, nada, dissimulação, verdade: a coexistência de tudo tomada no movimento coextensivo. A sua multiplicidade prática desempenha para ele o grande jogo metafísico. Erotismo de Pessoa e vaidade do analítico existencial do *Dasein* no terraço da Brasileira. Porque ele é a metafísica, não tem qualquer necessidade de Metafísica. Transcendência em actos – sem discurso. Para além dos limites do cogito, a sua obra-vida, a sua 'suprapessoanidade' é um novo início na vivência do ser e do sujeito. Fernando Pessoa, poeta

pourtant dans l'universalisme radical, le débordement d'une parole devenue publique, l'invention d'une langue enfin réelle parce qu'exercice sans équivalent de souveraineté. Oui, le Portugal, en comparaison, est d'une timidité *toute* océane. Mais quelle ouverture, aussi. Par lui, un autre rapport au passé est possible, fait de *virtualités inaccomplies*.

Nous avançons ici, le recours à une tradition portugaise d'émancipation et de modernité qui n'ose dire son nom. Pour autant, nous ne croirons jamais à d'obscures forces métahistoriques qui piloteraient le destin du Portugal, nous n'invoquons aucune ombre. Mais nous portons un regard aigu sur la puissance de vérité qui s'est jouée sur la scène des mythes portugais: le cosmopolitisme, l'idéal multiracial et pluricontinental, l'abandon de la Religion par volonté de syncrétisme – en bref, le *tact* comme universalisme. Il est celui de cette Lisbonne cosmopolite du XVè siècle, de sa confiance faite au monde, du métissage inné des *casados* et de l'acceptation d'être absorbé par l'Autre en dépit de l'abjecte injonction esclavagiste des temps.

Éprouver de façon inouïe le temps et l'espace implique une sortie *concrète* de la métaphysique. À cette fin, il y a une évidence Pessoa. Il y a un embarras Heidegger. Il y a un levier Husserl.

Dans sa tentative de dépassement de la Métaphysique, Martin Heidegger, amphigourique penseur préalpin, n'aboutit au final qu'à une Sur-métaphysique. Il accomplit le programme de la Métaphysique, bien plus qu'il ne le conteste. Comparativement, il y a du génie chez Husserl, qui n'a cessé d'ouvrir méthodiquement la question métaphysique sur *le corps*. Son projet de philosophie conduisant à un 'athéisme gnostique' se démarque nettement des spectres de l'idéalisme qui trament toute la pensée heideggérienne. Husserl ne joue pas la Subjectivité contre l'Etre. Il comprend que le dépassement de la Métaphysique est affaire d'incarnation. La trajectoire féconde de sa pensée balisée par l'hyper-conscience, l'intersubjectivité et l'Ego transcendantal est toute aux pressentiments de ce qui vient.

Husserl? Une affaire à suivre. C'est un donateur. Mais c'est un philosophe.

Chez Pessoa en revanche, tout est là. Synthèse portugaise. Opératoire en cela même. Sensation, conscience, projection, immanence, être, subjectivité, objectivité, néant, feinte, vérité... coexistence contradictoire de tout. Sa multiplicité pratique joue pour lui le grand jeu métaphysique. Puisqu'il est la métaphysique, il n'a nul besoin de Métaphysique. Érotisme de Pessoa et vanité de l'analytique existentiale du Dasein, à la terrasse du Brasileira. Par-delà les limites du cogito, son œuvre-vie, sa 'supra-pessoanité', est un nouveau commencement au vécu de l'être et du sujet. Fernando Pessoa, poète portugais, seul vrai métaphysicien que l'Allemagne ait jamais connu.

Avec Lisbonne comme visage de ce qui vient, une jouissance insoupçonnée s'avance. Le Portugal a créé tout ce que le monde moderne possède qui n'est pas *classique*. Il s'agit d'en prendre conscience et d'en tirer les conséquences. Une histoire baroque, inédite, comme possibilité d'éclaircissement du sens, comme véritable *aération* de l'Europe, se profile dans ce qui vient d'être exposé. Cette 'lusotopie' prend appui sur des faits dont toute l'histoire visible et invisible du Portugal témoigne. Par son envergure *dénationalisée*, elle offre une nouvelle équation de l'être, une puissance de réalisation dont aucune autre entité n'est aujourd'hui capable. Surtout, elle se développe avantageusement dans une perspective particulièrement *sensuelle*.

português, o único verdadeiro metafísico que a Alemanha alguma vez conheceu.

Com Lisboa como rosto do que chega, nasce um prazer insuspeito. Com efeito, Portugal criou tudo o que de não *clássico* o mundo moderno possui. Agora, trata-se de tomar consciência disso e de daí extrair as consequências. Uma histórica barroca, inédita, como uma possibilidade de esclarecimento dos sentidos, como um verdadeiro *arejamento* da Europa, perfila-se no que acaba de ser exposto. Esta 'lusotopia' apoia-se em factos de que é testemunha toda a história visível e invisível de Portugal. Pela sua envergadura *desnacionalizada*, ela oferece uma nova equação do ser, um poder de realização de que nenhuma outra entidade é, actualmente, capaz. Sobretudo, ela desenvolve-se, vantajosamente, numa perspectiva particularmente *sensual*. Àqueles que não a desprezam, ela fala de volúpia. A sua humildade secular é, precisamente, a sua força de sedução. Assim, um corpo novo pode desenvolver-se, de modo simultaneamente mais lânguido e consciente, mais calmo e mais obstinado, mais tolerante e mais exigente, mais prudente e mais prometedor. O seu conhecimento íntimo dos processos do ser impõe-se por uma multiplicidade e um equívoco fecundos, que são *sensações*. Um 'deixar-ser' afirma-se como filosofia prática: uma libertinagem. O Outro é este dom do encontro das epidermes. O exílio, esta experiência de livre curso do segredo enquanto táctica amorosa. Portugal, a reinvenção do mundo.

A Europa, ou seja, sintomaticamente, Paris, o seu último *pivot* activo de liberdade gozada verticalmente, faz, agora, apneia. Instala-se, inquieta, numa *zona de espera: peau de chagrin* e delegação dos sentidos ao mesmo tempo. Consciente da sua vitalidade perdida, afunda-se em nostalgia, compensa em ridículo ou, então desencaminha-se em imobilismo. Mas a Revolução Francesa não terminou. Uma nova *zona de consciência*, que ganha força, passa pela retoma da experiência 'Portugal'. As correntes pouco percorridas que aqui voltamos a seguir – essa hiperventilação dos corpos, essa força de avanço, esses movimentos de vida descentrados, rotativos, não verticais, mas oblíquos, transversais – servem de apoio à nossa navegação de alto mar. São a expressão de uma capacidade de despertar, de uma insaciável exigência do ser que cria, age e se manifesta por entrecruzamento, incorporação, transmutação.

Mas esta estratégia, simultaneamente lenta, tolerante e subversiva, multipolar, apresenta-se com modéstia. Tal é a sua grandeza, querer interpretar o supra e, depois, o infra. Mudança de cores, de cenários, de perspectiva, de *orientação*. Sem ostentação, mas, também, nada menos do que isso. O que implica isto? Uma outra política. A poesia. Novalis? Melhor. Uma revolução na revolução. Prontos para uma nova civilização?

Post-scriptum – estaleiros futuros

- Novos desenvolvimentos acerca do barroco essencial
- O desenlace da Metafísica
- Contaminação do rinoceronte
- Teoria do Supra-Pessoa
- A Europa 'portuguesa' — projecto de Constituição

PARIS, 2.09.06

TRADUÇÃO DE LEONOR FRANCISCO

Malek Abbou é escritor, ensaista, crítico de arte e co-director da revista Possibilities. *Christophe Béguin é músico e poeta.*

À ceux qui ne la méprisent pas, elle parle volupté. Son humilité séculaire est sa force exacte de séduction. Un corps nouveau peut alors se déployer, plus lançoureux et plus conscient à la fois, plus calme et plus obstiné, plus tolérant et plus exigeant, plus prudent et plus prometteur. Sa connaissance intime des ressorts de l'être s'impose par une multiplicité et une équivoque fécondes, qui sont des *sensations*. Un laisser-être s'affirme comme philosophie pratique: un libertinage. L'Autre devient ce don, ce choc sensible dans la rencontre des épidermes. L'exil, cette expérience de libre essor du secret comme tactique amoureuse.
L'Europe, c'est-à-dire symptomatiquement Paris, son dernier pivot actif de liberté verticalement jouée, fait désormais dans l'apnée. Elle s'installe dans une *zone d'attente*: peau de chagrin et délégation du sens tout ensemble. Consciente de sa vitalité perdue, elle s'effondre en nostalgie, compense en dérision, se dévoie en immobilisme. Mais la Révolution Française n'est pas terminée. Une nouvelle *zone de conscience* qui s'en assure, passe par la reprise de l'expérience 'Portugal'. Les courants peu frayés que nous réempruntons ici – cette hyperventilation des corps, cette puissance d'accroissement, ces mouvements de vie excentrés, tournants, obliques, servent d'appuis à notre navigation hauturière. Ils sont l'expression d'une capacité d'éveil, d'une insatiable exigence d'être qui crée, agit, et se déploie par entrecroisement, incorporation, transmutation. Mais cette stratégie, lente, tolérante et subversive se présente en modeste. Telle est sa grandeur, de vouloir jouer le supra depuis l'infra. Changement de lumières, de décors, de perspective, *d'orientation*. Sans ostentation, mais rien moins. Ce que cela implique? Une autre politique. La poésie. Novalis? Mieux. Une révolution de révolution. Prêts pour une nouvelle civilisation?

Post-scriptum – chantiers futurs:

- Nouveaux développements sur le baroque essentiel
- Le dénouement de la Métaphysique
- Contamination du rhinocéros
- Théorie du supra-Pessoa
- L'Europe 'portugaise' – projet de Constitution.

PARIS, 2.09.06

Malek Abbou est écrivain, essayiste, critique d'art et co-directeur de la revue Possibilities. *Christophe Béguin est musicien et poéte.*

Noites Luzboa

Luzboa Nights

A Bienal de 2006 The 2006 Biennale

O Projecto RGB consistiu na transfiguração espacial de todo o 'edifício' da Bienal, por meio de uma intervenção plástica que modificou a cor da iluminação urbana e diminuiu a sua intensidade, explicitando três Circuitos interligados, cada um correspondendo a um ambiente urbano característico. Uma Lisboa Aristocrática do Príncipe Real ao Camões, uma Pombalina entre o Chiado e a Baixa, uma Antiga da Mouraria a Alfama. Essa transformação foi enfatizada por dois conjuntos de intervenções [*Esquiços* e *Art gets you through Night*] que assinalaram pontos de fruição. **MC**

The RGB Project consisted of the spatial transfiguration of the whole 'building' of the Biennale, by means of a change in the colour and intensity of the urban lighting, creating three different Circuits. These correspond to three 'Lisbons': the aristocratic pre-Pombaline neighborhoods from Príncipe Real to Largo Camões, the cosmopolitan Baixa and Chiado centre and the ancient core of the city: Mouraria and Alfama. This transformation was emphasized by two sets of interventions that highlighted certain points of fruition: *Esquisses* and *Art gets you through the Night*. **MC**

Extra]muros[PORTUGAL

Projecto RGB [Red, Green, Blue] RGB Project

PLANO DE ILUMINAÇÃO EFÉMERO LIGHTING PLAN – EPHEMERAL INTERVENTION

Príncipe Real > Jardim de S. Pedro de Alcântara > Largo Trindade Coelho > Largo Luís de Camões > Largo do Chiado > > Largo do Teatro Nacional de São Carlos > Rua Garrett [+ Pátio Garrett] > Rua do Carmo > Rua de Santa Justa > > Escadinhas de São Cristóvão > Largo de São Cristóvão > Calçada do Marquês de Tancos > Mercado do Chão do Loureiro > > Costa do Castelo > Rua do Milagre de Sto. António [Largo de Sta. Luzia > Largo das Portas do Sol > Rua do Limoeiro > > Largo do Correio-Mor > Largo de Santo António da Sé 21 > 30.9

Equipa Team **Samuel Roda Fernandes [coord.], Mário Caeiro, Catherine da Silva, Miguel Faro, Andreia Olímpio**

APOIOS/COLABORAÇÃO
SUPPORT/COLLABORATION
CML
FUNDIMO
IMOPOLIS

A Luzboa 2006 foi pensada como um *caminho de luz*. O caminho que começa no Largo do Príncipe Real e termina na Praça de Santo António à Sé subdivide-se em três circuitos. Este percurso onde a luz – como matéria transfiguradora – interagiu com a paisagem urbana nasceu de uma proposta a que chamámos Projecto Urbano Luzboa. O seu objectivo principal era o de estruturar e regular o espaço urbano onde a bienal se implantou, permitindo ainda através desta operação a abertura a um novo campo de intervenção na cidade. A *arte da luz* pode incentivar a reflexão sobre a noite urbana e o papel que a arte pode desempenhar no planeamento do espaço urbano.

O Projecto RGB parte dos conceitos e estratégias subjacentes a todo o Projecto Urbano Luzboa e é o suporte físico da Bienal. Caracteriza-se pela transfiguração espacial e ambiental de todo o percurso, por meio de uma intervenção plástica efémera que modifica a cor da iluminação urbana e diminui a sua intensidade ao longo de todo o percurso que foi, deste modo, transformado num grande espaço expositivo à escala urbana.

Projecto de cenografia urbana, RGB transfigura a iluminação pública, criando três ambientes distintos que possibilitam

Luzboa 2006 was conceived as a light-walk in the city, divided in three circuits, starting at Jardim do Príncipe Real and ending at Largo de Santo António à Sé. This walk, where the light – as a transfiguration matter – interacts with urban landscape, was primarily a proposal named Luzboa Urban Project. Its main objective was to structure and regulate the urban space where the Biennale occurred, contributing to develop a new intervention in the city, where art of light can stimulate the reflection about urban night and the role art can play in planning urban space.

The RGB Project reflects the Luzboa Urban Project's underlying concepts and strategies, and is the physical support of 2006 Biennale. It is characterized by the spatial and environmental transfiguration of the whole 'building', by means of an ephemeral plastic intervention that changes the colour and intensity of the urban light along the route, which was transformed into a large exhibitional space at an urban scale.

As an urban scenography project, RGB transfigurates the street lighting, creating three distinct moods, allowing a renewed look over the urban space at night. The alteration of the general atmosphere is accomplished

um olhar renovado sobre o espaço urbano nocturno onde a alteração geral do ambiente é feita através da aplicação de filtros coloridos nas luminárias públicas, explicitando assim os seus três circuitos interligados, cada um correspondendo a uma das cores primárias do sistema aditivo de cores (vermelho, verde e azul). A continuidade cromática e a gestão da intensidade luminosa asseguram não apenas o adequado enquadramento visual das obras artísticas, mas a própria comunicação do acontecimento.

O projecto RGB, sendo a 'peça-edifício' da Bienal, necessita de criar pontos especiais de comunicação com o público de modo a que a sua leitura seja clarificada e hierarquizada facilitando deste modo a sua compreensão. Esta conexão com o espaço público é enfatizada por dois conjuntos de intervenções [*Esquiços* e *Art gets you through Night*] que habitam o próprio espaço desenhado, comunicando e qualificando pontos de fruição essenciais à relação entre a cor de cada circuito e a paisagem urbana. Deste modo, *Esquiços*, uma proposta de Catherine da Silva e integrada no conceito de suporte físico transfigurado, projecta um desenho característico das calçadas portuguesas sobre uma fachada no início de cada circuito [vermelha no Príncipe Real, verde no Largo do Chiado e azul na Rua da Madalena], indicando o caminho mais favorável à deambulação pela Bienal.

O segundo grupo de intervenções opera diálogos com a paisagem em três pontos determinantes de cada percurso. *Art gets you through the night I* marca a relação da bienal com o céu por meio da valorização afectiva de elementos estruturais da obra de remodelação do Jardim de São Pedro de Alcântara, através da transmutação do espaço em obras num ambiente de apelo literalmente 'poético', criando uma constelação de lanternas intermitentes, metonímia de uma cidade em constante manutenção. Cem lanternas vermelhas, com sistema fotovoltaico, de dupla face [sinalização de obra] acendem e apagam-se, pontuando de forma movimentada um espaço urbano inacessível. As lanternas são penduradas de modo a ficarem situadas entre a parte inferior das copas das árvores e o *skyline* da cidade. *Art gets you through the night II,* localizada no largo situado na Rua de Santa Justa, é uma intervenção que relaciona o acto de deambular com a estrutura urbana construída. Transpõe imagens artificiais de um meio natural para o espaço urbano através de projecções dinâmicas de sombras verdes no passeio e de uma projecção estática na fachada de um edifício, que assinalam o percurso e reforçam a ideia da relação entre a cor transfiguradora e a atmosfera do local.*Art gets you through the night III* é a relação metafórica do percurso com o subsolo. Peça final de comunicação da Bienal, tira partido, como as restantes, de uma localização particular, ao caso uma notável bela-sombra (phytolaca bioica), situada na Rua do Limoeiro, produzindo uma imagem projectada que cria um efeito de 'fendas-raízes' da própria árvore intervencionada, fendas que se prolongam pelo solo, num local em que os fluxos pedonal e viário são muito condensados, e estão em constante interacção com o efeito lumínico. Em termos de comunicação urbana esta intervenção apresenta e explora as directivas do Projecto Urbano da Bienal, nomeadamente o reforço de locais no traçado do percurso, a filiação nas cores dos circuitos e uma lógica de fruição pública poética. **SRF**

by the application of coloured filters on the street luminaires, thus expliciting its three intertwined circuits, each of them corresponding to one of the primary colours of the additive system of colours.

Chromatic continuity and controlling the light intensity provide not only the adequate visual framing of the works of art but also the communication of the event.

The RGB Project, as the Biennale's 'building', needs to create special communication spots with the public in order to clarify and grade its reading, thus facilitating its comprehension. This connection with the public space is emphasized by two sets of interventions (*Esquiços* and *Art gets you through the night*) that inhabit the designed spaces, communicating and pointing out special moments and clarifying the limits of the Biennale itself.
This connection is crucial to the relation between the colour of each circuit and the urban landscape.

Therefore, *Esquiços*, Catherine da Silva's proposal integrated into the concept of transfigurated physical support projects the pattern of portuguese pavements on a façade at the beginning of each circuit (red at the Príncipe Real, green at the Largo do Chiado and blue at Rua da Madalena), indicating the more suitable route for rambling the Biennale. The second group of interventions operates dialogues with the landscape at three determinant spots of each circuit.

Art gets you through the night I establishes the relation between the Biennale and the sky by means of the affective valorization of structural elements of the Jardim de São Pedro de Alcântara's renovation works, by altering the space under maintenance into a 'poetic' appealing environment, creating a constellation of twinkling red signage lights, metonymy of a city under permament works.

One hundred red lights, with fotovoltaic system, spotting the works, switch on and off punctuating dynamically an unnatainable urban space. The flickering lanterns are hung between the lower part of the treetop and the city's skyline.

Art gets you through the night II, in a square on Rua de Santa Justa, relates the act of rambling with the built urban space. It transposes artificial images from a natural environment to the urban space through dynamic projections of green shades on the pavement and of a static projection on the façade of a building, marking the route and strengthening the idea of the relation between the transfiguring colour and the local atmosphere.

Art gets you through the night III is the metaphoric relation of the route with the underground structure. Being the final communication piece of the Biennale, it takes advantage, as all the rest, of its specific location, in this case a remarkable tree at Rua do Limoeiro, creating a 'crack-roots' effect of the tree, in a place where pedestrian and vehicle fluxes are very dense and interact permanently with the light effect. Concerning the urban communication, this intervention presents and explores the directives of the Biennale Urban Project, namely the reinforcement of the route's sites, the filiation of the circuit's colours and a spirit of poetic public enjoyment. **SRF**

Enquanto Peça Integrada de Comunicação, ou peça-sistema, este conjunto de intervenções tinha a função de assinalar determinados pontos do Percurso que por uma razão ou outra não foram previamente escolhidos pelos artistas convidados para aí realizarem obras. O título evoca uma canção de John Lennon [e Elton John], *Whatever gets you through the night… 'Salright*, conclui o refrão, num convite à fruição da noite independentemente do pretexto. **MC**

Communication set-piece, or system-piece, this set of interventions had the function of highlighting certain points of the Path, that for some reason had not been chosen by the invited artists to install their works. The title evokes a song by Jonh Lennon [and Elton John], *Whatever gets you through the night… Salright*, concludes the refrain, an invitation to experience the night with whatever pretext in mind. **MC**

Extra]muros[PORTUGAL

Art gets you through the night

PROJECTO DE COMUNICAÇÃO INTEGRADO NO PROJECTO RGB COMMUNICATION PROJECT INCLUDED IN THE RGB PROJECT

Jardim S. Pedro de Alcântara, Rua de Santa Justa, Rua do Limoeiro 21 > 30.9

Equipa Team **Samuel Roda Fernandes [coord.] Mário Caeiro, Catherine da Silva, Miguel Faro, Andreia Olímpio**

APOIOS/COLABORAÇÃO
SUPPORT/COLLABORATION
PHILIPS ILUMINAÇÃO
XIX
POLLUX
UGT
LUZEIRO
MANUEL JOAQUIM –
– GRAVOMECÂNICA
MARIA ALCIDE GASPAR –
– ADVOGADOS

Whatever Gets You Through the Night

Whatever gets you through the night 'salright, 'salright
It's your money or life 'salright, 'salright
Don't need a sword to cut through flowers oh no, oh no

Whatever gets you through your life 'salright, 'salright
Do it wrong or do it right 'salright, 'salright
Don't need a watch to waste your time oh no, oh no

Hold me darlin' come on listen to me
I won't do you no harm
Trust me darlin' come on listen to me, come on listen to me
Come on listen, listen

Whatever gets you to the light 'salright, 'salright
Out the blue or out of sight 'salright, 'salright
Don't need a gun to blow your mind oh no, oh no

Hold me darlin' come on listen to me
I won't do you no harm
Trust me darlin' come on listen to me, come on listen to me
Come on listen, listen

JOHN LENNON [1974]

Art gets you through the night I Lanternas de sinalização vermelhas intermitentes, metonímia da cidade em constante manutenção, conferiram ao espaço inacessível do Jardim de São Pedro de Alcântara, em obras de remodelação, um discreto apelo poético. A constellation of twinkling red signage lights, poetically reinforcing the idea people have of a lovely site for a long time under repair and thus with no public access.

Art gets you through the night II Delicadas projecções dinâmicas recriaram um ambiente 'natural' no seio da cidade, orientando ao mesmo tempo os visitantes na direcção adequada. Gentle dynamic projections and their moving reflections created a 'natural' mood in the middle of the city, at the same time orientating the visitors.

Art gets you through the night III Novas raízes para uma velha árvore. De cada vez que os automóveis passavam, os laivos de luz no solo desapareciam, eliminados pelos faróis; recuperada a obscuridade, surgiam como que por magia, assemelhando-se a uma pintura branca. New roots for an old notable tree. Each time cars passed by, the shades of light on the street disappeared, eliminated by the front lights; back to obscurity, as with magic, the 'roots' reappeared, like white painting.

Patrícia Freire PORTUGAL

Noites de Passeios Night Walks Luzboa 2006

VISITAS GUIADAS GUIDED TOURS

Príncipe Real > Largo de Santo António da Sé 21 > 30.9

Colaboração Collaboration **Extra]muros[– Samuel Roda Fernandes, Mário Caeiro, Teresa Alves, Miguel Mouta Faro**

APOIOS/COLABORAÇÃO
SUPPORT/COLLABORATION
CENTRO CULTURAL DE BELÉM
JCDECAUX

Os percursos que preparámos para a II edição da Bienal Internacional da Luz – Luzboa 2006 tiveram como ponto de partida o mapa, que foi distribuído em larga escala durante todo o evento. Os visitantes faziam o percurso livremente, percorrendo a pé cerca de 6 km entre o Largo do Príncipe Real e Alfama, passando pelo Chiado e Baixa, entre as 20 e as 24h, horário em que as obras de arte estavam visíveis (com excepção da peça do artista francês Malek Abbou, uma crónica de jornal, diária, no *Público*), ou, mediante inscrição, poderiam fazê-lo connosco.

Tentámos antecipar possíveis interrogações que surgiriam aos visitantes: as relações da peça com a sua localização no percurso da Luzboa, a relação entre o artista, a peça e a cidade, qual o fundamento para os três percursos coloridos. Pareceu-nos que o percurso, com base no sistema *Red, Green e Blue* (RGB), necessitava de ser explicado e interpretado à luz não só das obras de arte, mas também da própria história da cidade de Lisboa.

E porque a cidade estava a ser rasgada em pontos históricos vitais, a interpretação do património construído levou-nos de imediato a uma conclusão: o sistema RGB correspondia a três momentos distintos de ocupação e crescimento urbanístico, económico e cultural.

Os percursos foram por nós nomeados com base nas suas especificidades históricas e urbanísticas:

- Percurso RED – **Lisboa Aristocrática**
- Percurso GREEN – **Lisboa Pombalina**
- Percurso BLUE – **Lisboa Antiga**

Percebemos que, a partir daqui, Lisboa entrava no caminho da Luzboa, com toda a beleza arquitectónica que rodeava as obras de arte, com a afirmação de uma história que nós tínhamos agora o privilégio de contar.

For the tours which we prepared for the second edition of the International Biennale on the Theme of Light – Luzboa 2006, we began with the preparation of a map, of which a large-scale version was later distributed all throughout the event. Visitors were able to complete the route of the tour independently, or by registration with us, walking about 6 kilometres from the Largo do Principe Real to Alfama, passing through the Chiado and the Baixa, between 20.00h and 24.00h. At this time all the works of art could be seen (except the piece by the French artist, Malek Abbou, a daily chronicle in the newspaper *Público*).

We tried to anticipate any possible questions that the visitors would have, such as the relationship between each piece and its position on the Luzboa route, the relationship between the artist, the piece and the city, or what was the reasoning behind the three coloured walks. We thought that the route, based on the system Red, Green and Blue (RGB) needed to be explained and interpreted not only in the light of the works of art themselves but also that of the city of Lisbon's own history. Because the city was greatly altered at vital points in historical terms, the interpretation of heritage in terms of construction immediately led us to one conclusion: the RGB system would correspond to three distinct eras of occupation and urban, economic and cultural growth.

The names of the tours were based on their specific historical and urban characteristics:

- RED tour – **Aristocratic Lisbon**
- GREEN tour – **Pombaline Lisbon**
- BLUE tour – **Ancient Lisbon**

We realised that from now on Lisbon itself would enter into the Luzboa route, with all of the architectural beauty that surrounded the works of art, attesting to a history that we now had the privilege to tell of.

Praça do Príncipe Real
Jardim do Príncipe Real
Jardim de S. Pedro de Alcântara
Largo Trindade Coelho
Rua da Misericórdia
Rua do Carmo
Pátio Garret
Bairro Alto Hotel
Largo do Chiado
Largo de São Carlos
Armazéns do Chiado
Rua Augusta
Rua de Santa Justa
Praça do Comércio
Rua da Madalena
Escadinhas de São Cristóvão
Miradouro do Largo das Portas do Sol
Rua Costa do Castelo
Bar Santiago Alquimista
Mercado do Chão do Loureiro
Largo do Correio Mor
Largo de Santo António da Sé
0. Projecto RGB [Red, Green, Blue] RGB Project
1. Esquiços [Red] Esquisses Red
2. Coração Heart
3. Art gets you through the night I
4. Abrigo-me I shelter myself
5. A Invenção de Lisboa
The Invention of Lisbon
6. Esquiços [Green] Esquisses Green
7. Lune
8. Demopolis
9. Sur Nature
10. Art gets you through the night II
11. Misérias Ilimitadas, Lda.
12. The Tricycle Museum
13. Esquiços [Blue] Esquisess Blue
14. Fado Morgana
15. Double Print
16. Light, Color and no Sound
17. S/ título Untitled
18. A Gaiola do Pássaro tem Luz Artificial
The Birdcage has Artificial Light
19. Nightshot #2
20. Art gets you through the night III
21. Meta(local)morfose
22. Ressonant Objects
23. Parada de Luzes Light Parade
24. Ceci n'est pas un bus
A. Cerimónia inaugural [happening]
Opening session [happening]
B. Visitas guiadas Guided tours
C. Congresso da Noite Congress of the Night
D. Prémio Luzboa-Schréder Luzboa-Schréder Prize
E. Light Terminal
F. LuzboaPhoto

Circuito vermelho

Jardim do Príncipe Real

Um desenho de calçada portuguesa projectada no Palácio dos Anjos – **Catherine da Silva**, lusodescendente, *light designer*, dá as boas vindas aos viajantes. *Bien venu!*

Este quarteirão da cidade reflecte o espírito de grandeza e alguma megalomania dos portugueses aliado à dificuldade de concretização e à ausência de um plano definido por objectivos. O espaço começou por se encontrar destinado à construção de um dos maiores palácios da cidade de Lisboa, o Palácio dos Condes de Arouca. Não passou das fundações: a obra era demasiado cara. Com o terramoto de 1755, este projecto foi definitivamente abandonado e viria o Marquês de Pombal sugerir que daquele espaço de escombros nascesse a Sé Patriarcal de Lisboa. Alguns anos após o início da sua construção, um terrível incêndio destruiu por completo a obra. O povo passa a desconfiar dos destinos a dar à zona, e aproveita para ali colocar porcos e outros animais, transformando-a num mercado. Posteriormente abandonado pela elevada insalubridade que provocava nos bairros circundantes, D. Maria ordena finalmente a sua passagem a Jardim, dando-lhe o título de seu filho, Príncipe Real. Mais tarde, o seu nome passaria a estar definitivamente associado a este pedaço de cidade: D. Pedro V. A peça da **Jana Matejkova**, *Coração*, reflecte o pulsar de um coração que é de alguma forma o da cidade, este coração lisboeta, atormentado e perdido, ora em delírio de felicidade imune a todos os tormentos, ora despedaçado e desiludido, entregando-se a cuidados alheios.

S. Pedro de Alcântara

Usufruindo deste jardim, desde o século XIX que a alta aristocracia ali constrói palácios sumptuosos, mas sempre de forma ordeira, respeitando a herança do primeiro e mais antigo loteamento de Lisboa, extramuros, que teve início no séc. XVI naquele que é hoje o Bairro Alto. Percorrendo a rua D. Pedro V, chegamos ao Jardim de São Pedro de Alcântara, que até ao século XIX foi uma lixeira e é actualmente um estaleiro de obras. Do jardim romântico tão apreciado por nobres e pela família real, pouco resta.

Patrícia Freire

Noites de Passeios
NightWalks
Luzboa 2006

The Red Circuit

Jardim do Principe Real

This quarter of the city reflects the spirit of grandeur and megalomania of the Portuguese combined with the difficulty of achieving it and the absence of a plan with clear objectives. Originally this space was destined to be the site for the construction of one of the biggest palaces in Lisbon, the Palácio dos Condes de Arouca. However this building never progressed further than the laying of the foundations because the building work proved to be too expensive. With the earthquake of 1755, the project was definitively abandoned and it was the Marquês de Pombal who suggested that from the site of the ruins could rise the Sé Patriarcal de Lisboa (Lisbon Cathedral). Some years after construction work on the Cathedral began, a terrible fire destroyed the unfinished project completely. The common people began to have misgivings about the proposals put forward for the locality and began to use the space to keep pigs and other animals, turning it into a market. This was subsequently abandoned because of the high health risks to the surrounding neighbourhoods, Queen Maria finally ordained that the space should become a garden, naming it after her son's title, Principe Real. Later, his name would definitively be associated with this part of the city: King Pedro V.

The piece by **Jana Matejkova**, Coração, reflects the beating of a heart which is, in a way, that of the city, the heart of Lisbon; troubled and lost, one minute delirious with joy and immune to all torment, the next heartbroken and disillusioned, abandoning itself completely to sorrow.

S. Pedro de Alcântara

Since the 19th century, the Portuguese aristocracy has taken great pleasure in this garden and built sumptuous palaces there, but always in an orderly fashion, respecting the legacy of the first and oldest allotment outside the city walls. It was here in the 16th century, that the district now known as Bairro Alto originated. Going along the street of D. Pedro V, we arrive at the Jardim de São Pedro de Alcântara, which until the 19th century was a rubbish tip and has since become a site for storing building materials. Of the romantic garden so appreciated by the nobility and the royal family, little is left. It deserves to be marked and **Samuel Roda Fernandes** has installed in this place

Merecia ser assinalado e **Samuel Roda Fernandes** instala neste espaço em transição uma peça – *Art gets you through the night I* –, ela própria de sinalização… de obra.

Largo Trindade Coelho

Chegamos ao *Largo dos Jesuítas* que aqui se instalaram em 1553, alterando radicalmente a vida da cidade. Consigo trouxeram um plano de urbanização entre este Largo e o Príncipe Real, porém adaptado à alta nobreza e ao clero. Lotearam e venderam a umas classes abastadas. Claro que no interior do bairro, a construção é completamente diferente e dirigida a uma classe mais pobre, com menos recursos, e que assim permanecia escondida por detrás dos palácios dos Condes de Tomar ou do arquitecto Ludovice, entre tantos outros que ladeavam todos os quarteirões.

No mesmo espaço nobre, agora de fruição nocturna democrática, de acesso à vida do Bairro Alto – **André Banha** instala uma casa de madeira. Não poderia ser maior o contraste entre a máxima expressão do início da especulação imobiliária em Lisboa, quatrocentos anos atrás, e a singeleza de uma casa que todos – real ou imaginariamente – construímos na infância.

Largo de Luiz de Camões

Descendo pela Rua da Misericórdia, recheada de belos exemplares de casas pertencentes à aristocracia pré e pós--pombalina, chegamos ao Largo do Camões, ao palácio do Marquês de Marialva que, após o terramoto, seria até ao século XIX uma zona insalubre conhecida como os Casebres do Loreto, por albergar pedintes e doentes sem tecto e cuidados. Luzboa deixa-o vazio, entregue aos efeitos plásticos da sua iluminação alterada.

No Bairro Alto Hotel, situado neste Largo, o artista **Malek Abbou** escreve 'A Invenção de Lisboa', recebendo também os visitantes interessados em conversar sobre o seu trabalho. Das crónicas, publicadas diariamente no jornal *Público*, retenho a melhor definição de Lisboa que alguma vez já li:

como se inventa Lisboa no olhar de um estrangeiro? [...] *é um enigma que exige abandono e solidão... tal como esta noite em que caminho sem destino, esperando por algo que pode ou não chegar*.

of transition his piece – *Art gets you through the night I* – itself a signal… of work in progress.

Largo Trindade Coelho

We arrive at the *Largo dos Jesuítas* where the Jesuits settled in 1553, radically changing the life of the city. They brought with them a plan for urbanization of the area between this Largo and Príncipe Real, intended for the nobility and the clergy. They allotted and sold to a wealthy class. Of course in the interior of the neighbourhood, the construction was completely different and directed at a poorer class, with fewer resources, and so this section remained hidden behind the palaces, such as that of the Condes de Tomar or the architect Ludovice, among many others which flanked the blocks. In this noble district, which is now, however, a place for people to enjoy the nightlife, an access to Bairro Alto – **André Banha** has installed a wooden house. The contrast could not be greater between the maximum demonstration of the beginning of property speculation in Lisbon four hundred years ago, and the simplicity of a house – an imaginary one if not a real one – that everybody builds during childhood.

Largo de Luiz de Camões

Going down Rua da Misericordia, full of beautiful examples of houses belonging to the pre and post Pombaline aristocracy, we arrive at Largo de Camões, at the palace of the Marquês de Marialva which, after the earthquake, would be, until the 19th century, an insalubrious district known as the Casebres do Loreto, so called because it lodged homeless and neglected beggars and the sick. Luzboa leaves it empty, surrendering it to the artistic effects of its modified lighting.

In the Bairro Alto Hotel, situated in this Largo, the artist **Malek Abbou** writes 'The Invention of Lisbon' and receives visitors interested in discussing his work. From his chronicles, which were published daily during the Luzboa festival in the newspaper *Público*, I remember the best definition of Lisbon that I have ever read:

how do you invent Lisbon through the eyes of a foreigner? […] *it is an enigma that demands abandonment and loneliness … just like tonight when we walk without a destination, expecting something which may or may not arrive.*

Circuito verde

Largo do Chiado

Ao entrarmos pelo Chiado, deparamos com a primeira de um conjunto de quatro intervenções de **Javier Núñez Gasco**, *Misérias Ilimitadas*, uma sociedade organizada de pedintes cuja origem está nas redes de pedintes controladas pelas máfias que o artista analisou em Espanha.

Rua Garrett

É o local privilegiado para se instalar o **Info-Luzboa**, centro nevrálgico de toda a informação referente à Bienal.

Um pouco mais abaixo, num pátio dos recentes edifícios recuperados do incêndio de 1987, está instalada *Demo_polis*, do colectivo **Moov**, um conjunto de tendas propõe uma nova perspectiva de alojamento improvisado.

Largo de S. Carlos

Local onde se instalou o único teatro de ópera em Portugal, feira de vaidades da alta e média burguesia novecentista. *La Lune*, de **Bruno Peinado**, um balão insuflado, iluminado do interior, 'cai' neste espaço extraordinariamente limpo, quase asséptico, de evidente importância para a imagem política cultural.

Rua do Carmo

Voltamos à rua Garrett, ao comércio fino, nela se passeou a *menina das tranças pretas* que vendia violetas às meninas abastadas que vinham passear e namorar para o Chiado. Aí temos também a Gardénia, com fachada desenhada por Raul Lino para ali funcionar uma chapelaria fina, e temos a Brasileira, local de culto dos intelectuais e artistas do Séc. XX. Ao fundo os Armazéns do Chiado, que marcaram o espírito do comércio da Baixa durante todo o Séc. XX. Se os Armazéns desapareceram na sequência de um incêndio de origem duvidosa, e ressurgiram como extraordinária operação de renovação urbana diariamente

Patrícia Freire

Noites de Passeios
NightWalks
Luzboa 2006

The Green Circuit

Largo do Chiado

On entering the Chiado, we come up against the first of a group of four installations by **Javier Núñez Gasco**, *Misérias Ilimitadas*, an organised society of beggars whose origin lies in the network of beggars, controlled by the mafias, that the artist studied in Spain.

Rua Garrett

This is the chosen spot for the setting up of **Info-Luzboa**, the nerve centre for all of the information about the Biennial. A little further down, on a patio of one of the buildings recently restored after the fire of 1987, is *Demo_polis*, from the **Moov** collective, a group of tents offering a new perspective on improvised housing.

Largo de S. Carlos

Where the only Opera House in Portugal is situated, the vanity fair of the upper and middle class bourgeoisie of the nineteenth century. *La Lune*, by **Bruno Peinado**, an inflatable balloon, lit from the inside, 'falls' in this extraordinarily clean, almost antiseptic, space of obvious importance to the political cultural image.

Rua do Carmo

We return to Rua Garrett, to the high quality trade area, where the *menina das tranças pretas (girl with the black plaits)* walked, who sold violets to the wealthy girls who used to come to the Chiado to walk and court. There we also have the Gardénia, a quality hat shop, with a front designed by Raul Lino, and we have the Brasileira, a meeting place for the intellectuals and artists of the 20th century. Down the street, the Armazéns do Chiado, which symbolised the spirit of commerce in the Baixa all through the 20th century. As the Armazéns disappeared as a result of a suspicious fire and rose again in an extraordinary operation of urban renovation they are now visited daily by thousands of people, and so Luzboa had to reinforce the image of that historic façade, point of departure for Rua Garrett, with a dynamic

visitada por dezenas de milhares de pessoas, Luzboa teve de reforçar a imagem daquela fachada histórica, ponto de fuga da Rua Garrett, com uma montagem dinâmica e monumental. *Sur Nature*, de **Miguel Chevalier**, é uma instalação interactiva – activada pelo próprio fluxo de transeuntes –, que consiste na projecção espectacular de imagens de plantas e flores virtuais. Imagens puras geradas por um programa desenvolvido pelo próprio artista – – *Music2eye*.

Rua de Santa Justa

Logo a seguir, Rua do Carmo abaixo, o elevador de Santa Justa, de Raul Mesnier du Ponsard, obra que marca a entrada tardia dos ventos da revolução industrial em Portugal. E depois a Rua de Santa Justa; atravessa o coração da cidade pombalina, a cidade perfeita concebida numa oportunidade rara da história das cidades: um terramoto devastador obriga a erguer uma nova cidade no seu ponto nevrálgico: a ligação ao rio, as casas de comércio e o alojamento massivo de pessoas e bens sobreviventes à catástrofe. Sob a visão de Marquês de Pombal e Manuel da Maia e os conhecimentos de Eugénio dos Santos e Carlos Mardel, a Baixa ainda hoje mantém as características para as quais foi concebida. Expressão mais que evidente, onde os próprios passos de Fernando Pessoa, deambulando anonimamente numa multidão atarefada, cercado de fachadas frias, planas e silenciosas, parecem ser mais sonoros. Aqui as intervenções começam com *Misérias limitadas* e terminam com *Art gets you through the night II*. É neste circuito que desfilaram actores-dançarinos, que ao sabor da estética circense passearam os seus fatos luminescentes nos dois fins-de-semana da Bienal, sob a direcção de Fernando Cézar e Cynthia del Mastro.

Circuito azul

Escadinhas de São Cristóvão

É por aqui que podemos iniciar uma autêntica viagem ao Passado menos recente da cidade. Bairro muito antigo, construído ao longo dos séculos ao sabor de conquistas e imigrações, a Mouraria mostra aqui um pouco da sua raça,

and monumental projection. *Sur Nature*, by **Miguel Chevalier**, which is an interactive installation – activated by the flow of transients – which consists of a spectacular projection of images of virtual plants and flowers, pure images generated by a programme developed by the artist – *Music2eye*.

Rua de Santa Justa

Next, down Rua do Carmo, the Santa Justa elevator, built by Raul Mesnier du Ponsard, a creation that signals the late entry of the industrial revolution in Portugal. Then Rua de Santa Justa crosses the heart of the Pombaline city, the perfectly conceived city, sprung from a rare opportunity in the history of cities: a devastating earthquake which meant that a new city had to be built in its nerve centre: the connection to the river, the commercial establishments and the concentration of accommodation for people and goods that survived the catastrophe. With the vision of the Marquês de Pombal and Manuel da Maia and the knowledge of Eugénio dos Santos and Carlos Mardel, the downtown district today maintains the same characteristics that it possessed at its conception. A more than obvious expression, where the steps of F. Pessoa, strolling anonymously among a busy crowd, surrounded by cold, flat and silent façades seem to be more resonant. Here the exhibits begin with *Misérias limitadas* and end with *Art gets you through the night II*. It is on this circuit that we can see the parade of actors-dancers, who with a flavour of circus aesthetics, walk their luminescent costumes on the two weekends of the Biennale, under the direction of Fernando Cézar and Cynthia del Mastro.

Blue circuit

Escadinhas de São Cristóvão

Here we can begin a real journey to the less recent Past of the city. A very old district, built along the centuries at the whim of conquests and immigrations, the Mouraria shows here a little of its ancestry coupled with Alfama, the district of Faith. Sounds of Fado begin to be heard on the circuit – and it is possible that it is not only the

colada a Alfama, o bairro da Fé. Sons de fado começam a ouvir-se no circuito – e é possível que não seja somente o choro de um guitarrista a ensaiar a sua apresentação nocturna num dos inúmeros restaurantes típicos; serão certamente as vozes anónimas que o colectivo belga **Het Pakt** reuniu na sua peça participada *Fado Morgana*. Telas estendidas, nelas os rostos projectados, na imediata proximidade uma voz que, ao afastarmo-nos, revela parte de um coro maior de Lisboetas, homenagem à Cidade e o Fado, numa única cantiga, conhecida de todos – passar por lá é reconhecê-la!

Calçada do Marquês de Tancos / / Rua da Costa do Castelo

Prosseguimos no mergulho confuso da Rua da Costa do Castelo, o cinema português, as quatro paredes caiadas com um cheirinho a alecrim contrastam com o amontoado de casas que se vão degradando sobre as colinas da cidade. Aqui duas intervenções-Luz de **Pedro Cabral Santo** e **Carlos Sousa** pontuam o percurso através de duas vídeo-projecções.

Rua de Santiago

No bar Santiago Alquimista mais dois alunos da ESAD.CR: a gaiola de ouro do pássaro mudo, do **Bruno Jamaica** e o jogo 'toca e foge' da **Marisa Teixeira** e do **Filipe Frazão**.

Largo das Portas do Sol

Seguindo em direcção ao Largo das Portas do Sol, surge a Cerca Moura, primeira delimitação da cidade. Os vestígios da alcáçova árabe ainda são visíveis, mesmo junto ao miradouro onde, subitamente, provocadora e inevitável, surge a peça do artista francês **Gerald Petit**. Uma enorme caixa de luz estrelada, onde a cara e o colo de uma Portuguesa parecem desafiar todos os destinos. *Nightshot #2* mostra até o céu que já não vemos, pelo excesso de iluminação da cidade. A fotografia foi realizada em Portugal, após um *casting* que apenas pedia 'uma rapariga de cabelos compridos'. O seu sublime anonimato é o mesmo anonimato da arte quando se intromete no discurso brutal dos dispositivos publicitários, apenas para se dizer presente.

Patrícia Freire

Noites de Passeios
NightWalks
Luzboa 2006

weeping notes of a guitarist rehearsing for his nightly performance in one of the numerous typical restaurants; it will certainly be the anonymous voices that the Belgian group **Het Pakt** gathered together in their participative play *Fado Morgana*. Stretched canvasses with faces projected upon them, right next to a voice which, as we move away, reveals itself to be part of a larger choir of Lisbonians, paying homage to the City and to Fado, in one song, known to all – if you pass there you will recognise it!

Calçada do Marquês de Tancos / / Rua da Costa do Castelo

Here we dive into the confusion of Rua da Costa do Castelo, the Portuguese cinema, the four whitewashed walls, with the scent of rosemary, contrast strongly with the pile of houses that are decaying on the hills of the city. Here two light interventions by **Pedro Cabral Santo** and **Carlos Sousa** punctuate the route with two video-projections.

Rua de Santiago

In the bar Santiago Alquimista we find two more pupils of ESAD.CR: the elastics of **Bruno Jamaica** and the 'game of tag' in the case of **Marisa Teixeira** and **Filipe Frazão**.

Largo das Portas do Sol

Following in the direction of Largo das Portas do Sol, the Cerca Moura rises, the first marked boundary of the city. The vestiges of the Arab fortress are still visible, right next to the viewpoint where, suddenly, provocative and inevitable, rises the piece by the French artist **Gerald Petit** – – an enormous box of starry light, where the face and neck of a Portuguese woman seem to challenge all destinations. *Nightshot#2* even shows the night sky which we can no longer see because of the excessive illumination of the city. The photography was directed in Lisbon after a casting session which simply asked for 'a girl with long hair'... flying, she and her hair, her sublime anonymity is the same as the anonymity of art when it intrudes into the brutal discourse of the publicity mechanism, just to declare itself present.

Rua do Limoeiro

Art gets you through the night III, confunde na noite, raízes e brechas no solo, ali onde o Eléctrico 28 passa todos os dias milhares de vezes, transportando, sempre novas, as ilusões dos turistas. Depois a Rua da Saudade… existe nome mais lisboeta que 'Rua da Saudade'?

Largo do Correio-Mor

A passagem pelo Teatro Romano revela vestígios belíssimos da ocupação romana da cidade, mas será ao fundo, no Largo do Correio-Mor, que Lisboa surge como pequeno cenário artificial e não tanto como micro universo caótico. O Largo é exemplo do pastiche de Alfama.

A obra de **Adriana Sá** e **Hugo Barbosa** retira do espaço o seu melhor, uma espécie de palco de som envolto por uma ampla superfície de reflexão em curva, onde uma série de concertos-performances-projecções mostram o mais recente desenvolvimento do projecto *Meta[local]morfose*.

Largo de Santo António à Sé

Finalmente, o largo do santo carismático que Lisboa se recusa a entregar a Pádua, casamenteiro e popular, junto à Sé, um dos monumentos nacionais mais reconstruídos da cidade. No entanto, foi a primeira construção de D. Afonso Henriques após a conquista da cidade de Lisboa aos Árabes, no Séc. XII. Terminamos aqui com **André Gonçalves** e *objectos ressonantes*. Globos de vidro colocados nas árvores, pulsando numa realidade paralela a toda a vida que cá em baixo decorre. O olhar que suba, esse descobrirá como a arte *nos leva atravessar a noite*….

Estas visitas foram várias vezes precedidas pela peça dos **Het Pakt**, *Ceci n'est pas un bus*, uma intervenção instalada no CCB. O caminho era percorrido num autocarro, que, diariamente, fazia o trajecto Jardim do Príncipe Real – Centro Cultural de Belém –Largo do Chiado.

A todos os que fizeram connosco este caminho de magia nocturna na cidade, obrigada.

PATRÍCIA FREIRE diasdepasseios@gmail.com

Rua do Limoeiro

Art gets you through the night III, confounds in the night, roots and cracks in the ground, there, where the 28 tram passes thousands of times every day, transporting, always new, the illusions of the tourists. Then Rua da Saudade… is there a more Lisbonian name than 'Saudade street'?

Largo do Correio-Mor

The passage by the Roman Theatre reveals beautiful vestiges of the Roman occupation of the city, but it will be down the street, in Largo do Correio-Mor, that Lisbon rises as a small artificial scene and not so much as a chaotic micro-universe. The Largo is an example of the pastiche of Alfama. The piece by **Adriana Sá** and **Hugo Barbosa** makes the best of the space, a kind of stage of sound wrapped in a vast curved reflecting surface, where a series of concerts-performances--projections show the most recent development of the project *Meta[local]morfose*.

Largo de Santo António à Sé

Finally, the square of the charismatic matchmaker and popular saint that Lisbon refused to give up to Pádua, next to the Cathedral, which is one of the most reconstructed national monuments in the city. It was the first construction of D. Afonso Henriques after the conquest of the city of Lisbon from the Arabs, in the 12th century. We finish here with **André Gonçalves** and objectos *ressonantes*. Glass globes suspended in the trees, a pulsating reality parallel to all the life that is going on below. Looking up, we discover that art 'takes us through the night…'.

These visits were almost always preceded by the piece by **Het Pakt** *Ceci n'est pas un bus*, a show installed in the CCB. The course was traversed in a bus which daily made the journey from Jardim do Principe Real – Centro Cultural de Belém – Largo do Chiado.

To all who travelled with us on this magic trip through the city, thank you.

A Calçada Portuguesa, nobre 'arte do pavimento', é uma das mais antigas tradições lisboetas. Homenageando os passos de Pessoa na Cidade, o projecto recriou os desenhos ornamentais da Calçada Portuguesa e projectou-os sobre as fachadas da envolvente urbana da Bienal. Tratou-se de uma comunicação urbana capaz de explorar as directivas do Projecto Urbano da Bienal, evocando de forma directa o Património lisboeta. **MC**

Esquisses recreated the Portuguese *calçada portuguesa* – Lisbon's nobel 'Pavement Art' – on façades of the circuit, aiming to pay homage to Fernando Pessoa's endless walks through the city. This was above all a Communication Project, exploring the directives of the Urban Project of the Biennale and evoking Lisbon's Heritage. **MC**

Catherine da Silva / Extra]muros[

FRANÇA/PORTUGAL FRANCE/PORTUGAL

Esquiços [Red, Green, Blue]

PROJECTO DE COMUNICAÇÃO INTEGRADO NO PROJECTO RGB COMMUNICATION PROJECT INCLUDED IN THE RGB PROJECT

Praça do Príncipe Real, Largo do Chiado, Rua da Madalena 21 > 30.9

APOIOS/COLABORAÇÃO
SUPPORT/COLLABORATION
PHILIPS ILUMINAÇÃO
FIDELIDADE-MUNDIAL SEGUROS
ASSOCIAÇÃO DE FUTEBOL DE LISBOA
HELENA SÁ – ESCRITÓRIO DE ADVOGADOS

Luzboa – Concepção de uma sinalética luminosa

Lisboa, primeira cidade cospomopolita no tempo das Descobertas, coração de um Império colonial que seria o derradeiro a desaparecer, porta atlântica aberta ao Mundo, Lisboa permaneceu um 'mosaico multiétnico', onde cada um tem o *direito de cidade*. A urbe revela-se no caminhar, essa é a forma de capturar o seu carácter íntimo, a disposição para acordar a nostalgia, aguçar o imaginário, convite à errância...

A Bienal propunha um percurso nocturno em contínuo, dividido em três percursos, sob o tema Fernando Pessoa em RGB [*Red*, *Green* e *Blue*], entre o Príncipe Real e Alfama. A minha proposta consistiu na criação de uma sinalética capaz de orientar os visitantes e de os levar a atentar nas obras dispostas ao longo dos três percursos. Esta sinalética

Luzboa – Concept d'une signalétique lumineuse

Lisbonne, première ville cosmopolite aux temps des Découvertes, cœur d'un empire colonial qui fût le dernier à disparaître, port atlantique ouvert sur le monde, Lisbonne est restée une mosaïque 'multi ethnique', où chacun a droit de cité.

La ville se découvre en marchant afin de saisir son caractère intime, la disposition à éveiller la nostalgie, à aiguiser l'imaginaire, les invitations à l'errance...
La Biennale propose un parcours nocturne continu divisé en trois parcours sur le thème Fernando Pessoa en RVB [*RGB*], entre Príncipe Real et Alfama.

Ma proposition consiste en la création d'une signalétique afin que le promeneur puisse s'orienter et repérer les œuvres dans ces trois parcours.
Cette signalétique visuelle et lumineuse à la fois ludique et poétique respectera l'esprit du thème de la biennale.
Incitation au parcours, à la déambulation au travers d'une promenade linéaire ponctuée d'œuvres artistiques lumineuses qui entraînera les passants à la contemplation.

visual e luminosa, simultaneamente lúdica e poética, respeita o espírito do tema da Bienal.

Incitação ao percurso, à deambulação ao longo de um passeio linear pontuado por obras artísticas luminosas que convidavam o passeante à contemplação.

A 'Calçada', arte do pavimento, é uma das mais antigas tradições de Lisboa, pedras de calcário e basalto que desenham nos passeios ricos mosaicos ornamentais. Esta arte é uma das principais características da cidade de Lisboa e o passeio um primeiro espaço que induz a deambução e o sonho. Somos assim remetidos para as próprias deambulações nocturnas do Poeta, Fernando Pessoa, as mesmas que nos propõe nas suas obras.

Imaginámos este motivos desvelando-se nas fachadas do percurso, revestindo-se de Vermelho no Príncipe Real, de Verde no Camões, de Azul na Sé. Os arabescos transformam-se em leituras, sinais poéticos, pontuando e reforçando os três percursos urbanos. Estas formas acordam, surpreendem, guiam, acompanham a *flânerie* dos transeuntes solitários…

CATHERINE DA SILVA – CONCEPTEUR LUMIÉRE

L'art du pavement – *calçadas* – est l'une des plus vieilles traditions de Lisbonne, pierres de calcaire et de balsate qui forment sur les trottoirs et les places de la ville de riches mosaïques d'ornement. Cet art est l'une des principales caractéristiques de la ville de Lisbonne et le trottoir est l'espace qui constitue la première invitation à la déambulation et au rêve. Ainsi nous sont renvoyées les déambulations nocturnes du poète, Fernando Pessoa, qu'il nous livre dans ces œuvres. Imaginez ces motifs se dévoilant sur certaines façades du parcours, ils se revêtent d'une couleur rouge au Príncipe Real, d'un vert au Camões et d'un bleu à Sé. Les arabesques deviennent des lectures, des signaux poétiques, ponctuant et reliant les trois parcours dans la ville. Ces formes veillent, surprennent, guident, accompagnent la flânerie des promeneurs solitaires...

A obra consistiu na publicação de crónicas diárias no Jornal *Público*, ao longo de todo o período da Bienal, complementada por uma residência aberta no bar do piso térreo do Bairro Alto Hotel, ao Largo de Camões, com o escritor a receber os visitantes interessados em conhecê-lo. O artista conheceu várias pessoas, mas, mais importante, manteve com essas pessoas e na generalidade com todos os artistas, equipa e participantes na Luzboa, uma relação de enorme apreço e curiosidade. Essa relação alimentaria um tipo original de escrita sobre a cidade, a qual daria de Lisboa uma visão muito directa, franca, e ao mesmo tempo poética e contemporânea. *Malek Abbou é escritor/crítico de arte e editor de* Possibilities, *uma revista sobre Arte e Cidades.* **MC**

The work consisted of the publication of daily chronicles in the newspaper *Público*, during the whole duration of the Biennale, complemented by an open residency at the bar of the Bairro Alto Hotel, at Largo de Camões, where the writer received visitants who wanted to talk to him. The artist met several people, but, more important, maintained with those people and all the artists, team and participants of Luzboa a warm relation of care and curiosity. This relation would feed a particular type of writing about the city, which turned out to give a direct, honest, and at the same time poetic and contemporary vision of Lisbon. *Malek Abbou is a writer and art critic, as well as the editor of* Possibilities, *a magazine about Art and Cities.* **MC**

Malek Abbou FRANÇA FRANCE

A Invenção de Lisboa

CRÓNICAS DIÁRIAS DAILY CHRONICLES

Bairro Alto Hotel [bar] 21 > 30.9

Jornal Público – crónicas diárias daily chronicles

Curadoria Curator **Marie de Brugerolle**

Tradução Translation **Leonor Francisco**

APOIOS/COLABORAÇÃO
SUPPORT/COLLABORATION
JORNAL PÚBLICO
BAIRRO ALTO HOTEL
IFP
ALLIANCE FRANÇAISE

AGRADECIMENTO
ACKNOWLEDGEMENT
LEONOR FRANCISCO
BÁRBARA REIS

AGRADECIMENTO ESPECIAL
SPECIAL ACKNOWLEDGEMENT
MARIE DE BRUGEROLLE

Bienal da Luz transforma três bairros de Lisboa

CRÓNICA DE **MALEK ABBOU**
O ARTISTA FRANCÊS QUE TEM DEZ DIAS PARA PERCEBER A CIDADE **P28/29**

Malek Abbou

A Invenção de Lisboa

Mercredi 20 septembre **Preambules a la nuit**

J'arrive à Lisbonne, dans mes bagages, trois mots de portugais et mon anglais d´aéroport. Dans ce café de la rua Garrett, Bárbara a bien vu comme il me faut reconquérir par les mots, le silence ou ma langue vient trop souvent se heurter. Entretemps, j'ai posé ma valise à l'étage du Bairro Alto Hotel. Je suis venu pour la rue, parce qu'avec la nuit pour seule toiture, sans autres murs que les façades qui la bordent, la rue lisboète devient l'événement le plus aventureux du moment.

Ce soir, la rue va prendre une dimension expérimentale dans laquelle le rapport à soi et à la nuit est questionné à travers les lumières de l'art.

Faire Luzboa revient à faire de la nuit un support de création. Le risque serait une théâtralisation spectaculaire de la ville qui en supprimerait la dimension humaine; mais ce risque, j'observe que la qualité des interventions est en mesure de le conjurer complètement.

Mon défi se résume en quelques mots: comment Lisbonne s'invente-elle dans le regard d'un étranger? J'en rendrais compte ici ou là, comme au bar du Bairro Alto Hotel, avec ce que cette énigme nécessite d'abandon et de solitude; tout comme ce soir où j'avance, désintentionné, dans l'attente d'un surgissement qui vient ou ne vient pas. Dans ma poche, trois petites serviettes en papier où sont griffonnés quelques mots en guise de viatique. Ainsi se construit la matière de mon travail, dans l'aléa de la rencontre. Je ne sais pas de meilleur moyen pour unir le mot et sa chose en chemin et je n'en vois pas d'autre pour rendre compte du sort étrange que me fait Lisbonne. Car c'est peut-être elle qui va m'écrire, comme une secousse tellurique paraphe un sismographe.

Au reste, son histoire le prouve: Lisbonne est une éloquente unité de production physique de la pensée. Il me suffit de lever la tête pour voir ce Don Juan borgne me cligner de l'œil au sommet de sa colonne. *Lisbonne, tu as dix jours pour en mesurer le voltage*, me chuchote Camões. Son voltage oui, et sa capacité d'éclairement dans ce corps qui est le mien, qui ne cherche qu'à voir et se mouvoir.

PREÂMBULOS À NOITE

Chego a Lisboa, trazendo na bagagem meia-dúzia de palavras em português e o meu inglês de "aeroporto". Depois, é naquele café do Chiado que a Bárbara me vê tentar reconquistar com palavras o silêncio em que a minha língua vai, tantas vezes, esbarrar.

Entretanto, havia deixado a mala no Bairro Alto Hotel e vindo para a rua, porque, com a noite por único tecto e as fachadas dos prédios por únicos muros, as ruas lisboetas tornam-se na maior aventura do momento.

Esta noite, a rua vai adquirir uma dimensão experimental, em que a relação com nós mesmos e com a noite será questionada através das luzes da arte.

Fazer a Luzboa é utilizar a noite como suporte de criação. O risco é o de uma teatralização espectacular da cidade que suprimisse a sua dimensão humana, mas vejo que a qualidade das intervenções é de molde a conjurá-lo totalmente.

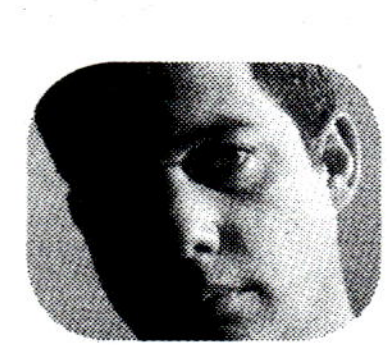

MALEK ABBOU
ARTISTA

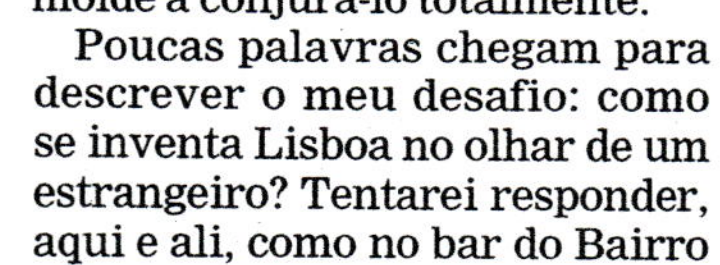

Poucas palavras chegam para descrever o meu desafio: como se inventa Lisboa no olhar de um estrangeiro? Tentarei responder, aqui e ali, como no bar do Bairro Alto... é um enigma que exige abandono e solidão... tal como esta noite em que caminho sem destino, esperando por algo que pode ou não chegar.

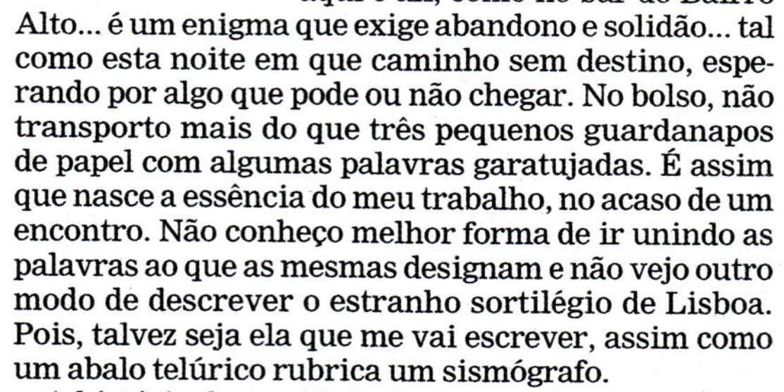

No bolso, não transporto mais do que três pequenos guardanapos de papel com algumas palavras garatujadas. É assim que nasce a essência do meu trabalho, no acaso de um encontro. Não conheço melhor forma de ir unindo as palavras ao que as mesmas designam e não vejo outro modo de descrever o estranho sortilégio de Lisboa. Pois, talvez seja ela que me vai escrever, assim como um abalo telúrico rubrica um sismógrafo.

A história desta cidade é a prova disso mesmo. Na verdade, Lisboa é uma eloquente unidade de produção física do pensamento e basta-me erguer a cabeça para ver esse Don Juan zarolho que me pisca o olho do alto do seu pedestal. É Camões que me sussurra "Tens dez dias para medir a voltagem desta cidade". Sim, a sua voltagem e a sua capacidade para iluminar este corpo que é o meu e que não aspira a mais do que a ver e a mover-se.

Jeudi 21 septembre **L'hydre voluptueux**

Derrière la vitre du taxi, le Tage changeait sa matière en lumière. J'attendais de voir l'eau renaître en ciel quand le chauffeur apostropha une superbe fille en noir et jaune, vêtue de la robe nuptiale d'un triton; sa démarche chaloupée à la Maggie Cheung comme défi supplémentaire à l'imagination.

En redémarrant, les yeux du chauffeur semblaient supplier la vie de ne pas passer trop vite. Parfois, Lisbonne est un récit dans le récit. L'œil y découpe en tranches fines des fractions d'univers, mais c'est la ville seule qui décide de l'épaisseur de la découpe. La discipline du cadrage, elle vous l'impose au fil de ses ruelles entrelacées comme la chevelure d'une Indienne. À toute blinde, le taxi a ensuite remonté une calçada pour atteindre Rua das Trinas. Là, avec d'autres invités, je me suis retrouvé l'hôte d'un accueil soigné de la part de l'équipe de l'Institut Franco-Portugais.

En auto ou à pied, j'ai parcouru d'autres Lisbonne: l'aristocrate, la médiévale, la pombaline et la contemporaine. À la fois elles se défient et elles se mêlent. Aussi dissemblables soient-elles, elles font de la ville une femme dans laquelle un amant peut trouver réunies plusieurs intentions contradictoires dans un seul geste.

Ophelia m'avait remémoré cette formule d'Oscar Wilde décrivant le caractère qu'il admire le plus chez une femme: *son pouvoir d'apparition*. Lisbonne a le pouvoir d'un hydre voluptueux qui pousse à la multiplication des points de vue. Il me faut l'atteindre dans une langue aussi proche que possible de son ubiquité. J'y songe encore, posté cette fois à l'ombre tutélaire de la Sé.

J'y retrouve pour dîner une fine équipe d'artistes made in *Luzboa*, qu'accompagne Milton Blay, journaliste à RFI. Chacun se reconnaîtra sur la photo. À l'artiste Bruno Peinado, chaman à ses heures, capable de ramener la Lune sur Terre, il est demandé de bien vouloir retenir la pluie qui s'annonce pour l'inauguration. Peinado veut bien danser, mais Lisbonne n'est-elle pas capable de retourner le ciel comme un gant?

A HIDRA VOLUPTUOSA

Do outro lado da janela do táxi, o Tejo transforma-se em luz. Quando já esperava ver a água renascer em céu, o motorista atira um piropo a uma rapariga lindíssima, de preto e amarelo, com o vestido de noiva de um tritão e o andar ondulante à Maggie Cheung, a lançar mais um desafio à imaginação. Prosseguimos. O olhar do motorista parece implorar à vida que não passe demasiado depressa. Por vezes, Lisboa é como um conto dentro do conto, onde o olhar corta em fatias finas fracções do universo, mas é a cidade que decide da espessura do corte. E impõe-nos a disciplina do enquadramento, ao longo das suas ruelas entrelaçadas como os cabelos de uma indiana. O táxi sobe a toda a velocidade uma calçada que nos leva até à Rua das Trinas, onde eu e outros convidados somos gentilmente recebidos pela equipa do Instituto Franco-Português.

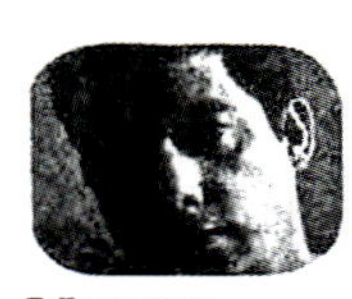

MALEK ABBOU
Artista

De automóvel ou a pé, percorri outras Lisboas – a aristocrata, a medieval, a pombalina, a contemporânea – que tão depressa se desafiam, como se misturam e que, por muito diferentes que sejam, fazem desta cidade uma mulher em que um amante pode encontrar reunidas, num só gesto, várias intenções contraditórias. Ofélia lembra-me a frase de Oscar Wilde, em que este sintetizava a característica que mais admirava numa mulher: o seu poder de aparição. Lisboa tem o poder de uma hidra voluptuosa que obriga à multiplicação dos pontos de vista. Preciso de atingi-la numa linguagem tão próxima quanto possível da sua ubiquidade.

É nisso que penso, desta feita à sombra tutelar da Sé, onde espero pelo jantar com um grupo de artistas *made in* Luzboa, acompanhado por Milton Blay, jornalista da Radio France Internationale. Cada um poderá reconhecer-se na fotografia. A Bruno Peinado, feiticeiro nas horas vagas e capaz de trazer a Lua até à Terra, pedimos que afaste a chuva anunciada para a inauguração. Bruno Peinado aceita fazer uma dança, mas não será Lisboa capaz de virar o céu do avesso como uma luva?

Malek Abbou

A Invenção de Lisboa

Vendredi 22 septembre **Pollens**

Largo de São Carlos: Luzboa s'ouvre au départ d'une lune chue dans le regard des officiels. Pessoa qui est né quatre étages plus haut que la lune, plane discrètement sur l'assistance… furtivité, *elusiveness*, timidité du visiteur… Ce soir, mon fil d'Ariane est une couleur à l'image des toilettes somptueuses des danseuses remontant la Rua Garrett: rouge.

Un rouge sanguin, proche de la lumière inactinique d'un laboratoire photo. Il ricoche dans les arbres du Jardim de São Pedro de Alcantara qui sont des jacarandas brésiliens.

Plus haut, au Jardim do Principe Real pulse le cœur de l'artiste Jana Matejkova. Il ne m'est pas indifférent ce cœur rhizomatique cerclant le pied d'un arbre exotique. Lisbonne est aussi à l'origine d'une ventilation tout azimut de la flore planétaire; elle a voulu le monde pour jardin et les pollens ont suivi Dias, Gama et Cabral dans leur sillage.

Les plantes chantent l'ailleurs à Lisbonne, jusque sur le basalte artiste des calçadas, ordinairement tenus à l'invisibilité sous la semelle des passants.

Catherine da Siva a choisi de les remonter subtilement á l'étage, obligeant chacun pour les voir, à relever la tête à hauteur des toits. La réhabilitation posthume du paveur inconnu est en bonne voie. Sur le parcours du RGB Project, mon hôtel se situe dans un entre-deux, à la frontière précise du vert et du rouge.

Le conteur Andersen visitant le Portugal il y a deux siècles, s'étonnait de retrouver ces deux couleurs peintes partout, jusque sur les rayons des roues de charrettes. Pourquoi? La réponse appartient au peuple. L'allemand Gœthe a-t-il pris la peine de visiter Lisbonne? Lui qui a cru pouvoir dire que Venise sera toujours à flots dans mille ans? M'est idée que la postérité de Lisbonne n'est pas moins grande. Si la Sérénissime est un théâtre, Lisbonne est un conte pour enfants qu'une nourrice raconte. Et cette nuit, la nourrice m'a confié qu'ici, une Grèce secrète survit toujours à la Grèce. Cet electrico qui descend sur la Baixa, son œil frontal affolé de rouge, n'est que Polyphème fuyant Ulysse.

PÓLENES

MAFALDA MELO

Largo de São Carlos: Luzboa abre-se à partida de uma lua caída no olhar dos convidados. Pessoa, que nasceu quatro andares acima da Lua, paira discretamente sobre a assistência... furtividade, elusiveness, timidez do visitante... Esta noite, o meu fio de Ariana tem uma cor à imagem das sumptuosas indumentárias das dançarinas que sobem a Rua Garrett: vermelho. Um vermelho sanguíneo, semelhante ao da luz inactínica de um laboratório de fotografia, faz ricochete nessas árvores do jardim de São Pedro de Alcântara que se aparentam as jacarandás brasileiras. Mais acima, pulsa o coração da artista Jan Matejkova. Não fico indiferente a esse coração rizomático que envolve o pé de uma gardénia no jardim do Príncipe Real. Lisboa também está na origem de uma disseminação da flora planetária em todos os azimutes. Ela quis o mundo por jardim e os pólenes viajaram na esteira de Dias, de Gama e de Cabral. As plantas cantam outros lugares em Lisboa, até sobre o basalto artístico das calçadas, normalmente votadas à invisibilidade sob os sapatos dos transeuntes. Catherine da Silva optou por as fazer subir subtilmente, obrigando-nos a levantar o olhar até à altura dos telhados. A reabilitação póstuma do calceteiro desconhecido segue por bom caminho. No percurso do RGB project, o meu hotel situa-se numa zona de transição, exactamente na fronteira entre o verde e o vermelho. Andersen, o escritor de contos, que visitou Portugal há dois séculos, surpreendia-se por encontrar estas duas cores pintadas um pouco por toda a parte, até mesmo nos raios das rodas das charretes. Porquê? A resposta cabe ao povo. E Goethe, o alemão, deu-se ao trabalho de visitar Lisboa? Ele que ousou afirmar que Veneza continuará emersa daqui a mil anos. Por mim, penso que a perenidade de Lisboa não será menor. E, se a Serena República é um teatro, então, Lisboa é um conto para crianças contado por uma ama. E esta noite, a ama contou-me que, aqui, uma Grécia secreta sobrevive à própria Grécia. Este eléctrico que desce para a Baixa, com o seu único olho raiado de vermelho, não é mais do que Polifemo fugindo de Ulisses.

MALEK ABBOU
ARTISTA

Samedi 23 septembre **Balle de foin**

Au comptoir du bar de l'*Europa*, des Kâli aux cent bras distribuent les alcools pour étancher les gorges. Je m'y retrouve en crise spatio-temporelle douce. Ici, Angela Davis blonde; là, Willie Nelson jeune; plus loin, Joe Strummer, crête à l'iroquoise déprimée, fait son petit retour. Mais le dandysme punk du siècle dernier qui se tailladait joyeusement le torse au rasoir n'est définitivement plus. Les nouvelles *fashion victims* ont soif de vodka-pamplemousse (j'adore) quand leurs aînés s'envoyaient du gin frelaté à l'essence de briquet. Cependant, elles ont pour elles la spirale du *beat* qui les sauve en beauté de l'écoulement du temps. Dans les plis de Lisbonne, dans ces poches de vie immédiate que recèle le Chiado, on voit la jeunesse s'approprier la rue comme peu de capitales d'Europe savent le faire, sinon en Espagne et á Rome.

Aprés une certaine heure, la Rua do Espera emprunte à la Dolce vita. Aucun doute, sans la rue, la civilisation est perdue et nous finirons tous empaillés. Je me suis levé plus mort que vif ce matin, un sac de boulons bringuebalant entre mes tempes, et peu après 17 heures, un inconnu est venu à ma rencontre au bar de l'hôtel. Une tranquillité épidermique s'installe sans trop de mal entre cette vie tissée de voyages et moi. Peter Bastiham ne parle pas à côté de son corps. Ce musicien venu vivre á Lisbonne en authentique Européen, représente le monde végétal auprès des humains. Il crée en artiste des micro-climats pour ensemencer le vivant lá où la biodiversité s'effondre, c'est-á-dire partout. Il perpétue à sa très personnelle manière (coïncidence troublante) cette ventilation des plantes qui fait l'objet de ma chronique précédente.

Des caravelles au Siècle d'Or hollandais passant par les impressions sur le monde comme il va, la conversation roule comme une balle de foin, du bar du Bairro Alto Hotel jusqu'au *Sem sim* de la rua da Atalaia où nous poursuivons tardivement. Je persiste: dans l'ombre de cette confiance á tout ce qui vient, Lisbonne continue de s'inventer.

BOLA DE PALHA

No balcão do bar do Europa, *kalis* de cem braços distribuem álcool para saciar as gargantas. É onde me encontro, numa doce crise espacio-temporal. Aqui, uma Angela Davis loura; ali, Willie Nelson ainda jovem; mais adiante, é Joe Strummer, crista de cabelo à iroquês tombada, que regressa. Mas a verdade é que o dandismo punk do século passado, em que se golpeava alegremente o tronco com uma lâmina de barbear está, definitivamente, ultrapassado. As novas *fashion victtms* têm sede de vodka-toranja (adoro), enquanto os seus irmãos mais velhos bebiam gin misturado com gasolina de isqueiro. Contudo, têm por si a espiral do beato, que as salva em beleza da passagem do tempo. Nos recônditos de Lisboa, nessas bolsas de vida imediata que esconde o Chiado, podemos ver a juventude apossar-se da rua como poucas capitais da Europa vêem fazer... talvez apenas em Espanha e em Roma. Após uma certa hora, a Rua da Espera faz lembrar a Dolce Vita. Não há dúvida, sem a rua a civilização está perdida e acabaremos todos empalhados. Esta manhã levantei-me mais morto do que vivo, com um saco de parafusos a balouçar entre as têmporas. Pouco depois das 5 da tarde, um desconhecido dirigiu-me palavra no bar do hotel. Uma tranquilidade epidérmica instala-se sem grande dificuldade entre mim e essa vida tecida de viagens. Quando fala, Peter Bastinham não deixa o seu corpo de lado. Este músico, que se mudou para Lisboa, um autêntico europeu, representa o mundo vegetal junto dos seres humanos. Como artista, cria microclimas para semear a vida onde quer que a biodiversidade sucumba, quer dizer, em todo o lado. À sua maneira muito pessoal (coincidência perturbadora) perpetua esta disseminação das plantas, que foi o tema da minha crónica de ontem. Caravelas do Século de Ouro holandês, registando as impressões do mundo que passa, a conversa rola como uma bola de palha, do bar do Bairro Alto Hotel até ao Sem Sim da Rua da Atalaia, onde vamos mais tarde. E eu penso, uma vez mais, que, à sombra desta confiança em tudo o que chega, Lisboa continua a inventar-se.

MALEK ABBOU
ARTISTA

Malek Abbou

A Invenção de Lisboa

Dimanche 24 septembre **Un etat du corps**

Au sujet d'une rue, j'ai parlé par erreur du Chiado en lieu et place du Bairro Alto dans ma chronique précédente. J'avoue, les frontières entre quartiers me sont encore indécises et je ne saurais trop dire par quel détour je me suis retrouvé à écouter cette voix derrière une porte des Escadinhas de São Cristóvão, comme une complainte lente s'élevant jusqu'aux portraits suspendus qui balisaient le passage.

Cette fois, Lisbonne implorait quelqu'un de ne pas revenir trop tard. Un roi enfui et caché peut être, ou simplement un homme parti de l'autre côté. L'appel me revenait comme un ressac, une marée, un lent ballet de neiges dans l'oreille, et des passants venus se poser sur les marches, prolongeaient l'écoute dans un silence loué aux banquises.

Sans doute imaginions-nous tous, l'émotion éprouvée par le premier homme à qui sont venues ces paroles. Le *Fado Morgana* de Het Pakt est venu me confirmer dans l'idée que la lourdeur pleine des bibliothèques m'en apprendra toujours moins qu'une marche d'escalier dans la nuit pour savoir où nous en sommes avec le temps, avec ces peurs, ces désirs, ces attentes qui cognent au plus profond et serrent le ventre pour mieux faire monter le cœur à la gorge. Le temps, je l'ai retrouvé aussi dans le visage rieur de Lagoa Henriques á qui Lisbonne doit la sculpture d'un passant mémorable. Mário me l'a présenté à Onda Jazz pendant ce temps que les Global Tourist s'essayaient avec bonheur à du rock-fusion sur la scène.

Avec Mário et Catherine, ma soirée s'est achevée au milieu d'une foule debout au milieu des rails de Polyphème, l'electrico retenu à cran de la Rua da Bica de Duarte Belo. Dans la foule, un gars sympathique me parle de Faulkner et une belle Estonienne sourit dans le vague; on boit de la bière dans la foule, on fume, on se raconte, on danse pour rire sur The Cure; on croit à la vie, à la reconduction complète de la vie dans l'ivresse, la danse, la beauté, la douceur. Deux Lisbonne cette nuit, mais pour me dire une seule chose: cette ville est un état du corps.

UM ESTADO DE CORPO

Na minha última crónica, referi, por lapso, a propósito de uma rua, o Chiado em vez do Bairro Alto. Confesso que ainda tenho uma noção imprecisa das fronteiras entre estes bairros, pelo que não poderei dizer por onde passei até ouvir esta voz por detrás de uma porta das Escadinhas de São Cristóvão, como um queixume lento a elevar-se até aos retratos suspensos que demarcam a passagem. Desta vez, Lisboa implora a alguém que não venha tarde. Talvez um rei fugido e escondido, talvez, simplesmente, um homem que partiu para o outro lado. O apelo chegava-me como a rebentação das ondas, como uma maré, como um vagaroso bailado de neve nos ouvidos... e os transeuntes que vinham pousar nos degraus prolongavam a escuta num silêncio emprestado às banquisas. Sem dúvida que todos nós imaginávamos a emoção sentida pelo primeiro homem que ouviu estas palavras. O *Fado Morgana* do Het Pakt faz-me, uma vez mais, pensar que nem todo o peso de uma biblioteca me ajudará tanto como um degrau de escada na noite a descobrir onde estamos no tempo, com estes medos, estes desejos, estes anseios que batem no mais fundo de nós e nos apertam o estômago para melhor fazer subir o coração até à garganta. O tempo, também o encontrei no rosto sorridente de Lagoa Henriques, a quem Lisboa deve a escultura de um transeunte memorável. Mário apresentou-mo no Onda Jazz, enquanto no palco os Global Tourist tocavam música de fusão, felizes. Com Mário e Catherine, a minha noite terminou no meio de uma multidão, de pé nos carris do eléctrico Polifemo que a Rua da Bica de Duarte Belo retinha com firmeza. Um tipo simpático fala-me de Faulkner, uma bela estoniana sorri no vazio... e bebe-se cerveja, fuma-se, contam-se histórias, dança-se para rir ao som dos The Cure, acredita-se na vida, na total recondução da vida na embriaguez, na dança, na beleza, na doçura. Duas Lisboas, esta noite, mas ambas me dizem o mesmo: esta cidade é um estado do corpo.

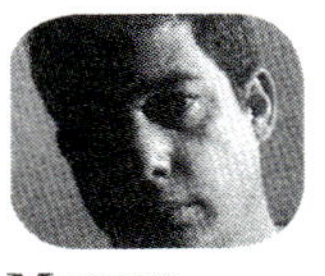

MALEK ABBOU

ARTISTA

MAFALDA MELO

Lundi 25 septembre **Graça, le dimanche**

Il pleut. Il pleut toute la journée… un temps à rêver avec quelques bons disques en fumant. Seulement, ma boîte à cigarillos est vide et j'ai oublié à Lyon l'intégrale de *Shaolin Soul*. Je me sens perdu comme le dernier numéro d'une tombola. Que faire un dimanche pluvieux à Lisboa?

Cette fois, Catherine est ma bonne étoile. Elle me guide du côté de Graça où Vasco de Gama gît quelque part. Je suis clairement inculte en matière de fado mais mon initiation vient d'avoir lieu dans la petite Tasca do Jaime. J'ai commandé là, une liqueur d'amandes pour me donner un peu de contenance dans le silence qui s'installe autour de Fernanda Proença, de Ana Maria, de Matoso, de Robalo, de Toni Pais et de Fernanda Nunes aux dents de jeune fille; elle qui par la suite est venue chantonner à notre table.

Ne comprenant pas un traître mot, je m'en remets au soutien de la guitarra et de leurs voix qui glissent comme un enfant confié au fleuve, qui sont chacune á leur manière l'unité de mesure d'une attente, d'un chagrin, d'une pénitence ou bien d'une blague, car j'apprends que le fado peut aussi se faire grivois. Le pouvoir de cette musique c'est qu'elle prend ma pensée á sa naissance; elle la prend même en avance, avant que celle-ci ne se forme tout à fait. Des images bruissent comme des sources au fond de ma mémoire.

À tort ou à raison, je trouve complètement «soul», cet effet de la voix qui équivaut à élever en puissance un mot, á renforcer un verbe avant de l'effondrer. Ça me semble le même travail pendulaire, en clair-obscur, entre espoir et fatum tel que je le retrouve dans la *soul* musique et dans le *delta blues*.

Mais le plus beau ici, dans ce qui me semble maintenant une petite nef échouée, c'est l'assistance attablée devant les verres de *Superbock* quand elle reprend spontanément en chœur les passages les plus fragiles. Alors un frisson court dans la nuque et l'on se dit que Job est encore moins dépouillé sous le ciel, on se dit calmement qu'un requin vient d'avaler le soleil et qu'il faut encore nager.

A GRAÇA AO DOMINGO

Chove. Chove durante todo o dia. Um dia para passar a sonhar, a fumar, na companhia de alguns bons discos. Só que a minha cigarreira está vazia, além de que esqueci em Lyon a integral de Shaolin. Sinto-me perdido, como a última bola de uma tômbola. Que fazer em Lisboa, num domingo de chuva? Desta vez, a minha boa estrela foi Catherine. Levou-me para a Graça. Sou, declaradamente, um inculto no que respeita ao fado, mas acabo de fazer a minha iniciação na pequena Tasca do Jaime. Pedi uma amêndoa amarga para me dar uma certa segurança face ao silêncio que se instala em torno de Fernanda Proença, Ana Maria, Matoso, Robalo, Toni Pais e Fernanda Nunes, com dentes de rapariguinha, que veio cantarolar para junto da nossa mesa.

Como não percebo uma única palavra, concentro-me na guitarra e nas vozes. Vozes que vogam como uma criança confiada ao rio, cada uma, à sua maneira, a unidade de medida de uma espera, de um desgosto, de uma penitência ou, então, de uma piada, porque, segundo me dizem, o fado também pode ser atrevido. O poder desta música é que agarra os meus pensamentos logo à nascença, pegando neles, mesmo antes que se possam formar. São imagens que brotam como fontes do fundo da minha memória. Com ou sem razão, atribuo um efeito absolutamente *soul* a esta voz que dá intensidade a uma palavra, que dá força a um verbo antes de o deixar cair. Parece-me ser o mesmo movimento pendular, em claro-escuro, entre esperança e *fatum* [destino], que revejo numa certa música *soul* e no *delta blues*. Mas o mais belo, aqui, no que me parece agora ser uma pequena nave naufragada, é a assistência sentada em frente a copos de Superbock, quando, espontaneamente, acompanha em coro as passagens mais frágeis. Então, é sentir um arrepio na nuca… é pensar que Job se encontrava ainda menos despojado sob o céu… é dizer-se, serenamente, que um tubarão acaba de devorar o Sol e que é preciso continuar a nadar.

MALEK ABBOU
ARTISTA

CATHERINE DA SILVA

Malek Abbou

A Invenção de Lisboa

Mardi 26 septembre **Le coeur s'ecoute**

Plus que jamais, la ville m'apparaît comme une respiration ouverte sur l'imprévisible, un roman de longue portée ou l'accélération des rencontres se réalise selon les combinaisons les plus variées. À l'évidence, Luzboa cristallise cela dans tous ses aspects, directs ou latéraux, manifestes ou insoupçonnés.

Dans une même journée, j'ai goûté l'expérience singulière des *fados para piano* d'Afonso Malão au théâtre São Luiz, peu après avoir visité l'atelier de Mathieu Sodore, peintre averti dont l'œuvre affirme avec justesse que la peinture ne meurt jamais, qu'elle commence toujours demain parce ce qu'elle est une manière unique de tirer le regard hors de soi.

À ce titre, le *double print* de Carlos Sousa, projeté prés du Mercado do Chão do Loureiro, je peux le lire comme une peinture, autant que le *Light, Color and no Sound* de Pedro Cabral Santo qui rend tout le sel de l'illumination beatnik sur un mur de Costa do Castelo.

Quand l'auteur de *Golden Sardine* défile en couleurs dans la nuit tiède, l'anglais n'est plus cette langue de personne qui me met á la torture chaque fois qu'il faut la parler. *No sound* déclare Cabral Santo. Le son, c'est pour ailleurs, pour le cœur amplifié de Jana Matejkova que je redécouvre dans toutes ses dimensions. Ce serait une erreur de voir celui-ci uniquement comme un travail de forme, comme une représentation de la vie, alors qu'il est le moyen le plus aventureux de l'atteindre.

Le cœur offert de Jana sollicite l'oreille. Il s'écoute. Celle qui deviendra demain une artiste considérable, à prolongé son cœur dans l'esquisse d'un pas de danse, dans une ruelle du Bairro Alto comme pour dire *souviens-toi de vivre*. En effet, s'il n'est pas d'abord une chance de guérir de la pesanteur, l'art ne donne aucune nouvelle du monde.

Au bout de la nuit, les nouvelles me sont venues de Carlos de Abreu, de Catherine da Silva et de Samuel Roda Fernandes, un homme rare, le plus *fixe* du monde ce soir, à cette table où nous échangeons du temps contre du temps dans la fumée des *SG* puisque demain est un autre jour.

O CORAÇÃO ESCUTA-SE

Mais do que nunca, a cidade surge-me como uma respiração aberta sobre o imprevisível, um romance de longo alcance, onde a aceleração dos encontros ocorre nas mais variadas combinações. Seguramente, é isso que a Luzboa cristaliza em todos os seus aspectos, directos ou laterais, manifestos ou inesperados. Num mesmo dia, saboreei a singular experiência dos *fados para piano* de Afonso Malão, no Teatro São Luiz, apenas um pouco depois de ter visitado o *atelier* de Mathieu Sodore, pintor esclarecido, cuja obra é uma afirmação de que a pintura nunca morre, que começa sempre amanhã, porque é esta forma única de afastar o olhar de si mesmo. A este título, o *double print* de Carlos Sousa projectado perto do Mercado do Chão do Loureiro, posso lê-lo como um quadro, tal como o *Light, Color and no Sound* de Pedro Cabral Santos que, sobre um muro da Costa do Castelo, transmite todo o sal da iluminação beat. Quando o autor de *Golden Sardine* desfila a cores na noite amena, o inglês deixa de ser esta língua que me tortura cada vez que tenho de a falar. *No Sound* afirma Cabral Santos. O som é para outro lugar, para o coração amplificado de Jana Matejkova que redescubro em todas as suas dimensões. Seria errado vê-lo apenas como não sendo mais do que um trabalho de forma, como uma representação da vida, quando ele é o meio mais aventuroso de a atingir. O coração oferecido por Jana pede-nos para o ouvirmos. Ele escuta-se. E Jana, que se irá tornar uma artista conceituada, prolongou o seu coração num esboço de passo de dança numa ruela do Bairro Alto, como que para dizer "lembra-te de viver". Na verdade, quando não representa, antes do mais, a oportunidade de nos curar da gravidade, a arte não nos traz notícias novas do mundo. No final da noite, as notícias chegam-me de Carlos de Abreu, de Catherine da Silva e de Samuel Roda Fernandes, um homem raro, o mais "fixe" do mundo, esta noite, nesta mesa em que trocamos tempo por tempo envoltos pelo fumo dos SG. Amanhã é um outro dia.

MALEK ABBOU

ARTISTA

MAFALDA MELO

Mercredi 27 septembre **La machine universelle**

Sur les rives du Tage à Cais do Sodre, il y a bien six cannes á pêche qui attendent le signal de la prise. Il se dit dans l'air que ça ne mord pas. Assis entre deux pêcheurs, je baigne dans un murmure d'inépuisables voyelles á quoi se mêlent les gémissements du ponton d'embarquement. L'Alentejence débarque ses passagers. J'avais besoin de revoir le miroitement de cette eau, de ces flots de l'idiome universel quand la première caravelle a tourné sa proue vers le large. Pour avoir dissipé la plus grande tentative osée par les hommes de rendre la terre sous un seul nom compréhensible par tous, certains vieux Lisboètes nostalgiques voient dans l'histoire une duperie; et dans la démocratie, ce plat de lentilles échangé contre un droit d'aînesse.

Moi qui n'attends de vérité que de l'immédiat, j'observe l'ironie du paysage. Aujourd'hui, c'est le *pont du 25 avril* qui mène au Christ trônant bras ouverts sur l'autre rive. J'allais lui tourner le dos, quand le Tage scintillant comme une luciole, est venu me dire que parce que Dieu écrit droit avec des lignes courbes, il ne faut pas confondre une caravelle avec la tempête qui la fait sombrer, ni le désir de révolution avec les révolutionnaires qui l'ont détournée.

De retour en ville, l'ironie refait surface á l'angle de la rua Garrett où se trouvait le dispositif des *Misérias Illimitadas* de Javier Núñez Gasco. *Need money for food and to go home* raconte le carton de lumière d'un figurant. Contraint de renoncer au recrutement des trois vrais sans-abris initialement prévus, Núñez Gasco n'en continue pas moins sa bataille juridique pour résoudre la quadrature du cercle: sans-abris veut dire 'sans-papiers', sans papiers, nul moyen d'obtenir un contrat de travail et d'accéder ainsi à une vie décente.

Au-delà du message qu'elle manifeste, la pièce de Núñes Gasco est un combat toujours actif, une guérilla tactique contre la pesanteur ubuesque d'une machine universelle à broyer de l'humain.

A MÁQUINA UNIVERSAL

Na margem do Tejo, no Cais do Sodré, há pelo menos seis canas de pesca que esperam o sinal da captura. Ouve-se dizer que os peixes não estão a morder. Sentado entre dois pescadores, mergulho num murmúrio de inesgotáveis vogais, a que se misturam os gemidos do pontão de embarque, enquanto o Alentejense [cacilheiro] deixa sair os seus passageiros. Sentia necessidade de rever o cintilar dessa água, dessas ondas do idioma universal, quando a primeira caravela virou a proa para o largo. Por terem dissipado a maior tentativa ousada pelos homens de tornar a terra, sob um só nome, compreensível por todos, alguns velhos lisboetas nostálgicos vêem na história um logro e na democracia este prato de lentilhas trocado por um direito de morgadio.

Eu, que só espero a verdade do imediato, observo a ironia da paisagem. Porque, hoje, é a ponte 25 de Abril que conduz ao Cristo que, de braços abertos, domina a outra margem. E já lhe ia virar as costas, quando o Tejo, cintilante como um pirilampo, me veio dizer que lá porque Deus escreve direito por linhas tortas, não se deve confundir uma caravela com a tempestade que a faz afundar, nem o desejo de revolução com os revolucionários que a desviaram.

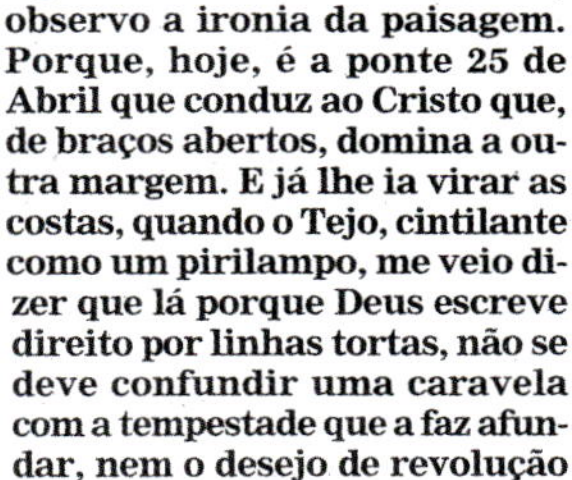

MALEK ABBOU

ARTISTA

De regresso ao centro da cidade, é a ironia que volta à superfície na esquina da Rua Garrett, onde se encontra o projecto *Misérias Ilimitadas* de Javier Nuñez Gasco. *Need money for food and to go home* diz o cartão de luz de um figurante. Obrigado a renunciar à contratação dos três verdadeiros sem-abrigo inicialmente previstos, Nuñez Gasco não deixa de prosseguir a sua batalha jurídica para resolver a quadratura do círculo: sem-abrigo quer dizer indocumentado e sem documentos não há qualquer meio de conseguir um contrato de trabalho e de, assim, aceder a uma vida decente. Para além da mensagem que manifesta, o projecto de Nuñez Gasco é um combate sempre activo, uma guerrilha táctica contra o peso ubíquo de uma máquina universal de triturar o humano.

PEDRO CUNHA

Malek Abbou

A Invenção de Lisboa

Jeudi 28 septembre **Vertiges**

À Tokyo il y a deux ans, Naomi m'apprenait quelques rudiments de japonais pour ne pas que la ville me dévore trop vite. Ici, dans l'unique pastelaria de Belém c'est la jeune Lídia, bénévole a Luzboa qui m'enseigne les phrases décisives en portugais pour survivre: *(eu) vou descansar, (eu) vou dançar*. Je n'aurais guère l'occasion de les prononcer au *VPF Cream arte* de la Rua da Boavista où l'infatigable Mário me présente une belle variété d'artistes avant que nous ne rejoignions le Jardim de Príncipe Real pour assister á la performance de la danseuse Márcia Lança.

Elle rend des airs de buto japonais entre toutes les artères du cœur de Jana. Ses gestes ressemblent à des idées pour faire entendre que de la contrainte peut naître la beauté. Un corps me parle toujours, je n'en ai jamais vu de muets. Ce qui me laisse incertain, c'est un art multimédia qui s'éprouve parfois dans l'admiration béate des générateurs d'algorithmes. Un art de parade s'est répandu un peu partout en Europe. Un art sans danger et sans aventure, qui raffine sur la privation de sens en faisant mine de tout nous dire alors qu'il balbutie à peine en singeant les codes esthétiques de la peinture ou du dessin les plus traditionnels.

Par le passé, j'ai vu trop d'artistes branchés camoufler leur indigence derrière une surenchère de technologie parce qu'ils ne sont tout simplement pas á la hauteur de leurs nouveaux outils, pas même á la hauteur d'un fusain. Ceux-lá ne font que de l'animation, ceux-là émoussent l'intelligence de la relation.

Comme toujours, de belles exceptions ont lieu. C'est Patrícia qui m'a convaincu de monter dans le *Ceci n'est pas un bus* du redoutable Het Pakt belge, pour une destination qu'il importe de tenir secrète. Je ne dirais rien de l'étonnement, du bonheur a être dupe comme a quinze ans, une fois retiré le foulard noir qu'on vous a demandé de nouer autour des yeux. Ma seule recommandation est celle-ci: allez-y voir par vous-même.

Que tout homme d'esprit qui se sente temporairement devenu idiot, que tout homme qui trouve l'air humide, le temps long et l'atmosphère difficile, que tous ceux-lá se jettent sans attendre dans *ceci n'est pas un bus* et ils verront merveille. Tard dans la nuit, la merveille c'est encore le temps qui s'arrête dans ce décor a la *Blade Runner* du Pavillon Chinois, et c'est ce léger vertige qui me prend en trempant les lèvres dans une liqueur d'amandes, entouré d'amis nouveaux.

VERTIGENS

Há dois anos, em Tóquio, Naomi ensinou-me alguns rudimentos de japonês, para que a cidade não me devorasse demasiado depressa. Aqui, nos Pastéis de Belém, é a jovem Lídia, colaboradora voluntária da Luzboa, que me ensina as frases essenciais de sobrevivência em português (vou dançar, vou descansar...). Mas não terei oportunidade de as utilizar no VPFCream Arte da Rua da Boavista, onde o incansável Mário me apresenta uma bela variedade de artistas, antes de nos dirigirmos para o Jardim do Príncipe Real, para assistir à *performance* da bailarina Márcia Lança. Ela espalha impressões de butô japonês entre todas as artérias do coração de Jana. Tem estes gestos que parecem ideias para dar a entender que a beleza pode nascer da coacção. A mim, um corpo fala-me sempre, nunca encontrei corpos mudos. O que me deixa inseguro é uma arte *multimedia* que se experimenta, por vezes, na admiração embasbacada dos geradores de algoritmos. Uma arte exibicionista que se espalhou um pouco por toda a Europa. Uma arte sem perigos e sem aventura, que se requinta na privação dos sentidos, fingindo dizer-nos tudo, quando pouco mais faz do que balbuciar, macaqueando os mais tradicionais códigos estéticos da pintura ou do desenho. Já vi demasiados artistas vanguardistas a disfarçar a sua indigência por detrás de um excesso de tecnologia, porque, muito simplesmente, não estão à altura dos seus novos instrumentos, nem mesmo à altura de um lápis de carvão. Esses não fazem mais do que animação e vão minando a inteligência da relação.

MALEK ABBOU

ARTISTA

Como sempre, há belas excepções. Foi a Patrícia quem me convenceu a subir no *Isto Não É Um Autocarro* do incrível Het Pakt belga, com um destino que convém manter secreto. Nada direi do espanto, da felicidade de me sentir um ingénuo como aos quinze anos, uma vez retirado o lenço negro com que nos pediram para tapar os olhos. Limito-me a recomendar que cada um vá ver por si mesmo. Que todo o homem de espírito que se sente temporariamente um idiota, que todo o homem que acha o ar húmido, o tempo longo e o ambiente pesado, que todos esses se lancem, sem demora, no *Isto Não É Um Autocarro* e verão uma maravilha. Já tarde, na noite, a maravilha é o tempo que pára nesse cenário à Blade Runner do Pavilhão Chinês e é essa ligeira vertigem que se apossa de mim quando levo aos lábios uma amêndoa amarga, rodeado de novos amigos.

MIGUEL MADEIRA

Vendredi 29 septembre **Fiu**

J'erre sans but, j'ondule dans les bleus rêveurs de Luzboa. Rua do Limoeiro, j'attrape des lueurs calmes dans les feuillages des arbres. Cette partie du parcours me change tout entier en nuages de vapeurs. J'essaye de ne pas faire tomber de pluie, je maintiens l'insouciance cavalière en tentant d'extraire comme une fève de sa cosse, l'appréhension prochaine du départ qui me forme un nœud dans l'estomac.

Trop d'émotions, et ma chair qui ne sait quoi en faire... au-devant, au Largo das Portas do Sol, il y a l'image puissamment auratique de l'artiste Gerald Petit, ce visage lumineux de fille livrée aux étoiles qui clôt ma déambulation. Cet aprés-midi á l'Institut Franco-Portugais, Margarida m'avait remis le programme trés ambitieux de la *Festa do Cinema Francês* à venir.

J'y ai retrouvé tout ce qui se fait de plus alerte et de plus vivant en la matière. J'ai moi aussi des kilomètres de pellicule entre les tempes. Je tourne mon propre film près des orangers de la Sé; un long-métrage infini, atmosphérique, pour dire Lisbonne comme ce chant qui n'a jamais valeur d'égarement. En déambulant, j'ai remarqué la fragilité de la plupart des œuvres des étudiants de l'ESAD.CR. J'aime comme ils expérimentent cette fragilité. Elle est porteuse et il n'est pas vain d'y placer tous les espoirs.

Les visites s'étaient succédées au bar du Bairro Alto Hotel en début de soirée, simples visiteurs, venus seuls ou en famille pour essayer de comprendre le rapport entre mon travail et Luzboa.

Alors, vous aussi vous êtes une lumière?

Non. Mais c'est vous qui commandez l'interrupteur.

Si je leur disais que la lumière, c'est aussi bien la blancheur innée de Lisbonne, les petites tentes du collectif Moov, que l'immobilité calme du Mosteiro dos Jerónimos et sa présence décuplée dans le silence, autant que la folle allure des femmes dans le souffle de la nuit sauvage, ils esquissaient un sourire.

Pedro, un jeune architecte lisboète est venu me conter son expérience madrilène, cette conversion de l'énergie thermique des corps en lumière chaque fois que ceux-là s'adonnent à la rencontre, sans autre préalable que le bon plaisir d'atteindre l'autre.

Nous avons reparlé de cette vie nocturne du Bairro Alto, ce chant des sirènes sans aucun mât pour s'encorder, et il était question d'une fête à laquelle je devais le rejoindre prés des ruines du Carmo, lieu tellurique par excellence. Que Pedro me pardonne, ce soir j'étais fado peut-être, assurément '*fiu*' comme disent les Polynésiens. Je me voulais seul avec Lisbonne ce soir.

FIU

Vagueio sem destino, ondulo nos azuis sonhadores da Luzboa. Na Rua do Limoeiro, apanho luzes tranquilas nas folhas das árvores. Esta parte do percurso transforma-me todo em nuvens de vapores. Tento não fazer cair chuva, mantenho um ar despreocupado, enquanto tento extrair, como a uma fava da sua vagem, a apreensão da partida que se aproxima, que me faz um nó no estômago. Demasiadas emoções e a minha carne já não sabe o que fazer delas... mais à frente, no Largo das Portas do Sol, há uma imagem poderosamente aurática do artista Gérald Petit, esse rosto luminoso de rapariga entregue às estrelas, que encerra a minha deambulação. Nessa tarde, no Instituto Franco-Português, Margarida havia-me entregue o muito ambicioso programa da próxima Festa do Cinema Francês. Nele encontrei tudo o que se faz de mais atento e de mais vivo nesta matéria. Também eu tenho quilómetros de película dentro da cabeça. Rodo o meu próprio filme próximo das laranjeiras da Sé, uma longa-metragem infinita, atmosférica, para recitar Lisboa como um canto que nunca ascende ao desvario. Na minha deambulação, reparei na fragilidade da maior parte das obras dos estudantes da ESAD. Gosto dessa fragilidade, como eles a experimentam. É prometedora. Não é em vão colocar nela todas as esperanças.

MALEK ABBOU

ARTISTA

No início da noite, sucederam-se as visitas ao bar do Bairro Alto Hotel, simples visitantes que vieram, sós ou em família, para tentar compreender a relação entre o meu trabalho e a Luzboa.

"Então, também você é uma luz?"

"Não. Mas é você quem comanda o interruptor."

Sorririam se lhes dissesse que a luz tanto pode ser a brancura inata de Lisboa, as pequenas tendas do colectivo Moov, a imobilidade calma do Mosteiro dos Jerónimos e a sua presença decuplicada no silêncio, como a silhueta louca das mulheres no sopro selvagem da noite. Pedro, um jovem arquitecto lisboeta, veio contar-me a sua experiência madrilena, essa conversão de energia térmica dos corpos em luz sempre que se encontram, sem outro pressuposto que não seja o bom prazer de alcançar o outro. Voltámos a falar da vida nocturna do Bairro Alto, esse canto de sereias, sem mastro para nos amarrarmos, e de uma festa em que fiquei de o encontrar perto das ruínas do Carmo, lugar telúrico por excelência. Que o Pedro me perdoe, mas, nessa noite, eu estava, talvez, fado, certamente *fiu* como dizem os polinésios. Nessa noite, eu queria ficar sozinho com Lisboa.

PEDRO CUNHA

Malek Abbou

A Invenção de Lisboa

Samedi 30 septembre **Un dernier salut au miracle**

En suivant les étoiles sur le trottoir de la Rua do Alecrim, je suis remonté écrire ma chronique ultime pour *Público*, laissant Carlos, Catherine, Hugo et Mário de Príncipe Real finir la nuit dans cette *pasteleira* de Cais do Sodré où nous avions trouvé refuge.

La soirée avait commencé par une jonction impromptue avec un groupe d'Espagnols dans les escaliers de São Cristóvão. Ils nous ont suivi dans l'Alfama, jusqu'au *Céphalopode* avant que les sirènes du Bairro Alto ne nous rappellent au bon souvenir de la *Sagres* bue dans la foule assise de la Rua da Bica.

Seule, une nouvelle averse de pluie pouvait nous faire lever. Le *Frágil* allait fermer. Il n'y avait plus qu'á avancer sur le pavé mouillé, dégoulinants d'eau comme des poulpes sur l'étal d'un pêcheur, la bouche prête á avaler un fleuve.

L'idée générale étant d'investir le *Jamaica* dans ce quartier interlope aux yeux de néons qui vous fait retrouver le sentiment cru de l'existence.

On l'atteint par la minuscule *rua do mundo*, baptisée d'un coup de feutre bicolore sur les murs par un anonyme de cette Lisbonne *born to be mild*. Mais la trop longue file d'attente aux portes du club nous ramena au *Cacau da Ribeira* où les cafés tournaient comme des planètes entre les mains des désœuvrés du petit matin qui résumaient tout le sublime d'une certaine heure avant l'aube.

On pouvait sentir sur chaque peau la petite pression grumeleuse de l'air comme dans une scène de genre flamande, et mes compagnons de nuit devenaient magnifiques. Mais je ne veux pas de mélancolie. J'envoie valdinguer contre un mur ce citron d'or de l'idéal amer. Lisbonne s'invente chaque jour qui vient. Le sentiment me tient qu'il ne faut pas qu'elle se préoccupe trop d'être absolument moderne, parce que c'est là l'unique chose quoi qu'elle fasse, qu'elle ne peut plus éviter d'être.

Luzboa, peu à peu m'est devenue l'expérience concrète, chaque jour plus riche, de cette idée que Robert Filliou traduit par «l'art est ce qui rends la vie plus intéressante que l'art.».

De Lisbonne, je ramène des visages, la lumière de Mário, de Samuel, de Patrícia; celui de l'ami Carlos le surfer d'argent des calçadas sous la pluie, celui de Jana, de Margarida, de Bárbara et de Catherine, de Hugo et de Gerald.

Je m'envole avec la flor de sabugueiro, avec le fantastico cipreste do Buçaco; avec la Lisbonne de la nuit et ses ombres fauves qui crient '*Queremos tudo*' sur les murs; avec la calme, la lente, la blanche, celle qui demeure quoiqu'il arrive ce miracle qui fait durer l'éphémère dans les cœurs.

A ÚLTIMA SAUDAÇÃO AO MILAGRE

Seguindo no passeio as estrelas da rua do Alecrim, subi até ao meu quarto, para escrever a minha última crónica para o PÚBLICO, deixando o Carlos, a Catherine, o Hugo e o Mário do Príncipe Real acabar a noite na pasteleira do Cais do Sodré, onde havíamos encontrado refúgio. A noite havia começado por um imprevisto encontro nas escadinhas de São Cristóvão com um grupo de espanhóis vindo expressamente para ver a Luzboa. Acompanharam-nos em Alfama até ao Cefalópode, até que as sereias do Bairro Alto nos lembrassem as boas memórias da Sagres, bebida entre a multidão sentada na Rua da Bica, quando só mais uma chuvada nos poderia fazer levantar. O Frágil ia fechar, pelo que não nos restava mais do que caminhar pela calçada molhada, a pingar água como polvos na banca de um pescador, mas com a boca pronta para engolir um rio. A ideia era avançar para o Jamaica, nesse quarteirão suspeito com olhos de néon, que nos faz retomar a consciência crua da existência. Chega-se lá pela minúscula "rua do mundo", assim baptizada nas paredes a caneta de feltro bicolor por um anónimo desta Lisboa born to be mild. Mas, uma fila demasiado grande às portas deste clube nocturno levou-nos até ao Cacau da Ribeira, onde os cafés rodavam como planetas entre as mãos dos desocupados da madrugada, que sintetizavam tudo o que há de sublime numa certa hora antes do nascer do dia. Em cada pele, podia sentir-se a pequena pressão grumolosa do ar, como num quadro da pintura flamenga, e os meus companheiros de noite tornavam-se magníficos. Mas nada de melancolia. Lanço contra uma parede esse limão de ouro do ideal amargo. Lisboa inventa-se a cada dia que chega. Sinto que ela não precisa de se preocupar demasiado com o ser absolutamente moderna, porque essa é a única coisa que ela nunca poderá evitar ser. Para mim, Luzboa tornou-se, pouco a pouco, a experiência concreta, cada dia mais rica, dessa ideia que Robert Filliou traduziu por "a arte é aquilo que torna a vida mais interessante do que a arte". De Lisboa, levo também os rostos, a luz do Mário, do Samuel, da Patrícia, do amigo Carlos, o Silver Surfer das calçadas molhadas pela chuva, da Jana Metjkova, da Catherine da Silva, da Margarida, da Bárbara, do Gérald Petit e do Hugo. Também a bela equipa do café do jardim do Príncipe Real, quartel-general da Luzboa, vai partir. Bem que merecia uma fotografia. Bem haja ao diligente pessoal do Bairro Alto Hotel, à Leonor e ao José, excelentes tradutores dos meus desajeitados folhetos, e ao pessoal do Instituto Franco-Português; bem haja, finalmente, ao PÚBLICO, pela confiança que em mim depositou. Parto com a flor de sabugueiro e o fantástico cipreste do Buçaco, com a Lisboa da noite e as suas sombras que gritam "queremos tudo" nas paredes, com a calma, a lenta, a branca, que continua a ser, aconteça o que acontecer, esse milagre que conserva o efémero nos corações.

MALEK ABBOU

ARTISTA

PEDRO CUNHA

Passé minuit

Luzboa c'était des projecteurs, des lampes à induction, des terminaux optiques… une manière d'écologie lumineuse, un pointillisme, un impressionnisme surfacier jouant de contrastes et fabriquant de l'ombre propice aux épanchements sentimentaux. Rua do Limoeiro, l'illumination bleue vous enveloppait comme le creux de l'avant-bras dans le sommeil.

Praça Camões, sur ce point de partage colorimétrique du vert et du rouge, je pouvais choisir de retrouver Véronèse en descendant vers l'Elevador de San Justa, ou bien de remonter vers la puissance enveloppante du rouge jusqu'à atteindre le Jardim Botânico au Príncipe Real. Là-haut, j'ai vécu le rouge au plus direct. À la nuit tombée, il pénétrait tout, peaux, pensées, émotions. J'étais dans un Rothko dissimulé en pleine évidence.

C'a été pour moi une expérience physique de l'immanence, le RGB Project. Il a fait de l'espace une vibration qui poussait à être dans les choses et à vivre dans leur mouvement. Passé minuit, je n'oublie pas cette sensation d'intimité que procurait le parcours, ces sentiments double de fragilité et de force, d'éphémère et d'éternel, d'ouverture et d'enveloppement qui envahissaient au plus près de la peau.

Il y aurait encore mille et une choses à dire sur Lisbonne… la conception du monde qu'elle exprime en termes de déplacement. Tant de villes empêchent la marche. Dans Lisbonne qui déçoit la visée droite, j'ai vécu de mouvements courbes. J'ai compris mieux qu'ailleurs que seules les pensées qui nous viennent en marchant valent quelque chose.

La veille de mon départ, embarqué sur l'Eborense pour joindre Cacilhas en face, le Tage a dirigé mon regard vers le ciel et j'ai pu voir s'étendre un monochrome immense à l'instant de sa fusion la plus complète avec l'horizon. Je pouvais jouir à perte de vue de cette lumière de l'extériorité pure au moment où la distinction entre abstrait et figuratif devenait à peine pertinente.

C'est dire comme Lisbonne n'a pas cessé de faire de l'art. Jusque dans le collectif Luzboa, l'art est devenu *tout ce qui arrive*, et le plus souvent par la bande. Bien des artistes ont retenu quelque chose de cette obliquité, de cette fabrique constante d'aléas qui venait changer la donne et relancer les dés.

Je repense aux lisboètes rencontrés au bar de l'hôtel qui me parlaient de leur ville avec une pudeur désarmante. Chacun d'eux, détenteur d'une portion du chant universel de Lisbonne, chacun d'eux porteur à sa manière des *song-lines** secrètes de la cité ulysséenne.

Les lumières de Lisbonne? Passé minuit, elles sont le réel touché à son point d'équilibre et cette vitesse de libération intime quand le sentiment d'un bonheur sans objet affleure soudain à l'état pur. **MAI 2007**

A Meia-noite passada.

Luzboa era projectores, lâmpadas de indução, terminais ópticos… era sobretudo uma espécie de ecologia luminosa, um pontilhar, um impressionismo de superfície jogando com o contraste e fabricando a sombra propícia às manifestações sentimentais. Na Rua do Limoeiro, a iluminação azul tornava-se silêncio, envolvendo-vos como a dobra do antebraço durante o sono.

No Largo Camões, nesse ponto de partilha colorimétrico das cores verde e vermelha, eu podia escolher entre reencontrar Véronèse ao descer até ao Elevador de Santa Justa, ou então subir na direcção do poder englobante do vermelho até chegar ao Jardim Botânico do Príncipe Real. Lá em cima, vivi o vermelho mais directo. Caída a noite, a cor penetrava tudo, pele, pensamentos, emoções. Eu estava num Rothko dissimulado em plena evidência.

Foi para mim uma experiência física da imanência, o Projecto RGB. Ele abriu espaço a uma vibração que levava para dentro das coisas e a viver no seu movimento. Meia-noite passada, não esqueço aquela sensação de intimidade que procurava o percurso, seus sentimentos duplo de fragilidade e de força, de efémero e eterno, de abertura e de envolvimento que nos invadia à flor da pele.

Haveria mais mil e uma coisas a dizer sobre Lisboa… a concepção do mundo que ela exprime em termos de deslocação. Tantas cidades dificultam o caminhar. Em Lisboa, que desilude o olhar a direito, vivi movimentos curvos. Compreendi melhor que noutros lugares que apenas os pensamentos que nos ocorrem ao caminhar têm algum valor.

Na véspera da minha despedida, embarcado no Eborense para me deslocar a Cacilhas, mesmo em frente, o Tejo dirigiu o meu olhar para o céu e eu pude ver estender-se uma monocromia imensa no instante da sua mais completa fusão com o horizonte. Pude fruir até perder de vista esta luz da exterioridade pura no momento em que a distinção entre o abstracto e o figurativo começava a tornar-se pertinente.

É dizer como Lisboa não parou de fazer arte. Até ao colectivo Luzboa, a arte tornava-se *tudo o que acontece*, a maior parte das vezes pela excitação. Muitos dos artistas retiveram algo desta obliquidade portuguesa, desta fábrica constante de probabilidades que vinha mudar o jogo e relançar os dados.

Penso de novo nos lisboetas que vieram ter comigo ao hotel, falaram-me da sua cidade com um pudor desarmante. Cada um deles, detentor de uma porção do canto universal de Lisboa, cada um deles portador, à sua maneira, das *song-lines** secretas da cidade.

E as luzes de Lisboa? A meia-noite passada, elas são o real tocado no seu ponto de equilíbrio e essa velocidade de libertação íntima quando o sentimento de uma felicidade sem objecto aflora de repente e em estado puro. **MAIO 2007**

* Cf. *Les pistes de chant*, de Bruce Chatwin, au sujet des cartographies chantées des Aborigènes d'Australie.

* Cf. *O Canto Nómada*, de Bruce Chatwin, sobre as cartografias cantadas dos Aborígenes da Austrália.

A peça de Jana Matejkova era, no projecto inicial, era um labirinto linear, abstracto electrocardiograma da cidade; porém, por desejo expresso da artista, fascinada pelo local escolhido para intervir, seria adaptada *in situ* à presença física de uma árvore monumental, desenvolvendo-se em torno dela e adaptando-se à vivência do Café-restaurante anexo. Ao longo da Bienal, esta intervenção revelou-se um agradável ponto de encontro para muitos dos participantes e visitantes, ao som de uma banda sonora realizada a partir da gravação de sons do coração da própria artista. No dia da performance por Márcia Lança, baseada no butô japonês, a instalação demonstrou as virtualidades até aí apenas imaginadas, conseguindo a performer a proeza de dançar por entre o emaranhado de cordões de luz. *Jana Matejkova é uma jovem artista cuja participação foi sugerida por Magdalena Jetelová.* **MC**

The piece by Jana Matejkova was, in the beginning, a linear labirynth, an abstract electrocardiogram of the city, but the artist, fascinated with the chosen spot for the intervention, eventually adapted it, in situ, to the physical presence of a monumental tree, evolving around it and adapting its artistic function to the closeby restaurant-bar. During the Biennale, the piece became a pleasant meeting point for many participants and visitors, to the soundtrack of a mix of sounds including the artist's heart-beat. On the day of the performance by Márcia Lança, inspired by Japanese Butô, the installation presented some virtualities until then just imagined, since the performer managed to dance between the intricate lines. *Jana Matejkva is an artist whose participation was suggested by Magdalena Jetelová.* **MC**

Jana Matejkova REPÚBLICA CHECA CZECH REPUBLIC + Carlos de Abreu PORTUGAL

Coração-Labirinto

INSTALAÇÃO URBANA URBAN INSTALLATION

Jardim do Príncipe Real 21 > 30.9

Música Music **Petr Vysohlid, Dídio Pestana, Marek Bradác**

Dança Dance **28.9 Márcia Neto Lança**

APOIOS/COLABORAÇÃO
SUPPORT/COLLABORATION
EMBAIXADA DA REPÚBLICA CHECA
EMBASSY OF THE CZECH REPUBLIC
CENTRO NACIONAL DE CULTURA
RESTAURANTE-BAR DO PRÍNCIPE REAL
BAZAR DO VÍDEO

Por ocasião da segunda Luzboa, criei, em colaboração com Carlos de Abreu, uma instalação de luz de nome *Coração-Labirinto*. Todo o projecto baseou-se na imagem de um coração encarado como espaço criativo pulsante; alguns outros artistas foram convidados a participar neste projecto e tornaram-se assim parte do labirinto.

Escolhi o tema do coração intencionalmente, uma vez que é para mim um dos mais significativos símbolos da Identidade e Cultura Portuguesas. A instalação propriamente dita foi realizada no Jardim do Príncipe Real, no princípio do percurso da Luzboa. É o coração onde tem início ou termina toda a circulação. Foi esta a principal razão por que coloquei o *coração-labirinto* no início do percurso, num ponto que é, coincidentemente, o centro – o coração – de Lisboa. A base da instalação foi um esboço evocando o coração. A instalação de luz foi criada por meio de vários metros de mangueira-de-luz vermelha. A mangueira foi atada em certos pontos por meio de um arame fino, gerando um espaço circular limitado, em torno da árvore. Graças a uma composição de linhas de luz entrecruzadas, sugerindo diferentes direcções, criei gradualmente um complexo labirinto, cuja forma evocou a impressão

On the occasion of the second edition of Luzboa, I created, in cooperation with Carlos de Abreu, a light installation called *Heart-Labyrinth*. The whole project was based on the image of a heart regarded as a pulsating creative space; a few other artists were invited to take part in this project and thus become part of this labyrinth.

I chose the subject of a heart intentionally, as it is for me one of the most significant symbols of Portuguese culture and identity. The actual installation was placed in Jardim do Príncipe Real, at the very beginning of the whole Luzboa path. It´s the heart where all the circulation begins and ends. That was the main reason why I placed *Heart-Labyrinth* at the beginning of the whole Biennale course, which was, coincidentally, at the very centre –

Jana Matejkova + Carlos de Abreu

Coração-Labirinto

de uma arquitectura ou de um espaço construído em movimento de levitação. Ao mesmo tempo, proporcionei movimentos lentos e limitados no seio da instalação.

Havia no início alguns candeeiros de rua, em torno do labirinto, que pertenciam ao café próximo. Transformei esses candeeiros em 'candeeiros de som', recorrendo a um sistema de som. Estes novos sistemas sonoros seriam depois alinhados com as direcções e os acentos do desenho de luz, e tornaram-se assim parte da própria instalação. A gravação do meu próprio coração foi usada como material-base para os músicos que, inspirando-se nas batidas do meu coração, compuseram música para o *coração-labirinto*. A primeira composição resultou numa peça imaginativa e abstracta. A segunda composição encarou o coração como máquina de ritmos, numa mistura de diferentes estilos e ambientes, do *spoken word* a jogos com as BPM.

Ocorreu uma estranha justaposição do coração como máquina e como brinquedo, e isso tornou a peça um pouco mais séria; há um significado profundo que nos leva a pensar. Durante a concepção do *Coração-Labirinto*, a complexidade da composição levou-me a desenvolver um outro aspecto criativo da instalação. Tratou-se da dança-performance na qual surgiu a questão do corpo entrelaçado e à procura de uma saída no labirinto, tombando numa dança erótica-expressiva e simultaneamente meditativa, ao estilo do Butô.

JANA MATEJKJOVA

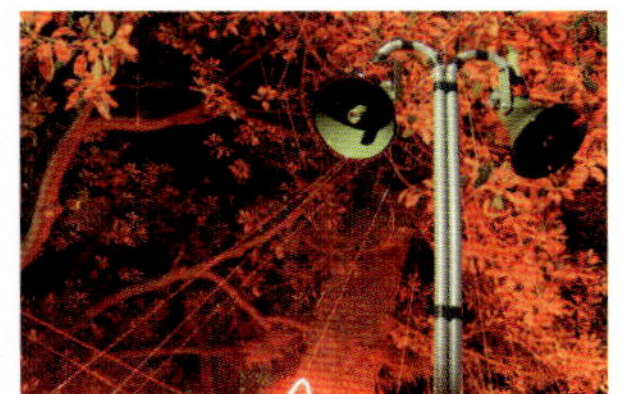

– or heart – of Lisbon. The basis of the installation was a sketch evoking the heart-beat. This light installation was created out of several hundred meters of red light cable. The cable was attached at certain points by a thin wire in order to create a circular space that was limited by a tree and its surroundings. By a composition of light lines and opposing directions of their attachment, I gradually created a complex labyrinth, the shape of which evoked the impression of a levitating construction or architecture. At the same time, it enabled limited, slow movement within the installation.

There were originally a few street lamps, which belonged to a nearby café, surrounding the labyrinth. I transformed these street lamps into 'sound lamps' using a sound system. These newly created sound systems were afterwards joined with the direction and accent of the light sketch, and thus they became a natural part of the whole installation. Sound record of my own heart-beat was used as a basic material for musicians, who composed music for the *heart-labyrinth*, being inspired by the heart-beat. The first composition was inspired by the heart-beat and developed into a very abstract imaginative piece. The second composition regards the heart as a beat machine, it´s a mixture of different styles and moods, of spoken word and pulsating heart in different BPM.

There is a witty juxtaposition of a heart as a machine as well as a toy, and that makes the piece a bit more serious; there is a deeper meaning which makes you think. While creating *Heart-Labyrinth*, I was inspired by the complex composition and movement within it and developed another creative aspect of the installation. It was a dance performance in which there was the aspect of intertwined body and looking for a way through the labyrinth, which was verging on erotic expressive dance and meditative Butô dance.

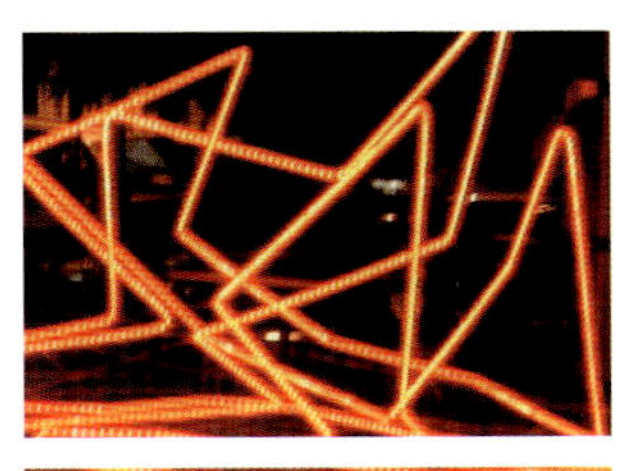

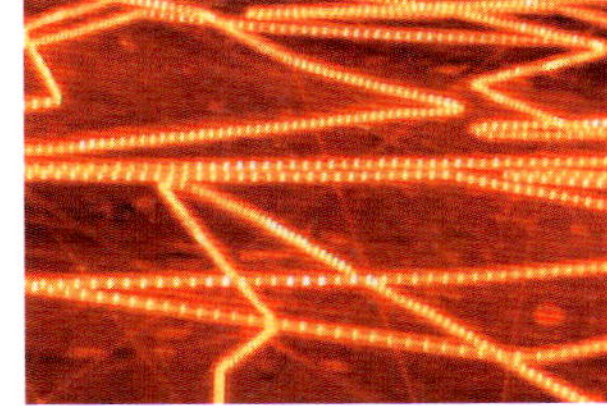

A peça consistiu na construção *in situ* de um abrigo em madeira de acesso livre, remetendo para a memória infantil da 'casa na árvore'. O muito jovem autor, recentemente licenciado, foi uma das revelações do evento: na sua primeira experiência num espaço público, teve de enfrentar enormes dificuldades na execução da obra, inicialmente rejeitada pelos frequentadores habituais do Largo, alguns deles marginais. Esta viria porém a ser aceite, e das peças mais queridas pelos visitantes, em particular nas visitas guiadas, durante as quais as pessoas tinham o prazer de ver a cidade de um novo – ainda que efémero – posto de observação. Releve-se ainda o facto de que a peça era também visitável durante o dia, antes de anoitecer. *André Banha é um jovem artista formado na ESAD Escola Superior de Artes e Design das Caldas da Rainha.* **MC**

A wooden site-specific construction of free access, a comfortable space that reminds us of the tree houses of our childhood, offering a completely different perspective of the city. The artist had to face serious difficulties during the production. The piece occupied a public space that some marginal dwellers considered their own. After some initial attrition, artist, daily users of the space and the visitors of the Biennale were collectively caring for this new 'point of view', which could be accessed both during daytime and nighttime. *André Banha is an artist recently graduated in ESAD Arts School of Caldas da Rainha.* **MC**

André Banha PORTUGAL

Abrigo-me

INSTALAÇÃO URBANA **URBAN INSTALLATION**

Largo Trindade Coelho 21 > 30.9

APOIOS/COLABORAÇÃO
SUPPORT/COLLABORATION
ESAD.CR

Enquanto trabalho-em-progresso, *Misérias Ilimitadas* consiste na constituição de uma empresa, com o nome de Misérias Ilimitadas, Lda. No âmbito da Luzboa 2006, a empresa contratou pessoas a partir de um anúncio de imprensa publicado em vários jornais de edição nacional. Uma funcionária recebeu os mais de 300 telefonemas e, em conjunto com o artista, desenvolveram uma pré-selecção solicitando aos candidatos: *Nome, Idade, Telefone, Motivação* e *Ocupação*. Uma vez realizada esta pré-selecção, marcou-se uma data com os dezoito candidatos para uma entrevista na rua – Largo do Calhariz, numa área com 3m² que o artista demarcou com fita adesiva metalizada. Nessa entrevista, Cláudia Maranho [sócia, secretária e directora de recursos humanos], para além de recolher a informação relativa a cada candidato [BI, fotografia tipo-passe, CV, fotocópias do BI, n.º de contribuinte] forneceu a cada um deles um boletim de inscrição, um questionário com 14 perguntas e uma declaração visando a cedência de direitos de imagem; nessa mesma entrevista, um fotógrafo contratado pela empresa realizou uma fotografia com todos os candidatos sentados no solo, costas contra a parede de um prédio urbano, em posição de pedir esmola. Com todo este material, o artista escolheu três pessoas que foram finalmente contratadas pela *Misérias Ilimitadas, Lda.*: Lda. André Magalhães (20), Ricardo Guy (20) e Bruno Gomes (30). No dia seguinte, Núñez Gascou marcou outra entrevista com os seleccionados para lhes explicar em que consistia o projecto, ministrar um *workshop* na rua e assinar um contrato com cada um. O trabalho consistiria em pedir esmola, junto de uma mala de couro negro e um cartaz em que foram montadas frases em néon vermelho, tipicamente utilizadas por mendigos. Estes trabalhadores desenvolveram a sua função no quadro de um contrato com a duração de dez dias, prevendo seis horas de trabalho diárias, com intervalo para jantar, segurança social e o pagamento dos devidos impostos.

Durante os dez dias da Luzboa, *Misérias* foi apresentada em diversos pontos do percurso e envolvente, procurando tirar o melhor partido dos diferentes fluxos urbanos na área e das condições de acesso às caixas de alimentação eléctrica da rede pública, necessárias para iluminar os néons. Quando abordados pelos transeuntes, os mendigos tinham a obrigação de esclarecer a sua situação enquanto empregados da empresa e as suas funções no seio do projecto: *pedir esmola e promover a caridade. Javier Núñez Gasco nasceu em 1971, em Salamanca. A sua prática artística investiga empiricamente, através de processos performativos, as patologias do meio social. Núñez Gasco sente-se responsável pela consciência colectiva, cuja exploração integral, disfarçada de ironia, é o objecto da sua vida e da sua obra.* **MC**

Javier Núñez Gasco ESPANHA SPAIN

Misérias Ilimitadas, Lda.

INSTALAÇÃO URBANA URBAN INSTALLATION

Chiado / Rua do Carmo / Largo do Calhariz / Rua da Misericórdia / Rua Augusta 21 > 30.9

APOIOS/COLABORAÇÃO
SUPPORT/COLLABORATION
EMBAIXADA DE ESPANHA
CLÁUDIA MARANHO
VÍTOR SANTOS
FÁTIMA DINIZ E ASSOCIADOS –
– SOCIEDADE DE ADVOGADOS R.L.

AGRADECIMENTO
ACKNOWLEDGEMENT
CATARINA CAMPINO

As a work in progress, *Misérias Ilimitadas* is actually a company, Misérias Ilimitadas, Lda [*Unlimited Miseries, Ltd*]. In the framework of Luzboa 2006, the company recruited people by placing a job ad in several daily newspapers. The advertisement requested individuals (M/F) that were willing to carry out the activity of begging on the streets of Lisbon between 21st and 30th September 2006. After receiving nearly three hundred calls, interviews were held with eighteen candidates, selected according to criteria of name, age, telephone number, profession and occupation; and motivation for the post. The selection interview was held in a public thoroughfare – Largo do Calhariz –, in an area measuring 3m² that the artist demarcated on the ground using metallic adhesive tape. Within this area, Cláudia Maranho, as Human Resources Manager, received the candidates one by one, first collecting the requested documentation (ID photocopy, passport photo and CV) and then interviewing them personally overseeing the completion of a questionnaire while the others waited in a queue. The job interview ended with a collective photograph, for which all the selected candidates sat on the pavement, side by side, backs against the wall of a building and arms stretched out to beg. In the end the artist hired the three most suitable candidates to work for the company Misérias Ilimitadas, Lda: André Magalhães (20), Ricardo Guy (20) and Bruno Gomes (30). These three people were informed by telephone and invited to take part in a one-day training workshop and then sign a contract. Núñez Gasco, dressed up in a suit, explained the project and gave them the guidelines concerning the behaviour of beggars and told them how to handle the work equipment – a black leather briefcase with the company logo, in golden filigree and a cardboard sign with letters in red neon. According to the contract, the three 'beggars' had to work for ten days, 6 hours a day with a dinner break, insurance paid as well as taxes.

Throughout the Luzboa, *Misérias Ilimitadas, Lda*. was presented in several sites of the circuit and surroundings, trying to take advantage of the most significant urban flows and the sources of municipal electric energy in order to supply energy to the briefcases. If passers-by spoke to them, their obligation was to explain their situation as employees of Misérias Ilimitadas, Lda. and their functions within this project, *to beg and to promote charity work*.

Javier Núñes Gasco was born in 1971, in Salamanca. His artistical practice investigates empirically, by means of performative processes, the pathologies of the social environment. Núñez Gasco is an explorer of the collective conscience. Disquised by irony, this responsability is the object of his life and work. **MC**

NEED MONEY
FOR FOOD AND
TO GO HOME

Gasco, ou a estátua de ferro a arder

La vitrina glacial del arte contemporáneo se transforma en urna para conservar el fósil fabricado, ese en el que está la huella de la muerte y, al mismo tiempo, remite al trabajo siniestro de la taxidermia.

FERNANDO CASTRO FLÓREZ
IN «EL TOCA-COJONES Y EL TEATRO INTEGRAL DE OKLAHOMA»

Na Gulbenkian, no passado Junho, vislumbrei por momentos o Grande Teatro de Oklahoma que Kafka nos deu pela primeira vez a ver em *América*, romance inacabado começado em 1912 e apenas editado postumamente, em 1927. Tratou-se do ensaio-geral da ópera *Metanoite*[1], *d'aprés* Maria Gabriela Llansol, João Barrento, João Madureira, André e. Teodósio, Catarina Campino e… Javier Núñez Gasco. No palco do Grande Auditório, tive uma revelação: sucessivos quadros humanos, comentados por uma monumental projecção vídeo de textos, mostraram como é afinal tão simples, no caso, *fazer ópera* – género-crítico [em crise] por excelência, quanto mais não seja pela sua definição enquanto espectáculo de elite – – e *desfazer essa mesma ópera*, criticamente. Meta-ópera portanto, mas com a rara qualidade de enunciar as contínuas reflexões profundas dos vários autores, diluídos numa espécie de consciência colectiva intangível mas *familiar*, por via de um dispositivo transversal, em fluxo permanente. Se nos limitássemos a enumerar as afirmações de teor ético, estético, político que o espectáculo ironicamente mimetiza, teríamos um excelente mas pouco edificante repositório de *Kulturkritik*; porém, um conjunto de factos plásticos daquele risível *Wunderkammer* fizeram com que o espectáculo superasse fulminantemente essa condição intelectual – em sentido estrito – e se apresentasse com uma dimensão lúdica desarmante. Uma vertente comunicacional. Percebeu-se então que havia ali um sentido de gestão das formas que não vem da ópera, ou do teatro, mas de uma genealogia de projectos que, na Arte contemporânea, têm revisto procedimentos e recolocando na agenda do *poder-fazer*, eterno privilégio do Artista, um sentido de social *partilhado*. No palco convencional da Gulbenkian, carregado de referências,

1 Projecto integrado no Programa do Fórum Cultural 'O Estado do Mundo', com música de João Madureira, libreto de João Barrento a partir de Maria Gabriela Llansol e encenação de André e. Teodósio.

The Office I
(Misérias Ilimitadas, Lda) 2006, 36 x 30 cm

Entrevista de trabalho I Job Interview I
(Misérias Ilimitadas, Lda) 2006, 100 x 81 cm

Casting I
(Misérias Ilimitadas, Lda) 2006, 100 x 80 cm

Gasco, or the burning iron statue

La vitrina glacial del arte contemporáneo se transforma en urna para conservar el fósil fabricado, ese en el que está la huella de la muerte y, al mismo tiempo, remite al trabajo siniestro de la taxidermia.

FERNANDO CASTRO FLÓREZ
IN «EL TOCA-COJONES Y EL TEATRO INTEGRAL DE OKLAHOMA»

Last June, at Gulbenkian, I saw, for a brief moment, the Grand Theatre of Oklahoma that Kafka offered us for the first time in *Amerika*, an unfinished novel started in 1912 and only posthumously published, in 1927. I was at the general rehearsal of the opera *Metanoite*[1], *d'aprés* Maria Gabriela Llansol, João Barrento, João Madureira, André e. Teodósio, Catarina Campino and… for what matters, Javier Núñez Gasco. Watching the stage of the Grand Auditorium, I had a revelation: successive human tableaux, commented by a monumental video projection of texts, showed how simple it can be to *make-an-opera* – a critical genre *par excellence* [also in a crisis], at least if one considers its elitist definition – and to *destroy that very same opera*, critically. One could define it therefore as *metaopera*, but with that rare quality of enunciating the continuous profound reflections of the various authors, dissolved in a sort of collective conscience, intangible *though* familiar, by means of a transversal dispositive, in a permanent flux. If we should limit ourselves to the enumeration of ethical, theoretical, aesthetical, political statements the show ironically mimetizes, we would have an excellent though not edifying repository of *Kulturkritik*; but a set of plastical facts of that almost ludicrous *Wunderkammer* assured that the show fulminantly surpassed that intelectual – in the strict sense – condition and ended up presenting itself with a disarming ludic dimension. A communicative sense. Then one understood there was there a certain management of form[s] that doesn't come from Opera or Theatre, but from a genealogy of Contemporary Art projects that are trying to revise procedures and reset the agenda of the Artist with a sense of a social sharing.

In the conventional stage of Gulbenkian, heavily referenced,

1 A project included in the 'O Estado do Mundo / State of the World' cultural forum programme, with music by João Madureira, libretto by João Barrento based on a book by Maria Gabriela Llansol and scenography by André e. Teodósio.

surpreendi assim os ecos de uma mesma *função* atribuída à Arte por Javier Núñez Gasco aos seus projectos no Espaço Público. Na senda de emergentes 'ismos', de que a Arte Contextual de Ardenne ou a Estética Relacional de Bourriaud são expressões mais estáveis, acontecia ali, mesmo no terreno *positivo* da instituição, o claro desejo de sufragar a função de integrar o campo social nos interstícios das suas incongruências, grangeando inteligências para uma utopia indizível. Por partes… havia uma exposição da própria Arte em fluxo. Havia a utopia de um não-lugar-da-arte, a utopia do próprio não-ser-da-Arte.

À Luzboa, Javi apresentou uma peça complexa ao nível da sua produção e das suas virtualidades simbólicas. *Misérias* revelou-se desde o início não apenas uma obra, mas uma *meta-obra*, excitando o debate nas margens do que se convenciona o *campo da arte*. Como no espectáculo da Gulbenkian, tratou-se de um trabalho com regras explícitas e uma discurso luminosamente evidente.

Em outras obras, Núñez Gasco tem colocado *em jogo* a sua imagem, a sua saúde, a sua identidade, o seu corpo, o seu equilíbrio, o seu ser. São obras que interrogam limites por via de uma disponibilidade para a imolação no palco social. Mas em *Misérias Ilimitadas, Lda*, Núñez Gasco partiu da proposta exterior de uma metáfora operativa, a Luz, para elaborar uma peça-estrutura, com capacidade estratégica ao nível da sua interrelação com os domínios não apenas da Arte, mas dos Media ou do mero quotidiano da Baixa de uma Capital Europeia. Essa faceta explosiva da peça interrogou formal e informalmente, física e retoricamente, limites e condicionantes da vida em sociedade, numa operação que teria por resultado, para muitos, o típico mal-estar quando somos interrogados no campo da ética, com todas as suas implicações, nomeadamente comportamentais e jurídicas.

Se o trabalho de Núñez Gasco sintetiza um modelo de reflexão individual projectado em múltiplas citações de *habitus* sociais – com destaque para o 'mundo da arte' que subtil mas demolidoramente manipula em nome de um projecto de vida que da Arte retira *tudo e nada* – não deixa de ser ele próprio colocação em marcha de um dispositivo que releva de uma ciência [do] social, radicalmente experimental.

Javier Núñez Gasco

Misérias Ilimitadas, Lda.

Workshop I
(Misérias Ilimitadas, Lda) 2006, 50 x 37 cm

Workshop IV
(Misérias Ilimitadas, Lda) 2006, 50 x 37 cm

Assinatura de Contratos Contract Signing
(Misérias Ilimitadas, Lda) 2006, 50 x 37 cm

I was surprised by the echoes of a very same *function* attributed to art by Javier Núñez Gasco in his projects for the Public Space. In the same line of emergent frameworks, such as Ardennes' Contextual Art or Bourriaud's Relational Aesthetics, two of the most well established, something special was happening there on stage, the positive space of the institution: the clear desire to question the social *campus* from its interstices and incongruences, so gathering intelligences for an unspoken utopia. Step by step… there was the exhibition of Art itself in flux. There was the utopia of a non-place for art, the utopia of a non-being of art.

Javi presented in Luzboa a complex piece, both at the level of its production and of its symbolic virtualities. *Misérias* revealed itself from the beginning, not just as a piece, but a *metapiece*, exciting the debate in the margins of what one usually defines as the *field of art*. Just as in the Gulbenkian show, *Misérias* was a work with explicit rules and a luminously evident discourse.

In other works, Núñez Gasco has been risking his image, his health, his identity, his body, his balance, his being. His are works that question limits, by means of an openness for [self-]immolation on the social stage. But in *Misérias Ilimitadas, Lda.*, Núñez Gasco departed from an operative metaphor, Light, to conceive a piece which is simultaneously a structure, with strategical capacity in what concerns its interrelation with Art, the Media or the plain daily life of the Downtown of an European Capital. This explosive facet interrogated, formally and informally, physically and rhetorically, limits and conditions of life in society, in an operation that provoked, as a final result for many, the typical ache when one is interrogated in the field of ethics, with all its implications, namely behavioural and juridical.

If the work of Núñez Gasco synthetizes a model for individual reflexion, projected in multiple quotations of social *habitus* – specially the 'art world', that he in a subtle but demolishing way manipulates, in the name of a life project which from art takes *everything and nothing*, he himself puts in motion a set of dispositives that reveal a radically experimental science of the social.

Núñez Gasco proposes an intersticial art whose strategy for

Núñez Gasco propõe uma arte intersticial nas estratégias de ocupação dos espaços, difusa nas consequências comunicacionais, mas absolutamente controlada nos seus limites e estruturas formais [eis o traço genérico dos maiores artistas, pelo menos daqueles cujo trabalho é simultaneamente um modelo em aberto, transparente e acessível a qualquer interessado]. Por isso é quase irrelevante discutir-se a dimensão estritamente estética – *performance, happening, instalação,* denúncia, provocação, paródia…? – e muito mais interessante inferir os traços de uma táctica de sobrevivência moral num mundo absurdo e alienado. Não é desta que voltarei a Kafka, ainda que fosse ocasião fácil; apenas porque importa mais, nos limites deste texto, explicitar como uma obra que é profundamente dependente dos media – essa hidra do 'baixo'– é ao mesmo tempo um território de liberdade, consciência e autonomia. Não era preciso mais para considerar esta a arte possível e *capaz* para o tempo-écran que nos cerca.

Para o campo cultural, embevecido na sua *taste-trip* egocêntrica e pequeno-burguesa, terá passado despercebido que, no dia em que a Luzboa era chamada de capa nos principais jornais de referência, os 'mendigos profissionais'[2] de Núñez Gasco faziam o pleno das contracapas dos tablóides e jornais sensacionalistas. Com direito, nos dias seguintes, a um bom número de conversas cruzadas na blogosfera. *Réussite* de uma cedência à linguagem *media*? De todo: tão só a eficaz manipulação de uma linguagem plástica como poucas – a retórica – para expor um convincente mecanismo de debate sobre aspectos *tabu* para a opinião pública.

Acusação possível, a de sempre: a Arte solucionou ou apontou soluções para os problemas levantantados [e não estou a falar dos mais evidentes]? Se o retorno crítico ao situacionismo parece ser um traço da contemporaneidade, *tiene mucho de metafísica barata, una suerte de cóctel en el que el marxismo es, ante todo, una pose 'correcta', cuando la mueca cínica domina todas las actitudes teóricas*.[3] Só que… algumas obras evitam o logro do chamamento – o 'vem' que Derrida outorga à Desconstrução ou que subjaz a muita arte participativa – e conseguem ultrapassar a 'pose' ou bandeira para se converterem em cerimónias, rituais geradores de experiência, pulverizando a rotina estética[4], *esa*

2 Ver artigo homónimo de Ferreira Fernandes no *Correio da Manhã*, 16 de Setembro de 2006.

3 Fernando Castro Flórez, in 'El toca-cojones y el teatro integral de Oklahoma'. Assim continua a citação: *Agotada la política de las consignas y transformada la resistencia en hermetismo o, mejor, impuesto el camuflage de la impotencia, lo que quedan son las 'situaciones construidas' menos conflictivas: principalmente bailar.*

André Mendonça I (Misérias Ilimitadas, Lda) 2006, 100 x 80 cm

Bruno Gomes II (Misérias Ilimitadas, Lda) 2006, 100 x 80 cm

Ricardo Cruz I (Misérias Ilimitadas, Lda) 2006, 100 x 80 cm

the occupation of spaces results in diffuse communicational consequences, though is absolutely controlled in its limits and formal structures [a generic trace of the greatest artists, at least of those whose work is at the same time an open model, transparent and at the disposable of everyone interested]. That is why it is almost irrelevant to debate the strictly aesthetical dimension – *performance, happening, installation*, denunciation, provocation, parody…? – and much interesting to infer the traces of moral survival tactics in an absurd and alienated world. I won't go back to Kafka right away, though it would be easy; just because it is more important to show, within the limits of this text, how a work which is deeply dependant on the media – the hydra from 'below' – is at the same time a territory of freedom, conscience and autonomy. We wouldn't need more to consider this a possible and *capable* art for this screen-time that surrounds us.

The cultural world, enraptured in his egocentric and petit bourgeois taste-trip, probably didn't notice that in the very same day Luzboa managed to be the headlines in the reference papers, the 'professional beggars'[2] filled the back covers of all tabloids and sensationalist papers. On the following days, a good number of crossed conversations could be read in the blogosphere. *Réussite* of a retreat in face of media language? Not at all: just the efficient manipulation of a language *plastic* as few – rhetoric – in order to expose a convincing mechanism to debate certain issues that are tabou for the public opinion.

Possible accusation: the same as ever: did Art solve any problem or at least point out solutions for some of the issues raised [and I'm not talking about the most evident]? If the critical return to Situationism seems to be a feature of contemporaneity, *tiene mucho de metafísica barata, una suerte de cóctel en el que el marxismo es, ante todo, una pose 'correcta', cuando la mueca cínica domina todas las actitudes teóricas.*[3] But… some works avoid the hoax of the calling – the 'come on' that Derrida assigns to Deconstruction or that is the base for a lot of participative art – and manage to go beyond 'the pose' and the flag in order to convert themselves in ceremonies, rituals generating experiences, pulverizing aesthetic routine[4], *esa hibernación pavorosa en la que están localizadas muchas obras.*[5] Works like this by Núñez Gasco

2 Cf. homonymous article by Ferreira Fernandes in *Correio da Manhã*, September 16th, 2006.

3 Fernando Castro Flórez, in 'El toca-cojones y el teatro integral de Oklahoma'. The quotation continues like this: *Agotada la política de las consignas y transformada la resistencia en hermetismo o, mejor, impuesto el camuflage de la impotencia, lo que quedan son las 'situaciones construidas' menos conflictivas: principalmente bailar.*

4 Namely the ones of bank employees, security forces or the workers of the technical services of the City, with whom the artist and the organization of the Biennale held contacts.

5 Fernando Castro Flórez, in 'El toca-cojones y el teatro integral de Oklahoma'.

hibernación pavorosa en la que están localizadas muchas obras.[5] Obras como esta de Núñez Gasco celebram portanto o Espaço Público, enquanto território urbano e conceito existencial. Isto num registo que não o da mera *teatralização do social*, mas de concentração *em fluxo*, em aberto e em progresso, da própria *plasticidade* desse social. Recusam o conforto do proscénio [da Arte], *dispõem-se* como reformulação contemporânea do Realismo. Neste caso, no quadro do que Javier denomina '*ready made* institucional'.

Para a Luzboa, foi acima de tudo uma experiência directa do urbano e das suas *consequências*, um exercício de contacto com o Outro [mais que o Outro habitual da relação classe dominante / público cultural, não deixo de destacar a importância de inúmeros transeuntes terem tido contacto com o *Outro da Arte* que foi o próprio Núñez Gasco em acção]. Uma *iluminação* pois, fugaz, frágil, contestada e inquirida a partir de várias esferas do poder executivo da cidade, mas recebida com absoluto *fair-play* e curiosidade natural por parte de quem mais interessava atingir: o espectador comum, próximo, em relação.

A essência deste trabalho profundamente humano foi surpreendida por Malek Abbou numa das suas crónicas: *Para além da mensagem que manifesta, o projecto de Núñez Gasco é um combate sempre activo, uma guerrilha táctica contra o peso ubíquo de uma máquina universal de triturar o humano.*[6] Mas é Delfim Sardo que nos ajuda a indagar o *modo* estritamente artístico por via do qual o artista leva o seu projecto avante: *É uma constante do teu trabalho adoptar essa postura de te situares 'do outro lado', mostrando o reverso da moeda* [...]?[7] *Intrusão virulenta*[8], nas palavras do próprio artista, para quem a moeda, afinal, ainda que caindo ao solo, *é como se não parasse de rodopiar...*

Se a ironia e a dimensão lúdica desta obra prevalecessem, não teria a mesma, quanto a mim, mais interesse que qualquer excrecência da estética do dejecto e da irrisão que povoa inúmeras colecções, museus e exposições. Mas aqui, como em Kafka, o absurdo é actuante. *Para Javier Núñez Gasco lo artístico se ha convertido en un juego con el que conjurar ese panorama de estímulos inconexos y discontinuos que nos mantienen aferrados a la promesa de premios sabiamente*

4 Inclusive a dos funcionários bancários, fiscais das finanças, forças de segurança ou técnicos camarários com quem o artista e a Organização da Bienal mantiveram contactos.

5 Fernando Castro Flórez, in 'El toca-cojones y el teatro integral de Oklahoma'.

6 *Público*, 28 Setembro, 2006.

7 In 'Un lugar sin nombre', entrevista de Delfim Sardo a Javier Núñez Gasco. *Javier Núñes Gasco*, DA2 Domus Artium 2002, Salamanca, 2007.

8 Idem.

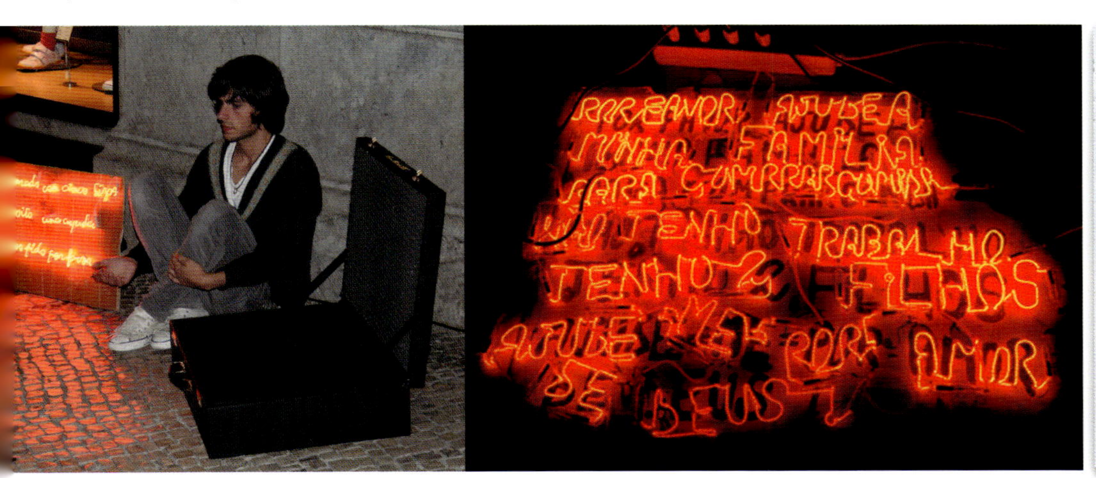

REPÚBLICA PORTUGUESA

CARTÃO DE IDENTIFICAÇÃO DE PESSOA COLECTIVA

Número de Identificação (NIPC): 507873050

Nome, Firma ou Denominação: MISÉRIAS ILIMITADAS LDA

Domicílio ou Sede: LISBOA

Caracterização Jurídica: SOCIEDADE POR QUOTAS

Data de Constituição: 29/09/2006

Actividade Principal: 85324

Cartão de Identificação de Pessoa Colectiva (Misérias Ilimitadas, Lda) 2006, 77 x 108 mm

thus celebrate Public Space both as and urban territory and an existential concept. Though in a mode which is not of plain *theatricalization of the social*, but of the concentration – *in flux*, openly and in progress – of the very plasticity of the social. They refuse the comfort of the *proscenium* [of Art], assumimg themselves as a contemporary reformulation of Realism. In this case, in the framework of what Javier calls the *institutional ready-made*.

For Luzboa, it was above all a direct experience of the urban and its *consequences*, an exercise of contact with the Other [not just the Other of the relation between ruling class and cultural public, but, more effectively, the importance of many visitors having a contact with the *Other of Art*, Núñes Gasco at work]. Of course, one more *illumination*, fugacious, fragile, contested and inquired by various spheres of the executive power of the city, though received with absolute fair play and natural curiosity by the ones it was most important to address: the common spectator, in proximity, in relation.

The essence of this profoundly human work was grasped by Malek Abbou in one of his chronicles: *Beyond the message it manifests, the project by Núñez Gasco is an always active combat, in a tactical guerrilla against the ubiquitous weight of a machine capable of triturating the Human.*[6] But it is Delfim Sardo who helps us to investigate the *mode* in strictly artistic terms by which the artist develops his projects: *It is a constant element in your work to put yourself, 'on the other side', showing the other side of the coin* [...]?[7] *Virulent intrusion*[8] in the words of Gasco himself, for whom the coin, even after falling on the floor, *it is as if it doesn' stop spinning.*

If the irony and ludic dimension of this work were to prevail, it woudn't, as far as I'm concerned, be more interesting than any other aesthetic excrescence of the Aesthetics of *Dejection and Derision* one can find everywhere in collections, museums and exhibitions. But here the absurd is, as in Kafka, active. *Para Javier Núñez Gasco lo artístico se ha convertido en un huego co el que conjurar ese panorama de estímulos inconexos y discontinuos que nos mantienen aferrados a la promesa de premios sabiamente dosificados por el poder adquisitivo. La estadística del éxito convierte esas promesas difundidas para todos en mentiras para la mayoría. Lo artístico se vuelve*

Javier Núñez Gasco

Misérias Ilimitadas, Lda.

6 *Público*, September 28th, 2006.

7 In 'A Place without a Name', Javier Núñez Gasco interviewed by Delfim Sardo. *Javier Núñes Gasco*, DA2 Domus Artium 2002, Salamanca, 2007.

8 Idem.

9 Víctor del Río, in 'Reflejos del Juego'.
10 Carlos Trigueros.
11 A obra consiste num fósforo gigante, da altura do artista. O seu detentor 'consuma-a' apenas quando ela for acendida de encontro a uma parede, onde ficará impressa a marca negra da rápida combustão.
12 Jean Clair, *De Immundo. Apophatisme et apocatastase dans l'art d'aujourd'hui*, Galilée, Paris 2004.
13 Christine Buci-Glucksmann, *Estétique de l'ephémère*, Galilée, Paris, 2003.
14 Na Lisboa Capital do Nada – Marvila 2001, a peça de Tropa foi realizada sem prévio conhecimento do seu teor por parte da Coordenação, e jamais, até hoje, seria sequer vista por qualquer membro da equipa. Constará, acreditamos, do arquivo da Junta de Freguesia, a quem foi entregue enquanto símbolo objectivo do Poder Democrático local.

dosificados por el poder adquisitivo. La estadística del éxito convierte esas promesas difundidas para todos en mentiras para la mayoría. Lo artístico se vuelve así una ludopatía invertida, una consciencia crítica que revierte un proceso de reflejos condicionados para afirmarse en la ironía. […] *Javier Núñez Gasco ensaya haí una respuesta estética al enorme potencial de estímulos con que nuestro mundo reviste sus ofertas y sus promesas siempre postergadas.*[9] Como que *indexando comportamentos*[10], o Artista – reencarnação de palhaço-ilusionista-bobo-santo – mapeia-nos incongruências e logros que subsistem não apenas no quotidiano mas na própria filosofia e essência da nossa urbanidade, brutais na sua inevitável banalidade.

A ideologia, aqui, é liminarmente ultrapassada, assim parece; mas o que alguns entendem como *religião unipessoal* [ainda Trigueros], prefiro ver como contributo único e indivisível, missão portanto, Missão. Daí fazer sentido evocarmos uma obra como *Autorretrato*, de 2005[11]. Essa obra que pode ser várias vezes repetida na sua unicidade, em diversos lugares, em diferentes condições da existência, em acto de imolação plenamente auto-justificado porque espiritual. Kafka usava o termo 'indestrutível', tão mais apropriado à figura e ao desígnio de Javi.

Em suma, há artistas que tudo o que tocam transformam em resíduo – ver a profunda crítica da Arte Dejectual empreendida por Jean Clair em *De Immundo*[12]. E há artistas que tudo o que tocam iluminam; e, neste caso, também 'incendeiam'. Há os consumidos e os que *por nós, em nós*, se consomem. Conferir a luz-em-fluxo tal como enunciada por Christine Buci-Glucksmann em *Esthétique de l'Éphémère*[13].

Porque artista em contínua combustão, programar Núñez Gasco numa Bienal é no mínimo um risco; temos medo dele. Como noutro tempo tive oportunidade de ver em Francisco Tropa[14], sabemos porém, ao mesmo tempo, que cada gesto virá enformado de uma *gravidade* genial, e de uma *graça* veloz. *Gravity and grace*, fugidias como o tempo, mas *ali*, prontas para um contacto directo com os fruidores casuais: *Como artista, quiero dar a mis obras la apertura suficiente para que sea el espectador quien emita el veredicto final. Renuncio voluntaria y conscientemente al papel de juez privilegiado.*

Cartão de Contribuinte de Pessoa Colectiva (Misérias Ilimitadas, Lda) 2006, 59 x 85 mm

Tarjeta de crédito Credit Card (Misérias Ilimitadas, Lda) 2006, 59 x 85 mm

Tarjeta de débito Debit Card (Misérias Ilimitadas, Lda) 2006, 59 x 85 mm

9 Víctor del Río, in 'Reflejos del Juego'.
10 Carlos Trigueros.
11 Reproduction of a match measuring the same size as the artist, leant against a wall. The owner 'consummates' it only after light is set to it. The smoke stain on the wall will become the black trace of a quick combustion.
12 Jean Clair, *De Immundo. Apophatisme et apocatastase dans l'art d'aujourd'hui*, Galilée, Paris 2004.
13 Christine Buci-Glucksmann, *Estétique de l'ephémère, Galilée*, Paris, 2003.
14 For Lisboa Capital do Nada – Marvila 2001 / Lisbon Capital of Nothing– Marvila 2001, Tropa produced a piece whose physical characteristics were unknown to the Coordinationof the event; in fact, the object would never be seen by any member of the team It is part, we think, of the Archives of the District Council, since the artist expressed such wish, according to the declared goal of offering art to the objective symbol of local Democratic Power.

así una ludopatía invertida, una consciencia crítica que revierte un proceso de reflejos condicionados para afirmarse en la ironía. […] *Javier Núñez Gasco ensaya haí una respuesta estética al enorme potencial de estímulos con que nuestro mundo reviste sus ofertas y sus promesas siempre postergadas.*[9] As if indexing behaviour[10], the Artist – reincarnation of clown, illusionist, buffoon-saint – maps incongruences and hoaxes that subsist not only in daily life, but in the very philosophy and essence of our urbanity, brutal in their inevitable banality.

Ideology here, is gone. So it seems; what some consider a *unipersonal religion* [still Trigueros], I prefer to see as a unique and indivisible contribution, let's say a Mission. That is why one could recall a piece like *Self-Portrait* [2005][11] Such a piece can be several times repeated in its unicity, in different places, in different situations of existence, in an immolation act that is totally justified because it is spiritual. Kafka used the term 'indestructable', so more appropriated for the figure and the goal of Javi.

Summing up, there are artists that transform in residues everything they touch – cf. the profound critique of Deject Art undertaken by Jean Clair, in *De Immundo*[12]. There are artists that everything they touch is illuminated; in this case, set on fire. There the consumed ones and the ones who *for us, in us*, consume themselves. Cf. light-in-flux as it is stated by Christine Buci-Glucksmann in *Esthétique de l'Éphémère*[13].

Because he is an artist in permanent combustion, to invite Núñez Gasco for a Biennale is, to say the least, a risk; we are afraid of him. Just as in another occasion I had the opportunity to confirm with Francisco Tropa[14], we know each gesture by the artist will be enformed by a certain genius gravity, a certain velocity grace. *Gravity and grace*, evanescent like time, but *there*, ready for a direct contact with casual fruition: *Como artista, quiero dar a mis obras la apertura suficiente para que sea el espectador quien emita el veredicto final. Renuncio voluntaria y conscientemente al papel de juez privilegiado. Es más, siempre espero que las diversas lecturas de cada espectador enriquezcan y superen mis propias expectativas. Personalmente, me siento totalmente inmerso en esas realidades y por eso mismo no deseo valorarlas.*

Es más, siempre espero que las diversas lecturas de cada espectador enriquezcan y superen mis propias expectativas. Personalmente, me siento totalmente inmerso en esas realidades y por eso mismo no deseo valorarlas. Soy, no sólo cómplice sino protagonista, es decir, soy el propio conflicto.

Statement de cidadania artística. De coragem perante a existência. Mas também percepção da contingência das coisas, enquanto programa de conhecimento: *Me sería imposible hablar de lo que no conozco, de lo que no he vivido. Por lo tanto, y a pesar de sentirme envuelto en esas realidades, intento volar sobre ellas en una especie de esquizofrenia más o menos controlada.*[15] De obra em obra[16], num *continuum* de acções interligadas, o projecto artístico de Núñez Gasco encontrou na Luzboa uma das suas expressões mais felizes, porque mais objectivamente ancorada num real de proximidade, em espaços públicos frequentados por milhares de pessoas que interagiram com a obra aos mais diversos níveis e com consequências absolutamente díspares. Também uma das expressões mais felizes porque concretizou algumas premissas do evento que as obras mais visuais, em sentido estrito, não poderiam empreender. Refiro-me à capacidade de ser simultaneamente hiper-realista e abstracto[17]; de, por via da Luz, tanto em sentido material como figurado, *comunicar* e *ser* Arte, em simultâneo e sem fragilizar qualquer destes pólos da criação.

Afirma Gasco: *Digamos que coloco interruptores, que expongo ideas para que cada persona saque sus conclusiones. El espectador forma parte de la obra, la completa.*[18] Espero eu que o leitor complete, por sua vez, o desafio deste texto: o de procurar surpreender nos Gascos deste mundo o modelo confrontacional para uma verdadeira 'arte do espaço público', esplendor [e *miséria*?…] da indeterminação e da utopia em construção. Porque o círculo não se completa, é espiral ilimitada, rizoma em *volta da verdade*, nomeando tão somente os dados limitados do discurso e da gramática social, num murmúrio, cujo eco, porém, não cessa. *Misérias Ilimitadas, Lda.*, a empresa, há-de se expandir, internacionalizar-se, vender acções, cotar-se na bolsa, empregar jovens com 'boa apresentação' que busquem um futuro melhor. Numa Bienal, como na Vida perto de si.

MÁRIO CAEIRO

15 In 'Un lugar sin nombre', entrevista de Delfim Sardo a Javier Núñez Gasco. *Javier Núñes Gasco*, DA2 Domus Artium 2002, Salamanca, 2007.

16 Indispensável conferir a exaustiva monografia *Javier Núñes Gasco*, DA2 Domus Artium 2002, Salamanca, 2007.

17 Delfim Sardo, na supracitada entrevista. *Javier Núñes Gasco*, DA2 Domus Artium 2002, Salamanca, 2007.

18 Idem.

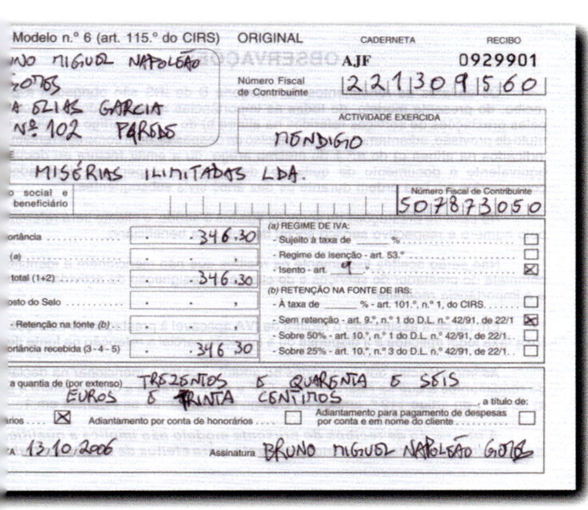
Modelo n.º 6 (art. 115.º do CIRS) ORIGINAL CADERNETA RECIBO
AJF 0929901
Número Fiscal de Contribuinte 221309560
ACTIVIDADE EXERCIDA: MENDIGO
MISÉRIAS ILIMITADAS LDA.
Número Fiscal de Contribuinte 507873050
346.30
346.30
346.30
(a) REGIME DE IVA:
- Sujeito à taxa de ___ %
- Regime de isenção - art. 53.º
- Isento - art. 9.º ☒
(b) RETENÇÃO NA FONTE DE IRS:
- À taxa de ___ % - art. 101.º, n.º 1, do CIRS
- Sem retenção - art. 9.º, n.º 1 do D.L. n.º 42/91, de 22/1 ☒
- Sobre 50% - art. 10.º, n.º 1 do D.L. n.º 42/91, de 22/1
- Sobre 25% - art. 10.º, n.º 3 do D.L. n.º 42/91, de 22/1
a quantia de (por extenso) TREZENTOS E QUARENTA E SEIS EUROS E TRINTA CENTIMOS, a título de:
Adiantamento por conta de honorários
Adiantamento para pagamento de despesas por conta e em nome do cliente
13.10.2006 Assinatura BRUNO MIGUEL NAPOLEÃO GOMES

Recibo Verde Invoice

(Misérias Ilimitadas, Lda) 2006, 85 x 150 mm

BANCO ESPIRITO SANTO MISERIAS ILIMITADAS LDA
VÁLIDO ATÉ 2007-11-09
NIB 0007 0000 00195285736 23
CONTA 0001 9528 5736
CHEQUE 0171161.1
P. DO CHILE
Pague por este cheque: EUROS
Assinatura(s)
Local de Emissão
à ordem de
a quantia de
Z. Interbancária | Número de Conta | Número de Cheque | Importância | Tipo
00070000< 00195285736+ 1701711611> 22+
É favor não escrever nem carimbar neste espaço

Cheque Check

(Misérias Ilimitadas, Lda) 2006, 85 x 150 mm

Misérias Ilimitadas, Lda

Mendigos (M/F)

Empresa procura indivíduos para desempenhar funções de pedintes pelas ruas da cidade de Lisboa (Zona Baixa/Chiado) entre 21 e 30 de Setembro de 2006 (6h/dia).

Requisitos

Residência na zona da Grande Lisboa
Idade superior a 18 anos
Boa apresentação
Facilidade de comunicação
Ambição e vontade de superação individual
Disponibilidade imediata

Oferecemos

Integração em empresa sólida com bom ambiente em fase de expansão
Plano de formação adequado
Possibilidades de evolução de carreira
Contrato de trabalho temporário
Remuneração fixa de 300 + comissões na proporção do empenho do candidato

Candidaturas

Contactar Cláudia Maranho ou Javier Núñez Gasco para o número 962670397

Valorizam-se candidatos com experiência prévia e fluência em vários idiomas

Anúncio de imprensa
Newspaper ad
(Misérias Ilimitadas, Lda) (Público, 'Classificados', 15 de setembro 2006 September 15th 2006, p. 57) 2006, 400 x 557 mm

Soy, no sólo cómplice sino protagonista, es decir, soy el propio conflicto.

A statement of artistic citizenship. Of courage towards existence. But also of plain perception of the contingency of things, as a knowledge programme: *It would be impossible to speak about things I don't know anything about, what I haven't experienced. Therefore and despite feeling wrapped up in these realities, I try to fly above them in a kind of schizophrenia, more or less controlled.*[15]

Work after work[16], in a *continuum* of interrelated actions, the artistic project of Núñez Gasco found in Luzboa one of its happiest expressions, since objectively anchored in a proximity reality, public spaces inhabited by thousands of people who interacted with the piece at the most diverse levels and with absolutely dissimilar consequences. Also one of its happiest expressions because rendering concrete some of the premises of the event which the more visual pieces woudn't be able to reflect upon. I refer to the capacity of being at the same time hiperrealist and abstract[17]; of, through the use of Light, both in a material and figurative sense, *communicating* and *being* Art simultaneously, without weakening any of these two poles of creation.

Says Gasco: *Let's say I install switches, I expose ideas so that each person can draw their own conclusions. The viewer forms part of the work, completes it.*[18] I hope the reader as well completes this defying text: trying to find in the work of the Gascos of this world – and they are not so many – the confrontacional model for a real 'art of public space', splendour [and *misery*?…] of indetermination and ever-in-progress utopia.

Because the circle is not to be completed, it is an endless spiral, rhizome *around the truth*, naming the limited data of discourse and the social grammar, in a murmur, whose echo, though, doesn't ever stop. *Misérias Ilimitadas, Lda.*, the company, shall expand, internationalize, sell shares, quote prices in the Stock of Exchange, seek youngsters with a 'good presentation' that search for a better future. At some Biennale, as well as in life at your door.

15 In 'A Place without a Name', Javier Núñez Gasco interviewed by Delfim Sardo. *Javier Núñes Gasco*, DA2 Domus Artium 2002, Salamanca, 2007.

16 It is essential to check the complete monography *Javier Núñes Gasco*, DA2 Domus Artium 2002, Salamanca, 2007.

17 Delfim Sardo, in the same interview. *Javier Núñes Gasco*, DA2 Domus Artium 2002, Salamanca, 2007.

18 Idem.

Grandeza e enigma condensados num objecto simultaneamente reconhecível e estranho, que adquiriu a beleza e o estatuto de uma jóia – ou pelo menos de um original mobiliário urbano –, ao reforçar a elegância e o significado de um espaço urbano particular, uma das praças mais nobres da Capital. Esta foi outra das peças mais fotografadas e referenciadas nos jornais, e também, certamente, uma das mais físicas e mais atractivas, pois foi frequente os visitantes não resistirem a 'tocar a lua'. Tratou-se de uma instalação surreal que ofereceu/exigiu aos transeuntes uma disponibilidade para a imaginação. *Bruno Peinado nasceu em 1970. Vive e trabalha em França. As suas intervenções urbanas são um diálogo com imagens-chave da história da arte e da sociedade contemporânea.* **MC**

Grandeur and enigma condensed in an object both recognizable and strange, aquiring the beauty of a jewel – or at least of an original urban furniture –, reinforcing the significance of a particular urban space, one of the most noble squares in Portugal. This was one of the pieces most photographed and spoken of, for its physicality and power of attraction: many visitors couldn't resist to 'touch the moon'. A surreal installation that offered/demanded the visitors availability for the imagination. *Bruno Peinado was born in 1970. Lives and works in France. His interventions are a dialogue with key-images of the history of art and contemporary society.* **MC**

Bruno Peinado FRANÇA FRANCE

Lune

INSTALAÇÃO URBANA URBAN INSTALATION

Largo de São Carlos 21 > 30.9

APOIOS/COLABORAÇÃO
SUPPORT/COLLABORATION
IFP
GALERIE LOEVENBRUCK
SUÍÇO ATLÂNTICO HOTEL

AGRADECIMENTO ESPECIAL
SPECIAL ACKNOWLEDGEMENT
HERVÉ LOEVENBRUCK

DEMO_polis // território de emergência e contaminação social propôs uma perspectiva de alojamento improvisado e temporário, explorando o contraste entre um modo de vida consolidado, mas egoísta, e um modo de vida precário mas gerador de cruzamentos de indivíduos, crenças, culturas. Ao projecto desenvolvido pelos MOOV é inerente uma atitude polémica e a tentativa de construção de um espaço de contacto social, materializado por quinze tendas temáticas, cada uma com um programa específico que redundava numa panóplia de ambientes. A instalação foi uma das mais visitadas, reunindo um enorme consenso quanto à sua pertinência conceptual e humor. *Moov é uma plataforma de arte e projecto fundada por António Louro, José Niza e João Calhau, em 2003.* **MC**

DEMO_polis emergency and social contamination territory is an attempt to build a space of social contamination, proposing a different perspective of improvised and temporary lodging, exploring the contrast between a selfish stablished way of life and a precarious yet regenerating meeting point for individuals, beliefs, cultures. *Founded in 2003 by António Louro, José Niza and João Calhau, Moov is an art and project platform.* **MC**

Moov PORTUGAL

DEMO_polis

INSTALAÇÃO URBANA **URBAN INSTALLATION**

Pátio Garrett [Rua Garrett] 21 > 30.9

Ideia original Original Idea **MOOV [António Louro; João Calhau; José Niza]**

Montagem da Instalação e grafismo Installation Montage and graphics **António Louro; João Calhau; José Niza**

Pesquisa e montagem de som Research and sound design **Jorge Andrade**

Electricidade Electricity **António Manuel Gonçalves**

APOIOS/COLABORAÇÃO
SUPPORT/COLLABORATION
FUNDIMO
IMOPOLIS

Tácticas Urbanas

16 de Novembro de 2005. Duas pessoas na Baixa de São Francisco vão em direcção ao parquímetro e, como habitualmente, procuram nos bolsos das calças as moedas necessárias para pagar o estacionamento. Munidos do talão dirigem-se ao seu lugar e... ao contrário do habitual, ocupam a área com uma superfície relvada, uma pequena árvore e um banco de jardim! Durante duas horas, sem qualquer intervenção das autoridades, mantêm-se no seu lugar de estacionamento e convidam os transeuntes a usufruir deste novo micro parque público numa área da cidade onde os espaços de descompressão são quase inexistentes. Esta iniciativa despoletou o projecto PARKing que se estendeu a outras cidades e se dedica,

Urban Tactics

16th of November 2005. Two persons, somewhere in the downtown of San Francisco, are going towards a parking meter and, as usually, are looking for some coins in their pockets to pay for the parking. With their ticket they go back to their spot and, as unusually, they fill the area with a mini lawn, a small tree and a garden bench! For two hours, without any authority's intervention, they keep their parking spot, inviting the pedestrians to try this new micro public park in a city area where it is almost impossible to find a place to relax. This event gave rise to the PARKing project, already spread out in other cities and which aims, nowadays, to occupy, in an ephemeral way, parking places with alternative uses, to make people aware of how much of the urban area is allocated by cars.

This short story gives a clear idea of the potential of temporary uses as actors that intervene in the urban space and, in which way, they could represent a symptom of an alternative understanding of the conventional planning. As the sociologist Peter Arlt states, temporary uses are the

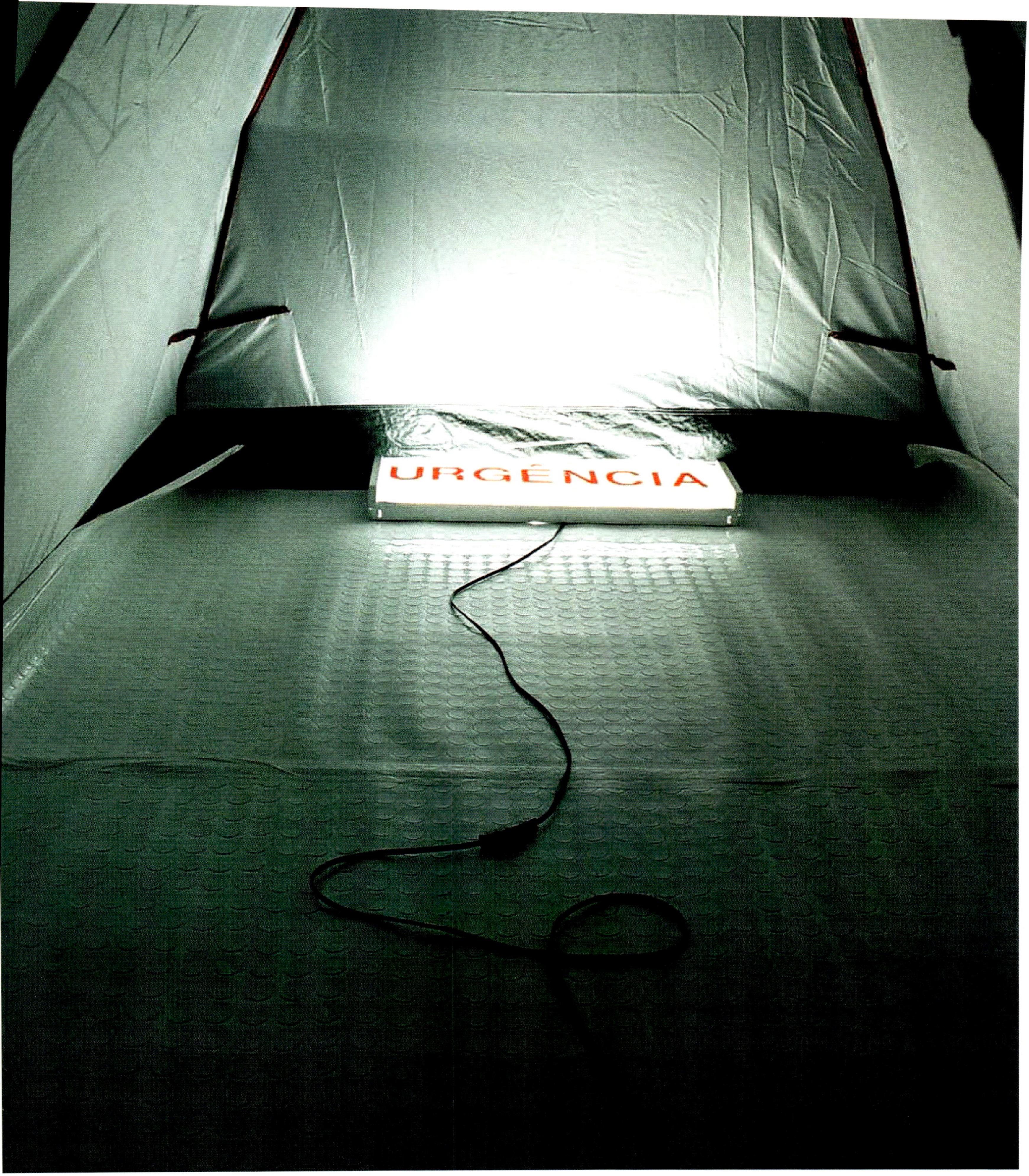

URGÊNCIA

Moov

DEMO_polis

actualmente, a ocupar de modo efémero lugares de estacionamento com usos alternativos, como forma de sensibilizar as pessoas para a quantidade de área urbana afecta ao automóvel.

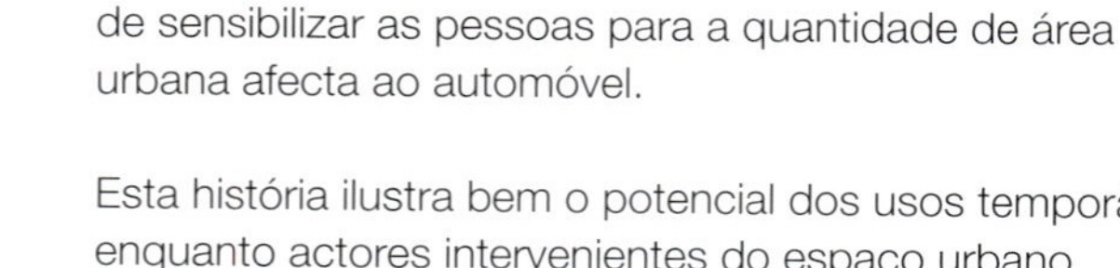

Esta história ilustra bem o potencial dos usos temporários enquanto actores intervenientes do espaço urbano e de que forma eles podem ser um sintoma de um entendimento alternativo ao planeamento convencional. Como refere o sociológo Peter Arlt, os usos temporários são o reflexo de uma forma *táctica* de pensar e fazer cidade, em contraponto à abordagem *estratégica* que tem o seu paradigma nos planos directores e nos infindáveis planos e estudos complementares. Onde o estratega tem a influência e o poder económico para conseguir os seus objectivos sem ter que mostrar grande consideração pelas condições externas, o táctico tem que conhecer e levar em conta o contexto onde opera e os seus potenciais adversários, adivinhando reacções e negociando alianças que lhe permitam atingir os seus objectivos.

Fazendo o paralelo com a organização militar, é como se, de um lado, tivéssemos um exército numeroso, bem equipado e organizado numa hierarquia clara que controla o terreno de operações. E, do outro lado, tivéssemos pequenos grupos de guerrilha que sustentam o seu potencial operativo no profundo conhecimento do território onde se movimentam e numa rápida capacidade de decisão e implementação das suas acções. Tal como no contexto militar, também na cidade os intervenientes com poder e capacidade financeira têm uma margem de manobra reduzida e pouca flexibilidade devido a uma pesada cadeia de procedimentos a cumprir e à quantidade de interesses em jogo. Em contraponto, o táctico vive do risco, podendo fazer das suas intervenções elementos de (re)acção urbana e experiência de novos programas.

O artista é um táctico por excelência. As suas acções são focadas e reflectem a sua interpretação da realidade em cada momento. A amplitude dos seus projectos é proporcional à sua capacidade de trabalho e aos meios humanos e técnicos que consegue congregar na sua causa. O potencial de experimentação é apenas limitado pela sua criatividade. O seu trabalho, quando apresentado na paisagem urbana de forma efémera, funciona como uma acção de guerrilha que explora as possibilidades do espaço e se apresenta como alternativa às práticas estabelecidas. É uma resposta singular, em tempo real, a uma realidade económica, social e espacial que está sempre um passo à frente das estratégias urbanas (resposta colectiva) que tentam prever e reger todos os aspectos da paisagem urbana.

As intervenções artísticas efémeras funcionam como pontas de lança de uma nova cultura táctica que assimila e explora o metabolismo acelerado do dispositivo urbano. Uma cultura que vive da urbe, dos seus signos e modos de funcionamento para implementar pequenas acções temporárias onde a inteligência urbana e a criatividade são empregues de imediato em soluções concretas, sem o desgaste de processos burocráticos intermináveis. Acções que são catalizadoras da mudança. Intrusos temporários que procuram fazer as alternativas evidentes, testando e desenvolvendo novas abordagens e programas.

MOOV

reflex of a ***tactical*** form of thinking and making the city, in opposition to the ***strategic*** approach, whose best examples are the master plans and endless complementary plans and studies. Where the strategist has enough influence and economic power to achieve his goals, almost ignoring the external conditions, the tactician has to know and take in consideration the context in which he is working and his potential opponents, trying to guess possible reactions and negotiating alliances in order to achieve his goals.

To find a parallel with a military organization, it would be the same if, in one side, we would have a huge army, perfectly equipped and organized into a clear hierarchy that control the operation's fields. And in the other, we would have small groups of guerrilla warfare which support their plan of operations through a deep knowledge of the territory where they operate and through a fast ability of making decisions and settle their actions. In the city, as in the military context, the parties with more power and wealth have a reduced room to manoeuvre and not so much flexibility, due to a complex process of procedures to carry out and due to a large number of interests that are involved. In opposition, the tactician lives on risk and he could turn his interventions into elements of urban re(action) and new programme's experience.

The artist is a tactician par excellence. His actions reflect and are focused on his interpretation of reality in each moment. His projects's breadth is proportional to his work capacity and to human and technical means that he is able to gather to his cause. The experimentation's potential is limited only by his creativity. His work, when presented in the cityscape in an ephemeral way, operates as a guerrilla warfare action that explore the possibilities of the space and shows itself as an alternative to the established practice. It is a singular answer in real time to an economical, social and spatial reality, always one step ahead of the urban strategies (collective answer) that try to forecast and rule all the aspect of the cityscape.

Artistic ephemeral interventions work as a spearhead of a new tactical culture that assimilates and explores the fastening metabolism of the urban device. A culture that lives on the city, on its signs and way it works, for the implementation of small temporary actions where the urban intelligence and the creativity are used in concrete solutions, without the waste of endless bureaucratic processes. Actions that are catalysts of change. Temporary intruders turn alternatives evident, testing and developing new approaches and programmes.

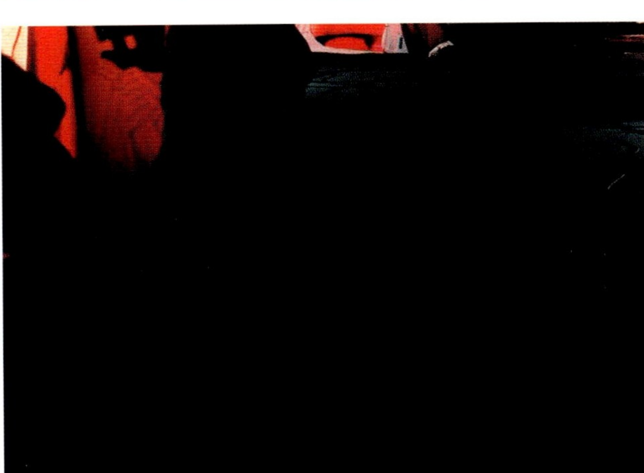

Moov

DEMO_polis

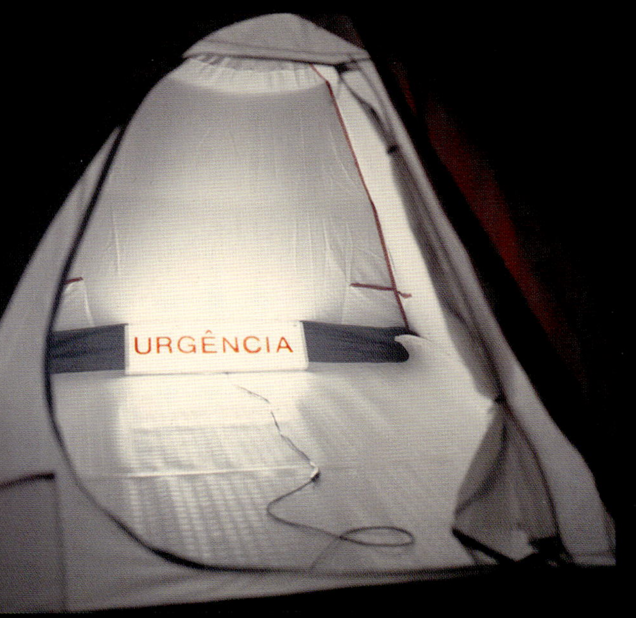
URGÊNCIA

Sur Nature apresentou-se como uma superfície digital interactiva. Sobre a fachada principal do edifício do Centro Comercial do Chiado foram projectadas uma série de imagens digitais, elaboradas por meio do software Music2eye, especificamente concebido para a criação deste projecto. O resultado surpreendeu pela forma como as 'plantas' reagiam em tempo real à passagem de viaturas ou grupos de visitantes, à porta dos Armazéns. Esta foi uma intervenção cuja tecnologia foi apresentada em Portugal pela primeira vez. *Miguel Chevalier nasceu na cidade do México, em 1959. Vive desde 1985 em Paris. O seu trabalho, dedicado à exploração tecnológica, investiga os fluxos e as redes subjacentes à sociedade contemporânea. Chevalier é reconhecido internacionalmente como um dos pioneiros da arte virtual e digital.* **MC**

Sur Nature presented itself as an interactive digital surface. On the main façade of the Centro Comercial do Chiado, a series of images were projected, created by means of the sofware Music2Eye, specifically developed for this piece. The result was amazing because of the real-time reaction of the 'plants' whenever cars or groups of visitors passed by the entrance of the Armazéns. This technology was for the first time used in Portugal. *Miguel Chevalier was born in Mexico City in 1959. Since 1985, he has been based in Paris. His work, dedicated to the exploration of technology, investigates the flux and networks that underlie contemporary society. He is known internationally as one of the pioneers of virtual and digital art.* **MC**

Miguel Chevalier FRANÇA FRANCE

Sur Nature

INSTALAÇÃO URBANA DE RV INTERACTIVA, PROJECÇÃO EXTERIOR INTERACTIVE VR URBAN INSTALLATION, OUTDOOR PROJECTION

Rua Garrett 21 > 30.9

Série Series **Supra-Natura [2005]**

Sofware design **Music2eye**

APOIOS/COLABORAÇÃO
SUPPORT/COLLABORATION
ARMAZÉNS DO CHIADO
INDITEX
FTA
IFP
BAIRRO ALTO HOTEL
SUÍÇO ATLÂNTICO HOTEL

Sur Nature [Supra Natura] é um luxuriante jardim digital, simbiose entre o desenho urbano e a arquitectura, uma superfície vegetal que interroga os transeuntes de forma interactiva.

A obra foi estreada no festival Internacional de Buenos Aires, com uma projecção exterior sobre a fachada do edifício da Alliance Française. Foi mais tarde mostrada em Paris, na Galerie Suzanne Tarasiève, integrando a programação do Festival Nuit Blanche.

Oito variedades de plantas crescem neste jardim virtual. A flora luminescente evolui de acordo com trajectórias aleatórias, germinando, em botão e florindo em ciclos definidos pelas suas características morfogenéticas únicas.

Sensores de movimento permitem aos espectadores influenciar o crescimento das plantas do jardim. À medida que os transeuntes interagem com a obra de arte, as plantas inclinam-se para esquerda ou para a direita, criando uma imagem que oscila entre um entrançado barroco e um *ballet* orgânico. **MC**

Sur Nature [Supra Natura] is a lush digital garden which is conceived as a symbiosis of urban design and architecture. The work was premiered at the Buenos Aires International Festival as an outdoor projection on the façade of the Alliance Française building. It was subsequently shown at Galerie Suzanne Tarasiève as part of the Nuit Blanche festival in Paris.

Eight plant varieties grow in this virtual garden. The luminescent flora evolves according to random trajectories, sprouting, budding and blossoming in cycles defined by their unique morphogenetic characteristics.

Motion sensors allow viewers to influence the growth of the garden's plants. As viewers interact with the artwork, the plants incline to the left or right, creating a scene which alternates between baroque strapwork and a stylized organic *ballet*. **MC**

ARMAZENS DO CHIADO

AZENS DO CHIADO

Hugo Ferreira + Vera Jesus PORTUGAL

Luzboaphoto

EXPOSIÇÃO DE FOTOGRAFIA **PHOTOGRAPHY EXHIBITION**

Armazéns do Chiado 23 > 30.9

APOIOS/COLABORAÇÃO
SUPPORT/COLLABORATION
INDALUX
MULTIDEVELOPMENT
FÓRUM CHIADO –
– ARMAZÉNS DO CHIADO

AGRADECIMENTO
ACKNOWLEDGEMENT
ALBERTO VAN ZELLER

Exposição em painéis de impressão digital. Os fotógrafos foram convidados pela Organização a visitar o evento no dia de abertura, registando integralmente as peças dos três percursos, para apresentar essas imagens de imediato, num dos espaços privados de maior fluxo pedonal que existem em Lisboa, o átrio do primeiro andar dos Armazéns do Chiado. Os Armazéns do Chiado registam uma afluência diária de 5 mil visitantes e esta foi uma forma de divulgar a Bienal mesmo junto de quem não tinha a oportunidade de a visitar na íntegra. **MC**

Digital prints of images taken by two invited photographers. They depicted the installations of the three Circuits. Taken in very first day of the event, during the opening, they were presented at the first floor of the Armazéns do Chiado, where they were seen by more than 5,000 visitors. This was an opportunity to see all the pieces without having to walk along the whole Biennale. **MC**

Fernando Cézar Vieira + Cynthia del Mastro

PORTUGAL/ALEMANHA BRAZIL/GERMANY

Parada de Luzes Light Parade

INSTALAÇÃO URBANA **URBAN INSTALLATION**

Largo Trindade Coelho > Rua de Santa Justa 21 > 30.9

APOIOS/COLABORAÇÃO
SUPPORT/COLLABORATION
CASA DO BRASIL
FUNDIMO

Coreografia urbana. Personagens mágicos, vestidos de luz, interpelaram com a sua dança os transeuntes, convidando-os a percorrer a Bienal. A função desta peça era a de proporcionar uma animação urbana diária, situando-se portanto no limite das artes de rua. *Nascidos no Brasil, Fernando e Cynthia são* set designers *radicados na Alemanha*. **MC**

An urban choreography, a dance of magical characters. Performers wearing led-lit gowns drawing attention of passers-by to the art installations along the route. *Born in Brazil, Fernando and Cynthia are set designers who settled in Germany*. **MC**

Telas brancas animadas pelo vento, projecções de imagens realizadas a partir da técnica da 'camera obscura'; retratos revelando as personagens, cantando separadamente um mesmo fado, conhecido de todos – os célebres *Fado do Cacilheiro* e *Não Venhas Tarde*. Cada uma das vozes, gravada em fita, foi depois alterada para se justar às restantes, formando o coro. Era também possível ouvir as vozes separadamente, ecoando do interior das entradas das casas. Esta foi uma instalação em que o canto dos moradores e colaboradores da Bienal, aliado às imagens dos seus rostos de olhos fechados, formaram um melancólico coro urbano. Tributo ao Fado e ao seu significado colectivo, a peça contou durante a produção com o envolvimento da comunidade local. *Há mais de uma década que os Het Pakt desenvolvem projectos culturais no espaço público, engenhosas instalações multimédia que recorrem a soluções performativas interactivas que passam pelo vídeo, a fotografia, a projecção ou grafismo digital.* **MC**

White screens animated by the wind, projection of images of faces revealing characters chanting separately the same fado – the well known *Fado do Cacilheiro* and *Não Venhas Tarde*. Each one of the voices, recorded on tape, was adjusted to the others, the whole becoming a choir. It was also possible to listen to the voices separately, echoing from the interior of the houses. In this installation, the singing of dwellers and collaborators of the Biennale became an urban choir. A tribute to Fado and its collective meaning, developed in collaboration with local population. *For more than a decade, Het Pakt do cultural projects in the public space, ingenious installations mixing different media, such as video, photography, lighting and digital graphics.* **MC**

Het Pakt BÉLGICA BELGIUM

Fado Morgana

INSTALAÇÃO URBANA URBAN INSTALLATION

Escadinhas de São Cristóvão 21 > 30.9

Curadoria Curator **Giacomo Scalisi**

APOIOS/COLABORAÇÃO
SUPPORT/COLLABORATION
COMPANHIA DE DANÇA DE LISBOA
JUNTAS DE FREGUESIA DE SÃO CRISTÓVÃO E SÃO LOURENÇO
CNC
RESTAURANTE MOURARIA

Os Het Pakt acerca da Luzboa

Não sabemos muito bem o que nos aconteceu, mas uma coisa é certa: Lisboa e em particular o Festival Luzboa foi uma experiência transbordante.

A nossa proposta era a de realizar uma peça *in situ* e uma produção recente, *Ceci n'est pas un bus*. Giacomo Scalisi, o curador, assegurara as apresentações. Nessa altura, não nos poderíamos aperceber do impacto que *Fado Morgana* [o projecto *site-specific*] teria nos habitantes da Mouraria e de Alfama, e em nós próprios. O Fado é um património cultural desta cidade, e isto via-se, sentia-se. A produção começou por uma investigação sobre o fado e a sua adesão junto do homem da rua.

Het Pakt on the Luzboa festival

We did not know what happened to us, but it is in every way right to say that Lisbon and more specially the festival Luzboa overwhelmed us.

We had proposed a location-project and a brand-new production, *Ceci n'est pas un bus*, to the festival as a firm concept. Curator Giacomo Scalisi ensured the introductions. At that moment, we didn't realize what impact the project *Fado Morgana* (the location-project) would have on the inhabitants of the Mouraria and Alfama districts and also on ourselves.

Fado is cultural heritage to this city and this could be seen and felt. Production started with a study into fado and its adherence with the man of the street. So we came on forehand to photograph and record songs by inhabitants of the Alfama area. We discovered together with producer Patrícia Freire a rich world of sentiment and melancholy. We were willingly led into nocturnal excursions through a world of trembling emotions and sonorous songs.

Het Pakt

Fado Morgana

Começámos por fotografar e gravar canções cantadas pelos moradores da zona de Alfama. Descobrimos, juntamente com a produtora Patrícia Freire, um riquíssimo mundo de sentimento e melancolia. Fomos levados, de boa vontade, numa excursão nocturna através de um mundo de emoções fundas e sonoras canções.

Regressámos com toda a equipa em Setembro, para nos apropriarmos do sítio [Bairro da Mouraria, colado a Alfama] com um sonho que tínhamos silenciosamente elaborado na Bélgica. O conto do autocarro revelar-se-ia afinal o mais difícil. Esperávamos que o nosso autocarro fosse colocado em ambientes nocturnos, por forma a emitir o seu brilho no contexto de um bairro. Mas a procura de um armazém obscurecido não foi um guião fácil. Parecíamos destinados a instalar-nos no centro da cidade, algures no circuito vermelho, verde e azul… A salvação surgiria quando o Centro Cultural de Belém autorizou a utilização de um parque de estacionamento vazio para levarmos a cabo a produção… O mais difícil estava feito.

Entretanto, o conto do Fado havia-se transformado numa instalação escultórica de luz. As Escadinhas de São Cristóvão, ligando a Baixa ao Castelo, encheram-se lentamente de écrans e projectores escondidos. Ao longo de um comprimento total de 75m, apoderámo-nos do espaço por via de enormes rostos projectados, nas paredes e nos panos brancos, e pequenas colunas de som invisíveis. A magia do estranho retrato, realizado recorrendo à antiquíssima técnica da *camera obscura*, acompanhada pelo som de fado cantado individualmente, libertou uma maré de emoções. A rua toda, a partir das 20h, transmutava-se na personagem de um cantor de fado, uma espécie de individualidade reunida num estranho coro. Cintilando, por vezes delicada sem deixar de ser hipnotizante, cuidada e travessa, nostálgica e melancólica. A subida da rua deixava de ser penosa, podíamos deslizar bairro acima ao som do som e das faces do Fado.

Esta produção exigiu enorme envolvimento por parte dos moradores. Afinal, invadimos a sua rua com as nossas imagens e canções nocturnas. Por tudo isto, o nosso sincero obrigado. Agradecemos especialmente à produtora Patrícia Freire a sua poderosa ajuda no local e as precisas introdução e negociação por parte de Giacomo Scalisi. E expressamos a nossa gratidão a Mário Caeiro, director artístico, pela confiança que colocou nesta aventura imprevisível.

Het Pakt é um grupo de artistas visuais que trabalham em colaboração, constituído por Jan Bossier, Jef Byttebier e Lieven Neirinck. Para esta enorme instalação contámos com o apoio dos nossos assistentes Lode Steenhoudt e Karel Saelaert.

HET PAKT

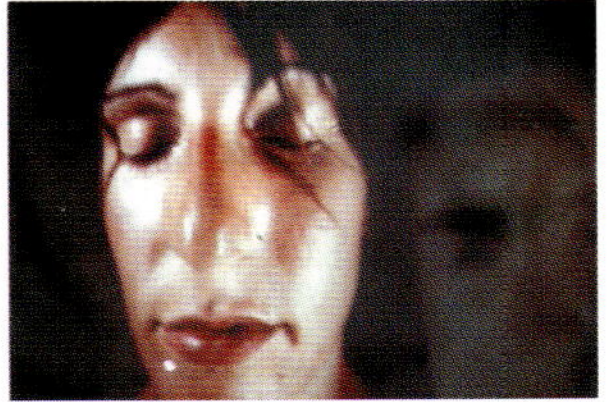

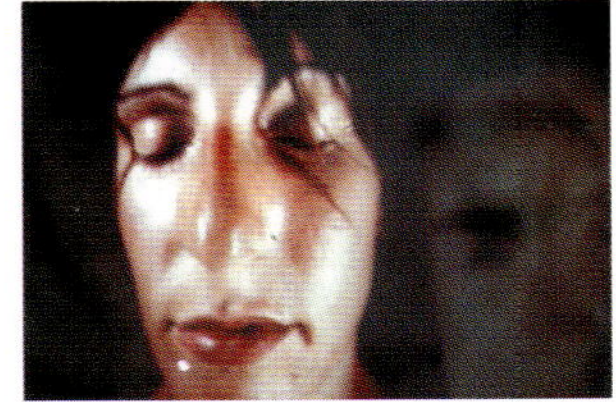

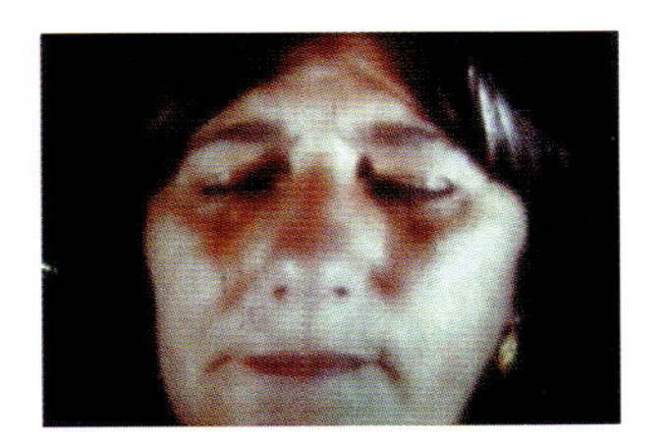

We returned with the entire team in September to take over the location (Mouraria district, right before Alfama) with a dream we silently developed in Belgium.

The tale of the bus became, afterwards, the most difficult of all. We expected our bus to be placed in nocturnal environments in order to send its glow throughout the neighbourhood. However, the search for an empty darkened barn could not be written easily. At a certain moment, we found ourselves located in the middle of the city anchored in a greenness, red or blue route… The breakthrough came when the Cultural Centre of Belém provided an empty parking lot in order to perform this production. The most difficult nut had been cracked.

In the meanwhile, the Fado tale developed as a sculptural lighted installation in the Escadinhas de São Cristóvão. The lane, swinging uptown and linking downtown with the castle, slowly filled itself with screens and hidden projectors. Over a total length of 75m we overtook the lane with blown-up faces projected on walls and white cloths and unvisible small sound boxes. The magic of the strange portrait, made in an ancient technique called *camera obscura*, accompanied by the sound of individually sung fado unchained a flood of emotions. The entire lane after 20pm transitioned towards the character of an individual fado singer gathered in a strange choir. Sparkling, now and then gentle but binding, careful and naughty, nostalgic and melancholic. The excursion up was no longer cumbersome but one could glide uptown on the sounds and faces of Fado.

This production demanded a lot of eagerness by the inhabitants. After all, we overtook their street with our nocturnal pictures and songs. For all of this, our sincere thanks. Furthermore we thank especially the producer Patrícia Freire for her powerful aid on the spot and the precise introduction and negociation by Giacomo Scalisi. And we express our gratitude to Mário Caeiro, artistic director, for the confidence that he put in this unpredictable adventure.

Het Pakt is a group of collaborating visual artists and consist of Jan Bossier, Jef Byttebier and Lieven Neirinck. For this huge installation we got help of our assistants Lode Steenhoudt and Karel Saelaert.

Uma visita guiada de autocarro... ou não. Durante várias noites, foi possível a um número limitado de passageiros assistir a uma intervenção fora do vulgar – embora se tratasse, aparentemente, de apenas uma visita guiada de autocarro. *Ceci n'est pas un bus* foi, precisamente, uma viagem encenada ao detalhe, durante parte da qual os passageiros se viram conduzidos com os olhos vendados; chegados a um local pré-determinado – no Centro Cultural de Belém – eram surpreendidos, tiradas as vendas, com um espectáculo de vídeo-arte projectado em vários écrans que rodeavam integralmente a viatura. No interior, a sensação de imersão nas cenas era potenciada pela própria irreverência das imagens projectadas.

A bus tour... and then not. For several nights, a limited number of passengers had the opportunity to attend an unusual show – though apparently it seemed at first just another guided tour on a bus. *Ceci n'est pas un bus* was precisely a trip, choreographed to the detail. Blindfolded for some time, the passengers were taken through the city to a pre-determined spot – at the Centro Cultural de Belém –; there they were allowed to take out the blindfolds and could then be amazed by a vídeo-show projected in several screens all around the windows of the bus. In the interior, the feeling of immersion was powered by the irreverence of the projected images.

Het Pakt BÉLGICA BELGIUM

Ceci n'est pas un bus

INSTALAÇÃO URBANA URBAN INSTALLATION

Praça do Príncipe Real/Centro Cultural de Belém 22 > 24 26 > 28 30.9

Curadoria Curator **Giacomo Scalisi**

APOIOS/COLABORAÇÃO
SUPPORT/COLLABORATION
CCB

Vindos das artes visuais, da fotografia e do filme, estes artistas propõem-se nos seus trabalhos, a partir do Teatro/Performance/Instalação, e usando a VIAGEM como contexto, transformar a realidade por meio da imagem e da luz. Viajar através de universos fantásticos, inventando modelos de projecção originais que nos levam para outras percepções da realidade.

Quando falamos em viajar, falamos, por um lado, de verdadeiras viagens de bicicleta, de autocarro ou de elevador, ou então de viagens imaginárias onde a situação que se produz nos leva longe para outras paragens e dimensões.

Para a Bienal Luzboa, em Lisboa, propusémos à companhia que viesse conhecer e mergulhar o seu olhar na cidade; e que a partir desse olhar criasse uma situação pensada especialmente para o festival. Teríamos assim, como consequência desse convite, duas intervenções/projectos de naturezas diversas:
- *Ceci n'est pas un bus*: uma 'verdadeira' viagem de autocarro;
- *Fado Morgana*: uma viagem a um canto duplamente partilhado, sem sairmos do mesmo sítio; a viagem far-se-ia

Het Pakt is a group of Flemish Belgium artists whose members are Lieven Neirinck, Jef Byttebier and Jan Bossier. With a background in visual arts, photography and cinema, these artists' proposal consists of transforming reality through the context of the JOURNEY, by means of Theatre/Performance and Installation, recurring to light and image.

Traveling through fantastic universes, inventing original models of projection, the artists take us to other perceptions of reality.

When we say traveling, we mean both real journeys by bicycle, bus or elevator, as well as imaginary journeys that take us to new dimensions.

For the Luzboa Biennale, in Lisbon, the group of artists was invited to visit the city and, as a result of their approach, create an original situation for the festival.

Following such invitation, the group presented two different projects/interventions:
- *Ceci nést pas un bus*: a 'real' bus tour;
- *Fado Morgana*: a journey through an ancient chant, to be heard in an alley of and old neighbourhood in Lisbon, sung by voices of dwellers of the place.

Het Pakt

Ceci n'est pas un bus

com o canto que sai das vozes daqueles que vivem num recanto antigo e esconso da cidade.

Fado Morgana

Trata-se de uma instalação de som e projecções, que apresenta um conjunto de pessoas do mesmo bairro, a cantar o fado a uma só voz. É um trabalho sobre o suspiro da luz.

Algures, num canto da Lisboa antiga, são estendidos lençóis em cordas, entre casas próximas e escadinhas íngremes. Nestas telas brancas, grandes e transparentes, são projectados retratos de alguns habitantes do bairro. Aparecem com ar sonhador, desfocados e de olhos fechados.

Para as fotografias, foi utilizada a técnica de 'câmara escura'. Cada vizinho/personagem canta um mesmo fado, à sua maneira. Se nos aproximarmos da imagem, ouvimos a sua voz individual, se recuarmos, sentimos o coro de todas as vozes e de todas as imagens.

Através da luz, uma viagem ao canto, que canta e *conta a vida com a voz e com a presença*, num canto da Lisboa antiga.

Habitar o mesmo espaço de uma outra maneira, viajar com a tonalidade da luz e da voz que nos leva da melancolia à consolação, da tristeza ao desejo, ao encontro de aspectos da cultura lisboeta.

Ceci n'est pas un bus

Uma paragem.

Um autocarro aparentemente normal. Olhos curiosos.

A viagem começa. Uma visita guiada nos percursos da Bienal da Luz.

De repente, pela janela, um mundo irreal surge.

Os vidros, que costumam ser uma protecção para a vulnerabilidade da viagem, ficam banhados por uma ficção. A viagem é o destino. A ansiedade entre real e surreal torna-se vibrante. Encontramo-nos a caminho de lado nenhum. O local previsto para a chegada é outro. O que acontece fora e que nos é trazido pelos vidros e pela luz das imagens, confunde-nos. Entre realidade e ficção, a fronteira é ténue. Não somos viajantes normais. Atrás de uma viagem esconde-se sempre um perigo. Mesmo que estejamos totalmente preparados pode sempre haver um imprevisto.

Afinal, o autocarro é o único objecto que temos a certeza de ser REAL... **GIACOMO SCALISI**

Giacomo Scalisi é programador cultural no Centro Cultural de Belém, com longa experiência nos campos do Teatro, das Artes Performativas e do Novo Circo.

Fado Morgana

It is an installation of sound and projections that presents a group of people from the neighborhood singing fado together, as in one voice. It is a work about the sigh of light.

Somewhere in a corner of Ancient Lisbon, sheets are hanged on ropes between houses, over a steep staircase. On theses white screens, big and transparent, the artists projected portraits of some of the inhabitants of the neighborhood.

They appear with dreamy faces, blurred, their eyes closed.

The artists used the technique of the 'dark room' for the photographs. Each neighbour/character sings a fado his/her own way. If we get close to a picture, we can listen to the individual singing, if we take a step back we feel the choir of all the voices and see all the images. Through light, a journey to a chant that sings and tells life *with the voice and presence* in a corner of old Lisbon.

This meant to inhabit the same space in a different way, to travel through the tones of light and voice that take us from melancholy to consolation, from sadness to desire, meeting the cultural aspects of Lisbon's culture.

Ceci n'est pas un bus

A stop. Apparently a normal bus. Curious eyes.

The tour begins. A guided-tour to the Light Biennale.

Suddenly, through the window, people can see an unreal world.

The glass, a protection from the journeys' vulnerability, is invaded by fiction. The journey is the destiny. The anxiety of real opposing to surreal is exciting. People are on their way to nowhere. The arrival is due at a different stop. People are confused by what happens outside and is brought inside through the windows' glass and the light of the images. The line between reality and fiction is very dim. People aren't normal travelers. There's always a risk to each travel. Despite total awareness, there can always be something unpredictable. After all, the bus is the only REAL thing we can be sure of. **GIACOMO SCALISI**

Giacomo Scalisi is a cultural programmer at Centro Cultural de Belém, with a long experience in the fields of Theatre, Performative Arts and New Circus.

José Eduardo Rocha + Ensemble JER / Os Plásticos de Lisboa

Reich Deluxe

CONCERTOS **CONCERTS**

Largo do Teatro Nacional de São Carlos, Jardim do Príncipe Real, Largo das Portas do Sol 21.9

Programa Programme

Music for Pieces of Wood **(1973) – Original para cinco claves; arranjo de JER para cinco apitos Acme e cinco claxons de plástico, 2006**

Originally for 5 clefs; arrangement by JER for five ACME whistles and five plastic claxons, 2006

Clapping Music **(1972) – Original para dois executantes; arranjo de JER para duas cornetas de plástico, Killer Klave, Blast Blocks e maestro, 2005** **Originally for two players; arrangement by JER for two plastic horns, Killer Klave, Blast Blocks and maestro, 2005**

Ensemble JER
José Eduardo Rocha
Nuno Morão
Paulo Guia
Susana Ribeiro
Vasco Lourenço

Para a Cerimónia de Abertura, um momento musical associou a um reportório erudito uma dimensão cénica e performativa contemporânea, de traça irreverente [os músicos apresentaram-se com narizes de porco e fardas de cores vivas]. A adesão à música repetitiva – mas igualmente viva – de Steve Reich foi total. Na mesma noite, o Ensemble JER realizou mais duas curtas performances-surpresa, assim actuando em cada um dos percursos, sempre para públicos diferentes. **MC**

For the opening, a musical moment associated an erudite repertoire to both a scenic and performative dimension, of an irreverent tone – the musicians presented themselves with masks on [pork noses] and coloured garments. By the public, there was a complete adhesion to the repetitive – though also very alive – music of Steve Reich. In the same evening, Ensemble JER did two more surprise presentations, always for different audiences. **MC**

Projecção de dois pequenos filmes sobre um muro. A construção das imagens tem origem na desconstrução mecânica de um objecto quotidiano – – uma impressora – e sua transformação num silencioso interface de efeitos de som e luz. *Carlos Sousa concluiu recentemente a licenciatura em Artes Plásticas pela ESAD Escola Superior de Artes e Design das Caldas da Rainha.* **MC**

Alternate projection of two different short films on a wall. The images reveal a secret: the mechanical dissemblement of a printer, but their hectic light flashes are thrown about almost silently. *Carlos Sousa is an artist recently graduated in ESAD, the Arts School of Caldas da Rainha.* **MC**

Carlos Sousa PORTUGAL

Double Print

PROJECÇÃO VÍDEO AO AR LIVRE OPEN AIR VIDEO PROJECTION

Mercado do Chão do Loureiro [Bar das Imagens] 21 > 30.9

***Doubleprint*, 2006** Video, 1'53'', Cor Colour Stereo, DVD

***Lightjet.videocall*, 2006** Video, 1'26'', Cor Colour Stereo, 3gp, convertido para DVD converted for DVD

APOIOS/COLABORAÇÃO
SUPPORT/COLLABORATION
BAR DAS IMAGENS
ESAD.CR

A partir do registo em vídeo da acção de uma cabeça de impressão, que recria o mundo à sua semelhança, foi-me permitido registar os movimentos aleatórios deste mecanismo, criando um efeito hipnótico no observador, havendo assim uma discrepância entre a acção de produção de uma imagem, supostamente real ou reconhecível, e a imagem produzida pela acção de produção dessa mesma imagem; existindo assim o registo de uma máquina em que foi alterada a sua função enquanto ferramenta de auxílio para produção de imagens, provocando uma fronteira entre o que é criação do homem e o que é criação da máquina.

A utilização deste tipo de *medium* como arte critica o desenvolvimento das sociedades onde a tecnologia é tomada como o bem mais precioso, um alvo para a ironia, um espelho do paradoxo lógico que permite e ridiculariza maliciosamente, de diversas maneiras, a tecnologia. Uma relação cruel que muda as regras da relação entre o homem e a máquina, e se centra numa 'zona de contacto' que foge ao domínio do homem e da máquina.

CARLOS SOUSA

Captured in video, the action of a printer head recreating the world after its own image. Aleatory movements of the mechanical device, imposing an hypnotic effect on the observer, brought up by the discrepancy between the action of production of an image – supposedly real or recognizable –, and the image produced by the action of the production of that very image, putting the viewer in front of the record of a machine whose function as a tool for the production of images was altered, establishing a frontier between what is the creation of man and the creation of the machine.

The use of this kind of medium as art, criticizes the development of societies where technology is the most precious good, a target for irony, a mirror of the logical paradox that allows and ridicularizes – maliciously and in many ways – technology itself. A cruel relationship that changes the rules of the relation between man and machine, focusing on a 'contact zone' that flees from the control of both man and machine.

Uma homenagem a poetas americanos que têm em comum a capacidade de criar atmosferas polisensoriais e a atenção que dispensam à dimensão social, denunciando injustiças, pobreza e exclusão. Concebida em 2004, mas apenas estreada na Luzboa em 2006, *Light, Color and no Sound* é uma obra retroprojectada numa montra de uma ruela cujas cores iluminam dinamicamente o ambiente urbano, ao mesmo tempo de barras de tipo *scroll* enunciam os versos dos poetas – mas não há som, apenas cor, luz e poesia. *Pedro Cabral Santo, artista e curador, faz parte da consagrada geração dos anos 90. Nasceu em 1968, em Lisboa, onde vive e trabalha. É docente na ESAD Caldas da Rainha.* **MC**

Installed in the shop-window of a small alley, an homage to the American poets Adrienne Rich, Bob Kaufman, Amiri Baraka Ka'ba and T. S. Eliot, who have in common the capacity to create multisensorial atmospheres and pay attention to a social dimension, exposing injustice, poverty and exclusion. Conceived in 2004, but presented for the first time at Luzboa 2006, *Light, Color and no Sound* throws a dynamic light onto the urban environment, presenting the scrolling verses of the poets in a set of colored bars – but there is no sound, just color, light and poetry. *Pedro Cabral Santo, artist and curator, was born in 1968, in Lisbon, where he still lives and works. He is both an artist and a curator, one of the personalities of the adventurous generation of the Portuguese 90's. He's a teacher at ESAD Caldas da Rainha.* **MC**

Pedro Cabral Santo PORTUGAL

Light, Color and no Sound

INSTALAÇÃO URBANA URBAN INSTALLATION

Costa do Castelo, n.º 12 [montra shop-window] 21 > 30.9

APOIOS/COLABORAÇÃO
SUPPORT/COLLABORATION
ESAD.CR
JOÃO GONÇALVES

Luz diáfana mas omnipotente
Entre espectros e significados, um trabalho de Pedro Cabral Santo

Que dimensão comunicacional podemos esperar de uma intervenção artística insinuante e discreta, que recorre a uma espécie de diáfana relação entre a luz e a sua expressão poética, literalmente projectada entre a visualidade espectral e a sua manifestação verbal? Claro que a resposta a esta pergunta implica a consideração de múltiplos factores, em particular, as especificidades inerentes à experiência em causa.

Com efeito, a aparente condição *site-specific* da proposta artística apresentada por Pedro Cabral Santo na última edição da Luzboa traduz um efeito perverso, pois a projecção vídeo de *Light, Color and no Sound* (2005) não esgota a sua capacidade de envolvimento ou leitura autónoma. Antes pelo contrário, se devemos lembrar o contexto da sua primeira exibição, projectado na montra de uma loja esquecida numa das delicadas ruas da Costa do Castelo – marcadas desde logo por uma informe e poderosa sinuosidade ancestral – devemos ter presente

Diaphanous, though omnipotent Light
Between spectres and meanings, a work by Pedro Cabral Santo

What kind of communicational dimension can we expect from an insinuating and discrete artistic intervention, that appeals to a sort of diaphanous relation between light and its poetic expression, literally projected between spectral visuality and its verbal manifestation? Surely the response to this question implies to take multiple factors in consideration, particularly the specificities inherent to the experience at stake.

In fact, the apparent 'site-specificity' of the artistic proposal made by Pedro Cabral Santo in this last edition of Luzboa translates a perverse effect, since de video-projection of *Light, Color and no Sound* [2005] doesn't consume its involving capacity or autonomous reading. On the contrary, if we are to remember the context of its first exhibition, projected in the shop-window of a forgotten shop in one of those delicate streets of Costa do Castelo – immediately characterized by their formless and powerful ancestral sinuosity – we must keep in mind that the film promotes, both in that context as – should we say – in any other, an unexpected experience,

Pedro Cabral Santo

Light, Color and no Sound

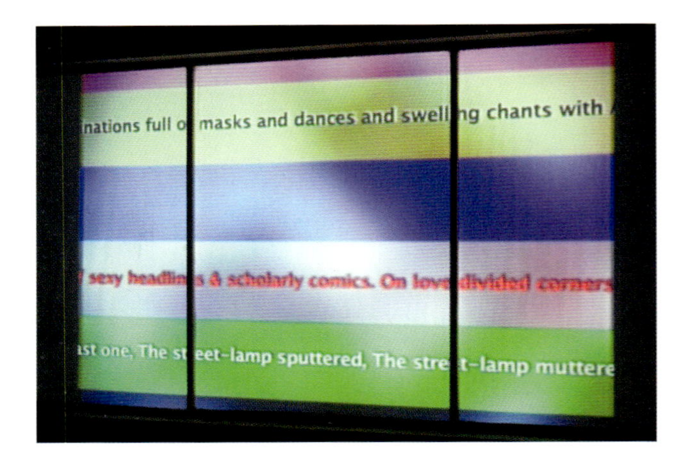

que o filme promove, tanto nesse contexto como, diríamos, em qualquer outro, uma experiência inesperada, acentuada pelos diferentes e silenciosos modos de projecção imagética que envolvem o receptor, apontando para um efeito de contraste ao nível de uma significação que é desencadeada pela sua simultânea e aparentemente paradoxal expressão óptica. Sublinhada por uma suavidade lumínica de teor espectral, esta é confrontada com a lenta passagem de alguns poemas que fazem alusão ao tema da luz, desde Adrienne Rich a Bob Kaufman, ou de Amiri Baraka Ka'ba ao mais conhecido T. S. Eliot. Entre a visualidade da imagem e a conceptualização verbal que o texto implicaria necessariamente, o trabalho de Pedro Cabral Santo parece procurar de um modo deliberadamente deceptivo essa espécie de conversão visual a que todas as palavras parecem condenadas na nossa contemporaneidade. Num jogo-batalha que aí se estabelece entre as duas dimensões mais usuais da comunicação humana, os textos deslocam-se lentamente da direita para a esquerda, a fazer lembrar de algum modo as informações electrónicas de Times Square, das Bolsas Financeiras ou ainda de qualquer programa televisivo de cariz informativo, que optam hoje pela sistemática utilização de barras de informação que fazem assim a generalização perceptiva em torno da noção de hipertexto apontada por Derrida.

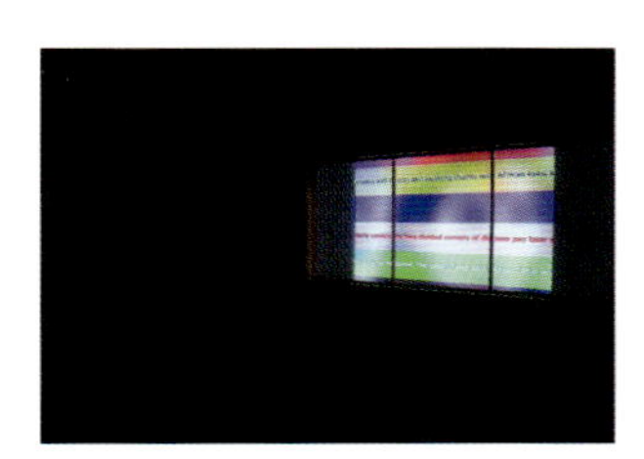

O tom original e eminentemente poético das citações convocadas converte-se desse modo numa espécie de matriz informativa donde se perde progressivamente, ao longo de um visionamento enleante e quase hipnótico, qualquer expressão verdadeiramente simbólica ou literária. Na verdade, o cruzamento também aí identificado entre a imagem e o texto é apenas mais um sintoma do efeito absorvente que toda a imagem exerce sobre o valor verbal das palavras. Aqui, uma vez mais, as palavras movimentam-se num percurso que anula a sua função original ao nível dos significados, para assumirem um protagonismo de teor significante, contribuindo assim para a consolidação dessa espécie de hipertexto que enforma a imagem nos nossos dias. Efectivamente, se as imagens espectrais que servem de fundo ao visionamento das citações em barras coloridas parecem impossíveis de definir na sua essência – até porque é impossível ler cada um dos poemas, pois eles passam em simultâneo no ecrã – por contraste com a manifestação verbal que corre num primeiro plano e onde a definição gráfica assume uma particular relevância, o certo é que acaba por prevalecer, mesmo assim, a omnipotência da imagem. Se esta se apresenta ainda ou sobretudo difusa, diáfana, é ainda assim uma imagem onde o valor figural se insinua, perturbando em definitivo o valor ou a estabilidade comunicacional das palavras. Aliás, também estas se mantêm nesta cadeia obedecendo mais ao seu inusitado valor visual. Uma eficaz perversidade dos sentidos, que por sua vez se manifesta numa extraordinária perturbação de leitura e significação, constitui-se assim como o grande trunfo desta projecção vídeo de Pedro Cabral Santo.
O efeito deceptivo que daí resulta, como espécie de abandono ao nível da concentração sobre o significado das palavras – que, não esqueçamos, remetem de um modo tautológico para a própria ideia de experiência poética da luz e dos seus efeitos espectrais – produz-se como sintoma civilizacional que é hoje dominado pela absoluta percepção visual dos significados.
Perante a constatação dessa espécie de inevitabilidade, como apreender hoje qualquer outro valor experiencial que aponte para uma vivência mais plural e profunda?
Na verdade, sob a capa do tão propalado pluralismo e de uma aparente dimensão de infinita liberdade criativa e individual, a experiência conceptual do ser humano está hoje confinada ao domínio de uma visualidade que tudo converte em seu favor, desvalorizando qualquer opção alternativa. Ou tal como no último verso de 'Rhapsody on a Windy Night' de T. S. Eliot, essa será uma forma viver *the last twist of the knife*.

DAVID SANTOS

David Santos é Crítico, Historiador da Arte, Professor Auxiliar de História da Arte Contemporânea [ESD-IADE] e Director do Museu do Neo-Realismo [Vila Franca de Xira].

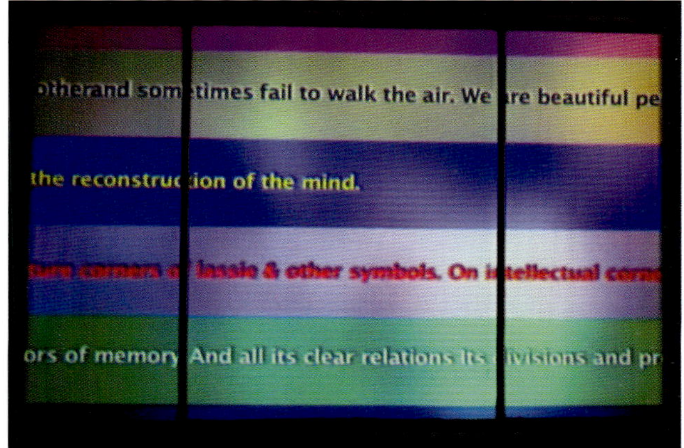

emphasized by the different silent modes of image projection that involve the viewer, pointing out a contrast effect concerning a significance that is unchained by its simultaneous and apparently paradoxical optical expression. Underlined by a luminous smoothness of spectral nature, it is confronted by the slow passing of some poems that allude to theme of light, from Adrienne Rich to Bob Kaufman, or Amiri Baraka Ka'ba to the better known T. S. Eliot. Between the visuality of the image and the verbal conceptualization to which all words seem condemned in our contemporanity. In a battle-game occurring between the two most usual dimensions of human communication, the texts move slowly form right to left, somehow reminding us of the electronic information at Times Square, stock markets or also those of any television news programme, that systematically make use of information bars, thus leading to a perceptive generalization around the notion of hipertext pointed out by Derrida.

The original and eminently poetic tone of the assembled quotations is thus converted into a sort of informative matrix where one progressively loses, along an entangling and almost hypnotic visioning, any true symbolic or literary expression. To be true, that specific intersection between image and text is just a symptom of the absorbing effect that any image imposes on the verbal value of words. Here, once more, words are pushed towards the annulment of their original signifying function, in order to assume the protagonism as signifier, in this way contributing to the consolidation of the hypertext that shapes today's image. In fact, if the essence of the spectral images behind the quotations seem impossible to define – plus it is impossible to read each one of the poems, since they pass simultaneously on the screen – in contrast with the verbal manifestation that occurs in the foreground and where the graphic definition assumes particular relevancy, the fact is that a certain omnipotence of the image prevails. If that omnipotence presents itself still and after all diffuse, diaphanous, it is still an image where the figurative value is insinuated, definitely disturbing the value and the communicational stability of words. An effective perversity of the senses, that on the other hand is manifestated through as an extraordinary disturbance of the reading and signification, this being the great achievement of this projection by Pedro Cabral Santo. The resulting deceptive effect, a sort of defeat concerning the concentration about the meaning of words – that, one should not forget, appeal in a tautological way to the very idea of poetic experience through light and its spectral effects – is produced as civilizational symptom, today dominated by the absolute visual perception of meanings. In face of the realization of this kind of inevitability, how to apprehend today any other experiential value that points to a deeper and more plural experience? To be true, under the cover of the so much divulged pluralism and an apparent dimension of infinite creative and individual freedom, the conceptual experience of human beings is today confined to the realm of a visuality that draws everything to its sphere, devaluating any alternative option. Or as in the last line of 'Rhapsody on a Windy Night' by T. S. Eliot, that will be one way to live *the last twist of the knife*.

DAVID SANTOS

David Santos is a critic, art historian, teacher of Contemporary Art History at ESD-IADE and director of the Museu do Neo-Realismo [Vila Franca de Xira].

No *hall* de entrada de um clube nocturno de música ao vivo, um sólido suspenso, afectando a área de passagem. A intervenção soube enquadrar-se com a funcionalidade de um espaço frequentado, de tal maneira que os seus proprietários solicitaram a permanência da obra durante os meses subsequentes à Bienal. *Bruno Jamaica concluiu recentemente a licenciatura em Artes Plásticas pela ESAD Escola Superior de Artes e Design das Caldas da Rainha.* **MC**

In the entrance hall of a live music night club, a suspended solid affects the passing area. The intervention managed to seduce the owners to keep it for months after the end of the Biennale. *Bruno Jamaica is an artist recently graduated in ESAD, the Arts School of Caldas da Rainha.* **MC**

Bruno Jamaica PORTUGAL

A Gaiola do Pássaro tem Luz Artificial

INSTALAÇÃO INSTALLATION

Santiago Alquimista 21 > 30.9

APOIOS/COLABORAÇÃO
SUPPORT/COLLABORATION
ESAD.CR
SANTIAGO ALQUIMISTA

Nas paredes do átrio de entrada do Santiago Alquimista, um desenho representando fragmentos arquitectónicos, gestos da presença física dos próprios desenhos-sombras. A programação da iluminação vídeo, por meio de um projector vídeo com luz localizada, revela, destrói e de novo reconstrói os fragmentos, tornados luz dinâmica. Tal como acontece nos ciclos que caracterizam o espaço urbano. Esta intervenção, extremamente subtil, foi claramente capaz de reflectir sobre a Luz [e a sombra] de forma profunda, revelando um enorme rigor na abordagem do espaço expositivo, o que não passaria despercebido, sobretudo no âmbito das vistas guiadas, onde era possível conversar com os artistas. *Marisa Teixeira e Filipe Frazão são estudantes na ESAD Caldas da Rainha. Trabalham frequentemente em conjunto, em projectos* site-specific. **MC**

On the walls of the entrance hall of Santiago Alquimista, a drawing depicting architectural fragments, gestures of the physical presence of the drawings-shadows themselves. The programming of the video lighting, revealing, destroying and then again reconstructing the fragments, now turned into dynamic light. Just as it happens in the cycles that define urban space. *Art students in ESAD Caldas da Rainha, Marisa Teixeira and Filipe Frazão work frequently in collaboration, namely in* site-specific *projects.* **MC**

Marisa Teixeira + Filipe Frazão PORTUGAL

No Habitar

INSTALAÇÃO **INSTALLATION**

Santiago Alquimista [Costa do Castelo] 21 > 30.9

APOIOS/COLABORAÇÃO
SUPPORT/COLLABORATION
ESAD.CR
SANTIAGO ALQUIMISTA

Sérgio Taborda [...] Ao lembrar-me dos teus desenhos, aqueles que fizeste directamente na parede, activam essa relação com a arquitectura mas não são arquitectura. São outra coisa. E ainda aquilo que está na arquitectura, que não é arquitectura, mas ao mesmo tempo afere a nossa posição em relação àquele canto. Estou sempre a ser aferido pela altura do desenho que vai até a um limite e esse limite marca um alto que não é exactamente a mesma altura da parede do espaço, ou deixa intervalos entre dois desenhos e a luz vem activar essas zonas entre o desenho. Isso parece-me ser o mais surpreendente no trabalho, o desenho deixa-nos um espaço de intervalo e a luz vinha activar precisamente esse intervalo, dando ao mesmo tempo um carácter de limite. Onde é que o desenho pára? Porque tanto quanto eu me lembro, a luz não se sobrepõe ao desenho, agia sobre os intervalos dele.

Filipe Frazão Há momentos em que a luz se sobrepõe ao desenho, dando-lhe uma nova forma.

Marisa Teixeira Ela é usada como uma forma de desconstrução/construção. [...]

ST A forma como tu criaste aquelas cíclicas ou intermitentes projecções de luz que agem sobre o desenho, relacionam-se com alguma situação particular existente?

FF Eu gosto de lhe chamar de *respiração*, porque traz esse lado de organismo vivo ao desenho que partiu já daquela conversa inicial com a Marisa. Sim, acho que torna a coisa viva, um ciclo construtivo e desconstrutivo, fazer aparecer e desaparecer...

MT Mas não foi pensado, não foi construído a partir de uma luz existente naquele espaço. Foi construído a partir de desenhos que o próprio desenho e o espaço construíram.

ST Portanto é uma coisa construída internamente por vocês e não resultado de uma projecção física

Sérgio Taborda [...] When I remember your drawings, those you drew directly on the wall, I think they activate this relation with architecture but they are not architecture. They're something else. And also what is in architecture, that is not architecture, but at the same time assesses our position in relation to that corner. I'm always being assessed by the height of the drawing which has a limit and that limit sets a height which either isn't exactly the same height of the wall of the space, or leaves an empty space between two drawings and the light activates those areas between the drawing. It seems to me that is the most surprising in the work. The drawing allows a blank and light activates that precise blank offering at the same time a notion of limit. Where does the drawing stop? Since, as far as I remember, light didn't superpose the drawing, it acted on its intervals.

Filipe Frazão There are times when light overtakes the drawing, giving it a new shape.

Marisa Teixeira It is used as means of deconstruction/construction [...]

ST The way you created those cyclic or intermittent light projections that act over the drawing, do they relate to any particular real situation?

FF I like calling it *breathing*, like a living organism. Yes, I think it makes it more alive, a construction and deconstruction cycle, make appear and disappear...

MT But it wasn't planned, it wasn't based on an existing light. It was built based on drawings that the drawing itself and the space itself created.

ST So it is something internally built by you, and not much the result of an existing physical projection in the place. Work provokes itself from within – from drawing to light, absolutely autonomously. There is no kind of interference of a physical reality of light. And what

Marisa Teixeira + Filipe Frazão

No Habitar

existente no sítio. O trabalho desencadeia-se dentro de si próprio – do desenho para a luz, completamente autónomo. Não há nenhuma espécie de interferência de uma realidade física da luz. E aquilo que tu introduzes nas camadas do desenho directamente sobre a parede, por exemplo, alturas do desenho, distâncias entre a esquina, tudo isso são transportes de outras coisas anteriores tuas, ou há coisas marcadas ali directamente por causa daquele pé direito?

MT Nós fomos ver o local e depois reconstruímos um espaço idêntico e aí fizemos uma experimentação das nossas ideias. Essa minha opção de fazer aquela linha ali e com aquela medida, parte da minha relação com o espaço […]

ST […] Há sempre equívocos quando se trabalha em torno de um evento relacionado com a luz; existe a tal coisa da luz ser usada como algo que projecta qualquer coisa. Pareceu-me que o vosso trabalho era dos poucos em que isso não acontecia, dos trabalhos que vi da Luzboa. Estávamos perante uma coisa que tinha mais a ver com a maneira como se faz aparecer algo através da luz como matéria física que modela o desenho. Como também o desenho a modela. Uma particular existência física no espaço, aliás isso é a primeira coisa que prende quando se passa naquele sítio, é precisamente esse carácter enigmático de qualquer coisa que se está a passar, que não é da ordem da arquitectura mas que também não a substitui. Não tem presença, não está ali a ocupar espaço. A forma como vais entrando na arquitectura é por aparições, por esses intervalos que a luz preenche. Em relação aos tempos de projecção, como é que tu os modelaste? Porque eles não eram fixos, apareciam e desapareciam.

FF São particularmente lentos e aqui a questão do tempo é importante, pois requer que disponhamos de algum

you introduce in the layers of the drawing directly onto the wall, for instance, the drawing heights, distances to the corner, all comes from some previous things of yours, or is there anything you mark there directly, because of the height of the room?

MT We visited the place and then we built an identical space where we experienced our ideas. The choice to draw that line over there is due to my relation with the room. […]

ST […] There are always misunderstandings when we are involved in an event related with light; there's the fact that light is used to project something. It seemed to me that, among the events of Luzboa, your work was one of the few in which that didn't happen. We were facing something more connected to the way how we show something through light as a physical matter that shapes the drawing. As the drawing shapes it too. A special physical existence in space, in fact that's the first thing that catches the eye when you pass by, the enigmatic character of something that is going on, which doesn't belong to the realm of architecture but doesn't replace it either. It has no presence, it doesn't take any room. We are gently drawn into architecture by aparitions, by the empty spaces that light fills in. Talking about the duration of the projections, how did you model them? They were not still, they would come and go.

FF They are really slow because time matters a great deal, since it is required some time so that one can perceive what is going on. It is indeed a long video, but it is not supposed to be entirely viewed though. It was important that it worked as a fragment, in other words, the observer would see a piece/part whatever he/she would like to see. There were variations – time and shape variations.

MT As we questioned that time, we were considering the person standing there… longer. Staying a bit longer

tempo para perceber o que se estava ali a passar. É de facto um vídeo longo, não sendo feito para ser visualizado na sua totalidade. Era importante que funcionasse mais uma vez como um fragmento, ou seja, o observador não via o vídeo todo, via um fragmento, via aquilo que pretendia ver. Tinha variações – variações de tempo, de forma.

MT À medida que íamos questionando esse tempo, tínhamos em conta esse permanecer da pessoa... Esse ficar mais um pouco que é o que não acontece na cidade. Houve momentos em que essa não presença destacou situações curiosas. Como quando um casal com duas crianças se retirara após alguns segundos, achando que nada acontecia... mas uma das crianças permanece e depara-se com o aparecimento de um fragmento de luz, exclamando a presença de qualquer coisa aos seus pais. É esse puxar... depois do não existir, do não acontecer.

ST Pois, porque há momentos em que não há luz...

FF Gosto de lhe chamar respiração porque há um lado de organismo vivo. Enfim, não funcionavam só as duas coisas em conjunto nem em separado. Era preciso dar espaço a uma e espaço a outra, foi um pouco isso.

ST Outra coisa que me pareceu curiosa foi o facto de não se sentir muito o projector. Quando estamos a ver o desenho, estamos de costas para o projector e só quando se percebe que há uma fonte de luz algures é que procuramos de onde vem.

FF Aí toma-se consciência do mecanismo. O trabalho retém a atenção e só depois se percebe como funciona.

ST Colocaste em alguma altura a possibilidade de não ser perceptível a presença do projector?

FF Coloquei. Seria a situação ideal, mas o espaço não tinha condições para isso. Assim tornava a coisa ainda mais enigmática [...]

is precisely what doesn't happen in the city. That non existence originated curious situations. Once a couple and two children watched the wall for a few seconds and, as nothing happened, they went away and thought none of it, but one of the children stayed behind, noticed a fragment of light and called the parents. They were pulled into it... after the non-existence, the non-happening.

ST I see, there are moments with no light at all...

FF I like calling it breathing, for its living organism side. Besides working as a set of things, they worked individually and, most of all, we had to give room for both...

ST Another curious detail is the fact that people didn't notice the projector. When we watched the drawing, the projector was behind us, only when we realize there's light we look for its source around us.

FF Only then we become aware of the mechanism. The work catches our eye and only after that we realize how it works.

ST Did you ever consider the possibility of hiding the projector completely?

FF I did. That would have been the ideal situation, but it was impossible in that spot. It would have been more enigmatic. [...]

ST [...] While projecting, how did you deal with those limits of the drawing? I remember watching the drawing, made visible by the light, precisely because it highlighted the limits, the blanks.

FF There is a moment between two shapes when there's a rectangular shape of light. That moment emphasizes the idea of blade, the light itself worked as a blade, as if it opened a blank between the two shapes of the drawing.

ST You make room in your drawings so that people can go in. The entrances were left open in the drawing and, activated by the light, turned it into one single drawing, once it wasn´t only about drawing or light, they were unseparable.

Marisa Teixeira + Filipe Frazão

No Habitar

ST […] quando fazias a projecção, como lidavas com esses limites do desenho? Lembro-me de ver o desenho, da luz fazer aparecer o desenho. Precisamente por marcar esses limites, os intervalos.
FF Existe um momento entre duas formas, quando aparece uma forma rectangular em luz. Esse momento reforça a ideia desse desenho como lâmina; funcionava ela, a luz, como uma própria lâmina, como se abrisse um espaço dentro desse entre, das duas formas do desenho.
ST Tu própria abres espaços no desenho para o outro entrar. As entradas deixadas em aberto no desenho e activadas pela luz, transformavam aquilo num desenho só, no sentido em que fazia aparecer uma coisa que não era só desenho ou só luz mas que eram indissociáveis um do outro.
MT Sim. Era esse exercício que eu queria que as pessoas fizessem. Parte de memórias, reacções que me acontecem, percepções de situações casuais e outras que procuro… quando uma luz rebate num edifício, quando constrói formas ou me deixa ver formas.
ST Ali, os acontecimentos mais ou menos fugazes, de repente, tomam a nossa atenção, naquele momento. Sim… acontecia-me dessa maneira porque precisamente os acontecimentos com a luz, a que podemos estar ou não atentos, são contingentes, são efémeros, e isso estava ali a acontecer, como se fosse um acontecimento único, próprio, indissociável do desenho e da luz que desaparecia e aparecia diante de nós. Isso cria uma temporalidade própria. É difícil um trabalho mobilizar a atenção de um passeante na cidade… quando deambulamos podemos estar mais ou menos atentos a isso, mas sendo ali um espaço de passagem, tendo essa capacidade de reter a nossa atenção naquele momento, isso foi uma das qualidades, sendo uma qualidade relativamente silenciosa. E as próprias pessoas que usam esse espaço? Porque aquele *hall*

MT Yes. That is part… it departs from memories and that was somehow the exercise I intended people to experience. Those are reactions I feel, perceptions of ordinary and other situations that I seek… when a light hits a building, when it builds shapes or allows me to see shapes.
ST There, the ephemeral happenings suddenly called for our attention. Yes… I felt it like that because precisely the happening of light, may we pay attention or not, are contingent, are ephemeral, and that was happening there, as unique happening, in itself, indissociable of the drawing and of the light that came and went before us. That creates a particular temporality. It is hard a work to mobilize the attention of a passer-by in the city… when we stroll about, we may be more or less attentive to that, but, in the context of the place as a passing spot, the piece had that capacity to catch our attention at that particular moment, that was one of its qualities, a relatively silent one. And the people themselves that used that space? Because that hall leads to the jewelry atelier of ARCO, to the Drawing and Painting studios, and to Santiago Alquimista, being that a very particular crossing. You were there, while the other spaces were active? Because, when I was there, it was week-end and the ateliers were closed.
FF There was a contrast, when there were a confusion of people. When Santiago was open, it was interesting to see the relation between the time of the piece, its slowness, the rush of people, the noise, that contrast was curious.
ST And that white of the light? It's a white that doesn't exist in architecture. How did you model that white?
FF It is simply white, pure projection. It is nothing more that a constructed and afterwards animated image, in black and white; the only light there is, is the one of the projector, in the white areas. And it is not white, since, at a closer

dá passagem para o *atelier* de ourivesaria da ARCO, para os *ateliers* de desenho e pintura e para o Santiago Alquimista, sendo um cruzamento muito particular. Vocês estiveram presentes enquanto os outros espaços estiveram a funcionar? Porque eu quando estive lá era fim-de-semana e os *ateliers* estavam fechados.
FF Existia um contraste nos momentos em que havia mais confusão de pessoas. Quando o Santiago estava aberto, era interessante ver a relação entre o tempo da peça, a sua lentidão, e a correria das pessoas, o barulho; esse contraste era curioso.
ST E aquele branco da luz? É um branco que não existe na arquitectura. Como é que tu modelaste esse branco? Não há nenhum tipo de tratamento?
FF É simplesmente branco, é pura projecção. Não passa de uma imagem construída e depois animada, realizada só a preto e branco; a única luz que existe é a do projector que passa nas zonas brancas. E não é totalmente branco, visto ao pormenor é um branco que tem uma espécie de amarelo e roxo, notando-se mesmo a trama da projecção.
ST Isso era, nalguns momentos, o que denunciava uma projecção vinda de um projector. Se isso não existisse seria ainda mais subtil, mais diluído. Não pensaste em usar nenhuma modelação de negros que existia nos desenhos da Marisa?
FF Pensei. Mas acabei por não fazer na manipulação do vídeo, acabou por acontecer quando projecto a luz directamente na grafite, portanto não é uma luz branca, não é uma luz com a mesma qualidade que a anterior, mas uma luz mais escura absorvida pelo negro da grafite. Essa luz projectava-se no desenho e alastrava-se ou transferia-se para o branco da parede. [...]

Sérgio Taborda é artista plástico e professor na ESAD Caldas da Rainha.

look, it is a white with shades of yellow and purple, one can see the cross-threads of the projection.
ST That, in certain moments, exposed the fact that there was a light coming from a projector. If not for that, the effect would be more subtle, dissolved. Dind't you think about the possibility of modeling the existing blacks in the drawings of Marisa?
FF I did. But ended up not doing it in the video; it happened when the light hit the graphite directly; that is why it is then not a white light, not a light with the same quality of the previous one, but a darker light, absorbed by the black of the graphite. That light was projected upon the drawing and then spread, eventually being transfered to the white of the wall. [...]

Sérgio Taborda is an artist and teacher at ESAD Caldas da Rainha.

As fotografias de Petit, entre as convenções do retrato e a ficção, reflectem um encontro com personagens num quadro de ambivalência: verdade e/ou ilusão. Instalada no ponto mais alto da Bienal, *Nightshot #2* é uma grande caixa de luz similar a um dispositivo publicitário, mas em vez de promover um produto, é homenagem à Humanidade e ao Universo, ou a uma pessoa – a modelo foi escolhida após casting público – e ao céu. *Petit nasceu em 1973, de mãe portuguesa. Vive trabalha em Dijon. O seu trabalho é um teste às modalidades da aparência, da geração à captação de imagens. O enigma da identidade é elemento unificador da sua obra.* **MC**

The photographs of Petit, between the conventions of portrait and the creation of fictive worlds, reflect an ambivalence, truth and/or illusion. Installed in the highest point of the Biennale, *Nightshot #2* is a big light-box similar to some publicity outdoor devices. But instead of promoting a product, the image is a mute homage to humanity and the sky, or should we say a person – chosen through a casting – and the universe. *Petit was born in 73, in France, of Portuguese mother, and lives and works in Dijon. Some of his most significant public art is about modalities of appearance, processes that may include both the generation and the capture of images. The mystery of identity is an unifying element of his work.* **MC**

Gerald Petit FRANÇA FRANCE

Nightshot #2

INSTALAÇÃO URBANA URBAN INSTALLATION

Largo das Portas do Sol [Alfama] 22 > 30.9

Curadoria Curator **Marie de Brugerolle**

APOIOS/COLABORAÇÃO
SUPPORT/COLLABORATION
MEGARIM
ESTÚDIOS SHINING
PRINT CRIATIVA
IFP
CNC
SUIÇO ATLÂNTICO HOTEL
PEDRO HESPANO
DÉBORA MEDEIROS

AGRADECIMENTO ESPECIAL
SPECIAL ACKNOWLEDGEMENT
MARIE DE BRUGEROLLE
ABÍLIO LEITÃO

Gerald Petit utiliza *media* clássicos e materiais [a pintura, a fotografia, o vídeo, o texto], assim como ultra-conceptuais e quase intangíveis [rumores, práticas inquiritoriais, intervenções clandestinas em meio urbano, ambientes-luz]. O seu trabalho parece por vezes assentar – como o de outros autores-chave franceses, tais como Saâdane Afif ou Bruno Peinado – no desejo de anular simbolicamente o efeito de '*signature work*', 'marca autoral' ou 'paternidade artística'; noções que constituem porém a pedra-de-toque do campo artístico. Mas esta obra não se oferece como programática ou dogmática. Ela é atravessada pelo fabuloso, pelo fantástico...

A abordagem proposta por Gerald Petit poderia ser qualificada como pós-apropriacionista. Não se trata, de todo, de retirar aos outros artistas o estatuto de autor [como o fizeram Sherrie Levine ou Mike Bidlo nos anos 80], mas de comprometer, a partir do interior de uma obra 'pessoal', a instauração de um efeito de assinatura. *La Rumeur de Dijon* [um rumor lançado pelo artista em 2002 com a cumplicidade de um jornalista do *Bien Public*] é a este nível uma obra paradigmática. Era rigorosamente impossível reivindicar

Gerald Petit utilise aussi bien des médiums classiques et matériels [la peinture, la photo, la vidéo, le récit] que des médiums ultra-conceptuels et presque intangibles [rumeurs, pratiques enquêtrices, interventions clandestines en milieu urbain, environnement lumineux]. Son travail semble parfois sous-tendu – comme celui d'autres acteurs clés de la scène française tel que Saâdane Afif ou Bruno Peinado – par le désir d'en finir symboliquement avec l'effet de '*signature work*', le 'nom d'auteur', la 'paternité artistique'; autant de notions qui constituent pourtant la clef de voûte du champ artistique. Mais cette œuvre ne se donne pas comme programmatique ou dogmatique. Elle est mâtinée de fabuleux, de fantastique...

L'angle d'attaque proposé par Gerald Petit pourrait être qualifié de post-appropriationniste. Il ne s'agit nullement ici de destituer les autres artistes de leur statut d'auteur [comme le faisaient Sherrie Levine ou Mike Bidlo dans les années 80] mais de compromettre, depuis l'intérieur d'une œuvre 'personnelle', l'instauration d'un effet de signature. *La Rumeur de Dijon*, [une rumeur lancée par l'artiste en 2002 avec la complicité d'un journaliste du *Bien Public*]

Gerald Petit

Nightshot #2

o rumor na altura em que este se desenvolvia. Assiná-lo teria por consequência a negação imediata do efeito. Na mesma ordem de ideias, poderíamos citar *L'Ombre du Nuage*, obra apresentada no Palais de Tokyo em 2004. As duas fotografias que a constituiam mostravam o artista caminhando, anónimo, na proximidade de homónimos parisienses. Sobre as imagens, os 'Gerald Petit' proliferam como que por efeito de um *bug* da paisagem urbana; torna-se assim problemática a identificação do autor, ao mesmo tempo que os efeitos autentificadores da assinatura.

Para dar corpo às suas obras, Petit começa, regra geral, por procurar uma personagem ideal no mundo real, uma personalidade suficientemente forte para irradiar uma ficção *ready-made*. Trata-se, de alguma maneira, parafraseando Wilde, de encontrar pessoas que puseram génio na sua vida, mais do que na sua obra. Petit procura-as em *chatrooms*, organiza *castings*, deixa-se levar pelo acaso. Multiplica os encontros, cria as condições para que o 'milagre' aconteça. Certos encontros revelar-se-ão frutíferos e desembocam na produção de uma obra. Outros saldam-se pelo fracasso. Mas o princípio, é o de partir deste empirismo radical. Apenas ele pode conduzir ao *encontro* e dar corpo a uma arte autenticamente experimental.

Eis como nasceu a obra apresentada na Bienal da Luz: seis meses antes da abertura da exposição, foi organizado em Lisboa um *casting* durante o qual foram seleccionadas cinco modelos. Entre elas, Débora, uma jovem lisboeta de charme magnético. De imediato, fascinou o artista. Não apenas porque encarnava a Beleza Lisboeta na sua forma mais pura, mas porque era a sósia perfeita de uma rapariga que Gerald amou perdidamente… no Sul de Portugal, quando era adolescente. De imediato, Petit optou pela discrição, escolhendo nada deixar transparecer desta história, por forma a não comprometer o bom desenrolar da sessão. Em vão… Porque daí a nada, sob o olho neutro e frio da objectiva, Débora desata entretanto a chorar, intensamente, sem chegar a explicar a sua perturbação. Na maior parte das fotos da sessão desse dia, Débora chora um pouco como se, ao sabor de uma inesperada interferência de mundos paralelos, o fantasma de uma antiga história amorosa tivesse procurado manifestar-se através dela. No momento em que a crise de lágrimas de dissipa, é feita uma fotografia; aquela que viremos a encontrar no Miradouro do Largo das Portas do Sol. No fundo, a fotografia sempre foi o lugar de regresso dos espectros. No Séc. XIX, havia quem se afadigasse a vislumbrar auras nos desfocados das imagens. [ver as investigações do Dr. Baraduc]. Nessa tarde, os fantasmas ressurgiram a montante, no momento da tomada de vista, como que em eco dos fenómenos paranormais do Rumor de Dijon.

Para a Luzboa, o Miradouro das Portas do Sol constituía um local de intervenção ideal, sobrelevando Alfama, um dos bairros mais típicos de Lisboa. Este lugar teve ainda o mérito de oferecer uma magnífica vista sobre o Tejo, para além do confluente, para o oceano. O céu de Lisboa está raramente estrelado por causa desse confluente que gera ao longo de todo o ano uma bruma tenaz. A obra proposta por Gerald Petit permitiu justamente à cidade recuperar por um periodo efémero as suas estrelas invisíveis. A fotografia, apresentada numa grande caixa retroiluminada, mostra uma Débora de ombros nus, em pose frontal, destacando-se num céu estrelado. As estrelas são definidas por fibras ópticas de intensidade luminosa variável. Estamos aqui nas fronteiras de um cinema estático, um cinema do qual subsistiria tão só um nostálgico *papillotement*[1]. Esta obra inscreve-se num projecto de fusão intermédia, projecto que deverá levar ao limite obras que apostam na interacção entre imagem vídeo e luz real. *Era verdadeiramente um objecto extra-terrestre. Estava colocado no topo do miradouro à beira do precipício. Para mim, havia ali qualquer coisa da ordem das sereias. Débora fazia de alguma maneira frente ao precipício. Era um dispositivo romântico ao extremo, largamente sobredeterminado pela cidade. Lisboa como Paris são cidades que têm esta carga, matizada de melancolia, de beleza, de nostalgia. Tinha vontade de amplificar esta sensação. Podemos nela encontrar porventura até um pouco da saudade, essa mistura de nostalgia e melancolia tão tipicamente portuguesa.*[2]

NICOLAS EXERTIER

Nicolas Exertier [1970] vive e trabalha em Paris. É crítico de arte e docente na Escola de Belas Artes de Chalon-sur--Saône. Colabora com as revistas Art Présence, Parachute *e* Frog. *Escreveu recentemente sobre Lilian Bourgeat, John Armleder, Gerald Petit, Pierre Joseph e Kendell Geers.*

1 Em francês, 'brilho que turva e fatiga a vista'.

2 Gerald Petit, em entrevista com o autor, 22 Maio 2007.

est tout à fait caractéristique à cet égard. Il était rigoureusement impossible de revendiquer la rumeur à l'époque où celle-ci se développait. La signer aurait eu pour conséquence d'en anéantir immédiatement l'effet. Dans le même ordre d'idées, on peut citer *L'Ombre du Nuage*, œuvre présentée au Palais de Tokyo en 2004. Les deux photos qui la composent montraient l'artiste passant à proximité de ses homonymes parisiens [à l'insu de ceux-ci]. Sur les images, donc, les 'Gerald Petit' prolifèrent comme par l'effet d'un *bug* du paysage urbain; l'identification de l'auteur devient problématique au même titre que les effets authentifiants de sa signature.

Pour donner corps à ses œuvres, Petit commence en règle générale par chercher un personnage idéal dans le monde réel, une personnalité suffisamment forte pour irradier de la fiction *ready-made*. Il s'agit en quelque sorte pour pasticher un mot de Wilde de trouver des gens qui ont mis du génie dans leur vie plutôt que dans leur œuvre. Petit fréquente pour ce faire des *chatrooms*, organise des *castings*, se laisse porter par le hasard. Il multiplie les rencontres, crée les conditions pour que le 'miracle' se produise. Certaines rencontres s'avèreront payantes et déboucheront sur la production d'une œuvre. D'autres se solderont par un échec. Mais à la base, il faut faire avec cet empirisme radical. Lui seul peut mener à la rencontre et donner corps à un art authentiquement expérimental.

Voici comment est née l'œuvre présentée pour la Biennale de la Lumière: six mois avant l'ouverture de l'exposition, un casting a été organisé à Lisbonne au cours duquel ont été sélectionnés cinq modèles. Parmi eux, il y avait Débora, une jeune lisboète au charme magnétique. Immédiatement, elle a fasciné l'artiste. Pas seulement parce qu'elle incarnait la Beauté Lisboète dans sa forme la plus pure mais parce qu'elle était le parfait sosie d'une fille qu'il a éperdument aimé… dans le sud du Portugal, lorsqu'il était adolescent. Petit a opté tout d'abord pour la discrétion en choisissant de ne rien laisser transparaître de cette histoire de façon à ne pas compromettre le bon déroulement de la séance. C'était peine perdue… Car très rapidement, sous l'œil neutre et froid de l'objectif, Débora s'est mise à pleurer, intensément, sans parvenir à expliquer son trouble. Sur la plupart des photos faites ce jour là, donc, Débora pleure un peu comme si, à la faveur d'une interférence impromptue de mondes parallèles, le fantôme d'une histoire amoureuse ancienne avait cherché à se manifester à travers elle. Au moment où la crise de larmes s'est dissipée, une photo a été prise; c'est elle que l'on retrouve sur le Miradouro das Portas do Sol. Au fond, la photo a toujours été le lieu du retour des spectres. Au XIXème siècle, on s'ingéniait à trouver des auras dans le flous des clichés. [cf. les recherches du Dr Baraduc]. Ce jour là, les fantômes ont resurgi en amont, au moment de la prise de vue, comme en écho aux phénomènes paranormaux de la Rumeur de Dijon.

Pour Luzboa, Le Mirador des Portes du Soleil constituait un lieu d'intervention idéale parce qu'il surplombe l'Alfama, un des quartiers les plus typiques de Lisbonne. Ce lieu a en outre le mérite d'offrir une vue imprenable sur le Tejo et, au-delà du confluent, sur l'océan. Le ciel de Lisbonne est rarement étoilé à cause de ce confluent qui produit toute au long de l'année une brume tenace. L'œuvre proposée par Gerald Petit permet justement à la ville de renouer pour une durée éphémère avec ses étoiles invisibles. La photo présentée dans un caisson lumineux de taille monumentale montre en effet Débora épaules nues, dans une pose frontale, se détachant sur un ciel étoilé. Les étoiles sont définies par des fibres optiques dont l'intensité lumineuse varie. Nous sommes ici aux frontières d'un cinéma statique, un cinéma dont ne subsisterait qu'un *papillotement* nostalgique. Cette œuvre s'inscrit dans un projet de fusion intermédia qui devrait mener à terme à des œuvres misant sur l'interaction étroite de l'image vidéo et de la lumière réelle.

C'était vraiment un objet assez extraterrestre. Il était disposé à la fin du mirador à la limite d'un précipice. Pour moi, il y avait là quelque chose de l'ordre de la sirène. Débora faisait en quelque sorte rempart au précipice. C'était un dispositif romantique à l'extrême, largement surdéterminé par la ville. Lisbonne comme Paris sont des villes qui ont cette charge, patinée de mélancolie, de beauté, de nostalgie. J'avais envie d'amplifier cette sensation. On y retrouve peut-être un peu de la saudade, ce mélange de nostalgie et de mélancolie si typiquement portugais.[3][1]

Nicolas Exertier [born in 1970, lives and works in Paris] is an art critic and teacher at the Beaux Arts School of Chalon-sur-Saône. Writes for the magazines Art Présence, Parachute *and* Frog, *and recently wrote about Lilian Bourgeat, John Armleder, Gerald Petit, Pierre Joseph and Kendell Geers.*

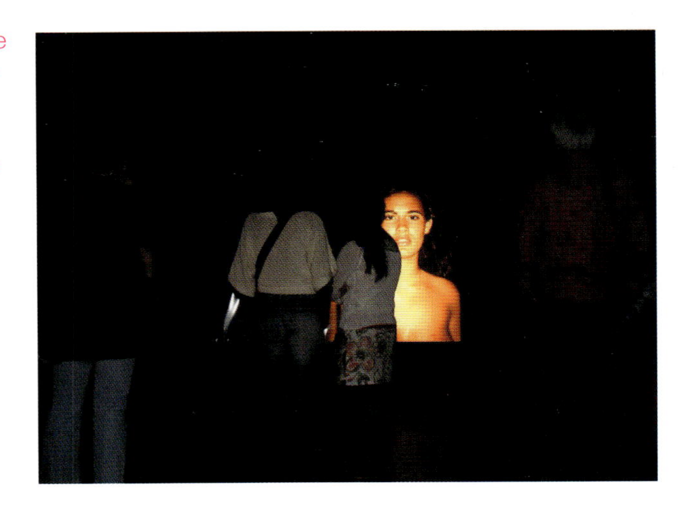

1 Gerald Petit dans un entretien avec l'auteur, le 22 mai 2007

Meta[local]morfose foi uma ilha de mar sonoro-visual no meio da cidade. Esta percepção era gerada por intermédio do 'instrumento de luz sonora', um dispositivo tecnológico que Adriana Sá tem re-criado no âmbito de múltiplas situações cénicas e performativas. Na Luzboa, este instrumento determinou uma paisagem sonora de chuva, mar e tempestade mediante imagens de códigos náuticos projectadas sobre sensores de luz. No último dia da Bienal esta 'ilha' tornou-se também no *habitat* para uma performance-concerto. *Adriana Sá, com formação em Música e Belas Artes, desenvolve projectos transdisciplinares onde a relação entre luz e som é matéria de investigação. Hugo Barbosa tem aprofundado com a artista novas potencialidades técnicas e expressivas, no quadro do desenvolvimento do instrumento de [vídeo]luz sonora.* **MC**

Meta[local]morfose was the installation of an island of sound-visual sea in the middle of the city. This perception was achieved by means of the sounding[video]light instrument, a technological device that Adriana Sá has been re-recreating in various situations, both scenical and performative. For Luzboa, this instrument determined the soundscape [rain, sea, tempest] according to video-images [naval codes] activating light sensors. In the last day of the Biennale, this 'island' became the *habitat* for a concert-performance. *Adriana Sá, who studied Music and Fine Arts, presently develops transdisciplinary projects where the relation between light and sound is the matter of investigation. Hugo Barbosa has been working with the artist in the deepening of new technical and expressive potentialities, in the framework of the development of the [vídeo]light and sound instrument.* **MC**

Adriana Sá + Hugo Barbosa PORTUGAL

Meta[local]morfose

INSTALAÇÃO URBANA + CONCERTO URBAN INSTALLATION + CONCERT

Workshop preliminar Preliminary workshop **Universidade Lusíada 26 > 28.4**

Instalação Installation **Largo do Correio Mor [Rua de S. Mamede] 27 > 30.9**

Concerto Concert **Largo do Correio Mor [Rua de S. Mamede] 30.9**
Adriana Sá, Sei Miguel, Fala Mariam, David Maranha, Manuel Mota, Pedro Lourenço

Documentação completa Full documentation

Preparação Preparation **http://adrianasa.planetaclix.pt/docu_img/e0.htm**

In-loco On-site **http://adrianasa.planetaclix.pt/docu_img/l0.htm**

Ideograma Ideogram **http://adrianasa.planetaclix.pt/docu_img/luzboa.htm**

Audio (performance) **http://sa.caseyrice.com/audio_plugins/luzboaplugin.htm**

APOIOS/COLABORAÇÃO
SUPPORT/COLLABORATION
IA – INSTITUTO DAS ARTES
MINISTÉRIO DA CULTURA
FUNDAÇÃO CALOUSTE GULBENKIAN
BAZAR DO VÍDEO
UNIVERSIDADE LUSÍADA

AGRADECIMENTOS
ACKNOWLEDGEMENTS
EDGAR MASSUL
+ EQUIPA DO 'ESPAÇO'
+ THE 'ESPAÇO' TEAM

***Workshop* Preliminar**
Faróis Urbanos / Metamorfose 26.4

[Ateliê 'Desenhar a Luz #7 – Faróis Urbanos: comunicar [as pessoas] na cidade' – Universidade Lusíada 26 > 28.4]

Universidade Lusíada. Apresentou-se o percurso anterior de Adriana Sá e a colaboração com Hugo Barbosa [conferência], bem como o projecto Meta[local]morfose. Numa perspectiva musical sobre a realidade, realizaram-se exercícios de captação e edição áudio e vídeo, a partir dos quais se discutiram questões relacionadas com arquitectura, urbanismo, comunicação, sociologia, economia, filosofia e arte.

Preliminary Workshop
Urban Lighthouses / Metamorphosis 26.4

[Workshop 'To design Light #7 – Urban Lighthouses: to communicate [people] in the city' – Universidade Lusíada 26 > 28.4]

Lusíada University. There was a conference introducing Adriana Sá's work process, her collaboration with Hugo Barbosa and the META[LOCAL]MORFOSE project. Within a musical perspective over reality, participants were invited to experiment with audio and video capturing and editing exercises. Issues related to architecture, urbanism, communication, sociology, economy, philosophy and arts were discussed upon these exercises.

Adriana Sá + Hugo Barbosa

Meta[local]morfose

Instalação e performance
Meta[local]morfose 27 > 30.9
Largo do Correio-Mor

Desafio:
Conceber a ideia de farol urbano como 'espaço de respiração'. [Re]formular a performatividade arquitectónica existente mediante a justaposição de uma conjuntura de arquitectura 'imaterial'. Materializar poeticamente as relações plásticas/tecnológicas entre música, luz, arquitectura, movimento...

Uma ilha de mar na cidade. Um mar de presença sonoro-visual, que convida a parar na cidade que todos os dias atravessamos. Mediante sensores de luz que emergem de canos de água, o instrumento de [vídeo]luz sonora reage ao desvanecer do dia [luz natural] e ao vídeo longitudinal sobre as paredes [luz artificial]. Cada sensor está calibrado e programado para processar um determinado som. As variações de luz determinam os comportamentos da paisagem sonora via programação MIDI. Duas projecções vídeo compartimentam-se em seis, para afectar seis sensores de luz junto às paredes. Imagens de códigos náuticos originam sons de chuva, mar, tempestade... A coreografia videográfica transpõe-se num campo sonoro heterogéneo, que varia consoante a nossa posição no espaço. Os sons provêm de doze colunas suspensas nas árvores e nos gradeamentos. Para quem se movimenta pelo Largo, os diversos pólos sonoros intersectam-se numa paisagem de topografia variável. A imersão é total. A luz a fazer música. Criando um espaço que é também outro. Uma ilha de mar na cidade.

Performance-concerto com a instalação 30.9
http://sa.caseyrice.com/audio_plugins/luzboaplugin.htm

Uma ilha que é também o habitat de uma performance. Cinco personalidades musicais afirmam-se em interacção: as diferenças não se atenuam, são fonte de vitalidade e estranheza. Com um centro tonal que permanece flutuante, a música é resultado de um trabalho de tipo laboratorial, de discernimento e compatibilização entre modos e modalismos. Os desdobramentos musicais são estruturados mediante três momentos de uníssono. Cítara, trompete, trombone, guitarra, dobro e electrónica sobrepõem-se, desvanecem-se e entrelaçam-se com paisagens marítimas. À luz de códigos náuticos. Na cidade de Lisboa.

David Maranha [*dobro*], Sei Miguel [*pocket trompet*], Fala Mariam [trombone], Manuel Mota [guitarra eléctrica],

Installation And Performance
Meta[local]morfose 27 > 30.9, 17 > 24h
Largo do Correio-Mor

Challenge:
To conceive an urban lighthouse as a 'breathing space'. To (re)formulate the existing architectural performativity through a juxtaposed 'immaterial' architecture. To materialize poetic relationships between music, light, architecture, mouvement...

An island of sea in the city. A sea of sound-visual presence that invites us for a stop in the every-day-walked city. Through six light sensors that emerge from water pipes, the 'sounding [video]light instrument' reacts to the fall of the day (natural light) and to the longitudinal wall-beamed video (artificial light). Each sensor is calibrated and programmed to process a determined sound sample. Light variations determine soundscape behaviors according to previous MIDI programming. Two video projections are split into six, affecting six light sensors placed in front of the walls. Images of nautical codes originate sounds of rain, ocean, thunder... the video-choreography is transposed into a heterogeneous sound field, which is perceived according to our on-site position. Twelve audio speakers are suspended from the trees. For those who move across the site, multiple sound-poles intersect within a soundscape of variable topography. There is total immersion. The light is making music. Creating a space that is another space too. An island of sea in the city.

Performance-concert within the installation 30.9
http://sa.caseyrice.com/audio_plugins/luzboaplugin.htm

The island is also the habitat of a performance. Five musical characters affirm themselves in inter-action. Their specific differences are not attenuated, their combination is rather source of vitality and strangeness. With a floating tonal center, music results from a laboratorial work involving discernment of diverse modes and modalisms, which turn out compatible. Three moments of unison structure the musical unfolding. Zither, pocket trumpet, trombone, guitar, dobro and electronics overlap, dissolve and interlace with maritime soundscapes. Lightened by nautical codes. In the city of Lisbon.

David Maranha [dobro], Sei Miguel [pocket trumpet], Fala Mariam [trombone], Manuel Mota [electric guitar],

Pedro Lourenço [interpretação DVD/mix], Hugo Barbosa [DVD para o instrumento de [video]luz sonora], Adriana Sá [instrumento de [vídeo]luz sonora, percussão lumínica, cítara e electrónicas].

Pedro Lourenço [DVD interpretation/mix], Hugo Barbosa [DVD for the sounding [video]light instrument], Adriana Sá [sounding [video]light instrument, light percussion, zither and electronics].

Fases de trabalho

6 > 17.7 Estúdio POD
Adriana Sá e Hugo Barbosa:
– residência para captação, edição e programação [áudio, vídeo e MIDI]

Work phases

6 > 17.7 POD studio
Adriana Sá and Hugo Barbosa:
– Residency for audio and video capture, editing and programming [MIDI]

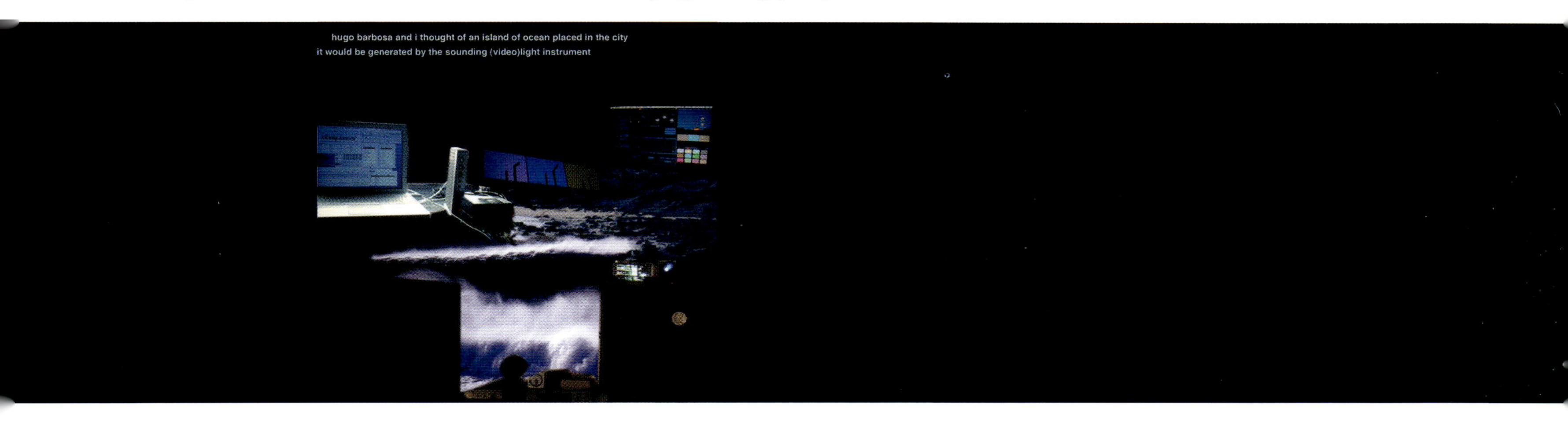

21.8 > 10.9 Espaço – Centro de Desastres
Adriana Sá e Hugo Barbosa, Sei Miguel, Manuel Mota, Fala Mariam, David Maranha, Edgar Massul, Pedro Lourenço:
– residência: montagem e programação do interface; partitura; ensaios;
– duas sessões informais de apresentação/demonstração do instrumento de [vídeo]luz sonora;
– apresentação pública da performance '[META]LOCAL'.

21.8 > 10.9 Espaço – Centro de Desastres
Adriana Sá and Hugo Barbosa, Sei Miguel, Manuel Mota, Fala Mariam, David Maranha, Edgar Massul and Pedro Lourenço:
– residency: interface set-up and programing; rehearsals; score;
– two informal sessions in order to introduce and demonstrate the sounding of the [video]light instrument;
– public presentation of the '[META]LOCAL' performance.

25.8 > 30.9 Largo do Correio-Mor
Adriana Sá com a assistência da equipa Luzboa:
– montagem da instalação;
– instalação em funcionamento.

Adriana Sá com Sei Miguel, Manuel Mota, Fala Mariam, David Maranha e Pedro Lourenço
– ensaios *in loco* + apresentação final de instalação e performance.

25.8 > 30.9 Largo do Correio-Mor
Adriana Sá assisted by the Luzboa team:
– installation set-up;
– 'META[LOCAL]MORFOSE' installation.

Adriana Sá with Sei Miguel, Manuel Mota, Fala Mariam, David Maranha and Pedro Lourenço:
– on-site rehearsals + public presentation of the 'META[LOCAL]MORFOSE' performance.

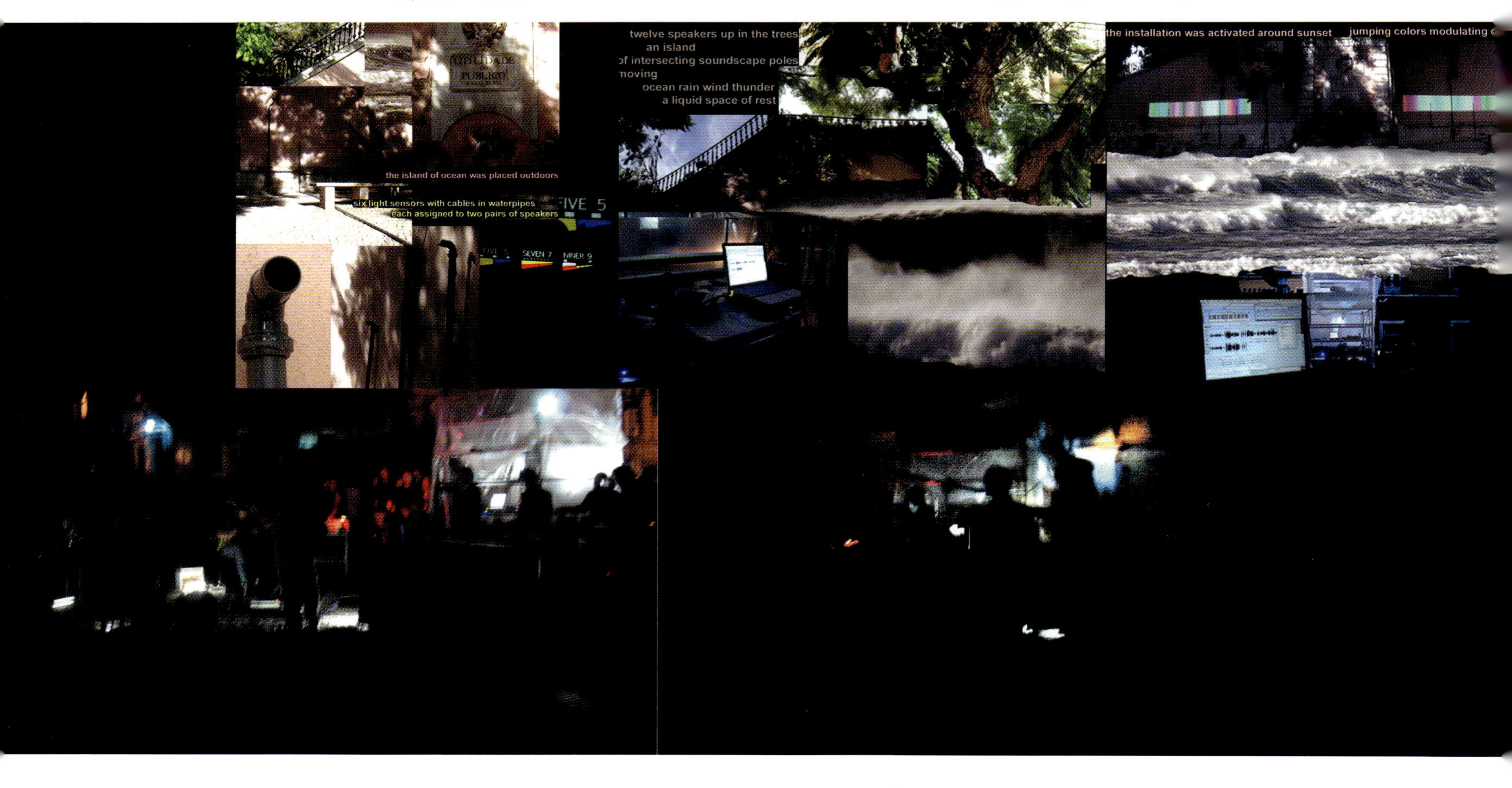

Adriana Sá: processo de trabalho

Com formação em música e Belas Artes, Adriana Sá é artista transdisciplinar, performer improvisadora/compositora. Tem desenvolvido e apresentado o seu trabalho pela Europa, EUA e Japão. Do seu processo de criação faz parte o próprio desenho e construção da instrumentação. O som pode conjugar-se plasticamente com luz, arquitectura, movimento, metereologia, palavras... Trata-se da poesia do universo. Parte da instrumentação é concebida para adquirir novas características de cada vez que é instalada, numa escala arquitectónica – tem que se entrar nela para a tocar ou fruir;

Adriana Sá: work process

With a background in music and Fine Arts, Adriana Sá is a trans-disciplinary artist, performer improviser/ /composer. She has been developing and presenting her work around Europe, USA and Japan. Building the instrumentation is part of Adriana's creative process. Sound can be plastically connected with light, movement, architecture, weather, words... it's about the poetry of the universe. Some of Adriana's instrumentation is conceived for acquiring new characteristics each time it gets installed, on architectural scale – one gets inside to play it; space

o espaço torna-se reactivo. Quaisquer que sejam os instrumentos utilizados, arquitectónicos ou portáteis (menos tempo requerido para *set-up*), o seu trabalho relaciona a performance musical com contextos específicos que envolvem lugar, memória e pessoas. As sensações são um produto de contexto. Antes de chegarem à consciência, são subjectivamente 'seleccionadas' pelo corpo do indivíduo, mediante a reacção orientadora – uma função biológica que existe para nos proteger do excesso de estímulos. Interessa investigar estes critérios físicos... esta inteligência do corpo. Trabalhando o som de modo provocatório, Sá joga com as transições entre diversos estados psico-físicos. As suas partituras gráficas coreografam textura, densidade, dominância e sequenciação, mais do que tempos-relógio ou arranjos de notas. Em colaboração, Adriana enfatiza especificidades técnicas e humanas como material-desafio para experiências e discussões no sentido de novas possibilidades de hibridização artística.

Do instrumento de luz sonora, desenvolvido por Adriana Sá desde Novembro '99

O instrumento de luz sonora torna o espaço musicalmente reactivo. Com uma performatividade que se desdobra numa extensa gama de possibilidades, traduz gradientes lumínicos em variações sonoras de acordo com programação prévia [sensores de luz + Lisa-software + I-Cube + MIDI interface]. A luz é captada por meio de sensores na primeira etapa do seu processo de conversão em som. As variações de luz assim materializadas podem ser naturais [astrológicas, metereológicas], operadas com mesa de luz, provocadas pela sombra do corpo em movimento ou associadas a projecções vídeo, fixas e/ou móveis. Os sensores têm cabos muito longos que se instalam plasticamente no espaço. Podem ser programados para controlar o processamento sonoro de *samples* e de *live-inputs*, assim como a modulação e mistura de frequências. O factor variabilidade encontra-se maximizado: por um lado, a inconstância lumínica garante um certo elemento de impredictibilidade, por outro, as componentes digitais do instrumento são inteiramente re-programáveis. A configuração de funções digitais com causas lumínicas e efeitos sonoros determina o 'produto sonoro'; a expressividade da luz, do gesto ou do vídeo sobre-determina-o.

Do instrumento de [vídeo]luz sonora, desenvolvido em colaboração com Hugo Barbosa entre Outubro '04 e Setembro '06

O *software* vídeo Modul8 permite a estruturação dinâmica, numa mesma projecção vídeo, de várias imagens [ou recatângulos de cor + palavras, etc.] simultâneas, com tempos de projecção e tratamentos independentes. Esta coreografia videográfica possibilita a afecção individual e independente de cada sensor de luz, originando o processamento da fonte sonora correspondente. **AS**

turns reactive. Whatever instruments she uses, architectural or portable [requiring much less set-up time], her work places music performance as related to specific contexts involving site, memory and people.

Sensations are products of context. Prior to awareness, they are 'selected' subjectively by each individual's body through the orientating reaction – a biological function that exists to prevent us from a permanent stimuli overload. Interesting is also to investigate upon these physical criterion... this body-intelligence. Working with sound provocatively, Adriana is playful with the transitions between different psychic-physic states. Her graphical scores choreograph texture, density, dominance and sequence variations rather than clock-time or note arrangements. In collaboration, Adriana emphasizes individual particularities as challenging material for experiments and discussions on further artistic hybridization possibilities.

About the sounding light instrument, developed by Adriana Sá since November '99

The 'SOUNDING LIGHT INSTRUMENT' (custom-made light sensors, i-cube and Lisa software) translates changeable light gradients into parametric sound variations. Natural and artificial light, body shadow or video affect the sound behavior in real-time according to Adriana's previous programming. The inconstant behavior of light guarantees a certain range of unpredictability. This instrument unfolds into a big range of performative possibilities. It can (re)establish the relationships between a site and its environmental context. Its physical and visual aspects unfold sculptural characteristics. All its components are re-programmable and re-shapeable. The software allows for sample processing, frequency generation/modulation/mix or live-input processing. The 'audio product' is determined by digital functions featuring light as a cause and sound as an effect.

About the sounding [video]light instrument, developed with Hugo Barbosa between October '04 – September '06:

The Modul8 video software structures simultaneous images (or colors, words, Etc.) dynamically into a same video projection. This video-graphic choreography affects each light sensor (i.e. correspondent audio source) individually and independently. The sensors are inside vertical pipes placed in front of the projection. **AS**

Adriana Sá + Hugo Barbosa

Meta[local]morfose

No Largo de Sto. António, iluminado de azul, um conjunto de globos brancos pulsava, reagindo ao fluxo viário. Subtil intervenção, cada globo funcionou como um micro-ambiente que, emitindo som, criava um espaço próprio e proporcionava luz. *André Gonçalves desenvolve desde 1998 aplicações audiovisuais, utilizando-as em projectos de artes plásticas, música, vídeo, instalação e performance.* **MC**

At the blue-lit Largo de Sto. António, subtle micro-environments emitting sound and light under the trees of the site, reacting to the urban flux. *Since 1998, André Gonçalves has been developing audiovisual applications, apllying them in the fields of contemporary art, music, vídeo, installation and performance.* **MC**

André Gonçalves PORTUGAL

Ressonant Objects

INSTALAÇÃO URBANA URBAN INSTALLATION

Largo de Sto. António da Sé 21 > 30.9

APOIOS/COLABORAÇÃO
SUPPORT/COLLABORATION
BAZAR DO VÍDEO
JUNTA DE FREGUESIA DA SÉ

Reunião num contentor, por natureza itinerante, de uma colecção de triciclos que vai sendo enriquecida ao longo do próprio processo de itinerância [depois de Taiwan e Lisboa, seguem-se Cuba ou a Rússia], no que o artista considera um extraordinário acervo de criatividade, ingenuidade e engenho. *Originário da Madeira, Rigo [Ricardo Gouveia] tem desenvolvido um considerável trabalho a nível nacional e internacional, nomeadamente no território urbano de São Francisco, onde os seus murais são célebres. A sua arte é acessível e directa, assegurando a comunicação com todos os públicos.* **MC**

A container, by nature itinerant, gathers an unexpected collection of Chinese tricycles, which grows in number as it travels from country to country. In Lisbon – as before in Taiwan, and afterwards in Cuba or Russia – the visitors are asked to donate their own tricycles to the Museum, enriching what the artist considers to be an extraordinary depository of creativity, ingenuity and resourcefulness. *Coming from Madeira, Rigo [Ricardo Gouveia] has developed a significant work, specially in San Francisco, where his famous murals, in the characteristic style of simple bold graphics combined with one or two words, invite the viewers to stop, reflect and figure out their messages and meanings.* **MC**

Rigo 23 [+ M.T. Karthik] PORTUGAL/EUA PORTUGAL/USA

Museu do Triciclo The Tricycle Museum

INSTALAÇÃO URBANA + EXPOSIÇÃO URBAN INSTALLATION + EXHIBITION

Praça do Comércio 26.9 > 5.10

Curadoria Curatorship **Natxo Checa**

Produção Production **ZDB – Galeria Zé dos Bois**

Luzboa – Bienal Internacional da Luz convidou a Galeria Zé dos Bois e Natxo Checa para propor um artista a participar na sua segunda edição. Estando prevista uma grande exposição individual do artista madeirense RIGO no âmbito da programação da Galeria, e tendo em linha de conta o carácter eminentemente urbano e participativo de algumas das suas propostas, apresentou-se, a modo de preâmbulo, o *Museu do Triciclo*, na Praça do Comércio.

O *Museu do Triciclo*, contentor itinerante que iniciou no Tamil Nadu a viagem inversa à de Vasco da Gama, e após visitar o Centro das Artes Casa das Mudas na Madeira, chegou ao Terreiro do Paço contendo cartazes de rua, imagens e triciclos hindus. Museu em constante mutação que pretende, recolhendo veículos vernáculos dos locais por onde passa, homenagear a adaptação destes rudimentares velocípedes a novas funcionalidades.

Os Veículos

1. Lambreta de três rodas Auto Rickshaw de 1963, Coimbatore, Tamil Nadu, Índia.

Luzboa, the International Biennale of Light, invited Galeria Zé dos Bois and Natxo Checa to propose an artist for it's second edition. The Gallery invited Rigo 23, a Portuguese artist from Madeira Island, who at the time was preparing a large solo exhibition for their space. Rigo's work often takes place outside, engaging the urban space and it's dwellers directly; for Luzboa he proposed to use the Praça do Comércio, presenting *The Tricycle Museum*.

The Tricycle Museum inhabits a steel container, and it arrived in Praça do Comércio after a stop in Madeira Island – at Centro das Artes Casa das Mudas – having initiated it's voyage in the Tamil Nadu region of India. Inside the container, five tricycles, street posters and many photographs of trikes. The Museum is in constant mutation, collecting three wheeled vehicles from the places through which it passes, paying tribute to these vernacular vehicles which describe a never ending adaptability to ever new functions, within the do-it-yourself parallel economies of the world.

The Vehicles

1. *Three wheel Lambretta Rickshaw*, Coimbatore, Tamil Nadu, India. 1963.

மூன்று சக்கர வண்டி அருங்காட்சியகம்
MUSEU DO TRICICLO
மூன்று சக்கர வண்டி அருங்காட்சியகம்
MUSEU DO TRICICLO

Rigo

Museu do Triciclo

Com olhos pintados à mão, tradicionais em veículos desta data e local.
Os nomes dos dois antigos donos encontram-se visíveis: N. Kumar, gravado em metal e J. Bhupathy, pintado em caracteres Tamil de duas cores debaixo do pára-brisa. Com conta-quilómetros original e preços e informação de registo pintados à mão.
(Cedida por M. T. Karthik)

With a set of beautifully hand-painted eyes flanking the headlight, traditional on vehicles from this area and period, it also shows the names of it's owners: N. Kumar, engraved on a metal plaque and J. Bhupathy rendered in hand painted two color Tamil characters just below the windshield. Original odometer, price and registration hand-painted directly on the vehicle's body.

2. Triciclo Rickshaw (Pedicab Cycle), Chennai, Tamil Nadu, Índia.
   Frequentemente usado para transportar grupos de crianças da escola para casa. Destaca-se a campainha e as típicas capotas reversíveis destes veículos de passageiros.

2. *Pedical Tricycle*, Chennai, Tamil Nadu, India – date uncertain.
   Frequently used to transport groups of children from school to their houses.
   Of special note are the handle bar bell and the traditional convertible hood made of patterned cloth.

3. Lambreta de carga de três rodas de 1984, Coimbatore, Tamil Nadu, Índia.
   Com capacidade de transportar uma tonelada, conhecido como *goods vehicle* é um comum transporte de mercadoria na India.

3. *Three wheel Cargo Lambretta*, Coimbatore, Tamil Nadu, India. 1984.
   With capacity to carry up to a ton, it is the ultimate *goods vehicle* and it is very commonly used throughout India.

4. 'Meen Baadi Vundi' Chennai, Tamil Nadu Índia.
   Um triciclo de carga composto inteiramente por partes, originalmente usado para transportar peixe para o mercado. 'Meen' significa peixe em Tamil, 'Vundi' é veículo, assim em português pode ser traduzido por 'carro do peixe'. Actualmente é usado para transportar inúmeros tipos de bens pesados desde computadores, a tecidos, papel ou grão.

4. *Meen Baadi Vundi*, Chennai, Tamil nadu, India – date uncertain.
   A cargo tricycle assembled from many different parts, it was originally used for the transport of fish. 'Meen' means fish in Tamil and 'Vundi' vehicle, so it is literally called 'Fish Vehicle', though nowadays it is used to carry all kinds of goods including computers, rolls of fabric, papel or food grains.

5. Triciclo de transporte de carregamento dianteiro, Chennai, Tamil Nadu, Índia. Frequentemente usado por vendedores de fruta e nozes das ruas do Sul da Índia, estes veículos, capazes de suportar cargas muito pesadas são também usados para transportar tanques de água e de gás ('Liquid Petroleum Gas' – LPG).

5. *Front Loading Cargo Tricycle*, Chennai, Tamil Nadu, India – date uncertain. Frequently used by fruit and nut vendors in the streets of Southern India, these vehicles, are also capable of supporting much larger loads, being often also used to carry water tanks and liquid petroleum gas canisters.

O Contentor

O texto do exterior do contentor e dos cartazes expostos no seu interior é escrito na língua Tamil, o mais antigo idioma na Índia. O texto inscrito num dos lados do contentor pode ser traduzido por 'Museu do veículo de três rodas'; em Lisboa adopta o nome de 'Museu do Triciclo'.

As impressões das fotografias digitais de triciclos foram tiradas em Tamil Nadu, na Índia, entre Novembro e Dezembro de 2005.

Os cartazes são contemporâneos, provenientes das ruas de Chennai e Coimbatore, em Tamil Nadu, todos recolhidos em Novembro e Dezembro de 2005. Na Índia, é comum família e amigos homenagearem uma pessoa com cartazes um ano depois da sua morte, de modo a mostrar que o falecido não foi esquecido. O cartaz afixado ao centro da parede do contentor é um desses. O jovem morreu em Dezembro de 2004, e o cartaz foi recolhido numa zona rural do Sul da Índia em Dezembro de 2005. Encontram-se também expostos os cartazes dos dois filmes mais populares em Tamil Nadu no Outono de 2005: o filme Tamil *Gajini* e o *blockbuster* ocidental *King Kong*. Os outros cartazes são de filmes contemporâneos, debates e outros eventos.

NATXO CHECA

Programação e Produção da ZDB iniciada no âmbito do Luzboa e parte integrante da exposição Swim Again – – Nada de Novo *de RIGO 23 inaugurada dia 12 de Outubro na Galeria Zé dos Bois e em vários locais da cidade. Natxo Checa é director da ZDB – Galeria Zé dos Bois.*

The Container

The text on it's outside – 'Museum of vehicles with three wheels' – as well as on the posters in it's interior are in Tamil, the oldest language of India. In Portugal, the text 'Museu do Triciclo' was added.

The trike photographs were taken and printed during November/December 2005 in Tamil Nadu and the street posters are from the same period and could be found on Chennai and Coimbatore's central streets. In India it is common for family and friends to pay tribute to a dear one, by printing a poster a year after their death – showing they have not been forgotten.

The poster at the center of the container is one such poster; the young man died in December '04 and the poster was collected in December '05. Other posters include those of the most popular movies of the period: the Tamil production *Gajini* and the western blockbuster *King Kong* among others announcing conferences, debates and lesser known movies.

Programming and Production by ZDB started in the framework of Luzboa and later part of the exhibition Swim Again – Nada de Novo *by RIGO 23, Inaugurated the 12th October at the Galeria Zé dos Bois and several places in the city. Natxo Checa is the director of ZDB – Galeria Zé dos Bois.*

Obra colectiva Collective work

PORTUGAL, FRANÇA, BÉLGICA, HOLANDA, ALEMANHA PORTUGAL, FRANCE, BELGIUM, THE NETHERLANDS, GERMANY

Light Terminal

SISTEMA INTERACTIVO + PROJECÇÃO VÍDEO INTERACTIVE PROJECTION + VIDEO PROJECTION

OndaJazz, Arco de Jesus 21 > 30.9

Coordenação Coordination **Bettina Pelz**

APOIOS/COLABORAÇÃO
SUPPORT/COLLABORATION
SAPO CULTURA
LICHTROUTEN [LÜDENSHEID]
BENEFLUX [BRUSSELS]
CHARTES EN LUMIÈRES
LICHTJESROUTE [EINDHOVEN]

Os visitantes de vários Festivais de Luz em cinco países tiveram acesso à possibilidade de enviar imagens das cidades iluminadas por meio de mms, sms ou e-mail para um sistema de projecção interactivo, assim se efectuando a conectividade entre diversas comunidades, num sentido de partilha e pertença. **MC**

By means of an interactive projection system, visitors in five countries had the possibility to see images from the different festivals held at the same time in other European cities; the images were taken by the visitors themselves – – using digital cameras and mobile phones – offering the spectators a sense of sharing and belonging. **MC**

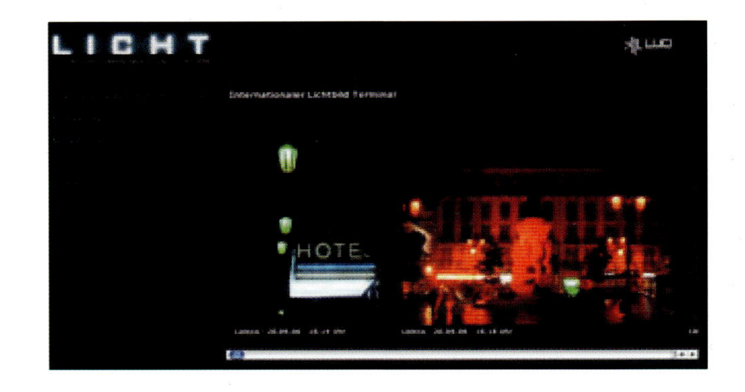

O Prémio Luzboa-Schréder, que teve em 2006 a sua segunda edição, tem por objectivo premiar personalidades cuja carreira possa ser considerada um contributo essencial para o desenvolvimento de uma Cultura da Luz, independentemente do domínio de base: a investigação científica, a arquitectura, o urbanismo, as artes ou quaisquer outros territórios criativos. A cerimónia de atribuição do Prémio 2006 homenageou uma personalidade-chave na iluminação cénica em Portugal, um mestre da arte de iluminar com uma carreira longa de 50 anos: o designer-de-luz Orlando Worm.

O momento foi assinalado com o lançamento de uma brochura ilustrada, celebrando as várias personalidades nomeadas e o seu contributo decisivo para a 'Cultura da Luz', sucedido de um recital de piano por Afonso Malão, músico que recentemente editou um notável álbum de fados para piano. Entendeu assim a Schréder, junto com a Luzboa, editar mais uma vez o Prémio **Luzboa-Schréder**, porque essa é uma forma de reafirmar o seu papel de intervenção na cidade. Assinalamos este interesse também porque revela a intenção de prosseguir na *abertura de espaços de discussão pluridisciplinar, sobre esse elemento* [a Luz] *de eterno fascínio, motor fundamental do alargamento do conhecimento humano que nos apaixona e ao qual continuaremos a dedicar parte das nossa vidas* [Maria Antónia Véstia]. **MC**

The first edition of the Luzboa-Schréder Prize was in 2004. Its second edition was again awarded to a personality whose career may be considered an essential contribution to the development of a Culture-of-Light, independently of its nature [scientific investigation, architecture, urbanism, arts or other creative territories]. The awarding cerimony of the 2006 Prize paid tribute to the lighting designer Orlando Worm, a key-personality in scenic-lighting in Portugal, a master in the art of lighting, for more than 50 years.

The moment was highlighted with the launching of an illustrated publication, celebrating the several nominées and their decisive contribution to the 'Culture of Light', and followed by a piano recital by Afonso Malão, a musician that recently published an extraordinary album of *fados* for piano. Schréder once again promoted this Prize, since this is a way to reaffirm the company's role in urban intervention. We register this interest also because it reveals the intention to continue to *open up spaces for pluridisciplinary discussion about Light, an element that arouses eternal fascination and is a fundamental motor for the widening of human knowledge, something that moves us and to which we'll continue to dedicate part of our lifes* [Maria Antónia Véstia]. **MC**

Prémio Luzboa-Schréder
Luzboa-Schréder Prize
Cerimónia Ceremony

APOIOS/COLABORAÇÃO
SUPPORT/COLLABORATION
TEATRO MUNICIPAL DE SÃO LUIZ
IFP
FORÇA MOTRIZ

Teatro Municipal de São Luiz [Jardim de Inverno] 25.9

Patrocínio Sponsor **Schréder Iluminação, SA**

Júri Jury

Maria Antónia Velez Véstia ***Directora-geral General Manager Schréder Iluminação***
Carrilho da Graça ***arquitecto, vencedor do Prémio em 2004 architect, winner of the 2004 Prize***
Beatriz Batarda ***actriz actress***
Isabel Carlos ***curadora de arte art curator***
Nuno Crato ***matemático, divulgador científico mathematician and science communicator***
Jorge Gaspar ***geógrafo geographer***
Fernando Conduto ***escultor sculptor***
José Manuel Fernandes ***jornalista journalist***
Teresa Alves ***geógrafa geographer Extra]muros[/ Luzboa***
Marc Pottier ***Adido Cultural Embaixada de França cultural attaché French Embassy*** **Instituto Franco-Portugais / *Luzboa***

Nomeados Nominees

António Charrua
Cristina Reis
Escolas de Jardinagem e Calceteiros da CML CML School of Cobblestone Pavers
Nuno Cardal e Pedro Dias
Nuno Santos
Pedro Cabrita Reis
Orlando Worm
Nuno da Silva

Vencedor da Edição 2006 Winner of the 2006 Edition

Orlando Worm

Nomeação de **António Charrua**,
por **Fernando Conduto**

Um edifício vestido de 'boa luz' em fato de noite, será surpreendente tal como qualquer outro acto criativo diferenciado. É o caso do Pintor António Charrua [por exemplo] que no escuro e confuso panorama artístico português é uma *luzboa*.

Nomeação de **Cristina Reis**, por **Beatriz Batarda**

No programa de *A Morte de Empédocles*, Luís Miguel Cintra escreve: *O palco, o lugar aqui da poesia, é também o lugar da Luz.* […] *Como representá-lo? Só o branco e poucos sinais de cor, tão abstractas representações como dizer terra, água, céu, montanha, mar. Uma falsa cortina, um fundo pintado em vez de horizonte. Dois emblemas: os corpos, um coração.* E é desta forma que o mesmo coração bate na proposta teatral do grupo da Cornucópia com sede no Teatro do Bairro Alto. Cristina Reis é co-directora do grupo desde os finais dos anos setenta e assume total parceria com Luís Miguel Cintra nos espectáculos que inspiram alguns e iluminam outros. A obra de Cristina Reis é uma referência estética incontornável tanto para os novos cenógrafos e criadores teatrais como também para os actores que viram ou viveram os seus espaços. Esta nomeação surge, a meu ver, como óbvia; Cristina Reis é uma profissional que dedicou e dedica a sua vida à criação de espaços cénicos que libertam a poesia e o sonho dos outros. A sua proposta permite ao espectador esquecer-se dos academismos exigidos diariamente pela sociedade contemporânea e entregar-se ao prazer do conhecimento sensorial; vivem-se cheiros, temperaturas, cores e até o tempo numa cumplicidade perfeita entre a história e o abstracto.

Nomeação das **Escolas de Jardinagem e Calceteiros da CML**,
por **Marc Pottier** e **Teresa Alves**

Essa famosa luz branca de Lisboa está para mim intimamente ligada aos mosaicos dos calceteiros. São artistas! **MP**

Nomeação de **Nuno Cardal** e **Pedro Dias**,
por **Maria Antónia Véstia**

Um fotógrafo pinta com a luz são as palavras do prefácio do livro *Portugal Iluminado* de Nuno Cardal e Pedro Dias. Estes fotógrafos entendem que na arte fotográfica, que privilegia a luz artificial, o significado desta expressão assume ainda maior pertinência. Nuno Cardal e Pedro Dias são dois profissionais da área da publicidade onde a fotografia ocupa um lugar especial. Estes fotógrafos profissionais oferecem-nos uma obra que nos permite visitar Portugal através da perspectiva pessoal das suas objectivas. Em 2004, Nuno Cardal e Pedro Dias publicaram a sua primeira obra fotográfica – *Lisboa Iluminada* e em 2005 – *Portugal Iluminado*. O lançamento destas duas obras é uma preciosa contribuição para a existência de uma

António Charrua,
nominated by por **Fernando Conduto**

An edifice dressed in 'good light', in evening wear, will be as surprising as any other differentiated creative act. This is the case of painter António Charrua [for example] who, in the dark and confusing portuguese artistic panorama is a *goodlight* [*luzboa*].

Cristina Reis, nominated by **Beatriz Batarda**

In the programme for the production of *A Morte de Empédocles*, Luis Miguel Cintra wrote: *The stage, this place of poetry, is also the place of light.* […] *How to represent it? Just in white with few signs of colour, such abstract representations as, say, earth, water, sky, mountain, sea. A false curtain, a painted backdrop instead of a horizon. Two emblems: the bodies, one heart.* It is in this way that the same heart beats at the theatrical proposals of the Cornucópia group, based in the Teatro do Bairro Alto. Cristina Reis has been co-director of the group since the end of the seventies and assumes total partnership with Luís Miguel Cintra in the productions which inspire some and illuminate others. The work of Cristina Reis is an incontrovertible aesthetic reference to the new set designers and theatrical creators, as it is to the actors who see or live in her spaces. This nomination arises, from my point of view, as obvious. Cristina Reis is a professional who has dedicated, and continues to dedicate, her life to the creation of stage sets that liberate the poetry and the dreams of others. She offers the spectator the chance to forget the academic demands of daily life imposed by contemporary society and deliver themselves to the pleasures of sensory knowledge; They experience scents, temperatures, colours and even the weather in a perfect cumplicity between the story and the abstract.

Câmara Municipal de Lisboa School of Cobblestone Pavers,
nominated by **Marc Pottier** e **Teresa Alves**

Such famous white light of Lisbon is for me intimately linked to the mosaics of the pavers. They are artists! **MP**

Nuno Cardal e **Pedro Dias**,
nominated by **Maria Antónia Véstia**

A photographer paints with light. These are the words of the preface of the book *Portugal Iluminado* [Illuminated Portugal] by Nuno Cardal and Pedro Dias. These professional photographers understand that in photographic art, which privileges artificial light, the significance of this expression assumes even greater pertinence. Nuno Cardal and Pedro Dias are both professionals in the area of publicity where photography occupies a special position. They offer us a work that permits us to visit Portugal through the personal perspective of their objectives. Em 2004, Nuno Cardal and Pedro Dias published their first photographic work – *Lisboa Iluminada* and in 2005 –

Prémio Luzboa-Schréder
Luzboa-Schréder Prize

Cerimónia
Cerimony

compilação fotográfica da iluminação dos principais monumentos e locais de Portugal. Para aqueles como eu que toda a sua vida profissional foi feita na área da iluminação, impressionou-me a forma 'pessoal', 'humana' e 'desprendida' como estes profissionais efectuaram o registo da iluminação das peças contidas nos seus livros. Habituada como estou a ver *lumens* e *lux* em cada feixe de luz que se projecta sobre um edifício, foi com enorme modéstia que acolhi e apreciei esta obra de Nuno Cardal e Pedro Dias.

Portugal Iluminado. The publishing of these two works is a precious contribution to the existence of a photographic compilation of the illumination of the main monuments and locations of Portugal. For those like me who have spent all of their their professional lives in the sphere of lighting and illumination, I am impressed by the 'personal', 'human' and 'unfettered' way in which these professionals have effected a register of lighting with the photos that their book contains. Used, as I am, to seeing *lumens* and *lux* in every beam of light that is projected onto a building, it was with enormous modesty that I appreciated this work by Nuno Cardal e Pedro Dias.

Nomeação de **Nuno Santos**, por **Nuno Crato**

Nuno Santos é um astrónomo português que se tem distinguido no mundo inteiro. É um dos mais jovens e um dos mais activos cientistas portugueses. É um descobridor de planetas extra-solares. Trabalha no Observatório de Lisboa e usa, tal como os outros astrónomos, os dados que lhe são fornecidos por um meio único: a luz. Estuda as réstias débeis de luminosidade proveniente de astros extraordinariamente longínquos. Ilumina-as com a luz da física e da matemática. Desvenda assim a existência de planetas que orbitam outras estrelas. Em Lisboa, leva aos limites o uso da luz do universo.

Nuno Santos, nominated by **Nuno Crato**

Nuno Santos is a portuguese astronomer who has distinguished himself worldwide. He is one of Portugal's youngest and most active scientists. He is a discoverer of extrasolar planets. He works at the Lisbon Observatory and uses, as do the other astronomers, data that is supplied by one, unique means – light. He studies the weak remains of luminosity that have proceeded from extraordinarily distant stars. He illuminates them with the light of physics and of mathematics and so unmasks the existence of planets that orbit other stars. In Lisbon, he takes the use of the light of the universe to its limits.

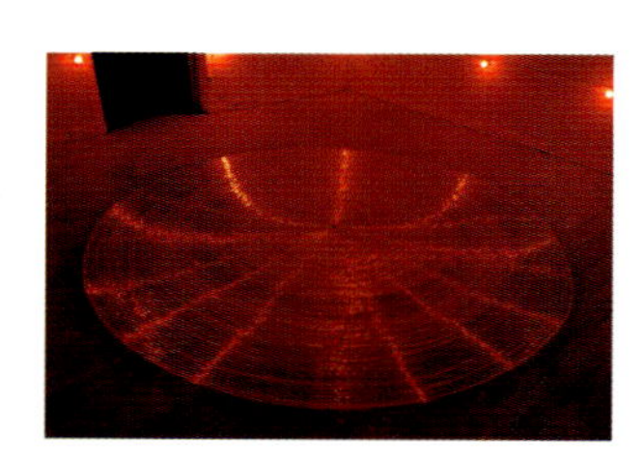

Nomeação de **Nuno da Silva**, por **Carrilho da Graça**

Desde 1995, tem realizado uma série de trabalhos sobre a luz e as alterações perceptivas que esta provoca ao interagir com o espaço e ao incidir sobre a matéria. Sujeitando a luz a uma estrutura espacial e superficial condicionada, tem procurado investigar as propriedades físicas da luz e dos reflexos. Os resultados têm sido apresentados em séries de objectos e instalações, onde os fenómenos em questão são depurados e filtrados, por forma a tornar evidente um determinado comportamento natural da luz. Estes trabalhos têm como objectivo aumentar a consciência perceptiva do observador. Ao revelarem, de uma forma evidente, os parâmetros em análise, os trabalhos tornam-se permeáveis à compreensão, desmontando assim o lado mágico que as novas atenções perceptivas usualmente provocam no observador. As questões de ordem formal têm sido abandonadas de uma forma progressiva e o nível de intervenção sobre a matéria reduzido ao mínimo. Nas obras realizadas, tem procurado um equilíbrio entre: o fascínio que a descoberta de novas atenções perceptivas provoca; a revelação inteligível do fenómeno em questão; uma depuração ao nível da intervenção, procurando trabalhar com a simples disposição da luz e da matéria no espaço.

Nuno da Silva, nominated by **Carrilho da Graça**

Since 1995 he has realised a series of works about light and the perceptive alterations that light provokes in its interactions with space and in its 'happening' to the material. Subjecting light to a spacial structure and superficial conditioning he has sought to investigate the physical properties of light and its reflections. The results have been presented in a series of objects and installations, where the phenomena in question have been purified and filtered in a way that makes evident a determined natural behaviour of light. These works have as their objective a raising of the conscious perception of the observer. In revealing, in an evident way, the parameters in analysis, the works become permeable to comprehension, thus dismantling the feeling of something 'magical' that new perceptive attention usually provokes in the observer. The questions of formal order have been abandoned in a progressive way and the level of intervention with the material itself reduced to the minimum. In the works produced he has sought an equilibrium between: the fascination that the discovery of new perceptive awareness provokes; an intelligible revelation of the phenomenon in question; a purification at the level of intervention, seeking to work with the simple disposition of the light and the material in space.

Nomeação de **Orlando Worm**, por **Jorge Gaspar**

Orlando Worm completa este ano 50 anos de actividade profissional em diferentes domínios da iluminação. Pioneiro da Iluminação de espectáculos em Portugal, Orlando Worm desenvolveu uma actividade fecunda ao serviço das artes do espectáculo e da iluminação de espaços públicos, além de ter colaborado com várias equipas de arquitectos

Orlando Worm, nominated by **Jorge Gaspar**

This year Orlando Worm celebrates fifty years of professional activity in different spheres of illumination. A pioneer of stage lighting in Portugal, Orlando Worm has developed many fertile ideas in the service of the performing arts and in the illumination

em projectos de teatros e de outros espaços cénicos [recuperações ou novas edificações]. Artista e artífice multifacetado, Orlando Worm *iluminou* também as gerações mais jovens, contribuindo decisivamente para uma cultura da luz e da iluminação em Portugal.

of public spaces, as well as collaborating with various teams of architects on projects for theatres and other scenic spaces [restorations and new buildings]. A multi-faceted artist and artisan, Orlando Worm has also *illuminated* the younger generations, contributing decisively to a culture of light and illumination in Portugal.

Nomeação de **Pedro Cabrita Reis**, por **Isabel Carlos**

Pedro Cabrita Reis, não só pelo uso literal de lâmpadas na sua obra [veja-se *Vigília*, 1992 ou *Catedral*, 1999 – só para citar obras com algum recuo temporal] mas fundamentalmente pela permanente evocação da luz no espaço urbano e arquitectónico, bem como nas suas intervenções para-museológicas como a deste ano no Centro de Arte Moderna – Fundação Calouste Gulbenkian.

Pedro Cabrita Reis, nominated by **Isabel Carlos**

Pedro Cabrita Reis, not only for his literal use of light bulbs in his work [see *Vigília*, 1992 or *Catedral*, 1999 – to cite just two works from some time ago] but fundamentally for his permanent evocation of light in urban and architectural space, as in his para-museological interventions, such as this year in the Centro de Arte Moderna – Fundação Calouste Gulbenkian.

Cerimónia e Recital de piano

Na sessão de homenagem tomaram a palavra representantes da Schréder, da Extra]muros[e da Câmara Municipal de Lisboa, bem como o laureado, Orlando Worm. Sucedeu-se um recital de piano por Afonso Malão, com o objectivo de conferir ao momento um tempo de reflexão e espiritualidade.

Afonso Malão é um daqueles artistas que escapam a qualquer tentativa de catalogação. Colaborou com conceituadas instituições culturais em diversos projectos abrangendo um amplo leque de expressão artística – – música de câmara, sinfónica e coral, ópera, teatro, dança e cinema – na qualidade de intérprete, criador ou director musical.

A escolha desta música para celebrar a Luz decorreu do desejo de partilhar com o auditório um discurso musical profundamente original e ao mesmo tempo ancorado na identidade nacional. O minimalismo sensível da estética depurada dos 'Fados' de Alexandre Rey Colaço – um deles aliás usado como banda sonora dos *spots* publicitários, televisivo e radiofónico, da Luzboa 2006 – pareceu-nos o tom ideal, no contexto de um evento Luzboa-Schréder, Marca reconhecida não apenas pelo seu design depurado como pela sua insígnia 'Partner in the City of Tomorrow'. No Teatro Municipal S. Luiz, os 'Fados' surpreenderam os presentes pelo tratamento delicado e cosmopolita, ao estilo chopiniano, de temas tão imediatamente identificáveis como nossos. Acima de tudo, elevaram e celebraram o sentimento.

Os Fados para Piano, *do compositor Alexandre Rey Colaço, expressam na perfeição o espírito deste evento* [Luzboa], *pois também eles representaram, há mais de um século um exercício inspirado desse mesmo fascinante cruzamento [entre a mais genuína tradição lisboeta e a intervenção artística mais actual]. Recriando a arte antiga e tradicional, o fado, sublimaram-na em subtis e multifacetados objectos de composição musical, sedimentando-se ao longo do tempo, em peças clássicas e raras.*

*Usar a sua música em tão importante mostra de arte contemporânea é, por isso, prova da sua riqueza e intemporalidade, sendo a sua escolha uma opção eclética, de grande acuidade e rigor estético. Por isso, só me resta agradecer a honra de interpretar esta música maravilhosa, e de representar o som e a voz da Luzboa.**

* Excerto do breve discurso de Afonso Malão 25.9

Ceremony and piano recital

In the public tribute ceremony representatives of Schréder, Extra]muros[, the Câmara Municipal de Lisboa [City Council], as well as the laureate, Orlando Worm, took the word. A piano recital followed, by Afonso Malão, aiming to enrich the occasion with a moment of reflection and spirituality.

Afonso Malão is one of those artists who escapes definitions. He collaborated with prestigious cultural institutions in various projects, ranging from chamber music to symphonic and choral music, opera, theatre, dance and cinema, as interpreter, author or musical director.

The choice of this music to celebrate the Light followed the desire to share with the audience an original musical language, though deeply rooted in national identity. The sensitive minimalism of the exquisite aesthetics of the 'fados' by Alexandre Rey Colaço – one of them used as the soundscape for the publicity spot of Luzboa – seemed to be the ideal soundtrack for the occasion, since Schréder's design is a recognizable trademark known for its elegance and the emblem 'Partner in the City of Tomorrow'. At the Teatro Municipal São Luiz, the 'fados' surprised the audience with a delicate but cosmopolitan feel, with a Chopin touch, of songs immediately perceived as *ours*. Above all, they elevated and celebrated a Feeling.

The Fados for Piano *by composer Alexandre Rey Colaço perfectly express the spirit of this event* [Luzboa], *since they as well represented, more than one century ago, an inspired work about the fascinating crossover [between the most genuine tradition of Lisbon and contemporary artistic intervention]. Recreating the ancient and traditional art of* fado, *they sublimized it through subtle and multilayered objects of musical composition, sedimenting, as time passes, in rare and classical pieces.*

*To use this music in such an importat art show is, by all means, proof of its richness and intemporality, being this choice an eclectic one, of great acuity and aesthetic rigor. That is why I must thank the honour of interpreting such great music, and for representing the sound and the voice of Luzboa.**

* Excerpt of brief speech by Afonso Malão 25.9

Prémio Luzboa – Resumo do Regulamento

I. PRÉMIO – O 'Prémio Luzboa', iniciativa da Extra]muros[associação cultural para a cidade, é patrocinado em exclusivo pela empresa Schréder, referência mundial em tecnologia de iluminação, e tem por objectivo homenagear a carreira de uma personalidade cuja obra [independentemente do carácter – literário, científico, artístico, arquitectónico ou outro] revele um domínio exemplar do tema da Luz, ou para quem o tópico da Luz seja um motor fundamental no processo de conhecimento e prática artística.

A atribuição do Prémio é feita por um júri pluridisciplinar, composto por até dez elementos, cuja composição consta do presente regulamento. O 'Prémio Luzboa 2006' consta de: diploma a ser entregue ao/à nomeado/a em cerimónia pública; quantia pecuniária no valor de 10 000 (dez mil) euros [impostos incluídos].

II. JÚRI – O Júri do 'Prémio Luzboa 2006' foi constituído por um presidente, em representação da Schréder [Maria Antónia Velez Véstia, directora-geral], por dois representantes da Luzboa Bienal Internacional da Luz [Marc Pottier, curador do programa Francês na Bienal de 2006; Teresa Alves, membro da Extra]muros[associação cultural para a cidade] e por sete vogais, convidados pela Organização em representação informal e simbólica de diferentes áreas profissionais e/ou do Conhecimento.

III. PROCESSO – O processo de atribuição do 'Prémio Luzboa 2006' foi o seguinte: Cada elemento do júri escolheu uma personalidade, que passou a ser considerada nomeada. Do conjunto das personalidades nomeadas foi escolhida, por votação, a premiada. Todas as deliberações foram tomadas por voto maioritário dos elementos presentes, com um mínimo de seis votos favoráveis na deliberação de atribuição do Prémio.

Luzboa Prize – Rules and Regulations résumé

I. PRIZE – The 'Luzboa Prize', conceived by Extra]muros[cultural association for the city, is exclusively sponsored by the Schréder Company, a world reference in lighting technology, aims to pay tribute to the career of a personality, whose work [besides its literary, scientific, artistic, architectonic nature or other] reveals a remarkable control of the Light subject or those who consider the Light theme fundamental for the knowledge process and artistic process.

The Prize will be awarded by a pluridisciplinary jury, formed up to ten elements [whose composition is referred in the present regulation]. The 'Luzboa Prize 2006' consists of a diploma to be handed over to the nominee in a public ceremony; pecuniary amount of 10 000 [ten thousand] euros, taxes included.

II. JURY – The jury of the 'Luzboa Prize 2006' was formed by a president, on behalf of Schréder [Maria Antónia Velez Véstia, general manager], by two representatives of the Luzboa International Biennale on the Theme of Light [Marc Pottier, curator of the French Programme; Teresa Alves, member of Extra]muros[cultural association for the city] and by seven personalities invited to represent in an informal and symbolic way different Professional or/and Knowledge Areas.

III – PROCEDURE – The 'Luzboa Prize 2006' award procedure was as follows: each member chose a personality, who was from that moment on considered nominee. There was then a meeting, and all decisions were taken by a majority of votes among the members present, with a minimum of six votes in favour in the final decision.

Testemunho de Orlando Worm

Tendo sido convidado para escrever sobre Iluminação, fiquei sem saber como abordar o tema. Resolvi por fim escrever um pouco sobre mim e como vivi a evolução dos meios técnicos, que nos permitem hoje em dia obter tão bons resultados.

Por estranho que pareça, a primeira vez que entrei num palco foi como figurante numa Ópera. Um amigo perguntou-me: 'queres ir à ópera de borla?' 'Claro que quero', respondi. Ir de borla à ópera consistia em irmos ao Coliseu dos Recreios, vestir uns fatos de soldados egípcios e atravessar muitas vezes o palco do Coliseu (para parecermos muitos) durante a marcha triunfal da *Aida*. Depois podíamos ir ouvir o resto do espectáculo na geral.

Já nessa altura fiquei impressionado com o efeito que a iluminação me produziu, o encandeamento; e a grande sala do Coliseu, que era como que uma grande caverna escura. Nesse tempo estava a acabar o Curso Industrial. Como em minha casa se ouvia muita música erudita e tinha aprendido um pouco de solfejo em casa com a minha avó, interessava-me por este género musical. Depois a vida deu muitas voltas. Entre outras coisas, comecei a estudar canto e estive mais ou menos um ano no coro do Teatro Nacional de São Carlos. Tive a oportunidade de ouvir e estar no palco com grandes artistas dessa época como Callas, Tito Gobi, Boris Christoff, Franco Corelli e tantos outros; até vi a Rainha de Inglaterra num espectáculo de gala em sua honra. Naturalmente, o meu interesse pela técnica continuava e vi muitas coisas notáveis.

No meio das voltas da vida, fui parar ao Coliseu dos Recreios para renovar uma parte da instalação eléctrica que estava muito velha. A partir daí foi um passo para começar a trabalhar em espectáculos como técnico.

Nessa época, a Luz fazia-se num acordo entre encenador, cenógrafo, chefe electricista, e com os meios que havia. É muito interessante reparar no contraste entre os meios técnicos de então e os actuais. A iluminação fazia-se com Gambiarras, Ribaltas, Tangões e Panelões. As gambiarras, assim como as ribaltas consistiam em fiadas de lâmpadas montadas numa peça que tinha mais ou menos a dimensão da largura da cena; normalmente tinham quatro fiadas, branca, azul, amarela e encarnada. A diferença entre gambiarra e ribalta era que as gambiarras eram suspensas, normalmente uma em cada rompimento, e a ribalta era montada no chão à frente, do palco. A luz das gambiarras resultava muito bem, sobretudo com cenários em que as bambolinas eram pintadas. Por seu lado, as ribaltas iluminavam bem as caras dos artistas.

Não sei a origem destes nomes, mas penso que as gambiarras se chamavam assim porque iluminavam as gâmbias (pernas) e a ribalta porque *para riba* (cima).

Statement by Orlando Worm

Having been asked to write about lighting, I'm not sure how to approach the theme. Eventually, I ended up writing about myself and how I've experienced the development of technical means which provide today such good results.

As odd as it may seem, the first time I stepped on a stage was as supporting player in an opera. A friend of mine asked me: 'Do you want to go to the opera for free?' and I answered: 'Of course I do'! He meant going to Coliseu dos Recreios, putting on some costumes of Egyptian soldiers and crossing the stage a few times during the Triumphant March of *Aida*. Then we would enjoy the rest of the performance from the General Gallery.

I was already impressed by the effect of lighting back then, dazzled by the light; and the big room of the Coliseu, that resembled a big dark cave. At that time I was finishing my studies in Industrial Course. At home we listened to classical music and I have been taught music by my grandmother. So I was interested in this musical genre. Afterwards my life shifted greatly. Among other things I began studying singing and for a year approximately I was part of the choir of the Teatro São Carlos. I was given the opportunity to share the stage with great artists of that time like Callas, Tito Gobbi, Boris Christoff, Franco Corelli and many others. In one performance I even saw The Queen of England… Needless to say that all the outstanding things I witnessed increased my interest.

In the midst of life I ended up in Coliseu dos Recreios, to rebuild part of the electrical installation which was too old. Henceforward I began working as technician.

Back then we all agreed on the lighting concept, the director, the set designer and the chief electrician. The contrast between the old and the new technical means is very curious. Lighting was made with the help of *Gambiarras*, *Ribaltas*, *Tangões* and *Panelões*. The *gambiarras* as well as the *ribaltas* consisted of rows of light bulbs set on a frame whose width matched the set's; there were usually four rows: white, blue, yellow and red. The difference between the *gambiarra* and the *ribalta* was that the *gambiarras* were hanging from the ceiling and the *ribaltas* were placed on the stage at the front. The light of the gambiarras worked just fine, specially when there were sets with painted *bambolinas*. As for the *ribaltas* they lit the faces of the artists very well.

Orlando Worm

Prémio Luzboa-Schréder
Luzboa-Schréder Prize

Cerimónia
Cerimony

Quanto aos tangões, o nome é para mim um mistério. Eram montados à boca de cena, ao alto, dando uma luz geral cruzada. Os panelões, como o nome indica, eram umas grandes panelas pintadas de branco por dentro para reflectir a luz. Os panelões eram montados em tripé e era possível mudar a cor da luz com papel celofane. Havia em alguns teatros sistemas para regular o brilho das luzes. Eram basicamente reóstatos, alguns constituídos por tanques de água salgada com placas condutoras, que à medida que se iam mergulhando iam variando a resistência. No meio deste universo, havia teatros com sistemas mais modernos, como era o caso do Tivoli e do São Carlos.

O Tivoli tinha um sistema para regular o brilho da luz, moderníssimo para a época, que seria fastidioso descrever, mas sobre o do São Carlos acho que vale a pena dizer qualquer coisa. O seu comando parecia um órgão; daí, mais tarde, as mesas de comando de luzes virem a chamar-se 'órgãos de luz', ainda que com outro aspecto e tecnologia. O resto do sistema estava instalado numa sala a que o chefe electricista do teatro, o Sr. Liége, chamava a 'casa da máquina'. Era uma máquina fabulosa, com motores de corrente contínua que variavam de velocidade e com sistemas electromagnéticos para atracar os reóstatos com sistemas de braço e manivela. No comando, tinha uns indicadores (creio que voltímetros) com uma escala de 0 a 100 para se ter uma ideia dos níveis da luz.

Algum tempo depois de começar a trabalhar no Coliseu, fui convidado para fazer as luzes de um espectáculo de ópera de câmara que tinha sido estreado no Tivoli, em Lisboa. Tratava-se do primeiro de vários espectáculos do Grupo Experimental de Ópera de Câmara, grupo então subsidiado pela Fundação Gulbenkian. O chefe electricista do Tivoli recusara-se a trabalhar fora do seu teatro e chamaram-me: foi aí que começou verdadeiramente o meu trabalho como iluminador. Fui fazer o espectáculo ao Teatro Garcia de Resende, em Évora, que estava praticamente

I don't know the origins of those names, but I believe that the *gambiarras* were so called because they lit the *gâmbias* (legs) and the *ribaltas* because they sent light *arriba* (upwards). As for the *tangões*, the name is still a mystery for me. They were mounted at the downstage, high up on a tripod, producing a flooding light. The panelões, as the name suggests, were these big pans painted white inside to reflect light. They were set on a tripod and you could change the color of the light by means of celophane paper.

Some theatres had systems to control the light glow. Basically they were light dimmer switches. Some of them made out of tanks of salt water with conducing plaques and as they would get deeper, the electrical resistance would vary. Some theatres had more sofisticated systems such as Tivoli and Teatro Nacional de São Carlos.

Tivoli had a very modern system to control the light glow, but it would be very fastidious to describe it. As for São Carlos, it is worthwhile to say a few things. Its keys resembled an organ, thence the tables with the light keys became known as 'light organs', though with a different look and technology. The rest of the system was installed in a room which the chief electrician of the theatre, Mr. Liége, would call 'engine room'. It was a fabulous machine, with direct current motors with adjustable speed and with electromagnetic systems to control the dimmers with a system of arms and handles. The command had indicators (voltimeters I suppose) that ranged from 0 to 100 so one could perceive the levels of light.

Some time after having started working at the Coliseu, I was invited to design the lights of a performance of chamber opera that had had its opening at Tivoli, in Lisbon. It was the first out of many other performances held by Grupo Experimental de Ópera de Câmara – – a group at the time supported by Fundação Gulbenkian. The chief electrician of Tivoli had refused to work outside his theatre, so they called me: that's when my job as lighting designer truly began. I did the show in Teatro Garcia de Resende, in Évora, which was basically abandoned. In Lisbon, we used 68 dimmer switches, but in Évora we had to do the production it with only 6, plus equipment borrowed from the Teatro Nacional de São Carlos.

I've learnt many things, mostly with Mr. Liége who for that matter turned out to be my master, in the performances that São Carlos held in the Coliseu, in which I collaborated actively. (In those days, besides circus, many kinds of shows were held at the Coliseu: opera, operette, *revista*, zarzuela, box combats.)

I was later invited to work at the Gulbenkian Foundation, this time for a ballet, and curiously enough once again in Teatro Garcia de Resende. It was at the Foundation where I began to develop the methodology that I still use. The continuous work with dance and many other performances, not only at Gulbenkian but in other theatres, offered me the opportunity to enrich my knowledge.

Alongside with the lighting activity, I developed a career as a singer. I sang at the Gulbenkian choir, I was part of many chamber music groups, like Grupo de Música

abandonado. Em Lisboa foram usados 64 reóstatos, mas em Évora tive que adaptá-lo e fazer o espectáculo com apenas seis reóstatos e com equipamento emprestado pelo Teatro Nacional de São Carlos. No meio de tudo isto, fui aprendendo muita coisa, sobretudo com o Sr. Liége que acabou por ser o meu mestre, nos espectáculos que o São Carlos levava à cena no Coliseu, e em que eu colaborava activamente. (Nesse tempo no Coliseu, além do circo, faziam-se espectáculos da mais diversa índole: Ópera, Opereta, Zarzuela, Revistas e até combates de Boxe.)

Mais tarde fui convidado para trabalhar na Fundação Calouste Gulbenkian, desta vez com Bailado e, curiosamente, outra vez no Teatro Garcia de Resende. Foi na Fundação que comecei a desenvolver os meus métodos de trabalho, que ainda hoje são usados. O trabalho continuado com o Bailado e muitos outros espectáculos, não só na Gulbenkian como noutros teatros, trouxeram uma grande evolução nos meus conhecimentos.

Paralelamente à actividade de iluminador, tive também uma carreira de cantor. Cantei no coro Gulbenkian, fiz parte de muitos grupos de música de câmara, como o Grupo de Música Antiga de Lisboa, o Convivium Música, o Grupo de Música Contemporânea de Lisboa, os Segréis de Lisboa e o Cantus Firmus. Fiz inúmeros recitais de canto e fui muitas vezes solista, em concertos com o coro e orquestra na Gulbenkian e com o coro da Sé do Porto. Refiro este lado musical da minha carreira porque teve uma grande influência no meu gosto e na minha sensibilidade como iluminador.

Certo dia, assinei finalmente o meu primeiro trabalho como autor de luz, e creio que foi a primeira vez que alguém assinou um desenho de luzes em Portugal. Foi um Bailado com coreografia do Vasco Wellemkamp, que estava a iniciar a sua brilhante carreira de coreógrafo, com cenografia de Emília Nadal e música de Constança Capdevile.

De certo modo, quando comparo os anos em que comecei a trabalhar com a actualidade, é um pouco como se tivesse feito uma viagem interplanetária, para um planeta muito diferente daquele em que comecei; tal é a diferença tecnológica. Os equipamentos, nalguns aspectos, não mudaram muito (ninguém consegue alterar as leis da Óptica), embora tenha havido muitos aperfeiçoamentos. A maior inovação tem sido ao nível das lâmpadas, ou seja, das fontes de luz. Hoje, os instrumentos são mais pequenos e mais eficientes, com rendimento muito superior e portanto gastando menos energia. Outro grande desenvolvimento foi no controlo da luz, com o advento dos computadores e dos sistemas de potência que ainda não pararam de evoluir. Temos ainda aquilo que na gíria dos técnicos se chamam os '*robots*': projectores motorizados com muitas possibilidades de efeitos e cores, controlados a partir das mesas de luz. Já não fui do tempo das velas, nem do gás, mas estou a assistir agora a uma grande revolução: os LED, que neste momento são a grande promessa. Os LED apresentam neste momento um problema de aquecimento; quando este for bem resolvido, conseguirão obter resultados semelhantes aos actuais projectores normais, ocupando menos espaço e gastando um décimo da energia. E como podem emitir luz com diversas cores, será também quase um adeus aos filtros de cor. **OW 6.07**

Antiga de Lisboa, the Convivium Música, the Grupo de Música Contemporânea de Lisboa, the Segréis de Lisboa and the Cantus Firmus. I did many singing recitals and was several times the soloist, in concerts with the Gulbenkian Choir and Orchestra and with the choir of the Porto cathedral. The reason why I mention the musical side of my life is because it has had great influence in my taste and sensibility as a professional lighting designer.

Once at last I signed my first work as lighting author, and I believe it was the first time someone had ever signed a lighting design project in Portugal. It was a Ballet with a choreography by Vasco Wellemkamp, who was starting his brilliant carreer as a choreographer, scenography by Emília Nadal and music by Constança Capdeville.

When I compare those times with today, it's as if I had accomplished an interplanetary voyage, into a planet completely different from the one where I had started; such is the difference at the technological level. However, some equipments haven't changed much (no one can change the laws of Optics), even though there has been a lot of improvement. The greatest innovation has taken place in the light bulbs domain, i. e. in the light sources. Nowadays the instruments are much smaller and more efficient with much better performance and thus spending less energy. Another great development took place in the field of light control, due to the computers and the systems of potency which are still evolving. Apart from that, there is still what the technicians' jargon refers to by 'robots': remote control projectors which offer a wide range of effects and colors. Having not witnessed the time of candles nor gas, I'm now experiencing a great revolution: LED, very promissing, have now an overheating problem; but once the problem solved, they will be as good as the normal projectors, but a lot smaller and much more economic. Besides, they also have color so... bye color filters... **OW 6.07**

Luz em rede
Light network

Celebrar, criar, investir To celebrate, create, invest

'Festivais de Luz': sismógrafos visuais de qualidades urbanas
'Festivals of Light': Visual Seismographs of Urban Qualities

Bettina Pelz

1 http://www.festivaloflight.org

Em todo o mundo existem inúmeras actividades denominadas 'festivais de luz': festividades religiosas tradicionais celebradas por meio de actividades especialmente ligadas à luz: Channuka, Natal, Diwali, Loy Krathong e St. Martin's Day. Na Suécia, na Noruega e na Finlândia, o 13 de Dezembro é o dia em que os escandinavos celebram a sua 'festa da Luz'. Além destes, existem 'festivais da luz' em todo o mundo, que focam por exemplo o tema da Fotografia[1]. E depois há os 'festivais de Luz' realizados nos últimos anos, que oferecem uma perspectiva diferente na abordagem da vida nocturna da cidade, através da luz. Graças a estes diversos *backgrounds* e contextos, o termo 'festival de luz' alargou as suas conotações a um ponto

LichtRouten, Lüdenscheid

Around the world there are a lot of activities called 'festivals of light': there are traditional religious festivities celebrated with special light activities, among those are Channuka, Christmas, Diwali, Loy Krathong and St. Martin's Day. In Sweden, Norway and Finland on December 13th, St. Lucia's day, is held the Scandinavian 'festival of light'. In addition, there are 'festivals of light' around the world which focus on photography[1]. And then there are those 'festivals of light' which have been realized in the recent years, offering a different angle to approach the nocturnal city life with light. Due to these diverse backgrounds and contexts the term 'festival of light' has broadened its connotations to an extend which asks for an additional explanation: This article focuses on those 'festivals of light' which have been developed in the last ten years on light in architecture, art and design as much as on urban and social development.

In their diversity, these 'festivals of light' position themselves between ritual and tradition, entertainment and complex interaction of different spheres of architectural and urban, natural and cultural, artistic and design development as well as those of technology and media. The phenomenon of light itself can change the appearance and transform atmospheres, fascinating wide audiences. The 'festivals of light' offer remarkable sights and experiences as much as they are public spaces for experiment and research where artificial light as a medium can be explored and reinvented again and again.

Natural and artificial light

The access to natural light is a human need and right; the deprivation of light is known as a method of torture: To date, natural light is a universal ressource, accessable by everyone independently of his/her geographical, cultural and/or economical status. Natural light is one of the cosmical materials the earth, along with it the human

em que se exige maior precisão: este artigo aborda os 'festivais de luz' que nos últimos dez anos têm relacionado a luz com a arquitectura, a arte e o *design*, assim como o desenvolvimento urbano e social.

Na sua diversidade, estes 'festivais de luz' posicionam-se entre o ritual e a tradição, entre o entretenimento e a complexa interacção de diferentes esferas do desenvolvimento arquitectónico e urbano, natural e cultural, artístico e ao nível do *design*, bem como da tecnologia e dos *media*. O fenómeno da luz em si, capaz de alterar a imagem e transformar atmosferas, é fascinante para muitas pessoas. Os 'festivais de luz' oferecem imagens e experiências notáveis e, ao mesmo tempo, são espaços públicos para a experimentação e a investigação, em que a luz artificial é um *medium* constantemente explorado e reinventado.

Luz natural e artificial

O acesso a luz natural é uma necessidade humana e um direito; a privação de luz é reconhecidamente um método de tortura. Até aos dias de hoje, a luz natural é um recurso universal, acessível a todos, independentemente do seu/sua condição geográfica, cultural e/ou económica. A luz natural é um dos materiais cósmicos da terra, em cuja sintonia o universo humano foi construído. Para a Terra, a maior fonte de luz natural é o sol. Com a contínua alteração da constelação do sol rodopiante em relação com a terra que gira, a situação da luz na terra está constantemente em mudança. Tudo o que é tocado pela luz natural muda a sua aparência ao nível da cor, da forma, da textura, assim como dos processos físicos, biológicos e químicos. Isto conduziu à ideia humana de tempo ou ao desenvolvimento dos relógios de sol. A programação espacial baseada em princípios geométricos da luz do sol e da sombra foi o fundamento da arquitectura humana. Com a invenção da luz artificial, chegou a possibilidade de desenhar [artificialmente] as condições lumínicas.

Iluminação pública

Com os desenvolvimentos tecnológicos, cresceu a consciência relativamente à abordagem da iluminação pública, enquanto componente do desenvolvimento urbano. Desde a introdução da iluminação pública, a ideia de 'Mais Luz' passou a estar intimamente ligada às ideias modernas de urbanidade. Enquanto que em 1900, durante a exposição mundial de Paris, foi a iluminação do 'Palais de l'Electricité', com milhares de lâmpadas, a chamar as atenções, hoje é sobretudo uma utilização pensada da luz [frequentemente reduzida] que atrai. No lugar de uma iluminação estandartizada e funcional, é hoje o *design* de iluminação urbana uma área em crescimento. Mostra a forma como os cenários urbanos das cidades podem ser melhorados, acrescentando-se-lhe novos aspectos no que diz respeito à imagem da cidade. No *design* de iluminação profissional, a dispersão de luz, o seu espectro

Radiance, Glasgow

universe, has been built of. The source of natural light for the earth is the sun. With the continuous change of the constellation of the spinning sun towards the spinning earth the light situation on the earth changes constantly. Whatever is touched by natural light changes with it its appearance of color, form and texture as well as physical, biological and chemical processes. This led to the human idea of time and to the development of sundials. Spatial programming based on geometric principles of sunlight and shadow was the foundation of human architecture. With the invention of artificial light, came the possibility to design (artificial) lighting conditions.

Public Lighting

With the technological development, the approach of public lighting as part of urban development gained awareness. Since the introduction of public lighting the idea of 'More Light!' was closely connected to modern ideas of urbanity. In 1900, during the world exhibition in Paris, it was the illumination of the 'Palais de l'Electricité', with 1000s of light bulbs, that attracted attention, whereas today it is rather the reflected (and often reduced) use of light. Instead of only standartizied and function-oriented street lighting, contemporary lighting designs have been developed and realized. They show how nocturnal sceneries of cities can be improved and new aspects in relation to the image of a city can be added. In professional lighting design, the dispersion of light, its spectrum and the luminance are beared in mind, as well as psychological and socio-cultural, ecological and economical effects. In addition, the values of contemporary design philosophies are incorporated. The quality parameters of lighting design include visibility and functionality, orientation and security as much as optic comfort and convenience, energy efficiency, protection of the natural nightlight, the development of a self-contained

2 http://www.luciassociation.org

3 http://www.luciassociation.org, 6.3.2007

4 2007, Ludwig, Marco in Professional Lighting Design, 5/2007, S.50

5 Stadtlicht-Lichtkunst, Duisburg, Stiftung Wilhelm Lehmbruck Museum, 17.10.2004-30.1.2005

6 LichtWerke – Kunst und Licht seit den 1960er Jahren, Wien, Museum Moderner Kunst, 20.01. - 17.04.2006

e a luminância são tidos em conta, da mesma forma que os seus efeitos psicológicos, socioculturais, ecológicos e económicos. Em complemento, são acrescentados valores das filosofias do *design* contemporâneas. Os parâmetros de qualidade do *design* de luz incluem a visibilidade e a funcionalidade, a orientação e a segurança, e, ao mesmo tempo, conforto óptico e conveniência, eficácia energética, protecção da luz da noite, desenvolvimento de uma paisagem nocturna auto-contida e valores estéticos. Os parâmetros contemporâneos das qualidades da iluminação têm sido debatidos internacionalmente e estabeleceram-se novas abordagens académicas. As cidades que procuram estar à altura dos desafios da iluminação urbana inovadora estão ligadas entre si por meio de uma rede, a Lighting Urban Communities International – LUCI[2]: *o objectivo da associação* [...] *é reunir municípios de todo o mundo numa rede internacional de cidades-luz. LUCI* [...] *oferece a oportunidade de caminharmos* juntos por uma melhor utilização da luz, *transformando-a numa ferramente-chave na vida urbana, na arquitectura e no desenvolvimento*[3].

Luz nas artes

Juntamente com o desenvolvimento e a oferta de soluções de luz artificial, também na arte a luz se tornou tema e um *medium*: em 1900, Edward Gordon Craig usou pela primeira vez *'wandering lights'* na sua versão de ópera *Dido e Eneias*[4]. Em 1914, o compositor Alexander Scriabin fez acompanhar a representação da sua sinfonia *Prometeu*, no Carnegie Hall em Nova Iorque, de projecções de luz coloridas e dinâmicas. Ao mesmo tempo, Mary Hallock-Greenewalt desenvolvia e patenteava o '*Nourathar*', conhecido como 'órgão de luz'. Lázló Moholy-Nagy, com o seu 'Licht-Raum-Modulator' [modelador de espaço e luz], desenvolveu entre 1929

CityLichter, Leipzig

nightshape and esthetical values. The contemporary parameters of lighting qualities have been internationally discussed and new academic approaches have been established. Cities, which rise particulary to the challenges of innovative urban lighting, link worldwide in the network 'Lighting Urban Communities International – LUCI'[2]: *The purpose of the association* [...] *is to bring together municipalities from around the world to form an international network of cities of light. LUCI* [...] *offers the chance to move together towards better use of light, turning it into a major tool in urban life, architecture and development.*[3]

Light in the Arts

Along with the developments and availability of artificial lighting, light became as well a subject and medium of the arts: In 1900 Edward Gordon Craig used 'wandering' stage lighting for the first time in his version of Henry Purcell's opera *Dido and Aineas*[4]. In 1914 the composer Scriabin accompanied the representation of his *Prometheus* – symphony in the Carnegie Hall in New York City with coloured and dynamic light projections. At the same time Mary Hallock-Greenewalt developed and patented the 'Nourathar', known as light-color-organ. For Moholy-Nagy, his 'Licht-Raum-Modulator' from 1929/1930 is an installation using the appearance of light and shadow, space, form and mouvement. Since the end of the 50's/beginning of the 60's a growing number of artists integrated light as a material in their artistic practice.

The artists of the group Zero created 'light objects', 'light dynamos' and 'light ballets'. In 1964 they presented themselves with a 'light space' at Documenta III. In 1965, Marian Zarzeela showed *Ornamental Lightyears Tracery* in the Museum of Modern Art in New York City. Dan Flavin, Klaus Geldmacher and Francesco Mariotti were invited to Documenta IV in 1968 with works using light as material. Waltraut Cooper, still active doing exhibitions, started as well in the 1960s to work with light as her main material, and has done so ever since.

In Museums

In recent years, a growing number of museums realized exhibitions which concentrated on light as object, medium and artistic phenomenon. Examples: Stadtlicht-Kunstlicht[5] in Duisburg, LichtWerke[6] in Wien, Lichtkunst aus Kunstlicht[7] in Karlsruhe, Zero[8] in Düsseldorf and ON/OFF[9] in Luxembourg, Metz and Saarbrücken. The Centrum Kunstlicht in de Kunst in Eindhoven[10] and the Zentrum für Internationale Lichtkunst in Unna[11] are museums in Europe that dedicate themselves exclusively to the material and medium of light in the arts.

In Public Space

For the public space, 'festivals of light' have been realized from Tallinn to Lisbon, from Montréal to Berlin. While permanent light interventions are realized by architects and urban planners, temporary 'festivals of light' are

e 1930 uma instalação caracterizada pela sucessão de luzes e sombras, espaço, forma e movimento. Desde o final dos anos 50, inícios da década de sessenta, um número crescente de artistas integrou a luz enquanto material na sua prática artística.

Os artistas do grupo Zero integraram 'objectos de luz' na sua prática artística, tal como 'dínamos de luz' e '*ballets* de luz'. Em 1964, apresentaram um 'espaço-luz' na Documenta III. Em 1965, Marian Zarzeela apresentou *Ornamental Lightyears Tracery* no Museu de Arte Moderna de Nova Iorque. Dan Flavin, Llaus Geldmacher e Francesco Mariotti, convidados pela Documenta IV em 1968, usaram a luz como matéria. Ainda na década de sessenta, Waltraut Cooper, ainda activo em exposições, começou a trabalhar com a luz enquanto principal meio de expressão; até hoje.

Em Museus

Nos anos recentes, um número crescente de museus tem realizado exposições prestando particular atenção à Luz enquanto objecto, *medium* ou fenómeno artístico. Exemplos: Stadtlicht-Kunstlicht[5] em Duisburg, LichtWerke[6] em Viena, Lichtkunst aus Kunstlicht[7] em Karlsruhe, Zero[8] em Düsseldorf e ON/OFF[9] no Luxemburgo, Metz e Saarbrücken. O Centrum Kunstlicht in de Kunst em Eindhoven[10] e o Zentrum für Internationale Lichtkunst in Unna[11] são museus europeus que decidiram dedicar-se exclusivamente à luz como material e *medium* nas artes.

No Espaço Público

Em nome do Espaço Público, realizaram-se 'festivais de luz' de Tallinn a Lisboa, de Montréal a Berlim. Enquanto as instalações de luz permanentes são realizadas por arquitectos e técnicos de planeamento, os 'festivais de luz', efémeros, são implementados por responsáveis de *city marketing*, organismos municipais do turismo e/ou da cultura, bem como por iniciativas artísticas, de *design* ou orientadas para a inovação tecnológica. De Lichtjesroute[12] em Eindhoven desde 1952, a Licht(fest)wochen[13] em Essen desde 1958, passando por Montréal High Lights Festival[14] desde 1999; Fête de Lumière[15] em Lyon; Luci d'Artista[16] em Turim e Valgusfestival[17] em Tallinn, todos desde 2001, ou LichtRouten[18] em Lüdenscheid, Arbres et Lumières[19] em Genebra (ambos desde 2002); Chartres en Lumières[20] dede 2003; Luzboa[21] em Lisboa desde 2004, Parcours Lumière em Liège[22] desde 2005 e Radiance[23] em Glasgow desde 2005, CityLichter em Leipzig desde 2006 e Glow[24] em Eindhoven desde 2006, um largo caleidoscópio de possibilidades se abriu.

Foco: Tradição e Património

Em Eindhoven, as pessoas recordam o fim da II Guerra Mundial com o festival Lichtjesroute. Ao longo de um percurso de 20 km, objectos de luz são dispostos pelas ruas, podendo ser visitados de carro ou de bicicleta.

Arbres et Lumieres, Genéve

implemented by city marketeers, tourism and/or cultural departments of municipalities as well as by artistic, design and/or technical-orientated initiatives. From Lichtjesroute[12] in Eindhoven since 1952, Licht(fest)wochen[13] in Essen since 1958, via Montréal High Lights Festival[14] since 1999, via Fête de Lumière[15] in Lyon, Luci d'Artista[16] in Torino and Valgusfestival[17] in Tallinn, all since 2001, to LichtRouten[18] in Lüdenscheid to Arbres et Lumières[19] in Geneva (both since 2002) and Chartres en Lumières[20] since 2003, Luzboa[21] in Lisbon since 2004, Parcours Lumière in Liège[22] since 2005 and Radiance[23] in Glasgow in 2005, CityLichter in Leipzig in 2006 and Glow[24] in Eindhoven since 2006, a large kaleidoscope of possibilities developed.

Focus: Tradition And Heritage

In Eindhoven, people remember the end of the second world war with the Lichtjesroute. Along a course of over 20 km, light objects are arranged along the streets which can be visited by car or bicycle. In Lyon, December 8th is celebrated with light since the middle of the 19th century to remember the particular circumstances of the inauguration of a statue of the Virgin Mary. Since 2001, additional light installations are positioned in the city, turning the city's centre and the surrounding quarters into a meeting point for enlightening promenades. To extend the touristic attractiveness of the world cultural heritage-sites, in Chartres, in the city's centre, light and image projections of Xavier de Richemont are shown from April until September during the whole summer.

Focus: Social Activities

For the festivals in Montréal, Helsinki[25] and Tallinn, the lack of daylight in the wintertime creates the need for more artificial light. All of them use the fascinating facets of light

7 Lichtkunst aus Kunstlich, Karlsruhe, Zentrum für Kunst und Medientechnologie, 19.11.2005-6.8.2006
8 Zero – Internationle Künstleravantgarde, Düsseldorf, Museum Kunst Palast, 9.4.-9.7.2006
9 ON/OFF – Licht als künstlerisches Medium, Luxembourg, Casino, Metz, FRAC und Saarbrücken, Saarlandmuseum, 7.12.2006-25.2.2007
10 http://www.kunstlichtkunst.nl
11 http://www.lichtkunst-unna.de
12 http://www.lichtjesroute.nl
13 http://www.lichtwochen.essen.de
14 http://www.montrealenlumiere.com
15 http://www.lumieres.lyon.fr
16 http://www.comune.torino.it/ /artecultura/luciartista
17 http://www.valgusfestival.ee
18 http://www.lichtrouten.de
19 http://www.arbresetlumieres.ch
20 http://www.chartresenlumieres.com
21 http://www.luzboa.com
22 http://www.liege.be/lumiere/ /p00.htm
23 http://www.radianceglasgow.com
24 http://www.lichtstad.eindhoven.nl/ glow

25 http://www.valonvoimat.org
26 http://www.nuitblanche2006.be
27 http://www.paris.fr/portail/Culture/ /Portal.lut?page_id=6806
28 http://www.lanottebianca.it
29 http://www.esmadrid.com/ /lanocheenblanco/jsp/avance1.jsp
30 http://www.kubiss.de/kulturreferat/ /blauenacht

Em Lyon, o 8 de Dezembro é celebrado com luz desde meados do século XIX, para recordar circunstâncias particulares relacionadas com a inauguração da estátua da Virgem Maria. Desde 2001, instalações de luz adicionais são colocadas na cidade, transformando o centro e os bairros circundantes em pontos de encontro para passeios iluminados. Para aumentar a atractividade turística dos lugares classificados como património da Humanidade em Chatres, são mostradas no centro da cidade, de Abril a Setembro, durante todo o Verão, instalações de luz e projecções por Xavier de Richemont.

Foco: Actividades Sociais

Para os festivais de Montréal, Helsínquia[25] e Tallinn, a falta de luz do dia no Inverno cria a necessidade de mais luz artificial. Todos recorrem a facetas fascinantes da Luz para desenvolver actividades multigeracionais no espaço urbano. Cidades como Glasgow, com Radiance, e Leipzig, com CityLichter, criam eventos únicos em que instalações de luz, em articulação com actividades socioculturais, são utilizadas para intensificar a vida pública e criar, por meio de luz artificial, um 'vestido de cerimónia' para a cidade, diverso da sua aparência quotidiana.

Foco: Actividades Culturais

As chamadas 'Noites Brancas' existem desde 2002 em Bruxelas[26] e Paris[27], desde 2003 em Roma[28] e pela primeira vez em 2006, em Madrid[29] e Riga, na Alemanha, com a 'Noite dos Museus' ou a 'Noite Azul' em Nuremberga[30], desde 2000: todas convites para visitar arte e instituições culturais durante a noite. A programação de exposições e eventos adicional recorre frequentemente à obscuridade da noite para apresentar obras de Arte da Luz contemporâneas em espaços públicos.

LichtRouten, Lüdenscheid

for cross-generation activities in the urban space. Cities like Glasgow with Radiance and Leipzig with CityLichter create onetime events where light installations in correspondence with socio-cultural activities are used to intensify public life and create, with artificial light, a 'festive dress', different from to the city's daily appearance.

Focus: Cultural Activities

The so called 'White Nights' exist since 2002 in Brussels[26] and Paris[27], since 2003 in Rom[28] and for the first time in 2006 in Madrid[29] and Riga, in Germany as 'Long Nights of the Museums' or 'Blue Night' in Nürnberg[30] since 2000: all of them are an invitation to visit art and cultural institutions of the cities during the night. The additional exhibition and event program often uses the nocturnal darkness for the presentation of contemporary art and design works of light in the public space.

Within the festival Fête de Lumière in Lyon, the microfestival Superflux is realized by Roger Tator Gallery since 2002, as artistic experimental ground in which the 'La Guillotière' quarter becomes terrain for artistic interventions with light. Superflux was the inspirational ground for further microfestivals: Beneflux (since 2003, annually) and a collaboration with Tallinn entitled Hansaflux (2006/2007). Both projects are likewise part of bigger festivals, in Brussels it is La Nuit Blanche[31] (since 2002) and in Tallinn it is the Valgusfestival (since 2000).

Focus: Contemporary Art

Among the 'festivals of light' there are some whose focus point are art interventions with light in public space. During the whole month of December the exhibition Arbres et Lumières[32] takes place in Geneva: trees in the public space become locations for artistic light installations. The city of Turin began in 1998 to complement its winter illumination through installations by artists, stage designers and designers. Every year Turin purchases (at least) one new installation. The collection is to be seen from November to January, including excellent works by Richi Ferrero, Jeppe Hein, Rebecca Horn, Mario Merz, Mimmo Paladino and Jan Vercruysse. For every edition of the LichtRouten in Lüdenscheid, twenty installations of artists like Danica Dakic, Klaus Geldmacher, Nan Hoover, Sanja Ivekovic, Magdalena Jetelová, Kasuo Katase, Thomas Köner, Mischa Kuball, Christina Kubisch, Roman Signer, Jan van Munster and Michel Verjux are realized in public space. In 2004 Lisbon realized Luzboa for the first time and was planned to be continued every other year. With works of artists like Luís Campos, Ron Haselden, Yann Kersalé, Daniel Schlaepfer, Miguel Chevalier, an exhibition takes place which attracts international interest as well.

Focus: Contemporary Lighting Design

Alingsas[33], Eindhoven, Geneva ('Les Yeux dans la Nuit'[34]) and Lüdenscheid are among the cities which

No seio do Festival Fête de Lumière em Lyon, realiza-se desde 2002 o Festival Superflux, pela Roger Tator Gallery, que lançou esta plataforma experimental por forma a que o Bairro da 'Guillotière' recebesse intervenções artísticas com luz. Superflux foi um factor inspirador de outros microfestivais: Beneflux (desde 2003, anualmente) e a colaboração com Tallinn sob a designação de Hansaflux (2006/07). Ambos os projectos são parte de festivais maiores; em Bruxelas a Nuit Blanche[31] (desde 2002) e em Tallinn o Valgusfestival (desde 2000).

Foco: Arte Contemporânea

Entre os 'festivais de luz', alguns centram a sua actividade em intervenções artísticas com luz no espaço público. Durante todo o mês de Dezembro, a exposição Arbres et Lumières[32] tem lugar em Genebra, com as árvores no espaço público a transformarem-se em pretextos para as instalações artísticas. A cidade de Turim começou em 1998 a complementar a sua iluminação de Inverno através de instalações de artistas, cenógrafos e *designers*. Todos os anos, Turim adquire [pelo menos] uma nova instalação. A colecção pode ser vista de Novembro a Janeiro, destacando-se excelentes obras de Richi Ferrero, Jeppe Hein, Rebecca Horn, Mario Merz, Mimmo Paladino e Jan Vercruysse. Em cada edição de LichtRouten em Lüdensheid, vinte instalações por artistas como Danica Dakic', Klaus Geldmacher, Nan Hoover, Sanja Ivekovic', Magdalena Jetelová, Kasuo Katase, Thomas Köner, Mischa Kuball, Christina Kubisch, Roman Signer, Jan van Munster ou Michel Verjux são realizadas no espaço público. Em 2004, Lisboa realizou Luzboa pela primeira vez, com periodicidade bienal. Com trabalhos de Luís Campos, Ron Haselden, Yann Kersalé, Daniel Schlaepfer, Miguel Chevalier, tem lugar uma exposição que atrai igualmente interesse internacional.

Foco: *Design* de Luz Contemporâneo

Alingsas[33], Eindhoven, Genebra ('Les Yeux dans la Nuit'[34]) e Lüdenscheid encontram-se entre as cidades que regularmente transformam os seus espaços públicos em campos experimentais para o *design* de luz profissional. Os marcos urbanos tornam-se o tema, mas também espaços vagos[35][, parques infantis[36], parques de estacionamento[37], cemitérios[38] ou parques urbanos[39]. Com instalações e *workshops*, sob a supervisão de designers de luz de renome internacional tais como Susanna Antico, Gustavo Aviles, Alain Benini e Christophe Cano, Keith Bradshaw, Christian Breil, Lisa-Akari Ishii, Jöran Linder, Thomas Mika e Andreas Schulz, são desenvolvidas soluções temporárias por forma a explorar e demonstrar o potencial da luz artificial no espaço público. Estes 'festivais de luz' são testes para novas opções ao nível do *design* de luz profissional. Algumas das soluções temporárias tornam-se instalações permanentes.

LichtRouten, Lüdenscheid

regularly transform their public spaces into experimental fields for professional lighting design. Landmarks become the subject, in the same way, as vacancies[35], playgrounds[36], parking areas[37], cemeteries[38] and public parks[39]. With installat ons and workshops under supervision of internationally renowned lighting designers such as Susanna Antico, Gustavo Aviles, Alain Benini and Christophe Cano, Keith Bradshaw, Christian Breil, Lisa-Akari Ishii, Jöran Linder, Thomas Mika and Andreas Schulz, temporary solutions are developed to explore and to show the potential of artificial light in the public space. These 'festivals of light' are tests for new options of professional lighting design. Some of the temporary solutions are turned into permanent installations.

Focus: Urban Planing

Festivals like 'Glow' Eindhoven, 'LichtRouten' Lüdenscheid and 'Superflux' Lyon change their specific alignment with every edition. The nocturnal presence and the availability of public green spaces and parks, which lay usually in the dark, attracted enthusiastic response from of a wide audience in Eindhoven. 'Architecture of Memento' was the theme in Lüdenscheid and Superflux showed 'Light Boxes' in Lyon (all examples from the year 2006). These 'festivals of light' prove how specific subjects create additional value for the experience of the city and broaden the horizon of urban development.

Additional Value: Professional Forum

Light interventions in public space are attractive to wide audiences, as much as to professionals and to experts. Accompanying the Light+building Fair in Frankfurt in 2002

31 http://www.nuitblanche2006.be
32 http://www.arbresetlumieres.ch
33 Lights in Alingsas 2000-2006, http://www.alingsas.se/engelska/ /index.htm
34 http://www.lesyeuxdelanuit.ch
35 LichtRouten 2003/2004, Lüdenscheid, Urbaner Raum, 19.9.-5.10.2003 /17.9.-3.10.2004
36 SpielPlatzStadt – Mehr (Licht-)Ideen für Lüdenscheid, Lüdenscheid, Urbaner Raum, April - Oktober 2004
37 Parklandschaften/Licht im Parkraum, Lüdenscheid, Urbaner Raum, 16.-25.9.2005
38 LichtRouten 2006/Architektur der Erinnerung, Lüdenscheid, Urbaner Raum, 22.9.-1.10.2006
39 GLOW 2006, Eindhoven, Urbaner Raum, 24.11.-3.12.2006

40 http://light-building.messefrankfurt.com/frankfurt/de/fakten_luminale.html

Foco: Planeamento Urbano

Festivais como Glow Eindhoven, LichtRouten Lüdenscheid e Superflux Lyon alteram o seu alinhamento a cada edição. Em Eindhoven, a presença nocturna e a disponibilidade de áreas públicas verdes e parques, usualmente na escuridão, atrairam uma resposta entusiástica por parte de uma vasta audiência. 'Architecture of Memento' era o tema em Lüdenscheid e Superflux mostrou 'caixas de Luz' em Lyon [todos exemplos de 2006]. Estes 'festivais de Luz' provam como temas específicos criam valor adicional na experiência da cidade e alargam os horizontes do desenvolvimento urbano.

Valor adicional: Forum profissional

As intervenções de luz no espaço público atraem muito público, incluindo profissionais e especialistas. Em simultâneo com a Feira Light+Building em Francoforte, a Luminale[40] teve em 2002 a primeira edição e é até hoje parte do programa oficial: em 2006, aconteceram mais de 160 instalações em Francoforte e arredores; mostraram o potencial da Luz, tanto na perspectiva dos fabricantes, como dos designers e artistas. Por outro lado, empresas em Lyon e Lüdenscheid organizam durante a duração dos festivais encontros profissionais e conferências, assim como programas diurnos 'à medida' dos parceiros e clientes, os quais visitam o festival à noite.

Valor adicional: Forum Académico

Alguns dos festivais estabelecem cooperações com universidades e instituições académicas por forma a oferecer oportunidades para o exercício da prática profissional, para a investigação, o desenvolvimento e a formação. Em Lyon, os trabalhos dos estudantes são mostrados no bairro 'La Croix-Rousse' e em Lüdenscheid

Luminale, Frankfurt

the Luminale[40] was realized for the first time and is to date a part of the official fair program: In 2006, more than 170 installations in Frankfurt and its neighbourhoods were realized. They showed the potential of light, from the prospectives of manufacturers as well as some designers and artists.

On the other hand, companies in Lyon and Lüdenscheid organized additional professional meetings and conferences during the time of the festival and realized customized programs for their partners and customers in the daytime, whom visited the festival in the evening.

Additional Value: Academic Forum

Some of the festivals are cooperating with universities and academical institutions to offer opportunities for professional practice, for research, development and formation. In Lyon, students' works are shown in the quarter 'La Croix-Rousse' and in Lüdenscheid variations of workshops have been realized with different universities. Eindhoven is aiming as well to deepen the cooperation with its university and design academy. As lighting design is a relatively new profession, professional formation is not available everywhere, which makes these opportunities unique.

Additional Value: International Network

Throughout the world the collaboration and the networking between the 'festivals of light' has been constantly intensified: Torino loaned several works from their collection Luci d'Artista to partners of the network Lighting Urban Communities International LUCI. The Lisbon production *Family Idea* by Ron Haselden (2004) was presented in Geneva (2005), Eindhoven (2006) and Lüdenscheid (2006). The Center of International Lightart Unna[41] made the work *Space, Speech, Speed* by Mischa Kuball travel to Glasgow (2005) and to Lüdenscheid (2006). For the first time realized in 2006, Glow in Eindhoven could present international works through a co-operation of curators from Belgium, Germany, Estonia, France, Italy, Portugal and Switzerland. In 2006/2007, for the first time a complete exhibition program was developed and toured: Hansaflux was shown in Lyon and in Tallinn. The network Lighting Urban Communities International LUCI and the conferences in Lyon (2005), Eindhoven (2006) and Tallinn (2007) were helpful to establish informal but working structures. The festivals themselves offer great opportunities to meet, to exchange knowledge and experiences and to develop new ideas of improved cooperation.

Some Few Conclusions

Wherever the 'festivals of light' happen, they are highlights of public life. The temporary installations fascinate and offer a different approach to urban space, not just as a geographically location but as space for life. They are

são realizadas variações de *workshops* em diferentes universidades. Também Eindhoven aspira a aprofundar a cooperação com a universidade e a academia de *design*. Dado que o *design* de luz é uma profissão relativamente nova, a formação profissional não está disponível noutro lado, o que torna únicas estas oportunidades.

Valor Adicional: Rede Internacional

Em todo o mundo, a colaboração e o trabalho em rede entre 'festivais de luz' tem sido constantemente intensificado: Turim emprestou várias obras da sua colecção Luci d'Artista a parceiros da rede LUCI – Lighting Urban Community. A peça *Family Idea*, de Lisboa, foi apresentada em Genebra [2005], Eindhoven [2006] e Lüdenscheid [2006]. O Center for International Lightart Unna[41] levou *Space, Speech, Speed* de Mischa Kuball até Glasgow [2005] e Lüdenscheid [2006]. Realizado pela primeira vez em 2006, Glow em Eindhoven pode apresentar obras internacionais através da cooperação de curadores da Bélgica, Alemanha, Estónia, França, Itália, Portugal e Suíça. Em 2006/07, deu-se pela primeira vez o desenvolvimento e digressão de um programa de exposição completo: Hansaflux foi apresentado em Lyon e em Tallinn. A rede LUCI Lighting Urban Communities International e as conferências em Lyon [2005], Eindhoven [2006] e Tallinn [2007] foram fundamentais para estabelecer estruturas informais actuantes. Os próprios festivais oferecem excelentes oportunidades para encontros, para o intercâmbio de conhecimentos e experiências e o desenvolvimento de novas ideias para cooperações mais conseguidas.

Algumas poucas conclusões

Sempre que ocorrem, os 'festivais de luz' são pontos altos da vida pública. As instalações efémeras fascinam e oferecem uma abordagem diferente do espaço urbano, não apenas enquanto sítio geográfico mas espaço de vida. São uma oportunidade para novas experiências visuais e para a redescoberta do processo de ver. Independentemente da sua escala e foco, os 'festivais de luz' mostram que o uso reflectido de luz artificial é um interface entre a dimensão material de uma cidade e a sua dimensão fenomenológica. São uma opção para o desenvolvimento do imprevisível potencial de cidades e comunidades, para a surpresa e o desafio ao *status quo*. Englobam a ideia do espaço urbano como forum público, aberto à compreensão e transformação das realidades urbanas. Provam que o uso pensado da luz se tornou no sismógrafo visual das qualidades urbanas.

Bettina Pelz desenvolve desde 2000 prática curatorial focada na questão da luz na arte, design e arquitectura (LichtRouten Lüdenscheid 2002-2008, GLOW Eindhoven 2006-2007); desde 2002, uma colaboração artística com Tom Groll (Lüdenscheid 2002-2006, Castrop-Rauxel 2005, Eindhoven 2006, Genebra 2007, Tallinn 2007-2009). Vive em Bremen e Hagen. Assistentes: Bradford Catler, Ghiju Diaz de Leon, Véronique Liot e Julia Koeppen.

Radiance, Glasgow

an opportunity for new visual experiences and for the rediscovery of the process of seeing. Independently from their scale and focus, the 'festivals of light' show that the reflected use of artificial light is an interface between the material dimension of a city and its phenomenological dimension. They are an option for the unpredictable potential of cities and communities to develop, to surprise and/or to challenge the status quo. They comprise the idea of urban space as public forum, open to understand and transform urban realities. They prove that the reflected use of light has become a visual seismograph of urban qualities.

Bettina Pelz develops since 2000 curatorial practice focused on light in art, design and architecture (LichtRouten Lüdenscheid 2002-2008, GLOW Eindhoven 2006-2007); since 2002 artistical practice with Tom Groll (Lüdenscheid 2002-2006, Castrop-Rauxel 2005, Eindhoven 2006, Geneva 2007, Tallinn 2007-2009). Lives in Bremen and Hagen. Assisted by Bradford Catler, Ghiju Diaz de Leon, Véronique Liot and Julia Koeppen.

Hansaflux, Tallinn

41 http://www.lichtkunst-unna.de

Festival Arbres et Lumières. Árvores sob alta tensão
Festival Arbres et Lumières. Des arbres sous haute tension

Jean-Claude Deschamps

Jean Stern. *Murmures*

Gosto de citar Antoine Vitez, encenador francês, que afirmava que o seu teatro era um teatro elitista, e que era sua intenção aspirar a um *elitismo para todos*. É exactamente o que eu tento fazer com este Festival urbano. Dar a ver, privilegiar a profundidade e a reflexão, sem jamais ceder à forma fácil, que seria apenas decorativa. Os meus critérios são ambiciosos: inovação, diversidade e extrema qualidade.

Por via de instalações exigentes, e naturalmente também estimulantes, trata-se, para mim, de ir de encontro ao público, de suscitar a sua curiosidade, de lhe propor 'brechas' culturais ao virar de uma esquina, de uma praça ou de uma árvore; dar-lhe a descobrir um material eminentemente estético, a luz, que não é meramente funcional ou decorativa, mas verdadeira criação. E porque se trata igualmente de 'animar' a cidade num período específico do ano, o mês de Dezembro, porque não fazê-lo através da poesia, noção não necessariamente desprovida de sentido crítico. Foi isto que os artistas convidados compreenderem muito bem, realizando intervenções extrordinárias, verdadeiros contrapontos das comerciais iluminações natalícias.

Em seis edições, convidei 78 artistas; 29 de Genebra, 17 do resto da Suíça e 32 do estrangeiro. Entre projectos de luz

Jaume Plensa.
Domestic Propensities

J'aime citer Antoine Vitez, metteur en scène français, qui déclarait que son théâtre était un théâtre élitaire et que lui-même visait un 'élitisme pour tous'. C'est très exactement ce que je tente de réaliser à travers ce Festival urbain. Donner à voir, privilégier le fond et la réflexion sans jamais céder à une forme facile qui ne serait que décorative. Mes critères sont ambitieux: l'innovation, la diversité et une extrême qualité.

Par le biais d'installations exigeantes, excitantes aussi, il s'agit pour moi d'aller à la rencontre du public, de susciter sa curiosité, de lui proposer des 'brèches' culturelles au détour d'une rue, d'une place ou d'un arbre, de lui faire découvrir un matériau éminemment esthétique, la lumière, qui n'est pas ici simple éclairage ou décoration, mais véritable création. Et puisqu'il s'agit aussi 'd'animer' la ville en cette période particulière de l'année, le mois de décembre, pourquoi ne pas le faire au travers de la poésie, notion qui n'est pas nécessairement dépourvue de sens critique. C'est ce qu'ont très bien compris les artistes invités. En témoignent quelques époustouflants contre-pieds aux très commerciales illuminations de Noël.

En six éditions, j'ai invité 78 artistes, 29 de Genève, 17 de Suisse et 32 de l'étranger. Parmi des projets de pure lumière, certains relevaient de techniques mixtes et neuf étaient sonores, ce qui n'est pas banal en ville, où le son n'est en général que bruit. En six éditions, le Festival s'est aussi construit une dimension internationale, grâce à l'imagination des créateurs, grâce au travail fourni par des équipes techniques hautement qualifiées et enthousiastes, grâce également à la participation d'artistes dont la renommée n'est plus à faire, l'Allemand Nils Udo, le Japonais Keiishi Tahara, l'Espagnol Jaume Plensa, les Genevois John Armleder et Christian Marclay, les Français Daniel Buren, Jean-Luc Vilmouth, Claude Lévêque et Laurent Fachard et l'Italienne Simona Braga.

Si pour moi ce Festival sur et autour des arbres est un lieu de création et d'expérimentation, à ma connaissance unique au monde, il est aussi pour les artistes un espace d'expression aujourd'hui reconnu comme une référence. Et pour le public –

Jean-François Arnaud. *L'envol*

Studio CS. *La cellule originelle*

Daniel Buren. *Platanes de Noël*

pura, alguns revelaram técnicas mistas e nove eram sonoros, o que não é usual na cidade, onde o som é, de um modo geral, nada mais que ruído. Em seis edições, o evento construiu uma dimensão internacional, graças à imaginação dos criadores, graças ao trabalho de equipas técnicas altamente qualificadas e entusiastas, graças, finalmente, à participação de artistas como o alemão Nils Udo, o japonês Keiishi Tahara, o espanhol Jaume Plensa, John Armleder e Christian Marclay de Genebra, os franceses Daniel Buren, Jean-Luc Vilmouth, Claude Lévêque ou Laurent Fachard e a italiana Simona Braga.

Se este Festival sobre e em torno das árvores é para mim um lugar de criação e de experimentação, no meu entender único no mundo, é também, para os artistas, um espaço de expressão hoje reconhecido como de referência. E para o público – veja-se as reacções no decorrer dos anos – esta balada luminosa no Inverno da cidade é ocasião para sonhar e nos 'roçarmos' de encontro a obras de arte contemporânea, saindo não indiferentes, mas felizes, cúmplices, exasperados ou perturbados. E ouso dizê-lo aqui, querendo mais.

Jean-Claude Deschamps é artista plástico e director artístico do Festival Arbres et Lumières [antigo Christmas Tree Festival].

– à voir ses réactions au fil des ans – cette balade lumineuse dans la ville en hiver est l'occasion rêvée de se 'frotter' à des œuvres d'art contemporain et d'en ressortir non pas indifférent, mais joyeux, complice, exaspéré ou troublé. Et j'ose le dire ici, il en redemande.

Jean-Claude Deschamps est artiste et Directeur artistique du Festival Arbres et Lumières [ancien Christmas Tree Festival].

Claire Peverelli. *Faites monter*

Superflux – Proposta artística e urbana a partir do tema da Luz
Superflux – Artistic and urban proposal on the theme of light

Veronique Liot

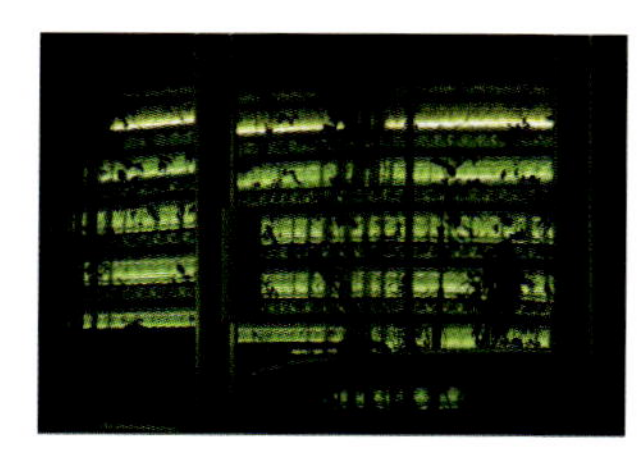

Gaëlle Braun, *Quotidien lumineux [Luminous everyday life]*, Superflux05

Dimitri Xenakis and Maro Avrabou, *Effet de serre [Greenhouse effect]*, Superflux05

***Decorre durante três noites no âmbito da Fête des Lumières, em Lyon.**

Superflux iniciou-se em 1999, numa área denominada 'La Guillotière' [no 7.º *arrondissement* da cidade], por iniciativa da galeria Roger Tator [galeria de arte e *design* sem fins lucrativos]. Na sua génese, tratou-se de *partir da ideia de escuridão, de afastamento do palco iluminado do centro da cidade* [...] *para onde convergem todos os projectores, em direcção a uma área menos ostentatória, 'na sombra'. O contraste com o festival de luz resulta da opção de mostrar aos visitantes, não dispositivos de iluminação monumental, mas a luz a uma escala humana, uma luz percepcionada em proximidade, uma micro-luz.* [...] *Superflux permitiu aos cidadãos sentirem-se conectados com um bairro e seus habitantes, convidados a participar* [...].[1]

Enquanto a maior parte dos eventos na Fête des Lumières são de grande escala a decorrem no centro da cidade, Superflux actua a um nível local, de bairro. Aspira a devolver ao festival principal, mais abrangente, uma dimensão popular: os artistas intervém em espaços do quotidiano, as suas obras habitam

***Takes place during three evenings of Lyon's Fête des Lumières.**

Superflux is held since 1999 in an area called 'La Guillotière' (in the 7th arrondissement of the city) by initiative of the Galerie Roger Tator (an art and design non-profit gallery). It was initiated with the idea of *starting back from the dark, away from the limelight of the central city areas* [...] *where all the spotlights converge, into a less ostentatious area, 'in the shade'. The contrast with the light festival is obtained by the choice to show to spectators, not monumental lighting displays but light on a human scale, light that is perceived when approached, micro-light.* [...] *Superflux has enabled (contributors) to connect to a district and its inhabitants who are themselves invited to take part* [...][1].

While most events in the Fête des Lumières are on a grand scale and take place in the city centre, Superflux is active on a local, neighbourhood level. It aims to give the wider festival its popular dimension again: the artists intervene in everyday places, their works inhabit the street, and engage, visually at least, with the local people and passers-by. It pretends to offer it the artistic and experimental dimension it might miss in consequence to its restraints as a city scale event.

Superflux has evolved with time, and followed the changes lived by the area itself. Being initially a wide multidisciplinary meeting on the theme of light, where the works made by designers, video artists, photographers, installers, architects, artists were shown all together in several shops, yards, windows, empty spaces, workshops let by the inhabitants for the event, it tends to become more demanding in terms of quality and less profusional.

In 2006, *Superflux* has begun to show the result of its deep and slow moulting. And offered the public... 'light in boxes'! Ten luminous boxes, inside or outside. As ten individual scenarios to experience one after the other, along the main street of the area [Rue d'Anvers]. With *Lightbox01*, a new way of thinking the basic principles of the event was initiated.

Anyway, Superflux remained this year again, and will remain in the future, an invitation to go across the Rhône (Lyon's main river), to enter the urban daedalus of 'La Guillotière', and to discover there another way

a rua e envolvem, pelo menos visualmente, os locais e transeuntes. Procura conferir-lhe uma dimensão artística e experimental, que as restrições de um evento à escala da cidade usualmente menosprezam.

Superflux evoluiu com o tempo e acompanhou alterações vividas na própria área de intervenção. Inicialmente um amplo encontro multidisciplinar sobre o tema da Luz, com as obras de *designers*, vídeo-artistas, fotógrafos, artistas de instalação, arquitectos e outros artistas, mostradas em conjunto em inúmeras lojas, pátios, janelas, espaços vazios, *workshops* tornados possíveis pelos moradores, tende a tornar-se cada vez mais exigente em termos de qualidade e menos prolífico.

Em 2006, Superflux começou a mostrar os resultados desta profunda e lenta mudança de pele. E ofereceu ao público… 'luz em caixas'! Dez caixas luminosas, tanto no interior como ao ar livre. Como que dez narrativas individuais para serem experimentadas uma após outra, ao longo da avenida principal da zona [rue d'Anvers]. Com *Lightbox01*, iniciou-se uma nova forma de pensar os princípios básicos do evento. De qualquer das formas, Superflux permaneceu este ano, e permanecerá no futuro, um convite para atravessar o Rhône [o principal rio de Lyon] e entrar no dédalo urbano de 'La Guillotière', e aí descobrir outras formas de celebrar a luz, discreta, íntima e suavemente. Um convite renovado para se ir à procura, para lá dos limites de Presqu'île, da luz que podemos experienciar debaixo de um luar perceptível.

Flux cresceu constantemente, de ano para ano, e tornou-se uma componente essencial da Fête des Lumières. No início fundamentalmente assegurada por patrocínios privados, seria organizado a partir de 2001 pela própria Cidade de Lyon [através da Fête des Lumières].

Veronique Liot integra as equipas de produção dos festivais Superflux e Hansaflux. Directores artísticos de Superflux: Laurent Lucas e Eric Deboos [designers e fundadores da Galerie Roger Tator].

Benjamin Gaulon, *De Pong GameTM*, Superflux06

to celebrate light, discrete, intimate, low. A renewed invitation to go beyond the Presqu'île limits, seeking light you can experience under a perceptible moon shine.

Flux has grown constantly from year to year to become an essential part of the Fête des Lumières. Chiefly supported by private sponsorship in the beginning, the City of Lyon (through the Fête des Lumières) has been the main founder since 2001.

Veronique Liot integrates the production teams of Superflux and Hansaflux. Artistic directors of Superflux: Laurent Lucas and Eric Deboos [designers and initiators of the Galerie Roger Tator].

1 In catálogo *Superflux* 2001

1 In *Superflux* 2001 catalogue

Hansaflux

Directores artísticos: Laurent Lucas, Eric Deboos e Veronika Valk
Coordenação: Véronique Liot, Indrek Leht e Maria Hansar

Desde 2004, a Galeria Roger Tator tem realizado um enorme esforço para lançar uma plataforma de intercâmbios [de ideias, experiência, obras de *light art*, artistas, etc.] entre festivais de luz europeus.

Depois de ter dado uma primeira oportunidade à edição inaugural do Festival Beneflux, em 2004, a Galeria concretizaria o segundo passo concreto nesse sentido com o Festival Valgus de Tallinn, desenvolvendo em conjunto o Programa *Hansaflux*.

Em Dezembro de 2006 e Janeiro de 2007, dez artistas franceses e estónios participaram no primeiro intercâmbio artístico a partir do tema da luz entre os dois países. Foi uma oportunidade para experimentarem um contexto luminoso alternativo, enriquecendo cada um dos eventos [Superflux06 e Tallinn Valgus Festival] com uma nova dimensão. Um mais amplo intercâmbio europeu está já em gestação. **VL**

Hansaflux

Artistic directors: Laurent Lucas, Eric Deboos and Veronika Valk
Coordination: Véronique Liot, Indrek Leht and Maria Hansar

Since 2004, the Galerie Roger Tator is working hard to launch a platform of exchanges (of ideas, experience, art light pieces, artists, etc.) between light festivals in Europe.

After giving a first chance to the first edition of Beneflux in 2004, the Galerie set up together with Tallinn Valgus Festival the second concrete step in that sense: Hansaflux.

In December 2006 and January 2007, ten French and Estonian artists took part to the first art exchange on the theme of light between their two countries. Giving them the occasion to experience an alternative luminous context, it enriched each one of the events (Superflux06 and Tallinn Valgus Festival) with a new dimension.

A wider European exchange is already on gestation. **VL**

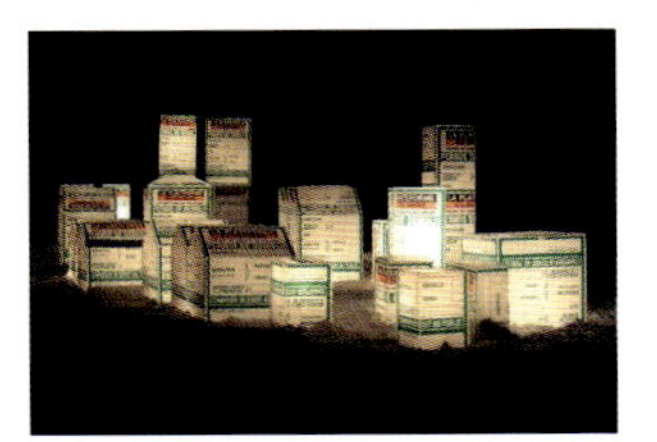

Stéphane Durand, *Rue de la Paix [Peace Street]*, Hansaflux Tallinn

Veronika Valk, *Mikrouun*, Hansaflux Lyon

Tallinn – Fogo e gelo
Tallinn – Fire and ice

Indrek Leht

Stéphane Durand

Na nossa latitude, é entre Novembro e Fevereiro a época mais fria e escura do ano. O sol apenas aparece esporadicamente e os dias são consideravelmente mais curtos que as noites. O final do ano é um dos períodos mais activos para muitas das pessoas mais modernas, quando consumimos muita da energia poupada durante os meses de Verão. Segue-se Janeiro, sossegado e bastante entediante; na verdade, nada acontece e a depressão invernal ganha terreno. Em Fevereiro, a noite cai pelas 14.30 e dura cerca de dezasseis hortas, com o sol a não subir antes das 8h30. Tal como em toda a parte do mundo, há um apertado calendário de entretenimento em Tallinn, que ganha força no Natal e no Ano Novo. Depois, a indústria do entretenimento cai em letargia e, na altura em que as pessoas necessitariam de algo que lhes desse esperança, são deixadas no vazio. Quase metade da população na Estónia sofre de Desordem Afectiva Sazonal [*SAD – Seasonally Adjusted Disorder*]. Pouca luz do dia, solidão e escassez de actividade física têm um impacto negativo na mente e no corpo das pessoas. Olhando para as estatísticas

November until February is the coldest and darkest time of the year in our latitude. Sun only seldom shows itself and days are considerably shorter than nights. The end of the year is one of the most active periods for lots of modern people, where much of the energy saved up during summer months is consumed. Quiet and quite boring January follows, where nothing really happens and when winter depression can gain ground. In February, night falls at about 4.30pm and lasts about 16 hours, with the sun not rising again until about 8.30am.
As everywhere around the world, there is a tight schedule of entertainment in Tallinn that gains strength in Autumn and culminates with the clamour of Christmas and New Year's Eve. Then the entertainment business falls into lethargy and people who right now are in need of something hopeful are left with emptiness. Almost half the population in Estonia suffer from SAD [Seasonally Adjusted Disorder] syndrome]. Small amount of daylight, loneliness and less physical activity have negative impact on people's mind and body. Looking at the social statistics – psychological depression, alcoholism and suicide rates skyrocket in winter. These effects are especially notable in urban areas.

For years Tallinn Light Festival has been fighting for a happier winter time for the whole population. The art of light not only deals with aesthetic improvements in the bleak mid-winter, but also aims at its positive impact on health: smart street lighting might help to put a smile back onto people's faces during the winter blues. The artists are in contact with public space, trying to give new meaning to dark and somber winter months.

Tallinn Light Festival (Valgusfestival in Estonian) started in the end of 90s as a very small event. Now events last throughout January till February. Why such a long period? Because we aim at enlivening the season. Tallinn Light Festival presents itself as a thermometer, indicating global warming of Nordic culture. Since 2005 the festival aims at combining the two, hot and cool, resembling the tiny country of Estonia itself. A big part of the festival is Fire and Ice Show, presenting Tallinn with world standard fire and ice sculptures, binding these two into an authentic whole fitting nicely into the medieval town. The power of fire and the calm and clarity of ice can help the citizen to manage his stress and arrange his rhythm of life. Part

sociais – depressão psicológica, alcoolismo e taxas de suicídio –, disparam no Inverno. Estas consequências são particularmente notórias nas áreas urbanas.

Durante anos, o Festival de Luz de Tallinn lutou por um Inverno mais feliz para toda a população. A arte da luz lida não apenas com melhoramentos estéticos no Inverno gelado; aspira também a ter um impacto positivo na saúde: uma luz urbana inteligente ajuda a colocar um sorriso no rosto das pessoas durante o *blues* de Inverno. Os artistas estão em contacto com o espaço público, tentando dar novo significado aos escuros e sombrios meses de Inverno.

O Tallinn Light Festival [Valgusfestival, em Estónio] começou no final dos anos 90 como um acontecimento muito pequeno. Hoje, apresenta eventos ao longo dos meses de Janeiro e Fevereiro. Porquê um período tão longo? Porque queremos dar vida à estação. O Festival apresenta-se como um termómetro, indicando o aquecimento global da cultura nórdica. Desde 2005, o festival aspira a combinar o quente e o frio, à semelhança da nossa pequena Estónia. Uma grande parte do Festival são *shows* de fogo e gelo, apresentando Tallinn com esculturas em fogo e gelo de qualidade internacional, associando estes dois elementos num verdadeiro todo que se integra na perfeição na cidade medieval. O poder do fogo e a serenidade e luminosidade do gelo podem ajudar o cidadão a gerir o seu *stress* e lidar com o seu ritmo de vida. Parte do *show* de Fogo e Gelo é uma espirituosa Festa de Inverno com esculturas em chamas, realizadas a partir de árvores de Natal. A campanha anual lançada pelo Festival, apelando à utilização por jovens artistas das árvores de Natal deitadas fora, ajuda a promover a consciência ambiental junto da comunidade urbana. Em vez de aterrarem numa lixeira, as árvores de Natal encontram um fim bem mais belo e digno, numa gigantesca e animada fogueira.

Desde o início, o Festival de Luz de Tallinn participou activamente na cooperação internacional – a princípio com o mais antigo festival de Luz anual, organizado em Helsínquia [Valon Voimat] e desde 2006 com o Festival de Lyon. No próximo ano, o Festival de Tallinn prepara projectos com a Luzboa e a Islândia. Participará igualmente numa mais ampla rede de colaboração organizada entre diferentes Festivais de Luz de toda a Europa.

A cooperação com Lyon resultou num projecto de alguma envergadura: Hansaflux. Hansaflux é um projecto de iluminação de espaços urbanos, apontando possibilidades e a poesia do quotidiano em determinados bairros da cidade de Lyon. Neste contexto, cinco artistas estónios foram convidados a habitar o Bairro de 'La Guillotière' durante a realização da oitava edição do Festival Superflux, em Dezembro passado. Foram a convidados a elaborar as suas intervenções a partir do tópico do Ar. O ar é única e exclusiva fonte de vida. Em resposta, cinco artistas franceses levaram as suas obras para Tallinn em 2007.

Indrek Leht é fundador e organizador do Tallinn Light Festival.

of the Fire and Ice Show is a spirited winter party around fire sculptures made of Christmas trees. The annual campaign of the Tallinn Light Festival to use the thrown away Christmas trees for building fire sculptures with the help of young artists and students helps to promote environmental awareness among townspeople. Instead of landing in a dumping ground Christmas trees will meet a much nicer and dignified end in a huge and merry bonfire.

From the very beginning Tallinn Light Festival has actively participated in international co-operation – at first with the oldest annually held Light Festival Valon Voimat in Helsinki and since 2006 with Lyon Light Festival. Next year, Tallinn Light Festival devises projects with Luzboa Biennale in Portugal and with Iceland. Tallinn Light Festival also participates in a broader network of collaboration set up between different Light Festivals all across Europe.

Cooperation with Lyon Light Festival resulted in a major project called Hansaflux, a project of city space lighting, pointing at the possibilities of everyday poetry in special town districts. Within this framework, five Estonian artists inhabited the district of 'La Guillotière' at the time of the 8th Superflux in Lyon in December 2006. Artists were asked to dwell on the topic of Air. Air is the only and utter source of life. In return, five French artists took their works to Tallinn Light Festival in January 2007.

Indrek Leht is founder and organizer of the Tallinn Lightfestival.

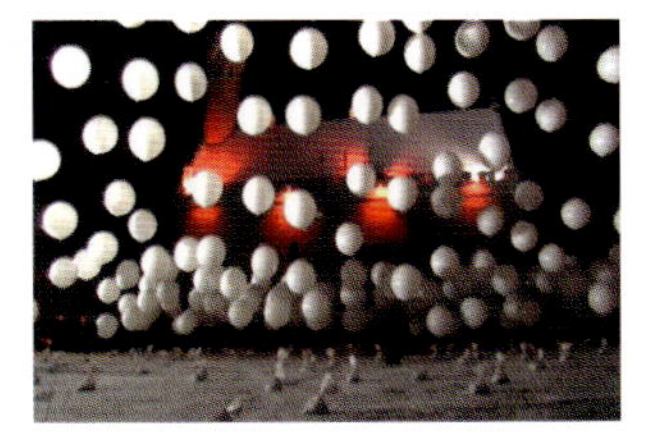

Microclimax

Raul Kourvitz

Eindhoven. Glow – Forum da luz na arte e na arquitectura
Eindhoven. Glow – Forum of light in art and architecture

Mário Caeiro

Second Skin. No mutismo do Parque, uma fachada *scannada* por silenciosas lâminas de luz, de geometrias variáveis. Uma peça de Stefan Hofmann.

Second Skin. Stefan Hoffmann. in the mute Park, a façade scanned by silent blades of light, of variable geometries.

Family Idea de Ron Haselden, em Eindhoven. Uma obra Luzboa 2004.

Family Idea by Ron Haselden, in Eindhoven. A Luzboa 2004 piece.

Festival Glow brilha... em Eindhoven

A Luz enquanto fenómeno complexo necessita de espaços que estimulem processos de percepção que possam ir bem além da visibilidade do olho nu.

STEFAN HOFMANN

Eindhoven na Holanda é agora mais uma cidade-Luz a integrar a rede mundial LUCI. No quadro dos eventos preparatórios de uma ampla renovação urbana que passa pela 'arte da Luz', fomos convidados por Bettina Pelz, curadora do evento e palestrante Luzboa a integrar os trabalhos do I Public Meeting on Light and Architecture.

Estiveram presentes, entre outros, os artistas Francesco Mariotti, Richi Ferrero, Miriam Giessler e Hubert Sandmann, Lichtpunk, Maria Hansar, Klara Hobza, Rochus Aust; os criadores-produtores Peter Brdenk, Veronika Valk, Jean-Claude Deschamps e Bettina Pelz; os promotores Veronique Liot, Indrek Leht e Robbert ten Caten, entre outros.

Das frutuosas discussões, onde a possibilidade de futuros eventos em Lisboa foi debatida com o maior apreço pelos presentes, nasceu sobretudo a ideia de que há um conjunto de personalidades em rede, absolutamente empenhadas na prossecução de eventos pluridisciplinares, transversais e internacionais, preenchendo um calendário com acções diversas a levar a cabo de uma ponta à outra da Europa – de Tallinn a Lisboa – assentes na empatia registada entre os participantes e a maior coerência e qualidade.

De resto, o Festival Glow em Eindhoven teve peças apresentadas no quadro das parcerias com os diferentes Festivais de vários países: França, Bélgica, Estónia, Itália, Suíça... e Portugal, com a itinerância da peça *Family Idea*, de Ron Haselden, criada em colaboração com crianças da Cova da Moura e inicialmente apresentada na Luzboa '04. Lisboa está na rede! Obrigado Eindhoven.

Mário Caeiro é director da Luzboa.

Capsule. Surpresa no parque. Uma bolha gigante transparente leva os visitantes a reflectir sobre aquela bioesfera. Miriam Giessler e Hubert Sandmann num exercício de consciencialização ambiental.
Capsule. Surprise in the park. Oversized, transparent bubble leads visitors to reflect upon that specific biosphere... and global environmental issues as well. Project by Miriam Giessler and Hubert Sandmann.

Glow Festival glows... in Eindhoven

Light as a complex phenomena needs sites which stimulate perception processes which go far beyond the visibility of the naked eye.

STEFAN HOFMANN

Eindhoven is recently one more 'City of Light', integrating the international LUCI network. In order to prepare and continue an urban renewal through new public lighting concepts, Eindhoven hosted a meeting organized by Bettina Pelz, curator of the Glow event. Mário Caeiro was invited to participate and present the Luzboa experience. Artists Francesco Mariotti, Richi Ferrero, Miriam Giessler and Hubert Sandmann, Lichtpunk, Maria Hansar, Klara Hobza and Rochus Aust were present; as well as creators-producers Peter Brdenk, Veronika Valk, Jean-Claude Deschamps and Bettina Pelz; and finally managers Veronique Liot, Indrek Leht and Robbert ten Caten, among others.

Fruitful discussions were held, following that future events in Lisbon were considered a strong possibility. But most important, an idea prevailed: there is a group of personalities working in a very dynamic network, giving their best to support any multidisciplinary, transversal and international events related to light in the urban space, to be held in a territory ranging from the cold capital of Estonia, Tallinn, to the mild capital of Portugal, Lisbon. The technical know-how, the intellectual capacity, the managing vision of the group will certainly offer originality, coherence and quality to the set of actions soon to be implemented. Eindhoven 2006 already presents pieces and installations coming from the several invited festivals: France, Belgium, Estonia, Italy, Switzerland... and Portugal [*Family Idea*, by Ron Haselden, a project developed with the children of the neighborhood of Cova da Moura, in the outskirts of Lisbon, first presented in Luzboa '04]. Hail the Glow network! Thanks, Eindhoven!

Mário Caeiro is the director of Luzboa.

Swinging in the LIght. O Inverno pode ser divertido! Directamente da Estónia e de temperaturas abaixo dos 30º negativos, balouços-casulos para o transeunte urbano. Projecto de Veronika Valk.
Swinging in the Light. Wintertime can be fun and cozy, at least when you're in one of these super-sized hammocks under the confortable red light of infrared lamps... Project by Veronika Valk.

Turim. Luci d'Artista
Turin. Luci d'Artista

Fiorenzo Alfieri

Rebecca Horn

O Projecto Luci d'Artista teve início em Turim, 1997. A primeira e única instalação foi a apresentação de uma cena de Natividade criada pelo notável *designer* de cena italiano Emanuele Luzzati, na praça em frente à estação ferroviária. Foi instantaneamente um enorme sucesso e tornou-se o ícone mediático desse Natal. Atraiu também milhares de pessoas e negócio para a área envolvente, gerando expectativas para algo que pudesse ser expandido para outras zonas da cidade. Para a preparação do Natal de 1998, foram encomendadas novas iluminações a cerca de uma dúzia de artistas locais, incluindo dois artistas emergentes seleccionados por concurso. Essa a razão porque as obras mais antigas ostentam uma estilização natalícia, ainda que livre: grandes bolas brancas, planetas, constelações, pássaros com um fio vermelho, fábulas infantis. Se a cena de Natividade de Luzzati foi de alguma forma uma sensação apenas local, o primeiro *Luci* teve uma cobertura mediática televisiva de 20' na cadeia internacional CNN. Perplexos, os fundadores compreenderam que a melhor maneira de prosseguir

Daniel Buren

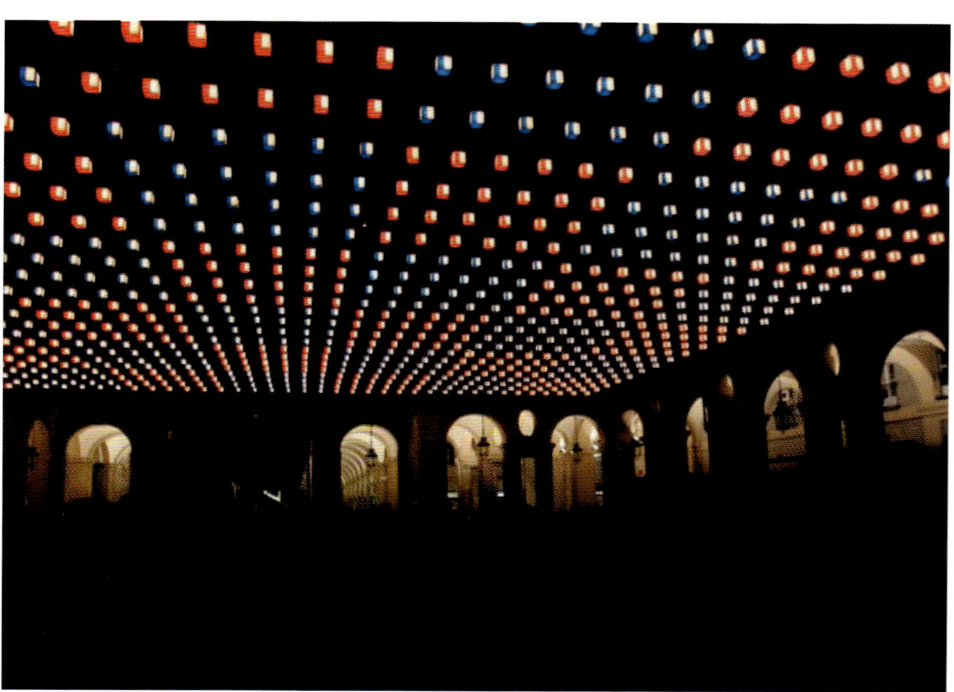

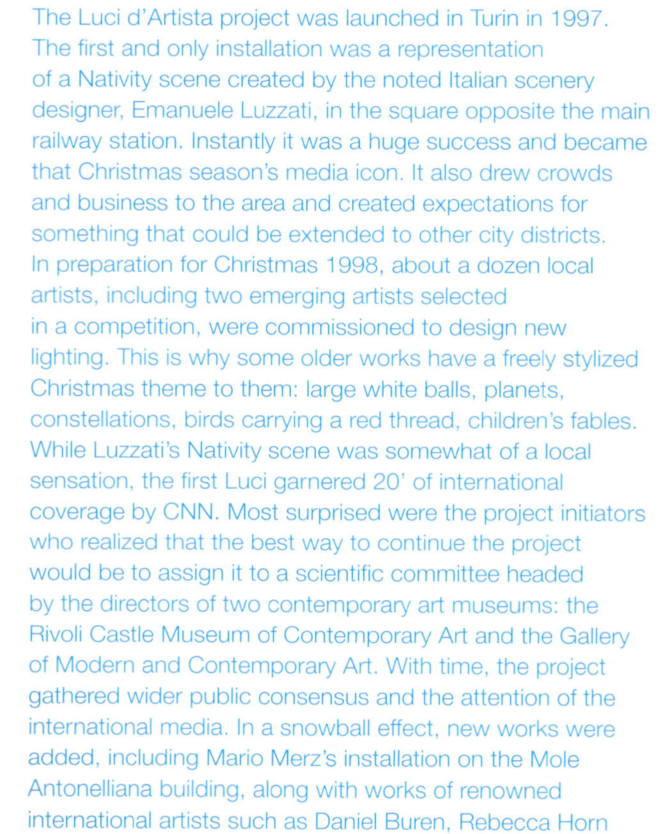

The Luci d'Artista project was launched in Turin in 1997. The first and only installation was a representation of a Nativity scene created by the noted Italian scenery designer, Emanuele Luzzati, in the square opposite the main railway station. Instantly it was a huge success and became that Christmas season's media icon. It also drew crowds and business to the area and created expectations for something that could be extended to other city districts. In preparation for Christmas 1998, about a dozen local artists, including two emerging artists selected in a competition, were commissioned to design new lighting. This is why some older works have a freely stylized Christmas theme to them: large white balls, planets, constellations, birds carrying a red thread, children's fables. While Luzzati's Nativity scene was somewhat of a local sensation, the first Luci garnered 20' of international coverage by CNN. Most surprised were the project initiators who realized that the best way to continue the project would be to assign it to a scientific committee headed by the directors of two contemporary art museums: the Rivoli Castle Museum of Contemporary Art and the Gallery of Modern and Contemporary Art. With time, the project gathered wider public consensus and the attention of the international media. In a snowball effect, new works were added, including Mario Merz's installation on the Mole Antonelliana building, along with works of renowned international artists such as Daniel Buren, Rebecca Horn and Joseph Kosuth.

In 2001, the Luci d'Artista was the highpoint of the contemporary art program held every year in November, when the city becomes a Mecca for art buyers, sellers and producers alike. This has also helped establish Turin as a major European city on the contemporary art scene.

Luci d'Artista grew steadily from 2001 to 2006, the year of the Winter Olympics when the installations were left up through to the end of the Paralympics in March. This year, the project will have 23 works.

com o projecto era contratar um comité científico encabeçado pelos directores de dois museus de Arte Contemporânea: o Museu de Arte Contemporânea Castello di Rivoli e a Galeria de Arte Moderna e Contemporânea. Com o tempo, o projecto ganhou consenso público cada vez mais alargado e a atenção dos *media* internacionais. Num efeito de 'bola de neve', acrescentaram-se novas obras, incluindo uma instalação de Mario Merz no edifício da Mole Antonelliana, juntamente com obras de outros artistas reconhecidos como Daniel Buren, Rebecca Horn ou Joseph Kosuth.

Em 2001, Luci d'Artista foi o ponto alto do programa de arte contemporânea realizado todos os meses de Novembro, quando a cidade se torna na Meca de compradores, vendedores e produtores de arte. Isto ajudou a estabelecer Turim como cidade com alguma importância na cena artística europeia.

Luci d'Artista cresceu continuadamente entre 2001 e 2006, o ano das Olimpíadas de Inverno, com as instalações a permanecerem montadas até ao final das Paraolimpíadas em Março. Este ano, o projecto tem 23 obras. A cidade tem uma relação especial com o evento. Por exemplo, em Novembro, há uma série de iniciativas organizadas pelos principais actores da cena de arte contemporânea: a Galeria de Arte Moderna e Contemporânea, o Museu de Arte Contemporânea do Castello di Rivoli, a Fundação Sandretto e a Fundação Merz. Outro item na agenda artística é *Artissima*, uma feira internacional de arte contemporânea que atrai centenas de donos de galerias e *dealers* de arte; a rede de galerias de arte locais organiza a sua 'Saturday Arts Night', que hoje se alarga a artes performativas e sessões de cinema.

Em suma, Luci d'Artista pode ser considerado uma operação alargada, envolvendo o turismo, a promoção e o *marketing* urbano, criando novas oportunidades para aumentar a visibilidade da cidade. No entanto, seria redutor catalogar Luci d'Artista como uma campanha de imagem: o projecto funciona quer como meio de promoção de Turim, quer como veículo para a integração social. Nesse sentido, a iluminação é usada para servir as necessidades da cidade e educar os cidadãos na apreciação da arte em espaços públicos.

Fiorenzo Alfieri tem função equivalente à de vereador da Cultura do Município de Turim.

Jan Vercruysse

The city feels a special tie with it. For example, in November there is a series of events organized by the main players on the contemporary art scene: the Gallery of Modern and Contemporary Art, the Rivoli Castle Museum of Contemporary Art, the Fondazione Sandretto and the Fondazione Merz. Another item on the arts agenda is Artissima, an international contemporary art fair that attracts hundreds of gallery owners and art agents; the local art gallery network holds its Saturday Arts Night, featuring theatre and dance performances, as well as film showings.

In brief, Luci d'Artista may be considered a broad-based operation for tourism, promotion and urban marketing that creates new opportunities for increasing the city's visibility. Nonetheless, it would be reductive to label the Luci d'Artista as a spin-off imaging campaign: the project works both as a means for promoting Turin and as a vehicle for social integration. In this way, lighting is used to serve a city's needs and to educate citizens in the appreciation of outdoor art.

Fiorenzo Alfieri is Municipal Councillor for Cultural Resources and Development of the City of Turin.

Mario Merz

Beneflux. Da origem de um acrónimo à realidade do 'Percurso Urbano Luminoso' de Bruxelas

Beneflux. De l'origine d'un acronyme à la réalité du «Parcours Urbain Lumineux» Bruxellois

Jean-Lucien Guillaume

BENEFLUX[1] não pode deixar de evocar 'Benelux', esse grupo de três países situados no coração da Europa: Bélgica, Holanda e Luxemburgo. O BENEFLUX fez a opção de jogar com a 'Luz', tomando o centro de Bruxelas como terreno de acção privilegiada. A nossa base encontra-se a três minutos do Manneken-Pis e a menos de cinco minutos a pé da famosa Grand Place…

BENEFLUX também nos remete para consonâncias latinas… Observe-se, no Latim, a ausência de espaço entre duas letras. 'LUX' aparece em 'FLUX'. Jean-Lucien Guillaume, artista plástico e director artístico do BENEFLUX é francês, de Lyon. Para ele, são indeléveis, as memórias ligadas à 'Festa do 8 de Dezembro'. No acrónimo, após BE, NE; o F, naturalmente, designa a França, o seu país, as suas escolas… Há muito que Jean-Lucien Guillaume[2] gosta de brincar com as palavras, a cor, a matéria… e a luz.

Mestre em luz. Meter em luz…

O BENEFLUX teve início num desejo de intercâmbio. Por um lado, *reunir em torno da Luz artistas pluridisciplinares, belgas e internacionais*. Por outro, *agir sobre a cidade*, considerar o património arquitectural e/ou apoiar-se em algumas obras-primas em perigo (ou seja, os negligenciados urbanos que cremos em via de desaparecimento: úlceras, dentes furados, etc.).

Propor um 'Percurso Urbano Luminoso' aberto e gratuito, em *soirées*, a todos os públicos. *Uma noite, duas noites ou mais… A arte contemporânea ao alcance de todos!* Admirar a Luz na Arte, no Design e na Arquitectura. Nenhuma pista criativa é excluída, da vela à instalação tecnicamente mais pesada.

Acreditar nas palavras de Le Corbusier: *a Utopia de hoje será a Realidade de amanhã.*

É preciso recordar que o lançamento do BENEFLUX, em 2004[3], foi possível graças a um acordo celebrado com a cidade de Lyon e com a CulturesFrance. Em Bruxelas, debaixo de um olhar *bruxelense*, o Beneflux associou-se à força criativa de duas das nossas mais importantes

BENEFLUX[1] rappelle inévitablement BENELUX soit trois pays placés au cœur de l'Europe – Belgique, NederLand, Luxembourg. BENEFLUX a choisi de jouer avec la Lumière et le centre-ville de Bruxelles comme terrain d'action privilégié. Notre camp de base est à trois minutes du Manneken-Pis, à moins de cinq minutes à pied de la fameuse Grand Place…

BENEFLUX, renvoie aussi aux consonances latines… Notons en latin, l'absence d'espace entre deux lettres. 'LUX' apparaît dans 'FLUX'.

Jean-Lucien Guillaume, plasticien et directeur artistique de BENEFLUX est français, lyonnais d'origine. Les souvenirs liés à la Fête du «8 décembre» lui sont indélébiles. Aussi, dans l'acronyme après BE, NE: le F désigne tout naturellement la France, son pays, ses écoles… Depuis longtemps, Jean-Lucien Guillaume[2] aime à jouer avec les mots, la couleur, la matière… et la lumière.

Maître en lumière. Mettre en lumière…

BENEFLUX fut initié avec une volonté d'échange. D'une part, *réunir autour de la Lumière des artistes pluridisciplinaires Belges et internationaux*. D'autre part, *agir sur la ville*, considérer le patrimoine architectural ou/et s'appuyer sur quelques chefs d'œuvres en péril (soit les délaissés urbains que nous espérons en voie de disparition: chancres, dents creuses…).

Proposer un 'Parcours Urbain Lumineux' ouvert gratuitement en nocturnes à tous les publics. *Une nuit, deux nuits ou plus… L'art contemporain accessible à tous!* Admirer la Lumière dans l'Art, le Design, l'Architecture. Aucune piste de création n'est exclue: de la bougie à l'installation techniquement plus lourde.

Croire au mot de Le Corbusier: *l'Utopie d'aujourd'hui, sera la Réalité de demain.*

Pour rappel, BENEFLUX a pu être lancé en 2004[3] à Bruxelles grâce à une convention passée avec la ville de Lyon et CulturesFrance. Sous un œil bruxellois, BENEFLUX s'est associé à la force de création des deux de nos plus importantes Ecoles d'art: ENSAV, La Cambre et Hogeschool Sint-Lukas Brussel.

1 BENEFLUX também poderia evocar COBRA, enquanto acrónimo de outro movimento artístico.
2 Entre 1980 e 1994, Jean-Lucien Guillaume apresentou a sua obra em diversas exposições, instalações e projecções monumentais. Após ter vivido em Berlim e em Amesterdão, mudou-se para o centro de Bruxelas, onde vive desde 1996. Em 1998, concebeu um projecto global para a rue du Vautour, 1000 Bruxelas, utilizando como principais elementos a cor e a luz. Este projecto prenunciava um primeiro percurso 'A.A.A.' no bairro Anneessens.
3 Na primeira edição, apoiámo-nos na selecção de uma dezena de obras de artistas leoneses e/ou franceses, que foram apresentadas por SUPERFLUX no quadro da célebre 'Festa das Luzes'.
4 Noite Electrabel: 30-11-2007.

1 BENEFLUX peut aussi rappeler COBRA comme acronyme pour un autre mouvement artistique.
2 De 1980 à 1994, Jean-Lucien Guillaume a présenté son œuvre dans différentes expositions installations et projections monumentales… Après avoir vécu à Berlin et à Amsterdam, il vit au centre de Bruxelles depuis 1996. En 1998, l'artiste a conçu un projet global pour la rue du Vautour à 1000 Bruxelles utilisant comme principaux matériaux: la couleur et la lumière. Cette augurait un premier parcours 'A.A.A.' au sein du quartier Anneessens.
3 Pour la première édition, nous nous sommes appuyés sur la sélection d'une dizaine d'œuvres d'artistes lyonnais ou/et français qui furent présentées par SUPERFLUX dans le cadre de la célèbre Fête des Lumières.
4 Nuit Electrabel: 30-11-2007.

escolas de arte: ENSAV, La Cambre e Hogeschool Sint-Lukas Brussel.

O Beneflux une as pessoas e os diferentes bairros do centro de Bruxelas.

O Percurso Urbano Luminoso Beneflux passou a fazer parte da paisagem nocturna de Bruxelas.

O evento decorre, hoje, em simultâneo com Prazeres de Inverno[4] *(Plaisirs d'Hiver)*, de que se distingue porém muito claramente. O BENEFLUX oferece a possibilidade de se prolongar por via de algumas instalações. Por forma a modificar de forma duradoura os espaços de vida, também realizações perenes estão previstas.

Em pouco tempo, o festival adquiriu uma dimensão verdadeiramente europeia. Antes do mais, o festival é um simpósio. Com efeito, já foram aqui apresentados mais de 100 artistas, tanto jovens, como artistas consagrados: belgas, holandeses, franceses, ingleses, alemães, italianos, suíços, etc.

O coração do BENEFLUX é constituído por um núcleo duro. Fora de Bruxelas, na Bélgica como no estrangeiro, há intervenções, produções, exposições pessoais ou colectivas propostas sob o nome BENEFLUX, no contexto de museus, galerias, centros de arte contemporânea, escolas de arte, eventos de *design*, festivais, espaços públicos, etc., em Frameries, Maubeuge, Marne-la-Vallée, Lyon, Eindhoven... Deste modo, BE NE F LUX poderia prolongar-se por D, UK, I, CH... e a lista continua em aberto. É por este motivo que, hoje, tanto podemos escrever bene flux *como* bene lux.

Na diversidade dos fluxos, TUTI VA BENE LUX bem poderia ser a nossa divisa!

O BENEFLUX beneficia do financiamento do sector público.

O BENEFLUX não teria sido possível sem a preciosa ajuda de todos os que quiseram acreditar nesta aventura. Obrigado a todos!

E, mais particularmente, aos apoios das primeiras horas: parentes; amigos; vizinhos; primos; Patrice Béghain, adjunto do presidente da câmara de Lyon responsável pelo pelouro da Cultura; as escolas de arte de ENSAV, La Cambre e Hogeschool Sint-Lukas, Brussel; Philippe Close, responsável pelo pelouro do Turismo na câmara municipal de Bruxelas; Freddy Thielemans, ex-chefe de gabinete do presidente da câmara, etc.

Muitos outros se nos reuniram mais tarde: habitantes da cidade; artistas; cidadãos; funcionários municipais de Bruxelas; ministérios da Comunidade Francesa

Sanaz Azari

BENEFLUX relie les hommes et différents quartiers du centre ville de Bruxelles.

Le Parcours Urbain Lumineux BENEFLUX s'inscrit désormais le paysage nocturne bruxellois.

L'événement correspond maintenant au lancement de Plaisirs d'Hiver[4] et s'en distingue très clairement. BENEFLUX peut se prolonger avec certaines installations. Afin de modifier durablement les espaces de vie, nous envisageons également des réalisations pérennes.
Le festival a, en peu de temps, pris une dimension véritablement européenne. Le festival est d'abord un symposium. Plus de 100 artistes ont été présentés,

***Sonik Cube*, Trafik**

F. Eerdekens

e/ou da Comunidade Flamenga; Região de Bruxelas--Capital (em colaboração com a cidade de Bruxelas no quadro de um contrato de bairro 2006/2007, secção ANNEESSENS ALIGHT!).

P.S.: Será de bom tom constatar que a aventura luminosa continua, aqui e ali, que os intercâmbios se intensificam, que têm lugar os encontros... o movimento *luminoso* ganha uma dimensão internacional. Saudamos Mário Caeiro e estamos encantados a imaginar as possibilidades envolvendo Luzboa e outros festivais como Glow, Lichtrouten, etc.

Jean-Lucien Guillaume é artista plástico e director do Festival Beneflux.

Mariska De Mey

artistes confirmés et jeunes confondus: Belges, Hollandais, Français, Anglais, Allemands, Italiens, Suisses...

Un noyau dur constitue le cœur de BENEFLUX. Hors de Bruxelles, en Belgique et à l'Etranger: interventions, production, exposition personnelle ou collective sont proposées sous le label BENEFLUX. Ce, en contexte muséal, galerie, centre d'art contemporain, école d'art, événement design, festival, espace public... à Frameries, à Maubeuge, à Marne-la-Vallée, à Lyon, à Eindhoven...

Ainsi BE NE F LUX pourrait être prolongé par D, UK, I, CH... et la liste reste ouverte.

Voilà pourquoi, aujourd'hui, nous pouvons écrire: bene flux ou/et bene lux.

Dans la diversité des flux, TUTI VA BENE LUX: telle pourrait être notre devise !

BENEFLUX bénéficie du financement du secteur public.

BENEFLUX n'aurait pu se mettre en place sans l'aide précieuse de tous ceux qui ont bien voulu croire dans cette aventure. Merci à tous!

Et plus particulièrement aux soutiens des premières heures: Parents; Amis; Voisins; Cousins; Patrice Béghain, adjoint au maire de la ville de Lyon en charge de la Culture; les Ecoles d'art ENSAV La Cambre & la Hogeschool Sint-Lukas, Brussel; Philippe Close, échevin de la ville de Bruxelles en charge du Tourisme, ex. directeur du Cabinet du Bourgmestre Freddy Thielemans...

Bien d'autres nous ont rejoint depuis: Habitants; Artistes; Citoyens; Echevins de la Ville de Bruxelles; Ministères de la Communauté française et/ou Communauté flamande; Région de Bruxelles-Capitale convention avec la Ville de Bruxelles dans le cadre d'un Contrat de Quartier 2006-2007 – volet ANNEESSENS ALIGHT!).

P.S.: Il est de bon ton de constater que l'aventure lumineuse continue, ici et là, les échanges s'intensifient, les rencontres s'opèrent... Le mouvement 'lumineux' prend une ampleur internationale.

Nous saluons Mário Caeiro et sommes enchantés d'imaginer bien des possibles avec Luzboa et les autres festivals comme Glow, Lichtrouten...

Jean-Lucien Guillaume est artiste et directeur de Beneflux.

Miguel Chevalier – arte em fluxo. Projectos
Miguel Chevalier – art in flux. Projects

Miguel Chevalier nasceu na Cidade do México em 1959. Vive e trabalha em Paris desde 1985. Formou-se pela Ecole Nationale Supérieure des Beaux Arts de Paris em 1980, tendo prosseguido os estudos na Ecole Nationale Supérieure des Arts Décoratifs. Após a conclusão do Curso, obteve a Bolsa Lavoisier atribuída pelo Ministério dos Negócioas estrangeiros Francês e estudou no Pratt Institue, em Nova Iorque. Em 1994, foi artista residente na Villa Kujoyama, Kyoto, Japão.

A visão artística de Miguel Chevalier é abrangente, resultado de uma educação alargada e inúmeras viagens. Desde 1982, dedicou a sua arte à exploração da tecnologia. Recuperando referências da História da Arte e reformulando-as por meio de ferramentas computacionais, o seus trabalhos investigam o fluxo e as redes subjacentes à sociedade contemporânea. É reconhecido internacionalmente como um pioneiro da arte digital e virtual. As suas imagens constituem um manancial de informações para uma reflexão sobre nós próprios e a nossa relação com o mundo.

Miguel Chevalier desenvolveu e apurou a sua abordagem extremamente individual ao longo de um percurso de numerosas exposições individuais ou colectivas, em todo o mundo. Algumas exposições e apresentações mais importantes: ARC – Musée d'Art Moderne em Paris, em 1988; Galeria Vivita, em Florença, em 1989; Jogos Olímpicos em Albertville e Barcelona, em 1992; Muséo de Artes Visuales em Caracas, Venezuela, em 1993; Centro Pompidou, Paris, em 1994, com *Visions Urbaines*; Museu Carrillo Gil na Cidade do México, em 1996; Stuttgart Staatsgalerie, *La Magie du Chiffre* em 1997, na Alemanha; *Périphérie* no Espace Cardin, Paris, em 1998; *Mémoires & Mutations*, Fabrika em Beirute, Líbano, em 1999; Kwangju Biennale, Coreia do Sul, em 2000; *Metapolis* no Marco de Monterrey Museum, na Cidade do México, em 2002; *Intersecting Networks* na Bolsa do Comércio, Paris, em 2003; Galerie Suzanne

Miguel Chevalier was born in Mexico City in 1959. Since 1985, he has been based in Paris, where he does most of his work. He graduated from the Ecole Nationale Supérieure des Beaux Arts in Paris in 1980 and went on to Ecole Nationale Supérieure des Arts Décoratifs. After graduating in 1983, he was awarded the Lavoisier scholarship by the French Ministry of Foreign Affairs and studied at the Pratt Institute, New York. In 1994, he served as artist in residence at the Kujoyama Villa, Kyoto, Japan.

Miguel Chevalier's wide-ranging artistic vision has been shaped by a broad education and extensive travel. Since 1982, his art has been dedicated to the exploration of technology. Taking references from the history of art and reformulating them using computer tools, his works investigate the flux and networks that underlie

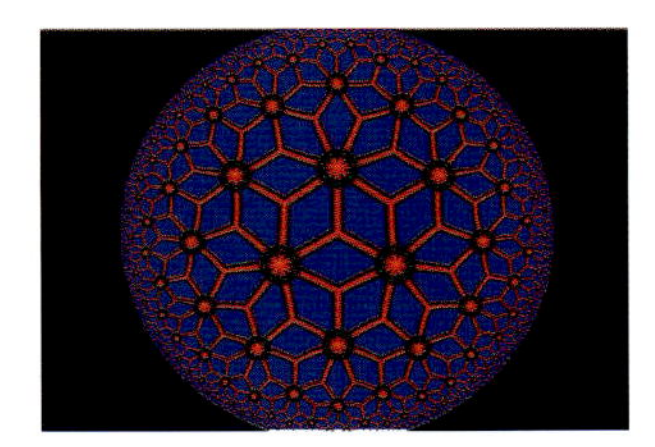

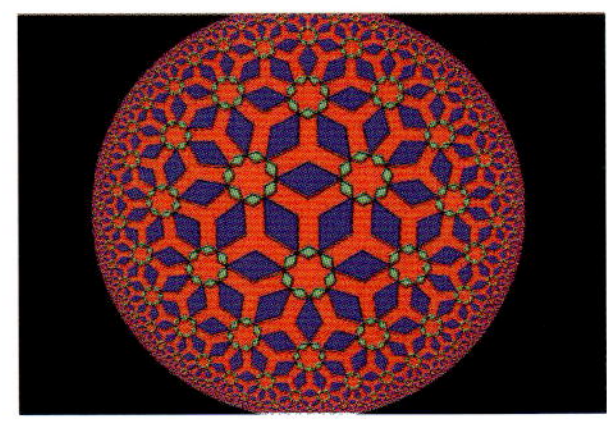

***Digital Arabesques*. 2005**
Simulação do projecto de instalação. Praça Jemaa El Fna, Marraqueche, Marrocos
Simulation of the installation project. Jemaa El Fna square, Marrakech, Morroco

***Digital Arabesques*. 2006**
Vista da exposição no Ksar Char Bagh Palace [24 Junho 2006]
View from the Ksar Char Bagh Palace Exhibition [24th June 2006]

Tarasiève, *Métacités* em 2004. Em 2005, *Habiter les réseaux*, no espaço odeon5 (Paris); *Arabesques numériques*, no IFM de Marraqueche (Marrocos); *Ultra-Nature no* New Zendai Art Museum, Shanghai, (China); *Supra-Natura* na Alliance Française de Buenos Aires (Argentina), *Intersecting Networks* na Kunstverket Gallery em Oslo (Noruega); *Digital paradise* no Daejeon Museum (Coreia do Sul). Em 2006: *Métacités* na Galerie Thinkingprints em Bruxelas, *Arabesques Numériques [Digital Arabesques]* no Palácio Ksar Char Bagh, Marraqueche (Marrocos); *Nuage Fractal RVB* no Whanki Museum (Coreia do Sul).

A Flammarion publicou em França uma monografia dos seus trabalhos entre 1985 e 2000, reunindo ensaios e entrevistas de/com Pierre Restany, Laurence Bertrand Dorléac e Patrick Imbard. A monografia é acompanhada por um CD-Rom realizado com Christine Buci-Glucksmann sobre as suas instalações vídeo e de realidade virtual. *Inhabiting Networks*, uma sua obra monumental, com mais de 112 m^2, completada em 2000, é uma instalação permanente no *lobby* do Palais des Congrès na Porte Maillot, Paris. Comissariada pelo arquitecto Christian de Portzamparc e a Câmara do Comércio, é uma peça interactiva que inclui filmes holográficos e compreende mais de 24 000 LED que se acendem à medida que os visitantes circulam pelo edifício.

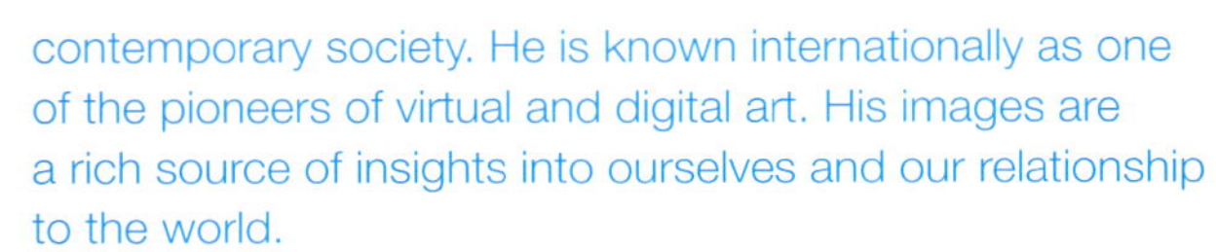

contemporary society. He is known internationally as one of the pioneers of virtual and digital art. His images are a rich source of insights into ourselves and our relationship to the world.

Miguel Chevalier has developed and refined his highly individual approach over the course of numerous solo and group exhibitions throughout the world. Major exhibitions and presentations of his work have included those at Musée d'Art Moderne – ARC Gallery in Paris in 1988; Vivita Gallery in Florence in 1989; the 1992 Olympic Games in Albertville and Barcelona; Muséo de Artes Visuales in Caracas, Venezuela in 1993; the Pompidou Centre, Paris, in 1994, with *Urban visions*; Carrillo Gil Museum in Mexico City in 1996; Stuttgart Staatsgalerie with *The Magic of the Figure* in 1997; *Périphérie* at the Espace Cardin, Paris, in 1998; *Memories and Mutations* at the Fabrika in Beirut in 1999; at the Kwangju Biennale, Korea, in 2000; *Metapolis* at the Marco de Monterrey Museum in Mexico City in 2002; *Intersecting Networks* at the Bourse de Commerce, Paris, in 2003; and Galerie Suzanne Tarasiève *Meta-City*, in 2004; *Living in the networks* Espace odeon5 (Paris), *Digital Arabesques* IFM of Marrakech (Morocco), New Zendai Art Museum *Ultra-Nature*, Shanghai (China), Alliance Française Buenos Aires *Supra-Natura*, (Argentine), Kunstverket Gallery in Oslo, *Intersecting Networks*, Daejeon Museum *Digital paradise* (Korea) in 2005; Galerie Thinkingprints in Brussels *Métacités*, in Palais Ksar Char Bagh, Marrakech *Digital Arabesques*, the Whanki Museum *Nuage Fractal RVB* (Korea) en 2006.

A monograph of his works from 1985 to 2000 has been published in France by Flammarion, and features essays and interviews by Pierre Restany, Laurence Bertrand Dorléac and Patrick Imbard. The monograph is accompanied by a CD-Rom made with Christine Buci-Glucksmann about his video and virtual reality installations. His monumental 112sq.m work completed in 2000, *Inhabiting Networks* is on permanent display in the lobby of the Palais des Congrès at the Porte Maillot, Paris. This creation was commissioned by architect Christian de Portzamparc and the Paris Chamber of Commerce. It is an interactive work including holographic films and comprising by 24 000 LED that light up as visitors move through the building.

Projectos

Digital Arabesques 2005 – Simulações
Software design por Eric Wenger

Digital Arabesques 2006 – Exposição
Software design por Eric Wenger

Para estes dois projectos inspirados na cidade de Marraqueche, Miguel Chevalier fundiu a sua visão artística do mundo contemporâneo e as transformações decorrentes da ciência e tecnologia; em particular, os fluxos de informação interconectados e redes em expansão que caracterizam o mundo moderno e mantém o estado de fluxo em que hoje vivemos.

A sua exploração de Marraquexe, vista sob o duplo prisma dos mosaicos islâmicos e dos lendários tapetes voadores que encantaram os leitores das 1001 Noites desde que as histórias foram pela primeira vez introduzidas na Europa em 1704, por Antoine Galland, mergulha-o num novo universo e impregna o seu olhar com a sua rica tradição de literatura fantástica e arte divina não-representacional.
Digital Arabesques [*Arabesques Numériques*] e *Digital Constellations* foram especialmente concebidos para uma cidade em particular, Maraquexe, e um local único, Jemaa El-Fna, o palpitante coração da cidade. Neste local, designado pela UNESCO 'obra-prima do intangível património oral
da Humanidade', podemos encontrar uma cultura popular ancestral, mantida viva durante séculos por encantadores de serpentes, ilusionistas e bardos, bem como contadores de histórias. Foi este *locus* de cultura oral que Miguel Chevalier escolheu para ponto de encontro entre tradição folclórica e arte digital. Na praça lotada, um corrupio de odores e vozes, a sua visão tecnológica adquire uma qualidade mágica, onírica, constituindo uma paisagem simultaneamente real e virtual: os seus 'balões de mosaico' são etéreos como bolhas de sabão, reluzentes tapetes, ondulando e flutuando no ar.

Intersecting Networks 2003
AAASeed software design por Emmanuel Mâa Berriet
Nuit Blanche 2003, Paris, Câmara do Comércio

Esta instalação media cerca de 40m de diâmetro e foi projectada sobre o solo junto da Bolsa do Comércio, para criar o efeito de um tapete digital. *Intersecting Networks* foi concebido como uma topologia vectorial de elementos em rede, simbolizando os municípios e as companhias que constituem a base económica da região de Paris. Os nomes das companhias e os seus números

Projects

Digital Arabesques 2005 Simulations
Software design Eric Wenger

Digital Arabesques 2006 Exhibition
Software design Eric Wenger

For these two projects inspired by the city of Marrakech, Miguel Chevalier has fused his artistic vision with the contemporary world and the transformations being brought about by science and technology; in particular, the interconnected information flows and sprawling networks that shape our modern world and maintain the state of flux in which we now live. His exploration of Marrakech, seen through the double prism of Islamic mosaics and the legendary flying carpets that have enchanted readers of The Arabian Nights since the stories were first introduced to Europe in 1704 by Antoine Galland, plunges him into new universe and infuses his regard with its rich tradition of fantastic literature and non-representational divine art.

Digital Arabesques and *Digital Constellations* have been specially conceived for a particular city, Marrakech, for a unique location, Jemaa el-Fna, the city's throbbing heart. In this place, designated as a 'masterpiece of humanity's oral and intangible heritage' by UNESCO, one can find an ancestral folk culture which has been kept alive for centuries by snake charmers, jugglers and bards

***Intersecting Networks* 2003**
Nuit Blanche 2003, Paris, Câmara do Comércio
Nuit Blanche 2003, Paris, Chamber of Commerce

Sur-Nature 2005.
Projecção exterior. Edifício da Galerie Suzanne Tarasiève, Nuit Blanche, Paris
Outdoor projection. Galerie Suzanne Tarasiève building, Nuit Blanche, Paris

*Supra-Natura*2005.
Instalação de RV interactiva.
Projecção exterior. Edifício da Alliance Française, Buenos Aires International Festival
Interactive VR installation.
Outdoor projection.
Alliance Française building, Buenos Aires International Festival

de contribuinte apareciam no centro da instalação, dando aos visitantes a impressão de presenciarem o processo do comércio em tempo real.

MIGUEL CHEVALIER

Miguel Chevalier é artista plástico. Vive em Paris.

Sur-Nature 2005 Miguel Chevalier
Software design Music2eye
Ultra-Nature 2005 Miguel Chevalier
Software design Music2eye
Instalação RV interactiva
Museu Daejeon, Daejeon, Coreia do Sul.
Nota do Editor: Para estes projectos, ver texto sobre a participação do artista na Luzboa 2006.

as well as storytellers. It was this locus of oral culture that Miguel Chevalier chose as the meeting point for an encounter between folk tradition and digital art. In the crowded square, a whirlwind of scents and voices, his technological vision takes on a magic, dream-like quality, forming both a real and virtual landscape: his airy 'mosaic balloons' are ethereal like soap bubbles, his shimmering carpets ripple and float in the air.

Intersecting Networks 2003 Miguel Chevalier
AAASeed software design by Emmanuel Mâa Berriet

This installation, measuring 40m in diameter, was projected onto the floor of the Bourse du Commerce de Paris to create the effect of a digital carpet. *Intersecting Networks* was conceived as a vectorized topology of network elements symbolizing the municipalities and companies that form the economic base of the Paris region. The names of companies and their registration numbers appeared in the centre of the installation, thus giving visitors the impression of viewing the process of commerce in real time.

Miguel Chevalier is an artist. Lives in Paris.

Sur-Nature 2005 Miguel Chevalier
Software design Music2eye
Ultra-Nature 2005 Miguel Chevalier
Software design Music2eye
Interactive VR installation
Note of the Editor: for these two projects, see text about the participation of the artist in Luzboa 2006.

Richi Ferrero – luz e dramaturgia da imobilidade. Projectos
Richi Ferrero – light and the dramaturgy of fixedness. Projects

Hoje em dia, há uma enorme discussão acerca do tema da Luz, e muito debate sobre improvisação; à medida que se estabelecem uma série de princípios de correcção estética e formal, são inventados postulados; muito se critica, mas também muito é dado-aquirido. Os profissionais mais completos neste sector são sem dúvida aqueles que trabalham na dramaturgia e no *design*.

O teatro é a casa-mãe da luz; não há outro ambiente onde os métodos operacionais sejam tão exigentes, nem seja tão necessariamente precisa a forma como o espaço é definido. Daí a assinalada exactitude, o domínio do cromatismo, a forma como são abordadas as posturas, como convergem as forças e formas expressivas, por forma a atingir a desejada condição emocional ou simplesmente a melhor maneira de ler um objecto, um actor ou uma cena. O *design* impõe, pela sua própria natureza, rigor e capacidade de equilíbrio formal, tanto ao nível da concepção do objecto, quanto no resultado da sua técnica de iluminação. Infelizmente, não há escolas de iluminação, àparte cursos financiados pela União Europeia, quase sempre improvisados e superficiais.

Dente del Gigante [O Dente do Gigante]

Esta escultura coloca em perspectiva a relação entre o precioso e único, objecto de transparência e leveza, e a capacidade para produzir luz a partir de uma lâmpada, com a pureza, a luminosidade e a transparência do gelo.

Ao pôr-do-sol, a obra altera-se, de acordo com uma cenografia cromática de forte impacto visual. De repente, o delicado movimento da luz é cancelado por um *flash* que atravessa toda a estrutura, transformando-a durante alguns segundos num objecto emissor de energia.

Nowadays there is a lot of talk on the topic of light, and plenty of chitchat about improvisation; as a great deal of aesthetic and formal correctness principles are established, postulates are invented, and much is criticised and much self-acquitted. The most complete professionals in this sector are no doubt those who work in theatre dramaturgy and design. Theatre is the mother house of light; there is no other environment where the operating methods are higher, the accuracy with which a space is defined more precisely. Therefore the pointed exactness, the knowledge of chromatism, the way the postures are considered, forces and expressive forms all converge, to achieve the wished for emotional condition or simply the best way to read an object, actor or setting. Design imposes by its own nature rigour and a capacity for formal balance, as much in the conception of the object, as in its lighting technique result. Unfortunately there are no schools where lighting can be learned, apart from the European Union financed vocational courses, far too often improvised and superficial.

Dente del Gigante

This sculpture puts into perspective the relation between the precious and unique, worth of transparency and lightness, and the ability to make light from a bulb with the purity, brightness and transparency of ice. At sunset the work changes, according to a strong visually impacting chromatic setting. Suddenly the delicate mouvement of light is cancelled by a flash of lightning crossing the whole structure transforming it for a few seconds into an object emitting energy.

Dente del Gigante
O Dente do Gigante **(2006)**
por Richi Ferrero
e Carmelo Giammello.
Lexan GE, madeira,
neve artificial, espelhos
Dimensões:
8,60 m A x 2,80 m x 2,80 m x 2,80 m
(L – base triangular)
Iluminação:
n.° 3 Moving-Heads Wash 575 MHS
n.° 1 Panorama cyc 1800 w HMI
n.° 2 Projector 5000 A. Lumen

Richi Ferrero and Carmelo Giammello, *The giant's tooth* (2006).
Lexan GE, wood,
artificial snow, mirrors
Measurements: 8,60 m H x 2,80 m x 2,80 m x 2,80 m
(W – triangular base)
Lights:
n° 3 Moving-Heads Wash 575 MHS
n° 1 Panorama cyc 1800 w HMI
n° 2 projector 5000 A. Lumen

Lucedotto

Instalada numa gigantesca reserva central, desde 2000 que o enorme guindaste se tornou uma instalação permanente de Luci d'Artista. Através dos anos, a instalação luminosa sofreu várias modificações. Em 2006, uma base triangular em forma de pirâmide foi pendurada, o vértice para baixo. A pirâmide de três faces destaca-se pela luz no interior, que se acende ao pôr-do-sol. Mudando de cor de acordo com as instruções que recebe por telefone, diariamente, da ARPA [Centro Metereológico regional]. O grande pêndulo comunica com a cidade, anunciando na véspera a previsão do tempo para o dia seguinte. A coloração azul-celeste antecipa um mau dia, enquanto um vermelho intenso anuncia um dia de sol. A cor branca indica tempo instável.

Lucedotto
(1998-2006) by Richi Ferrero.
Guindaste (ferro),
policarbonato, ligação telefónica
Dimensões do guindaste:
40m A x 40 L
Dimensões da pirâmide:
3,20 m A x 1,80 m L
Luzes no guindaste:
2800 m de tubo de luz LED azul
Luz na pirâmide:
barras multicor LED + central
Sistema telefónico: gsm
Lightworks
(1998-2006) by Richi Ferrero.
Crane (iron), polycarbonate,
telephone exchange
Crane measurements:
40 m H x 40 m W
Pyramid measurements:
3,20 m H x 1,80 m W
Crane lights:
blue led tube light 2800 m
Pyramid lights:
multicolour led bars + central.
Telephone system: gsm

Lucedotto

Placed on a huge central reserve, since the year 2000 the huge crane has become a permanent installation in the Luci d'Artista exhibition. Throughout the years the luminous installation has undergone several modifications. In 2006, a triangular base pyramid was hung onto the hook of the crane, vertex downward. The three-face pyramid, urged by the light placed inside it, lights up at sunset, changing its colour according to the instructions it receives via the phone every day from ARPA – the regional weather forecast centre. Thus the great pendulum communicates to the city, the night before, what the weather will be like the next day.
The pyramid's blue/sky-blue colouring anticipates a bad day, whereas in the case of a sunny day it becomes intensely red. White indicates changeable weather.

Il Grande Guerriero

This work is the three-dimensional production of a drawing by the artist. It is located in the corner of a terrace, on the ninth floor of a private residence in the centre of Turin, from where it dominates the city. The author wanted to dedicate a work of art, in a city full of prestigious monuments (among the most beautiful in Europe), to the first inhabitant of where the city first rose, who could not be but a primitive hunter-warrior.
The piece is of an anthracite colour and during the day is outlined against the sky like a drawing on paper. At sunset the work, thanks to a special transparent paint, changes its colour and assumes a sky-blue shade silhouetted against the dark sky. Similar figures were carved by Ferrero in 2005 on some huge rocks on Jamson Bay beach on the island of Koh Tao, Thailand.

Il Grande Guerriero
O grande guerreiro [2006], por Richi Ferrero.
Aço, pintura epoxy transparente reactiva
Dimensões: 3,20 m A x 1.60 m L
Iluminação: Wood-lamp W
Colecção particular: Ciluffo-Chianale
***The Great Warrior* [2006] by Richi Ferrero.**
Steel, epoxy paint, reactive transparent
Measurements: 3,20 m H x 1,60 W
Lights: Wood-lamp 1080 W
Private Collection: Ciluffo-Chianale

Il Grande Guerriero
A obra é uma produção tridimensional de um desenho do artista. Localiza-se ao canto de um terraço, num nono andar de uma habitação privada no centro de Turim, de onde domina a cidade. O autor quis dedicar uma obra de arte, numa cidade cheia de monumentos prestigiados [entre os mais belos da Europa], ao primeiro habitante do qual se ergueu a urbe, que não poderia ser outro que não um primitivo caçador-guerreiro. A peça tem a cor antracite e durante o dia recorta-se no céu como um desenho no papel. Ao anoitecer, graças a uma tinta especial transparente, muda de cor e a sua silhueta assume uma tonalidade azul-céu, recortada no firmamento negro. Ferrero esculpiu figuras semelhantes em 2005, em grandes rochedos na praia de Jamson Bay na ilha de Koh Tao, Tailândia.

Ponte Balbis
O estilo linear das Ponte Balbis, um edifício relativamente recente [1947], abandona-se a uma iluminação dinâmica e colorida. Os tons cromáticos escolhidos azul-celeste, magenta, branco e vermelho para as luzes agrupadas, enquanto os relevos verticais jogam com as mesmas cores mas em oposição. Dois portagobos, colocados um em cada lado da ponte, desenham línguas de fogo brancas que saiem do rio e assaltam partes da arquitectura da ponte. A luz é temporalizada e a sua intensidade regulada, decorando a ponte de acordo com a visão do artista, modificando a percepção do observador.

RICHI FERRERO

Richi Ferrero é artista plástico. Nasceu em Turim, em 1951. Colabora com importantes instituições públicas e privadas em Itália, enquanto especialista na iluminação de obras de arte e monumentos, assim como de teatro. Fundou a companhia Gran Teatro Urbano em 1996 e é desde 1998 um colaborador regular do Festival Luci d'Artista, sendo responsável por vários espectáculos urbanos, instalações teatrais e projectos de iluminação monumental. A 'dramaturgia da imobilidade' é o tema e a filosofia das suas produções mais recentes.

Ponte Balbis
The linear style of the Balbis bridge, a fairly new building (1947), lends itself to a dynamic and coloured illumination. The chosen chromatic tones are: sky-blue, magenta, white and red for the grouped lights while the vertical reliefs play with the same colours but in opposition. Two portagobos, placed one on each side of the bridge, draw white tongues of fire which exit the river and assail parts of the bridge's architecture. The dimmed and timed light decorates the bridge according to the artist's vision, modifying the viewer's perception.

Richi Ferrero was born in Turin in 1951. He collaborates with important private and public institutions in Italy, as a specialist in the illumination of works of art and monuments, as well as theatre. He founded the company Gran Teatro Urbano in 1996, and is since 1998 a regular collaborator of the Festival Luci d'Artista, being responsible for various urban shows, theatre installations and monumental lighting projects. The 'dramaturgy of fixedness' is the theme and philosophy of all his later productions.

Ponte Balbis
Iluminação monumental
por Richi Ferrero.
Ponte de cimento sobre o Rio Po, Turim
Iluminação: 12 projectores arquitecturais 2000 W Quazar
Sistema de mudança de cor CMY
2 Portagobos 1200 W Quaza

Balbis Bridge
A monumental illumination
by Richi Ferrero [2006].
Concrete bridge on the river Po, Torino
Lights: 12 2000 Watt Quazar architectural projectors
CMY system colour-changing fixtures.
2 1200 watt Quazar portagobos.

Jaume Plensa. Crow Fountain, Chicago. Projecto Project

Amardeep M. Dugar

A Fonte Crown no Millenium Park de Chicado, EUA. Este texto é sobre um projecto exemplar do artista plástico espanhol Jaume Plensa, que esteve em Lisboa para apresentá-lo e a outros projectos a 2 de Junho, no que foi a III Conferência Luzboa[1]. A Fonte Crown é aqui apresentada – apenas em Inglês –, com recurso ao texto que consta na revista PLD n. 42.
Trata-se de uma obra muito complexa, realizada com recurso a parcerias, das quais se destaca a dos lighting designers *Schuler Shook, de Chicago. O espaço desta intervenção tornou-se um momento de tranquilidade e fascínio na cidade. O efeito meditativo da água, as progressivas alterações das cores, a contínua sequência de imagens de rostos… a Crown Fountain exige tempo e atenção para se lhe compreender a importância da função urbana. Todos os rostos que surgem nos monumentais painéis LED são de verdadeiros habitantes de Chicago e, na verdade, é isso que torna esta obra de arte tão especial.*

Crown Fountain at Millennium Park in Chicago/USA. This is an exemplary project by Spanish artist Jaume Plensa, who was in Lisbon in order to present it and other projects, the 2nd. June 2006, for the III Luzboa Conference. The Crown Fountain project is now here presented as it was in PLD Magazine n.42.
It is a highly complex piece, realized with the help of various partnerships, where one should specify the one by lighting designers Schuler Shook, from Chicago. In the words of the author of this text: Crown Fountain is definitely a fascinating, entertaining and tranquil place. The meditative effect of the water gently splashing down the towers, the changing colours, the continuous sequence of images of different faces... you have to bide your time at this central Chicago location to take in all its special features. All the faces that appear on the LED projections are of real Chicago citizens, which makes this art piece so special.

Time to change faces[2]

Designing a 'timeless' urban public sculpture requires dealing with the problem of time rather than secondary problems such as scale or space. It takes artistic quintessence and technological brilliance to make a masterpiece that is flamboyant enough to defy space, scale and time. The designers of Crown Fountain have left no stone unturned in the field of light art, media and lighting design to pull off this marvel which now subtly resides in the memory of Chicagoans.

The urban fabric is composed of the crossed and connected lines of the streets, the holes of the squares, and the landscaped areas. Modernization in lighting and media has rapidly turned a city into a mélange of solids and voids with altering advertisement panels and frenzied posters. The nightscapes of several cities only depict flagrantly-lit media signs amidst traffic jams which can clearly be deciphered as the chaos that resides in the minds of its citizens. Unable to cope with the pace of this 'modern movement' people suffer from existential insecurity which has led to the fear of places or situations that have the potential of triggering panic attacks. A scene from any science fiction movie will show all the side-effects of 'high-tech' light and media.

People living in cities suffer from several 'urban diseases' or phobias. Agoraphobia is one of them, which is an abnormal fear of open or public places. Psychoanalysts and psychiatrists have linked this to bad urban planning. Sigmund Freud, a noted psychoanalyst, believed that agoraphobia was part of an 'anxiety neurosis' and found that 'space fear' ultimately results from the inhibition of movement. No wonder that an urban public space like a park, apart from providing scenic beauty should enable the tranquil movement of people in that space.

The obvious questions that arise in the minds of the readers are, 'Can light and art actually help in curing urban phobias?' or 'Does lighting and media design play any role in the psychological enhancement of urban public spaces?' or 'Are light, media, movement and people in some clairvoyant manner, related to with practical applications?' Well the good news is – this article, in the process of describing a project, has made an attempt

1 Restaurante Casa Nostra, 2.6.06. Co-organização, Plataforma Revolver.
2 O título é um trocadilho em volta da expressão 'Time to face Changes' [Tempo de enfrentar mudanças].

to analyze these key issues and find Millennium Park is the topmost achievement of the vision set forth by the original founders of Chicago in 1837. Its conception in 1998 was with the original mission of creating a new parkland in Grant Park to transform the unsightly railroad tracks and parking lots that had long dotted the lakefront in prime real estate in downtown Chicago. Over time, the project has evolved into one of the most important millennium projects in the world. The park is truly a landmark of its time that leaves Chicago with a marvelous venue to be enjoyed and cherished for generations to come, realizing the city's motto 'Urbs in Horto' or 'City in a Garden.'

The 24.5-acre park is located in downtown Chicago on Michigan Avenue between Randolph and Monroe Streets. One can experience everything from interactive public art and ice skating to al fresco dining and free classical music presentations by the Grant Park Orchestra and Chorus. This is an unprecedented centre for world-class art and architecture, music and landscape design. Among the park's prominent features are the Jay Pritzker Pavilion – the most sophisticated outdoor concert venue of its kind in the United States designed by Frank Gehry; the contemporary Lurie Garden designed by the team of Kathryn Gustafson, Piet Oudolf and Robert Israel; and Anish Kapoor's Cloud Gate sculpture. But the most spectacular venue for a majority of Chicagoans and a subject of our interest is an interactive sculpture of art and technology – Crown Fountain.

The interactive fountain was the brain-child of Barcelona-based artist Jaume Plensa. The media design was done in collaboration with John Manning – associate professor of art and technology, and photographer Allan Labb – director of technology planning and associate professor of photography at the School of the Art Institute of Chicago. The lighting for the glass towers and the fountain was designed by Schuler Shook, a Chicago-based lighting firm. They have spent a great deal of time and energy in redefining the concept of a public fountain. The fountain is a gift from the Crown and Goodman families of Chicago. This fountain is a major addition to the city's world renowned public art collection that anchors the southwest corner of Millennium Park at Michigan Avenue and Monroe Streets. Plensa has created a bold statement utilizing water, light and glass that both invites and stimulates the passers-by. The fountain features two 50-foot high glass block towers at each end of a 232-foot long shallow reflecting pool. The towers are activated with changing video images, and lighting of the tower and water cascades. The concept is inspired by the people of Chicago whose faces appear on the LED screens' – – a snapshot of the population at that point, who were living here at the time. Some clever methods of dealing with light, media, movement and people have been applied here.

Plensa maintains that time is the substance of his work. Historically, the city of Chicago is a point of reference in architecture and public space. There was a tremendous possibility in this project to finally talk about the soul of the space. He always believes that people give that soul by breathing life into the architecture. 1,000 faces were

filmed for a large mosaic. According to him, if the twin steel and glass towers are the body of the fountain then the faces are the soul – a scandalous and complicated idea to realize. It's a silent quiet place, with only the sound of water with two benches where people could sit and relax. This site-specific work creates both a unique meeting point and a humanely-lit dynamic space for silent reflection.

50 feet high and only 23 feet wide, the towers are almost twice as tall as a typical movie screen and provide a relatively slender canvas for a single face to fill. But Plensa's big idea of making the fountain an archive of the people of Chicago – using citizens where other monumental public fountains have used stone has turned out to become one of the largest media projects in the world. Each tower features a large video screen, portrays the faces of Chicagoans and water cascading from the towers. The color changing interior lighting and grazing illumination on the falling water was designed by Schuler Shook.

To deliver the specific aesthetic for a project of that scale a high-definition video with the highest resolution possible was required. It was a monumental job to recruit, shoot and keep track of all the Chicagoans involved in the project. The person was seated in a dentist's chair because it was easier to adjust the height of the chair than move the top-of-the-line high-end Sony HDW-F900 camcorder; directed to stare, purse his/her lips and smile on cue for 80 seconds. After various transmogrifications the photo sequence was modified from high-definition video to a high-quality five minute computer-movie sequence.

Project participants
Artist: **Jaume Plensa**, Barcelona/E
Architect: **Kreuck Sexton Architects**, Chicago/USA
Lighting design: **Schuler Shook**, Chicago/USA
Media design: **John Manning** and **Allan Labb**, Chicago/USA
Engineer: **Halvorsen Kaye SE**, Chicago/USA
Contractor: **W.E. O'Neill Construction**, Chicago/USA
Project management: **US Equities**, Chicago/USA
Products applied
LED screens: **Barco**
Towers: **Color Kinetics**
Lighting controls : **ETC Controls**

One had to make sure that the eyes were always in the same place on the fountain for each person.
The programming follows a series of 'life-sequences' that could best be described as 'planned randomness'.

Each of the programmed life sequences starts out from a 'look' that the artist refers to as 'the fountain at rest'. This look includes only the water flowing from the tops of the towers illuminated by grazing white light on all sides. The mouth, especially, had to be precisely the same place because there was a six-inch nozzle that shoots water for the mouth spouting 'gargoyle effect.' When the video image purses its mouth, several of the grazing fixtures on the front of the tower are energized to illuminate the spout of water. Two versions of each person's movie were created, one with the spouting effect for summer and one without for winter.

In order to make the artists' vision a reality, LED color changing lighting fixtures were placed between the block and the supporting structure beyond and aimed at the structure. The resulting effect is the structure glowing from within behind the translucent glass blocks. The life sequences include some looks that allow both the color changing interior fixtures and the exterior fixtures to be on at the same time creating a gradient from white grazing illumination to a colored glow. The white grazing illumination is provided by halogen PAR 56 narrow spot fountain fixtures mounted below a stainless steel grate at the base of the towers. The duration of each 'look' is set at a very comfortable pace, but the faces and colors are called up ran domly, so one never knows which of the eight pre-selected colors or hundreds of faces will be coming next. The lighting and fountain control systems respond to direction given to them by the main computer control room underneath the south tower. The lighting controls consist of a DMX based control system and dimmer racks for the halogen fixtures at the base of the tower. A rented theatrical console was used for programming. Software running on one of those computers basically looks at the database and randomly chooses two 'looks' (one for each tower) which were part of the artist's original idea of choosing faces randomly. The software also checks to make sure that 'look' wasn't randomly chosen during the last 72 hours.

Aside from a single visit to the LED-display factory in Utah in 2003, where a full screen was assembled, the team had no way to display the final imagery full scale. Unlike television technology which uses three RGB color clusters, this more arcane LED-technology screen behind the tower's glass wall uses five clusters. By adjusting the brightness of each little cluster one can stimulate almost any specific color. The team developed a set of standards of brightness, color saturation and contrast for each movie. Each face was broken down into ten different regions and individually color corrected. Though the screening of the movies in the studio gave good results, screening the same movie through the thick glass of the completed towers turned out to be quite atrocious. The sunlight and ambient light reflected off the glass encasing the LED screens completely washed out the effect of the movie. But it was figured out that by fine-tuning the images in the studio and the underground equipment in a radical and unconventional manner one could get satisfactory results. With a combination of artistic and technical ingenuity everything worked out well.

The finished work of the fountain begins its own cycle, and just like another memory it becomes linked to the vaster memory of the Chicagoans. In winter, it has a quieter beauty as the water has to be turned off as a Chicago rule. But in summer, it is the hit of Millennium Park, especially when the faces close their eyes, purse their lips and send a stream of water spilling 12 feet to the shallow reflecting pool below in the famous 'gargoyle effect'.

The general observation being made here is that all the important factors comprising urban art and urban phobia, namely – time, space, scale, light, media, movement and people have been carefully interwoven to create this fountain. Even the slightest mismatch of any one of these factors would have been horrendous.

The intricate, subtle and sensible use of light and media is what prevents the project from falling apart.

This fountain has been set against a backdrop of an extravaganza of art and architecture; and it had to cater to the needs of entertaining people. The strong contextual background allowed the fountain to fit seamlessly in the entire ensemble. There lies the crux of the design. Had this fountain been set in another much more sober scenario, it indubitably would have been a misfit. There is a major and potential risk that this fountain has brought with its inception. Call it human psychology, built into our systems, embedded in our DNA, whatever: the concept is good – it works.
To copy the design concept of the park in other cities would be a risk, however. In Chicago, the media art concept works perfectly. The urban backdrop puts the art into context and the spatial dimensions are right for the situation, but placing a fountain of this kind into any public space could be disastrous. However good the concept is, it does not mean it would work everywhere. There is no harm in being inspired by another design. However, the harm lies in mindless replication in a manner that the entire urban architecture is compromised. True focus towards altruistic and benign urban public lighting is what differentiates a professional lighting designer from the ordinary.
The project received an IALD Award of Excellence in 2005.

ARTICLE COURTESY PROFESSIONAL LIGHTING DESIGN MAGAZINE

Um aeroporto subterrâneo, por Rochus Aust. Projecto
A subterranean airport by Rochus Aust. Project

Subport Bergkamen (BSP) – o aeroporto subterrâneo

Artéria urbana

Sistema de esgotos, artéria urbana, realização salutar da civilização e silenciosa testemunha do alívio; e no entanto ignorado, desprezado, evitado. Por direito, os seus construtores deveriam ser saudados como semideuses de branco, ou pelo menos venerados como santos. E no entanto, o odor estigmatizante torna-os sujeitos indesejáveis da sociedade. De difamação em difamação, ao ponto da alegação de que estes sinistros indivíduos não são aqui benvindos. Oxalá isto seja apenas um conjunto de piadas sem graça.

Subport Bergkamen [drusuport – BSP]

A cidade de Bergkamen contrariará estes rumores com um projecto sem paralelo em todo o mundo: o subporto Bergkamen, o mais belo aeroporto subterrâneo do mundo.

Com ele, a cidade não apenas reconhece sinais dos tempos, também reabilita de forma adequada o sistema de esgotos: as vistas em baixo aliam a antiga elegância romana às mais novas tecnologias, o aqueduto invertido torna-se perspectiva futura.

A localização é igualmente escolhida com todo o critério: o que fora concebido como zona pedestre há 17 anos torna-se agora a rede de um aeroporto internacional. Tudo permanece igual, apenas a aparência e a acústica tornam tudo ligeiramente mais *fashion*.

O primeiro a abrir será o Terminal Norte. Daqui existirão, de acordo com a procura, partidas diárias, duas continentais e sete nacionais. Apesar da construção da pista sul, mais curta, vocacionada para descolagens verticais [Terminal 2], constituir parte do projecto, a sua realização encontra-se adiada por motivo dos custos envolvidos.

A pequena cidade tem de adormecer

A conexão do aeroporto internacional conduzirá sem dúvida a grandes mudanças. O comércio a retalho reconhece o crescente poder de compra de cada passageiro. Um aspecto lateral: a presença de polícia de fronteiras e anti-terrorista melhorará a segurança de toda a região. Mas não queremos estragar a qualidade de vida em Bergkamen: os voos nocturnos são terminantemente proibidos.

Subport Bergkamen (BSP) – subterranean airport

Urban artery

Sewer system, urban artery, salutary achievement of civilisation and silent witness of relief, yet ignored, despised, shunned. By rights, its constructors should be hailed demigods in white, or at least venerated as saints. The stigmatising smell, however, makes them unwelcome subjects in society. Defamation after defamation, going as far as the allegation that sinister individuals are up to no good down there. Hopefully, these are just bad jokes.

Subport Bergkamen (drususport – BSP)

The town of Bergkamen, though, will now counter all these rumours with a project unparalleled anywhere in the world: subport Bergkamen, the world's first subterranean airport.

With it, the town does not only recognise signs of the times, it also rehabilitates the sewer system befittingly:

Instalação de som e luz

Na zona pedonal, candeeiros e autifalantes serão instalados nas manilhas dos esgotos. Os cabos ao longo do sistema de esgotos fornecem a energia eléctrica e o material audio. Treze manilhas serão equipadas com luzes, apenas dez com sistemas de som. Três das aberturas de acesso permanecerão silenciosas. A cor base das lâmpadas será o amarelo [LEE 101]. Sobre as lâmpadas, montadas verticalmente nas paredes dos poços de ventilação, foram montadas máscaras laminadas negras, para que, vistas de cima, funcionem como sinais [*Terminal 1*, *No Entry*, *VIP Lounge*, *Gate A*, *Flight Safety*, *Drusus Memorial*, etc.]. Através de frestas laterais, inundam o poço de luz amarela.

Efeito exterior

Ao nível visual, as aberturas no solo, amarelas [de noite] e as tampas pigmentadas [de dia] instam os observadores a olharem para os buracos. As pequenas aberturas redondas nas orlas das tampas são suficientemente grandes para que os observadores leiam os sinais no interior. Estes fornecem informação acerca do desenho subterrâneo do subporto.

Os sons que chegam das aberturas no solo – sequências de tons, breves anúncios, avisos de segurança, informações sobre voos – induzem as pessoas a olhar para os buracos, ou pelo menos recordam-lhes a sua presença.

the view down below unites ancient Roman elegance with the latest technology, the inverse aqueduct becomes the future perspective.

The location is also cleverly chosen: what was conceived as pedestrian zone 17 years previously now becomes the duty-free paradise with connection to the world. Take a convenient, al fresco stroll above the international transport network. Everything remains the same, appearance and acoustics will change slightly and everything will look just that little bit more stylish. First to open is the North Terminal. From here there will be, subject to demand, two continental and seven national departures each day. Although the construction of the shorter southern runway for vertical take-off aircraft (Terminal 2) will be part of the design, its realisation will follow at a later date because of the costs.

Small town must go to sleep

The international transport connection will undoubtedly lead to big changes. The retail trade can reckon on an increase in purchasing power per airline customer. As a sideline the presence of border and anti-terrorist police will improve the safety of the entire region. But as we do not want to spoil the quality of life in Bergkamen, night flights are strictly forbidden.

Light-sound-installation

In the pedestrian zone, lamps and loudspeakers will be installed in the manholes. Cables running through the sewer system will supply them with electricity and audio material. Thirteen manholes will be equipped with lights, only ten with sound systems. Three manholes will therefore remain silent. The basic colour of the lamps is full yellow (LEE 101). The lamps, mounted vertically on the wall of the shaft, are masked with black foil, so that, when seen from above, they function as signs (*Terminal 1*, *No entry*, *VIP Lounge*, *Gate A*, *Flight Safety*, *Drusus Memorial*, etc.). Through slots in the side they will flood the manhole with yellow light.

Outside effect

On a visual level the glowing yellow manholes (at night) and the pigmented manhole covers (during the day) animate the viewers to look into the manholes. The small, round holes on the rim of the covers are large enough for the viewers to read the signs inside the manholes. These provide information about the underground layout of the subport.

The sounds coming from the manholes – sequences of tones, brief announcements, security advice, and flight information - lead people to look inside the manholes, or remind them of their existence.

The content and unpredictability of the acoustic events are designed to take people by surprise. They take into account both day-trippers and people who work in the pedestrian zone every day. Several times a day planes will take off and land underground. Their acoustic course can be tracked over a stretch of several manhole covers.

O conteúdo e imprevisibilidade dos eventos acústicos são desenhados para apanhar as pessoas de surpresa. Têm em conta tanto os visitantes ocasionais como os trabalhadores de todos os dias. Muitas vezes, aviões diurnos levantam vôo e aterram neste aeroporto subterrâneo. O curso acústico pode ser seguido ao longo da extensão de várias tampas das aberturas no solo.

Dependendo da afluência à zona pedestre em determinada altura, a intensidade do som e dos eventos acústicos parecerá variar. A instalação não procura competir com actividades comerciais, ruídos da circulação automóvel ou músicos de rua. A intenção não é a de dominar a paisagem acústica, mas de provocar um espanto subtil. Por princípio, a instalação deverá estar silenciosa entre as dez da noite e as oito da manhã. Os tempos e duração da operação podem ser facilmente ajustáveis a ocasiões especiais.

Bonus

Na zona pedonal [à superfície], sinais amarelos, tais como '*Parking for Subport Bergkamen Employees with valid Photo ID*' ou '*Duty Free Products for Customers with Flight Tickets*', em Alemão e Inglês, rodeiam a instalação.

Recepção

A instalação Subport Bergkamen (Drususport – BSP) esforça-se por reinterpretar coordenadas locais, enquanto, ao mesmo tempo, as preserva espacialmente: o esgotos são transformados num corredor aéreo, num terminal ou numa área VIP, a zona pedonal torna-se centro comercial, o residente habitual um viajante sazonal ou um homem de negócios aborrecido. Os visitantes podem ver isto como algo seriamente divertido, ou sentirem-se agradavelmente envolvidos, de forma séria… E podem alternar entre estes dois estados, o mesmo é dizer, podem tirar umas curtas férias. Como a ideia de um aeroporto subterrâneo é distante da compreensão técnica da maior parte das pessoas, a questão da sua exiquibilidade é rapidamente substituída pela questão acerca dos destinos para onde gostaríamos de viajar. E, tão simples como isso, os visitantes entram não apenas em comunicação directa com a instalação, mas também, ao mesmo tempo, tornam-se parte dela. **ROCHUS AUST**

Rochus Aust é artista plástico e músico, residindo na Alemanha.

Depending on how busy the pedestrian zone is at the time, the sound intensity of the acoustic events will seem louder or quieter. The installation is not intended to compete against sales activities, road noise or buskers (etc.). The intention is to provoke subtle astonishment, not to dominate the acoustic setting. Normally, it should be silent between 10pm and 8am. The times and duration of operation can be easily set for special occasions.

Bonus

Yellow signs, such as 'Parking for Subport Bergkamen Employees with valid Photo ID' or 'Duty Free Products for Customers with Flight Tickets' in German and English can round off the installation (above ground) in the pedestrian zone.

Reception

The installation subport Bergkamen (Drususport – BSP) endeavours to reinterpret local coordinates while, at the same time, preserving them spatially: The sewers are turned into an airstrip, a terminal or a VIP lounge, the pedestrian zone becomes an airport shopping mall, the ordinary resident a seasoned jetsetter or a bored businessman. Visitors can look at this in a serious, amused way or feel involved in an amused, serious fashion. And they can alternate between these two states, which is to say, they can take a brief holiday.

As the idea of a subterranean airport is very far removed from most people's technical understanding, the question of its feasibility will soon be replaced by the question of where one might want to travel to. And, just like that, the visitors not only enter into direct communication with the installation, they also, at the same time, become part of it.
ROCHUS AUST. ENGLISH TRANSLATION BY ALISON SHAMROCK

Rochus Aust is a musician and an artist, living in Germany.

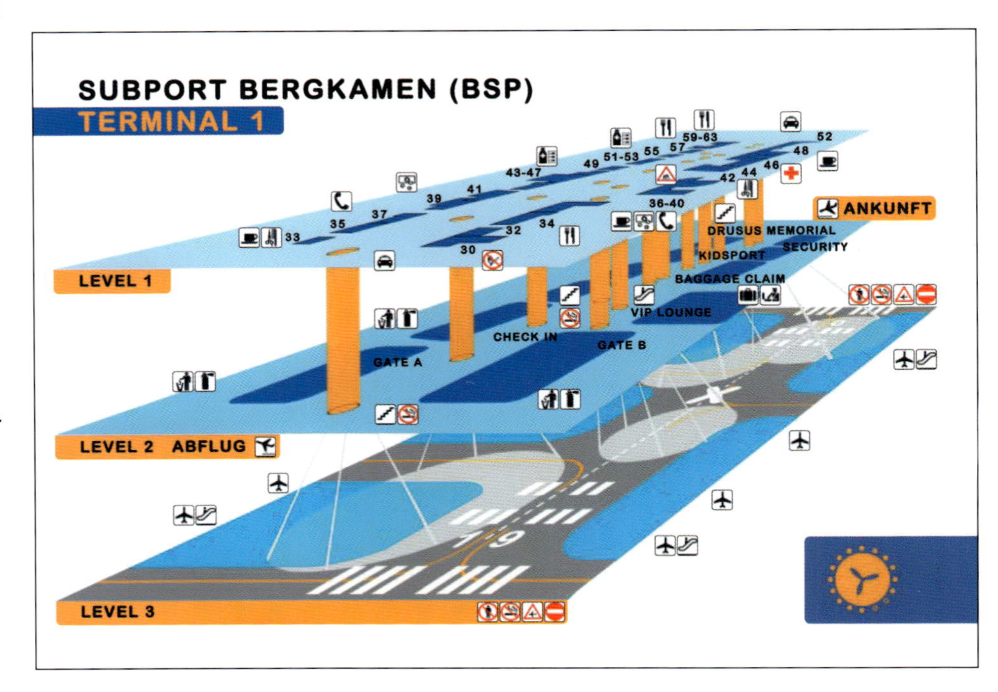

Nuno Maya. Suportes, superfícies.
Nuno Maya. Supports, surfaces.

Nuno Maya fez a sua formação em Multimédia, em Lisboa, de onde seguiu mais tarde para o Centre National de la Bande Dessiné et de l'Image, em França, na cidade de Angouléme. Nesse centro, desenvolveu o seu trabalho na área da animação bi e tridimensional e, desde essa altura, tem mantido uma actividade constante que o faz vogar entre várias áreas, nomeadamente, pelo circuito ligado às exposições no domínio da arte contemporânea.

Liliana Coutinho, comissária da exposição
Bes Revelação/Serralves 2006]

Em diversos trabalhos que desenvolve, podemos encontrar frequentemente a Luz como a sua matéria-prima. Nuno Maya utiliza muitas vezes projecções de Luz como meio de pintura efémera de um determinado espaço, objecto ou superfície.

Jardim de Sombras [Nuno Maya e Carole Purnelle]

Não há sombra sem luz. Assim nasceu este projecto onde a luz tem um papel fulcral, mas no qual a mesma partilha a sua importância com as sombras. Quando caminhamos por um jardim, temos tendência a observar todos os seus elementos, ignorando o facto de que cada um deles tem uma sombra. Quando caminhamos pelo *Jardim de Sombras* temos tendência a observar todas as suas sombras, ignorando o facto de que cada uma delas deriva de um elemento. Carole Purnelle e Nuno Maya

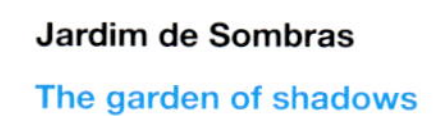

Jardim de Sombras
The garden of shadows

Nuno Maya studied Multimedia in Lisbon; later he studied in Angoulème, at the Centre National de la Bande Dessiné et de l'Image. There, he developed his work in the field of bi-and tridimensional animation; since then, he has been maintaining constant activity in various fields, namely in the circuit of contemporary art exhibitions.

Liliana Coutinho, curator of the exhibition
Bes Revelação/Serralves 2006

In several of his works, Maya uses light as his tool, frequently projections as a means of ephemeral painting in a certain space, object or surface.

The garden of shadows [Nuno Maya e Carole Purnelle]

There's no shadow without light. This is how this project was born. Light has a leading role, but it shares its importance with shadows. When we stroll in a garden we tend to watch all its elements, ignoring their shadows. As we stroll through the *Garden of Shadows* we tend to observe all its shadows, ignoring the fact that each one of them derives from an element. Nuno Maya and Carole Purnelle accomplished this art and multimedia exhibition through observation and extraction of shadows from the real world, manipulating them and organizing them to become the *Garden of Shadows*. The artists have grown the habit to mix arts with multimedia and create interactivity with the public. The presented pieces are set in a scenery together with an original sound effect. At the *Garden of Shadows* shape, mouvement and intensity of each shadow are very important, with all bi-dimensional shapes creating a unique spectacle in a three-dimensional space.

Living stones [Nuno Maya e Carole Purnelle]

In this project by Nuno Maya and Carole Purnelle, light is explored as means of giving life to still objects. Both artists consider that the world around us is alive, without exceptions. Everything is observing us. Whereas we see everything and don't observe anything. The installation shows a set of stones and brings them to life by means

desenvolveram esta exposição de arte e multimédia através da observação e extracção das sombras do mundo real, manipulando-as e organizando-as num mundo representado apenas por sombras. Como já é hábito dos dois artistas, uniram as artes plásticas ao multimédia e criaram interactividade com o público. As obras apresentadas são postas em cena e acompanhadas de um trabalho sonoro original. No *Jardim de Sombras* é dada toda a atenção à forma, movimento e intensidade de cada sombra, criando um espectáculo único destas formas bidimensionais, num espaço tridimensional.

Pedras Vivas [Nuno Maya e Carole Purnelle]

Neste projecto conjunto, a luz é explorada como forma de dar vida a objectos inanimados. Os dois artistas consideram que o mundo que nos rodeia está vivo, sem excepções. Tudo nos observa. Mas nós… nós vemos tudo mas não observamos nada. A instalação, expondo um conjunto de pedras, dá-lhes vida através de projecções de vídeo com expressões faciais em movimento, minuciosamente adaptadas às formas físicas das pedras, criando uma noção de humanização do não humano, tal como desde sempre acontece nas culturas animistas.
O carácter energético próprio da luz traz uma dimensão de metáfora entre matéria e energia, condição de todos os seres vivos. A manifestação de energia é assim feita através das pedras que nos reflectem os seus sentimentos com expressões de felicidade e de tristeza.
A complementar a instalação, temos os sons que as pedras emitem ao observarem o mundo que as rodeia: o espectador e o local da instalação. A instalação é acompanhada por uma plataforma multimédia interactiva desenvolvida pelos artistas, no sentido de dar oportunidade ao espectador para criar as suas próprias *Pedras Vivas*.
Através da manipulação de olhos e bocas virtuais, projectados com luz no espaço de exposição, o público pode arrastar esses elementos para um conjunto de pedras reais, juntando assim o mundo virtual ao real.

Pinturas de Luz

Utilizando um conjunto de técnicas multimédia, Nuno Maya pinta espaços físicos através da luz. É um trabalho minucioso e complexo onde o artista faz interagir elementos virtuais das projecções com elementos reais arquitectónicos do espaço de projecção. A precisão com que cada pondo de luz incide sobre a fachada cria uma junção perfeita das 'pinturas de luz' com a 'tela'. Com o objectivo de envolver o público, Maya desenvolveu as Pinturas de Luz Interactivas e um dispositivo que permite o público 'pintar com a luz' em tempo real, sobre a fachada. O artista desenvolve os seus projectos e instalações artísticas – *Pinturas de Luz®* – individualmente para cada monumento ou espaço de projecção, valorizando-os através da sua abordagem artística e contemporânea.

of video projections of facial movements, adapted to the shapes of the stones at the smallest detail, thus creating the sensation of humanization of the non-human, just as it has always happened in the animist cultures. The energectic character of the light brings a metaphoric dimension between matter and energy, the condition of all living beings. The manifestation of energy is made through the stones that reflect their feelings with expressions of happiness and sadness. Accompanying the installation, there are the sounds that the stones produce when observing the world around them: the spectator and the site of the installation. In brief, it is an interactive multimedia platform, developed by the artists, enabling the spectators to create their own *living stones*.
By manipulating virtual eyes and mouths projected with light in the exhibition site, the public can place those images over a set of real stones, connecting the virtual world to the real one.

Pedras Vivas
Living stones

Light paintings

By means of multimedia technology, Nuno Maya uses light to paint physical spaces.

It is a delicate and complex work in which the artist has virtual elements of projections interacting with real architectonic elements. The precision with which each point of light matches the façades creates a perfect union of the 'light paintings' with the 'canvas'. Aiming to move the

O projecto que podemos ver nas presentes fotografias – *A Criação do Mundo* – é constituído por duas partes. Na primeira, temos uma interpretação livre do Génesis onde o artista manipulou e animou ilustrações anónimas dos séculos XV e XVI, juntamente com um trabalho gráfico e de luz originais, que no seu conjunto nos dão uma visão contemporânea destes textos tão conhecidos. Laico, para o artista são apenas frases comuns que ele ilustra através da luz, tornando-as banais, como na realidade todas as palavras o são. O espectador deixa-se assim invadir pela potência da luz e formas em movimento, concentrando-se no aspecto plástico e visual que rouba lugar ao divino e ao sobrenatural. O local escolhido, a igreja (que no seu sentido original designa 'reunião de pessoas'), reforça o seu simbolismo quando o artista termina a primeira parte da instalação com uma corte voluntário à frase bíblica: *Façamos o Homem à Nossa imagem*... Em vez desta frase, temos apenas *Façamos o Homem*, seguido de uma nova frase – *Aqui e Agora Vós sois os Criadores* – propondo aos espectadores que se reúnam para criar os seus próprios mundos de luz e cor. Nesse momento, passamos à segunda parte da instalação, que é interactiva e em tempo real. Através de simples canetas, os seus traços coloridos são transformados em luz e projectados sobre a fachada da igreja. Deixa de haver um Deus Criador para se dar lugar a uma reunião de Pessoas Criadoras.

Perpétuos Movimentos Efémeros

Memória descritiva. Em *Perpétuos Movimentos Efémeros*, Nuno Maya explora o tema espaço-tempo, decompondo situações de fluxos de pessoas em acção em cenários urbanos (como o fluxo de pessoas num local de grande passagem), recorrendo à fotografia e ao vídeo. Ambos os suportes devem ser compreendidos como ponto

Pinturas de Luz
Light paintings

public, Nuno Maya developed the interactive light paintings and a device that allows the public to 'paint with light' on the façades, on the spot. The artist develops his Light Paintings – *Pinturas de Luz®* – projects and artistic installations individually for each monument or site enriching them with his contemporary artistic approach.

The pictures show the light painting *The creation of the world* which consists of two parts. In the first part, we have a free interpretation of the Genesis in which the artist manipulates and animates anonimous illustrations from the XV and XVI centuries along with original work. Together they create a contemporary vision of well-known texts. While laical, he sees it as the illustration of common sentences with light, making themes just as ordinary as words. The viewer lets himself be invaded by the power of light and shapes in movement and concentrates on the plastic and visual effect that overtake the divine and the supernatural. The chosen site, the church (which originally meant 'gathering of people') increases the symbolism. When the artist finishes the first part, it is with an abrupt cut of the sentence *Let's make Man to our image*... Instead there is only *Let's make Man*..., followed by a new sentence *Here an Now, you are the Creators* offering the public the opportunity to make their own worlds of light and colour. At this moment, the second part begins, which is interactive and takes place in real time. With normal pens, the colourful traces are transformed into light and projected on the façade of the church. There is no longer a God that is a Creator but a group of Creative People.

Perpetual Ephemeral Movements

In *Perpetual ephemeral movements* Nuno Maya explores the theme of space-time, decomposing flows of people in action into urban sceneries (such as the flow of people in a crowded site) using photography and video. Both means are seen as a starting point for each job. And the two together represent the dualism space-time – through video projections of people on a photography of the site where they were filmed. On the photograph there´s the perpetual space where the action of the people takes place; the immutable physical space, the architecture, the shape, the obstacles inherent to each specific site of the city. On the video there's the ephemeral action of the people on that same site; time, mouvement, conditioned by the context in which they take place. It is through light and its spatial manipulation that the artist project the mouvement of people only on the areas of the photograph that justify it. The flow of people runs in front of some elements but also behind them despite being bi-dimensional.

de partida para cada trabalho. É a junção dos dois que representa a dualidade espaço-tempo, através de projecções vídeo das pessoas sobre uma impressão fotográfica do local onde foram filmadas. Na fotografia transparece o espaço perpétuo onde a acção das pessoas se desenrola; o espaço físico imóvel, a arquitectura, a forma, os obstáculos que compõem cada local específico da cidade. No vídeo é evidenciada a acção efémera das pessoas nesse local específico; o tempo, o movimento, condicionados pelo contexto em que acontecem. É através da Luz e da sua manipulação espacial que o artista projecta o movimento das pessoas, apenas nas áreas da fotografia que o justificam. O fluxo de pessoas passa assim à frente mas também por trás de elementos da fotografia, apesar da sua bi-dimensionalidade.

A precisão com que cada ponto de luz incide sobre a fotografia é estudada para que a noção de integração das pessoas no local interpele o espectador sobre a natureza física dos suportes escolhidos, intensificando a noção de espaço-tempo. As pessoas e os seus movimentos num espaço tridimensional, projectadas sobre esse mesmo espaço representado num plano bidimensional que dá uma nova dimensão à Luz e à Fotografia.

Com a intenção de marcar o ritmo contínuo da massa humana, os vídeos são trabalhados de forma a criar um *loop* (ciclo) que se repete indefinidamente e que assim contrasta com a impressão fotográfica parada no tempo.

Contextualização do projecto. Nuno Maya abordou o tema espaço-tempo num trabalho fotográfico apresentado na ARCO'06 com fotografias cujas situações apresentadas se focam sobre a distribuição espacial e temporal dos seres humanos nas cidades, condicionados pela arquitectura e regras sociais que os agrupam e desagregam, os alinham e desalinham. Este novo projecto, apresentado em Serralves e na ARCO'07, nasce de uma evolução desse último trabalho, com uma nova dimensão e uma total reconsideração dos suportes escolhidos (fotografia + vídeo). A fotografia como representação do espaço. O vídeo como representação do tempo. A Luz, aqui utilizada sob a forma de projecção vídeo, permite mais uma vez ao artista iluminar a plástica do espaço e do tempo, temas recorrentes nos seus trabalhos. Seguem-se dois exemplos de duas fotografias dessa série *People in space* por forma a ilustrar a origem da abordagem feita para este novo projecto:

Na primeira temos uma organização/alinhamento involuntário das pessoas, em volta de um tapete de recepção de malas num aeroporto, para que consigam concluir a sua acção precisa daquele momento. Na segunda imagem temos a noção de desorganização/caos involuntário causado pela distribuição espacial aleatória das pessoas no interior de uma carruagem de metro. **NUNO MAYA**

Nuno Maya é artista plástico. Vive actualmente em Lisboa.

Perpétuos Movimentos Efémeros

Perpetual Ephemeral Movements

The precision with which each point of light is projected on the photography is studied so that the sense of integration of people in the site makes the public wonder about the physical nature of the chosen means, intensifying the perception of space-time. People and their mouvements in a three-dimensional space projected on that same space represented on a bi-dimensional support generates a new dimension of light and photography. Aiming to emphasize the continuous rhythm of the human mass, the videos are set to create a loop that is repeated over and over again and contrasts with the photography jammed in time.

Project in context. Nuno Maya approached the theme of space-time with a photographic work presented at ARCO'06. His photographies highlight spatial and temporal distribution of people in cities, conditioned by architecture and social rules that group and ungroup them. This new project, presented at Serralves and ARCO'07 has its origins in that last work, with a new dimension and a complete reformulation of the means (photography + video). Photography as representation of space. Video as representation of time. Light, as video projection allows once more to illuminate the space and time's *plasticity*, recurring themes in his work. Two examples of two photographs of that series of 'people in space' show the origin of the approach of this new work:

On the first one we can see people displayed in an involuntary line around the luggage claim, at the airport, so they can accomplish their action.

On the second image we have a notion of chaos/disorganization caused by the aleatory spatial distribution of the people inside the underground. **NUNO MAYA**

Nuno Maya is an artist. Currently lives in Lisbon.

Bangkok International Airport, Thailand, 13 november 2004, 15:32:01

Linimo train, Aichi, Japan, 18 august 2005, 18:09:54

Gilberto Franco – Noite, cidade, luz. Conferência
Gilberto Franco – Night, city, light. Conference

A palestra apresentada na Luzboa [Congresso da Noite], tratou de dois exemplos de casos de recuperação de edifícios históricos considerados referências dentro da malha urbana da cidade, ambos situados na área central de uma cidade que, a exemplo de muitas outras, sofreu nos últimos anos um processo de deterioração urbana.

A recuperação desses dois emblemáticos edifícios – Estação da Luz e Mercado Municipal de São Paulo – resultam dos esforços do poder público e da iniciativa privada para conter essa deterioração. Neste quesito, a iluminação assume papel fundamental, não só pela valorização do edifício em si, enquanto monumento, como também na requalificação de seus usos.

Mercado Municipal Paulistano, São Paulo, Brasil

Este edifício, ícone da memória paulistana, projetado em arquitetura neo-barroca pelo arquiteto Francisco Ramos de Azevedo, era originalmente um entreposto de atacado. Com o tempo, foi crescendo a ênfase no comércio varejista, tendo se tornado atualmente um efervescente local de compras de *gourmets* da cidade de São Paulo. Isso lhe confere uma importância não só arquitetônica mas urbanística e ligada à preservação de costumes, o que tornou estratégico o desejo de sua recuperação.

A iluminação geral das áreas internas foi totalmente

Mercado Municipal Paulistano
Projeto Original Original project **Francisco Ramos de Azevedo**
Requalificação Rehabilitation **PPMS Associados**
Iluminação Lighting **Franco & Fortes Lighting Design**
Co-autoria Co-author **Neide Senzi**
Fornecedores Suppliers **Philips, Schréder, Comlux**

The talk presented in Luzboa was about two examples of the renewal of historic buildings, considered to be references in the urban grid of the city, both situated in the central area of São Paulo, a city that, like many others, suffered in the last years a process of urban deterioration.

The rehabilitation of these two emblematic buildings – Estação da Luz and Mercado Municipal de São Paulo – are efforts by the public power and private initiative to refrain such deterioration. For such purpose, lighting assumes a fundamental role, not only for the valorisation of the building in itself, as a monument, but for the requalification of its uses.

Mercado Municipal Paulistano, São Paulo, Brasil

This building, an icon of the Paulistian memory, projected in neo-baroque architecture by Architect Francisco Ramos de Azevedo, was originally a wholesale warehouse. Later, the emphasis on retail commerce grew, the spot being today an effervescent place where the gourmets of the city of São Paulo do their shopping. This grants it not only an architectonic importance but also an urbanistic one, linked to the preservation of practices, a fact that gave its recuperation strategic importance.

The general lighting of the interior areas was fully remodelled, with pendent borosilicate glass luminaires using Philips CDM-T 150W and 70W lamps (ceramic bulb). Small rectangular projectors, installed on the column capitals, complement the indirect lighting and highlight the structure. This system, with latest generation lamps, assures chromatic fidelity with low energy consumption.

The lighting of the façades, besides valorising historical and architectonic aspects of the building, contributes to a better security in the nocturnal environment of the area. The main architectonical elements were valorised: pillars and structural arches receive a sweeping light coming from built-in pavement luminaires and other luminaires over the cornices; over the arches, the sculptural images of the godess Ceres (godess of abundance), are highlighted by a concentrated focus, also from the floor; the domes and coping of the building are lighted by rectangular projectors hidden over the cornices. The thematic stained-glass windows – by architect Ramos de Azevedo and by Russian

remodelada, tendo sido especificadas tunes150W e 70W (bulbo cerâmico). Projetores retangulares de pequenas dimensões, apoiados sobre os capitéis das colunas, complementam a iluminação indireta e destacam a estrutura. Esse sistema, com lâmpadas de última geração, garante fidelidade cromática com baixo consumo de energia.

A iluminação das fachadas, além de valorizar os aspectos arquitetônicos e históricos do edifício, contribui na maior segurança noturna da região. Os principais elementos arquitetônicos foram valorizados: os pilares e arcos estruturais recebem iluminação rasante proveniente de luminárias embutidas no piso e sobre cornijas; as imagens escultóricas da deusa Ceres (deusa da abundância), localizadas sobre os arcos recebem iluminação de facho concentrado, também a partir do piso; as cúpulas e o coroamento do edifício são iluminados com projetores retangulares escondidos sobre cornijas. Os vitrais temáticos, do arquitecto Ramos de Azevedo e do artista russo Conrado Sorgenicht Filho, foram iluminados internamente, passando a participar da visualização noturna externa do edifício.

Estação da Luz / Museu da Língua Portuguesa, São Paulo, Brasil

O projeto de iluminação apresentado a seguir foi premiado pela IALD – *International Association of Lighting Designers* em 2007, na categoria *Award of Merit*. Trata-se de uma antiga Estação de Trem, revitalizada para abrigar o Museu da Língua Portuguesa, primeiro no gênero no Brasil e no mundo.

Para as fachadas, refletores desenhados para esta obra locados em pontos estratégicos fazem com que se perceba o edifício iluminado, sem que se distingam as fontes de luz. Dois conceitos de iluminação foram desenvolvidos: a percepção do edifício através de suas aberturas (portas e janelas), complementados por iluminação homogênea e sutil, que banha a fachada e a torre do relógio, sem prejudicar a iluminação interna das aberturas.

Nas janelas foram utilizadas luminárias sobre os peitoris, para lâmpadas fluorescentes compactas de 3000K. A iluminação geral da fachada contou com projetores assimétricos, para lâmpadas de vapor metálico de bulbo cerâmico sobre a marquise. O alto IRC das lâmpadas garante a correta percepção das cores, resultado de um minucioso trabalho de restauração.

A torre do relógio foi iluminada com projetores cilíndricos, e cada face da torre recebe um facho de luz específico em função da locação dos projetores. O relógio é iluminado internamente através de baterias de projetores (3000 K), de forma a brilhar na paisagem urbana.

O acesso ao museu se dá por um pátio coberto por uma estrutura em metal e vidro. A iluminação direta, com projetores fixados alternadamente na cobertura, cria

artist Conrado Sorgenicht Jr. – were lighted from the interior, now participating in the nocturnal external image of the building.

Estação da Luz / Museu da Língua Portuguesa, São Paulo, Brasil

This lighting project was awarded by the IALD International Association of Lighting Designers with the 2007 *Award of Merit*. It is an old Train Station, renovated to host the Museum of Portuguese Language, the first of its kind in Brasil and the world.

Specially designed reflectors were used in the façades. Since they're located in strategic points, one sees the illuminated building but not the light sources. Two lighting concepts were developed: the perception of the building through its openings (doors and windows), complemented by subtle homogeneous lighting, that washes the façade and the Clock Tower, without disturbing the internal lighting coming from the openings.

For the windows, luminaires were installed above the window sills, fluorescent compact lamps (3000K). The general lighting of the façade was assured by asymmetric projectors, using metal halide lamps with ceramic bulb above the verandah. The high IRC of the lamps garantees a correct perception of coulours that resulted from a meticulous restauration work.

The Clock Tower was lighted with cylindrical projectors,

Estação da Luz / Museu da Língua Portuguesa
Requalificação Rehabilitation
Paulo Mendes da Rocha / Pedro Mendes da Rocha
Restauro Restoration **Wallace Caldas**
Iluminação Lighting
Franco & Fortes Lighting Design
Fornecedores Suppliers
Philips, Osram, Lumini, Interpam

um interessante jogo de sombras no piso. Do pátio, elevadores acessam o foyer do auditório no 3.º pavimento, início da visita ao museu. Essa área recebe iluminação indireta, com bandejas para lâmpadas a vapor metálico valorizando a cobertura.

O auditório tem iluminação indireta com lâmpadas halógenas dimerizadas. Seu fundo se abre ao final de cada apresentação, dando acesso à Praça da Língua, área de sessões de audiovisual. O piso de vidro tem textos luminosos (sistema e-lite, composto de fitas eletroluminescentes coladas sob o vidro). Ao término das sessões, sancas com fluorescentes dimerizadas iluminam gradativamente a cobertura.

No 2.º pavimento há uma grande galeria, com uma tela de projeção de 115 m de comprimento, que recebe projeções múltiplas e fundidas. A galeria é iluminada por mangueiras luminosas fixadas sob os elementos do mobiliário. Ao centro abre-se a Galeria das Influências – espaço destinado a ilustrar as influências recebidas pela língua portuguesa, com prismas triangulares verticais a representá-las. São iluminados internamente com fluorescentes, tendo difusores em acrílico para minimizar as sombras. Ao fundo, uma Linha do Tempo narra a história e evolução da língua (e as influências do Tupi e Línguas Africanas), iluminada por uma linha contínua de wall-washers; o destaque entre as línguas é dado por uma iluminação lateral, também fluorescente. Todo o sistema é dimerizado, para harmonizar-se com a luminância da projeção.

Gilberto Franco é arquitecto. Em 1997, fundou com Carlos Fortes o ateliê Franco & Fortes – Lighting Design, em São Paulo, no Brasil. A empresa tem no seu currículo inúmeros projectos de edifícios, bem como obras ligadas à preservação do património histórico e cultural e intervenções na renovação de áreas urbanas.

each face of the tower receiving a specific light beam according to the position of the projectors. The clock is illuminated from inside by batteries of projectors (3000K), so that it gleams in the urban landscape.

The access to the Museum is a covered patio, the structure being made of metal and glass. The direct lighting, with fixed projectors alternating on the roof, creates an interesting game of shadows on the floor. Form the patio one can have access to the foyer of the auditorium of the third floor, the beginning of the museum tour. This area receives indirect lighting, with trays holding metal halide lamps, highlighting the roof-glazing.

The auditorium has indirect lighting, using dimmed halogen lamps. The stage-background opens at the end of the presentations, giving access to the Language Square, an area dedicated to audiovisual sessions. The glass floor presents luminous texts (*E-lite* system, electroluminescent strips glued to the glass). At the end of the sessions, the roof is slowly lit up by dimmed fluorescent lamps hidden in the cove.

In the second floor there is a big gallery, with a 115mts long projection screen, that receives multiple fading projections. The gallery is illuminated by luminous flexible tube fixed to the furniture elements. In the centre, there is the Influence Gallery – a space aiming to illustrate the influences the Portuguese Language suffered, where triangular prisms were used to represent them. They are lighted from the inside with fluorescent lamps, with acrylic diffusors minimizing the shadows. In the back, a Timeline tells the history and the evolution of the Language (and the influences by Tupi and African Languages); it is illuminated by a continuous line of wall-washers; the highlights between languages is obtained by a lateral light, also fluorescent. All the system is dimmed, and it is possible to harmonize it with the projection luminance.

Gilberto Franco is an architect. In 1997, he founded the company Franco & Fortes – Lighting Design, with Carlos Fortes, in São Paulo, Brazil. The company has realized many architectural projects, as well as work linked to the preservation of historical and cultural heritage and rehabilitation interventions in urban areas.

Peter Brdenk, da arquitectura à luz. Projectos
Peter Brdenk, from architecture to light. Projects

Meerlicht [luz do mar], numa pequena rua no coração de Essen

Meerlicht é uma instalação de luz sobre um muro de quase 40m de comprimento de um edifício de escritórios no centro de Essen. O edifício pertence a um dos maiores operadores de Energia da Alemanha, a RWE AG.

A pequena rua onde se situa o edifício é assaz insignificante. Quando se pergunta, quase ninguém sabe o nome da rua. Estreita e ladeada pelas fachadas laterais de dois edifícios igualmente desinteressantes, resulta escura e sem qualquer relação com a envolvente. O nome da rua é Schwarze Meer [Mar Negro], o que nada tem a ver com o verdadeiro Mar Negro, antes remete para memória de um antigo pântano que existia no local. Um pântano é usualmente escuro e até tenebroso – e assim tem continuado a área até hoje. Por isso precisa, de facto, de mais luz. A instalação é constituída por 50 barras de acrílico colocadas no interior de caixas de latão. A luz é emitida por fontes LED. As letras foram recortadas na chapa e são iluminadas lateralmente. Os 50 traços de luz têm um consumo de cerca de 40W cada, enquanto que a totalidade da instalação necessita de cerca de 400W.

Entrada do Gruga Park em Essen

Com uma área de cerca de 60 hectares, o Gruga Park, em Essen, pertence a uma das maiores estruturas verdes da Alemanha. Em 2004, decorreu um concurso para a renovação da entrada principal, que vencemos relativamente à componente de iluminação. A instalação corresponde a toda a área de entrada, os acessos e o lago artificial, assim como à torre GRUGA.

A Torre foi construída nos anos 20 do século passado. Ostenta uma plataforma-miradouro e situa-se no ponto mais alto do Parque, encimada pelo símbolo do GRUGA[1], uma túlipa vermelha, a construção em vidro e as escadas, que na noite reluzem em tonalidades verde-esmeralda.

No lago, podem ver-se tubos em *plexiglas* iluminados que parecem pairar sobre a água, e que são iluminados a partir de dentro do próprio lago. Os projectores submersos, num total de 22, recorrem a lâmpadas de 70W, os tubos têm cerca de 50cm de altura e um diâmetro de 15cm.

O caminho para a ilha é iluminado por meio de barras de luz fabricadas especificamente para o efeito, assentes numa fundação única que também se encontra na água. 12, com 50W cada.

Estação de combóios, Essen

A passagem subterrânea da Estação Central de Essen tem há muito um problema técnico ao nível da iluminação. Devido à sua largura, resultado de sucessivas obras de acrescentos de carris, as instalações só conseguem ser iluminadas por iluminação artificial, tanto de noite como

Meerlicht [sea light], in an alley in the heart of Essen

Meerlicht is a light-installation on a 40m long wall of a offices building in the centre of Essen. The building belongs to one of the biggest energy producers in Germany, RWE AG.

The little street is pretty much insignificant. And when you ask, nobody knows its name. Thin and lying between the two lateral façaces, the atmosphere is dark and with no relation with the surroundings. The name of the street is Schwarze Meer [Black Sea], though it has nothing to do with the real Black Sea. Instead it evokes the memory of an ancient marsh that existed in the area. A marsh is usually dark and scary, and the area has continued like that until today. That's why it really needs more light.

The installation consists of 50 acrylic bars inside brass boxes. The light is emitted by LED. The letters were cut in the metal and illuminated from the sides. The 50 light traces consume about 40W each, while the total installation needs about 400W.

Entrance of the Gruga Park, Essen

With an area of about 60ha, the Gruga Park in Essen is part of one of the biggest in Germany. In 2004, there was a contest for the renovation of the main entrance, that we won in what concerned the lighting. The installation includes all the entrance area, accesses and the artificial lake, as well as the Gruga Tower. The tower was built in the

Meerlicht ['luz do mar'], por Peter Brdenk e Jürgen LIT Fischer
Meerlicht ['sea light'] by Peter Brdenk and Jürgen LIT Fischer

Entrada do Gruga Park em Essen

Entrance of the Gruga Park, Essen

de dia. O conceito de iluminação prevê o complemento de luz necessário, a nível técnico, através de um aumento dos pontos de luz.

Nos postes de aço existentes, instalámos barras de luz em azul e branco. Ostentam um efeito de mudança irregular em todas as quatro faces, que atribui ao espaço uma qualidade óptica dinâmica. A regularidade da sequência gera, por sua vez, uma determinada tranquilidade. O jogo das barras rigorosas está assim sujeito a um contraste, por via de linhas curvas nos topos do passagem. O contraste deve apontar para o facto de que duas configurações diferentes revelam a mesma temática. Barras rectas igual a luz, linha curva igual a luz. O trânsito sobre e sob a plataforma comporta-se de forma semelhante. Em baixo: estrada, carros, movimento, transporte; em cima: carris, combóio, movimento, combóio, transporte.

A instalação inclui 92 barras de luz. 37 azuis, 55 brancas. As barras têm cerca de 180 de comprimento e 70mm de diâmetro, com uma potência de 38W. A desenho da linha curva é obtido por tubos de néon com 18 mm de espessura, aplicados ao latão branco. Por cima, encontra-se uma cobertura translúcida de policarbonato. As linhas têm cada uma cerca de 62 metros de comprimentos. **PETER BRDENK**

Peter Brdenk é arquitecto, artista e especialista em iluminação, desenvolvendo desde há mais de uma década uma colaboração com o artista Jürgen LIT Fischer.

1 GRUGA [Große Ruhrländische Gartenbauausstellung] – o nome do parque advém do de um evento de horticultura de grande importância para a identidade cultural da área do Ruhr e influenciou a região até hoje.

1 GRUGA [Große Ruhrländische Gartenbauausstellung] – the name of the park comes from an horticultural event which was of great importance for the cultural identity of the Ruhr area and has influenced the region up to the present day.

nineteen twenties. It includes a terrace-belvedere and is situated in the highest point of the park, with the symbol of the GRUGA[1] on top, a red tulip, a glass contruction and the stairs, that glow at night in emerald-green shades.

In the lake, you can see lighted plexiglass tubes, that seem to hang over the water, illuminated from inside of the lake. The 22 underwater projectors use 70W lamps; the tubes are 50cm high and have a diameter of 15cm. The access to the island is lit by specially designed light tubes, grounded on an unique foundation also underwater. 12, with 50W each.

Essen Railway Station

The underground passage of the Main Central Station of Essen has since long a technical lighting problem. Because of the width, along the years, successive works added rails, and now the installations can only be lit through artificial light, day and night. The lighting concept foresees the complement of technically necessary light, with the help of more lights.

In the existing steel poles, we installed blue and white light bars. They produce an irregular in the four sides and give the space an optically dynamic quality. The regularity of the sequence generates, on the othet had, a certain tranquility. The game of rigorous bars is thus under the influence of a contrast, because of the curved lines on the tops of the passage. The contrast must point out the fact that both different entries reveal the same theme. Straight bars equal light, curved line equals light. The traffic above and under the platform behaves similarly. Below, street, cars, mouvement, transports; above, rails, train, movement, train, transport.

The installation includes 92 light bars. 37 blue ones, 55 white. The bars are about 180cm long and have a diameter of 70mm, with a power of 38W.

The design of the curved line is obtained by neon tubes of about 18mm width, apllied to white brass. Above, there is a translucid polycarbonate covering. Each one of the lines has about 62 meters long. **PETER BRDENK**

Peter Brdenk is an architect and artist, a specialist in lighting. He develops for more than a decade a collaboration with artist Jürgen LIT Fischer.

Essen Railway Station

Estação de combóios de Essen

Still to Come. Castelo e Barbacã de Portalegre. Projecto
Still to Come. Castle and Barbican of Portalegre. Project

Castelo e Barbacã de Portalegre
Breves notas metodológicas

Do diálogo entre o património e a intervenção de requalificação, transparecem linhas projectuais distintas. Revelar o Castelo de Portalegre *versus* ocultar o novo equipamento cultural na paisagem; reforçar a tridimensionalidade das torres *versus* desenhar um padrão rigoroso de engenharia contemporânea; decalcar a textura da pedra *versus* colorir a madeira. O equilíbrio surge do contraste, da luz e da penumbra.

Castle and Barbican of Portalegre
Brief methodological notes

Following a dialogue between heritage and a rehabilitation intervention, distinct projectual lines of work emmerge.

To reveal the Castle of Portalegre vs. to hide the new cultural equipement in the landscape; to reinforce the tridimensinality of the towers vs. to design a rigorous pattern of contemporary engineering. To transfer the texture of the stone vs. to colour the wood. The balance comes from contrast, light and shadow.

À falta de uma fonte de luz única, omnipotente-omniluminosa, o cenário nocturno compõe-se de pontos de luz apenas aparentes e relativamente difusos, de provocações de luz mais ou menos controladas. A luz da noite é contida por natureza.

No percurso da Barbacã ao Castelo, os acontecimentos de luz são contidos pela forma e pela matéria, mas também pelo conceito. Chamamo-lhes *conceitos-luz*, porque definem ideias através da iluminação.

In the absence of solely one light source, omnipotent-omniluminous, the nocturnal scenery is composed by light points only apparently and relatively diffuse, resulting from more or less controlled provocations of light. Night light is by nature contained.

In the path connecting the Barbican to the Castle, the light events are contained by form and matter, but also by concept. We call them *light-concepts*, since they define ideas through lighting.

O conceito 'espaldar de luz' foi definido com a presença da cor verde, reforçada pela penumbra como pano de fundo, para os blocos de granito amarelo. Em paralelo com soluções mais tradicionais, a presença desta cor, anunciada logo junto ao portão poente, transporta-nos para um contexto algo misterioso, mas desprovido de qualquer simbolismo imediato.

The concept '*espaldar*[1]*-de-luz*' was defined by the presence of green colour, reinforced by a darkened backdrop, yellow granite blocks in front. In parallel with more traditional solutions, the presence of this colour, previously annunciated right at the West Gate, transports us to a someway mysterious context, though without any immediate symbolism.

Resgatada da sua função de encosto de estacionamento, a barbacã cerca agora um conjunto de acontecimentos de luz no seu interior. A revelação da barbacã acontece ao longo do seu percurso, numa peça desenhada, multi-funcional: 1. régua de luz; 2. lancil; 3. sumidouro, com o propósito de constituir um elemento contextualizador em toda a extensão da barbacã.

Released from its back-parking function, the barbican now surrounds a set of light events in the interior. The revelation of the barbican happens along its path, by means of a multi-functional designed piece: 1. linear lighting; 2. curb; 3. gutter, with the aim of becoming a contextualizing element along the whole extension of the barbican.

Para fazer sobressair as torres e distingui-las de uma construção de outra natureza, desde cedo que se tornou clara a utilização das ameias como elemento a destacar. Desenvolveu-se o conceito de 'luz interior' iluminando as faces interiores das ameias, principal indicador da natureza militar do edifício, e simulando a existência de 'vida' dentro do Castelo. **ROGÉRIO OLIVEIRA**

STILL TO COME é um ateliê de design de iluminação, constituído por Miguel Carrelo, arquitecto paisagista, Rogério Oliveira, arquitecto-designer e Eduardo Gonçalves, designer.

In order to make the towers more visible and distinguish them from other kinds of construction, it was clear from the beginning we would highlight the battlement. We developed the concept of 'interior light', lighting the interior faces of the battlement, main indicator of the military nature of the building, simulating 'life' inside the Castle. **ROGÉRIO OLIVEIRA**

STILL TO COME is a lighting design studio, constituted by Miguel Carrelo, landscape architect, Rogério Oliveira, architect-designer and Eduardo Gonçalves, designer.

1 Espaldar, in Portuguese, could be translated as 'back of a chair'.

Luz cidadã.
Citizenly light.

Norberto Ribeiro

... não é raro que as mais intensas contradições nos venham despertar dos nossos sonos nos conceitos e libertar-nos das nossas geometrias utilitárias.

GASTON BACHELARD

A oportunidade de uma nova abordagem

Noire et inquiétante était la ville, la nuit. L'éclairage, les illuminations et les enseignes la transfigurent, et voilá la ville contemporaine prête à s'animer, se parer et travailler vingt-quatre heures sur vingt-quatre.

ARIELLA MASBOUNGI

Na arquitectura e no planeamento da Cidade, é doravante necessário que a iluminação se relacione mais estreitamente com a cultura e com a arte. As mudanças sociais e económicas, abriram espaço a um outro tempo – ininterrupto – e um número crescente de pessoas desenvolvem ou prolongam a sua actividade – vivem e convivem – durante a noite.

Aos ciclos cadenciados da cidade tradicional contrapõem-se novos ritmos da vida urbana, mais intensos e diversificados, criam-se novas centralidades e circuitos de mobilidade; surgem, aqui e ali, formas de segregação sócio-territorial que importa atenuar.

A concepção de uma infra-estrutura de iluminação massificada, meramente funcional, destinada primordialmente a dar resposta à demanda de uma maior segurança urbana,

Iluminação do Jardim do Passeio Alegre, Porto

Lighting of the Jardim do Passeio Alegre, Oporto

The opportunity for a new approach

In architecture and urban planning, it is from now on necessary that lighting relates to culture and art. The social and economic changes opened space for another time – continuous – and a growing number of people develop and extend their activity – they live and gather to socialize during the night. In opposition to the cadenced cycles of the traditional city, new urban life rhythms arise, intense and diversified, creating new centralities and mobility circuits. Here and there, the appearance of new forms of segregation shall be attenuated.

The conception of a massified lighting infrastructure, merely functional, primordially destined to answer to the demand for more urban security, is not going to work in the near future. The more globalization progresses, the more people will tend to look for their cultural heritage, something that effectively differentiates them. It is a definitive reaction in any field. The lighting of the cities must then be an essential component of the Urban Project. It must be a factor of aesthetic valorization and contribute to build a new relation with the fellow citizens. It must follow the

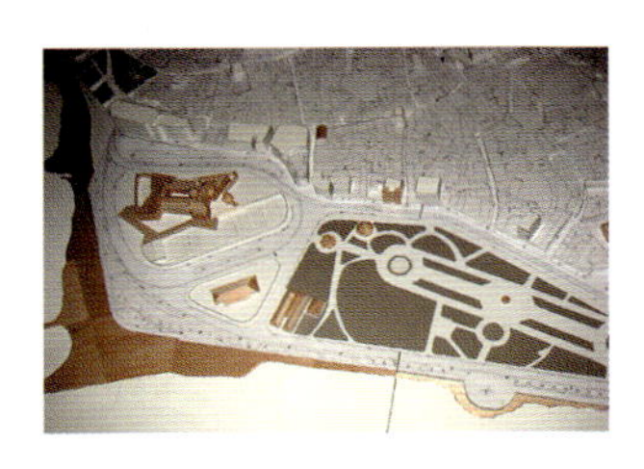

Maqueta da Área Classificada da 'Foz Velha' – Porto
Model of the classified area of 'Foz Velha' – Oporto

Jardim do Passeio Alegre, Porto. Candeeiros tradicionais equipados com a nova geração de lâmpadas 'Cosmowhite'
Jardim do Passeio Alegre, Oporto. Traditional luminaires equiped with the new generation of 'Cosmowhite' lamps

Identificação de áreas homogéneas de intervenção no Plano de Iluminação da 'Foz Velha'
Identification of homogeneous intervention areas in the 'Foz Velha' Lighting Plan

não vai resultar no futuro mais próximo. Por outro lado, quanto mais a globalização avança, mais as pessoas tenderão a ir à procura da sua herança cultural, de algo que efectivamente as diferencie. É uma reacção definitiva em todas as áreas. A iluminação nas cidades, deve então constituir-se componente essencial do Projecto Urbano. Ser factor de valorização estética e plástica. Contribuir para enformar uma nova relação com os concidadãos. Acompanhar o desenvolvimento da actividade económica e turística promovendo uma imagem e uma identidade.

Exige-se então, em cada caso, uma resposta integrada, uma reflexão global e coerente, assente no pressuposto de que a iluminação é também medida do grau de civilidade e de cultura na Cidade moderna.

Um projecto global para a iluminação do espaço urbano

As implicações técnicas, económicas, estéticas e ambientais presentes no Projecto de Iluminação Urbana impõem hoje, claramente, uma abordagem multidisciplinar e integrada. É necessário, a um tempo, levar em linha de conta o desenvolvimento de novos conceitos e técnicas de iluminação e a evolução de uma sociedade cuja sensibilidade integra hoje, com total espontaneidade, a imagem, o movimento, a cor. Novos efeitos e temporalidades, um vasto campo de possibilidades a explorar com curiosidade, mas igualmente com a necessária prudência e sentido do equilíbrio. Paralelamente, a valorização do património histórico e arquitectónico, a preservação do mobiliário urbano mais característico, a criação de ambientes nocturnos atractivos e diferenciados, o uso da luz nas suas potencialidades cénicas, revelam-se essenciais ao desenvolvimento da cidade e à projecção da sua imagem, interna e externa. A integração, finalmente, dos objectivos do desenvolvimento sustentado, o controlo da poluição luminosa, a procura da maior eficiência energética, as preocupações com o desenvolvimento anárquico de algumas realizações, na ausência de uma estratégia coerente, devem constituir-se em objectivo primordial.

Donde, a importância dos Planos de Iluminação, enquanto instrumento de articulação das diferentes vertentes em confronto, tão essenciais à construção de uma maior harmonia na implantação da luz urbana, como à racionalização dos investimentos envolvidos e gestão mais eficiente dos recursos energéticos.

Revelar uma cidade outra, ligar as ruas e os homens, contribuir para a criação de pontos de referência e de lazer, servir a segurança preservando a identidade própria de cada lugar, com as suas exigências de funcionamento e de usufruto, eis alguns dos propósitos que uma iluminação pensada e planificada pode servir.

development of economical and touristical activity, promoting Image and Identity.

Case-by-case, an adequate response is demanded, a coherent and comprehensive reflection, grounded on the presupposition that lighting is as well a measure of the degree of civility and culture in the contemporary City.

A global project for the lighting of urban space

Today, the technical, economical, aesthetic and environmental implications present in the Urban Lighting Project, clearly impose an integrated and multidisciplinary approach. It is necessary, on one hand, to take into account the development of new concepts and lighting technologies, as well as the evolution of a society whose sensibility integrates today, with total spontaneity, image, mouvement, colour. New effects and temporalities, a vast field of possibilities to explore with curiosity, but equally with the necessary caution and sense of balance. At the same time, the valorization of architectonical and historical heritage, the preservation of characteristic urban furniture, the creation of attractive and differentiated nocturnal atmospheres, the use of light in all its scenic potentialities, are crucial for the development of the city and projection of its image, both internally and externally. Finally, the integration of sustainable development objectives, the control of light pollution, the search for more energetic efficiency, the concern with the anarchic grow of some installations, in the absence of a coherent strategy, must become a primordial aim.

This is why Lighting Plans are important, as instruments for the articulation of the different confronting aspects, all essential both to the construction of a greater harmony in the implementation of urban light, as to the rationalization of the involved investments and the efficient management of energetic resources.

To reveal *another* city, to connect streets and people, to contribute to the creation of reference and leisure spots, to promote security and at the same time the identity of each place, with its demands in terms of functioning and use. These are some of the aims a planned and thought upon lighting may serve.

Iluminação e Arte contemporânea

Cette forme de pouvoir sur la ville effraie car elle donne à lire uniquement ce que l'on décide de montrer.

ARIELLA MASBOUNGI

A vertente lúdica faz igualmente parte da Luz e da sua função urbana. Os centros atraem à noite as populações das periferias, em grande parte em razão da maior luz – – comercial e pública – que ali brilha, assim o afirma Mark Major, arquitecto, com inúmeros trabalhos desenvolvidos na área da iluminação urbana, na Europa e em particular no Reino Unido. Introduzir a dimensão festiva, a componente do efémero, como o fazem actualmente os 'Festivais de Luz' que já se realizam em alguns locais da Europa, constitui também uma oportunidade de reflexão sobre a Cidade e a sua cultura, uma forma subtil de reconstruir a sua arquitectura e de revelar os seus monumentos de referência, um instrumento poderoso de promoção turística.

Enfim a cidade visível...

Revisitámos, muito brevemente, alguns aspectos da actualidade da luz urbana: Multidisciplinaridade, Plano Integrado de Iluminação, Cenografia, Ambiente, susceptíveis de transformar e de revitalizar a imagem da Cidade, aportando-lhe 'novas qualidades'. Mas a decisão de nela intervir pela Luz, sendo embora esse um trabalho de múltiplos 'actores' releva antes do mais de uma sensibilidade e de uma opção de política urbanística, cuja melhor interpretação caberá, em primeira linha, aos responsáveis autárquicos.

A Luz é bem... *esse material artístico por excelência, portador de poesia e de sonho, instrumento do poder*.

Partilhamos, entretanto, da opinião de Laurent Fachard, conceituado *concepteur-lumière* francês, para quem a Iluminação na Cidade tem, pouco a pouco, de deixar de ser 'Pública' para passar a ser 'Cidadã'.

Norberto Ribeiro é engenheiro, responsável pela Gestão e Manutenção da Rede de Iluminação Pública do Porto / / EDP – Distribuição

Lighting and contemporary art

The ludic aspect is also part of Light and its urban function. At night, the centres attract population from the periphery, also because of the more amount of light – commercial and public – that glows there, states Mark Major, architect, with an important body of work in the area of urban lighting, in Europe and in the UK. With the introduction of the festive dimension, the ephemeral component, like the 'Festivals of Light' already do in Europe, comes the possibility for reflection about the city and its culture, a subtle form of reconstructing its architecture, the revelation of its referential monuments, and as well a powerful tool for touristical promotion.

Finally, the visible city...

We briefly revisited some issues about contemporary urban lighting: Multidisciplinarity, Integrated Lighting Plan, Scenography, Environment, capable of transforming and revitalizing the image of the city, offering it 'new qualities'. But the decision to use light to intervene in the city, despite being a work by multiple 'actors' must before all come from a certain sensibility and specific urban politics option, whose best interpretation shall be granted to municipal authorities.

Light is well... *such an artistic material* par excellence, *conveyor of poetry and dream, instrument of power.*

Meanwhile, we share the opinion by Laurent Fachard, reknowned french lighting designer, that Lighting in the City must little by little become less and less 'Public' and more and more 'Citizenly'.

Norberto Ribeiro is an engineer, responsible for the managing and maintenance of the Public Lighting Network of Oporto – EDP Distribuição.

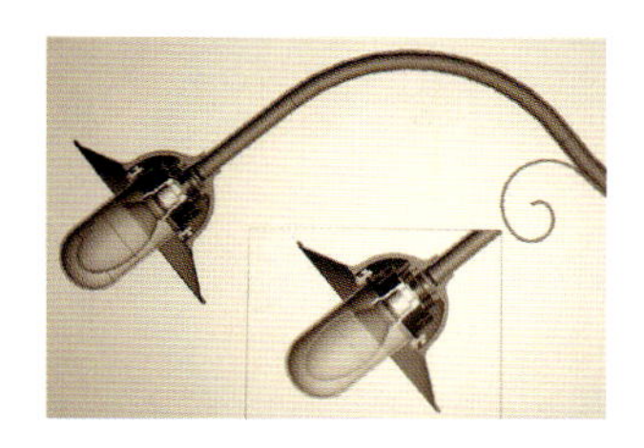

Plano de Iluminação da 'Foz Velha'. Recuperação do mobiliário-luz característico do local

'Foz Velha' Lighting Plan. Recuperation of light-furniture characteristical of the site

Turim, Monte dei Capuccini, Luci D'Artista

Turin, Monte dei Capuccini, Luci D'Artista

Giuseppe Panza di Biumo. Colecção de Luz Uma conversa*
Giuseppe Panza di Biumo. Light Collection A conversation*

Gisella Gellini

Gisela Gellini Vamos fazer uma visita virtual à sua colecção que teve início...
Giuseppe Panza di Biumo Comecei a colecção em 1966/68, quando tinha aproximadamente 40 anos de idade.
GG Faria hoje as mesmas escolhas e expo-las-ia da mesma forma?
GPB Sim, não mudaria nada. Não me ocorre nada que me possa ter escapado, mesmo se um coleccionador nunca pára de comprar e escolher.

O primeiro artista que fez da luz parte fundamental da sua arte foi Dan Flavin, que começou em 1983 em Nova Iorque. Mas a pesquisa sobre a luz continuaria com maior profundidade em Los Angeles, onde artistas como Robert Irwin, James Turrell, Maria Nordman, Bruce Nauman, realizaram estudos específicos entre 1966 e 1975, dedicando-se particularmente às relações luz/percepção, luz/espaço e luz/ambiente. Muitos dos artistas que acompanhei e coleccionei pertenciam a esta escola e mesmo passados tantos anos ainda considero as suas obras fascinantes. Acredito que o público já se apercebeu

Robert Irwin: *Varese Portal Room*, Villa Menafoglio Litta Panza, Varese. The Solomon R.Guggenheim Foundation, Nova Iorque – Panza Collection. Oferta 1992, empréstimo permanente ao FAI – – Fondo per l'Ambiente Italiano
The Solomon R.Guggenheim Foundation, New York – Panza Collection. Gift 1992, permanent loan to FAI-Fondo per l'Ambiente Italiano

Gisela Gellini Let's take a virtual tour in your collection which was started...?
Giuseppe Panza di Biumo I started the collection in 1966/68, when I was about 40 years old.
GG Would you choose the same works today and would you display them in the same way?
GPB Yes. I wouldn't change anything. I can't think of anything I might have left out, even if a collector never stops buying and choosing. The first artist who used light as an element in his art was Dan Flavin, who started in 1963 in New York. But research on light continued in greater depth in Los Angeles, where artists like Robert Irwin, James Turrell, Maria Nordman, Bruce Nauman carried out specific research on light between 1966/68 until 1975, and particularly on the relationships light/perception, light/space, light/environment. The artists whom I've followed and collected most belong to this school and I still find the works that I've chosen extremely satisfying, even after so many years. I believe the public has realized that this art has had an influence on the development of modern art during the last century.
GG However, there's still a degree of reluctance to accept the 'art of light', not just by the public, but also by those who work in the field?
GPB Once there was a lot of diffidence, because people used to say 'There's nothing, you can't see anything'. Flavin's works are made with the fluorescent light tubes that we use in the kitchen and find in the electrician's shop under the house. But now things have changed: the people who come to Biumo are excited when they see the works by Flavin and Turrell; but it took forty years.
GG Which is the relationship between light and space?
GPB For me, it was always very important to understand the quality of the space in full, because it's important to understand what a light work needs. It's a work that *dialogues* with space, that needs a certain void around (this is especially true for Flavin, and for all of these works), because space integrates and complements the work of art. If this does not happen, the work cannot even be seen; because the light must radiate and be reflected by the walls. It must create an environment for itself and influence the psychology and sensitivity of the spectator: if this does not happen, the fundamental value of this art is lost.
GG You intervened personally to create special effects in the rooms creating what you call 'the *camera obscura* effect'...

que esta arte tem influenciado o desenvolvimento da Arte Moderna do último século.

GG Contudo ainda se sente um carta relutância em aceitar a 'arte da luz', não só por parte do público, como dos que trabalham no mundo da arte, não?

GPB Havia uma modéstia excessiva, porque as pessoas diziam *não há ali nada, não se vê nada*. O trabalho de Flavin tem por base luzes fluorescentes como as que usamos na cozinha e se encontram à venda em qualquer loja... Mas as coisas mudaram: as pessoas que vêm a Biumo deliram com a obra de Flavin e Turrell, mas isso demorou quarenta anos.

GG Qual é a relação entre luz e espaço?

GPB Para mim, sempre foi muito importante compreender/avaliar a qualidade do espaço na sua totalidade, porque é importante perceber o que é necessário para concluir uma instalação de luz. É um trabalho que *dialoga* com o espaço, que necessita de um vácuo à sua volta (como acontece especialmente com Flavin, em toda a sua obra), porque o espaço integra e complementa a obra de arte. Se isso não acontecer, o trabalho não tem sequer condições para ser visto; porque a luz deve irradiar e ser reflectida pelas paredes. Deve criar um ambiente por si só e influenciar a psicologia e a sensibilidade do espectador: se isso não acontecer, o valor fundamental desta arte perde-se.

GG Interveio pessoalmente para obter efeitos especiais nas salas, criando o que chamamos de 'efeito de *camera obscura*'...

GPB Pareceu-me muito negativo, estar separado do exterior, do jardim que é muito bonito. Por isso, tendo a oportunidade de espreitar o que se encontra do lado de fora, ainda que de uma forma muito limitada, pareceu-me importante para combater essa sensação de constrição que qualquer espaço cria quando não existe nenhuma relação com o exterior. Cria o efeito do que falámos há pouco: como uma *camera obscura*. Quando o sol ilumina as árvores em frente do edifício, entra muita luz reflectida e dá-se esse efeito. O mundo real fica de pernas para o ar e tudo se torna difuso; as cores reflectem-se no interior, produzindo um efeito muito especial, muito bonito. Até tirei fotografias...

GG Qual é a relação entre luz e cor, relativamente à sua colecção em Biumo?

GPB A cor é um aspecto essencial na arte da luz. A arte de Flavin, por exemplo, revela uma utilização nobre da cor. Usando apenas nove cores (as dos tubos fluorescentes disponíveis), o artista consegue revelar uma quantidade infinita de variações cromáticas: a luz e a cor tornam-se uma única entidade que interage e modifica o espaço. Numa peça dedicada ao seu irmão que faleceu no Vietname, o vermelho transmite uma sensação muito forte porque evoca a morte. A cor oprime e dá a sensação de algo a esvair-se, algo dramático que tira a vida.

GG Pode contar-nos mais acerca de *Sky Window I* de Turrell?

GPB Nesta instalação, Turrell reflecte sobre a sua visão do céu e é interessante perceber como a sua percepção é poderosa e penetrante. Quando olhamos para o céu

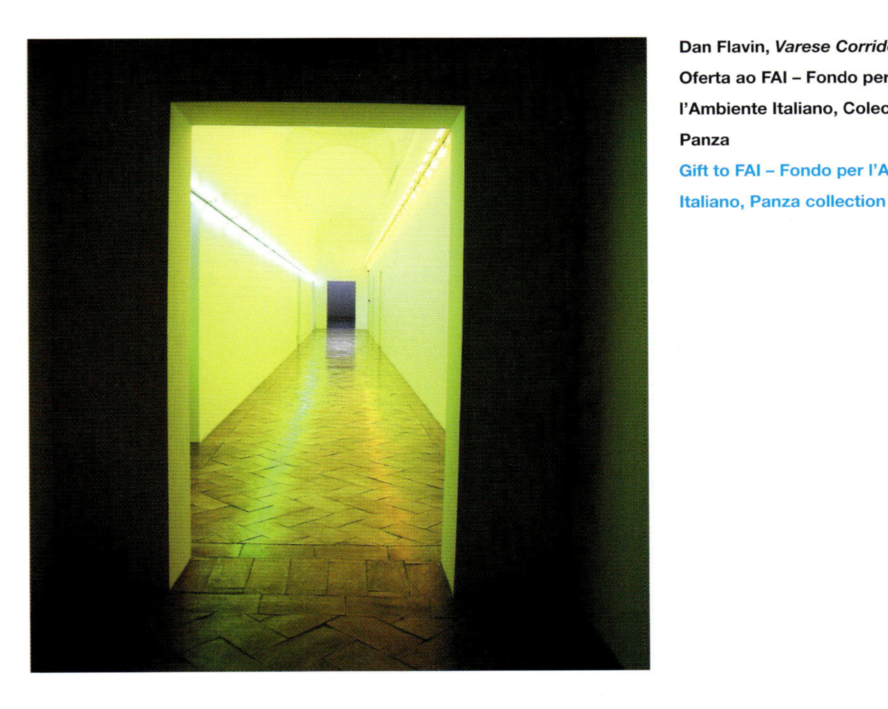

Dan Flavin, *Varese Corridor*, 1976. Oferta ao FAI – Fondo per l'Ambiente Italiano, Colecção Panza
Gift to FAI – Fondo per l'Ambiente Italiano, Panza collection

GPB Being completely cut off and separated from the outside, from the garden, which is very beautiful, seemed to me very negative. Therefore, having a chance to glimpse what is outside, even to a very limited extent, seemed important and avoid the sense of constriction that space always gives when it doesn't have any link with the external world. It creates the effect that we mentioned above: like a *camera obscura*. When the sun lights up the trees in front of the building, a lot of light is reflected from outside, and this enters the room and produces this effect. The real world is turned upside down and everything is slightly blurred; the colours are reflected inside and this produces a special, very beautiful effect. I've even taken photos of it...

GG Which is the relationship between light and colour with regards to your collection in Biumo?

GPB Colour is an essential aspect of light art. Flavin's art, for example, makes a novel use of colour. By using just nine colours (those of the fluorescent tubes available over the counter), he manages to reveal an infinite quantity of chromatic variations: light and colour become a single entity that interacts with and modifies space. In the work dedicated to his brother who died in Vietnam, the colour red transmits a very powerful sensation because it evokes death. The colour is oppressing and gives the feeling of something running out, something dramatic, something that takes away life.

GG Could you tell us more about Turrell's *Sky Window I*?

GPB In this work, Turrell uses his vision of the sky and it is interesting to understand how this perception is so strong, so penetrating. When we look at the sky through the window,

James Turrel, *Sky Window I*, 1976.
Varese, Villa Menafoglio Litta Panza, Varese.
The Solomon R. Guggenheim Foundation, Nova Iorque – – Colecção Panza.
Oferta 1992, empréstimo permanente ao FAI – Fondo per l'Ambiente Italiano.

The Solomon R.Guggenheim Foundation, New York – Panza Collection.
Gift 1992, permanent loan to FAI – – Fondo per l'Ambiente Italiano.

através da janela, isso não causa uma impressão assim tão especial, porque estamos habituados a observá-lo e, como tal, perde-se o efeito; o hábito mata a sensação. No entanto, quando se observa o céu nestas condições especiais, a imagem externa adquire uma força completamente diferente e é interessante tentar perceber por que é que este fenómeno acontece. Parece ser uma contradição, porque ver um fragmento de céu deveria ser menos interessante do que ver muito, como quando estamos no jardim. A razão é explicada pela 'invenção' de Turrell. Ele percebeu que a dificuldade de ver a luz exterior dependia do brilho criado pela imagem; esse brilho é tanto mais forte quanto menos iluminado estiver o interior. Quando se compensam as diferenças, então o brilho desaparece e a vista do céu revela-se particularmente poderosa, porque é algo que 'entra'; não é mais o 'exterior', é algo que vemos em consciência e cuja presença se torna completamente diferente do que estamos habituados a ver. Esta é a função da luz interior artificial, escondida nas sancas e que ilumina todo o tecto. É especial porque ninguém tinha pensado nisso antes.

GG No seu último livro *Memórias de um coleccionador*, diz que Turrell conhece bem a tecnologia: de que forma é a tecnologia útil?

GPB O conhecimento científico e tecnológico é essencial nesta forma de arte. Não é possível ter bons artistas nesta área sem um vasto conhecimento científico: da psicologia ao sistema nervoso e os efeitos que certos fenómenos causam no nosso cérebro. Estes artistas têm profundo conhecimento destes problemas, os quais são fundamentais para este tipo de arte. Não é necessária habilidade manual para espalhar a cor, mas um vasto conhecimento científico e, como tal, uma cultura completamente diferente da de outros artistas que, pelo contrário, usam a sua intuição. Esta é a grande diferença que distingue a arte moderna de tempos antigos porque a tecnologia sofreu

it doesn't make a special impression because we are accustomed to seeing it and things that we are used to lose their effect, because habit deadens our sensations. Instead, when you see the sky in these conditions, the external image acquires a completely different type of strength and it is interesting to understand why this phenomenon happens. It appears to be a contradiction, because seeing a fragment of sky should be less interesting than seeing a lot, like when you're in the garden. But the reason can be explained by Turrell's 'invention'. He understood that this difficulty of seeing the outside light depends on the glare created by the image; this glare is strong when the interior environment has much less light than that seen outside. When you make up for these differences, then the glare disappears and the view of the sky becomes particularly strong because it is a thing that 'comes inside', it's no longer 'outside'; it's something that we consciously see and its presence is completely different to what we are accustomed to seeing. This is the function of the interior artificial lighting, hidden behind the mouldings, which illuminates the entire ceiling. It is special because no one had ever thought of it before.

GG In your last book *Memoirs of a collector*, you say that Turrell is very familiar with technology: how is technology helpful?

GPB Scientific and technical knowledge is essential in this form of art. It's not possible to have good artists in this field without a vast range of scientific knowledge: from psychology to knowledge of the nervous system and the effects that particular phenomena cause in our brain. These artists have a profound knowledge of these problems which are fundamental for this type of art. No manual skills are needed to spread the colour, but a very wide scientific knowledge and therefore a completely different culture to that of other artists who instead use their intuition. This is the great difference that distinguishes modern art from past times, because technology has developed incredibly in the 20th century and this has changed our way of living, it has allowed to see what cannot be seen, an invisible and previously unknowable world. Turrell has a good cultural preparation; but these are things that cannot be learnt at school, they must be invented through work. Like others, he has invented something that did not exist: they are creators.

GG Why do you always tell people to start the visit of the *rustici* with the Maria Nordman work?

GPB In her work, sunlight is filtered through very thin slits that progressively illuminate the dark room. Our eye has a strong capacity to adjust itself to the scarcity of light, but not immediately: when we walk from the light into the dark, our eyes initially do not see anything, but if we stay still for a few minutes the nothing becomes something.
Maria Nordman uses the eye's ability to adapt to the scarcity of light[1]. Very little light passes through the two 'blades' and

um desenvolvimento extraordinário durante o Séc. XX e isso alterou a nossa forma de vida, permitiu ver o que não pode ser visto, um mundo à partida invisível e desconhecido. Turrell tem uma formação cultural muito boa; mas estou a falar de coisas que não se podem aprender na escola, têm de ser inventadas através de trabalho. Como outros, ele inventou algo que não existia: são criadores.

GG Porque é que aconselha sempre começar a visita à propriedade pela obra de Maria Nordman?

GPB No seu trabalho, a luz do sol é filtrada por fendas muito estreitas que iluminam a sala escura[1]. O nosso olho tem uma grande capacidade para se ajustar à escassez de luz, mas não imediatamente; quando entramos na penumbra, vindos do exterior iluminado, os nossos olhos nada vêem ao início, apenas se permanecermos quietos por uns minutos o nada se torna nalguma coisa. Maria Nordman utiliza a capacidade do olho para se adaptar à escassez de luz. Uma luz ínfima atravessa as duas 'lâminas' e porque as aberturas são inicialmente invisíveis, só progressivamente nos apercebemos que o espaço ao meio está a ser iluminado e que os lados não são volumes completamente fechados. Aquela escuridão ao centro provoca a sensação de estarmos suspensos num vazio infinito. Estas são sensações transmitidas por este trabalho quando ficamos ali parados, entre as duas lâminas de luz. Quando há vento, é uma sensação extraordinária.

GG O que significa adquirir uma peça destes artistas? No caso de Dan Flavin, adquiriu o *design* e a possibilidade de a reproduzir…

GPB Cada instalação só pode ser reproduzida enquanto exemplar único – – para uma exposição – e apenas uma reprodução pode ser vista de cada vez, claro. Obviamente que as lâmpadas fluorescentes têm uma duração limitada e têm de ser substituídas. Mas não é obrigatório usar as mesmas que Flavin usou pela primeira vez. O importante é saber como fazê-lo de forma correcta e possuir um documento que certifique os direitos de propriedade e a autorização para a reprodução ou, por outras palavras, permitir o perpetuar da sua existência.

Giuseppe Panza di Biumo é coleccionador de arte desde os anos 60. Na sua Villa, em Biumo, Varese, posteriormente doada à FAI – Fondazione pel l'Ambiente Italiano, pode visitar-se a mais importante colecção permanente de Light Art *na Europa. O minimalista Dan Flavin, de Nova Iorque, assim como Robert Irwin, Maria Nordman e James Turrell, expoentes da Escola de Los Angeles e da Environmental Art* [Arte Ambiental]*, conceberam instalações* site specific *para vários espaços dos antigos estábulos, desenvolvendo experiências com a cor e a luz natural e artificial.*

Gisella Gellini é arquitecta. Desenvolve desde há anos a possibilidade de criar um Arquivo de Artistas da Luz em colaboração com Panza di Biumo e o Laboratório da Cor do Politécnico de Milão.

* Entrevista previamente publicada na revista italiana *Flare*.

Dan Flavin, *Untitled 1/3*, 1987. Oferta ao FAI – Fondo per l'Ambiente Italiano, Colecção Panza

Gift to FAI – Fondo per l'Ambiente Italiano, Panza collection

the space between is only slightly illuminated. In the centre, between the two slits, first you can see no light; the sides are like closed volumes, because the slits are invisible. This blackness at the centre gives the feeling of being suspended in an infinite void. These are sensations transmitted by this work when you stand still between the two blades of light. When there's wind, you get the greatest sensation.

GG What does it mean to buy a work by these artists? For instance, in Dan Flavin's case, you bought a design and the possibility of reproducing it.

GPB Each work can only be reproduced as a single copy – for an exhibition – for just one single reproduction, to be seen in one place, of course. Clearly, fluorescent lamps wear out and they need to be replaced. But it's not compulsory to use the same ones used by Flavin for the first time. The important thing is to know how to do it in a correct way and have a document that certifies the property's rights and the authorization for the re-production or, to put it in another way, to allow that it keeps on existing.

Giuseppe Panza di Biumo is an art collector since the 60's. In his Villa in Biumo, Varese, later donated to FAI – Fondazione pel l'Ambiente Italiano *one can visit the most important permanent collection of* Light Art *in Europe. Minimalist Dan Flavin, of New York, as well as Robert Irwin, Maria Nordman and James Turrell, exponents of the School of Los Angeles e of Environmental Art, conceived and realized site-specific installations for various spaces of the* Rustici *wing, developing experiences with colour, and natural and artificial light.*

Gisella Gellini is an architect, developing for some time the possibility of the creation of an Archive of Light Artists, in collaboration with Panza di Biumo and the Colour Laboratory of the Politecnico de Milano.

* Interview previously published in the Italian magazine *Flare*.

[1] Ao permanecermos durante alguns minutos, habituando-nos à escuridão, os espaços ganham uma dimensão perceptiva pouco usual, devido às sombras atiradas pelas duas 'lâminas' de luz abertas nas paredes laterais, invisíveis quando entramos.

[1] In staying inside for a number of minutes in order to get used to the darkness, the spaces then take on an unusual perceptive dimension due to the shadows cast by two 'blades' of light which penetrate from slits made in the walls, invisible when one first enters the room.

Muralhas do Castelo de Loulé, Portugal

As Muralhas fazem parte do Castelo, de origem árabe, reconstruído no Séc. XIII, parte das quais ainda se podem ver, bem como três torres de alvenaria. A vila de Loulé era originalmente cercada pelas muralhas, constituindo este espaço o núcleo político, religioso e habitacional. No entanto, o crescimento da população levou a que a então vila se expandisse para além daquelas e formasse os pilares da cidade dos dias de hoje.

Foi assumida uma filosofia de *uplight* com o intuito de realçar a textura da muralha. Ao invés da tradicional filosofia de 'chapão de luz', este tipo de iluminação rasante permite evidenciar contrastes de luz/sombra, realçando a beleza da pedra. O conceito idealizado de 'Luz Dinâmica' permite a comunicação entre o Edifício, de grande significado histórico, e a cidade, através da utilização de um sistema de controlo (*ColourChaser*) que permite controlar de forma independente as luminárias. Esta ferramenta possibilita a definição de uma variedade de cenários, bem como as transições entre eles. Estas sequências de cenários permitem criar vários efeitos dinâmicos nas muralhas, dando

Walls of the Loulé Castle, Portugal

In the very southern part of Portugal we can find the Loulé Castle Walls. Of Arabic origin, these walls were reconstructed in the 13th Century. Part of them, as well as their masonry towers, can still be seen. By night, the Castle is also an attraction due to its dynamic lighting. Many different lighting schemes were planned in order to enhance different town festivals and events, presenting the Loulé Castle, during night time, as a truely unique sight.

Loulé is located in the Algarve – south of Portugal. This small village was originally enclosed by the castle walls, and it held political and religious services inside, along with the settlement itself. However, population growth forced the village to expand beyond the castle walls, surrounding them with more modern buildings.

Nowadays, the castle walls are located in a small square, with flowing traffic towards their direction. The walls measure around 50 meters long and they are one of the most beautiful local spots.

In the past, the city council's engineering team lightened a small fraction of the Walls using a common scheme: floodlights. The result, both on a power consumption point of view, as well as on a more creative basis, wasn't the ideal, therefore it was necessary to adopt a different project.

In this new project an uplight philosophy was assumed, aiming on emphasizing the texture of the walls. Contrary to the floodlight initial idea, this grazing effect accents the light/shadow contrasts enhancing the materials and singularities of the castle walls.

By choosing a dynamic lighting concept, the castle communicates with the city in a simple, yet extraordinary way. Using a control system (ColourChaser), each luminaire is controlled independently, adding the possibility to create different scenes and the transitions between them.

These scene sequences create several dynamic effects on the walls, giving a motion sensation to the spectators, breaking with the traditional architectural static lighting concept.

These sceneries made it possible to: emphasize the towers (only the towers); create a light wave effect on the walls; play with the castle volume (by changing it through light).

Thanks to the system's programming sense and simplicity, the City Council has now a new and powerful tool to create several different Castle sensations, on the city festivals during

aos espectadores uma sensação de movimento, quebrando ainda com o tradicional conceito estático de iluminação monumental.

Estes cenários permitem por exemplo: Realçar as torres (apenas as torres); Criar um efeito de 'onda' nas muralhas; Criar a ilusão da variação da volumetria do edifício.

Graças à simplicidade de programação deste tipo de sistema, a Câmara Municipal de Loulé possui agora uma poderosa ferramenta para a criação de diversos cenários para os demais eventos festivos da cidade, ao longo de todo o ano. Esta escolha permite à Câmara Municipal uma nova maneira de promover a cidade (Town Marketing).

Todos os detalhes de instalação foram acautelados, sendo notável a forma de integrar as luminárias em pedras de aparência estética semelhante às das paredes do Monumento. A conjugação entre a Luz e a Sombra realça os volumes e a beleza da Arquitectura, transmitindo ao observador sensações de dramatismo e emoção.

Este projecto foi realizado com noventa luminárias Philips do tipo LEDLine2 WHITE (6200k) WB (2x27º), versão de encastrar, com regulação DALI. O sistema de controlo é composto por controlador *ColourChaser* e doze conversores DMX-DALI (cada conversor com quatro canais independentes). **NUNO FELGUEIRAS – PHILIPS**

the year – city marketing.

From the beginning, the lighting project assumed the use of LED technology, to minimise both energy consumption (Watt) and light pollution. The concept was turned into reality using the LEDline^2 luminaire – recessed version. These luminaires are built with special wide beam optics (2x27º), meaning they concentrate the light in one axis and diffuse it in the parallel axis. This situation is ideal for lighting a façade because it doesn't waste light.

LEDlines also incorporate a special control system, allowing their management by the use of a DALI protocol order. Adding a ColourChaser controller allowed the team to create the lighting effects they designed. The ColourChaser has a DMX output and the LEDlines have a DALI input, so it was also necessary to install some DMX to DALI converters.

Now the project is implemented and Loulé has another City Beautification element – The Castle Walls. Technically speaking, this LED based project allowed a power consumption reduction as well as the reduction of luminous waste, exploiting all the light available to the castle walls. There are ninety LEDlines and each consume about 15W totalizing 1350W.

For the city and the region, this is also a new type of lighting – as it is a dynamic lighting. The city council takes advantage of this, using different lighting effects in various ways according to the season. It also allows the participation of lighting designers to create their own schemes – opening a new market.

Furthermore this lighting system can be used (adding some more controls) in an interactive way. **NUNO FELGUEIRAS – PHILIPS**

Muralhas do Castelo de Loulé
Loulé Castle Walls
Dono de Obra
Câmara Municipal de Loulé
Contracting authority
Loulé City Council
Responsável do Projecto
Project Direction
Manuel Renda (Eng.º)
Apoio técnico da Câmara Municipal
Technical Support by the Loulé City
André Deltell (Eng.º), Sérgio Rego (Eng.º), Tiago Vitória (Eng.º)
Lighting Design **Nuno Felgueiras – – Philips Portuguesa S.A.**
Instalação **Câmara Municipal de Loulé**
Installation
Loulé City Council
Interfaces/Programação
Electrical installer
Specitron
Apoio Philips
Philips support
Nuno Felgueiras, Rui Reis, Luminárias – Portugal
Luminárias
Luminaire(s)
Philips LEDline2
Fontes de Luz **LUXEON® LED, type I, 6200ºk, Philips**
Controladores de luz
Lighting controls
ColourChaser, Philips; DMX-DALI converters, Specitron

Sistema Philips SAVIO – cor fria

Hospital de Santa Maria, Lisboa

Localizado no coração de Lisboa, o Hospital de Santa Maria (HSM), grande estabelecimento universitário de referência do Serviço Nacional de Saúde português, desempenha funções integradas de prestação de cuidados de saúde, de formação pré, pós-graduada e continuada e de inovação e investigação; constitui-se como unidade essencial dentro do sistema de saúde português. Nele estão presentes capacidades notáveis ao nível dos recursos humanos, das tecnologias praticadas e do saber acumulado.

Na fase de renovação do Piso 2 do HSM, a direcção do Hospital decidiu investir em tecnologias de iluminação de alta rentabilidade e baixo consumo energético.

Para o conceito de sala de exposição idealizado para o Piso 2, foi elaborado um estudo de *lighting design* de modo a cumprir com os requisitos de nível luminoso e uniformidade no espaço. Para além dos tradicionais requisitos, foi também aplicado o conceito de 'luz dinâmica' ou *dynamic lighting*. Neste espaço, a temperatura de cor da luz emitida pelas luminárias é variável ao longo do dia, tornando a sala de exposições mais quente ou mais fria, em função de um controlador horário. Este conceito de luz dinâmica modifica a aparência do espaço, proporcionando uma maior sensação de conforto e bem estar aos seus utilizadores. De noite, apenas o sistema de LED fica ligado, aproveitando ao máximo a capacidade de eficiência energética, possibilitando uma iluminação simultaneamente decorativa e funcional.

Este projecto foi realizado com: 112 Warm White LEDModules de 1W da Philips, 56 luminárias SAVIO TPS770 3x54W/827/865 HF-D AC-MLO SMS da Philips, com regulação de nível e regulação de temperatura de cor. O sistema de controlo é composto por controlador horário DALI, Specitron. **PHILIPS**

Hospital de Santa Maria, Lisboa

Dono de Obra

Contracting Authority

Hospital de Santa Maria

Responsável do Projecto

Project Responsible

Pinto da Costa (Dr.)

Suporte de *Lighting Design*

Lighting Design Support

Nuno Felgueiras – Philips Portuguesa SA

Apoio técnico do Hospital Santa Maria

Hospital's Technical Support

José Rosa (Eng.º), Nuno Jorge (Eng.º), Durão de Carvalho (Eng.º)

Interfaces/Programação

Interfaces/Programming

Specitron

Santa Maria Hospital, Lisbon

Located in the centre of Lisbon, the Santa Maria Hospital presents itself as one of the great references of the National Health Service system, combining integrated healthcare services as well as teaching and tutoring at a university level, along with continuous investigation. It is an essential unit of the Portuguese Health system. Human resources are well known for their notable capacities, experience and knowledge.

During the renewal phase of the Santa Maria Hospital's 2nd Floor, the direction board decided to invest in high efficiency lighting technologies and low energy consumption. According to the concept created for the exhibit room, a lighting design study was elaborated in order to fulfill uniformity and luminous level requirements. Besides the common necessities, dynamic lighting conception was also applied. During the day time, the colour temperature varies, transmitting a warmer or a colder sensation. This variation is determined by a time controller. This flexible lighting concept has the ability of modifying the space's appearance, ensuring the comfort and welfare of its users. During night time, lighting becomes functional and decorative by the use of a LED system, minimizing energy consumption, therefore becoming more efficient on an energetic point of view.

This Project contemplated: 112 Warm White Philips LEDModules with 1W; 56 Philips SAVIO luminaires TPS770 3x54W/827/865 HF-D AC-MLO SMS with colour temperature and luminous level regulation. The control system is composed of DALI time controller, Specitron. **PHILIPS**

Sistema Philips SAVIO – cor quente

Ponte Moscovo – um novo marco urbano brilha sobre o Moscovo

Na proximidade da impressiva Catedral do Cristo Redentor, uma nova ponte pedonal estende-se sobre o rio Moscovo. Foram utilizadas mais de 750 fontes de luz da OSRAM para iluminar eficazmente este marco arquitectónico. Por meio de lâmpadas de iodetos metálicos HQI-TS, HQI-E, HCI-T, bem como fluorescentes T5 e iluminação LED, foram destacados os pormenores arquitectónicos na zona pedonal e obtida uma iluminação cénica das partes laterais, da parte inferior da ponte e de outros pormenores arquitectónicos.

Moscow Bridge – a new landmark shining over the Moskva

In the proximity of the impressive Cathedral of Christ the Saviour, a new pedestrian bridge stretches over the Moskva. More than 750 OSRAM lamps were used to illuminate this architectural highlight effectively. HQI-TS, HQI-E and HCI-T Halogen metal halide lamps as well as T5 fluorescent lamps and Light Emitting Diodes were used for the illumination of the sidewalk and the scenic illumination of the sides of the bridge, the bottom view and other architectural elements.

Catedral de Berlim **– Festival of Lights 2006**

O Festival of Lights 2006 decorreu o passado Outubro em Berlim, com a iluminação temporária de quarenta dos mais notáveis edifícios da cidade. A Catedral de Berlim foi iluminada por uma gigantesca projecção, em que a OSRAM utilizou seis lâmpadas de iodetos metálicos HMI com uma potência de 6 000W cada. Na foto, a Catedral revestida com o logotipo laranja da empresa, assinalando a celebração do centésimo aniversário da marca. Havia mais cinco diferentes padrões que se sucediam ao ritmo de três por hora, dando à Igreja uma imagem completamente nova a cada mudança.

Berlin Cathedral – Festival of Lights 2006

The Festival of Lights 2006 took place last October in Berlin, with temporary lighting installations drawing attention to the forty most outstanding buildings of the city. OSRAM used six HMI Halogen metal halide lamps with a capacity of 6,000W in order to illuminate the Cathedral. Six themes, one of them the orange OSRAM picture logo, exchanged themselves three times per hour, giving the church a completely new impression with every change.

Seven Screens – sede da OSRAM em Munique

Seven Screens é um novo projecto artístico com luz que proporciona a artistas convidados uma plataforma de arte multimédia. Concebidos como parte integrante da paisagem, os sete painéis com painéis LED da OSRAM, com cerca de seis metros de altura, enriquecem a capital da Baviera com esta forma de arte urbana através da projecção de imagens estáticas ou dinâmicas.

Seven Screens – OSRAM headquarters in Munich

Seven Screens is a new artistic light project and a new multimedia platform as well, where invited artists can develop site-specific works. Well integrated in the landscape, seven OSRAM LED systems with a height of six meters offer the capital of Bavaria an urban art form with static or moving pictures.

Spirit of the Rainbow – Aeroporto de Munique

A peça *Spirit of the Rainbow*, do artista Sigi Bussinger, em conjunto com a iluminação da OSRAM, fascinaram os fãs de futebol de todo o mundo e todos os que passaram pelo aeroporto de Munique por ocasião do Campeonato Mundial de Futebol em 2006 na Alemanha.

Spirit of the Rainbow – Munich Airport

Spirit of the Rainbow is a unique light show by artist Sigi Bussinger. In the shadow of the World Cup OSRAM lamps, it was a captivating experience for football fans from all over the world and everyone that visited Germany during the 2006 World Cup.

Restaurante – vinho em qualquer circunstância

Restaurante-Enoteca CIRCUNSTÂNCIA, na Batalha.
Projecto de iluminação da responsabilidade de GILLAMP PROJECTO

Trata-se de um bar de vinhos onde os melhores podem ser acompanhados por petiscos de alta qualidade. A diferença é marcada pela ideia de que se trata de um espaço onde cada cliente pode ter a sua garrafeira. Cada uma delas comporta doze garrafas, é composta por um cubo e está num espaço que só é acessível pelos clientes detentores da mesma, através de um cartão especial que abre a porta que dá acesso ao primeiro andar, garantindo, assim, privacidade relativamente ao cliente normal.

Os cubos visíveis nas fotos são todos iluminados com projectores que funcionam com lâmpadas OSRAM HALOSTAR 12V-5W (421 unidades) e transformadores HALOTRONIC INTELIGENT DALI 150/12.

As suspensões tubulares que podem ser visualizadas nas fotos da página seguinte trabalham com lâmpadas OSRAM DULUX L 80W/830 (vinte unidades) e vinte BALASTROS OSRAM QUICTRONIC INTELIGENT DALI DIM.
Os *plafonds* do piso térreo funcionam com a lâmpada OSRAM CIRCULAR FC 40W/830 (34 unidades) e balastros OSRAM QUICTRONIC INTELIGENT DALI DIM.

As suspensões Italianas foram alteradas para usar o balastro OSRAM QUICTRONIC DALI T/E DIM 1X26-42 e respectivas lâmpadas OSRAM DULUX T/E 42W/830.

Na mesma foto é possível identificar no armário de fundo, onde se apresentam ilustrações e textos sobre o vinho, todos eles iluminados com 74 módulos LINEARlight 32 TOPLED – OSLM01AW184, com respectivos alimentadores, conectores e transformadores OSRAM OPTOTRONIC 50/10 (seis unidades).

Para que todo o sistema funcione temos os acessórios DALI:
- duas Centrais DALI ADVANCED
- um Controle remoto DALI
- um Módulo Botão de Cenas
- duas 'DALI ADVANCED EXT. ANTENNAS'
- E porque temos os estores ligados ao sistema, funcionam também dois Módulos RI / PERSIANAS.

Não visíveis nas imagens, há depois uma série de materiais que usam o sistema DALI e lâmpadas correspondentes. **OSRAM**

Restaurant – Vinho em qualquer circunstância [Wine at any occasion]

Restaurant-Wine-shop CIRCUNSTÂNCIA, in Batalha
Lighting project by GILLAMP PROJECTO

It is a wine restaurant where the best boutique wines may be accompanied by high quality food. The difference resides in the idea that it is a place where each customer may have their own twelve bottle cellaret, a cube lying in a space only accessible using a special card that opens the door and gives access to the first floor, thus garanteeing a certain privacy towards the other customers.

The cubes [visible in the photos] are illuminated with projectors that use OSRAM HALOSTAR 12V-5W [in a number of 421] and HALOTRONIC INTELIGENT DALI 150/12 transformers.

The tubular suspensions (seen in photos) use OSRAM DULUX L 80W/830 20 units] plus twenty OSRAM QUICTRONIC INTELIGENT DALI DIM ballasts.

The ground-floor plafond, shown in the photos in the previous page, uses the OSRAM CIRCULAR FC 40W/830 [34 units] plus OSRAM QUICTRONIC INTELIGENT DALI DIM ballasts

The 24W suspensions are Italian, altered to use the OSRAM QUICTRONIC DALI T/E DIM 1X26-42 and the DULUX T/E 42W/830 lamps.

The closets in the back, where one can find illustrations and texts about the wines, are all illuminated by 74 LINEARlight 32 TOPLED – OSLM01AW184 modules, with their respective OSRAM OPTOTRONIC P/MOD LED 50/10 electric feeders [six units]

In order for te whole system to worlk we have DALI accessories: 2

- two DALI ADVANCED centrals;
- one DALI remote control;
- one Scene Switch module;
- two 'DALI ADVANCED EXT. ANTENNAS';
- and since we linked the blinds to the system, two RI Blinds Modules.

There are also other materials using the DALI system and lamps which one cannot see in the pictures. **OSRAM**

Omnicel. Luzes efémeras
Omnicel. Ephemeral lights

A sociedade contemporânea viciou-se numa agenda intensiva. Locais e actividades competem entre si pela atenção de especialistas, de apoios, dos meios de comunicação e do público em geral. O ritmo das cidades e das decisões de investimento de quem as governa ou nelas aposta, torna-se cada vez mais dependente da dinâmica desta programação e os eventos sucedem-se com maior ou menor ruído de fundo e capacidade de estimular a reflexão e o debate construtivo e progressista. Importa filtrar, definir um rumo coerente com os objectivos estabelecidos e fazer escolhas, arriscar opções.

A Omnicel, como empresa de técnicas de iluminação, ambicionando o reconhecimento de referencial para as mais exigentes e inovadoras obras e projectos, tem procurado associar-se a iniciativas em que, naturalmente, a luz seja uma componente essencial ou relevante. A nossa escala valorizará porventura este aspecto particular mas tenta não perder o sentido do todo técnico, cultural ou de lazer.

Porque efémeros por definição, estes eventos são quase sempre desafios entre o desejo de excelência e o compromisso de tempo e recursos disponíveis ou razoáveis. Desafios maiores porque se quer que, apesar de breves, perdurem como contributo importante naquilo que se propunham. Nesta linha de orientação, parece-nos oportuno referenciar, numa panorâmica sobre a segunda edição do Luzboa, três eventos que julgamos terem atingido tal fim. Embora bem distintos, têm em comum não só dependerem da luz para o sucesso, mas sobretudo o trazerem com eles a luz à ribalta.

A luz desde sempre faz parte dos equipamentos necessários às mostras de actividades ou produtos. Só recentemente, no entanto, é que a luz passou a ser ela própria o motivo do acontecimento, aquilo que se quer mostrar, ascendendo ao estatuto de manifestação

Contemporary society is hooked on an intensive agenda. Places and activities compete among themselves for the attention of specialists, support, communication means and public. The rhythm of the cities and of the investment decisions is more and more dependent on the dynamics of such programming and events follow with more or less background noise and capacity to stimulate reflection and constructive, as well as progressive, debate. It is important to filter, to define a coherent path towards the given objectives and make choices, to risk options.

OMNICEL, a lighting technology company, aiming the recognition as a reference whenever demanding and innovative projects are at stake, tries to associate to initiatives in which light is an essential and relevant component. Our scale might valorize such particular aspect, but tries not to loose the sense of the technical, cultural and leisure whole.

Because ephemeral by definition, such events are almost always challenges between the desire for excellency and compromise regarding timings and resources.

cultural. E dizemos bem luz, porque equipamentos de iluminação devem ser exibidos em feiras de materiais ou da especialidade, desde que foram inventados.

O Luzboa é um destes jovens eventos. Fazendo da luz matéria prima e com o ímpeto que lhe advém dessa juventude, propôs-se reinterpretar e encenar espaços de Lisboa, despertando consciências e sensibilidades para como a luz contribui para a identidade e qualidade do espaço urbano. Se outros objectivos não tivesse, este seria bastante para que a Omnicel se associe à iniciativa. Eventos como o Luzboa parecem-nos indispensáveis para quebrar ideias feitas, explorar tecnologias emergentes e angariar criatividade geralmente dissociada do acto de iluminar. Idealmente, têm o potencial de deixar o embrião de como um edifício pode renascer na paisagem nocturna da cidade, de como um espaço esquecido se pode requalificar, enfim, de como a cidade melhor se pode oferecer e acolher na metade nocturna da sua vida. No mínimo, estimulam a reflexão e o debate, aumentando a visibilidade da luminotecnia, nosso terreno de eleição.

Com uma projecção que ultrapassou largamente os restritos meios artísticos, a Exposição 'Amadeo de Souza Cardoso. Diálogo de Vanguardas' lançou um novo olhar sobre esse artista maior, enquadrando-o justamente como igual nos seus contemporâneos. Gravou-se uma importante marca cultural e alimentou-se

Bigger challenges because one wants that they perdure as important contributions in terms of their objectives. In an overview of the Second Edition of Luzboa, it seems an oportune time to refer three events we think achieved such goal. Though distinct, they all depended on light for their success, and above all brought success to light.

Light has always been part of the necessary equipment of activities or product shows. However, only recently light itself has become the reason for the happening, what shall be shown, gaining the status of cultural manifestation. We say Light, because lighting equipments, since their invention, shall have been exhibited in materials and specialists fairs.

Luzboa is such a young event. Using Light as its raw material, with the impetus of youth, Luzboa managed to reinterprete and inscenate spaces in Lisbon, raising awareness and sensibility towards how light is able to contribute to the identity and quality of urban space. This is reason enough for OMNICEL to support the initiative. Events like Luzboa seem indispensable to fight prejudice, to explore emerging technologies and gather creativity usually dissociated from the act of lighting. Ideally, they work like an embryo of how a building may be reborn in the nocturnal landscape of the city, of how a forgotten space may be qualified; finally, how the city may better relate to its nocturnal half life. At least, they stimulate reflection and debate, rising the visibility of luminotechnics, our chosen field.

With an impact that largely surpassed the restricted artistic milieu, the Exhibition 'Amadeo de Souza Cardoso. Diálogo de Vanguardas' threw a renovated look upon that great artist. An important cultural accomplishment took place, and the national self-esteem was nurtured as well, with something much more substantial than the headline of a sports newspaper. The level of exigence and the special care concerning the lighting of the different pieces was evident and the result decisively contributed to the appeal of the show. A path of merit was pointed out, in the field of national museology. To have contributed, with our equipment, for this exemplary way of presenting art, makes us proud.

Consagrated as culture but far away from universal recognition, Architecture had in the Architecture Triennale of Lisbon a stage of rare relevancy. Promoting the vitality of contemporary architecture and their professionals was an action of the widest range, possibly not measurable, but the pedagogy and the sensibilization about how to make

a tão sedenta auto-estima nacional de algo bem mais substancial que o tema da manchete do jornal desportivo. O nível de exigência e o cuidado no iluminar das diferentes obras foi evidente e o resultado obtido contribuiu decisivamente para a forma apelativa como a exposição se apresentou. Fica apontado um caminho de mérito para a museologia do país. É para nós motivo de orgulho ter contribuído com os equipamentos que possibilitaram de forma exemplar mostrar arte.

Já consagrada como cultura mas ainda longe de um reconhecimento universal, a Arquitectura teve na Trienal de Arquitectura de Lisboa um palco de como não há memória recente. O alcance de dar a conhecer a vitalidade da arquitectura contemporânea e dos seus profissionais não se poderá talvez medir, mas será inquestionável a importância da pedagogia e a sensibilização de como melhor se podem fazer cidades, espaços e edifícios; de como se pode dar um salto em frente na tão reclamada qualidade de vida. Se já faz parte do nosso trabalho contribuir, outra vez com a luz, para estas obras, voltar a encontrá-las neste contexto, com o propósito de as iluminar, é especialmente motivador. E porque a Trienal, fiel à pluralidade que pretendia mostrar, foi um plano com vários projectos, com múltiplos autores e bem diferentes solicitações, ampliou-se a paleta de soluções luminotécnicas, enriqueceu-se o ênfase da boa luz como suporte do que se expunha.

Da esplanada de volumes sob um céu construído, ao plano de luz suporte homogéneo de arqui-diversidade, ao labirinto de formas fluidas que se desvendava para acomodar diferentes realidades, queremos acreditar que ganhou consistência a Arquitectura e a Luminotecnia. Não que melhor não fosse possível, os habituais constrangimentos de orçamento, de tempo ou os inevitáveis percalços de última hora, são sempre um travão, mas fica assim espaço para evoluir, para crescer.

Todos estes momentos são afinal luzes efémeras que brilham com mais intensidade num breve instante de um longo percurso.

OMNICEL TÉCNICAS DE ILUMINAÇÃO SA / RUI PICOTO DA CUNHA (ARQ.)

cities, spaces and buildings was undoubtedly important. If it's already part of our work to contribute, with light, to such works, to meet them again in this context, with the function of lighting them, was specially motivating. And since the Triennale, according to the plurality it should state, was a plan with various projects, with multiple actors and different solicitations, this was an opportunity to enrich the palette of luminotechnic solutions and the emphasis on good light as a support.

From the esplanade of volumes under the constructed sky, to the light plan as homogenous support of archidiversity, to the labyrinth of fluid forms that unveiled in order to accommodate different reallities, we want to believe that both Architecture and Luminotechnics gained in consistency. By this we don't mean a better result hadn't been possible – there are always the usual financial and schedule constraints, as well as the inevitable last minute hazards – but room for evolution and growing remains.

All these moments are thus ephemeral lights that shine with intensity as a short moment in a long path.

OMNICEL TÉCNICAS DE ILUMINAÇÃO SA / RUI PICOTO DA CUNHA [ARCHITECT]

Megarim. Nova iluminação para o Edifício TMN. Projecto
Megarim. New lighting for the TMN building. Project

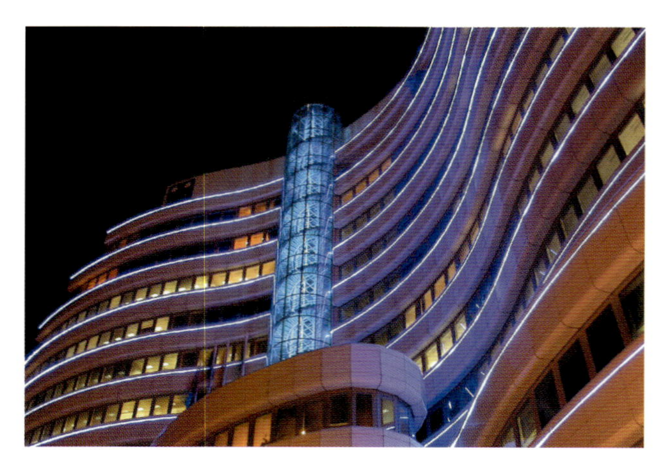

Nova iluminação para o edifício TMN
Uma solução MEGARIM Iluminação

Desde Dezembro passado que o emblemático edifício da TMN em Lisboa apresenta um novo sistema de iluminação arquitectural. Linhas azuis enquadram e realçam a estética do edifício.

Tendo sido inicialmente integrado nas decorações de Natal de 2006, esta nova iluminação manter-se-ia ao longo do ano na fachada sul, com onze andares.

A MEGARIM Iluminação projectou o sistema de iluminação com recurso a LED – um sistema composto por estrutura de LED em linha contínua estanque, com treze mm de diâmetro, uma durabilidade de 100.000 horas, alimentada a 230 volts, com uma longevidade prevista de dezassete anos sem manutenção.

Este sistema apresenta um índice de protecção IP65 – classe 2, com resistência à temperatura de -20°/60° e à pressão de 100kg/2,5 m^3, tornando-se deste modo o equipamento mais adequado à estrutura do edifício e à instalação no mesmo.

A iluminação do edifício da TMN melhorou significativamente a sua rentabilidade ao passar da utilização de lâmpadas incandescentes de 25W para o sistema de LED, estando deste modo em consonância com a política de eficiência energética definida pela empresa.

Em termos de conceito de iluminação, a principal premissa era a de transmitir o espírito inovador da TMN, valorizar a arquitectura do edifício, e estabelecer um marco na cidade de Lisboa. **MEGARIM**

A new lighting design for the TMN building
A solution by MEGARIM Lighting

Since last December the emblematic building of TMN in Lisbon presents a new architectural lighting system, whose blue lights frame and highlight the building's aesthetic.

Initially conceived for the Christmas decorations of 2006, this new lighting design would remain during the whole year on the eleven-storey southern façade.

The company MEGARIM Iluminação projected a LED lighting system, consisting of a watertight LED strip in a continuous line [Ø 13mm] with a life expectation of 100.000hours, fed by 230 volts. It is estimated it will work for seventeen years without any maintenance.

This system presents an IP65 – Class 2 Protection degree, being resistant to temperatures ranging from -20° to 60°, and to a pressure of 100 kg/2,5m^3; with such a performance, this is the most appropriate equipment for the specific structure of the building and the installation itself.

The lighting of the TMN building significantly bettered its rentability, with the change from incandescent 25W lamps to the LED system. This is in accordance with the efficiency policy promoted by the Company.

In what concerns the lighting concept, the main issue was to transmit the innovative spirit of TMN, valorizing the architecture of the building and establishing a landmark in the city of Lisbon. **MEGARIM**

A Luz é metafórica, lúdica, encantatória, efémera... Mensageira de símbolos fortes, ela acompanha o evoluir de um projecto na cidade, conferindo-lhe uma componente de sonho e imaginário. Ela torna-se na arte de valorizar a imagem nocturna dos lugares, de acordo com duas linhas de investigação: poética e técnica.

A Agência

A Lightec, agência de concepção e engenharia de iluminação, instalada em Charenton-le-Pont [94], foi fundada em 1991 e é, desde 2001, filial do Grupo AC Développement. É constituída por uma equipa de dois *concepteurs lumière* [designers-de-luz], dois assistentes, um desenhador-projectista e uma assistente administrativa.

A empresa beneficia de uma grande experiência criativa e técnica na concepção de projectos-luz, cobrindo o conjunto das suas áreas de intervenção competências no âmbito da iluminação patrimonial, da gestão da paisagem nocturna, da iluminação efémera, de planos directores e planos gerais de iluminação...

La lumière est métaphorique, ludique, enchanteresse, évènementielle... Messagère de symboles forts, elle accompagne la démarche d'un projet dans la ville et lui amène une part de rêve et d'imaginaire. Elle devient l'art de valoriser l'image nocturne des sites suivant deux axes de recherche: poétique et technique.

L'agence

Lightec, agence de conception et d'ingénierie de la lumière, installée à Charenton-le-Pont (94), a été fondée en 1991 et est, depuis 2001, filiale du Groupe AC Développement. Elle est composée d'une équipe de deux concepteurs lumières, d'un ingénieur électricien, de deux assistants, d'un dessinateur projeteur et d'une assistante administrative. Elle bénéficie d'une grande expérience créative et technique de la lumière, couvrant l'ensemble de ses domaines de compétences dans la mise en lumière patrimoniale, de l'aménagement du paysage nocturne, la mise en lumière évènementielle, les schémas directeurs et plans d'aménagement lumière...

A l'inverse d'une uniformisation de la conception d'éclairage, notre démarche créative de la lumière est d'obtenir une unicité pour chaque espace ou architecture. Elle doit appréhender la lumière comme moyen de mise en scène, de manière évènementielle et/ou pérenne, prenant en compte, des images, des rythmes, des séquences, qui seront adaptés à l'appropriation de la ville nocturne. Au travers d'une recherche sociologique, historique et artistique... et d'analyses diurne et nocturne du site, nous évaluons son échelle afin d'en étudier le rapport à son environnement.

De cette réflexion naît un 'leitmotiv', notre concept. Ensuite, nous étudierons sa faisabilité technique, passant par le suivi de la maîtrise d'œuvre des opérations, l'assistance à maîtrise d'ouvrage. Nous prendrons en compte les réalités d'installations, de maintenance relative aux économies d'énergie et au développement durable.

Langres
(Département Haute Marne/52)
Projecto de Iluminação para Plano Geral de Iluminação da cidade de Langres, compreendendo três fases]
Projet de Mise en lumière d'un plan d'Aménagement Lumière de la ville de Langres sur 3 phases
Designer-de-luz Concepteur lumière
Daniel Sacchelli

Ao invés de uma concepção de iluminação uniformizante, a nossa acção criativa em torno da luz procura obter uma determinada identidade, sempre adaptada a cada espaço ou arquitectura.

Ela deve conceber a luz como meio cenográfico, de forma efémera e/ou perene, tendo em conta imagens, ritmos, sequências, passíveis de serem apropriadas pela cidade nocturna. Através de uma pesquisa sociológica, histórica e artística…, e de observações diurnas e nocturnas do sítio, avaliamos a sua escala com ıo objectivo de estudar a relação com a envolvente. Dessa reflexão nasce um 'leimotiv', o nosso conceito.

De seguida, estudamos a fasibilidade técnica, passando pelo acompanhamento de obra, assim como pela assistência à direcção de obra. Temos em conta as realidades específicas da montagem, da manutenção relacionada com a economia energética e o desenvolvimento sustentável.

Langres (*Département* Haute Marne/52)
Projecto de Iluminação para Plano Geral de Iluminação da cidade de Langres [compreendendo três fases]

Na sequência do plano de iluminação elaborado pela *conceptrice-lumière* Sylvie Sieg, a agência Lightec foi seleccionada para executar a obra.

Conceito de iluminação
Criação de um ambiente de tipo claro-escuro na cidade. O contraste entre luzes quentes e frias misturadas cria um ambiente poético no centro histórico.

Principado do Mónaco
Projecto de iluminação de uma obra de arte: escultura *Le signe des temps* de André Bücher

Conceito de iluminação
A escultura representa os principais momentos na vida do príncipe Rainier. A forma da peça é uma superfície oblíqua onde se encontram gravadas as datas importantes da sua vida: nascimento, casamento, coroação, etc.

Há uma forma curva que nasce no solo, para se desenvolver no espaço na direcção do céu; pareceu primordial fazer uma transcrição, projectar aquela forma no solo para que fosse adivinhada enquanto sombra de luz, mais forte na base e progressivamente mais ténue até ao final da vida.

Cidade de Canteleu (*Département* Seine Maritime/76)
Projecto de iluminação de uma obra de arte: *Château d'eau* [Castelo de Água]

Com a iluminação do reservatório de Canteleu, sublinhámos um certo aspecto da nossa paisagem urbana, de forma diversa da visão institucional característica da iluminação dos edifícios nobres como a catedral de Rouen ou a Torre dos Arquivos do Conseil Général. Equilibrámos assim

Principado do Mónaco
Projecto de iluminação de uma obra de arte: escultura *Le signe des temps* de André Bücher
Principaute de Monaco
Projet de Mise en lumière d'une œuvre d'art: sculpture *Le signe des temps* d'André Bücher
Designer-de-luz Concepteur lumière
Catherine da Silva
+ directrice artistique

Langres (*Département* Haute Marne/52)
Projet de Mise en lumière d'un plan d'Aménagement Lumière de la ville de Langres sur 3 phases

Suite au plan lumière réalisé par la conceptrice lumière Sylvie Sieg, l'agence Lightec a été retenu pour continuer la maîtrise d'œuvre de celui-ci.

Concept de mise en lumière
Création une ambiance de type clair-obscur dans la ville. Les lumières chaudes et froides se contrastent, se mêlent créant une ambiance poétique dans ce cœur historique.

Principaute de Monaco
Projet de Mise en lumière d'une œuvre d'art: sculpture *Le signe des temps* d'André Bücher

Concept de mise en lumière
La sculpture représente les principaux moments de la vie du prince Rainier. La forme de l'œuvre est réalisé par un montant oblique ou sont gravés les dates importantes de sa vie: naissance, mariage, couronnement, etc. Une forme courbe prend naissance au sol pour se déployer dans l'espace et monte vers le ciel, il nous a paru primordial de retranscrire, projeter cette forme au sol pour en deviner sa forme telle une ombre de lumière au sol qui serait plus forte à sa base et qui s'estomperait à la fin de sa vie.

a imagem nocturna da cidade. Iluminar o reservatório de Canteleu significa que a cidade moderna e contemporânea é a realidade quotidiana, ainda que a cidade antiga continue a existir. Essa a razão porque o *Chateau d'eau* se destaca como símbolo de vida.

À distância, o reservatório desenha-se no céu graças a uma cenografia baseada no seu sistema de distribuição. Tonalidades de verdes-azulados e brancos destacam o volume da cuba, como que figurando a água no interior. Sublinhámos igualmente as tubagens interiores, dispondo linhas de luz verticais dinâmicas em altura, ao longo da torre. A água desce da cuba cheia, para ser distribuída…

Ao perto, o volume da torre desaparece na noite e não incomoda o bairro residencial com luz parasitária. A fim de conservar a estrutura, utilizámos uma bazilagem luminosa; o betão deu lugar à água. Os LED, pela sua tecnologia de semicondutor, pareceram a solução mais apropriada a uma cenografia dinâmica e efémera. Na verdade, o seu uso não está associado ao número de vezes que a obra se acende, funcionando por electroluminescência. O princípio de programação é igualmente optimizado, dado que a reacção dos LED à mensagem enviada é imediata.

Cidade de Canteleu
(*Département* Seine Maritime/76)
Projecto de iluminação de uma obra de arte: *Château d'eau* [Castelo de Água]
Ville de Canteleu
(Département Seine Maritime/76)
Projet de Mise en lumière d'un ouvrage d'art: *Château d'eau*
Designer-de-luz Concepteur lumière
Caroline Crespin

Ville de Canteleu
(Département Seine Maritime/76)
Projet de Mise en lumière d'un ouvrage d'art: *Château d'eau*

En éclairant le réservoir de Canteleu, on souligne un certain aspect de notre paysage urbain en opposition avec la vision prestigieuse qu'offrent les bâtiments officiels mis en valeur, la cathédrale de Rouen et la tour des archives du Conseil Général. Ainsi on équilibre l'image nocturne de la ville. Eclairer le réservoir de Canteleu signifie que la ville moderne et contemporaine est la réalité quotidienne pendant que la ville ancienne continue d'exister. C'est la raison pour laquelle le château d'eau apparaîtra comme un symbole de vie.

De loin, le réservoir de Canteleu apparaît grâce à une scénographie basée sur son système de distribution. Les teintes vert-bleu et blanc feront apparaître le volume de la cuve et figureront l'eau contenue. Aussi nous soulignerons les tuyaux situés à l'intérieur en plaçant des lignes de lumière verticales et dynamiques sur la tour.

De la cuve pleine descend l'eau pour être distribuée…

En vision proche, le volume de la tour disparaît dans la nuit et ne parasite plus le quartier résidentiel. Afin de conserver cet atout, nous proposons d'utiliser un balisage lumineux; le béton disparaît et l'eau transparaît. La LED de par sa technologie de semi-conducteur semble la plus appropriée à une scénographie dynamique et événementielle. En effet son usure n'est pas liée à la multiplication des allumages puisqu'elle fonctionne par électroluminescence. Le principe de programmation est également optimisé par la réaction immédiate des LED au message envoyé.

Metz (Département de la Moselle / 57)
Projet de Mise en lumière: *Couleurs de Lumière*
(mise en lumière des Bords de Moselle
1ère tranche – Tranche ferme et tranche Conditionnelle)

Concept de mise en lumière

Pour la mise en lumière messine, il nous a semblé intéressant de créer une vision nocturne respectant l'allure enchanteresse et mystérieuse de la ville. En autre, aérer les perspectives des vues lointaines (autoroute) et des vues proches (quai) afin d'inciter le piéton ou l'automobiliste à la contemplation et au parcours. Minimiser la présence des points lumineux dans le paysage afin de créer une fluidité, un entrelacement de lumière qui se tisse sur les bords de Moselle.

C'est ainsi que qu'on a imaginé la ville les bords de Moselle 'peindre la nuit vers la lumière' dans deux espaces temps. Peindre des tableaux du plan d'eau vers la cathédrale en favorisant le champ visuel de l'autoroute.

1er temps: incitation à la flânerie à la contemplation

Créer une ambiance 'clair de lune', crépusculaire, douce et intimiste dans l'allée d'arbres, incitant le passants à la flânerie. Cet éclairage est réalisé par des luminaires de type design 'floral', équipé de lampes bleues. Les

Metz (*Département* de la Moselle / 57)
Projecto de iluminação: *Couleurs de Lumière* (iluminação ao longo do rio Moselle 1.ª Fase – fase concluída e fase condicional)

Conceito de iluminação
Para a iluminação de Metz, pareceu-nos interessante criar uma visão nocturna, respeitando o encanto e o mistério da cidade. Por outro, articular as perspectivas das vistas distantes [auto-estrada] e das vistas próximas [cais], a fim de incitar o peão e o automobilista à contemplação e ao percurso. Minimizar a presença dos pontos luminosos na paisagem, a fim de criar uma fluidez, um entrançado de luz tecido nas margens do Moselle. Assim imaginámos a cidade das margens do rio: 'pintando a noite de luz' em dois espaços-tempos. Pintando quadros do plano de água que se estende em direcção à catedral, favorecendo o campo visual da autoestrada.

1.º tempo: incitação à *flânerie* e à contemplação
Criar um ambiente *clair de lune*, crepuscular, doce e intimista na álea de árvores, incitando os passeantes à *flânerie*. Esta iluminação é realizada por meio de luminárias de *design* modelo 'floral', equipadas com lâmpadas azuis. As luminárias estão colocadas ao longo do caminho pedonal. São equipamentos dissimulados, colocados no eixo da autoestrada, a fim de desimpedir a perspectiva e de permitir a contemplação da paisagem e da catedral.

2.º tempo: incitação ao percurso
O conceito geral desta parte permite abordar, essencialmente, os planos horizontais e evitar quaisquer pontos luminosos incómodos no espaço. Esta diligência permite incitar o passeante a percorrer o percurso e criar uma certa fluidez espacial.

Os cais
Criar uma ambiência romântica. Um véu de mistério ao longo das antigas muralhas que captam a iluminação ambiente e residual dos encastrados no solo, iluminando pontualmente o pavimento com uma luz branca quente. As silhuetas, as sombras dos transeuntes, são projectadas, deslocam-se, dançam sobre a muralha ao ritmo da sua vida e do seu espanto. Uma pontuação colorida 'verde-água' do lado do Moselle vem ritmar o passeio que assume, então, um aspecto lúdico e mágico.

As pontes
Tratámos as pontes com a intenção de criar um efeito de fluidez, incitar o transeunte ao caminhar. Imaginemos uma luz cintilante 'verde-água', remetendo-nos para cor do Moselle e do seu ambiente paisagístico. As suas luzes e os seus reflexos criam rasgos nas paredes de pedra, deixando assim na penumbra os lados das pontes. Isto por forma a acentuar a ideia de passagem e do escorrer da água.

JEAN-MARC BERTOLOTTI + CATHERINE DA SILVA

Lightec é uma agência de concepção e engenharia de iluminação, instalada em Charenton-le-Pont, França. Jean-Marc Bertolotti é gerente e Catherine da Silva a directora artística.

luminaires sont placés le long du cheminement piétonnier. Ils sont équipés de cache et placés dans l'axe de l'autoroute afin de dégager la perspective et de contempler le paysage, la cathédrale.

2ème temps: incitation au parcours
Le concept général de cette partie permet de traiter essentiellement les plans horizontaux et d'éviter toutes gênes de points lumineux dans l'espace. Cette démarche permet d'inciter le passant au parcours en créant une fluidité dans l'espace.

Les quais
Créer une ambiance romantique. Un voile de mystère le long des anciens remparts qui captent l'éclairage ambiant et résiduel des encastrés de sol éclairant ponctuellement le pavage dans une lumière blanc chaud. Les silhouettes, les ombres des passants se projettent, se déplacent, dansent sur la muraille au rythme de leur allure et de leur étonnement. Une ponctuation de couleur 'vert d'eau' du côté Moselle vient rythmer la promenade qui prend, alors, un aspect ludique et magique.

Les ponts
Nous traitons les ponts afin de créer cet effet de fluidité et d'inciter le passant au parcours. Imaginez une lumière miroitante 'vert d'eau', nous renvoyant à la couleur de la Moselle et de son environnement paysager. Leurs lumières et leurs reflets vont créer tel des percées dans des murs de pierre, laissant ainsi dans l'ombre les faces des ponts. Ceci afin d'accentuer l'idée de passage et de l'écoulement de l'eau.

JEAN-MARC BERTOLOTTI + CATHERINE DA SILVA

Lightec est une agence de conception et d'ingénierie de la lumière, installée à Charenton-le-Pont, France. Jean-Marc Bertolotti en est le gérant et Catherine da Silva directeur artistique.

Metz
(*Département* de la Moselle / 57)
Projecto de iluminação: *Couleurs de Lumière* (iluminação ao longo do rio Moselle 1.ª fase – fase concluida e fase condicional)
Projet de Mise en lumière: *Couleurs de Lumière* (mise en lumière des Bords de Moselle 1ère tranche – Tranche ferme et tranche Conditionnelle)
Designer-de-luz Concepteur lumière
Catherine da Silva
+ directrice artistique

Realizar

Castelo e Cidadela de Bragança

Bragança: castle and citadel

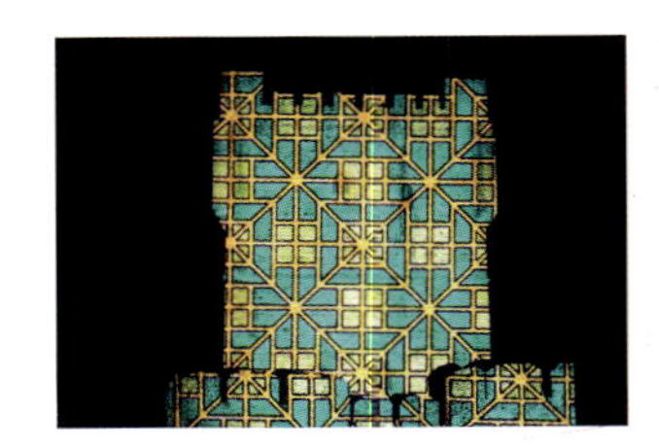

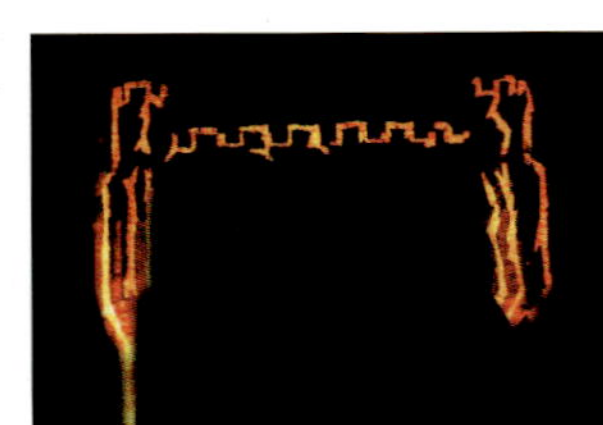

Luz de novas realidades

A nascente conceptual da REALIZAR é a Luz nas suas mais diversas vertentes ou, pode mesmo dizer-se, nascentes; porque a Luz é, no imaginário colectivo da Humanidade de hoje e de outras eras, sinónimo de: fonte de vida – diz-se 'dar à luz uma criança'; criatividade tantas vezes representada, desde a publicidade à banda-desenhada, na lâmpada luminosa da ideia acabada de formular; progresso intelectual e desenvolvimento social nomeado como 'Idade das Luzes' na Europa do Séc. XVIII; glória dos vencedores e génios apelidados de iluminados.

A REALIZAR prosseguiu, nestes onze anos de existência, um trilho de Luz, criando novos conceitos de espectáculo e comunicação, dando vida a eventos inovadores, marcando a diferença no cenário nacional dos grandes acontecimentos. E um dos caminhos mais originais desta empresa com dimensão internacional é a forma como tem revolucionado a relação entre eventos e público e a relação entre momentos únicos e as cidades: com a componente determinante da iluminação cénica, dão novo rosto a paisagens urbanas, revigoram espaços citadinos, atraindo públicos de todas as idades e proveniências, unidos, por um breve momento, 'à velocidade da luz', em torno deste novo olhar sobre a cidade que reconhecem como sua.

A REALIZAR identifica-se como uma equipa de pessoas que quer dar a conhecer e faz acontecer ideias para a valorização do nosso país e de paisagens além-fronteiras, dando Luz a visões do Futuro. **REALIZAR**

A REALIZAR é uma empresa portuguesa de impact marketing, *com escritórios em Portugal, Espanha e Holanda. É especializada em projectar grandes eventos para as marcas dos seus clientes.*

Fim-de-Ano, Portimão

New Year's Eve, Portimão

Fim-de-Ano, Portimão
New Year's Eve, Portimão

Inauguração do Estádio de Braga, Braga
Inauguration of the Braga Stadium, Braga

The Light of new realities

The main concept driving REALIZAR as a company is to 'light the lights'. Light moves our creativity, compels us to *illuminate the world* just like others in previous times and other artistic fields – from publicity to comics – made an effort to *see clearly*.

Throughout eleven years of existence, REALIZAR developed a 'trail of light', new concepts in the area of spectacle and communication, bringing to light [in Portuguese, we use the expression 'dar à luz', literally meaning 'give to light'] innovative events, some of the most original and remarkable in Portugal.

This is one of the directions the Company pursues, taking advantage from its international structure, in order to continue to push forward the relation between audiences and the events, between unique moments and the staging cities, being scenic lighting a fundamental feature. We give urban landscapes a new image, we renew city atmospheres, attracting all sorts of audiences for a brief moment, united by the 'speed of light' around this new look upon the city which they recognize as theirs.

REALIZAR is a team of people who not only present ideas, but make things happen, in a process of valorisation of our Country [Portugal] and other landscapes and sites outside our borders. Our mission is to cast light upon visions of the future.

REALIZAR

REALIZAR is a Portuguese company of 'impact marketing', With offices in Portugal, Spain and Holland, it is specialized in projecting big events for the trademarks of their clients.

Inauguração do Estádio do Dragão, Porto
Inauguration of the Estádio do Dragão, Oporto

Casa Magica – *tissages automatiques.* Projectos
Casa Magica – *tissages automatiques.* Projects

Quando Friedrich Förster e Sabine Weißinger se conheceram em meados dos anos 90, esse foi o ponto de partida para uma fusão de experiências e interesses, os quais conduziram desde então a um desenvolvimento continuado do que ambos definem como 'luz plástica', genericamente definida como projecção arquitectural.

Por via do seu *background* académico [Ciências da Natureza], Förster esteve envolvido durante vários anos na pesquisa e aplicação do potencial da luz para criar e aplicar estruturas visuais e imagens no âmbito da arte audiovisual. Weißinger trouxe consigo os seus estudos em Ciências Culturais e Artes, incluindo experiências no campo do vitral; trabalhava na altura como jornalista numa revista de Arquitectura.

A abordagem artística de CASA MAGICA é situacional. Forma e função, o contexto histórico, significado actual ou futuro perspectivado de um edifício ou espaço urbano, ocasiões especiais e temas virulentos são elementos tidos em consideração no processo criativo. Daí que cada trabalho seja desde as suas raízes exclusivamente dedicado a um local.

O *medium* predominante é a projecção de grande formato, especificamente combinada com a ideia de ajustar a imagem projectada, com precisão, à arquitectura existente. Daí que, por oposição ao uso da arquitectura apenas como um écran mais ou menos apropriado, se fundam as imagens projectadas e o espaço construído, por forma a manifestar – – temporariamente – a metamorfose nocturna do lugar. Os resultados obtidos oscilam entre os pólos do mero comentário artístico de estruturas existentes e da completa transformação da arquitectura.

***Musterhaus*, Luminale Frankfurt am Main, 2006**

When Friedrich Foerster and Sabine Weissinger met in the mid-nineties it was the starting point of a merger of experiences and interests, which led to the ever since lasting development of what they call plastic light, in the main results architectural projection.

On the background of his studies in natural science Foerster had been involved for years in the research and use of light's potential to create and perform visual structures and images in audiovisual art. Weissinger brought in her studies in cultural sciences and arts including experiences in the field of stained glass, and was working as an architecture's journalist.

CASA MAGICA's artistic approach is situational. Form and function, the context of history, present meaning or expected future of a building or urban space, special occasions and virulent themes are elements taken into consideration in the process of creation. Therefore from its very roots each work is unique and exclusively dedicated to one site.

The predominant medium is large format projection, specifically combined with the idea of precisely adjusting the projected image to the existing architecture. Thus in contrast to using architecture just as a more or less suitable screen, projected images and built space merge in order to manifest – temporarily – the nightly metamorphosis of the place.

The generated results oscillate between the poles of direct artistic commentation of the existing structures and a complete illusionistic transformation of architecture.

CASA MAGICA's work ranges from the creation of still sculptural sceneries to the development of complex animated sequences and shows, synchronized to music and eventually integrating life performers.

Reference projects

***Musterhaus*, Luminale Frankfurt am Main, 2006**

In a creative misunderstanding and play on the words with the meaning of the term 'Musterhaus' – 'show house', 'exemplary house' as well as 'pattern house' – the collision in taste and theory on contemporary architecture, on *Ornament and Crime* (pamphlet at the dawn of modernism against the decoration of facades by Adolf Loos, Vienna 1908) were illustrated by architectural projection. The scene of the event was a generally unmentioned solitary high-rise building of the 60s in a architecturally historically prominent position:

O trabalho de CASA MAGICA varia entre a criação de cenários esculturais estáticos e o desenvolvimento de complexas sequências animadas ou espectáculos, sincronizados com música e/ou integrando artistas ao vivo.

Projectos de referência

Musterhaus, Luminale Frankfurt am Main, 2006
Projecções arquitecturais inspiradas num equívoco criativo, o jogo de palavras a propósito do termo 'Musterhaus' – *show house*, *exemplary house* [casa-modelo] ou ainda *pattern house* [casa-padrão] –; a colisão entre gosto e teoria arquitectónica contemporânea, a propósito de *Ornamento e Crime* [panfleto de Adolf Loos, Viena 1908, escrito no dealbar do Modernismo, contra a decoração nas fachadas]. A cenário do evento foi um solitário prédio alto dos anos 60, considerado sem interesse, porém situado numa posição arquitectónico--histórica relevante: ponto de articulação com os domínios do exemplar bairro habitacional de Ernst May. Os padrões, que CASA MAGICA criou especificamente para este projecto e adaptou às caracterísiticas dos edifícios de apartamentos, citam símbolos dos vários estilos de vida que podem ser encontrados nas habitações: candeeiro de Murano, passador de chá, piano de cauda, bota de montanhismo, calças Stresemann.[1]

Tissage Automatique, Fête des Lumières Lyon, 2003
O local de intervenção – a catedral e a praça de Saint-Jean – é o coração da Lyon antiga, o ponto urbano a partir do qual a cidade empreendeu o seu desenvolvimento até se tornar a mais importante no negócio da tecelagem de seda. Tecelagem e produção têxtil em geral são os exemplos mais notórios das revoluções tecnológicas [e sociais] decorrentes da história da industrialização, da mecanização e da automação.

Partindo deste ponto de vista, o projecto lidou com a automação, normalmente considerada resultante da racionalidade pura e da lógica. Nesta última, uma incerteza nos conduz a outro aspecto. Chamamos automatismos a todo o tipo de processos que sentimos terem lugar sem a nossa participação activa e consciente. Enquanto psiquiatras e psicoterapeutas tentam explicar e enfrentar este fenómeno, os artistas agradecem as suas implicações e possibilidades, enquanto libertação das restrições da racionalidade: surrealismo e dadaísmo (a escrita automática de Breton), expressionismo abstracto e arte informal, disso fizeram a base do seu método poético.

Na base de tais observações, CASA MAGICA identifica a 'tecelagem automática' como seu tema e estratégia artística.

As suas ferramentas técnicas, em concreto, são equipamentos controlados digitalmente, os quais necessitam de uma compreensão e manuseamento racional, lógico, e resultam numa produção que se desenvolve automaticamente e, neste caso, estabelece até uma correlação coerente entre a forma e os conteúdos. Há mais correlações desta natureza. O motivo básico da tecelagem é o cruzamento de duas direcções num ângulo de 90º. Assim, a estrutura técnica de base são projectores de grande formato que varrem a fachada horizontal e verticalmente.

***Tissage Automatique*, Fête des Lumières Lyon, 2003**

at the pivot of Ernst May's exemplary housing estate. The patterns, which CASA MAGICA created specifically for this project and adapted to the features of this apartment building, cite symbols of various lifestyles, which can be found concretely in habitations: Murano-chandelier, tea strainer, grand piano, mountaineering boot, Stresemann-trousers.

Tissage Automatique, Fête des Lumières Lyon, 2003
The site – the cathedral and place Saint-Jean – is the very heart of Vieux Lyon, the city's urban point of departure regarding its rise to the most important city of the silk weaving business. Weaving and textile production in general are the most prominent example of technological (and social) revolutions in the history of industrialization, of mechanization and automation.

From this point of view the project deals with an automation, which is normally considered the offspring of pure rationality and logics. But there is an uncertainty in the latter, which leads us to another aspect. We call automatisms all kinds of processes which we feel take place without our active and conscious participation. While psychiatrists and psychotherapists try to explain and cure this phenomenon, artists welcome its implications and possibilities as a liberation from the restrictions of rationality: surrealism and dadaism (Breton's 'écriture automatique'), abstract expressionism and informel based on it their poetic method.

On the base of such observations CASA MAGICA identifies the 'tissage automatique' as their subject and artistic strategy. Their concrete technical tools are digitally controlled machines, which need a rational, logic

1 Fato de cerimónia para ocasiões específicas, no contexto da cultura tradicional austríaca.

Paradeplatz Zurich 2006

De forma dinâmica, fazem aparecer e espalham todo o tipo de tecidos, objectos e formas relacionados sobre toda a fachada poente da catedral: um gigantesco tear no sentido mais literal, mas também no sentido de uma máquina de tecelagem que produz novas imagens, novas cadeias associativas.

E há mais, um outro projector: mais pequeno e mais atento que os seus colegas maiores. Podemos encará-lo como a lançadeira do tear. Não apenas salta da linha, move-se igualmente em outras direcções, assume a iniciativa da deriva despreocupada, explorando e rodopiando em torno do funcionamento do automatismo 'irracional'.

Tissage Automatique desenrola-se como um espectáculo de 13', em *loop* permanente, sincronizado com a música

***Urban Space Theater*, National Theater Mannheim 2005**

understanding and handling and result in a production, that unrolls automatically and in this case even establishes a coherent correlation between the form and the contents.

There are more correlations of this nature. The basic motif of weaving is the 90° crossing of two directions. Thus the basic technical set are large format projectors scrolling horizontally and vertically. They dynamically make appear and spread out all kinds of tissues, related objects and forms over the complete west facade of the cathedral: an enormous loom in the most concrete sense but also in the sense of a weaving machine of new images, of new chains of associations.

And there is a further projector: smaller and more alert than its big fellows. One may take it as the loom's shuttle. But it not only jumps off the line and move in other directions, it takes the initiative of the unconcerned runaway, exploring and spinning the networks of the 'irrational' automatism.

Tissage automatique enrolls as a 13-minutes show, set on permanent loop, synchronized to music by Steve Reich, perfectly fitting by at the same time evolving serial musical events as well as unexpected rhythmical shifts.

Cologne Cathedral, Pueri Cantores Choir Festival 2004

Cologne Cathedral, one of the largest gothic cathedrals ever built, was finished only in 1880, leaving its main spaces, longhouse and transept, in pure stone for reasons of budget shortage as well as quarrels about the appropriate decorative concept. While the inauguration audience felt rather cross about this fact, the following century switched over to appraise such purism, implementing a deep scepticism towards any splendorous additions except stained glass windows.

Thus – although meant to exist only for three nights in occasion of a choir festival – CASA MAGICA's illumination project was an extraordinary premiere. Patterns not only in black and white but also vividly colored performed a continuous slow motion procession all over the vaults, pillars and perforated walls of the huge gothic space, intersecting and superimposing each other while approaching from symmetrically ordered transversal angles. The pattern creation was mainly rooted in the cathedral's formal details like window tracery, stained glass drawing, choir pavements. Pouring them out at large scale and high visual intensity and accompanying this action by life improvisation on the

de Steve Reich, adaptando-se na perfeição tanto aos acontecimentos musicais seriais como a inesperadas inflexões rítmicas.

Catedral de Colónia,
Pueri Cantores Choir Festival 2004
Catedral de Colónia, uma das maiores catedrais góticas alguma vez construídas, foi terminada apenas em 1880, deixando os seus espaços principais, nave e transepto, com a pedra à vista, por razões de orçamento e falta de fundos, mas também devido a querelas acerca do conceito decorativo apropriado. Se o público da inauguração se sentiu bastante indignado perante este facto, o século seguinte passou a admirar tal purismo, implementando um profundo cepticismo perante quaisquer acrescentos ornamentais, com excepção dos vitrais nas janelas.

Assim – e apesar de ter sido concebida para um duração de três noites apenas, por ocasião de um festival de coros – o projecto de iluminação de CASA MAGICA foi uma estreia fantástica. Padrões não apenas a preto e branco mas também de cores vivas constituiram uma procissão contínua em câmara lenta sobre as abóbodas, pilares e paredes perfuradas do monumental espaço gótico, intersectando e sobrepondo-se uns aos outras à medida que se aproximavam, oriundos de ângulos transversais ordenados simetricamente. A criação dos padrões inspirou-se fundamentalmente nos detalhes formais da catedral, tais como os rendilhados das janelas, desenhos dos vitrais, pavimentos do coro. Vertendo-os em grande escala e com elevada intensidade visual, e fazendo acompanhar esta acção de improvisações ao vivo no órgão, criou uma experiência do espaço simultaneamente dramática e meditativa.

***Urban Space Theater*, National Theater Mannheim 2005**
Inaugurando um novo director e uma nova temporada, a preocupação deste projecto era a de activar visualmente e de uma forma o mais objectiva possível o potencial do teatro para entrar em contacto com a cidade, com a vida real, para reflectir e criar um mundo de sonhos, medos e esperanças. Dia após dia, o edifício algo grosseiro do teatro, datado dos anos 50, com a sua inexpressiva fachada, foi transformado em palcos dramáticos extremamente diversos: planta industrial, edifício de apartamentos de férias, estádio desportivo ou Coliseu Romano.

Paradeplatz Zurich 2006
A intervenção neste edifício, que domina uma agitada praça interior, passa pela quase-ausência de camadas iconográficas, exceptuando a sua própria decoração plástica, em estilo histórico. Numa delicada revisão do existente, recorrendo a uma limitada paleta de cores, CASA MAGICA destacou e realçou o original. Depois, sobrepôs-se-lhe com subtileza a forma orgânica de uma onda, provocando variações na coloração e nas estruturas gráficas, as quais perturbaram a magestosa rigidez do edifício. **FRIEDRICH FÖRSTER**

CASA MAGICA é um estúdio de projecto de iluminação cénica e arquitectural sedeado em Tübingen, Alemanha, dirigido por Friedrich Förster e Sabine Weißinger.

cathedral's organ created a space of dramatic and meditative experience at the same time.

***Urban Space Theater*, National Theater Mannheim 2005**
Inaugurating the new director and the new season, the concern of this project was to activate visually and in the most concrete way the potential of theater to get into touch with the city, with real life, to reflect on and to create the world of dreams, fears and hopes. Day by day, the somewhat awkward theater building of the 50s with its rather unexpressive serial facade was transformed into rather different dramatic urban stages: industrial plant, vacation apartment building, sports stadium or Roman Colosseum.

Paradeplatz Zurich 2006
The intervention on this building, which prominently dominates a busy inner city square, does almost without any iconographic layer except its own rich plastic decoration of historistic style. In a delicate revision of the existing, using a limited range of colors, CASA MAGICA highlights and enhances the original. Then the organic form of a wave is subtly superimposed, causing color shifts and graphic structures, which irritate the portly rigidness of the building.
FRIEDRICH FÖRSTER

CASA MAGICA is a studio of architectural-scenic lighting based in Tübingen, Germany, run by Friedrich Förster and Sabine Weißinger.

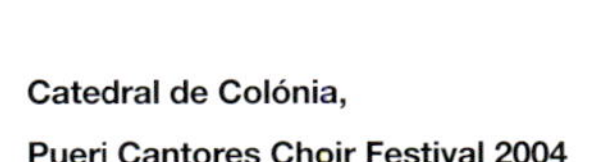

Catedral de Colónia,
Pueri Cantores Choir Festival 2004

Dois projectos para Luzboa 2006
Two projects for Luzboa 2006

Nuno da Silva

Desde 1995, tenho realizado uma série de trabalhos sobre a luz e as alterações perceptivas que esta provoca ao interagir com o espaço e ao incidir sobre a matéria. Sujeitando a luz a uma estrutura espacial e superficial condicionada, tenho procurado investigar as propriedades físicas da luz e dos reflexos. Os resultados têm sido apresentados em séries de objectos e instalações onde os fenómenos em questão são depurados e filtrados, por forma a tornar evidente um determinado comportamento natural da luz.

Estes trabalhos têm como objectivo aumentar a consciência perceptiva do observador. Ao revelarem, de uma forma evidente, os parâmetros em análise, os trabalhos tornam-se permeáveis à compreensão, desmontando assim o lado mágico que as novas atenções perceptivas usualmente provocam no observador. As questões de ordem formal têm sido abandonadas de uma forma progressiva e o nível de intervenção sobre a matéria reduzido ao mínimo. Nas obras realizadas tenho procurado um equilíbrio entre:

- o fascínio que a descoberta de novas atenções perceptivas provoca;
- a revelação inteligível do fenómeno em questão;
- uma depuração ao nível da intervenção, procurando trabalhar com a simples disposição da luz e da matéria no espaço.

Velocidade da Luz
Paradoxos na percepção do movimento

Instalação de luz no túnel do metropolitano entre duas estações consecutivas, produzindo alterações à percepção do movimento nos passageiros.

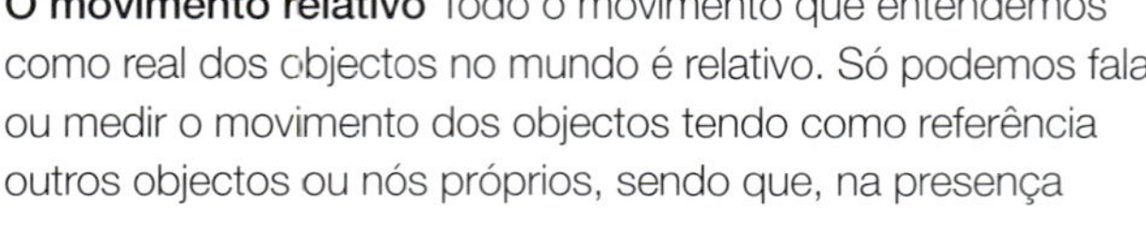

O movimento relativo Todo o movimento que entendemos como real dos objectos no mundo é relativo. Só podemos falar ou medir o movimento dos objectos tendo como referência outros objectos ou nós próprios, sendo que, na presença

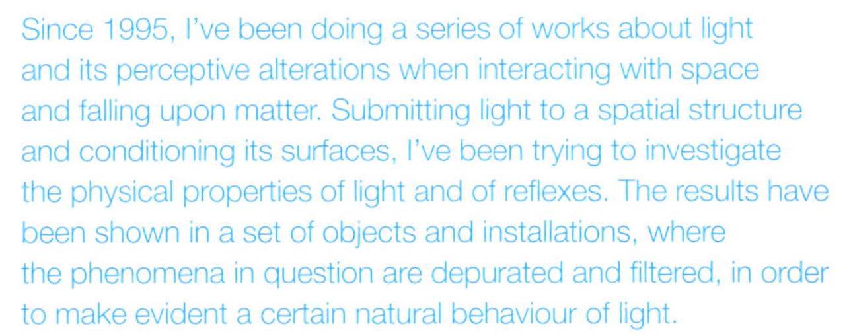

Since 1995, I've been doing a series of works about light and its perceptive alterations when interacting with space and falling upon matter. Submitting light to a spatial structure and conditioning its surfaces, I've been trying to investigate the physical properties of light and of reflexes. The results have been shown in a set of objects and installations, where the phenomena in question are depurated and filtered, in order to make evident a certain natural behaviour of light.

These works have the intention of rising the perceptive awarenesses of the observer. They explicitly reveal the analysed parameters, becoming permeable to comprehension, so dismounting the magical side that new perceptive awareness usually provoke in the observer. I've been progressively abandoning the formal issues and reducing the intervention on matter to a minimum. In the works done I've been looking for a balance between:

- the fascination provoked by the discovery of new perceptive attentions;
- the intelligible revelation of the phenomenon in question;
- a depuration at the level of intervention, trying to work merely with the disposition of light and matter in space.

Velocidade da Luz [Speed of light]
Paradoxes in the perception of movement

Light-installation in the tunnel of the underground train, between two successive stations, producing a change in the passengers' perception of movement.

The relative movement All the real movement, as we perceive it, of objects in the world is relative. We can only measure the movement of objects having as reference other objects or ourselves, being that, in the presence of movement, our brain has always to decide what is moving. We usually know how to distinguish whether the movement is due to our locomotion amidst surrounding objects, or to the movement of the objects themselves, but that requires always a decision.

The induced movement There are moments when the relative movement is perceived erroneously. It is familiar to us, the sensation of sitting down at the underground station and having the feeling that the station is moving because the train in front of us started moving. This is called induced movement.

Apparent movement In an alignment of lights, connected to a sequencer with more than four channels, it is possible to create a sequence in a way that the observer sees the light apparently moving in a certain direction and at a certain speed. This effect, called *chasing*, is due to the *phi* phenomenon, which is at the base of cinema, animation and television.

de movimento, o nosso cérebro tem sempre de decidir sobre o que se está a mover. Nós geralmente sabemos distinguir se o movimento se deve à nossa deslocação entre os objectos circundantes, ou se em vez disso ao próprio movimento dos objectos, mas isso envolve sempre uma decisão.

O movimento induzido Há situações em que o movimento relativo é percebido de forma errada. É-nos familiar a situação de estar sentado na estação do metropolitano e ter a estranha sensação de que esta se começou a movimentar porque o comboio na nossa frente o começou a fazer. A isto se chama movimento induzido.

O movimento aparente Num alinhamento de luzes, ligadas a um sequenciador com mais de quatro canais, é possível criar uma sequência de tal forma que o observador vê a luz movimentar-se aparentemente numa determinada direcção e a uma determinada velocidade. Este efeito, chamado de *chasing*, deve-se ao fenómeno *phi*, fenómeno que está na base do cinema, da animação e da televisão.

Descrição da instalação Alinhamentos de luzes ao longo do túnel do metropolitano, ligadas a um sequenciador de quatro ou mais canais com efeito '*chasing*', regulado de forma a o movimento aparente das luzes coincidir sensivelmente com a velocidade média de deslocação das carruagens do metropolitano. O movimento aparente das luzes vem modificar a percepção do movimento nos passageiros do metropolitano relativamente ao exterior, induzindo nestes a sensação paradoxal de estarem parados.

O movimento paradoxal Ao regular a velocidade aparente de deslocação da luz, de forma a esta se aproximar da velocidade de deslocação das carruagens do metropolitano, o observador, aí sentado, ao olhar pela janela perderá a noção, quer da velocidade, quer do sentido em que se está a mover. Paradoxalmente, poderá sentir que a carruagem onde se encontra está a andar mais lentamente, que parou e inclusivamente que está a andar em sentido contrário.

O raio da criação *Instalação de luz na cidade de Lisboa*

Descrição Linha ziguezagueante de luz entre o Largo de Camões e o Largo da Misericórdia, visível durante 1/4 segundo em cada cinco minutos, sublinhando a malha de cabos suspensos da infra-estrutura dos carros eléctricos aí existente.

Contexto A relação com o céu, em muitas ruas, largos e praças de Lisboa, é filtrada por uma extensa teia de cabos e fios que constituem parte da infra-estrutura necessária ao funcionamento dos carros eléctricos. Com o tempo, apesar da sua inequívoca presença, esta malha tornou-se invisível aos transeuntes. Um processo que poderíamos descrever como 'a cegueira da habituação'. Pretendia-se com esta instalação evidenciar a presença dessa infra-estrutura.

Nuno da Silva nasceu em Lisboa em 1969.
É artista e arquitecto.

Description of the installation Display of a set of aligned lights along the tunnel of the underground, connected to a sequence machine with four channels or more, causing a 'chasing' effect, set in a way that the apparent movement of lights matches approximately the average speed of the locomotion of the train. The apparent movement of the lights changes the passengers' perception of movement when looking outside. Paradoxically, they feel they are still.

The paradox movement When controlling the apparent speed of the dislocation of light, so that it matches the speed of the train's locomotion, the observer, inside the train, will not be able to tell the speed nor the direction he is moving when he looks out of the window. Paradoxically, he might feel that he is either moving slower, that he has stopped or even that he is moving backwards.

O raio da criação [The ray of creation[1]]
Light installation in the city of Lisbon

Description A zigzaging line of light between Largo de Camões and Largo da Misericórdia, visible for 1/4 of a second every five minutes, highlighting the net of hanging cables — the existing infrastructure of the tramways.

Context In many streets and squares in Lisbon, the relation with the sky is filtered by an extensive net of cables and wires which are part of the infrastructure required by the tramways. As time passed by, the dwellers have become used to it, despite its unequivocal presence. A process we might call 'blindness by habit'. This installation aimed to highlight the presence of such an infrastructure.

Nuno da Silva, born in 1969, is an artist and architect.

1 The title implies an ironically game of words, difficult to translate, since '*O raio da...!*' [The ray of...] works also like a swear.

Rossio, Praça Sensível – um projecto para Lisboa, pela Extra]muros[
Rossio, Sensitive Square – a project for Lisbon, by Extra]muros[

We do not see art as a simple reflection of society. We see art as a tool of making society, of creating the future, of activating people.

DAVID AVALOS

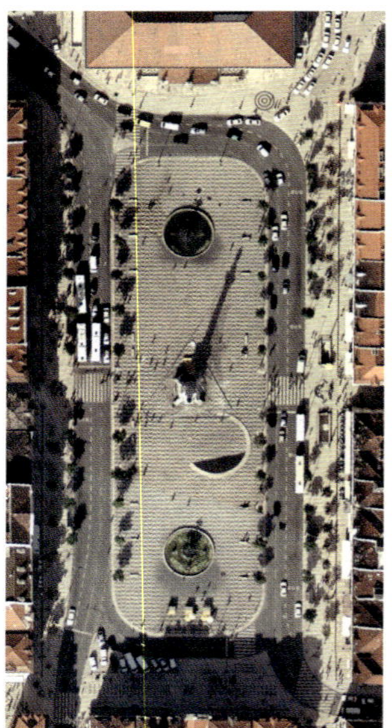

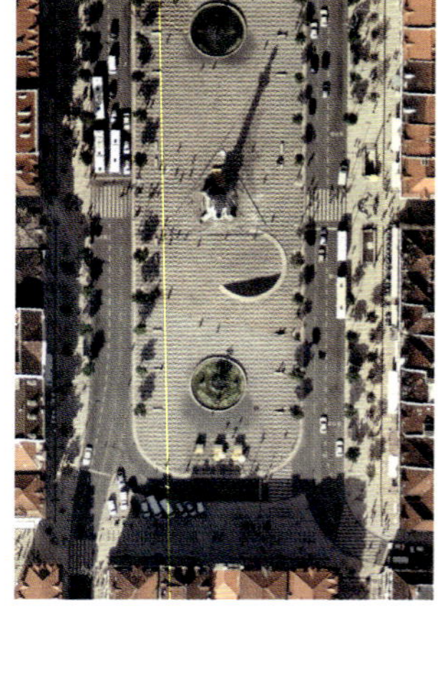

Praça Sensível
Conceito para a iluminação da Praça D. Pedro IV

Situação

Historicamente: Praça emblemática, Praça das pessoas, Praça de cultura, Praça política.

Marco turístico, porta da Baixa. Imagem urbana qualificada.

Ponto-chave nos Projectos vindouros de Reabilitação de toda a Baixa Pombalina.

À escala da vivência humana: lugar de significado colectivo forte.

Leitura

Local de tensão entre fluxos (viários e pedonais, Metropolitano e Caminhos de Ferro), ocupação comercial privada, oferta cultural pública (TNDMII), espaços informais vividos (placa central e passeios).

Espaço de acumulação de alto valor paisagístico, com Imagem Urbana reconhecível e com Identidade própria, acrescido de informalidade característica do Espaço Público, porém pouco apropriada pelos cidadãos no seu quotidiano. O Rossio tem todas as potencialidades para assumir o desafio de se tornar no Palco Humano da Cidade de Lisboa.

Sensitive Square
A Concept for the illumination of the Praça D. Pedro IV

Situation

Historically: Emblematic Square, people's square, culture square, political square.

Touristical landmark, Downtown access. Quality urban image.

Key-point in future projects aiming the rehabilitation of the whole Baixa Pombalina.

At the scale of the human living: place of strong collective meaning.

Reading

Tension spot between different flux (car, pedestrian, Subway and Railway), private commercial occupation, public cultural offer (TNDM II – National Theatre), informally lived spaces (central platform and sidewalks).

Space of high landscape value accumulation, with recognizable Urban Image and self Identity, added with the characteristical informality of Public Space, though not really appropriated by citizens in their daily life. Rossio has a great potentiality to assume the challenge of becoming the Human Stage of the City of Lisbon.

Concept

Premise:
- By means of an Urban Lighting Project, Rossio has conditions to become an exceptional luminic atmosphere.

Objectives:
- to emphasize the historical-political value of the place;
- to articulate complementary visions of the appropriation

Conceito

Premissa:
– Por via de um Projecto de Iluminação Urbana, o Rossio tem condições para constituir-se como um *ambiente* lumínico de excepção.

Objectivos:
– realçar a valência histórico-política do Lugar;
– articular visões complementares da vivência do Espaço Público [comercial, turística, política, cultural e de lazer] por forma a estimular o Estar para além do Atravessar.

Modelo conceptual
Tendo em conta:
– que não é possível prever com total determinismo a evolução dos usos, vivências e culturas urbanas, é necessário encontrar um modelo conceptual com elementos fixos fundamentais, articulados porém com elementos 'vazios', elaborados por forma a serem permeáveis a um máximo de potencialização futura;
– a interpenetração de múltiplos usos e imagens na Praça ao longo da História, mas também as aspirações e preocupações legítimas dos diversos sectores sociais (Autarquia, moradores, transeuntes, agentes culturais, comerciantes), há que defender um modelo conceptual ajustável a um conjunto diversificado de situações;
O Projecto assenta num Sistema Dinâmico de Categorias, que permitem gerir a Praça a partir de três grandes Concepções relativamente ao seu papel na cidade de Lisboa.

Categorias de Iluminação Urbana
– Funcional;
– Festiva;
– Artística.

Factores de Desenho

Luminárias e candeeiros, Iluminação Privada, Pavimento, Fachadas monumentais, Outras fachadas, Estrutura verde, Elementos simbólicos, Elementos pontuais.

Este sistema permite uma muito diversificada conjugação de factores, por forma a chegar a soluções formais que tanto reflectem claramente uma das três categorias (Funcional, Festiva, Artística) como inúmeras variações entre elas, ou seja, estados intermédios de acordo com factores de decisão política tão diversos como datas

of Public Space [commercial, touristical, political, cultural and entertainmental] ion order to promote Being as much as Passing Through.

Conceptual Model
Taking in account:
– that it is not possible to foresee with total determinism the evolution of uses, behavings and urban cultures, it is necessary to create a conceptual model with fixed fundamental elements, though articulated with 'empty' elements, conceived in order to be permeable to a maximum of future potentiation.
– The interpenetration of multiple uses and images of the Square along History, but also aspirations and legitimate preocupations of diverse social actors (Municipality, dwellers, passers-by, cultural agents, retailers), one must preserve an adjustable conceptual model capable of facing a diverse set of situations; The Project is grounded on a dynamic system of categories that allow the management of the Square departing from three main Concepts concerning its role in the city of Lisbon.

Urban Lighting Categories
– Functional;
– Festive;
– Artistic.

Design Factors

Luminaires and lamps, private lighting, pavement, monumental façades, other façades, green structure, symbolic elements, punctual elements.

This system allows a much diversified conjugation of factors, in order to arrive to formal solutions that both clearly reflect one of the three categories (Functional, Festive, Artistic) as well as uncountable variations between them, that is, intermediate states according to factors coming from political decisions as diverse as dates and specific events, times of the year, excepcional situations, economical-finantial arguments. The issue is to develop a solution that may turn the Praça Dom Pedro IV into a Sensitive Square.

Just as an example, a possible commemorative time-map: from the Diagram A one may define a time map for the lighting. In this case, one departs from a functional lighting situation, which evolves to a festive lighting [relating to the celebration of 25th of April], becoming afterwards an artistical lighting [related to memory].

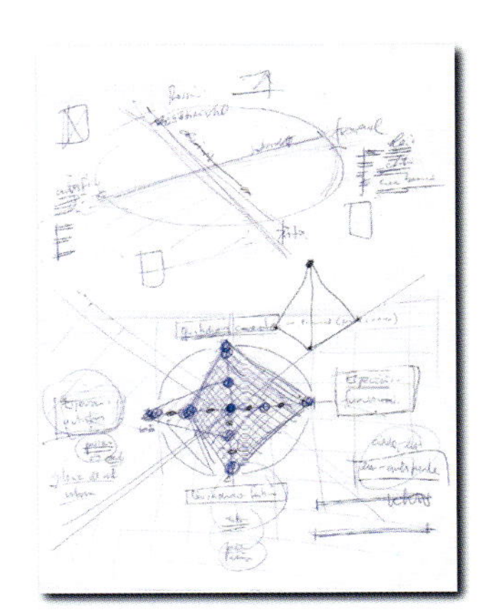

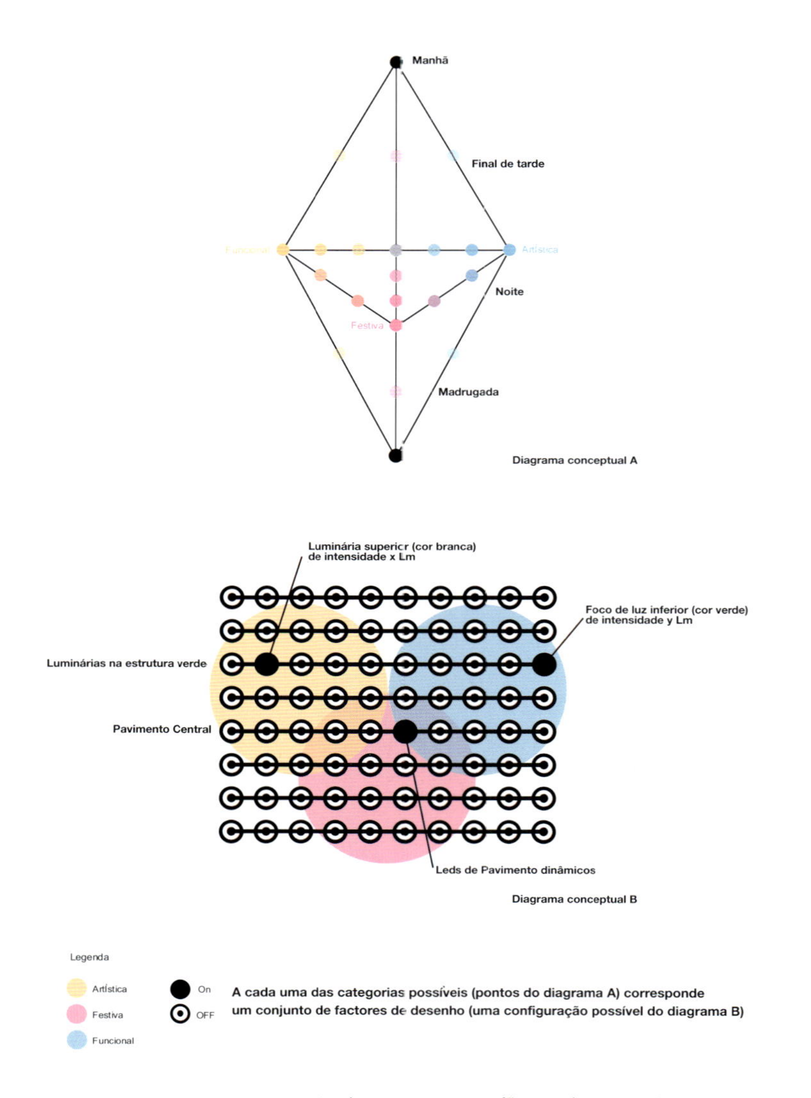

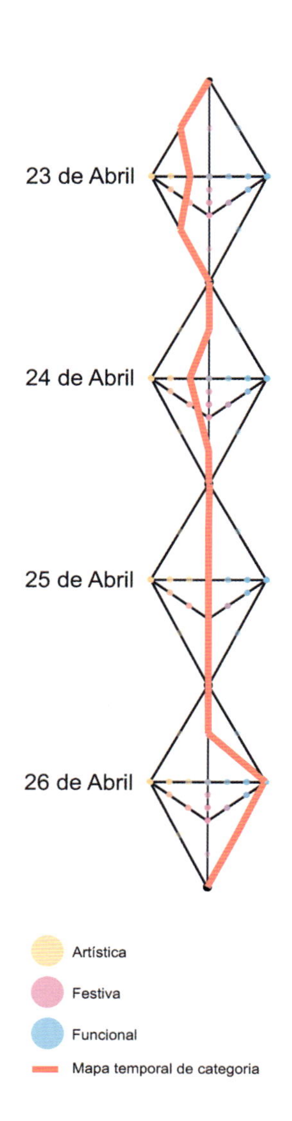

Diagrama conceptual e mapa temporal comemorativo
Conceptual diagram and commemorative time-map

e acontecimentos específicos, épocas do ano, situações excepcionais, argumentos de carácter económico-financeiro. Trata-se de desenvolver uma solução que torne a Praça D. Pedro IV numa 'Praça Sensível'.

A título meramente exemplificativo, um possível mapa temporal comemorativo: a partir do diagrama A é possível definir um mapa temporal de iluminação. Neste caso partiu-se de uma iluminação funcional, que evolui uma iluminação festiva (relativa à celebração com o seu auge no dia 25 de Abril) transformando-se depois numa iluminação artística (relativa à memória).

Mapas como estes podem ser elaborados para dias específicos como por exemplo: feriados religiosos, celebrações desportivas, festivais de arte urbana, dias de luto nacional assim como para eventos colectivos não comemorativos (manifestações, etc).

Como exemplo de desenvolvimento de uma componente artística no quadro do projecto *Praça Sensível*, surgiu a proposta 'Ondas de Luz', que não é mais do que uma entre muitas possibilidades a serem estudadas.
MÁRIO CAEIRO + MIGUEL MOUTA FARO / EXTRA]MUROS[

Maps like these may be designed for specific dates such as: religious holidays, sports celebrations, urban art festivals, national mournings, as well as collective non-commemorative events [demonstrations, etc.]

As an example of the development of an artistic component in the framework of the *Sensitive Square* project, the proposal 'Waves of Light' came up, which is no more than just one among many possibilities to be studied.
MÁRIO CAEIRO + MIGUEL MOUTA FARO / EXTRA]MUROS[

'Ondes de lumière' – Une possible intervention artistique

Pour la mise en lumière de la place, il nous a paru primordiale de rendre hommage à son passé maritime prestigieux, et à la symbiose permanente de la ville de Lisbonne avec l'Océan et son fleuve. La présence de la mer dont il y a des siècles recouvrait le Rossio, parait s'être figé sur ses pavés. Une grande mosaïque bicolore, de type 'haute mer' [*Mar Largo*] représente des vagues sinueuses alternées noires et blanches, et nous mettent en apesanteur dans l'espace.

Du beau nom de Lisbonne, Baudelaire tirait d'elle

'Ondas de Luz' – uma possível intervenção artística

Para a iluminação da Praça pareceu-nos fundamental prestar homenagem a esse prestigiado passado marítimo, e à simbiose permanente entre a cidade de Lisboa e o Oceano e o Rio. A presença do mar que há séculos cobria o Rossio pareceu ficar captada no pavimento, um enorme mosaico a preto e branco – o 'Mar Largo' – representando as vagas sinuosas.

Do belo nome de Lisboa, retirava Baudelaire uma paisagem feita de luz e mineral, e de elemento líquido para os reflectir. Da luz nasce a calçada que dá o seu nome à Cidade Branca.

A Praça do Rossio é sem contestação o verdadeiro coração palpitante da cidade e uma passagem oblíqua que todos os habitantes e visitantes cruzam. É por isso que evocamos a água e seu movimento. E assim criámos um corredor de luz central, qual 'tapete de luz', do Arco da Rua dos Sapateiros até ao Teatro. As duas fachadas e a escultura serão os elementos verticais desta iluminação, acendendo-se de maneira teatral e colocado em evidência as personagens como actores. Um corredor de vagas desenha-se ritmicamente de acordo com a afluência de passantes, criando uma dinâmica lúdica nas áleas de árvores pedonais, como que recolhendo o cintilar das gotas de água que se terão escapado do tapete das vagas.

CATHERINE DA SILVA + SAMUEL RODA FERNANDES / EXTRA]MUROS[

Equipa Team

Mário Caeiro
Programador cultural Cultural programmer
Samuel Roda Fernandes Arquitecto Architect [coord.]
Catherine da Silva Designer de luz Light designer
Miguel Mouta Faro
Artista, estudante de arquitectura
Artist, architecture student
Nélson Leão
Estudante de arquitectura Architecture student

un paysage fait de lumière et de minéral, et de liquide pour les réfléchir. De la lumière en ressort les *calçadas* la pierre calcaire blanche qui mélangé avec la pierre de basalte créé un clair obscur magique et mythique d'où émerge son appellation de ville blanche.

La place de Rossio est sans contexte le véritable cœur battant de la ville et le passage obligé de tous les habitants et visiteurs. C'est pour cela que nous évoquons l'eau et son mouvement. Et ainsi de créer un couloir de lumière centrale, tel un 'tapis de lumière' du porche de la rue dos sapateiros qui nous conduit jusqu'au théâtre. Les deux façades et la sculpture seront les éléments verticaux de cette mise en lumière qui s'illumineront de manière théâtrale mettant en scène les personnages comme des acteurs. Un couloir de vagues se dessinera et se rythmera à l'affluence des passants créant une dynamique ludique les allées d'arbres piétonnes, représentés par des carrée de basalte noir recevront des scintillements tels des gouttes d'eau qui se seraient échappés du couloir de vagues.

CATHERINE DA SILVA + SAMUEL RODA FERNANDES / EXTRA]MUROS[

'Ondas de Luz'
'Ondes de lumières'

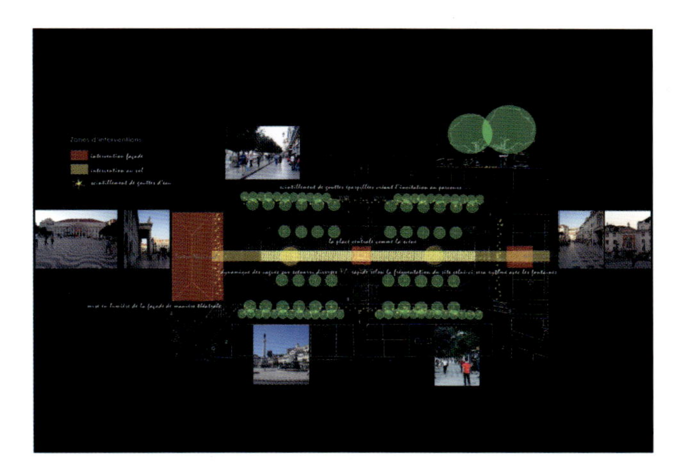

Pensar a luz

To reflect upon light

Formação e reflexão Formation and reflection

O referencial perdido de Einstein. Luz e Relatividade. Livro
Einstein's Lost Frame. Light and Relativity. Book

Vasco Guerra + Rodrigo de Abreu

O célebre artigo de Einstein 'Sobre a Electrodinâmica dos Corpos em Movimento' foi publicado há 100 anos. Durante este tempo, a Teoria da Relatividade estabeleceu-se como um dos tópicos mais apelativos da Física, cativando cientistas, filósofos, e o público em geral. O centenário da Teoria da Relatividade Restrita e o Ano Mundial da Física 2005 forneceram a ocasião perfeita para reflectir sobre os seus fundamentos, sem qualquer tipo de preconceitos.

O livro *Relativity – Einstein's Lost Frame* revela as conclusões de dois físicos portugueses que decidiram esquecer o que aprenderam nos manuais e artigos científicos e resolveram olhar como crianças para a Teoria da Relatividade de Einstein. E que tiveram a capacidade de se deixar surpreender. A obra é uma 'pedrada no charco' no universo da Ciência e da divulgação científica. Os seus autores são físicos portugueses – duas gerações em diálogo – que partilham a viva inteligência e a crítica ao *status quo* científico, num registo que na maior parte das páginas é perfeitamente acessível ao grande público.

Organizada segundo uma inovadora sináletica cromática que informa o leitor sobre o grau de dificuldade de cada capítulo, a obra é sobretudo uma celebração da Inteligência quando se debruça sobre problemáticas por vezes 'distantes', porém indubitavelmente vitais para cada um de nós e a própria Sociedade, tais como a Luz, o Tempo ou, implicitamente, a Origem do Universo. *Relativity* é um elogio da Física desinteressada e um marco na Ciência portuguesa recente. **MC**

Einstein's celebrated article 'On the electrodynamics of moving bodies' was published 100 years ago. During this time, Special Theory of Relativity established itself as one of the most exciting topics in physics, attracting the attention of physicists and philosophers, and fascinating the general public as well. The centenary of Special Relativity and the 2005 World Year of Physics provided the perfect occasion to investigate and discuss carefully its foundations, with an open mind and no prejudice.

The book *Relativity – Einstein's Lost Frame* reveals the conclusions of two Portuguese physicists, who have decided to forget what they had learnt in textbooks and scientific articles and have chosen to look at Einstein's special relativity with the eyes of a child. And had the ability to surprise themselves. The book is a shock in the scientific and popular science world. The authors are two Portuguese physicists – two generations in dialogue – who share the lively intelligence and a criticism to the scientific status quo, in a report which is, to a big extent, accessible to a large audience.

Organized following an innovative chromatic signalization, which alerts the reader on the difficulty level of each chapter, the book is mainly a celebration of the mind, as it ponders on somehow 'remote' issues, however vital for the individuals and for Society, such as Light, Time or, implicitly, the origin of the Universe. Going far beyond the stereotypes that interest only to scientists with ideas too well organized to be true, *Relativity* is a tribute to Physics and a milestone in the recent History of Portuguese science.

The primary target of the book are all physicists and philosophers. It discusses in depth the foundations and physical meaning of Special Relativity, proposing firmly a rather 'heretic' interpretation. However, the book is written with very basic mathematics and can actually be read by all interested non-specialists. **MC**

Sessões de apresentação e debate Presentation sessions and debate [2006]

8.6 FNAC CASCAISHOPPING [Cascais] 14.6 FNAC CHIADO [Lisboa] 16.6 FNAC SANTA CATARINA [Porto]

22.6 FNAC ALGARVESHOPPING [Faro] 26.6 FNAC FORUMCOIMBRA [Coimbra] 19.7 FNAC ALMADAFORUM [Almada]

Einstein's Lost Frame
Um livro-acontecimento: na Ciência [e na Cultura]!

No livro *Relativity Einstein's Lost Frame* Rodrigo de Abreu e Vasco Guerra debruçam-se sobre o significado físico da Teoria da Relatividade (Relativity Theory). Mostram que esta teoria é compatível com a existência de um referencial privilegiado a que deram o nome de Referencial de Einstein (*Einstein's Frame*) e esclarecem porque se afirma, por vezes, que a teoria da relatividade 'demonstra' a não existência deste referencial. De facto, mostram que se trata de um equívoco, de um problema mal formulado.

Einstein e Infeld no livro *The Evolution of Physics* afirmaram: *The formulation of a problem is often more essential than its solution, which may be merely a matter of mathematical or experimental skill. To raise new questions, new possibilities, to regard old problems from a new angle, requires creative imagination and marks real advance in science*. É neste sentido, de busca de uma nova perspectiva, que se retoma este problema antigo de interpretação da Transformação de Lorentz (*Lorentz Transformation*).

Einstein afirmou que a velocidade da luz num sentido ('*one-way speed of light*') é a mesma em todos os referenciais; a ideia fundamental desenvolvida no livro é que a velocidade da luz num sentido está, efectivamente, indeterminada ou, o que é o mesmo, que não se conhece o Referencial de Einstein – o referencial em repouso absoluto ('*absolute rest*'). Daí o subtítulo 'Referencial Perdido de Einstein'. Os autores mostram que, embora a 'velocidade da luz' tal como Einstein a definiu – a velocidade de acordo com a definição introduzida por Einstein no célebre artigo de 1905, 'On the electrodynamics of moving bodies' – seja a mesma em todas as direcções e em todos os referenciais, a velocidade da luz só é a mesma em todas as direcções num único referencial.

Esclarecido este problema de linguagem associado a estes dois diferentes conceitos de 'velocidade', a interpretação física da teoria é feita, como se mostra, com uma surpreendente simplicidade.

A determinação experimental da velocidade da luz '*one-way*' completará a teoria pois permitirá finalmente identificar o *Referencial Perdido de Einstein*. Este é o tema desenvolvido no capítulo 6, 'The quest for Einstein's frame' onde diversos métodos de determinação são referidos e em particular as reinterpretações dos resultados experimentais que emergem das análises de Reginald Cahill e de Maurizio Consolli.

A teoria do movimento relativo emerge da introdução da Transformação de Lorentz ('Lorentz Transformation') que é obtida com grande simplicidade da Transformação Sincronizada ('Synchronized Transformation', ver 'Physics

1 http://fisica.ist.utl.pt/%7Eleft/2002-2003/Apresentacoes/16-12-2003/Gustavo_Homem.pdf

Einstein's Lost Frame
A happening: in Science [and in Culture]!

In the book *Relativity Einstein's Lost Frame* Rodrigo de Abreu and Vasco Guerra reopen the debate around the physical interpretation of Relativity Theory. They show that Special Relativity is fully compatible with the existence of a privileged frame, which they name Einstein's Frame. This fact is well known by specialists, but somehow failed to enter textbooks and did not permeate the scientific community. On the contrary, it is often considered erroneous by Physicists or, at best, dismissed as irrelevant.

The authors clarify why it is repeatedly stated that Relativity 'demonstrates' the non-existence of this special frame. In fact, it is shown this is a misconception, an ill-formulated problem. As stated by Einstein and Infeld in the book *The Evolution of Physics*, *the formulation of a problem is often more essential than its solution, which may be merely a matter of mathematical or experimental skill. To raise new questions, new possibilities, to regard old problems from a new angle, requires creative imagination and marks real advance in science*. In this sense, the very old problem of interpreting Lorentz Transformation is addressed with a new perspective.

According to the standard interpretation of Einstein's theory, the speed of light in one direction (the 'one-way speed of light') is the same in all frames. The fundamental idea developed in the book is that the speed of light in one direction is indeed *undetermined*, in other words, that

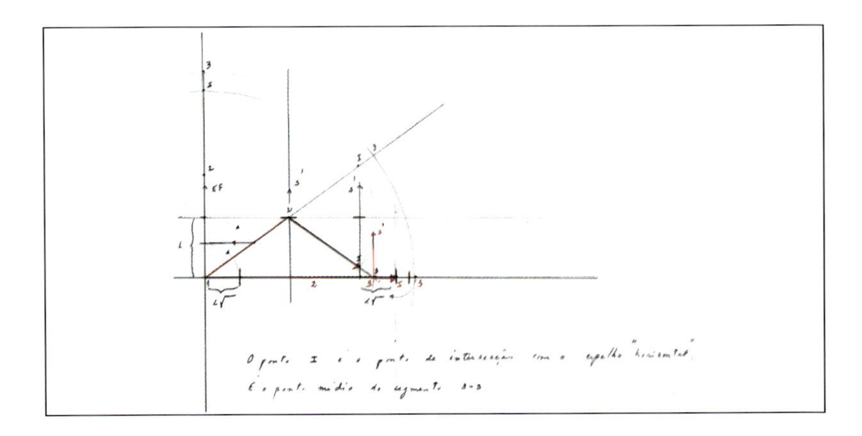

A Relatividade num desenho de Rodrigo de Abreu

Special Relativity in a drawing by Rodrigo de Abreu

in a synchronized space time'[1] de Gustavo Homem) através de uma possível dessincronização dos relógios desta última transformação. Relaciona-se e interpreta-se de forma simples e precisa este método de obtenção da Transformação de Lorentz com o método de Einstein.

Relativity, Ciência e cidadania: nota dos autores

Vivemos num mundo em permanente mudança, que depende cada vez mais da tecnologia. Esta, por sua vez, depende crucialmente da ciência para se renovar. Podemos então afirmar, de certo modo, que nunca a ciência teve um papel tão importante como nos dias de hoje. Contudo, a ciência não deve ter como objectivo único alimentar o desejado desenvolvimento tecnológico.

Essencialmente, a motivação primordial da ciência sempre foi a de tentar compreender o mundo que nos rodeia. A de olhar para o mundo com a curiosidade de uma criança. E talvez não seja surpreendente constatar que os trabalhos de investigação fundamental, derivados exclusivamente desta curiosidade, muitas vezes têm levado a aplicações inesperadas de grande utilidade! O físico inglês Michael Faraday, quando questionado sobre a relevância prática do fenómeno de indução electromagnética que tinha acabado de descobrir, respondeu com a pergunta: *Para que serve um bebé*?...

A física é a mais fundamental de todas as ciências naturais. Preocupa-se com problemas que vão desde escalas muito pequenas até escalas muito grandes. Debruça-se sobre questões de importância vital para o futuro da Humanidade, mas também com assuntos que, pelo menos à partida, podem parecer bastante irrelevantes. Em tamanha diversidade de temas, o traço comum é que toda a evolução da física se faz com base na enorme curiosidade e vontade de compreender. E na capacidade permanente de nos deixarmos surpreender. Para que haja evolução e desenvolvimento, temos que estar prontos para admitir que mesmo as ideias que aceitamos há muito tempo e que foram verificadas várias vezes podem estar erradas.

Alguns desenvolvimentos recentes

Desde a publicação do livro pela Extra]muros[e do seu lançamento no âmbito da Bienal Luzboa, os autores publicaram alguns artigos em revistas internacionais na área da Física. Participaram numa conferência internacional sobre a interpretação física da teoria da relatividade, na sequência da qual receberam o convite para proferir várias palestras noutra conferência internacional, bem como para realizar trabalho conjunto com outra equipa de investigação. Entretanto, o livro foi já citado por alguns cientistas estrangeiros, que o usaram como bibliografia e o referem nos seus trabalhos. Finalmente, surgiram recentemente discussões acesas em fora da *internet* dedicados à física. Este agitar das águas era precisamente um dos objectivos da associação do *Einstein's Lost Frame* à Luzboa.

Einstein's Frame – the frame in absolute rest – is not known. Interestingly enough, in his famous 1905's article 'On the electrodynamics of moving bodies', Einstein starts by defining clearly the frame in absolute rest. Nevertheless, he then gets rid of it, by declaring that any inertial frame can be taken as the rest system. Hence the subtitle 'Eistein's Lost Frame'.

The authors show that the 'speed of light as defined by Einstein' in his 1905's article is indeed the same in all directions, in all inertial frames. However, the 'real value of the speed of light' is the same in all directions only in one particular frame, precisely Einstein's frame. By solving a problem of language associated with two different concepts of 'speed', the physical interpretation of the theory becomes surprisingly simple.

The experimental measurement of the one-way speed of light would complete this theory, as it would finally allow the identification of 'Einstein's Lost Frame'. This is the theme developed in chapter 6, 'The quest for Einstein's frame', where several experimental techniques are referred. In particular, of great importance are the reinterpretations of the experimental results emerging from the analysis of Reginald Cahill and Maurizio Consoli.

The theory of relative movement arises naturally by introducing the 'Lorentz Transformation', which is obtained with great simplicity from the 'Synchronized Transformation' using a specific clock desynchronization.

Relativity, Science and citizenship: a note by the authors

We live in a world in permanent transformation, which relies more and more on technology. On its turn, technology crucially depends on science to its renewal. In this sense, never science has had such an important role in society as nowadays. However, the purpose of science does not end in providing and feeding the desired technological development.

The primary motivation for science has always been the attempt to understand the world in which we live. To look at the world with the curiosity of a child. And it is no surprise to realize that fundamental research work, driven only by this curiosity, have often lead to extremely useful applications! The British physicist Michael Faraday, when asked what was the practical relevance of the phenomenon of electromagnetic induction he had just discovered, answered with the question *what is the use of a new-born child?...* Physics is the most fundamental of all natural sciences. It deals with problems involving extremely small dimensions up to extremely large ones. It ponders over questions of vital importance for Mankind, but as well with subjects that, at least at departure, may look rather irrelevant. In such a diversity of topics, the common point is that all its evolution is based on an immense curiosity and on the will to understand. And on the enduring ability to allow ourselves to be surprised. In order to achieve evolution and development, we must be ready to admit that even the ideas which have been held for a long time and which have been very accurately verified might be wrong.

Einstein's Lost Frame: Some recent developments

Since the book was published by Extra]muros[and presented during the Luzboa Biennale, the authors have published a series of articles on the subject in international scientific journals. Moreover, as a result of their participation in an international conference on the physical interpretation of relativity theories, they received the invitation to give several invited lectures at another international conference, as well as to entail a common research work with another research team. Meanwhile, other scientists have already used the book as bibliography and refer to it in their own work. Finally, some hot debates around the work appeared recently in the Internet in scientific forums devoted to physics. This type of effect, like a disquiet awakening, was precisely one of the aims of the association between *Einstein's Lost Frame* and Luzboa.

Os autores

Rodrigo de Abreu terminou a licenciatura em Engenharia Electrotécnica do IST em 1972. Concluiu a sua tese de doutoramento sobre os fundamentos da termodinâmica relativista e a tese complementar de doutoramento sobre a aplicação das formas diferenciais à electrodinâmica relativista em 1983. É actualmente Professor no Departamento de Física do IST. O seu trabalho de investigação tem-se centrado nos fundamentos da física. Publicou vários artigos em revistas portuguesas e tem participado em conferências internacionais. Escreveu recentemente o artigo 'As velocidades da luz nas teorias de Lorentz e de Einstein', publicado no livro *Luzboa, a arte da luz em Lisboa* [2004].

Vasco Guerra nasceu em Torres Vedras em 1968. É Licenciado em Engenharia Física Tecnológica pelo IST (1991), tendo o Mestrado (1994) e o Doutoramento em Física (1998) da mesma instituição. Presentemente é Professor no Departamento de Física do IST. O seu domínio de investigação principal é a area da física dos plamas e descargas em gases. É membro do Centro de Física dos Plasmas, o qual, juntamente com o Centro de Fusão Nuclear, possui o estatuto de Laboratório Associado da FCT nas áreas estratégicas de fusão termonuclear controlada e de tecnologias de plasmas e lasers intensos. É autor de vários artigos em livros e em revistas internacionais da sua área de especialidade, bem como de várias comunicações em congressos internacionais. O seu trabalho na teoria de relatividade restrita iniciou-se recentemente, em consequência do encontro com o Professor Rodrigo de Abreu na Bienal Luzboa de 2004.

Relativity – Einstein's Lost Frame
©2005 Rodrigo de Abreu + Vasco Guerra
Edição Published by Extra]muros[
Primeira edição 1st. edition
Acabamento e impressão
Bound, printed in Portugal by Printer Portuguesa
Capa Cover Mário Caeiro
ISBN – 972-95656-6-X / Depósito legal n.º 237 350 / 06

The authors

Rodrigo de Abreu received the degree in Electrotechnical Engineering from IST in 1972. He got his Ph.D. degree in 1983, with a thesis on the foundations of relativistic thermodynamics. He made his complementary thesis on the application of differential forms to relativistic electrodynamics. He is Assistant Professor at the Physics Department at IST His research work has been focused on the foundations of physics. Recently, he wrote the article 'As velocidades da luz nas teorias de Lorentz e de Einstein', published in the book *Luzboa, a Arte da Luz em Lisboa* [Luzboa, the Art of Light in Lisbon] (2004).

Vasco Guerra was born in Torres Vedras, Portugal on December 12, 1968. He received the degree in physical engineering and the Ph.D. degree in physics from the Instituto Superior Técnico (IST), Lisbon Technical University, Lisbon, in 1991 and 1998, respectively. Since 1998 he has been Assistant Professor with the Physics Department at IST, developing his investigation as member of the Centro de Física dos Plasmas. His research interests have been focused for a long time on plasma physics and gas discharges. More recently he has started working on the foundations of Special Relativity, as a result of his meeting with Professor Rodrigo de Abreu in Luzboa 2004.

Some of the ideas presented in this book can be found in:

Gustavo Homem, 'Physics in a synchronized space time'

V. Guerra e R. de Abreu, 'The conceptualization of time and the constancy of the speed of light', *European Journal of Physics* 26 [2005] S117.

V. Guerra e R. de Abreu, 'On the consistency between the assumption of a special system of reference and special relativity', *Foundations of Physics* 36 [2006] 1826.

V. Guerra e R. de Abreu, 'Time, Clocks and the Speed of Light', in Jean-Michel Alimi and Adré Füzfa (eds.), Albert Einstein Century International Conference, American Institute of Physics, AIP Conference Proceedings – Volume 861, 1103-1010, 2006.

V. Guerra e R. de Abreu, Comment on: 'From classical to modern ether-drift experiments: the narrow window for a preferred frame' [Phys. Lett. A 333 (2004) 355], Physics Letters A 361 [2007] 579.

Ateliês Luzboa. 'Desenhar a Luz'
The Luzboa workshops. 'To design light'

Teresa Alves + Mário Caeiro + Samuel Roda Fernandes

No âmbito do projecto Luzboa, os Ateliês 'Desenhar a Luz' cumprem a função de abrir espaço à experimentação, ao diálogo prévio entre interessados, à discussão interdisciplinar e, sobretudo, à formação de uma massa crítica que possa dar o seu contributo para projectos-luz que surjam no imediato ou a médio-longo prazo. Trata-se de desenvolver projectos a partir da luz como metáfora operativa, num trabalho colectivo em que frutifiquem os contributos conceptuais, teóricos, práticos e experiências de criadores, técnicos e pensadores de méritos reconhecidos. Os programas incluem, assim, uma primeira fase de apresentações teóricas e visitas guiadas, permitindo uma visão de conjunto, plurifacetada e pluridisciplinar sobre os temas a abordar; seguidamente, o desenvolvimento de um conjunto de ideias e projectos.

Os destinatários dos vários ateliês eram jovens profissionais, estudantes, curiosos da cultura e do urbanismo e, de uma maneira geral, qualquer pessoa que se interessasse por participar nos destinos urbanos de forma criativa. Participaram arquitectos, arquitectos paisagistas, designers de luz, e estudantes de Arquitectura, Arquitectura Paisagista, Artes Plásticas, Geografia e Animação Cultural.

As a component of the Luzboa project, the workshops 'To Design Light' have the role of opening space for experimentation, previous dialogues amongst interested people, interdisciplinary discussion and, above all, the formation of a critical mass that may give their contribution for light-projects that might appear at a short or long term. The aim is to develop projects using light as operative metaphor, in a collaborative work where conceptual, theoretical, practical contributions and the experience of artists, technicians and thinkers of merit may frutity. The programmes include a first moment of theoretical presentations and guided tours, allowing a global vision, multilayered and pluridisciplinary, of the themes to be worked upon. After that, the development of a set of ideas and projects.

The addressees of the various workshops were young professionals, students, individuals interested in cultural and urbanistic matters, as well as anyone wanting to participate in the urban destiny in a creative way. The participants were architects, landscape architects, lighting designers, Architecture, Landscape Architecture, Arts, Design, Geography and Cultural Animation students.

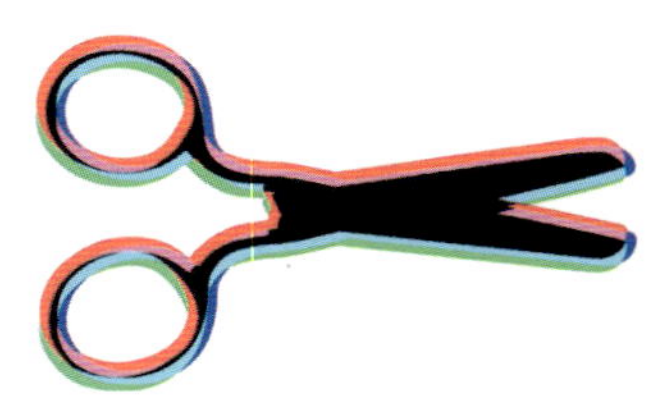

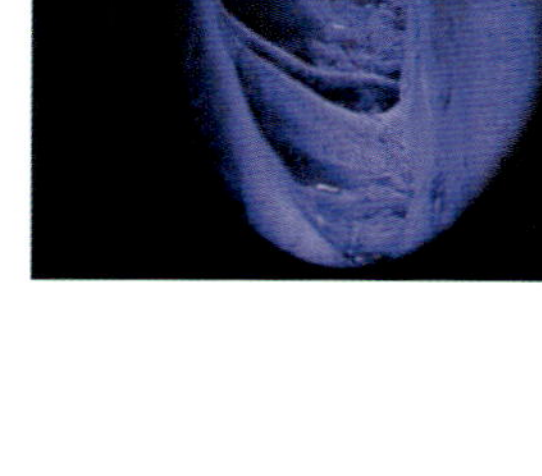

#7 Faróis Urbanos: comunicar [as pessoas] na cidade

#7 Urban Lighthouses: communicate [people] in the city

Tutor Tutor **Adriana Sá** [artista artist]
Co-tutor Co-tutor **Hugo Barbosa** [realizador video director artista artist]
Parceria estratégica Strategic partnership **Universidade Lusíada de Lisboa**
Colaboração e apoios Collaboration and support **Megarim, Openspace Studio / Bazar do Vídeo**
Patrocínio Sponsor **REN – Rede Eléctrica Nacional**
Local Venue Fase 1 Phase 1 **Universidade Lusíada de Lisboa** Fase 2 Phase 2 **Largo do Correio Mor**
Data Dates **26 > 28.4** Fase 1 Phase 1 **26 > 27.9** Fase 2 Phase 2

Objectivos: compreender qual o papel dos vários elementos que determinam de forma preponderante a identificação e organização do espaço urbano; desenvolver possibilidades de reformulação da performatividade urbana mediante a justaposição de conjunturas de arquitectura (i)material: som/luz/sinalética como potenciais condicionantes de identidade do lugar; desenvolver interactividades para um interface audiovisual urbano existente [projecto artístico de Adriana Sá, integrado na Luzboa Bienal Internacional da Luz 2006].
Temas: Imagem e comunicação urbana; iluminação ambiental e planeamento de territórios nocturnos.

Objectives: to understand the role of the various elements that prepondantly determine the identification and organization of urban space; to develop possibilities for a reformulation of urban performativity through a juxtaposition of situations with their origin in (i)mmaterial architecture: sound/light/signage as potential conditions for the identity of a place; to develop interactivity features for an existing audiovisual urban interface [artistic project by Adriana Sá, part of the Luzboa 2006 Light Biennale].
Themes: Urban image and communication; environmental lighting and planning of nocturnal territories.

Programa Programme

Fase 1 Phase 1

26.4 **Manhã Morning**
Abertura Opening
Apresentação dos ateliês Workshop presentation
Samuel Roda Fernandes *Projecto Urbano Luzboa Urban Project Luzboa*
Faróis urbanos Urban Lighthouses
Adriana Sá *META[LOCAL]MORFOSE + outros projectos other projects*

Tarde Afternoon
Trabalho teórico/prático de ateliê Theoretical/practical work
Adriana Sá + Hugo Barbosa

27.4 **Manhã Morning**
Conferências Conferences
Gerald Petit Projectos Projects
Alcino Ferreira *Faróis urbanos: berços de luz – o fundamento de uma estética*
Urban Lighthousess: craddles of light – the foundation of an aesthetics
Catherine da Silva *Esquiços – projecto para Luzboa 2006 + outros projectos*
Esquisses – project for Luzboa 2006 + other projects]

Tarde Afternoon
Conferências Conferences
Laurent Moriceau Projectos Projects
Alina Esteves *A segurança e a percepção do espaço Security and the perception of space*
Oliveira Nunes *Evolução da iluminação pública da cidade de Lisboa*
Evolution of the public lighting in the city of Lisbon
Rodrigo de Abreu e Vasco Guerra *Desenhar a luz no referencial de Einstein*
To design light in Einstein's Frame

28.4 **Manhã Morning**
Conferências Conferences
Nuno Marques Costa *Transportes e comunicações Transport and Communications*
Santiago Reyes Projectos Projects
Teresa Alves Geografias dos Sons Geographies of Sounds

Tarde Afternoon
Conferência Conference
Didier Fiuza Faustino Projectos Projects
Debate Debate
Encerramento Closing Session

Fase 2 Phase 2

Setembro September Pré-produção da instalação urbana *Meta[Local]Morfose* Pre-production of the urban installation *Meta[Local]Morfose*

#8 Noite transfigurada: uma Iluminação artística para o Jardim Botânico de Lisboa

#8 Transfigured Night: an artistic lighting for the Botanical Garden of Lisbon

Tutor Tutor **Jan Ejhed** arquitecto architect lighting designer lighting designer presidente da president of ELDA – European Lighting Design Association
Parceria estratégica Strategic partnership **Universidade de Lisboa**
Colaboração e apoios Collaboration and support **Megarim**
Patrocínio Sponsor **REN – Rede Eléctrica Nacional**
Local Site **Jardim Botânico do Museu Nacional de História Natural**
Datas Dates **3 > 5.5**

Objectivos: desenvolver um projecto de iluminação artística para um percurso nocturno no Jardim Botânico, avaliar a possibilidade de utilização de energias renováveis e reflectir sobre a importância do património natural e o papel do Jardim Botânico na qualificação da estrutura urbana da cidade de Lisboa.
Temas: a noite urbana e a iluminação ambiental; o planeamento de territórios nocturnos; desenvolver projectos para apontamentos de luz, em áreas com património cultural e patrimonial; a sustentabilidade da iluminação.

Já com os participantes divididos em grupos, sucederam-se sessões de trabalho com o tutor e, no final, a apresentação das ideias desenvolvidas. Os participantes tiveram a oportunidade de colaborar num Projecto Urbano, no quadro do qual a sua imaginação pode dar origem a intervenções concretas. Decidiu-se intervir sobre um percurso no Jardim Botânico que permitisse a valorização artística do espaço e a sua abertura à noite durante a Bienal.

Objectives: to develop an artistic lighting project for a nocturnal path in the Botanical Garden; to evaluate the possibility of use of renewable energies and to reflect upon the importance of natural heritage and the role of the Botanical Garden in the betterment of the urban structure of the city of Lisbon.
Themes: urban night and environmental lighting; planning of nocturnal territories; to develop small light-projects for areas with cultural and patrimonial heritage; lighting sustainability.

With the participants divided in groups, the tutor coordinated several work sessions; in the end, the developed ideas were presented. The participants had the opportunity to collaborate in an Urban Project, their imagination giving way to concrete interventions. The group decided to intervene in a path of the Botanical Garden in order to allow an artistic valorization of the space and its opening at night during the Biennale.

Programa Programme

3.5 **Manhã** Morning
Conferência sobre o Jardim Botânico Conference about the Botanical Garden
Jan Ejhed
arquitecto, lighting designer, Presidente da ELDA – European Lighting Design Association
Teresa Alves *Geografias da Luz Geographies of Light*
Visita ao Jardim Botânico Guided tour to the Botanical Garden

Tarde Afternoon
Conferências Conferences
Luís Cabral Projectos Projects
Mário Caeiro A *arte da luz The art of light*
Joana Fernandes *Energias renováveis e projecto urbano Renewable energies and urban project*
Pedro Ek Lopes *Relação entre as pessoas e o espaço urbano nocturno Relation between people nocturnal urban space*

4.5 **Manhã** Morning
Conferências Conferences
Fernando Silva Gusmão *Iluminação sustentável Sustainable lighting*
Jorge Gonçalves *Espaços públicos Public spaces*
Pedro Penilo Projectos Projects

Tarde Afternoon
Conferências Conferences
David Sobral *Luz no Jardim Botânico de Lisboa: Elegância, Encenação, Dinâmica Light in the Botanical Garden of Lisbon: Elegance, Staging, Dynamics*
Vasco Araújo Projectos Projects
Samuel Roda Fernandes *Projecto urbano Luzboa Urban Project Luzboa*

5.5 **Manhã** Morning
Trabalho de ateliê Workshop

Tarde Afternoon
Trabalho de ateliê Workshop

#9 Anel de Sombra: desenhar a noite de Évora

#9 Ring of Shadow: to design the night of Évora

Tutores Tutores **Teresa Alves + Samuel Roda Fernandes**
Parceria estratégica Strategic partnership **Universidade de Évora**
Colaboração e apoios Collaboration and support **Schréder Iluminação**
Patrocínio Sponsor **REN – Rede Eléctrica Nacional**
Local Site **Colégio Luiz António Verney – Universidade de Évora**
Datas Dates **11 > 13.5**

Objectivos: desenhar o limite entre a cidade e o campo em torno da Cidade de Évora, assim como as actividades e eventos que, por meio da Luz, podem reconfigurar a paisagem da noite.
Temas: a noite urbana e a noite rural; iluminação ambiental e o limite cidade-campo; planeamento de territórios nocturnos; como desenvolver actividades económicas tirando partido das diferenças entre a noite urbana e a noite rural; o plano de luz de Évora; projectar apontamentos de luz em áreas urbanas e em áreas rurais; desenvolver projectos para apontamentos de luz, em áreas com o património cultural, artístico, paisagístico. Já com os participantes divididos em grupos, sucederam-se sessões de trabalho e, no final, a apresentação das ideias. A intervenção centrou-se nos espaços Rossio de S. Brás e Horta das Laranjeiras, ambos importantes no referencial urbano da cidade de Évora, mas com imagens não muito positivas, pelo que houve o objectivo de criar um novo contexto, mais atractivo, nomeadamente, através de um ambiente que apele aos sentidos, recriando sensações agradáveis associadas à invasão, ao fim da tarde, da cidade pelos cheiros do campo...

Objectives: to design the limit between the city and the rural area around the City of Évora, as well as activities and events that, by means of light, may reconfigure the landscape of the night.
Themes: the urban night and the rural night; environmental lighting and the limit city-countryside; planning of nocturnal territories; how to develop economical activities profiting from diferences between the urban night and the rural areas; to develop projects for small light projects, in the fields of cultural, artistic, landscape heritage. With the participants divided in groups, the tutors coordinated several work sessions and, in the end, the presentation of the developed ideas. The intervention project focused in the spaces of the Rossio de S. Brás and Horta das Laranjeiras. These are spaces of great importance for the urban references of the city of Évora, though with slightly negative images, therefore the intervention must aim an atmosphere that might appeal to the senses, recreating pleasant sensations associated to the nocturnal invasion of the city by countryside scents...

Programa Programme

11.5	Manhã Morning	Conferências Conferences	**Aurora Carapinha** *Apresentação do ateliê Presentation of the workshop* **Teresa Alves** *Geografias da Noite Geographies of the Night* **Bettina Pelz** *Projectos Culturais Cultural Projects* **Clara Menéres** Projectos Projects
	Tarde Afternoon	Conferências Conferences	**Mário Caeiro** *A Arte da Luz The art of light* **Ana Pais** *A luz como metáfora operativa ou o mundo como um palco Light as an operative metaphor or the world as a stage* **Tiago Fróis** *ANANIL – reintegração de um local no espaço presente ANANIL – reintegration of a place in present space* **João Corte Real** **José Manuel Rodrigues**
		Visita de Estudo Study Visit	
12.5	Manhã Morning	Conferências Conferences	**Norberto Ribeiro** *Gestão e planeamento de iluminação pública urbana Management and planning of urban public lighing* **Raul Serafim** Projectos Projects **Fernando Silva Gusmão** *Projectos de iluminação sustentável Sustainable lighting projects*
	Tarde Afternoon	Conferências Conferences	**Rui Horta** *Programação Cultural em Évora e Montemor Cultural Programming in Évora and Montemor* **Ruben Menezes** *Requalificação do Centro histórico de Évora Rehabilitation of the historical Centre of Évora* **Miguel Mattos** *Iluminação Urbana Urban Lighting* **Samuel Roda Fernandes** *Projecto Urbano Luzboa Urban Project Luzboa*
13.5	Manhã Morning	Conferência Conference Trabalho de ateliê Workshop	**Carlos Patrício** *A noite rural The rural night*
	Tarde Afternoon	Trabalho de ateliê Workshop	

'Cabaret Vegetal'
Jardim Botânico, Intervenção no âmbito de Luzboa 2006

Conceito: Transfiguração de um espaço urbano tradicionalmente ligado à vida académica, transformando-o num espaço com referências de vida nocturna. Altera-se o conceito tradicional do espaço através do atraente, misterioso, festivo e insólito. A entrada do jardim transforma-se em porta de Cabaré. Depois da surpresa, a curiosidade é encorajada através de diversos jogos de luz que convidam o visitante para este território que ele julga conhecer. Valorização dos edifícios e do espaço carismático que é a Alameda das Palmeiras da antiga Faculdade de Ciências. Este projecto original e adaptado ao lugar, foi concebido colectivamente, a partir de um desafio lançado pelos organizadores de Luzboa, no âmbito de um *workshop* Luzboa (Ateliê #8), sobre a temática da iluminação do espaço público. Este projecto integra-se na primeira parte do percurso – a zona vermelha.

Aspectos técnicos – Iluminação da entrada do Jardim Botânico
Pórtico de entrada: néon vermelho com o *lettering* 'Jardim Botânico'. Iluminação dos pilares do pórtico de entrada de forma ascendente, com holofotes vermelhos, rasantes. 23 Palmeiras: iluminadas com anéis de oito LED vermelhos direccionais, implantados na base das folhas, dirigidos para o topo destas. Edifício: dois Edifícios com 48 janelas e portas. Edifício do lado direito de quem entra: 21 janelas c/ 1300mmx2500mm, três portas. Edifício do lado esquerdo: 21 janelas c/ 1000mmx1500mm, três portas. Luzes existentes do edifício apagadas. Janelas do edifício com as portadas fechadas, forradas com tela branca (para criar uma superfície reflectora o mais homogénea possível). No peitoril interior (entre as portadas e as janelas) existem tubos de luz florescente branca, semi-cobertos com gelatina vermelha, de maneira a formar *degradé* de vermelho até ao branco, reflectido nas portadas.

Pendurados no edifício existem 'vírus' pulsantes de luz branca: colocação de dez tipos de vírus com dimensões não ultrapassam o metro cúbico. Estes 'vírus' serão revestidos de fibra óptica de emanação lateral com um diâmetro de 12mm aprox. Estes vírus serão colocados em pontos fulcrais do edifício: nos topos (esquinas superiores) da fachada do edifício para funcionarem como faróis, para assinalar que algo se passa ali; na cerca para o jardim francês, para fazer a ponte com o jardim que permanecerá na obscuridade. Passagem para o jardim: luzes dos lápis e do edifício apagadas. Iluminação em azul do tronco da figueira australiana (vários pontos de luz). Duração do acontecimento: aprox. duas semanas.
ANDREIA OLÍMPIO + FABRICE ZIEGLER + FERNANDO MIGUEL

'Cabaret Vegetal'
Proposal for Luzboa 2006

Concept: Transfiguration of an urban space traditionally connected to academic life, into a reference space for nocturnal life. One changes the traditional space by means of the attractive, the festive and the strange. The garden entrance is transformed into the entrance hall of a cabaret. After initial surprise, curiosity is encouraged by means of several lighting games which invite the visitor to this territory supposedly to be better known.

Valorization of the buildings and the charismatic space of the Alley of the Palm trees of the Ancient Faculty of Sciences. This is an original project, adapted to the site, collectively conceived, following an invitation by the organizers of Luzboa, in the framework of the Luzboa Workshop #8. The project is about the illumination of public space and was a proposal for the Red Circuit of the Biennale 2006.

Technical issues: Lighting of the entrance of the Botanical Garden
Entrance Door: red neon light with the lettering 'Botanical Garden'. Lighting of the pillars of the entrance door in an ascendant way, through sweeping red spotlights. 23 Palm trees: directional eight LED rings, placed on the base of the leaves, orientated to the top of them. Building: two buildings with 48 windows and doors. On the right side: 21 windows with 1,300mm x 2,500mm, three doors. On the left side: 21 windows with 1,000mm x 1,500mm, three doors. Existing lights in the building: off. Windows of the building with their portals closed, covered with white cloth screens in order to create a reflecting surface, the most homogenous possible. In the inside window sills [between the portals and the windows], white fluorescent light tubes, half-covered with red gelatine filters, in order to create a blend from red to white, reflected on the portals.

Hanging on the building: pulsating white 'viruses': installation of ten types of 'virus', each with dimensions of about one cubic meter. These will be covered with laterally emitting fibre-optics with approx. ø12mm.

These 'virus' will be put in pivotal points of the building: on the tops [high corners] of the façade of the building, in order to work as lighthouses, pointing out what's happening there; in the fence leading to the French garden, in order to make a bridge to the garden, which will remain in obscurity. Passage to the garden: lights of the Pencils and the building: off. Blue Lighting on the Australian fig-tree [several points]. Duration of the event: approx. two weeks.
ANDREIA OLÍMPIO + FABRICE ZIEGLER + FERNANDO MIGUEL

Colectivo Collective
Andreia Olimpio + Fabrice Ziegler + Fernando Miguel
Local de intervenção
Entrada da antiga Faculdade de Ciências, Rua da Escola Politécnica
Site of intervention
Entrance of the Old Faculty of Sciences, Rua da Escola Politécnica

O *Bio Mapping* de Christian Nold. Workshop + Conferência
Christian Nold's Bio Mapping. Workshop + Conference

Christian Nold é investigador e artista, radicado em Londres, cujo trabalho se desenvolve na confluência de domínios como as Tecnologias de Informação, o Desenho Urbano, a Política, a Arte e a Cultura. Nold convida-nos a reflectir sobre a capacidade de os indivíduos e organizações gerarem a sua própria autonomia no Mundo em rede.

Christian Nold is a researcher and artist living in London. His work is developed in the confluence of domains such as Information Technologies, Urban Design, Politics, Art and Culture. Nold invites us to reflect upon the capacity of individuals and organizations to generate their own autonomy in a networking World.

Mapas emocionais de Katrina, Petra, Renato [primeiros esboços]
Emotional maps of Katrina, Petra, Renato [first drafts]

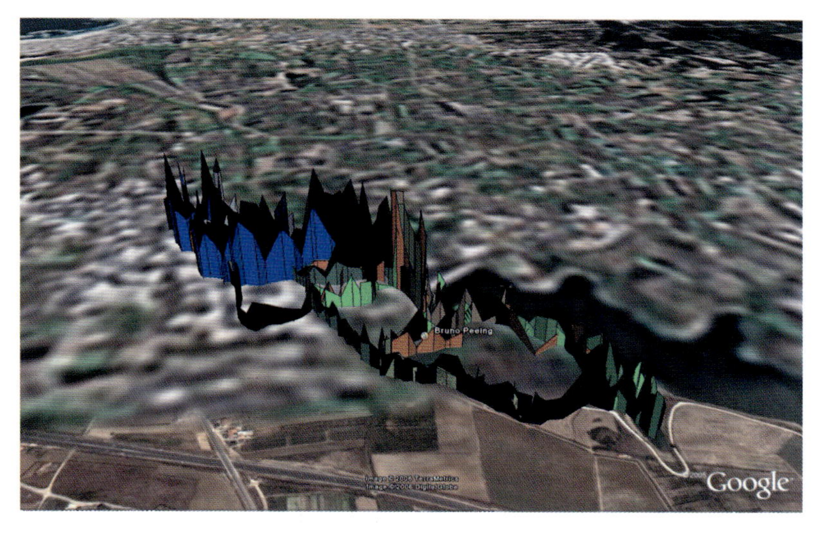

Esboço inicial do mapa comunal do grupo de participantes no workshop
Initial draft of the group of participant's communal map

Bio Mapping Workshop Workshop 7.4.06

Bio Mapping[1] é um projecto de investigação iniciado em 2004 que explora novas formas de nós, enquanto indivíduos, podermos utilizar a informação que reunimos através dos nossos corpos. Em vez de tecnologias de segurança, desenhadas para controlar o nosso comportamento, este projecto divisa novas ferramentas que permitem às pessoas seleccionar e partilhar selectivamente os seus próprios bio-dados. O sistema permite ao utilizador registar a sua *Galvanic Skin Response*, indicador simplificado da excitação emocional em conjugação com a localização geográfica. O *workshop* reuniu uma dezena de estudantes e docentes da ESAD.CR, convidados a dar um passeio nas proximidades das Caldas da Rainha, com a duração de uma hora. Antes de partirem, foi entregue a cada participante um equipamento Bio Mapping. As pessoas foram encorajadas a passear por onde lhes aprouvesse. No regresso, procedeu-se ao *download* dos dados recolhidos pelo equipamento, gerando-se, com auxílio de *software* especial, o mapa emocional de cada pessoa [revelando decisões e emoções de cada um]. Após cada participante terminar debate breve em torno do seu passeio, todas as faixas foram combinadas para criar um mapa emocional comum. Uma sessão de encerramento levantaria a questão mais ampla acerca do que representará tal mapa comunal.

1 www.biomapping.net

Bio Mapping[1] is a community mapping project in which over the last three years almost 1000 people have taken part in. In the context of regular, local workshops, participants are wired up with an innovative device which records the wearer's Galvanic Skin Response (GSR), which is a simple indicator of the emotional arousal in conjunction with their geographical location. People re-explore their local area by walking the neighbourhood with the device and on their return a map is created which visualises points of high and low arousal. By interpreting and annotating this data, communal emotion maps are constructed that are packed full of personal observations which show the areas that people feel strongly about and truly visualise the social space of a community. **CHRISTIAN NOLD**

The workshop gathered a dozen participants, invited to take a walk in the proximity of Caldas da Rainha, for about an hour. Before, a Bio Mapping device was handed to each one of them. People were then encouraged to go wherever they'd like. After coming back, the data assembled by the devices were downloaded and, with a special software, the emotional map of each participant was originated [revealing personal choices and emotions]. Afterwards, the participants discussed together their own personal maps, and finally all layers were combined to create a collective emotional map. This was the backdrop for a debate held in the end, about what such a communal map may represent.

'Como é que nos perdemos uns dos outros?' **'How did we loose sight of each other?'**

Conferência Conference **8.4.06**

ZDB – Galeria Zé dos Bois, Lisboa

> **Quark**: The Matrix is a euphemism for the government.
> **Superastic**: No, The Matrix is the system controlling our lives.
> **Timaxe**: You mean MTV.
> **Superastic**: I mean Sega.
> **Fos4**: ALL HAIL SEGA!!!
>
> **DIÁLOGO RETIRADO DO FILME MATRIX, 1999 DIALOGUE FROM THE FILM MATRIX, 1999**

A palestra apresentou uma série de experiências mentais e ferramentas práticas que lidam com o problema da representação política no nosso mundo saturado pelos *media*. Traçando uma ligação entre os protestos de rua no Séc. XIX e o activismo tecnológico do Séc. XXI, Christian Nold sugeriu um futuro radical de ferramentas bio-políticas [no quadro da geografia humana, da psicogeografia, do urbanismo, da arquitectura, da arte comunitária, da publicidade, do activismo, da história da tecnologia, da subvigilância[2], da biometria, da neurociência, da psicologia ou da filosofia] que reestruturem a nossa relação com o meio-ambiente e uns com os outros.

Contexto e pertinência

Um dos factos socio-culturais fundamentais a reter quando se reflecte sobre a contemporaneidade relaciona-se com a existência de inúmeros focos de conhecimento e experimentação, tanto ao nível tecnológico como artístico, em que a complexidade do social motiva estudos originais e intervenções culturais pertinentes pela parte de protagonistas das mais variadas origens geográficas e territórios disciplinares. Frequentemente, os papéis do 'artista', do 'pensador', do 'cientista' ou do 'técnico' são agora revistos e reinterpretados à luz de uma intervenção cívica caracterizada por uma transdisciplinaridade militante, como se a única maneira de intervir na organização progressivamente mais obscura das sociedades fosse a de problematizar as suas próprias matrizes tecnológicas, socio-políticas e culturais, as quais surgem, aos olhos das consciências menos autónomas, como modelos mutantes e abstractos, inatingíveis e brutais, dos quais emanam, ininterruptamente, sobretudo os vícios da impotência ou do consumo.

Matrix vs. consciência. Acção vs. adormecimento. Se há *matrixes* que nos condicionam o comportamento, a percepção, a própria consciência, e se é evidente que por momentos reconhecemos os seus traços na publicidade, na Lei e na Ordem, no discurso dos políticos, na filosofia dos jogos de computador ou nos padrões habitacionais, então que podemos fazer para assumir um papel diferente do de mero espectador imerso no Espectáculo? O trabalho de Nold é sobre estas questões. **MÁRIO CAEIRO**

The talk presented a series of mental experiences and practical tools that deal with the problem of political representation in our world, saturated by the media. Drawing a link between the street protests of the XIX Century and technological activism in the XXI Century, Nold suggested a radical future where one may use biopolitical tools [in the framework of human geography, psycogeography, urbanism, architecture, community art, publicity, activism, history of technology, sousveillance, biometrics, neuroscience, psicology or philosophy] to restructure our relation with the environment and with each other.

Context and pertinency

One of the fundamental socio-cultural facts to bear in mind when we think about contemporaneity, relates to the existence of several focuses of knowledge and experimentation, both at a technological and artistic level, where the complexity of the social generates original research and cultural interventions by protagonists coming from the most diverse geographical origins and disciplinary territories. Frequently, the roles of the 'artist', the 'thinker', the 'scientist' or the 'technician' are now being revised and reinterpreted in the light of a civic intervention characterized by a militant transdisciplinarity, as if the only way to intervene in the progressively obscure organization of societies should be to problematise their technological, socio-political and cultural matrixes, which appear, to the eyes of less autonomous consciences, as mutant and abstract models, intangible and brutal, emmanating, ininterruptly, the vices of impotence and consumerism.

Matrix vs. conscience. Action vs. numbness. There are matrixes that conditionate behavior, perception, the very conscience, and if it is clear that for a moment we recognize their traces in publicity, Law and Order, in the speeches of politicians, in the philosophy of computer games and in habitation patterns, then what shall we do to assume a different role from the one of mere spectator immersed in the spectacle? Nold's work is about such issues. **MÁRIO CAEIRO**

Co-Organização Co-organization ESAD.CR
Colaboração Colaboration António Contador

O aparelho The device

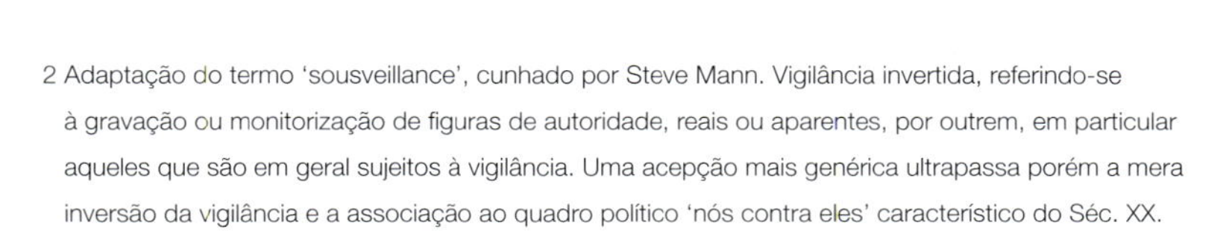
2 Adaptação do termo 'sousveillance', cunhado por Steve Mann. Vigilância invertida, referindo-se à gravação ou monitorização de figuras de autoridade, reais ou aparentes, por outrem, em particular aqueles que são em geral sujeitos à vigilância. Uma acepção mais genérica ultrapassa porém a mera inversão da vigilância e a associação ao quadro político 'nós contra eles' característico do Séc. XX.

'Congresso da Noite'. Símbolos, representações e vivências
'Congress of the night'. Symbols, representations and experiences

Teresa Alves

O objectivo do Congresso da Noite, realizado no Instituto Franco-Português, foi o de promover uma reflexão sobre o modo como a noite tem sido sentida, representada e vivida, de modo a formular novas prospectivas para o ordenamento global da cidade, no que à iluminação pública diz respeito.

The aim of the Congress of the Night, held at the Instituto Franco-Português [French-Portuguese Institute] was to reflect upon the theme of the night, proposing concepts and solutions that may change – for better – the management of Lisboa's public lighting.

Efeito de luz junto do acesso para o auditório, da autoria do designer Fernando Marques
Light effect at the access to the auditorium, by designer Fernando Marques

Instalação de Fernando Marques, recorrendo à reutilização de garrafas de vidro Installation by Fernando Marques, reusing glass bottles

Congresso da Noite
Símbolos, representações e vivências

Congress of the Night
Symbols, representations and experiences

Local Venue **Instituto Franco-Português + Café Teatro Taborda 22 > 23.9**
Participantes Participants **Investigadores, decisores políticos, profissionais da iluminação e cidadãos interessados nas questões das simbologias, dos comportamentos, valores e atitudes, das ciências, das artes, do planeamento, do design urbano, dos movimentos sociais. Researchers, political decisors, lighting professionals and citizens interested in issues like nocturnal symbols and behaviour, values and attitudes, anyone interested in the planning of the night by means of scientific tools, the arts, urban design or social movements.**
Co-organização Co-organization **CPI – Centro Português de Iluminação**
Orador Convidado Guest Speaker **Gilberto Franco**, designer de Luz lighting designer
Presidente da President of Associação Brasileira de Arquitectos de Iluminação
Instalação Installation ***Sabor a Luz A Taste of Light*** **Fernando Marques** Projecto de Eco-design Eco-design Project
Apoio Support **Indalux**
Colaboração Support **IFP, Arteflash, Vítor Santos/Account, Força Motriz, O Electricista, Café Teatro Taborda**
Agradecimento Acknowledgement **Schréder**

Apresentação

O Congresso da Noite promoveu uma reflexão sobre o modo como a noite tem sido sentida, representada e vivida, de modo a formular novas prospectivas para o ordenamento global da cidade 24 sobre 24 horas.

O tempo contínuo da economia e das redes cria condições para que a sociedade desenvolva modos de vida cada vez mais diversificados em termos de uso do tempo e do espaço. Estas transformações geram novas oportunidades para o desenvolvimento económico e social, particularmente, pela incorporação na esfera da produção e do consumo de um espaço-tempo, a noite, que até aqui era visto como improdutivo. Estas mudanças encerram, contudo, um potencial de conflito que decorre em grande parte do facto de os espaços urbanos terem sido quase sempre pensados para uma utilização diurna. O ritmo circadiano da cidade tradicional opõe-se aos novos ritmos da vida urbana, mais diversificados, mais dificilmente articuláveis, e coloca sob tensão a cidade que dorme, a cidade que trabalha e a cidade que se diverte. O planeamento deve reflectir sobre os modos de inovar nas formas urbanas para que os territórios possam ser vividos, com qualidade e de uma forma sustentável, 24 sobre 24 horas.

As mudanças sociais e económicas, nomeadamente, através das tecnologias de informação e comunicação e de iluminação, permitem transformar o modo como organizamos o tempo, possibilitando que um número crescente de pessoas desenvolvam as suas actividades económicas, estudem, aprendam ou se divirtam durante a noite. Alguns espaços urbanos só têm vida durante a noite. Existem cidades e regiões cujo dinamismo económico depende de actividades que tanto são diurnas, como nocturnas. O tempo dedicado ao trabalho e ao consumo estende-se para lá das horas que eram as convencionais. O facto de a sociedade se organizar, cada vez mais, segundo padrões de utilização do tempo e do espaço diferentes dos do passado implica, ou não, mudanças nas práticas sócio-culturais? As relações económicas e políticas que se desenvolvem durante a noite serão um mero prolongamento do que se passa de dia ou assumem características específicas? A evolução da noite e das suas funções tem sido apenas o resultado da lei da oferta e da procura? Como é que os mitos e representações culturais da noite contribuem para esta evolução? De que modo e através de que medidas de políticas públicas devemos intervir no futuro?

O Homem conseguiu estender as suas actividades praticamente

Introduction

The Congress of the Night promoted a discussion about the way night is being perceived, represented and experienced, in order to provide a new prospective for the global city planning 24/24 hours.

The continuous time of economics and nets provides conditions for the development of ways of life more and more diverse in terms of time and space usage. These transformations generate new opportunities for the social and economic development, specially, because of the introduction in the sphere of production and consumption of a new space-time, the night, which so far was considered non-productive. However, these changes hold a great potential of conflict mostly due to the fact that urban space has always been planned for daytime living. The circadian rhythm of conventional cities fight back the new rhythms of urban life, more diversified, of a more difficult articulation, and the city that sleeps, the city that works and the city that has fun. Planning must reflect upon ways to innovate urban space so that people may enjoy sustainable quality of life, 24/24 hrs.

Social and economic changes, namely caused by information, communication and lighting technologies, allow citizens to change the way they organize time, enabling a growing number of people to hold their economic activities, study, learn or enjoy themselves at night. Some urban spaces are alive strictly at night. There are cities and regions whose economic dynamism depends on activities both diurnal and nocturnal. The time dedicated to production and consumerism goes beyond the conventional schedules. Does a different pattern of time and space usage imply changes in socio-cultural practices? Are the economic and politic relations held during the night a mere extension of what goes on during the day or do they assume specific characteristics? Has the evolution of night and its functions been only the result of offer and demand? How have cultural myths and representations of the night contributed to this evolution? In what way and through which public policies should we intervene in the future?

Man has been able to take his activity practically everywhere around the planet, creating the world-system that we live in. But night is still a space-time unknown, a kind of unexplored territory, where politicians and scientists have little invested. In urban planning the approach to night is carried out exclusively in the name of safety thus it reflects only either in light interventions or noise control through the creation of regulations that restrict the circulation of vehicles at night and the activities' working schedules. To what extent does the potential of conflict in urban space depend on the way how planning

a todo o planeta, formando o sistema-mundo em que vivemos. Mas a noite continua a ser um espaço-tempo desconhecido, uma espécie de território inexplorado, onde os políticos e os cientistas pouco têm investido. No planeamento urbano, as abordagens da noite surgem quase sempre por questões de segurança e traduzem-se em acções relacionadas com a iluminação, ou então por questões relacionadas com o ruído, e geram normas sobre a circulação de veículos à noite ou sobre os horários de funcionamento das actividades. O potencial de conflito no espaço urbano depende ou não do modo como o planeamento aborda os usos nocturnos do espaço? Quais as acções e as medidas a implementar para impedir o acentuar dos conflitos e das desigualdades no uso do tempo e do espaço nocturno das cidades? Em que medida um planeamento do espaço público urbano mais inclusivo, mais propício ao convívio de dia e de noite, pode contribuir para atenuar formas de segregação sócio-territorial? Como devemos actuar para fazer face às crispações e às tentações de controlo social por questões de segurança? Como evitar o desperdício energético que é hoje a política de iluminação dos espaços públicos? Qual é o papel que a arte e, em particular, a arte da luz, poderá ter na revitalização dos espaços e das vivências nocturnas das cidades?

A noite, em particular a noite urbana, precisa de mais atenção, por um lado, pelo potencial de desenvolvimento económico e social que encerra e, por outro, pelo potencial de conflito que pode gerar se a continuarmos a ignorar.

Lisboa à noite
Lisbon by night

approaches usage of nocturnal space? Which measures should be taken/implemented to stop the growing conflicts and asymmetries on time and space nocturnal usage of cities? To what extent might urban public space planning minimize socio-territorial segregation by being inclusive and more adequate to diurnal and nocturnal gathering? How should we act to face the hardships and the temptations of social control for the sake of safety? How are we to avoid the waste of energy of our lighting policy of public space? What role might art, specially, the art of light, have in the revitalization of space and the nocturnal live forms of cities?

We need to pay more attention to the night, in particular, the urban night, because, on one hand, it holds a great potential for social and economic development, and on the other hand, it holds a potential for conflict if we keep ignoring it.

Programa Programme

Conferência I Conference I **«Noite: Geografia de emoções» «Night: Geography of emotions»**
Teresa Alves Geógrafa, Universidade de Lisboa, membro da Extra]muros[Geographer, Lisbon's University, member of Extra]muros]

Conferência II Conference II **«Noite, Cidade, Luz»**
Gilberto Franco Designer de Luz – Presidente da Associação Brasileira de Arquitectos de Iluminação
Lighting designer – President of the Brazilian association of Lighting Architects

Mesa redonda I Roundtable I **«Sentir a Noite: símbolos e representações» «Feeling the night: symbols and representations»**
Coordenação Coordination **Mário Caeiro**
Adriana Serrão [Filosofia Philosophy] **Haverá tipos de pensamento nocturnos e tipos de pensamento diurnos? Are there nocturnal and diurnal kinds of thought?**
José Pedro Serra [Estudos Clássicos Classic Studies] **Os mitos e a noite The myths and the Night**
Carlos Patrício [Geografia Geography] **A noite urbana e a noite rural Urban night and rural night**
João Ferreira [Jornalismo Journalism] **A noite nos media The night and the media**

A noite é de todos os momentos aquele que encerra representações mais negativas. Em quase todos os domínios do saber, a noite surge como metáfora da ignorância, da superstição e do fanatismo. Por oposição, a luz está associada quase sempre ao progresso, ao bem e à evidência. No imaginário popular, a noite está associada a medos ancestrais. As trevas representam o mal, os pavores nocturnos e os pesadelos, a insegurança e o mistério. Mas apesar de toda esta carga negativa, da dimensão obscura que continua a inquitar-nos, a noite tem vindo a ganhar uma representação mais poética que valoriza os aspectos relacionados com a liberdade. A noite fascina e perturba porque na nossa imaginação colectiva ela é propícia aos momentos mágicos. A noite é, por excelência, o espaço dos noctívagos, dos artistas, da trangressão, dos ritos iniciáticos, dos sonhos e do amor. Como é que a cultura urbana vai evoluir face às novas dinâmicas? Será que estes novos ritmos podem ser oportunidades para gerar cidades mais criativas?

Among all times, the night time is the one that holds the most negative connotations. In almost all the domains of knowledge the night appears as a metaphor for ignorance, superstition and fanaticism. On the other hand, light and day are usually associated with progress, the good and the evident. According to popular imagery, the night is associated with ancestral fears. The darkness represents nocturnal evil, terrors and nightmares, the unreliability and the mystery. Despite these negative associations and its continuously disturbing obscure dimension, the night has started to have a more poetical representation as it values the aspects related with freedom. The night not only fascinates, but also disturbs, because in our collective imagery, the night is associated with magical moments. The night is, par excellence, the space of the nocturnal people, the artists transgression, the rituals of initiation, dreams and love. How will the urban culture develop facing these new dynamics? Are these new rhythms opportunities to generate more creative cities?

Mesa redonda II Debate II **Viver (n)a Noite: experiências Living at/the night: life experiences**

Coordenação Coordination **Teresa Alves**
Fausto Roxo [Saúde Health] **Será o homem um animal nocturno? Is man a nocturnal animal?**
João Diogo [Geografia Geography] **A noite dos sem-abrigo Night of the homeless**
Alina Esteves [Geografia Geography] **A noite e a percepção da segurança em Lisboa Night and the perception of safety in Lisbon**
Nuno Costa [Geografia Geography] **Mobilidades nocturnas Nocturnal mobilities**
Alexandre Campos [Empresário Entrepreneur] **As actividades económicas na noite Economical activities during the night**

A noite, a escuridão e o negrume surgem, frequentemente, associados à ausência de vida, ao tempo em suspenso, quando nada se pode fazer. Mas as mudanças sociais e técnicas das últimas décadas levaram a alterações muito significativas no modo como vivemos a noite. As actividades que associávamos ao dia estão cada vez mais presentes na noite. Estará a noite a mudar de essência a transformar-se num mero prolongamento do dia? De acordo com os estudos sobre os usos do tempo, sabemos que hoje dormimos menos horas e com ritmos e horários diferentes dos do passado. Quais serão as consequências para os seres humanos da privação dos marcos naturais associados à sucessão dos ritmos noite/dia? No passado, apenas as unidades industriais tinham horários nocturnos; hoje, quase todas as actividades os têm. Rádios, televisões, transportes, serviços, comércio, distribuidores automáticos, lojas de conveniência implantam-se por todo o lado, funcionam 24h sobre 24h, permitindo o consumo permanente. Um lugar é eleito como local de férias ou dos momentos de lazer, em função da noite, da animação. A evolução da noite e das suas funções deverá ser apenas o resultado das decisões da economia, da lei da oferta e da procura? A noite já não é só o espaço-tempo de vida de grupos de pessoas marginais. E os políticos já se aperceberam disso. A importância política da noite reflecte-se nas apostas estratégicas da sua vivificação. Podem ser iniciativas de animação como as festas das cidades, ou programas de regeneração urbana baseados no estímulo das actividades económicas, essencialmente nocturnas, como aconteceu em Lisboa nas Docas ou no Bairro Alto. Novos ritmos, valores, atitudes trazem à noite novos actores sociais.

The night, darkness and dark are frequently associated with the absence of life, time in suspension, when nothing can be done. But the social and technical changes of the last decades have significantly changed the way we live through the night. The activities that we associated with the day are more and more offered by night. Is night changing its essence and becoming a mere extension of day? According to studies on the use of time, it is a fact that we sleep fewer hours and have different rhythms and schedules from the past. Which will be the consequences of the privation of natural references associated with the rhythms of day/night for the humans? In the past, only industrial units had night shifts, today almost all services are open at night, after the conventional hours. Radio and television broadcasts, means of transportation, services, commerce, automatic distributors, convenient stores open everywhere and work twenty four hour clock time allowing continuous consumerism. A place is chosen as a holiday destiny or leisure destiny depending on its night animation. Should the evolution of the night and its functions be just a result of economy decisions, of offer and demand? The night is no longer the space-time of inhabited by outcasts. And politicians have realized that. The political importance of the night is reflected upon some strategic ventures: entertainment programmes, such as night events or urban improvement programmes, based upon the incentive of economic activity, predominantly the nocturnal ones, such as those which took place in Lisbon, Docas or Bairro Alto. New rhythms, new values, new attitudes bring new social actors out into the night.

Mesa redonda III Roundtable III **A iluminação: engenharia, arquitectura ou arte? Lighting: engineering, architecture or art?**

Coordenação Coordination **Vítor Vajão**
Raúl Serafim [Design de Luz Light Design]
Alberto Van Zeller [Engenharia Engineering]
Pedro Telhado [CPI]
Nuno da Silva [Arte Art]

A luz já não é uma exclusividade do dia, os avanços tecnológicos nos domínios da iluminação transformam a noite. A materialidade da luz, que irradia, como é fluida pode ser manipulável, por oposição às trevas, à escuridão, que só muito limitadamente podem ser criadas... a noite continua muito mais ligada à natureza e a luz está cada vez mais relacionada com o artificial.

A noite património da humanidade; proteger o céu estrelado; a noite como valor de um lugar. A luz artificial pode ser um instrumento de transformação dos territórios: contribuindo para a revitalização e requalificação dos espaços públicos; criando ambientes adequados à funcionalidade; invertendo situações negativas; promovendo planos de iluminação para valorizar espaços; criando sentimentos

Light isn't an exclusive feature of the day, the technological development in the field of lighting have transformed the night. Being material and fluid, light can be manipulated whereas the darkness is very difficult to recreate... the night is still very much connected to nature, while light is more related with the artificial.

Night as heritage; the protection of the starry sky; night as the value of a place.

Artificial light can be an instrument of territory transformation; contributing to the revitalization and requalification of public space; creating environments that promote functionality; undoing negative situations; providing lighting plans to valorize space: generating feelings of identity, acknowledgement of places; making the appropriation of territories meaningful; valorizing heritage, both built or natural, by creating new perceptions.

de pertença, de conhecimento dos lugares, dando novos sentidos para a apropriação dos territórios; valorizando o património construído ou o património natural, criando novas percepções.

As criações no domínio da *light art* podem desempenhar um papel estratégico em todo este processo, através de objectos de arte qualificadores dos espaços públicos ou promovendo territórios através de eventos de luz – *marketing* territorial – criando registos artísticos específicos, associando a arte e a cultura.

O trabalho com a luz tem a dupla qualidade do imediatismo e do custo, pois um efeito, uma dada imagem, pode ser obtida mais rapidamente e com menor custo do que uma intervenção sobre o material. Os centros comerciais, com uma arquitectura medíocre, que são transformados através da luz, provam que o virtual, o encenado, pode tomar o lugar do real, do espaço vivido. Não devemos correr estes riscos. É cada vez mais necessário investir na cultura, porque investir na cultura consolida a base económica, melhora a qualidade de vida de quem vive ou utiliza a cidade e contribui para afirmar o reconhecimento da identidade dos lugares.

Qual é o papel que a arte e, em particular, a arte da luz, poderá ter na revitalização dos espaços e das vivências nocturnas das cidades?

Light art creations can play a strategic role in the hole process either by means of objects of art that qualify public space or by promoting territories through events of light – territorial marketing – creating specific artistic registers, associating art and culture.

The work with light has two advantages: speed and costs. An effect, a single image, can be easily obtained at low costs; faster and cheaper than an intervention on material features. Shoppingcentres with a mediocre architecture are transformed by light, proving that virtual, staged, can take over the real, the experienced space. We should not take these risks. It is necessary to invest in culture as it solidifies the economical basis, improves quality of life of those who live or use the city and helps to aknowledge identity of places.

Which might be the role of the art, the light art, in the revitalization of spaces and the nocturnal experience of cities?

Mesa redonda IV Debate IV **Planear a Noite Planning the night**

Coordenação Coordination **Samuel Roda Fernandes**
João Cabral [Arquitectura Architecture] **Planeamento urbano e a noite Urban planning and the night**
Jorge Gonçalves [Geografia Geography] **Os espaços públicos urbanos e a noite Public urban space and the night**
Fernando Nunes da Silva [Engenharia Engineering] **Mobilidades nocturnas Nocturnal mobilities**
Graça Moreira [Urbanismo Urbanismo] **As TIC e o planeamento da cidade nocturna Informatics and planning of nocturnal cities**
José Manuel Simões [Geografia Geografia] **A noite como uma mais valia para um lugar de lazer Night as a better place for a leisure place**
José Pedro Regatão [História de Arte História de Arte] **Arte Pública na noite Public art in the night**

A cidade nocturna é raramente tema para os políticos, os técnicos de planeamento das autarquias ou os investigadores científicos. Nos documentos de política urbana podem surgir referências genéricas à promoção da vida nocturna em determinados pontos da cidade, aos problemas da segurança ou do barulho, a planos de iluminação pública, mas uma reflexão profunda sobre a prospectiva e o ordenamento do território à noite estão quase sempre ausentes.

As políticas urbanas deveriam incorporar a noção de gestão do tempo a que seriam associados horários de funcionamento diversificados para que o sentimento de insegurança diminuisse, para que as paisagens nocturnas se metamorfizassem e as actividades económicas e sociais se desenvolvessem. Já nos anos 60, Jane Jacobs alertou para a morte das cidades; se as pessoas vivessem o espaços públicos, com horários mais diversificados, as ruas tenderiam a ter mais movimento, durante mais tempo. Mais confiantes, as pessoas estariam mais abertas à troca, ao conhecimento dos outros. A noite é mais propícia ao convívio, aos encontros, as pessoas estão menos apressadas, têm mais tempo…

As grandes cidades, ao emanciparem-se dos constrangimentos naturais, animam-se sob a influência de modos de vida cada vez mais dessincronizados, da redução do tempo de trabalho e das novas tecnologias de iluminação e de comunicação, e transformam-se no paradigma do movimento contínuo da vida económica e social, alterando a percepção dos ritmos da sucessão do tempo. Nas grandes metrópoles os transportes, os supermercados, os grandes armazéns, os ginásios, as bibliotecas e mesmo as creches funcionam por períodos de tempo cada vez mais longos e nalguns países durante

The nocturnal city is rarely approached by politicians, urban planning technicians working at the city council or scientific investigators. There may be some references to the promotion of nocturnal life in certain parts of the city, to safety and noise issues, to public lighting plans, but there is hardly ever a deep study about territorial distribution and prospective.

Urban policies should incorporate the management of time, which would promote diversified work schedules. That way nocturnal panoramas would suffer a metamorphosis as economic and social activities would rise and people would feel safer. In the 60's, Jane Jacobs foresaw the death of the cities unless people inhabited public space under more diversified schedules. The streets would have a greater flow for a longer period. If more confident, people would become more aware of the other and open to exchange with the other. The night is more favourable to meetings and gatherings because people are not in a hurry, they've got more time.

When the big cities emancipate themselves from natural constraints, they become animated by more desynchronized ways of life, reduction of work time, new lighting and communication technologies and become the paradigm of the continuous movement of economical and social life, twisting the perception of rhythms of succession of time. At big metropolis transportation, supermarkets, big warehouses, gymnasiums, libraries and even nurseries/kindergartens are open for longer period of time and, in some countries, for the whole day or night. How can the urban night be planned so that we might inhabit the public urban space in a more consistent way? Which actions should be implemented to avoid the growing conflicts and asymmetries

todo o dia e toda a noite. Como é que a noite urbana deve ser planeada para que possamos viver cada vez mais o espaço público urbano? Quais as acções e as medidas a implementar para impedir o acentuar dos conflitos e das desigualdades no uso do tempo e do espaço nocturno das cidades? Como actuar para fazer face às crispações e às tentações de controlo por questões de segurança?

Principais conclusões

1. apesar de toda a carga negativa, a noite tem vindo a ganhar novas representações, mais poéticas, que se relacionam com aspectos como a liberdade e a criatividade. *Inquéritos realizados em França demonstram que a noite é definida pelos adultos jovens como um tempo escolhido, um tempo de liberdade, enquanto o dia está associado aos constrangimentos e às obrigações.*
2. Para esta mudança tem sido fundamental o papel de mediação de quase todas as formas de arte, que nos ajudam a compreender o espaço-tempo que é a noite.
3. Apesar das mudanças, continuamos a ter uma grande diversidade de práticas sociais na noite que são influenciadas por formas de percepção por vezes distorcidas. Por exemplo: a questão da relação entre noite e insegurança. Dados apresentados no Congresso revelam que, para o caso de Portugal, não há, em geral, mais criminalidade à noite. No entanto, as pessoas sentem-se mais inseguras e por isso fogem dos espaços públicos. *É evidente que existem conflitos, mas são as especificidades deste espaço-tempo que de certo modo ampliam a realidade*.
4. Muitos destes conflitos resultam da cidade ser planeada para ser vivida de dia, e não ter em conta que hoje temos cada vez mais pessoas a viver na noite, porque trabalham de noite, porque estudam de noite, porque se divertem de noite. *Por exemplo: em Lisboa a 'rede da Madrugada'* [repare-se que não é a 'rede da noite', como em Inglês, *Night Bus*] *decalca os grandes eixos de mobilidade do dia. Ora os percursos da noite são diferentes e os transportes públicos não os servem. Por isso só restam os transportes individuais.*
5. No domínio da iluminação pública, muita coisa tem sido feita, mas sem planos de luz que dêem indicações sobre os usos do território e das especificidades a observar, muito há ainda para fazer. Por exemplo, continua a iluminar-se bairros residenciais com sistemas que são óptimos para iluminar vias rápidas e não espaços conviviais, lugares de encontro e de trocas de experiências. Neste campo, ainda temos de referir o desperdício de energia e a poluição lumínica, porque iluminar com qualidade não é necessariamente colocar mais luz na rua.
6. Por fim, a arte da luz em espaços públicos, como ela só tem visibilidade à noite, é um bom pretexto para levar as pessoas a viverem a cidade nocturna; este é precisamente um dos objectivos da Luzboa. **TERESA ALVES**

Diálogo diário: *Abrigo-me*, de André Banha, junto ao 'cauteleiro' de Fernando Assis [1987]

Daily dialogue: *Abrigo-me*, by André Banha, nearby the 'cauteleiro' by Fernando Assis [1987]

in the usage of nocturnal time and space of the cities? How should we act to face the hardships and the temptations of social control over safety matters?

Main Conclusions drawn

1. in spite of its negative charge, the night has been gaining new representations, more poetic ones, which relate to aspects like freedom and creativity. *Inquiries held in France demonstrate that the night is defined by young adults as a time of choice, a time of freedom, while the day is associated to constraints an obligations.*
2. For this change the mediation of almost all forms of art has been fundamental, helping us to understand the space-time of the night.
3. In spite of the changes, we keep on having a great diversity of social practices at night, influenced by ways of perception that are sometimes distorted. For instance: thee issue of the relation between night and insecurity. Data presented at the Congress reveal that, in Portugal, there is not, in general, more crime at night. However, people feel insecure and for that reason avoid public spaces. *It is evident that there are conflicts, but they are to a certain extent amplified by the specificities of this space-time.*
4. Many of those conflicts result from the fact that the city is planned to be lived daytime, not taking in consideration that more and more people live by night, because they work at night, because they study at night, because they have fun at night. *For example: in Lisbon, the Night Bus emulates the main axes of the day mobility. The fact is, night routes are different and public transports don't suit them. That's why all that is left is the individual transportation.*
5. In the domain of public lighting, much has been done, but without lighting plans that inform us about the uses of the territory and specificities to observe, much is there to do. For instance, one continues to illuminate residential areas with systems that are fine to illuminate high-speed routes but not convivial spaces, meeting places or places where the exchange of experiences may happen. In this field, we must mention the waste of energy and the luminous pollution, since to illuminate with quality doesn't necessarly mean to put much light on the street.
6. Finally, the art of light in public spaces, since it has visibility only at night, is good pretext to take people to live the nocturnal city; this is precisely one of the objectives of Luzboa. **TERESA ALVES**

Maior a árvore, menor o espaço público? Ensaio

Marc Latapie

É difícil ficar insensível à espécie rara que cresce e desaparece ao ritmo das festas natalícias há já três anos em Lisboa. Qual será o biótopo favorável à nascença deste fenómeno discutivelmente ecológico? Quais as influências desta monumental estrutura no seu meio e como se articula o predominante papel da luz no funcionamento de todo este sistema? Pelo facto de este 'biótopo' ser em si mesmo espaço público, num ponto-chave da cidade de Lisboa, a árvore de Natal na Praça do Comércio, levanta um conjunto de questões que poderíamos resumir na seguinte: será *a maior árvore de natal da Europa um luminoso íman convivial ou, pelo contrário, uma espoliação do espaço público*?

À referida visão da árvore como 'íman de encontro', apresentada como uma evidência pela potência de *marketing* dos promotores da operação, (e de certa forma confirmada pela adesão da multidão), pretende-se aqui contrapor uma leitura mais aprofundada e crítica.

Qual espaço público?

Para melhor avaliar e questionar a relação da árvore de Natal com o seu contexto urbano, é preciso entender a noção de espaço público, acrescentando à sua acepção estritamente arquitectónica as questões dos usos, apropriações e representações simbólicas que lhe são indissociáveis[1].

Efectivamente, antes de se definir como conjunto de espaços abertos, não edificados, afectados a usos públicos, tais como praças, ruas, avenidas, parques, o espaço público tem por fundamento o ser um lugar de encontro aberto, sem quaisquer restrições de acesso nem de usos (desde que dentro dos limites estabelecidos pela autoridade pública). Assim, deve possibilitar a confrontação/aproximação das diferenças que constituem as nossas sociedades, tornando-se inclusive metáfora das cidades enquanto centro do debate democrático[2]. Uma abordagem sociológica da noção considera que é neste espaço que cada um de nós expõe uma representação de si próprio, ao mesmo tempo que nele ganha forma a representação implícita da estrutura social de uma sociedade.

A constituição física do espaço público tanto induz como traduz, simultaneamente, estas dinâmicas imateriais, num jogo de influências recíprocas. *Indu-las* porque as práticas são condicionadas pelos espaços construídos (para esquematizar, sentamo-nos naturalmente onde os serviços públicos decidem instalar um banco!). Da mesma forma, *tradu-las* porque permite descodificar os usos de quem os vive e a vontade de quem os produz e/ou gere. (O banco deslocado, o banco grafitado, o *design* do banco, até mesmo a sua ausência carregam em si um determinada quantidade de informação...)

Confrontando esta definição genérica com a presença da Árvore Lisboeta na altamente simbólica e estruturante Praça do Comércio, tentamos perceber o que traduz a sua presença, a sua monumentalidade e a sua luz, bem como as influências por ela induzidas no espaço público.

A Árvore no seu contexto urbano

A Praça do Comércio não é apenas o ponto-chave da malha urbana da Baixa Pombalina, mas também cabeça da coluna vertebral que estrutura toda a cidade e o lugar-chave da relação de Lisboa com o rio Tejo. É de ter em conta a questão da escala do espaço na sua relação com aquelas características geográficas e urbanas, assim como o seu sentido simbólico: Praça Real, erigida como lugar de prestígio e de representação do poder do Estado.

A percepção deste espaço público não ignora este facto, desejado pelo Marquês de Pombal e concretizado fisicamente após o terramoto de 1755, na praça que conhecemos hoje, a qual substituiu o anterior 'Terreiro do Paço'. Precisamente porque *a Praça do Comércio é claramente um espaço retórico, isso é inquestionável,* [...] *pensada com um fortíssimo investimento cénico...*[3], a breve história da Árvore questiona uma possível interpretação: a sua mudança de Belém, onde foi pela primeira vez instalada, para o Terreiro do Paço, poderá ela corresponder a uma vontade de encenar o novo símbolo do seu principal promotor no preciso lugar de representação e símbolo do poder, ou seja, da governação? Qualquer que seja a resposta, o efeito induzido é o de uma forte assimilação, por parte da Árvore, das características metafóricas da praça. Hoje, em lugar emblemático do poder democraticamente eleito, vem juntar-se, num jogo de favorecimento e valorização recíprocos, uma potência financeira privada. Mais, pelas suas dimensões e sua visibilidade luminosa e mediática, poderá a árvore produzir

1 ver a este propósito: Pierre Merlin, Françoise Choay (sous la dir.), *Dictionnaire de l'Urbanisme et de l'Aménagement*, Presses Universitaires de France, Paris, 1988, p.335.

2 ver a este propósito: Isaac JOSEPH, *La ville sans qualités*, éditions de l'Aube, Paris, 1998

3 António Filipe Pimentel, citado em Alexandra Prado Coelho, "O que fazer com a praça real «mais bela do mundo»?", *Público*, Dom 26 Nov. 2006, p.32.

o efeito de apagar a marca *pública* do lugar e tornar-se ela própria, durante pelo menos os dois meses da sua existência, uma articulação-chave da cidade... (e do poder?).

Assim, durante quase dois meses por ano, *o equivalente a um prédio de 25 andares*[4] erige-se, em toda a legalidade, no seio da praça real *que é regularmente objecto das maiores atenções)*, sem que no entanto se questione o respeito pelo património edificado[5].

Será que a presença da árvore ilustra na perfeição a actualidade da análise de José Manuel Fernandes quando afirma que a Praça do Comércio nasceu para *materializar um sonho de autoritarismo num país que nunca teve grande respeito pelo poder público*[6]?

Permeabilidade da relação público/privado

É na verdade através do intercâmbio de benesses e tolerâncias que a presença da Árvore de Natal na Praça do Comércio traduz uma evolução crescente das conexões entre os domínios publico e privado, particularmente perceptível em Portugal. Uma estratégia que ultrapassa o nosso propósito neste texto e que, por isso, nos contentaremos aqui em evocar apenas por via de algumas das suas incidências no espaço público.

As palavras de António Prôa, vereador responsável pelos espaços verdes e o espaço público da Câmara Municipal de Lisboa (CML), definem os termos do debate: *há a tentação de resolver a falta de dinheiro da câmara concessionando o espaço público*[7]. O artigo refere-se às decorações de Natal da Avenida da Liberdade [2006], patrocinadas por um construtor automóvel alemão. Sublinha a posição ambígua da CML no que diz respeito à concessão de espaços públicos apesar dos despachos anti-publicidade decididos pelo próprio, que *declarou guerra ao ruído e ao caos que a publicidade exterior está a causar no espaço público de Lisboa*[8]. O próprio Vereador proibiu a dada altura os cartazes publicitários nos andaimes *nas áreas históricas da baixa, áreas históricas centrais, áreas históricas periféricas, praças emblemáticas* [...] *e também na Praça do Comércio*[9].

Uma vontade que contrastará com os factos, a partir do momento em que se considere a árvore iluminada como uma acção publicitária; e que revela sobretudo ambiguidade na relação entre uma entidade municipal pública e investidores privados. As ilustrações deste equívoco são numerosas. Primeiro, a CML aceitou desde o início a iniciativa da 'prenda' da instituição bancária, numa lógica de parceria, concretizada, no ano de 2005, na *cerimónia da entrega simbólica da árvore à cidade de Lisboa* [que] *decorreu* [...] *nos Paços do Concelho, onde estiveram presentes António Carmona Rodrigues, presidente da Câmara Municipal de Lisboa, e Paulo Teixeira Pinto, presidente do Millennium BCP*[10]. Em 2006, quando a CML revela que *este ano as iluminações de Natal se acenderam duas semanas mais tarde do que o habitual, por forma a coincidir com a inauguração da árvore gigante na Praça do Comércio*[11], a metáfora 'luminosa' confirma a maleabilidade das decisões camarárias. Mais ambígua ainda poderia ser a atitude, porventura populista, do banco, que oferece a Árvore à cidade, enquanto peça mestra de uma festa popular que é talvez a mais importante. Tratar-se-á da exibição do poder, por parte de uma entidade que se revela capaz de oferecer aos Lisboetas o que a Câmara Municipal eventualmente quereria, sem todavia ter para isso capacidade, levando os cidadãos a assim aderir subrepticiamente a uma gratidão decorrente de um quadro de competição entre 'público' e 'privado'? Será que o facto de o processo envolver largamente os autarcas associa o desejo de proporcionar um período de festa (ou publicidade) abrangente ao cancelamento de eventuais reticências por parte dos decisores públicos?

Para uma invasão do espaço público ?

Se as relações público/privado não constituem um problema por si só, devem ser questionadas quando tocam o espaço comum. Esboçamos aqui algumas das facetas da invasão deste espaço, público por definição.

Muito literalmente, a ocupação do solo da praça pela estrutura de andaime implica restrições de acesso, indicadas pelas barreiras da Câmara Municipal durante os dois meses do evento. Indirectamente, a fluidez da rede viária do coração da cidade fica igualmente perturbada[12] e até o ambiente sonoro é momentaneamente monopolizado pela difusão de canções a um volume de acordo com a escala monumental. Assim, também a percepção sensível da envolvente é alterada pela monumentalidade da instalação, tornando difícil qualquer atitude de indiferença face à sua presença.

Mas as ramificações da árvore estendem-se para além do espaço físico. O exemplo que se segue é apenas uma imagem das estratégias de *marketing* implementadas pelos organizadores com o fim de explorar favoravelmente o investimento (do qual a renovação anual parece ser a melhor prova de rentabilidade). Trata-se da parceria com o jornal *Público*. Desde o início da iniciativa, o espaço publicitário da capa (identificado como tal pela menção *publicidade*), conta com os desejos de *Feliz Natal* do Millennium em dezenas de edições durante a quadra natalícia. Até aqui, nada de relevante. No entanto, em 2006, juntou-se a este sistema uma interacção mais subtil: uma página da rúbrica *Sociedade,* diariamente dedicada às festividades natalícias, conjuga-se com a auto-glorificação da árvore por via de um concurso fotográfico promovido pelo banco[13]. Apagando desta vez a menção 'publicidade', será que não desaparece a fronteira entre publicidade e informação? Sem pôr em causa a persistência da independência do jornal, a rúbrica *Economia* não teria sido mais adequada? Também aqui, o espaço ocupado pela árvore é sempre crescente.

Não deixa de ser irónico que, hoje, seja um projecto de arborizar a praça a proporcionar enorme polémica entre, por um lado, os adeptos de uma praça reinvestida pelos utentes (à imagem do que era o Terreiro do Paço até ao Séc. XIX), e por outro lado, os defensores de uma praça cuja única função deve ser a decorrente da sua vocação simbólica representativa[14]. Aliás, estes últimos encaram o lugar como um espaço que *as pessoas usufruem*

4 "Iluminações de Natal dão brilho a Lisboa", 25 Nov. 2006.

5 Embora saibamos que a referida lei não abrange o caso das edificações provisórias, relembramos um artigo do Regulamento Geral das Edificações Urbanas: ...*não poderão erigir-se quaisquer construções susceptíveis de comprometerem, pela localização, aparência ou proporções, o aspecto das povoações ou dos conjuntos arquitectónicos, edifícios e locais de reconhecido interesse histórico ou artístico*..., artigo 121, titulo IV do Decreto-Lei n.º 38 382, de 7 de Agosto de 1951.

6 José Manuel Fernandes, citado em Alexandra Prado Coelho, *Ibid.*, p.33.

7 Diana Ralha, "há a tentação de resolver a falta de dinheiro da câmara concessionando o espaço publico", *Público*, Dom 24 Dez. 2006, p.54.

8 *Ibid.* p.54

9 *Ibid.* p.54

10 "Maior árvore de Natal da Europa simbolicamente entregue à cidade de Lisboa" in http://www.cm-lisboa.pt, 07 Nov. 2005. No primeiro ano da instalação da árvore em Lisboa, nessa altura em Belém, o *Público* também indica que a árvore é *uma oferta do Millennium BCP ao município;* Inês Boaventura, "Maior árvore de Natal da Europa ilumina-se hoje em Belém", *Público*, Sáb. 20 Nov. 2004, p.54.

11 source: http://www.cm-lisboa.pt

12 Ana Henriques, "Falta um mês para o fim dos engarrafamentos da árvore de Natal", *Público*, Seg. 4 Dez. 2006, p.46.

13 ver *Público*, Sexta-feira 01 Dez. 2006, p.28 sobre a apresentação da parceria. Uma ideia que tem como outra vantagem dar preciosas informações sobre a percepção da árvore pelos cidadãos...

14 Para informações sobre o futuro uso da Praça do Comércio, ver os artigos de Alexandra Prado Coelho, "O que fazer com a praça real 'mais bela do mundo'?" e "Sinos, salvas de canhão, chocalhos e a dança da fofa", *Público*, Dom. 26 Nov. 2006, pp.32, 33.

15 Walter Rossa, citado por Inês Boaventura, "Arquitecta quer árvores no Terreiro do Paço para 'devolver a praça real ao povo'", *Público*, Dom. 10 Dez. 2006, p.54.

visualmente numa atitude de *contemplação*[15]. Em termos de usos portanto, apenas o modo provisório e festivo consideram desejável, quadro no qual se inscreve, apesar de tudo, a árvore de Natal.

Apontamos que a esta visão da organização e da gestão do espaço público poderia opor-se uma atitude decisória baseada numa *convicção de respeito pela* coisa pública, *que considera o urbanismo como um 'bem comum',* [...] *Demasiados elementos da via pública estão, de facto, ao serviço de um evento desportivo ou espectacular organizado por uma sociedade privada ou desviado pela cultura mercantil, que se infiltra nos menores interstícios da cidade*[16]. Uma infiltração que teria aqui como consequência a de perturbar a compreensão do sentido deste espaço urbano, a sua leitura como bem comum patrimonial, ou simplesmente a sua espontaneidade de usos?

Uma banda desenhada dos autores Peeters e Schuiten oferece-nos uma surpreendente metáfora para abordar a questão da árvore. Em *La Fièvre d'Urbicande*[17], uma estranha estrutura cúbica reticulada, (que acabará por assemelhar-se, estranhamente, a um andaime!), desenvolve-se lentamente e cresce exponencialmente até a invadir toda a cidade. Incansável, contudo nada destrói e contenta-se em atravessar os elementos construídos e orgânicos que encontra na sua inexorável expansão. Assim fazendo, atravessa e conecta indiferentemente os interiores das habitações e os espaços exteriores, ou seja, as esferas pública e privada. A estrutura torna-se obviamente um fenómeno incontornável para todos os habitantes de Urbicande, cujas práticas se adaptam pouco a pouco à evidência daquela presença. Apropriam-se dela como extensão do seu domicílio, mas também como outras tantas novas ligações entre zonas da cidade outrora separadas.

E talvez seja neste último ponto que a relação que procurei estabelecer pára; ou antes, se transforma de analogia em oposição. Se é verdade que a árvore de Natal é apropriada simbolicamente, pelos adeptos de uma mesma cultura, a invasão evocada precedentemente não tenderá a diminuir a capacidade de uso aberto, relativamente ao espaço físico e sensível, e até mesmo o espaço de reflexão crítica? Outros tantos espaços que não são criados pelo uso nem pelos actos arbitrários, mas dirigidos por um evento tão celebratório como publicitário.

A árvore e a sua monumentalidade

Cada um dos pontos evocados no parágrafo anterior poderia ser objecto de novas interrogações, mas são os temas da monumentalidade e da luz que captam aqui a nossa atenção, pela sua forte carga simbólica.

A árvore é monumental e, sob certos aspectos, assemelhar-se-ia quase a um monumento. A sua dimensão, a sua luz e posição que ocupa na cidade, e por conseguinte o fascínio que exerce, contribuem para a sua monumentalidade. Isso não se põe em causa e o vocabulário usado recorrentemente para o lembrar revela esse carácter prioritário. Aos superlativos de todo o tipo juntam-se frequentemente enumerações técnicas edificantes por parte da imprensa, dos seus promotores, mas também dos seus detractores, que recorrem igualmente aos números para a descrever[18]. Neste contexto, a corrida à altura, de um ano para o outro, abre múltiplas interpretações[19].

Mas a àrvore não é no entanto, em si, a evocação perene de uma figura desaparecida ou de um evento passado, nem sequer de um elemento que *deriva de uma necessidade compulsiva de produção de memória politicamente estruturante*[20], características dos monumentos. Embora...

Se é efémero, à escala de um ano, este carácter fica atenuado pela sua presença repetida no mesmo lugar de um ano para o outro: assim, à escala do decénio, será assim tão provisório? Se, como afirma Delfim Sardo, *a edificação de monumentos nas cidades está intimamente ligada à necessidade de auto-glorificação, seja da instância nacional, regional ou local*[21], a intricação do Banco e da Câmara Municipal não tornarão a árvore um monumento?

Cada cidade celebra os seus construtores[22]...

Algumas interpretações da monumentalidade e da luz associadas[23]

O lugar da luz artificial na cidade europeia sofreu uma viragem significativa após a exposição universal de 1881, aliando a preocupação estética ao papel meramente funcional que até aí prevalecia. Participou, a partir dessa altura, na evidenciação nocturna dos monumentos estruturantes da cidade, tornando-se ela própria mais um elemento do projecto urbano, logo também reflectindo as suas perversões... De facto, focalizando-se nos pontos patrimoniais, a iluminação ignorava o contexto urbano e social que explicava a sua origem[24]. Pierre Auboiron esclarece que, hoje em dia, a hegemonia da cultura visual provocou uma nova forma de ignorância, por excesso e já não por defeito: a maior parte dos espaços urbanos são doravante afogados numa cacofonia luminosa uniformizadora, não poucas vezes orquestrada pela publicidade. Não perdemos de vista o facto de o espaço público se encontrar em relação directa com a luz urbana que, assim como os elementos construídos, 'traduz' dados (técnicos, políticos...) e 'induz' atitudes. Uma frase de Malcolm Miles sintetiza esta questão com toda a eficácia: *A luz provoca (sendo produzida para o combater) o medo da escuridão*[25].

Se nos concentramos por ora no facto luminoso da árvore, temos em mente o uso patrimonial da luz selectiva evocada mais acima. E se não bastasse o apresentar-se como monumento incontornável, pela suas dimensões e situação urbana, a árvore da Praça do Comércio ainda se auto-ilumina. Assim, auto-declara-se elemento de interesse comum[26]. Mas levando mais longe a analogia, não estará ela a induzir, de uma certa forma, a indiferença do público face ao contexto urbano e social em que se inscreve? Ao focarmos todas as atenções e percepções num evento que se torna mais luminoso de que a própria cidade, não estremos a deitar sombras sobre os arredores?

16 Thierry Pacquot, arquitecto e filósofo, director da revista Urbanisme in "Pour une ville pleine de rues", *Urbanisme,* n°346 (Espace[s] public[s]), Jan. Fev. 2006, p.74.

N.B: Para dar fluidez à leitura do artigo, tomamos a liberdade de traduzir sistematicamente em português as citações de línguas estrangeiras. As referências bibliográficas permitem regressar ao texto original.

17 Benoît Peeters et François Schuiten, *La Fièvre d'Urbicande,* coll. les cités obscures, Casterman, 1985.

18 "Árvore de Natal do Millennium BCP contribui para incumprimento do protocolo de Quioto", http://gaia.org.pt, 07 Jan. 2006.

19 Aqui por exemplo, à do presidente da CML: *Aproveitando o facto do acréscimo de altura que a árvore vai ter este ano, Carmona Rodrigues salientou que é importante, nesta altura do ano, devido às pessoas mais carenciadas, às pessoas que têm maiores dificuldades de vida e às questões sociais de um modo geral, entendo este acréscimo de altura da árvore como um elevar de fasquia também que nós próprios nos devemos fixar, nas nossas diversas actividades, durante todo o ano e não só no mês de Natal*, "Maior árvore de Natal da Europa simbolicamente entregue à cidade de Lisboa", http://www.cm-lisboa.pt, 07 Nov. 2005.

20 Delfim Sardo, "Uma bandeira é um monumento", *Arquitectura e vida*, n.° 75, Out. 2006, p.112.

21 Delfim Sardo, *Ibid.* p.112.

22 Antoni Remesar, "*Ornato* público, entre a Estatuária e a Arte Pública", in *Estatuária e Escultura de Lisboa – – Roteiro,* Câmara Municipal de Lisboa, Lisboa, 2005.

23 As informações históricas desta parte baseiam-se amplamente no artigo de Pierre Auboiron, "Les lumières de la ville: vers une (ré-)appropriation nocturne de l'espace urbain", in Nicolas HOSSARD, Magdalena JARVIN (sous la dir.), *"C'est ma Ville!" De l'appropriation et du détournement de l'espace public,* L'Harmattan, Paris, 2005, p.119.

24 À escala do território, a proporção luminosa é doravante invertida: sobrevoando de noite as zonas periféricas fortemente residenciais, são apenas os bairros de génese ilegal que se destacam, quais ilhas escuras num mar de luzes...

25 Malcolm Miles, "Um tempo de desassossego", www.luzboa.pt

26 O que a admiração da multidão de uma certa forma confirma?

Uma das respostas mais imediatas encontra-se sob os arcos da Praça. Como em cada Inverno nesta altura, o pórtico delimitando a praça real recolhe as 'camas' de cartão de quem ali vive. Ora, literalmente fascinados pela magia do espectáculo luminoso, os milhões de visitantes viram as costas, em sentido tanto literal como figurado, àquela realidade social. O espaço público, enquanto espaço de encontro e de aproximação à diferença, não se tornará, submetido a tais dispositivos, em palco da indiferença? Ainda por cima, ao evidenciar-se o contraste entre as necessidades de sobrevivência de uns e as preocupações consumistas[27] de outros, esta instalação não se transforma ela própria uma perfeita metáfora das contradições da sociedade de consumo?

Por outro lado, estes 75 metros de luz[28] concentrados num único ponto, implicam uma convergência de fluxos e usos até àquele lugar. A concomitância com as características urbanas da Praça do Comércio resulta obviamente num 'mono-percurso', tal como a função fortemente comercial da Baixa implica um uso associado...

As luzes do Natal reforçam as iluminações existentes no eixo Marquês de Pombal-Praça do Comércio e interrogam-nos acerca do que induz este dispositivo fortemente orientado. Abordagens alternativas do percurso urbano, das quais a deriva situacionista é um exemplo de referência, convidam-nos a lançar um outro olhar sobre este facto aparentemente anódino. Os Situacionistas propuseram uma estimulação da percepção da envolvente por via d'atitudes distanciadoras como a 'deriva'. Acto da expressão da liberdade de movimento, traduzia simultaneamente uma liberdade do pensamento. A 'mono-proposta' luminosa do percurso urbano natalício não poderia transformar-se antes numa incitação a percursos diferentes? Um trabalho sobre a luz urbana mais cuidadoso, preocupado com a diversidade da cidade, não deveria, por um lado, afastar-se do monumento e interessar-se pelo património dissimulado? Quais seriam as complexidades e subtilezas que descobriríamos se não fossemos guiados até ao que já conhecemos?

Por um outro uso da luz

Estas constatações relativas ao uso da luz redesenham, por contraste ou por semelhança, todo um conjunto de preocupações de utilização 'social' da mesma, traduzindo algumas atitudes artísticas contemporâneas. Sem verdadeiramente se oporem às estratégias políticas em matéria de iluminação pública, alguns artistas contrapõem ao poder de atracção da luz a sua transformação num revelador visual das complexidades muitas vezes invisíveis da cidade, e até do seu tecido social. É o caso de Yann Kersalé, do qual Pierre Auboiron diz que *manipula a luz à maneira de um desenhador social*[29]. Revelando através da luz movimentos humanos e viários (Torre Saint-Jacques em Paris) ou ainda dados geográficos (Catedral de Nantes), Kersalé renova a leitura dos objectos no seu contexto plural. A luz, neste caso, induz uma interpretação do sentido dos lugares, em vez de neles incorporar um sentido orientado, decidido por alguns.

Temos aqui dispositivos espaciais e luminosos que propõem uma outra abordagem da intervenção no espaço público e colocam de forma diversa questões fundamentais que podemos definir como de abertura, de confrontação e aproximação. Questões que retomamos através de uma leitura mais simbólica da árvore de Natal.

As árvores enquanto símbolo

Falamos d*as* árvores porque falámos aqui da árvore de Natal em geral e da árvore de Natal do Banco (para quem aí encontre diferença).

Os primeiros ritos em torno do pinheiro de Natal no norte da Europa remontam ao Séc. XVI, mas as teses divergem relativamente às origens do uso da árvore, e nomeadamente do pinheiro. Nos meandros dos escritos sobre este tema, sobressai no entanto uma constante: o uso do pinheiro como evocação da imortalidade festejada durante o solstício de Inverno (porque é sempre verde). O pinheiro teria sido assimilado pelo Cristianismo como símbolo da cruz, lembrança da árvore do paraíso e sempre metáfora da imortalidade. Desde então, é indissociável das festas de Natal cristãs, embora seja necessário reconhecer que a viragem comercial e consumista da quadra natalícia dela se apropriou largamente como símbolo.

Assim, coloca-se a questão da interpretação da outra árvore de Natal, a da Praça do Comércio, que parece jogar tanto com o seu contexto religioso quanto com o económico, através de referências cristãs não dissimuladas e de uma poderosa marca publicitária.

Se a estrela, lembrança do que guiou os reis magos do Oriente até Belém, é já por si uma evocação religiosa, alguns passantes teriam notado que a da árvore do banco assume os contornos de uma cruz latina. Mas o maior sinal da sua filiação religiosa, não o transporta consigo; encontra-se em duas das três fotografias vencedoras do concurso Público-Millennium BCP[30]. As imagens evidenciam uma semelhança, na paisagem nocturna e numa perfeita relação de proporções, da estrela no topo da árvore com o Cristo redentor de Almada, erigido sobre a sua base! Não serão apenas os curiosos a encontrar nisso possíveis interpretações...

A nós não compete dizer se a monumental árvore, identificável como símbolo de uma festa cristã, implica ou não exclusão[31]. São as convicções religiosas e/ou políticas de cada um que o decidirão. A quem a considerara como proselitismo excessivo (menos grave nesse caso, vindo de um privado, do que de um organismo público) e a quem a entendera como uma evidência num país de forte raízes cristãs. O principal será que nenhuma convicção religiosa seja um pretexto de desigualdade perante a lei.

Contudo, é mais uma vez a monumentalidade da árvore, juntamente com a sua presença no espaço público, que nos faz questionar mais em profundidade o assunto: não haverá aqui, no lugar aberto por definição, metros e luz a mais para deixar um espaço simbólico disponível para a expressão de outras convicções?... Não assistimos a uma forma de apropriação ambígua, que defende um espaço colectivo assinalando *ao estrangeiro ou o intruso virtual que não está* em casa *quando nele se aventura* [...]. *O espaço colectivo assim concebido* [...] *pretende estimular a celebração de um fenómeno social total e, em consequência, obstina-se a neutralizar ou cancelar a experiência da estranheza que está no cerne de qualquer encontro num espaço de circulação e de comunicação*[32]?

Numa cidade cada vez mais multicultural, não haverá que procurar-se códigos festivos de acordo com essa evolução? As palavras de José Manuel Júdice ecoam outras vozes, assim que são relacionadas com esta questão; ele afirma: *laicizar não significa destruir a crença numa divindade, mas significa seguramente a diminuição do condicionamento*

27 Nesta altura, consomem-se espectáculos tal comos e fossem como produtos, atitude decorrente do desvio mercantil do que sofreu o símbolo religioso da árvore de Natal.

28 O sítio *internet* da CML apresenta assim a árvore de 2005: *Nesta fase, serão utilizados 2,2 milhões de micro lâmpadas, 15 mil mini-lâmpadas redondas, 18 quilómetros de mangueira luminosa, 380 strobes (focos de luz intermitentes), 320 metros de néon, 8* moving lights *(focos móveis de longo alcance) com potências entre os 2 mil e os 7 mil watts e 144 painéis decorativos. A produção global envolve 350 pessoas que levarão 44 dias a montar toda a estrutura de 25 quilómetros de tubos de metal.* "Maior árvore de Natal da Europa simbolicamente entregue à cidade de Lisboa", http://www.cm-lisboa.pt, 07 Nov. 2005.

29 Pierre Auboiron, *op.cit.*, 2005, p.122.

30 *Público*, Ter. 26 Dez. 2006, p.20. Ver também a edição de 13 de Dezembro, p.27.

31 ...o que não quer dizer que ninguém tenha reflectido sobre o tema; reflexões às vezes seguidas de acções como testemunha por exemplo o artigo de António Marujo, "Quando festejar o Natal é proibido", *Público*, Dom. 17 Dez. 2006, p.28.

32 Isaac Jacob, "L' Espace Public comme lieu de l'action", *Les Annales de la Recherche Urbaine*, 57-58, Déc. 1992-Mars 1993, pp. 216-217.

das religiões sobre a nossa vida diária, a aceitação natural do ateísmo, do pluralismo religioso e da liberdade de culto[33]. Atrás deste tudo, não se desenhará uma reflexão sobre o modelo de integração das minorias religiosas e, para esquematizar, a dualidade entre assimilação e o deixar espaço à multiculturalidade?

Mais uma vez, o espaço público tem aqui um papel decisivo, sendo um dos seus fundamentos *a encenação da sociedade na sua diversidade*[34].

Neste contexto, a festa de Natal organizada por comunidades do Leste[35], promovida pelo banco em torno da árvore no mês de Janeiro, surge como uma operação louvável de abertura, embora ainda de culto Cristão se falasse. Para mais, a noção de comunitário de novo se opõe à de comum… Resta-nos esperar que as pessoas que participaram nesta festa tenham a perfeita consciência de que estavam igualmente convidadas enquanto clientela-alvo do banco[36].

Uma questão que nos leva indirectamente a outro símbolo veiculado pela árvore de Natal: o do consumo natalício, que coloca em primeiro plano, mais uma vez, os usos do espaço público, visível na oposição que Henri Lefebvre surpreende entre *o valor de uso (a cidade e a vida urbana, o tempo urbano) e o valor de troca (os espaços comprados e vendidos, o consumo dos bens, dos lugares, dos sinais)*[37]…

A árvore do Millennium é talvez portadora, de alguma forma, destes dois valores. Mas numerosas das suas características, a começar pela sua monumentalidade, traduzem, inegavelmente, o objecto publicitário que representa; o que entra em ressonância com a afirmação de Delfim Sardo: …[o monumento] é *muito mais um testemunho documental do seu tempo do que do evocado*[38]. É com esta convicção que tentámos, ao longo deste artigo, interrogar as incidências e os significados implícitos da árvore.

Afinal, estas linhas queriam somente despertar a curiosidade pelo que aconteceria a um espaço 'público', regulado pela busca do lucro e do alargamento das quotas de mercado, destinado a um *target* e não a todos. Não damos aqui resposta; tentámos somente comunicar, como possível avanço, uma percepção mais abrangente da noção de espaço público, esboçando o seu papel decisivo, bem como a sua imperceptível mas bem real fragilidade.

Marc Latapie é arquitecto.

33 José Manuel Júdice, "Ich bin ein «Mediterraner»", *Público*, sexta-feira, 1 Dez. 2006, p.6.

34 Cynthia Ghorra-Gobin, "Réinventer les espaces publics", *Urbanisme*, n.° 346 (Espace[s] public[s]), Jan. Fev. 2006, pp.51-52.

35 'Millennium bcp e Western Union convidam comunidades imigrantes para celebrar o Natal junto à Árvore', http://www.millenniumbcp.pt, 28 Dez. 2005.

36 Um artigo evocando a Associação Nacional de Direito a Crédito (ANDC) mostra que os imigrantes constituem *uma faixa recente e crescente de novos clientes de microcrédito.* Aprende-se que só três companhias bancárias, entre as quais o BCP, se abriram à experiência e assinaram protocolos com a ANDC. Cristina Ferreira, 'Microcrédito *pensámos logo que se não arriscássemos…*', *Público*, Seg. 4 Dez. 2006.

37 Henri Lefebvre, *Le droit à la ville*, Seuil, Paris, 1974, p.36. (edição original: Anthropos, Paris, 1968).

38 Delfim Sardo, *op.cit.*, p.112.

BIBLIOGRAFIA

Nicolas Hossard; Magdalena Jarvin (dir.), *"C'est ma Ville!" De l'appropriation et du détournement de l'espace public,* L'Harmattan, Paris, 2005

Isaac Joseph, *La ville sans qualités*, Éditions de l'Aube, Paris, 1998

Ariella Masboungi (dir.), *Penser la ville par l'art contemporain,* Édition de la Villette, Paris, 2004

Pierre Merlin; Françoise Choay (dir.), *Dictionnaire de l'Urbanisme et de l'Aménagement,* Presses Universitaires de France, Paris, 1988

Benoît Peeters; François Schuiten, *La Fièvre d'Urbicande,* coll. les cités obscures, Casterman, Paris, 1985

Jean-Yves Toussaint; Monique Zimmermann (dir.), *User, observer, programmer et fabriquer l'espace public,* Les Presses polytechniques universitaires Romandes, Lausanne, 2001

Estatuária e Escultura de Lisboa – Roteiro, Câmara Municipal de Lisboa, Lisboa, 2005

Regulamento Geral das Edificações Urbanas, colecção regulamentos, Porto editora, Porto, 2003

PERIÓDICOS

Arquitectura e vida, n.° 75, Out. 2006

Les Annales de la Recherche Urbaine, n.° 57-58, Déc. 1992-mars 1993

Público, Sáb. 20 Nov. 2004

Público, Dom. 26 Nov. 2006

Público, Sexta-feira 01 Dez. 2006

Público, Seg. 4 Dez. 2006

Público, Dom. 10 Dez. 2006

Público, Dom. 24 Dez. 2006

Urbanisme, n.° 346 (Espace[s] public[s]), Jan. Fev. 2006

WEB-SITES

http://www.cm-lisboa.pt

http://gaia.org.pt

http://www.luzboa.pt

O projecto-guia da Luzboa – Bienal Internacional da Luz em Lisboa 2006 interessa-nos porque poderia constituir também ele uma contra-proposta luminosa a numerosos aspectos críticos da árvore de Natal lisboeta. Com o Projecto RGB, a associação Extra]muros[propôs três percursos luminosos temáticos, porém conectados, atravessando três tipologias urbanas (e naturalmente sociais, históricas, económicas…) diferentes. Certamente, também aqui, o motor é festivo mas incorpora diferentes abordagens, das quais se destaca a independência ideológica subentendida pela vocação artística da Bienal. Naturalmente, o percurso era orientado (conectando as obras dos artistas convidados), mas não excluiu diferentes graus ou perpendicularidades de interacção. A luz foi ali instrumentalizada, mas por atenuação.

Há no entanto um outro aspecto da sua inserção no espaço público que interrogamos aqui. A capacidade do projecto foi a de levar ao ver e não somente a ser-se visto! A instalação técnica das luzes coloridas permitiu, por exemplo, o encontro com uma pessoa idosa que não deixava a sua casa há anos. A iluminação tornou-se ferramenta desta conexão à escala do sensível recíproco. Assim, para além de relacionar-se com o espaço público de um modo aparentemente mais subtil de que a árvore de Natal, o dispositivo instalado pelo Projecto RGB permitiu, pelo menos pontualmente, tocar os que são usualmente excluídos, desta vez de um modo surpreendente. O que podemos lamentar, afinal, é, por um lado, a singularidade desta experiência (que poderia tornar-se um projecto por si própria?), mas mais, o facto de ela não ser de todo traduzida na instalação em si, que não tem a capacidade de contar o seu próprio processo. **MARC LATAPIE**

Mel Jordan + Andy Hewitt – Arte, Cultura e Mudança. Conferência
Mel Jordan + Andy Hewitt – Art, Culture and Change. Conference

Em 2005, a 4 de Dezembro, no contexto da Plataforma Aethernet, evento preparatório da Luzboa 2006, e que incluiu um simpósio-retiro realizado na Foz do Arelho [com Malcolm Miles], Mel Jordan e Andy Hewitt participaram na conferência '[Arte] Cultura e Mudança', na Casa d'Os Dias da Água, um evento co-produzido com a ESAD.CR. O presente texto, disponível apenas em Inglês, é resultado escrito dessa conferência. Os artistas trabalham actualmente com o artista e investigador Dave Beech, sob a designação de Freee. Obra recente e importante é o livro Freee Collective Manifesto for a Counter Hegemonic Art, *[Sheffield, 2007] lançado durante a 52.ª Bienal de Veneza 2007, num evento com curadoria de Gavin Wade.*

In 2005, the 4th of December, in the context of the Plataforma Aethernet *[Aethernet Platform], a preparatory event of Luzboa 2006 that included a previous retreat-symposium at Foz do Arelho [with Malcolm Miles], Mel Jordan and Andy Hewitt participated in the conference '[Art] Culture and Change' at Casa d'Os Dias da Água, an event co-produced with ESAD.CR. This paper is the written result of that conference. The artists work now with artist and researcher Dave Beech, under the name of Freee. A recent, and most important work, is the book Freee Collective Manifesto for a Counter Hegemonic Art, [Sheffield, 2007] launched at the 52.nd Venice Biennale 2007, in an event curated by Gavin Wade.*

Mel Jordan: Hello everyone, thank you for coming. We would like to thank Mário Caeiro for inviting us to Lisbon to take part in a research retreat as well as this conference here today. We have had a great time and have felt very welcomed by the artists, designers and researchers that we have met and worked with during this visit. I am Mel Jordan and this is Andy Hewitt, we work collaboratively as Hewitt & Jordan. I am going to speak a little bit about a series of projects dating back from 2002 in order for you to get an understanding of how we developed the way we are working and why we are making our current work. And then Andy will speak about issues of 'Functionality', which are prominent in our current works, and then we will show you more recent works.

To start I would like to say a little bit about our method. We have been working together since 1999. We have worked with many partners, agencies and contexts within the *public realm*: in education, design and planning, and regeneration. Our practice is concerned with the discourse around arts social potential and its relationship to public space and the public sphere. Recent works discuss the 'functions' of public art and the notion of public good in relationship to social and economic regeneration policy. We are also preoccupied with the question of social change and its relationship to how we regard and understand notions of utopia. Our most recent works are text works. They have been produced as billboards, beer-mats, badges and posters. Our works usually come about after a period of time considering and working within a specific context, or are made specifically for a context that we identify.

Slide 1 (Showflat)

Slide 1 (Showflat)

This work is called *Showflat* and was completed for a commission for Artsheffield03, a two-yearly art event in Sheffield. We had been working with Sheffield City Council on the development of one of the only green spaces in the city centre called, Devonshire Green. Through this engagement with town planers and city developers we started to question the motivations for redevelopment of particular spaces within the city. All the properties around us had been converted, demolished or re-built in order to create new city-living apartments, we realized that suddenly our studio was in a prime spot for redevelopment, so we decided to do it ourselves. We turned what was an office space into a two-roomed appartment and called it *Showflat*. We were not interested in protecting artists' studio spaces as revered cultural places but we *were* interested in trying to visualize what was happening and to question who was benefiting from this re-development. We did not wish to present the studio space as a barricade against the forces of capital; this would suggest that the art studio is a special or spiritual space for art practice, a nostalgic or modernist view we are definitely opposed to.

Slide 3 (Showflat)

Slide 2 (Showflat)

We fitted the *Showflat* with the usual laminate flooring and designer lighting and chrome door fittings and painted it white. We also created the usual signage to advertise the property for sale.
We opened the space to the public and we also invited people to come and discuss the issues around the work. Attempting to use the *Showflat* project as a prompt for debate.

Slide 2 (Showflat)

Slide 3 (Showflat)

In the project *Showflat* we were concerned with the idea that art continues to be appropriated, used for investment by capital and increasingly as a tool within government social policies. It is our opinion that the dilemmas for the artist working between the powerful agendas of capital or government funding policy make it all the more urgent to maintain art as a space for thinking and for contesting authority and the prevailing culture. Our practice is about questioning; confronting accepted systems, methods and approaches to reveal that art and cultural systems are not benign but are deeply affected by political and ideological agendas.

'The Fine Art of Gentrification' by Rosalyn Deutsche and Cara Gendel Ryan (first published in October, n. 31, 1984, republished in Annette Michelson, Rosalind Krauss, Douglas Crimp and Joan Copjec (eds), *October: The First Decade*, MIT Press, Cambridge, 1987, 151-171) is a key source for us in terms of discourse in this field. Whilst there are clear differences in the site, the issues raised by Deutsche & Gendel Ryan overlap with some of those that we experienced when examining the function of art within urban planning in Sheffield.

Slide 4 (WINNER)

WINNER, 2002, What is the European Capital of Culture 2008?
The Independent, Liverpool Biennial commissioned by Parkingspace gallery & North West Arts.

In June 2002 we were invited to make a new work for the Liverpool Biennale Independent part of the programme. The project came from a period of research into the UK competition for Capital of Culture 2008. The work examined the use of culture to brand a city as part of culture-led regeneration. The European Capital of Culture is a European Union agreement under which each year a member country takes its turn to select a host city to become Capital of Culture. After a long competition process Liverpool was, this year, selected to represent the UK as European Capital of Culture for the year 2008. During the run-up to the final selection we worked on a project entitled *WINNER*. We sought to understand why this competition was in operation, how each of the competing cities would interpret the word 'culture' and how the arts were going to function within any subsequent cultural strategy.

The competition was already promising to become a cultural phenomenon as an unprecedented twelve cities entered the UK competition. In August 2002, over a two-week period we visited each one. Birmingham > Cardiff > Bristol > Liverpool > Belfast > Oxford > Brighton > > Canterbury > Norwich > Bradford > Newcastle > Inverness. Following on the heels of the official judges that included media and sports celebrities, like Jeremy Irons and Tessa Sanderson, it was our aim to experience for ourselves the culture of each city. We met with people from the visual arts communities and representatives from City Councils in order to find out what was being planned.

The work *WINNER* comprised of an image of the council chamber from each of the cities competing for CC2008. Each image was marked with the betting odds as provided by the bookmakers William Hill Ltd. The twelve poster-sized images were presented at St. Johns Market, a former food hall in the city centre.

Slide 4 (WINNER)
WINNER, 2002, What is the European Capital of Culture 2008?
The Independant, Liverpool Biennial, Commissioned by parkingspace gallery & North West Arts.
The final work WINNER comprised of an image of the council chamber from each of the cities competing for CC2008, Birmingham - Cardiff - Bristol - Liverpool - Belfast - Oxford - Brighton - - Canterbury - Norwich - Bradford - Newcastle - Inverness.

Slide 5 (I Won An Artist In A Raffle)

Slide 5 (I Won An Artist In A Raffle)

I Won An Artist In A Raffle, Public Art Forum Conference, at Royal Court Theatre, London. April 3 2003. Coordinated and commissioned by Public Art Forum (currently ixia), UK.

This project came out of a commission for Public Art Forum conference in April 2003 where we raffled ourselves. All delegates were entered in a prize draw to win the opportunity to develop a new artwork in collaboration with us. Public Art Forum is a national organization that reflects upon the conditions of Public Art, they are essentially advocates of art within urban regeneration and architectural projects. The conference delegates were mainly from the 'industry' of public art. We wanted to provoke some discussion about the power relationships of commissioning artworks in this context; we believed that by being 'won' in a raffle the project would question the traditional relationship of commissioner to artist.

We were 'won' by a young commissioner who after a series of meetings said to us 'please just make me a work'. So we revisited our initial idea, of questioning how we can be more careful in considering how public art functions. The work we made was called *The economic function of public art* a text work presented as a billboard poster in Sheffield; a photograph of the billboard was also presented in the Public Art Forum book 'Desirable Places'.

Slide 6 (The economic function of public art)

The economic function of public art is to increase the value of private property, 2004.

Slide 6 (The economic function of public art)

The work *The economic function of public art is to increase the value of private property* sets out to question the function of art in the public realm within the economic regeneration of post-industrial cities.

I am going to stop there and hand you over to Andy, who will speak a little bit about functionality and more recent works.

Andy Hewitt: Thanks Mel, hello everyone, as Mel says I am going to talk about functionality and our current series of works entitled 'The Functions'.

Why functions of public art? To talk about public art as having functions is to point out how it is connected to, complicit with and instrumental for wider social forces. Studying the function of a social practice or institution, according to Anthony Giddens, is to analyze the contribution which that practice or institution makes to the continuation of the society as a whole. This position derives from Malinowski's study of the religious practices of the Trobriand Islanders. The religious beliefs and customs of a society, he said, could be understood only by showing how they relate to other institutions within it. There is an analogy with the human body: if you want to understand how the heart works, you must see how it is related to all the other organs. Isolate the heart – or religion, or art – and it can never be fully understood. Functions are historically and socially specific. There was public art before there was a bourgeoisie and public art has had other functions.

Referring specifically to the problem of functionalism in the analysis of art, Art & Language criticized the Malinowskian approach to the Trobriand Islanders' religion insofar as it rules out the possibility of internal critique and resistance. If everything is functional for society as a whole, then individuals are condemned to complicity. But instead of saying that functionalism does not explain resistance and insubordinacy, we need to see that the recognition of functions is a motivation for resistance. Functions change our perspective on things. For this reason, functionalism, especially in the elevated fields of religion and art, secularizes and politicizes by drawing the metaphysics of sacred practices back into social relations and networks of power.

Slide 7 (The aesthetic function of public art)

The aesthetic function of public art is to codify social distinctions as natural ones. (English & Italian version) Question No. 31. What are aesthetics? By Hewitt & Jordan with Dave Beech curated by Gavin Wade as part of his Strategic Questions projects [51st Venice Biennale, 2005]

What functions of public art?

When we started thinking about the types of functions we should discuss we decided to describe how public art functions in the broadest of cultural contexts: economic, social and aesthetic.

Slide 7 (The aesthetic function of public art)

The aesthetic function of public art is to codify social distinctions as natural ones, 2005, curated by Gavin Wade for the 51st Venice Biennale.

Slide 8 (The social function of public art)

The social function of public art is to subject us to civic behaviour. The fourth Plinth, Trafalgar Square, London 2005. For a poster project called *It's the only life I know*.

On reflection, these contexts seemed like grand Modern themes and somehow 'conclusive' therefore we have been extending our function/slogans to enable us to discuss other functions, including *The neo-imperialist function of public art is to clear a path for aggressive economic expansion.*

Slide 8 (The social function of public art)

The social function of public art is to subject us to civic behaviour, 2005, Text on empty plinth, Trafalgar Square, London UK.

Slide 9 (The neo-imperialist function of public art)

The neo-imperialist function of public art is to clear a path for aggressive economic expansion, 2005, GuangzhouTriennial, China.

Slide 9 (The neo-imperialist function of public art)

The neo-imperialist function of public art is to clear a path for aggressive economic expansion. In collaboration with Dave Beech Public Structures, for Gavin Wade, Second Guangzhou Triennial, China, curated by Hou Hanru and Hans Ulrich Obrist. November 2005.

The neo-imperial function is a text work in Mandarin. The work is also sequential, comprising of three phases, in two cities, over two months. The project began in Barford Street, Birmingham UK as a text work on a Maiden advertising billboard. The billboard was photographed; this photograph was made into a new poster and displayed in the city of Guangzhou. The Guangzhou poster in its new site was again photographed and exhibited at the Guangzhou Triennial. This image has now been returned to the original site in Birmingham, it is in this way the work occupies the same exchange mechanisms of production and consumption that occurs in industrial, commercial and cultural relations between the UK and China. Guangzhou and Birmingham are twinned cities. The function of public art in these relations is tied to commercial enterprise and the hope of establishing or maintaining an advantage in an economy shaped by global asymmetries. For this reason the text for the neo-imperial function is meant to be always out of place – not fully at home and therefore not giving advantage clearly to one culture or another.

Public

To talk about public art is to consider what we mean by the public. It is the contradictions within public art that is the site of the three functions and the sloganeering project. Dave Beech writes about this in his essay *Sloganeering*. He says, *Public art is vexed. Three strands to public art's strained predicament stand out: one, the complexities, contradictions and rivalries within the public; (publics) two, contestation over what art is (ideologies), and three, the exacerbation of the first two predicaments that arises when you put then together in Public Art*. Through the placement and dissemination of these texts we are attempting to point to the fact that public art has no primary public audience, just passer-bys.

We are also thinking of Jürgen Habermas' articulation of the public realm, he says the word public and public sphere is too broad and clumsy to use in a meaningful conversation. He says they have a multiplicity of concurrent meanings. Not just ordinary language (especially if it bears the imprint of bureaucratic and mass media jargon) but also sciences – particularly political science and sociology – do not seem capable of replacing traditional categories like 'public' and 'private', 'public sphere' and 'public opinion' with more precise terms.

Context, dissemination and reception

These works appear in the public realm, produced within the context of existing art systems, be it a public art conference or an art biennial, etc. The work may look like public art, made for a conventional understanding of a public audience of art – the 'primary audience' – who we have described previously as the passerby. And it might be that the passerby does engage with the work. However the works are made with a 'secondary audience' in mind; an audience who might not pass by or see the work in its first context. This audience is those who decide what public art is, the commissioners, the policy makers, and it is through dissemination via posters, postcards, web mail, and essays and talks that this audience 'sees' the work. We like to think there may be some discomfort for those engineers of 'publicness' and social cohesion in seeing questions of public arts function raised so publicly in the public sphere.

We should state that we are not interested in making something unique, we do not consider the photograph a documentation of an event in relation to say Conceptual Art, we see it as one of many points of dissemination. The information surrounding the work in the form of its documentation is more important than the first placing of the text – through the additional information that exists alongside the work you actually find out more about it, titles, dates, event and funders, etc.

What these sloganeering public artworks do, ultimately, is bring a Habermasian concept of the public (as an arena of collective intercourse) into the very fabric of the work of public art. Art can be controversial, even deliberately so, but these slogans are not controversial: inflammatory, for sure, but they are not shocking or sensational – they are triggers of debate. And in entering into this debate we encounter both cultural conservatives and fellow collaborators who are working towards art for social change. By describing this stuff we are not suggesting that we can step outside of it, we are just attempting to think about it and bring it up for discussion. I think that's it for now. Thank you.

Displaced Monuments and Public Spheres. Paper

Malcolm Miles

Malcolm Miles é professor de Teoria Cultural na Universidade de Plymouth, onde coordena o programa de workshops *de métodos de investigação para doutorandos e desenvolve actualmente o Plano de um Mestrado em Estudos Utópicos. Publicações-chave:* Urban Avant-Gardes *(London, Routledge, 2004);* The Uses of Decoration: essays on the architectural everyday *(Chichester, Wiley, 2000);* Art, Space & the City *(London, Routledge, 1997);* The Consuming City *(co-autoria de Steven Miles, Basingstoke, Palgrave, 2004);* Urban Futures: Critical Commentaries on Shaping the City *(co-edição de Tim Hall, London, Routledge, 2003);* The City Cultures Reader *(co-edição de Tim Hall e Iain Borden, Londres, Routledge, 2003). É co-editor da colecção 'Critical Introductions to Urbanism' [Routledge], com John Rennie Short, da Universidade de Maryland. Colabora regularmente com a Extra]muros[desde 2001, como autor de* papers, *conferências, livros e ensaios em catálogos: 'Cultura, desenvolvimento e libertação' in* Lisboa Capital do Nada – – Marvila 2001 *[2002],* Para Além do Espaço Público *[2002], 'Um Tempo de Desassossego' in* Luzboa – A Arte da Luz em Lisboa *[2004]. Em 2005, a 4 de Dezembro, no contexto da Plataforma Aethernet, evento preparatório da Luzboa 2006, e que incluiu um simpósio-retiro realizado an Foz do Arelho, Malcolm Miles participou na conferência '[Arte] Cultura e Mudança', na Casa d'Os Dias da Água, a 4 de Dezembro, um evento em co-produção com a ESAD.CR. O presente texto é o resultado escrito dessa conferência.*

Malcolm Miles is Reader in Cultural Theory at the University of Plymouth. At Plymouth he coordinates a programme of research methods workshops for doctoral researchers, and is currently developing a Master of Research route in Utopian Studies. His key publications are: Urban Avant-Gardes *(London, Routledge, 2004);* The Uses of Decoration: essays on the architectural everyday *(Chichester, Wiley, 2000);* Art, Space & the City *(London, Routledge, 1997); The Consuming City (co-authored with Steven Miles, Basingstoke, Palgrave, 2004); Urban Futures: Critical Commentaries on Shaping the City (co-edited with Tim Hall, London, Routledge, 2003);* The City Cultures Reader *(2nd edition, co-edited with Tim Hall and Iain Borden, London, Routledge, 2003). He is co-Editor of the Routledge series 'Critical Introductions to Urbanism' (with John Rennie Short, University of Maryland. Malcolm Miles collaborates regularly with Extra]muros[since 2001, as author of journal papers, conferences, books and catalogue essays: 'Culture, development and liberation' in* Lisboa Capital do Nada – Marvila 2001 [2002], Beyond the Public Realm [2002], *'A Time of Disquiet' in Luzboa – a Arte da Luz em Lisboa [2005]. In 2005, December 4th, in the context of the Aethernet Platform, a preparatory event of Luzboa 2006 that included a* previous *retreat-symposium at Foz do Arelho, Malcolm Miles participated in the conference '[Art] Culture and Change' at Casa d'Os Dias da Água, an event co-produced with ESAD.CR. This paper is the written result of that conference.*

Da Introdução

A minha intenção neste *paper* é identificar o lugar metafórico em que a sociedade democrática determina os seus valores. Após a queda do Muro de Berlim em 1989 e a desintegração da União Soviética em 1991, abordo a questão no contexto expecífico do final da Guerra Fria. Aquela produz uma dissolução da antiga estrutura binária dos Blocos de Leste e Ocidental, representando respectivamente os valores do socialismo de estado e do capitalismo de mercado, ambos configurados como opostos, definidos como o não-outro. Também a Cultura foi convocada para a querela. Se a arte no Ocidente era livre, então a arte de Leste teria de ser não-livre.

A crítica do Realismo Socialista por críticos ocidentais como Clement Greenberg, serviu esse desígnio. Mas hoje, como podemos abordar a questão? Pergunto: como lemos os monumentos deslocados do Bloco de Leste, os quais eram constituintes da narrativa política anterior a 1989 e 1991; como os monumentos, de uma forma geral, enquadram o espaço público; e se são *sítios* de espaço público; e finalmente se outros espaços, transicionais ou limiares, podem mais apropriadamente ser considerados oportunidades para a re-forma social. **MALCOLM MILES**

Introduction

My question in this paper is how to identify the metaphorical site in which a democratic society determines its values. After the dismantling of the Berlin Wall in 1989 and disintegration of the Soviet Union in 1991, I approach the question in the specific context of the end of the Cold War. This produces a dissolution of the previous binary structure of an East bloc and a West bloc, representing the values of state socialism and market capitalism respectively. These were configured as opposites, each defined as not-the other. Culture, too, was conscripted to the contest. If art in the West was free, then art in the East must be un-free. The criticism of Socialist Realism from Western critics such as Clement Greenberg suited this purpose. But how do we approach this question now? I ask how we read the displaced monuments of the East bloc which constituted a public narrative prior to 1989 and 1991; how monuments in general frame public space, and whether this is a site of a public sphere; and whether other, transitional or liminal spaces may be more appropriately considered as locations of social re-formation.

Context

Today, globalised capital exercises greater economic and perhaps other kinds of power than some European states. The privatised spaces of a market-led economy encroach on public space in malls and urban piazzas. Yet traditionally public space is linked to public debate, and is now defended as a site

of democratic exchanges (which may or not make a public sphere). At the same time, traditional urban public spaces tend to be sites for statues and monumental architecture. In this way they represent a narrative which in turn articulates a set of values constituting a monumental zone reflecting the idea of a society determined by its elites, not by its multiple, mass publics. Dissent more often grows elsewhere, in transitional or interstitial spaces, in the gaps and cracks in a city's seemingly smooth fabric. These spaces constitute a zone between the public and the private, being neither while having aspects of both. But such a zone is more difficult to defend against encroachment by consumerism, because it has no obvious physical or geographical site.

Perhaps, in brief, the location of social re-formation has two sides. Firstly, spaces such as the café and the bar may be where ideas are exchanged. Recent work in sociology has regarded such spaces as where groups within society construct identities, regardless of the requirement for consumption in what are, in economic terms, private spaces. Sometimes groups do hang out in the mall without buying anything, and bars are used for talking as well as drinking. This kind of spatial occupation correlates with Henri Lefebvre's (1991: 38-39) concept of lived space. Secondly, at certain moments a public space becomes a site for action when statues are deposed to re-enact a shift of power. People kick or spit on the statue as if it was the person. Afterwards they tell stories about the incident, which takes on a life of its own. But outside such moments public urban spaces are sites of representation, and not where the values and form of a society at a particular time are determined by its members. But that is what I mean by a public sphere. It may never have existed. It may be only a theoretical horizon, a dream of democracy yet to dawn. To me it remains worth looking for, beginning in the disturbance of the map in 1989.

Inversions and erasures

The dismantling of the Berlin Wall in 1989, and break-up of the Soviet Union in 1991, means there is no more East-bloc. This means there is no West-bloc either, since the competing ideological systems – with rival ideologies and propaganda, space exploration programmes and military formations – moulded their identities in mutual opposition. They produced similar architectures (Buck-Morss, 2002a: 174-213) and were both utopian, but in dissimilar ways. Now a War on Terror replaces the Cold War (Buck-Morss, 2002b). The remaining super-power has an economic agenda and employs cultural means to enforce the ethos of consumption globally. The global media, entertainment, and news industries are its forces. But the literature of urban dystopias, like the disaster movie and the climate-change movie, has uses, too. It produces new fears to validate a culture of surveillance, and new insecurities alongside those of flexible work patterns and a widening gap between rich and poor. The real dystopia of social and environmental injustices is meanwhile masked by a new cultural evangelism.

As cities such as Barcelona compete for world status they use cultural attractions, too, such as new museums of modern or contemporary art in post-industrial sites to attract investment in urban regeneration. A new class of cultural entrepreneurs and intermediaries (O'Connor, 1998) and professional-class bohemians (Wilson, 2000: 240-249) are the pioneers of the cultural city. As Sharon Zukin remarks, *every well-designed downtown has a mixed-use shopping center and a nearby artists' quarter* (Zukin, 1995: 22). But as she also writes, *culture is also a powerful means of controlling cities* (Zukin, 1995: 1). In effect, the spread of an empire of consumption is enforced by cultural means such as entertainment, fashion, fizzy drinks, fast food, and public art. Sociologists disagree as to whether consumption is a means to identity formation, or oppression on the terms of the suppliers (Gottdeiner, 2000; Klein, 2000; Lodziak, 2002). Meanwhile the display of consumption fuses cuisine, art, and fashion, in an ironic hybridity. In Manchester's cultural quarter Revolution is the name of a bar. The bar next door is called Fats Cats. Along the canal-side is a restaurant called Choice. These sites replace the more overt means of the statue in representing a dominant value system. But what of the monuments on the other side, which have lost their currency?

Stalin-world at Grutas, Lithuania

What happened to the monuments of the failed system of state socialism? The destruction began before 1989. In Budapest in 1956, Stalin was displaced from his plinth. People hit his statue with wooden poles and dragged it across the city (Michalski, 1998: 143). Similar behaviour occurred in the Paris Commune of 1871 when the Vendôme Column bearing a statue of Napoleon Bonaparte was dismantled as public spectacle. People kicked it as if it was the Emperor himself. They also shot at public clocks. This suggests a need to re-enact the shift of power personally, in a physical way. After 1989 and 1991, some of the Soviet statues, the Lenins and so forth, were broken up. In Poland the bronzes were returned to a foundry at Gliwice to re-enter the cycle of production but the price of bronze was too low to warrant melting them down – so the factory put them in a museum. In Budapest a site was allocated on the outskirts of the city for a statue park (***Szóbórpark***). Lenin and Marx continue their dialogue in rhetorical gestures as a minor tourist attraction. Judith Rugg writes that, by collecting the sculptures in the park, *the authorities divested themselves of any obligations to remember and also relieved the viewer of the burden of memory* (Rugg, 2002: 8). But the Berlin Wall was also de-contextualised when sections of it were transported to the U. S. (one in a small plaza in Manhattan, near the Museum of Modern Art, another in Texas). The wall was covered on the West side by graffiti now read as a sign of freedom, and the victory of the free over the un-free. Yet graffiti was also the sign of an underclass about to emerge from New York's subway system (Sennett, 1990: 206-207).

In Lithuania the Soviet monuments were taken to a forest at Grutas where they stand in groves. The park is called 'Stalin-world' and was established by an entrepreneur who made a fortune farming mushrooms. The park has a rustic restaurant in which the service is Soviet-style and mushrooms feature in every item on the menu. There is a zoo, children's play area, a museum of the Soviet times, and a souvenir shop. How do we read the statues here? A few are aesthetically interesting; most are competent. Significant numbers of Lithuanians and foreigners walk past them in their forest groves. It is hard to imagine the statues as signs of power but they stood as representations of an authoritarian regime which imposed its own linguistic as well as political hold over a nation which looks back on the period as one of foreign occupation.

The government in Vilnius has commissioned a statue of Lithuania's first king – – of whom there is no visual record, so the image is made up. But what is it appropriate to do with the monuments of previous regimes? Should they be junked, given to museums, or left in place as reminders of a history which cannot be denied by their removal? Seeing rows of unused Lenins in store, Laura Mulvey and Mark Lewis (in the film *Disgraced Monuments* 1992), see an uncanny aspect: *Their disgrace and removal may encapsulate, as image and emblem, the triumphal overthrow of an* **ancien régime**... *their ultimate fate raises questions about continuity and discontinuity, memory and forgetting, in history; about how, that is, a culture understands itself across the sharp political break of revolution.* (Mulvey, 1999: 220)

A culture may misunderstand itself when the visible emblems of its historical discontinuities are removed. At Grutas, however, they are encapsulated in an equivalent of the white-walled space of the modern art museum. Is this an evacuation of meaning which indicates a wider evacuation of value from public spaces?

Looking at Romania after 1989 Renata Salecl observes that to argue for the retention of the statues assumes *the current and former rulers do not differ in how they deal with historical memory*. (Salecl, 1999: 99). She agrees that to erase monuments may mean a romanticisation of the past they represent but argues that at times of rupture such erasures are ***necessary***: *If we take the case*

of post-Hitler Germany, one does not expect to see the Fuhrer's pictures in public places. (Salecl, 1999: 99) I agree. But if liberation is a real-possibility, there are other questions than what to do with statues. Student activists in 1968 engaged in alternative ways of living, new music, free love, and political mobilization. For the Situationists in Paris in the 1960s, the drift (***dérive***) was a purposive waste of time in a society based on productivity, not a reproduction of the system but a decisive rupture. When the Situationist painted Lefebvre's words – 'Under the paving stones, the beach' (***sous les pavés, la plage***) (Pinder, 2005: 238, fig. 8.1), on the streets of Paris they meant that a real utopia was concealed within the routines of everyday life, available to all, though Lefebvre was upset to see his work used like this.

Representation and the public realm

Public monuments inform a society's citizens of its values. When power shifts the statues are toppled and abused. This appears legitimate, and so often at only a small aesthetic loss. But how are values determined (by whom, in whose interest), and can a traditional form convey new values? Or is a new formal language required? That might be constituted for consumerism by signs which use the discarded signs of the ex-East but evacuate them of meaning more finally than the removal of statues to a forest park. An example is the bar called Revolution, which sells expensive vodka cocktails. Or, can statues be democratised?

In many cities there are life-size, street-level bronze figures of writers, artists, and film stars. Lisbon has Pessoa, Dublin has Joyce, Bristol has Thomas Chatterton. Tourists like to be photographed beside such figures in the hope the stardust attaches to them. Yet the removal of the plinth does not change the relation of the un-famous to the famous, which is a kind of power-relation. Is it possible, instead, to subvert the form of the monument?

Subversion

Krzysztov Wodiczko uses projections onto existing monuments to re-configure their meanings. His projection of a cruise missile onto Nelson's Column, and tank tracks onto the plinths of the supporting lions (1985), had permission – as an art work. Art is not threatening, more a safety valve to displace unrest. The officially sanctioned projection was followed, however, by projection of a swastika on South Africa House (for two hours before being declared a public nuisance). This threatened the efforts of the Thatcher government at the time to represent white South Africa as an acceptable state. In the week of the projections, members of the apartheid regime were in London asking Mrs Thatcher for money (which she gave them). Wodiczko says of these projections, in Trafalgar Square, *the memorial projection will become a double intervention: against the imaginary life of the memorial itself, and against the idea of social-life-with--memorial as uncritical relaxation* (Walker Art Centre, 1993: 114-5). In Berlin, Wodiczko projected an image of a shopping trolley and a striped pullover onto Lenin, who was busy, also, stocking up his supermarket trolley with consumer--durable goods, such as radios – commodities which the people had crossed the Wall to find, as if they emblematically represented freedom.

Such interventions expose the political aspect of public space, and can do this because it was always there but had been naturalized by over-familiarity and the way narratives of national identity become ingrained in everyday readings of public urban spaces. Wodiczko claims that the visual memory of projections lasts well after the event. The work is known in photographic reproduction, and in art books, as well. It rests on a reading of public spaces as where a society's values and identities are contested, in that Wodiczko's work is about re-enlivening that contestation, with irony but also a sharp edge. There is the dominant message and the dominated public, but the dominated can revolt and remove, adapt, or replace the monuments of the dominant class. In Berlin, a street-level statue of Marx and Lenin known colloquially as 'the pensioners', after 1989, was adapted by the graffiti 'We are innocent' (***wir sind unschuldig***); Lenin's statue (the one onto which Wodiczko later projected) was given a reading 'No Violence' (***keine gewalt***) (Michalski, 1998: 146-147). This leads me to the idea that not only artists have an ability to articulate moments of change, or of particular awareness. Perhaps this is the content of Joseph Beuys' sentiment that everyone is an artist: not that they are professional fine artists, or art professors like Beuys, but are alive and conscious in a world illuminated as it might be by imagination.

The idea presented in Walter Benjamin's 'The Author as Producer' (Benjamin, 2003: 85-104), first delivered to a group of Communist (anti-fascist) writers in Paris in 1934, is that the divide between writer and reader, or artist and public, can be collapsed. Benjamin saw in film the capacity to awaken an audience's awareness that they could not only identify with the alienating labour of the actor, knowing that films are made in repeated takes, but also that they could imagine alternative plot lines. An implication, to me, is that if they could do that they might be able to re-imagine society as well, as a realm indisputably better than that inherited. Similarly, Benjamin saw the curiosity shops and toy shops which occupied the 19th-century glass arcades when he was in Paris, in the 1920s and 1930s, as sites evoking a latent utopian sense. Today there are several terms for new kinds of participatory art – new genre public art, socially engaged art, and social practice – which replace site-specific art to denote a more radical intention. I am not convinced that many of the artists involved hand over their authority as interpreters of the world to participants in the projects they orchestrate – the work of Jochen Gertz is a notable exception (Gerz, 1999). But all art is socially engaged. More appropriate for collaborative, critical practices might be the term 'dialogic art', used by Grant Kester in ***Conversation Pieces*** (2004). As a critical practice, art operates in gallery and non-gallery settings, appealing to the art world or to a mass public. Such work investigates present conditions to expose their contradictions.

Dissent

I look now at two cases of art as dissent. The first case is the work of London-based group PLATFORM, whose core members are James Marriott, Dan Gretton, and Jane Trowell. PLATFORM collaborates with environmental campaigning groups, and their work critiques the destructive force of the global oil industry. Past projects have included production of an agit-pod vehicle for street video (using pedal and solar power); and distribution of spoof newspapers to London commuters, using the visual appearance of a real paper but telling stories about oil not found in the mainstream press. Recently, the group has given guided walks in London's financial district, indicating traces of power's visible architecture, and of empire. The narratives are carefully woven, the instances juxtaposed to point up irony and pathos. The walk follows a prescribed route, is not negotiable as it takes place. The narrative has been written, with care and at times beautifully, and the walkman tapes are previously prepared for the participants (who meet for breakfast in a café). There is, in other words, a prepared script for the first part of the day. The purpose is to provoke new awareness in participants' minds, who later in the day conduct a dialogue. The site of these exchanges tends to be a café or meeting room, not a public space. PLATFORM argue that by working over a period such as a day with a small, invited group from contrasting backgrounds they are more likely to make an impact; and I agree. But there is a difficulty: the work remains interpretation: but if the artist interprets the world for others this suggests others cannot interpret the world for themselves. I am not sure there is any way out of this.

The second case is the work of Hewitt + Jordan, Andy Hewitt and Mel Jordan, based in Sheffield. They write:

We always try to avoid making something – not even a video... We know that we are making it difficult for ourselves. I think that the reason for this is a desire to focus the attention on the intervention/process itself rather than on an object – – an object brings 'relief' to the normal spectator of art (Hewitt + Jordan, 2004: 47).

An example is the billboard series, using texts on the functions of public art.

The first, in Sheffield in 2004, stated 'The economic function of public art is to increase the value of private property'. The public for such work is the art-world. There is no intention to speak to a mass public, despite the public setting. The artists do not so much bite the hand that feeds them as point out that it holds nothing they want. The point is that the work can make this evident, using art's capacity to expose the contradictions of a situation.

Like Wodiczko's projection, I think such work as the billboards might have a longer-term resonance than the material life of the projects. If the destruction or displacement of monuments renders the sites in which they are situated places in which a society resists rather than passively receives the representation of it donated by its elites, then it appears to me legitimate that an art group should begin a renegotiation of the codes by which we read such spaces as a debate within the professions, such as artist, architect, and planner, responsible for their design. One possibility for cultural work is intervention in the categories through which the world is interpreted, leaving the interpretations to the interpreters themselves, the mass public.

Publicness

I do not read public spaces as sites of democracy. I appreciate Zygmunt Bauman's argument that the task of critical theory is to *defend the vanishing public realm, or rather to refurnish and repopulate the public space fast emptying owing to the... exit of the 'interested citizen', and the escape of real power into the territory which... can only be described as 'outer space'.* (Bauman, 2000: 39). Interest in public urban space is a reaction to its growing encroachment by private-sector space, as I said at the outset, but the public sphere is elsewhere. It always was. In classical Athens, seen as the foundational democracy, no more than 5% of the population were allowed to sit in the Assembly. They were all men owning a talent of silver, born in the city. Janet Wolff (1989), Elizabeth Wilson (1991), Doreen Massey (1994), and Jane Rendell (2002) have argued that urban public spaces have been overwhelmingly spaces of male dominance in the modern city. The border may be less between the ex-West and the ex-East, or between public and private, than between trans-national capital and the world of creative dissent. But I slip into a new dualism.

Culture and a public sphere

What, then, can cultural work do to produce a public sphere? Catherine Belsey defines culture in this way:

Culture constitutes the vocabulary within which we do what we do; it specifies the meanings we set out to inhabit and repudiate, the values we make efforts to live by or protest against, and the protest is also cultural. Culture resides primarily in the representations of the world exchanged, negotiated and, indeed, contested in a society. (Belsey, 2002: 7)

Culture includes everyday practices and the objects in which a society's values are given form. The processes of negotiation and contestation do not privilege high culture (the arts) over everyday life or sub-cultures. A society's shared values are as evident in a set of tools as they are in a statue. While such forms can be questioned, the act of contesting remains cultural – representation.

The fantasy of a unified world persists. The concept of a public sphere is fabled and does not come into being. This does not mean a sphere cannot exist in which a society shapes itself. It means that I am unable to conceptualise that sphere because its form is changed in the moment of its perception, emerging beyond representation. Perhaps it makes no difference whether the square is with or without the statues. But we ask for more than broken bronzes; we ask for a location in which a society is continuously renegotiated as an always-unfinished determination of itself. Perhaps this is what Herbert Marcuse intended in his address at the Dialectics of Liberation Congress in London in 1967, when he said: *And now I throw in the terrible concept: it would mean an 'aesthetic' reality – society as a work of art. This is the most Utopian, the most radical possibility of liberation today.* (Marcuse, 1968: 185)

REFERENCES

Adorno T W, 1997, *Aesthetic Theory*, London, Athlone [text unfinished at Adorno's death in 1969]

Bauman Z, 1998, *Globalization, The Human Consequences*, Cambridge, Polity

Bauman Z, 2000, *Liquid Modernity*, Cambridge, Polity

Catherine Belsey, 2005, *Culture and the Real*, London, Routledge

Benjamin W, 2003, *Understanding Brecht*, London, Verso [first published in German, 1966]

Buck-Morss, 2002a, *Dreamworld and Catastrophe: The Passing of Mass Utopia in East and West*, Cambridge (MA), MIT

Buck-Morss S, 2002b, 'A global public sphere?', *Radical Philosophy*, 111, pp.2-10

Cresswell T, 1996, *In Place Out of Place: Geography, Ideology, and Transgression*, Minneapolis, University of Minnesota Press

Gertz J, 1999, *Das Berkeley Orakal: Fragen ohne Antwort / The Berkeley Oracle: Questions Unanswered*, Düssledorf, Richter Verlag [parallel German/English text]

Gottdiener M, ed., 2000, *New Forms of Consumption: Consumers, Culture, and Commodification*, Lanham (MD), Rowman & Littlefield

Hall T, 1997, '(re)placing the City Cultural Relocation and the City as Centre', in Westwood S and Williams J, eds., 1997, *Imagining Cities: Scripts, Signs, Memory*, London, Routledge, pp. 202-218

Hewitt + Jordan, 2004, *I Fail to Agree*, Sheffield, Site Gallery

Kester G, 2005, *Conversation Pieces*, Berkeley, University of california Press

Klein N, 2000, *No Logo*, London, Flamingo

Lefebvre H, 1991, *The Production of Space*, Oxford, Blackwell

Lodziak C, 2002, *The Myth of Consumerism*, London, Pluto

Herbert Marcuse, 1968, 'Liberation from the Affluent Society', in David **Cooper,** ed., 1968, *The Dialectics of Liberation*, Harmondsworth, Penguin, pp. 175-192

Massey D, 1994, *Space, Place and Gender*, Cambridge, Polity

Michalski S, 1998, *Public Monuments: Art in Political Bondage 1870-1997*, London, Reaktion

Mulvey L, 1999, 'Reflections on disgraced monuments', in Leach N, ed., 1999, *Architecture and Revolution: Contemporary Perspectives on Central and Eastern Europe*, London, Routledge, pp.219-227

O'Connor J, 1998, 'Popular culture, cultural intermediaries and urban regeneration', in Hall T and Hubbard P, eds., 1998, *The Entrepreneurial City*, Chichester, Wiley, pp. 225-240

Pinder D, 2005, *Visions of the City*, Edinburgh, Edinburgh University Press

Jane Rendell, 2002, *The Pursuit of Pleasure: gender, space and architecture in Regency London*, London, Athlone

Rugg J, 2002, 'Budapest's Statue Park: collective memory or collective amnesia? [unpublished conference paper]

Salecl R, 1999, 'The state as a work of art: the trauma of Ceaucescu's Disneyland', in Leach N, ed., 1999, *Architecture and Revolution: Contemporary Perspectives on Central and Eastern Europe*, London, Routledge, pp.92-111

Sennett R, 1990, *The Conscience of the Eye*, New York, Norton

Waelti-Walters J, 1996, *Jeanne Hyvrard: Theorist of the Modern World*, Edinburgh, Edinburgh University Press

Wilson E, 1991, *The Sphinx in the City: Urban Life, the Control of Disorder, and Women*, Berkeley, University of Chicago Press

Wilson E, 2000, *Bohemians: The Glamorous Outcasts*, London, I B Taurus

Wolff J, 1991, 'The Invisible *Flâneuse*: Women and the Literature of Modernity', in Benjamin A, 1991, *Problems of Modernity*, London, Routledge, pp.141-156

Zukin S, 1995, *The Cultures of Cities*, Oxford, BlackwellDu

'Stalin World', Gruga, Lituânia. Platform em acção. 'Revolution', Manchester

'Stalin World', Gruga, Lithunia. Platform in action. 'Revolution', Manchester.

Light Fiction

Nelson Guerreiro

Nelson Guerreiro foi convidado a visitar a Bienal e escrever sobre ela e a cidade do ponto de vista da experiência íntima do quotidiano urbano. Eis o resultado. **MÁRIO CAEIRO**

Nelson Guerreiro was invited to visit the Biennale and write about the event and the city from the point of view of the intimate experience of urban space. This is the result. In Portuguese... **MÁRIO CAEIRO**

Light Fiction (Pelo menos uma vez na vida tinha que o fazer!)[1]

En esta tierra, sólo podemos amar sí sacrificamos al amor, si perdemos al ser querido por nuestra propia acción, por nuestra omisión.

CARLOS FUENTES, *DIANA O LA CAZADORA SOLITÁRIA*

Now our luck may have died and our love may be cold
But with you forever I'll stay
Were goin'out where the sands turnin to gold
Put on your stockins baby, 'cause the night's getting cold
And maybe everything dies, baby, that's a fact
But maybe everything that dies someday comes back
Put your make-up on, fix your head up pretty
And meet me tonight in Atlantic City

BRUCE SPRINSTEEN, *ATLANTIC CITY*

00h00m Dois minutos antes de ouvir as doze badaladas da meia noite caiu a lua no Largo de S. Carlos. As pessoas saíram à rua para lhe tocar. A confusão foi generalizada. Os mais novos precipitaram-se sobre ela com luvas calçadas. Os mais velhos trouxeram óculos 3D que não serviram para nada. O som das âmbulâncias e dos carros da polícia ecoou pelas ruas, fazendo advinhar um grande aparato. No local, começaram-se a ouvir os primeiros relatos em directo para as rádios. Ninguém percebeu o que aquilo era até que apareceu uma pessoa vinda da varanda do S. Carlos que se pôs a explicar que aquilo não era a lua, mas sim uma reprodução e que se tratava de uma obra de arte. Não demorou mais de um minuto para a debandada geral, à excepção das crianças que ficaram todas contentes da vida a brincar ao luar.

01h00m Numa mesa do canto de um restaurante no Bairro Alto, que não patrocinou este texto, à luz de uma vela inodora, duas pessoas conversam sobre as suas vidas, mais concretamente sobre por quem dobram os seus sinos. Por esta altura, ambas ainda não se perguntaram se a pessoa que têm à sua frente poderá ser a próxima pessoa ou, se os acontecimentos seguintes forem marcantes, se é a pessoa. A conversa flui por entre brindes sem dedicatória verbal de vinho branco, cuja marca também não é para aqui chamada. Vistos de longe, parecem entender-se porque riem muito um com ou o outro e o futuro próximo daqueles corpos deverá ser comum numa cama ainda incógnita. Ele, a goles tantos, diz que se sente – em relação ao modo como os seus pensamentos se produzem na cabeça – como uma frequência a ser disputada por duas rádios, em que acaba por se sobrepor a que tem mais capacidade de cobertura. Ela acha graça e devolve-lhe com uma imagem a que chegou quando se sente sobressaltada: uma página de um livro desfolhada pelo vento. E para o voltar a ligar a si diz-lhe sem aparente preocupação de estar num sítio público: – *Eh! as pessoas mais sensíveis são aquelas que correm mais riscos*.

02h00m Uma pessoa atravessa o jardim do Príncipe Real e depara com uma instalação que se parece com um labirinto de desenhos de luz

1 Aviso: Este texto tem as piores intenções. A sua obscenidade assenta na sua potencialidade terapêutica, mas pelo menos uma vez na vida estou certo de que os fins podem e devem justificar os meios. Mesmo sabendo que este texto pode ser um *working disaster*. Espero pois que resulte para ambas as partes, pois não é todos os dias que dou a oportunidade de que os leitores, por mais distanciados ou identificados que sejam nos seus modos de leitura, possam ser cúmplices de todas as minhas intenções. Não quero deixar de pedir desculpa pelo autocentramento, mas como um amigo me disse aqui há dias, depois de lhe ter dito que ia escrever um texto perigosamente autobiográfico: tens que te encontrar para te conheceres e a melhor forma é não te esqueceres de ti. Por isso, caro/a leitor/a, os encargos da leitura são da tua/sua inteira responsabilidade.